天道 强道

中西方哲学思想研究

上 册

宋一夫 李星良 著

中国文史出版社
CHINA CULTURAL AND HISTORICAL PRESS

图书在版编目（CIP）数据

中西方哲学思想研究 / 宋一夫，李星良著. -- 北京：
中国文史出版社，2024. 12.

-- ISBN 978-7-5205-5140-3

Ⅰ. B2；B5

中国国家版本馆 CIP 数据核字第 2025RU7993 号

中西方哲学思想研究

ZHONGXIFANG ZHEXUESIXIANGYANJIU

宋一夫　李星良　著

责任编辑：卜伟欣

出版发行：中国文史出版社

社　　址：北京市海淀区西八里庄69号院　邮编：100142

电　　话：010-81136606　81136602　81136603（发行部）

传　　真：010-81136655

印　　装：河北吉祥印务有限公司

经　　销：全国新华书店

开　　本：16开　787 * 1092

印　　张：48.25

字　　数：764千字

版　　次：2025年4月北京第1版

印　　次：2025年4月第1次印刷

定　　价：148.00元（全2册）

目　录

上　册

下　册

前　言

《中西方哲学思想研究》即将付梓出版。

这本书简洁地论述了中西方两大文化的起源与发展。它是我们对人类文化发展的历史与现状的思考。

本书的出版或将导致界内与界外人士的审视与批判，这正是我们的初衷与目的。

我们在对东西方文化的审视与批判过程中，是带着这样两种思考开始的：

第一，东西方的历史传统文化、政治体制孰优孰劣，这恐怕是任何一个社会科学研究者都在思考且无法回避的问题，这个责任毫无疑问地落在社会科学研究者的身上。

这里有一个至关重要的问题：如果说西方的历史文化和政治体制优于东方的历史文化和政治体制，那么，为什么在3000多年的历史长河中，中国领先西方乃至世界2700多年？

如果说东方文化即中国历史文化和政治体制优于西方的历史文化和政治体制，那么，为什么从明朝中叶至近代300年的历史中，中国落后了？

二律正好背反。

第二，人类走到今天，对已经走过的道路应该进行深入地批判与反思，这不仅是哲学社会科学面临的任务，也是人类今天不得不直接面对的问题。

它需要我们这代人认真思考，又必须尽早地求解出答案。

文化是哲学存在的基础，哲学是文化的"时代精华"。本书试图从"基础"和"精华"两个维度，揭示人类精神活动的过程。

虽然这是一部抛砖引玉的书。

本书为"2024年度海南省哲学社会科学规划课题"（HNSK（YB）24-103），项目名称《天道·强道——中西方文化比较研究》。本书的出版，得到三亚学院科研经费的资助，项目名称"天道——中西方文化比较研究"（USYRC22-09），对此深表敬意与感谢。

宋一夫　李星良

2024年3月16日

第一章
天不生仲尼，万古如长夜

在5000多年的历史长河中，对于中国文化影响最大的人，莫过于孔子。他从平民的夫子、君子，到走向神坛被称为圣人长达2000年之久，又从神坛跌落，一度曾被亿万人批判，也仅有孔子一人。

如何看待孔子的功和过、是与非，前人和今人的评价是否公允，孔子的思想还有没有再挖掘再认识的价值，孔学对世人的今天和明天意味着什么，无疑需要我们再思考、再评价。

一、三次姓及其祖先

孔子的远祖是商纣王庶兄微子，微子的远祖是曾经辅佐禹治水的契。由于契随禹治水有功，所以被封于商邑，赐姓"子"。周公执政时将微子封于商都朝歌的东部商丘，成立了宋国，所以孔子临终时谈道："丘也，殷人也。"①

从微子开始，孔子的祖先为宋人之后。微子死，传位弟弟微仲。微仲是孔子的第十四代先祖。

①《礼记·檀弓上》。

"孔子之先，宋之后也。微子启，帝乙之元子，纣之庶兄。"①

微仲生宋公稽。宋公稽生丁公申，申生湣公及炀公熙，熙生弗父何及厉公方祀。方祀以下，世为宋卿。弗父何生宋父周，周生世子胜，胜生正考父，考父生孔父嘉。从宋湣公至孔父嘉时，已经传了五代。周时规定，"五世亲尽，别为公族"②。所以孔父嘉后，孔父嘉这一族人便姓了"孔"。

孔父嘉生木金父。公元前710年，宋殇公在位时，以孔父嘉为司马，华父督为太宰。华父督谋逆造反，杀了宋殇公和孔父嘉。孔父嘉死，其子木金父举家逃往鲁国的平乡邹邑，现今的山东曲阜，从此，孔氏在曲阜定居。

木金父之后孔子的祖上便失去了贵族的身份，成了鲁国的平民。木金父的儿子睪夷，随其父逃到鲁国，生了孔防叔，这便是在鲁生活的第三代。孔防叔做了鲁贵族臧孙氏的家臣，担任臧孙氏位于曲阜东30里左右防邑的邑宰。孔防叔生伯夏，伯夏生叔梁纥，叔梁纥便是孔子的父亲。叔梁纥担任过陬邑宰。陬邑在防邑南10多里处，原是邾国的故都。公元前614年，邾都迁于绎，陬便成了鲁邑，叔梁纥任陬邑宰，便成了鲁国的地方官吏。叔梁纥是位骁勇善战的武将，《左传》曾两次记载他的战绩。一次是鲁襄公十年（公元前563年）晋国率诸侯军攻打逼阳，叔梁纥参与联军中。逼阳人设计让联军进入城门，然后再关门围歼。叔梁纥识破阴谋，抢先用手托住下落的闸门，使进入城门的将士撤出城门。另一次是鲁襄公十七年（公元前556年），齐军将鲁大夫臧纥围困在防邑里，情况危急。叔梁纥随与臧纥的两名兄弟带300名甲士夜间冲出包围，护送臧纥到前来营救的鲁军营地，然后又折返杀回防邑，齐军见叔梁纥如此骁勇无敌，加之援军已到，只好撤兵。

孔子的母亲姓颜，名征在。据说是叔梁纥的第三位夫人。《史记·孔子世家》说，"纥与颜氏女野合而生孔子"。司马迁的记载，引起对孔子身世的种种说法。但较为准确地解释"野合"是唐司马贞所撰《史记索隐》：

> "今此云野合者，盖谓梁纥老而征在少，非当壮室初笄之礼，故云野合，谓不合礼仪。"

---

① 《孔子家语·本姓解》。
② 《孔子家语》。

不经媒聘而为妾，是否司马迁称为"野合"的原因，也只能作为后人的一种猜测。颜氏生下孔子名丘字仲尼，一说是颜氏曾去尼丘祈子。[①]一说孔子生而首上圩顶（凹顶），故因名丘焉[②]。

孔子在叔梁纥的儿子中排行老二，故后人有俗称"孔老二"。孔子3岁时，父去世，母带孔子离开陬邑，搬到曲阜。离开陬邑，一是母子一定在此地很难生活下去了，另一个原因是颜征在的父母及族亲住在曲阜。一位尚不到20岁的母亲，带着才3岁的孔子，在曲阜的生活状况是可以想象的，可能会得到颜征在的父母及亲属的帮助，但还是有限的。地位卑微，孤儿寡母，谋生都成了问题，致使多年以后，孔子提到这段童年少年时光还说："吾少也贱，故多能鄙事。"[③]

二、六阶段人生

孔子一生用他自己的总结："吾十有五而志于学，三十而立，四十而不惑，五十而知天命，六十而耳顺，七十而从心所欲，不逾矩。"[④]

以自学为主的少年、青年时代

（一）"吾十有五而至于学"

孔子幼年是否上过学校，既没有文献记载，他自己又没有说过，但估计孔子没有在正规的学校读过书，可能有机会参加当地农闲时举办的平民学校学习。他自己说的"吾十有五而志于学"，这也说明孔子从15岁时才发奋立志学习。

十五而立志学习，在孔子那个年代，对他的家世来说，应属正常。在15岁之前，孔子会帮助母亲做些家务。从孔子17岁时母亲便去世来看，其

---

① 见《孔子家语·本姓解》《孔子世家》。

② 见《孔子世家》。

③ 《论语·子罕》。

④ 《论语·为政》。

母身体一直不好，还可以推断出，孔子不仅要做家务事，还要承担一定的经济来源。

"志于学"说明在15岁时，孔子已清醒地认识到，只有通过学习才能改变自己家境生活窘迫的状况，也才能改变自己的命运。

对孔子一生打击最大的事，莫过于17岁时母亲的逝世。

从3岁开始，母亲是孔子唯一的亲人。他15岁立志学习，不仅为了自己，更多是想让深受苦难的母亲过上好一些的生活。

母亲去世，孔子想把母亲与父亲合葬，却不知父亲的坟墓在哪，只好把母亲的灵柩浅埋在五父之衢（曲阜东南5里）附近的公地里。之后，孔子从邻居挽父的母亲那里得知自己的父亲叫叔梁纥，墓地在防山北（曲阜以东26里处），才完成将父母亲合葬的心愿。

从这件事情可以推断出这样的结论：一是孔子的母亲对其父亲是心怀不满之意，否则不会不与孔子说起父亲，也不会从未带孔子上过坟、扫过墓；二是孔子知道父亲的身世，尤其知道了父亲还做过防邑宰，并因武功还在世上留有一定的威名；三是春秋时，沿袭西周的宗法制，每个家族都有严密系统的家谱，孔子已经知道自己祖先是殷商的贵族。

从母亲去世当年发生的一件事情，可推断上述第二、第三个结论是正确的。这年，即鲁昭公七年（公元前535年），鲁执政大夫季武子在家中举办宴会招待士。士是当时贵族中低下阶层，但也是进入上层社会的起点，是官府选拔人才的主要对象。孔子得知这个消息后，前去参加，不想被季氏家族杨虎挡在门外，"季氏宴请士，不是请您！"

假如孔子不认为自己是贵族子弟，是不会赴宴的。赴宴受侮，可能更加激发孔子想改变人生命运的斗志。

从17岁到20岁，这期间还有两件事，说明孔子的命运发生了一些改变。一件事是孔子19岁这年娶宋人亓官氏女为妻。另一件是在20岁这年亓官氏生子。孔子由原来的子身一人，现在成了家，而且生了儿子，标志着人生的一大转折性的变化。而且鲁昭公派人送鲤鱼给孔子，表示对他生子的祝贺。这使孔子深感荣幸，故给儿子取名为鲤，字伯鱼。

鲁昭公送鱼之事，说明鲁公室已知孔子的身世，这种知晓一定与孔子与人说起有关，也有可能是孔子在17—20岁之间，在当时的鲁国已经小有名气了。

孔子从20岁到30岁时有记载的这几件事：

从21岁起（公元前531年），孔子担任季孙氏委吏，管理仓库，后又担任成乘田，管理季氏家的畜牧事务。

给季氏做事孔子十分认真，任委吏账目清楚、正确，任乘田牛羊出生繁多，"牛羊茁壮长"。对此《史记·孔子世家》《孟子·万帝下》均有记载。

为了生计，除了在季氏家做事，孔子还做些相礼助丧的事。古人十分重视丧礼。古相礼的人，要头戴礼帽，身穿礼服。礼帽是黑色，又称"缁布冠"。衣服也是黑色，又称"玄端"。这种"玄端"制服，上衣与下面的裳（下裙）是分开的。为了行相礼时行动方便，上衣的长度不及膝。端，也是古襦衣的一种，《说文》中释义"襦"：短衣也。"襦与儒同音而假，儒字也有短的意思。孔子及其门生相礼时，穿着这种上衣短"玄端"制服，故而人们把这些从文相礼之人，称为儒。儒家的儒就是从此而来。

《史记·孔子世家》载："孔子长九尺有六寸，人皆谓之'长人'而异之。"可见孔子长得很是伟岸。从孔子20岁生子鲁昭公送鱼来看，孔子已具有一定的知名度，加之孔子知礼，礼学知识已被远近人知晓，使孔子周围有一些追随的人。如相礼之事非一人完成，一定会有一些人跟随孔子做此事。

《礼记·檀弓上》记载了孔子合葬父母的事，从中可见孔子此时的两种状况：一是他说，他现在东西南北到处走。可见做相事要去很多地方，也说明孔子想去游历天下；二是孔子这时已有了弟子门人：

　　"孔子既得合葬于防，曰：'吾闻之，古也墓而不坟。今丘也。东西南北之人也。不可以弗识也。'于是封之，崇四尺，孔子先反，门人后，雨甚至，孔子问焉，曰：'尔来何迟也。'曰：'防墓崩。'孔子不应。三，孔子泫然流涕曰：'吾闻之，古不修墓。'"[①]

孔子24岁（公元前529年）时季孙氏家臣南蒯以费叛乱，孔子逃于齐

[①]《礼记·檀弓上》。

国；27岁（公元前525年）时郯子至鲁，孔子向郯子询问少昊时的官制；29岁（公元前523年）孔子学琴于师襄。

（二）"三十而立"

孔子大约在30岁以前，即26—30岁，开始聚徒设教，创办私学。当时各国教育制度分为两类，一类是贵族学校，由国家创办，招收贵族子弟入学，分为小学、大学。大学课程设置以六书为主，即礼、乐、射、御、书、数。另一类是平民学校。平民学校一般以短期班为主。孔子时代，随着贵族政治的逐渐衰落，社会文化开始下移，过去学在官府，已经逐渐被打破。在孔子办学前夕，可能有的地方也已经出现私立学校，但尚处于刚刚开始的阶段。

孔子30岁（公元前522年）时，齐景公与晏婴来鲁。景公问孔子曰："昔秦穆公国小处辟，其霸何也？"孔子回答说："秦，国虽小，其志大；处虽僻，行中正。"[1]孔子意思说，秦国的地盘虽小，可是它的国君志向远大；它虽然地处边远偏僻，但国君的行为却中正无偏。孔子接着说，秦国的国君能把一个奴隶出身的百里奚提拔起来重用为大夫，又同他连续谈了三天的话，然后毫不迟疑地把国家的大权交给了他。就这一点来说，秦穆公称王是可以的，即使称霸诸侯还委屈了他呢。齐景公听后很是高兴。齐景公来鲁，能召见孔子，并向孔子请教问题，说明这时孔子在鲁国已小有名气了。

孔子30岁时，已经有颜回、冉雍、冉求、商瞿、梁鳣生、琴张等门生弟子。"三十而立"是指他已经成功办学，他自己的事业立起来了。

孔子34岁（公元前518年）鲁大夫孟僖子去世，临终前把两个儿子，孟懿子（仲孙何忌）与南宫敬叔（仲孙阅）送到孔子那里学礼。孔子的学生以鲁人为主，但也有其他国家的学生，如鳣字叔鱼是齐国人，子贡是卫国人。

孔子34岁：受鲁昭公资助，出访洛邑（今洛阳市），对京师的礼制、文物、典籍进行考察。

在洛邑期间孔子拜访了老子，老子，即老聃，道家的创始人。孔子拜

---

[1] 《史记·孔子世家》。

访老子一是因为老子是东周朝廷的守藏室史，即国家博物馆的负责人，孔子为了阅读典籍；二是向老子请教礼仪制度。在洛邑，孔子见了周大夫苌弘，苌弘以通晓天文、音乐著名，孔子向他请教音乐理论。

孔子35岁（公元前517年）时，鲁国发生"斗鸡之变"。

孔子从洛邑返鲁国。正值鲁国君臣之间火拼。斗争的导火索是季平子在礼仪问题上的僭越之行。国君不像国君，人臣不像人臣。孔子谓季氏，"八佾舞于庭，是可忍也，孰不可忍也？"①

孔子离开不堪入目的鲁国，带领弟子去了齐国。过泰山，发出"苛政猛于虎"的感叹。②

事情是这样的，孔子与弟子行至泰山附近，忽听一农妇凄悲的呼号，引起孔子的注意，便命子路去察看。子路发现一中年女子在坟前啼哭，便上前问何人去世了，家中发生了什么事？妇人告诉子路说，坟里埋的是她的儿子。家就住这里，以开荒狩猎为生。之前她的公公被老虎咬死了，后来丈夫也被老虎咬死，现在儿子又被咬死了。子路便问："那为什么不离开这里啊！"妇人说："这深山老林，没有苛捐杂税啊！"子路回到车旁，把事情的原委告诉了孔子，孔子心绪不能平静，便对学生说："你们要记住这件事，苛政猛于虎啊！"

孔子到了齐国，首先拜访了齐国的高昭子，做了高昭子的家臣，希望通过他的引荐，能在齐国有所作为。

齐景公不久接见了孔子。齐景公问政，孔子答"君君，臣臣，父父，子子"。孔子的回答，深得景公的满意。

过些时日，齐景公又请教政治问题，孔子答"政在节财"。孔子提出"节财"是针对春秋时期达官贵人的奢靡之风，希望齐景公能带头去奢戒侈，减轻齐国人民的赋税，给百姓以安家乐业的生活环境。齐景公听后很是高兴，齐景公打算把尼谿封给孔子，被晏子阻止。晏子向孔子发难，指责孔子宣扬礼乐那套是"累寿不能尽其学，当年不能行其礼""其道不可以期世，其学不可以导众"。③

---

① 《论语·八佾》。

② 《礼记·檀弓下》《孔子家语》。

③ 《墨子·非儒》。

37岁（公元前515年），孔子返鲁。

齐国参政的失败，鲁昭公客死他乡，以及鲁昭公死后权贵之间倾轧，使孔子对步入政界感到迷茫，想从诗书礼乐中寻找治世之道。

鲁定公刚即位，有人问孔子为什么不参与政治，孔子回答："《书》云：'孝乎惟孝，友于兄弟，施于有政。'是亦为政，奚其为为政？"[①]孔子说："《尚书》说'孝呀，孝敬父母，友爱兄弟，将这种社会风气推行影响到政治上去，这也是参与政治呀，为什么当官才算参与政治呢？'"孔子这么说也有他的道理，但对于当时的他来说，实属于无奈之举。此时的孔子，仍处于报国无门的状况。

这种边教学生边研究历史文化，边解疑释惑的生活长达14年，即从孔子37岁到51岁。但这正是孔子之所以成为后来孔子的最为关键的14年。

这14年，孔子除了教授学生之外，主要从事学术研究。

对于三代礼乐文化进行比较研究。孔子除了一心向人请教礼乐制度，还先后去了宋国、洛邑、杞国，对殷礼、周礼进行实地考察。得出个结论：夏商周三代礼实则是一个继承发展的过程，后世的礼制是对前世的礼制做出损益而发展。夏礼由于时代久远，文献不足证明而不知其详。只有周礼文献丰富，"殷因于夏礼，所损益，可知也；周因于殷礼，所损益，可知也"。[②]

孔子对礼制进行了考察，得出结论是：夏代由于年代久远，已很难考辨。殷代继承了夏代的礼制，在夏的礼制基础上有所增减，这是可以看得出来的；周朝的礼制沿袭了殷朝的礼制，在此基础上又有所增减，也是可以知道的。那么"其或继周者，虽百世，可知也。"[③]孔子这里阐述了一种二重结构的思想，即表述的是现实社会结构与历史结构和未来结构的三者时空的关系，即从历史可知现在，从历史和现在可知未来。

"周监于二代，郁郁乎文哉！吾从周。"[④]孔子对周礼进行考察后说：周朝的礼仪制度是以夏商两代为依据，然后制定的周礼，它是多么丰富多彩

---

① 《论语·为政》。

② 《论语·为政》。

③ 《论语·为政》。

④ 《论语·八佾》。

呀，我是主张周朝的礼仪制度。

孔子37岁时从齐国回到鲁国，这三四年的经历，由于对社会现实的研究与思考，当他40岁时，便已解决了心中的困惑。他自己总结说"四十而不惑"，是因为他心中的迷惑解开了。

（三）"四十而不惑"

孔子解决了心中的迷惑，即他知道了当今社会的出路在哪里。

从21岁出来做委吏，做乘田小吏，给人办丧事，办私学，与鲁国、齐国上层人物接触，去夏、商、周三代故地考察和阅读三代文献，孔子所能看到的是下层人民的疾苦、上层社会的腐败，以及国内政治势力之间的明争暗斗，国与国之间的战争接连不休。这些现象背后的原因是什么？他经过思考认为，原因是原来的周朝社会制度"礼崩乐坏"，才导致社会失范与失序，所以孔子才决定"吾从周"。礼制坏了，人心也坏了，孔子要建立学说，重新塑造当下社会人的人格。探索当下社会新的学说和重新塑造当下社会人的人格，恢复西周的礼制，便是他"不惑"的结果。

孔子的不惑还有更深的一层，那就是他知道了自己应该怎么做？

第一，要先建立自己新文化的思想体系；第二，要办学，培养人才；第三，要从政，推广新文化，因为只有从政才能实现他重塑社会的目的。

于是，孔子便开始建立以"仁"为核心的伦理道德思想学说，提倡以君子道德品性为主的新人格。

周礼的道德本性是尊、亲。亲，是发源于原始社会部落的血缘关系。而尊是夏商周社会结构的变化，出现了尊卑等级的社会关系。亲亲是家庭、家族社会关系；尊尊是社会人们整体之间的关系。

在孔子阐述"仁"之前，在社会上关于什么是"仁"已经开始讨论了。如："利国之谓仁""仁不怨君""杀无道"（无道之君）"而立有道，仁也""不背本，仁也""刚愎不仁""幸灾不仁"。①

这时人们对仁的认识是零散的、不成体系的。孔子注意了爱亲为仁的

---

① 分见《国语·晋语一》《国语·晋语二》《国语·晋语三》《左传·成公九年》《左传·宣公十二年》《左传·僖十四年》。

提法，将之与礼的基本原则尊尊、亲亲联系起来，并将这种爱亲从血缘关系推广到社会各个领域的人与人之间的关系。

什么是孔子的仁呢？"孝弟也者，其为仁之本与！"①这段话是这么引起来的。孔子有个学生叫有子，他提出这样一个问题。他说："这个人为人孝顺爹娘，敬爱兄长，喜欢触犯上级，这样的人太少了。不喜欢触犯上级，却喜欢造反，这种人从来就没有过。""其为人也孝弟，而好犯上者，鲜矣；不好犯上，而好作乱者，未之有也。"②原因是什么，因为孝是人性的本质。"

为什么孝悌为仁之本？孔子认为，一个连父母养育都不去回报的人，怎么可能去爱别人呢？所以"君子务本，本立而道生"③。君子只有坚持做到孝了，人的本性建立起来了，然后才有仁道。

孔子认为，孝悌是仁的根本，这是仁的重点。那么这份爱如何从血缘关系推广到社会上去，那便是："入则孝，出则弟，谨而信，泛爱众，而亲仁"④。人们仅仅相爱还不够，还要在社会上广泛地实行仁政："如有王者，必世而后仁"⑤。

"世"指30年。孔子认为，将来能够安定天下的君主，必会在30年之内推行仁政，仁政才能使国家兴盛起来。仁政最终要落到个人的品格上，"夫仁者，己欲立而立人，己欲达而达人。能近取譬，可谓仁之方也已"⑥。

"仁"是君子人格的总体现。"子曰：'人而不仁，如礼何？人而不仁，如乐何？'"⑦如果一个人不仁，即使有了礼仪制度又如何？有了音乐又如何？没用的，因为这个人没有做人总的品德，即仁。又如"里仁为美，择不处仁，焉得知"⑧，意思是说，没有仁德，怎么能是聪明的呢？所以孔子有时也称君子为"仁者"。"仁者"在《论语》中多次被孔子使用，如"唯

---

① 《论语·学而》。
② 《论语·学而》。
③ 《论语·学而》。
④ 《论语·学而》。
⑤ 《论语·子路》。
⑥ 《论语·雍也》。
⑦ 《论语·八佾》。
⑧ 《论语·里仁》。

仁者能好人，能恶人"，①即只有仁人才能够爱某人，厌恶某人。"仁者安仁"②只有仁德的人才能安于仁。

从上可以看出，孔子的新文化思想体系的核心是"仁"，而"仁"导源于"孝"，"孝"是"仁"之本。所以孔子的新文化思想体系又是以人的血缘关系为基础，为出发点，"仁"是从"孝"产生出来的。孝是人的天性，是上天赋予人类的。有了"孝"，才有了"仁"，有了"仁"才有了"礼""义""廉""耻""忠""诚""信""恕""智""知行"等孔子新学说的体系；也才有了以"君子"为代表的新人格的品性；也才有了以"仁政"为代表的治世之道。

（四）"五十而知天命"

孔子为什么说他"五十而知天命"？

有人说，天命，就是人的命运，孔子50岁便知道自己的命运了，这是妄自猜测。孔子如果知道自己的命运，就不会周游列国，游说诸王，去为自己的主张奔走呼号了。孔子这时虽不知自己的命运如何，但从之前之后的孔子所说"命也夫！"的问题，他认为人是有命运的。可知道人有命运，但不一定知道自己的命运。还有人说，孔子50岁时已知了天道，这种说法更不靠谱。孔子知天道是在他68岁之前的社会经历的基础上，再加之回鲁后研究《周易》后才发现天道和总结出天道思想的。

其实，孔子讲他50岁时知道了什么是天命，这个天命是什么呢？"知天命"是因为他知道了上天赋予他的使命，即赋予他致力于改造社会的使命。

所以，天命便是他的使命。正是孔子有这样的使命感，才使孔子一旦身处险境时，临危不惧，认为自己是上天选定带有使命任务的人。例如孔子在宋国时，宋司马桓魋想杀他。孔子说："天在我身上生出了这样的品德，那桓魋将把我怎样？""子曰：'天生德于予，桓魋其如予何？'"③这件事的经过是这样的。孔子在宋国时，宋大司马桓魋骄横暴烈，为了死而不朽，让工匠给他做了一副巨型石椁，因施工艰难，三年没能完工，工匠们

---

① 《论语·里仁》。
② 《论语·里仁》。
③ 《论语·述而》。

个个疲惫不堪的样子，孔子见后气愤地说："与其这样奢侈，不如死后早些烂掉！"因此而得罪于桓魋，便要杀死孔子。

孔子在匡地被当地人拘禁，面对危险，孔子说，周文王死了以后，周代的文化不都在我这里吗？天如果要消灭这种文化，我就不会掌握这种文化了；天如果不消灭这种文化，那匡人又能把我怎么样呢？《论语》原文是："子畏于匡，曰：'文王既没，文不在兹乎？天之将丧斯文也，后死者不得与于斯文也；天之未丧斯文也，匡人其如予何？'"①

可见，在孔子心中是怀有强烈的上天赋予的使命感的，所以，面对任何困难险阻，都毫无畏惧。

不仅孔子认为自己带有上天的使命，就连他的弟子也是这样认为的。在周游列国时，有个太宰问子贡：

"太宰问于子贡曰：'夫子圣者与？何其多能也？'子贡曰：'固天纵之将圣，又多能也。'"②可见子贡知道老师是有使命的。

孔子身负使命，也被其他人所认同。例如：孔子带领弟子到了仪，守在仪的边防官请求孔子接见他，并对孔子的弟子们说，凡是有道德学问的人来到我这里，我从没有不和他们见面的，于是孔子接见了他。他出来以后对孔子的弟子们说："你们这些人为什么着急没有官做呢？天下黑暗的日子已经很久了，上天会让他老人家做人民的导师哩。"

"出曰：'二三子何患于丧乎？天下之无道也久矣，天将以夫子为木铎。'"③

天命，即是使命，所以孔子要完成它。完成天命最好的途径，便是从政，即参与对社会和对人们的管理当中去。在孔子看来，这是去完成上天交给他的任务。所以，孔子决意要去从政。

此时，政局也发生了变化。自鲁昭王死了以后，鲁公室与三桓之间的矛盾有所缓和。实际掌握政权的阳虎想要利用孔子在鲁国的名声，劝孔子出仕参与鲁国的政务。

---

① 《论语·子罕》。

② 《论语·子罕》。

③ 《论语·八佾》。

　　"阳货欲见孔子，孔子不见，归孔子豚。孔子时其亡也，而往拜之。遇诸涂。谓孔子曰：'来！予与尔言。'曰：'怀其宝而迷其邦，可谓仁乎？'曰：'不可。好从事而亟失时，可谓知乎？'曰：'不可。日月逝矣，岁不我与。'孔子曰：'诺，吾将仕矣。'"①

　　阳虎，季氏的家臣，在鲁定公五年（公元前505年）发动政变，把持着鲁国的朝政。阳虎想要拜见孔子，孔子不见，阳虎便送去一只蒸熟的小猪，意思是孔子收礼了就要到他家来致谢。孔子为了不见阳虎，特意选择他不在家时，前去拜谢。不想两人在路上碰见了。阳虎对孔子说："来！我同你说说话。"于是孔子过去。阳虎说道："自己有一身的本事，可听任着国家的事情糊里糊涂，可以叫仁爱吗？"孔子没吭声。他又接着说："不可以。"——一个人喜欢做官，却屡次错过机会，可以叫作聪明吗？"孔子仍然没吭声。他又接着说："不可以。——时光一去，就再也不回来了呀。"孔子这才说道："好吧，我打算做官了。"

　　孔子不愿意与阳虎这样的陪臣为伍，但又从心理上是想在鲁国施展他的政治抱负。他想出仕，因为自己的年龄已经很大了，于是他来到河边，叹道："消失的光阴啊像这河水一样呀！日夜不停地流逝。"

　　"子在川上，曰：'逝者如斯夫！不舍昼夜。'"②

　　孔子的心思又被子贡发现了。

　　子贡对孔子说："这里有一块美玉，是把它放在柜子里藏起来好呢？还是找一个识货的商人把它卖掉好呢？"孔子马上说："卖掉！卖掉！我是在等识货的人哪！"

　　"子贡曰：'有美玉于斯，韫椟而藏诸？求善贾而沽诸？'子曰：'沽之哉！沽之哉！我待贾者也。'"③

———————————

① 《论语·阳货》。
② 《论语·子罕》。
③ 《论语·子罕》。

孔子在鲁国从政的机会来了。阳虎在鲁国发动剪除"三桓"的事变，结果兵败出逃。鲁国把持政权的"三桓"，为了稳固国内局面，聘请孔子出仕。于是在公元前501年（鲁定公九年），孔子出仕地方官——中都宰（现在的山东省汶上县）。中都是鲁国西北部的一个城邑，鲁国是想试探性地试用一下孔子，看孔子的执政能力如何。

孔子担任鲁国中都这个城市的行政长官，上任后，孔子按照他对政治的理解，对中都地域的人们进行管理。首先，他制定了一系列关于人的生养送死的礼节，这些礼节大多来自周礼中有关礼仪的规定。其次，按照人们的年龄分配食物，使人人有食，杜绝了饥荒。最后，按照人身体强弱分配工作，从事社会劳动。孔子在中都治理一年之后，社会面貌蔚然改观，市不二价，男女别途，路不拾遗，致使周边的城邑及鲁国外的其他国家纷纷效仿。

> "孔子初仕，为中都宰。制为养生送死之节，长幼异食，强弱异任，男女别涂，路无拾遗，器不雕伪。为四寸之棺，五寸之椁，因丘陵为坟，不封不树。行之一年，而四方之诸侯则焉。"[1]

《说苑》记载：

> "孔子初仕为中都宰，制为养生送死之节，长幼异食，强弱异任，易女别涂，路无拾遗。"

治理中都的成就，使他人赞叹，也让孔子自己满意，引起了鲁国国君的重视。鲁定公召见孔子，问孔子："用您治理中都的办法治理鲁国会是怎么样？"孔子回答道："用来治理天下也可以吧，何况只是一个鲁国。"

> "定公谓孔子曰：'学子此法以治鲁国，何如？'孔子对曰：'虽天下可乎，何但鲁国而已哉！'"[2]

---

[1]《孔子家语·相鲁》。
[2]《孔子家语·相鲁》。

"虽天下可乎"，可见此时的孔子，有"天降大任于斯人也"的感觉。

孔子在任中都宰的第二年便被任命为鲁国的小司空。小司空是国家工程事务管理官司空的副职。不久又被任命为司寇。司寇是管理国家司法的最高长官。孔子出身平民，在两年的时间几次被重用，位列卿大夫行列，引起很多贵族的不满。

但孔子担任司寇之后，处理民间刑罚案件公允，深得民众的好评，鲁国的社会风尚为之一新，国势大振。

《荀子》记载了这样一件事：孔子做了鲁国的大司寇之后，有一对父子打官司，孔子将儿子拘留了3个月也不判决。于是他的父亲请求停止诉讼，孔子便将他的儿子释放了。季桓子听到这件事，很不高兴，说："这老先生欺骗了我，他曾告诉我说'治理国家一定要孝道'，现在只要杀一个人便可以使不孝之子受到警告，可他却把他放了。"冉求把这话告诉了孔子。孔子感叹地说道："哎呀！君主丢了正确的治国原则，臣下便把他杀了，那行吗？不去教育民众而只是判决他们的诉讼，这是在杀没有罪的人啊。全军大败，不能将士兵全部斩首；监狱没有治理好，不能施加刑罚，因为罪不在民众身上的缘故。放松法令而严加惩处，这是陷害；作物生长有一定的季节，而征收赋税却在不时地进行，这是残酷；不进行教育却要求成功，这是暴虐。制止了这三种行为，然后刑罚才可以施加到人的身上。《尚书》上说：按照合适的原则用刑，按照合适的原则杀人，不要拿刑罚来迁就自己的心意，我们只能说，事情没有理顺，还是先要进行教育的呀。"

> "孔子为鲁司寇，有父子讼者，孔子拘之，三月不别。其父请止，孔子舍之。季孙闻之，不说，曰：'是老也欺予，语予曰：为国家必以孝。今杀一人以戮不孝，又舍之。'冉子以告。孔子慨然叹曰：'呜呼！上失之，下杀之，其可乎？不教其民而听其狱，杀不辜也。三军大败，不可斩也；狱犴不治，不可刑也；罪不在民故也。嫚令谨诛，贼也；今生也有时，敛也无时，暴也；不教而责成功，虐也。已此三者，然后刑可即也。《书》曰：'义刑义杀，勿庸以即，予维曰：未有顺事。'言先教也。"[1]

---

[1]《荀子·宥坐》。

定公十年（公元前500年）春，鲁国与齐国签订了和约。这年的夏天，齐国大夫黎钮对齐景公说："现在鲁国正重用孔丘，这样下去，鲁国势必强大，会对齐国形成威胁。"他建议邀请鲁定公来齐国的夹谷会谈，以刺探鲁国的虚实。孔子同鲁定公前往齐国。走之前孔子向鲁定公建议："自古以来，凡诸侯离开自己的国家，必配备好文武官员随同前去，还要带上适当的武装保卫人员。"鲁定公说道："好的。"到了齐国夹谷，会见期间，齐国以奏"四方乐舞"为由，一群武士举着旗帜、弓弩、大刀、长矛，大呼小叫，一起拥到会谈的台下，局面一时难以控制。孔子小步快速走到台前，又一步登上台阶，对下面的武士喝道："现在是两国之君的会见，弄这些兵舞枪弄棒何为？请相关人令其退下。"孔子回头去看齐景公，景公感到理亏，挥了挥手，叫人退去。齐国的主管又禀奏道："请允许演示宫中乐舞。"齐景公说："好。"又有一群侏儒跳着舞唱着歌涌了上来。孔子又蹬上台阶说道："凡是匹夫小人胆敢惑乱诸侯视听的一律杀头，请有关人员立即处置。"于是齐国的主管官员只好将那些侏儒个个腰斩。齐景公甚为惊恐。会谈后对他的群臣说："鲁国的孔子是用君子之礼来辅佐他的国君，而你们却用夷狄的那一套，并使我在鲁君面前丢了脸面，这以后两国还怎么相处。"为了表达歉意，齐景公决定把侵占鲁国的郓、汶阳、龟阴等地归还给鲁国。在夹谷之会上，孔子既保护了鲁定公，还理智地为鲁国讨回夹谷之会场面上的尊严，使齐景公不敢轻视鲁国，不费一兵一卒收回三处失去了的土地。

夹谷之会提高了孔子的声望，归国后，孔子摄行相事。

鲁定公十三年（公元前497年），孔子为鲁国的大司寇兼摄相事。为了加强君权，他对定公说："家臣不得私藏武器，大夫的城墙不得长于三百丈。""臣无藏甲，大夫毋百雉之城。"[1]得到定公允许后，他派子路到季孙氏家任总管，准备堕毁三都。三都即季孙氏的费邑（今山东费县）、孟孙氏的郕邑（今山东宁阳）、叔孙氏的郈邑（今山东东平）。

起初，季孙和叔孙、孟孙也想要抑制家臣势力，也支持堕三都。叔孙氏先堕毁郈邑。郈邑被拆除后，惊动了费邑的公山不狃和叔孙辄等人，起兵反鲁，率军攻入鲁国国都曲阜。鲁定公和季桓子、孟懿子和武叔懿子，

---

① 《史记·孔子世家》。

躲在季氏武子台。费邑人追至台下强攻，有的箭射在定公的旁边，情况十分危急。孔子得到消息，命鲁大夫申句须、乐颀率部反攻，打退费邑人。公山不狃和公叔辄逃往齐国。费邑人反叛事件平息之后，季桓子、孟懿子帅师堕费。堕郕被安排在最后，遭到城邑宰公敛处父的反对。理由是毁掉城邑，鲁国的北部会门户大开，齐人可直抵鲁国北门。他对孟孙氏说："城邑是我们孟孙氏的根据地，如果没有城邑，我们孟孙氏的根基就没了。"孟懿子立即明白过来，虽年少时求学于孔子，但事关个人利益，于是对堕郕按兵不动。季孙、叔孙也察觉到了孟孙的意图，秉持消极态度，使攻城无克，"十二月，公围成，弗克。"[①]所以，三都只堕了二都，以失败告终。

堕三都引起了孟孙的反对和季孙、叔孙的猜疑，说明此时孔子已失去了鲁国上层贵族的信赖。

堕三都事件使孔子陷入了极度的苦闷之中，因此患病，卧床不起。鲁定公去看望他，他只好脑袋朝东，把上朝的礼服披在身上，拖着大带子。"疾，君视之，东首，加朝服，拖绅"[②]。

孔子"摄行相事"之初，尚能保持和季桓子的良好关系，《公羊传》定公十年、十二年记载："行乎季孙，三月不违。"说明此时两人相处还是愉悦的，但堕三都事件让季桓子怀疑孔子是为了损三桓而利公室，便开始对孔子不快，孔子几次去他那里谈国事，季桓子表现出十分冷淡的样子。在这时孔子的一名叫公伯寮的学生向季桓子说子路的坏话，使子路无法担任季氏家的总管，子路被辞退，是三桓排挤孔子的开始。

《史记·孔子世家》中记载：孔子在鲁国行相事仅3个月，鲁国贩卖羊羔、猪仔的人不再以次充好漫天要价；男女在路上行走也会自觉分开各走在一边；遗落在路上的东西没人拾取；四面八方来鲁国的客人不用到主管官员那去求告，鲁国百姓也都各有所得满意而归。齐景公听到这个消息感到不安，便采纳了黎锄的计策，派人挑选了八十名能歌善舞的美女、好马一百二十匹，派使者送往鲁国。《论语·微子》记载："齐人归女乐，季桓子受之，三日不朝，孔子行。"

孔子为什么走？已经是身居高位了，为什么这么轻易地就离开鲁国？鲁

---

① 《史记·孔子世家》。

② 《论语·乡党》。

定公没有让他离开，他是自行请辞的。司马迁记载了一段十分有趣的事情。

> "子路曰：'夫子可以行矣。'孔子曰：'鲁今且郊，如致膰乎大夫，则吾犹可以止。'桓子卒受齐女乐，三日不听政；郊，又不致膰俎于大夫。孔子遂行。"[1]

子路对孔子说："先生可以离开这个国家了。"孔子说："鲁国很快就要到郊外去祭天了，如果祭祀后把祭肉分送给大夫们，那我们还可以留下来。"季桓子不仅很快接受了齐国送来的女乐，而且接连三日不上朝，祭天后又不把祭肉分给大夫们，于是孔子也只好离开鲁国了。

孔子的离开是很无奈的举动。离开的当晚他们住在鲁城南的屯邑，鲁国的师己给孔子送行。师己说："夫子则非罪。"你可是没有任何过错呀。孔子说："吾歌可乎？"我可以给你唱个歌。于是唱道："彼妇之口，可以出走；彼妇之谒，可以死败。盖优哉游哉，维以卒岁！"[2]妇人搬弄口舌，让你四处奔波；妇人君前告状，叫你身死名败。我只有退出官场，从此优游自得地了此一生。

孔子出走，压倒他内心的最后一根稻草，还是他对鲁国君臣现状的彻底失望。鲁国国君和执政大夫季氏接受齐国美人和良马，国君和执政大夫不仅不拒绝，反而三日不朝，沉湎于声色犬马，这是置国家社稷于不顾，这是庸君昏相之兆，是大忌之一。齐国用此计是要挑拨孔子和鲁定公及执政季氏之间的关系。季氏借计使计，让孔子自动辞职，从而既削弱了公室势力，又去掉孔子这个政治对手，可昏庸无能的鲁定公毫无察觉，不仅没有任何反应，连挽留孔子的意思都没有，这使孔子对鲁定公已失望至极。祭天后，连祭肉都不肯分给朝中大夫，这说明鲁定公、季桓子等人既不敬天，又不爱臣。这样的国君，值得为他效力吗？更重要的一点，有这样的国君和宰相的鲁国又何以能成为大国？在这样的国度里，孔子的宏大政治抱负又何以实现？

---

① 《史记·孔子世家》。
② 《史记·孔子世家》。

　　孔子从50岁时就一直认为自己肩负着上天赋予的使命，此时的孔子深知，人世间是存有天道的，他虽然尚说不明白什么是天道，但他能切身体会到天道，因为只有天道的存在，才有上天赋予自己的天命的存在，所以恪守上天赋予自己的使命，就等于去弘扬天道。但孔子也十分清楚，有天道能让一个国家兴盛，无天道能让一个国家消亡。一个国家是在走兴盛之路，还是衰败之路，关键看有没有天道。

　　孔子多次对他的学生讲述一个观点，虽我学而优则仕，但是"危邦不入，乱邦不居。天下有道则见，无道则隐。邦有道，贫且贱焉，耻也；邦无道，富且贵焉，耻也"。①

　　这段话，大概就是这一时期，即孔子决定离开鲁国，或离开不久讲的，意思是说，弟子们，要坚定地相信我们的天道，去努力地学习它吧，誓死保全它吧。不进入危险的国家，不居住祸乱的国家。天下如果政治清明，有天道就出来做官做事，天下如果政治黑暗，没有天道，就把自己隐居起来。天下有天道，你还贫穷低贱，这是可耻的；天下无天道了，你还富，还贵，这也是耻辱的。

　　孔子原本不愿意离开鲁国，鲁国是他的父母国，他生长在鲁国，但最让他留恋的，是鲁国具备发展成一个大国的先天条件，即鲁国是周公旦的封地，封于古代东方帝王少昊的旧址，名曰曲阜，但周公因留在朝中继续辅佐武王，故没有去封地任职。而派自己的长子伯禽去了鲁国封国，"周公卒，子伯禽固已前受封，是为鲁公。"②所以，由于是周公的封地，使鲁国保存下来的周代礼制最多，最完善，而且民风淳朴。孔子在执政鲁国之前和执政期间，去过齐国，他把齐鲁两个国家进行比较，说："齐一变，至于鲁；鲁一变，至于道。"③意思说，齐国一有改革，便能达到鲁国的现状，而鲁国一有改革，便可以进入天道社会了。在他看来，鲁国离天道最近。并且他有地方管理的经验，又有管理国家的经历，这两种经历使他坚信能把鲁国发展成为一个大国，一个天下人归心的大国，一个让他能实现天道，完成天命的大国。可是就这样一个让他雄心勃勃的鲁国，最后逼得他辞去

---

① 《论语·泰伯》。

② 《史记·鲁周公世家》。

③ 《论语·雍也》。

"摄相位"。他的言行，既无奈，又有些无所谓，否则他不会毅然决然地离开。他想离开鲁国，看这个天下，还有没有他心中的天道乐土。

周游列国14年，这是他人生第二个14年，上一个14年是从"四十不惑"开始的。

孔子到卫国的时间是公元前497年，鲁定公十三年。此时孔子55岁。卫国位于黄河南部，今河南濮阳西南。孔子等人进入卫国见到人烟稠密的景象。

> "子适卫，冉有仆。子曰：'庶矣哉！'冉有曰：'既庶矣，又何加焉？'曰：'富之。'曰：'既富矣，又何加焉？'曰：'教之。'"①

这段话，对人类十分有意义，可惜并没引起人们更多的注意。孔子一行离开鲁国先到了卫国，孔子发现卫国人口众多，十分的稠密，不由得发出感叹，"好稠密的人口啊"！驾车的冉有听后便问孔子："这个国家人口已经这么多了，如果让您来治理这个国家，你会怎么办呢？"孔子不假思索地说："让他们富起来！"冉有又接着问，如果他们富起来了，下一步又该怎样治理的呀？孔子又不假思索地说，"教育他们！"这段对话文字不多，但讲的道理却极为深刻与正确。那些有作为的统治者，让他所统治的子民富起来并不难，有多条路都可以使臣民富起来，却没有统治者能解决富起来之后该怎么办，即富而不骄，富而不淫。历代的统治者对臣民的教育，不是从人本天性出发，而是从自己的统治需要出发，教育人民不是给人民民主自由，更多的是为了维护自己的既得利益和统治需要，为此，社会教化问题是一个世界性的难题。

到了卫国，孔子一行先住在子路妻兄颜仇由家。之后联系上卫灵公的宠臣弥子。弥子要求孔子住在他家，孔子推辞。

不久，卫灵公接见了孔子，答应孔子给他在鲁一样的俸禄。可因公叔戍事件，孔子受到牵连，卫灵公派人监视孔子的行动。孔子便于鲁定公十三年末离开卫国，仅在卫国待了10个月。

---

① 《论语·子路》。

"孔子遂适卫，主于子路妻兄颜浊邹家。

卫灵公问孔子：'居鲁得禄几何？'对曰：'奉粟六万。'卫人亦致粟六万。居顷之，或谮孔子于卫灵公。灵公使公孙余假一出一入。孔子恐获罪焉，居十月，去卫。"[1]

"公叔戍事件"，公叔戍是已故卫大夫公叔文子之子，继任大夫后为人骄慢，不得卫灵公喜欢。孔子到卫的这年冬天，公叔戍试图清除卫灵公夫人南子的党羽，而被南子先发制人后逃到采邑蒲，在那里发动叛乱，不久兵败逃到鲁国。孔子对公叔戍的父亲公叔文子多有赞赏之举，加之孔子的到来，怕孔子得以重用，而自己失去权力的人向卫灵公进谗言，说孔子与公叔戍有关系，才引起卫灵公派人去监视孔子。

孔子一行离开卫国，一个叫公良孺的贵族子弟以私家五乘随从。公良孺是陈国人，所以孔子等决定去陈国。孔子在经过匡地的时候，匡人看见了孔子，发现孔子的相貌很似鲁国季孙大夫家臣阳虎。匡邑在卫都帝丘西南120余里处，与蒲邑（今河南长垣县）相距15里左右。原属于卫地，后被郑国占领。鲁定公六年（公元前500年），阳虎率师攻下匡邑，被匡人忌恨。车行到匡邑城下，驾车的学生用鞭指着城墙说，他以前随军攻打匡城时，曾在这里打开缺口。正巧此话被路边的邑人听到，又发现车上的孔子长得像当年的阳虎，便报告了邑主匡简子。匡简子带兵追捕，把孔子和学生押往城里拘留。被冲散的学生听说孔子被关在城里，第一个跑回城里找孔子的是颜回。孔子见到颜回说："我以为你死了呢！"颜回说："您老人家在，我怎么敢死呢？"

匡简子经过几天观察，看孔子一伙不像阳虎那样的人，便相信了孔子说的话，把孔子和弟子们放了。

孔子等人又上路了。经过蒲地时，又被人拦住。原来是公孙戍要见孔子。公孙戍得知孔子来到蒲邑，想用孔子的名望再次叛乱，遭到孔子的拒绝。双方厮打起来。僵持不下之际，公孙戍提出一个条件，只要孔子等不回卫国告发他们，便可以放孔子等人走，但要双方举行盟誓，孔子表示同

---

[1]《史记·孔子世家》。

意。孔子于是和他们立了盟誓，蒲邑人将孔子等人放出东门，离开了蒲城。孔子吩咐大家赶回卫都去。子贡说："盟誓难道可以背弃吗？"孔子说："这是要挟订立的盟誓，神是不会理睬的。"

孔子回到帝丘，受到卫灵公的热情款待。

孔子一行人住在蘧伯玉大夫家，又通过弥子瑕结识了灵公夫人南子，孔子想在卫国得到上层的支持而施展自己的抱负。《史记》对此也有记载：

"去即过蒲。月余，反乎卫，主蘧伯玉家。灵公夫人有南子者，使人谓孔子曰：'四方之君子不辱欲与寡君为兄弟者，必见寡小君。寡小君愿见。'孔子辞谢，不得已而见之。夫人在缔帷中。孔子入门，北面稽首。夫人自帷中再拜，环佩玉声璆然。孔子曰：'吾乡为弗见，见之礼答焉。'子路不说。孔子矢之曰：'予所不者，天厌之！天厌之！'"[①]

《论语·雍也》也记载了这件事："子见南子，子路不说。夫子矢之曰：'予所否者，天厌之！天厌之！'"

这件事情是这样的：孔子再次返回卫国，想拉近与卫灵公的关系。灵公夫人得知这件事，提出先见孔子一面，孔子一开始婉言推辞了，又一想还是见吧，这样便见了南子。孔子为什么不想见南子？因南子是宋国人，婚前与宋公子朝有私情，名声不大好，受宋人讥讽。南子知道孔子是讲礼节的人，会见时坐在薄纱帐内等候。会见后，孔子向众学生讲述见面情景，称赞南子很懂礼节。答礼时只听见身上佩戴的玉器叮咚作响，言外之意并没见到南子的面目。子路不以为然，得知老师兴致勃勃地去见这样一位风流女人，有失老师的体面。孔子感到子路的这种表现是对自己的误解，故而才发誓的。

但见了南子之后，孔子一直未能担任什么职务，只是卫灵公随兴召见，问一些无关紧要的事情，这种呼来唤去的做法让孔子心生厌倦。有一次孔子陪同卫灵公与南子乘车出游，十分招摇。孔子感到像个摆设，心中尤为

---

① 《史记·孔子世家》。

不快。孔子得不到重用，反而孔子的弟子高柴任士师，子路当上了蒲邑宰。

"居卫月余，灵公与夫人同车，宦者雍渠参乘，出，使孔子为次乘，招摇市过之。孔子曰：'吾未见好德如好色者也。'"① "子曰：'吾未见好德如好色者也。'"②

长久等候仍不被重用，所以，孔子发出感叹。子曰："苟有用我者，期月而已可也，三年有成。"③若有明君用我来主持国家政事，一年社会便可以改变得差不多了，三年就会大变样，会有很好的成效的。

孔子两次想离开卫国。一次是应佛肸之邀去中牟，另一次想去晋国会赵简子。佛肸，晋国范氏中行氏家臣，任中牟宰。子路劝说孔子不要去中牟。

"佛肸召，子欲往。子路曰：'昔者由也闻诸夫子曰："亲于其身为不善者，君子不入也。"佛肸以中牟畔，子之往也，如之何？'子曰：'然，有是言也。不曰坚乎，磨而不磷；不曰白乎，涅而不缁。吾岂匏瓜也哉？焉能系而不食？'"④

这段话意思是：佛肸邀请孔子，孔子想要去。子路说，从前我听老师说过："亲自做过坏事的人那里，君子是不去的。"如今佛肸盘踞中牟谋反，您却要去，怎么会这样呢？孔子说："我是说过这句，但是，你不知道吗？最坚固的东西，磨也磨不薄的，最洁白的东西，染是染不黑的。我难道只能是个匏瓜吗？怎么能只是被挂起来而不能当饭吃，中看不中用呢？"

可见，这时的孔子，多么着急自己无用武之地，满腹经纶，治民治国之才，可以经天纬地，可是无处去用，急得他，就连中牟这种地方，他都想前往，以图施展自己的政治抱负。

孔子鉴于中牟涉及晋国各派势力斗争的复杂性，想去中牟的意愿便放下了。

---

① 《史记·孔子世家》。

② 《论语·子罕》。

③ 《论语·子路》。

④ 《论语·阳货》。

但是，孔子一直想去晋国发展，一方面因为晋国是春秋时期最有影响的大国，另一方面早在孔子出仕鲁国之前，对晋国已十分关注，而且现在晋国的政局各派势力，即赵、魏、韩、知四族势力处于相持阶段，所以孔子想去会见晋国的执政赵鞅，希望能为赵鞅出谋划策，解决晋国政治所面临的各种困境。

大约在卫灵公四十一年（公元前494年）十一月以后的不长时间里，孔子带领弟子踏上了去晋国的行程。可是当他们走到黄河东岸还未离开卫国，便听到窦鸣犊和舜华二人被赵简子杀害的消息。孔子万分沮丧，决定不去了。他站在河畔，久久不语，然后长叹道："多么美啊，这流去的河水。可我不能渡河西行，大概这是天命吧！"身旁的子贡问："您怎么这么讲？"孔子说："窦鸣犊、舜华两人是晋国的贤大夫。赵简子未得志时，依靠这两个人的帮助才获掌权的；等他得志以后，竟然把他们杀掉。我听说，杀害幼兽，麒麟就不会出现在郊外；竭泽而渔，龙就不去降雨；倾覆鸟巢，毁坏鸟卵，凤凰就不会来这里飞翔。为什么呢？因为君子最忌讳伤害他的同类。就连鸟兽对待不义的行为都尚且知道躲避，更何况是我孔丘呢？"孔子便又返回了卫国。

> "孔子既不得用于卫，将西见赵简子。至于河而闻窦鸣犊、舜华之死也，临河而叹曰：'美哉水，洋洋乎！丘之不济此，命也夫！'子贡趋而进曰：'敢问何谓也？'孔子曰：'窦鸣犊、舜华，晋国之贤大夫也。赵简子未得志之时，须此两人而后从政；及其已得志，杀之。丘闻之也，刳胎杀夭则麒麟不至郊，竭泽涸渔则蛟龙不合阴阳，覆巢毁卵则凤皇不翔。何则？君子讳伤其类也。夫鸟兽之于不义也尚知辟之，而况乎丘哉！'乃还息乎陬乡，作为《陬操》以哀之。而反乎卫，入主蘧伯玉家。"[①]

这次返回，卫灵公未去郊外欢迎，因对孔子去晋不满。此时卫与齐正在与晋国开战，卫灵公故意向孔子请教军事问题。孔子不满意卫灵公热衷

---

① 《史记·孔子世家》。

于战争的态度。"卫灵公问陈于孔子。孔子对曰：'俎豆之事，则尝闻之矣；军旅之事，未之学也。'"①

卫灵公见到孔子问军队的陈列之法，孔子说道："祭祀礼仪的事情，我曾经听说过：行军打仗的事情，从来没有学习过。"

第二天两人在庭院中相遇，说话时卫灵公仰观天上的飞雁，故意心不在焉。这让孔子意识到必须离开卫国了。

卫大夫王孙贾来访，他希望孔子去结交卫灵公身边的宠臣而重新获得卫灵公的信任，但又不明说，用隐语暗示孔子："王孙贾问曰：'与其媚于奥，宁媚于灶，何谓也？'子曰：'不然，获罪于天，无所祷也。'"②意思是说：人们都说"与其巴结在房屋西南角的奥神，还不如讨好厨房里的灶神，这是指的什么意思呢？"孔子回答说："这话不对，如果得罪了上天，那么又向谁祈告呢。"

孔子对弟子讲卫灵公是位无道之君，在旁的康子说，"既然如此，卫国为什么还不败亡呢？"孔子说："他有仲叔圉接待宾客，祝鲍管理祭祀，王孙贾统领军队，有这三人辅佐，怎么会败亡呢。"

"子言卫灵公之无道也，康子曰：'夫如是，奚而不丧？'孔子曰：'仲叔圉治宾客，祝鮀治宗庙，王孙贾治军旅。夫如是，奚其丧？'"③

一天，孔子正敲着磬，有一个挑着筐的人恰在门前经过，便说道："这击磬之声是有深意的呀！"过了一会又说道："这磬声硁硁的，含义又是粗鄙的呀！它好像在说，竟然没有人知道我呀！没人知道自己，那就罢休好了。水深，索性穿着衣裳走过去；水浅，那就撩起衣服走过去。"

"子击磬于卫，有荷蒉而过孔氏之门者，曰：'有心哉，击磬乎！'既而曰：'鄙哉，硁硁乎！莫己知也，斯己而已矣。深则厉，浅则揭。'"④

孔子返卫的第二年，灵公死，出公继位，原太子蒯聩，即出公的父亲因谋害南子，事败逃亡国外，在晋的扶持下，带兵入卫，争夺王权，情况十分危急。孔子的学生们都关注着卫国政治形势的发展，纷纷猜测老师会

---

① 《论语·卫灵公》。

② 《论语·八佾》。

③ 《论语·宪问》。

④ 《论语·宪问》。

取什么态度。冉有说："老师可能支持出公吗？"子贡说："好吧，我去问问老师。"子贡进到孔子屋里，说："伯夷、叔齐是什么样的人？"孔子道："古代的贤人。"子贡说："他俩都不想做国君，结果都跑到国外去了，是不是后来后悔了呢？"孔子说："他们求仁德，便得到了仁德，又怨悔什么呢？"子贡出了屋后对冉有说，"老师对他俩谁都不支持。"

> "冉有曰：'夫子为卫君乎？'子贡曰：'诺，吾将问之。'入，曰：'伯夷、叔齐何人也？'曰：'古之贤人也。'曰：'怨乎？'曰：'求仁而得仁，又何怨？'出，曰：'夫子不为也。'"[1]

孔子决定离卫去陈。此时为鲁哀公二十年（公元前475年）九月，孔子已经59岁了。

孔子众人从卫国启程，从北向南，过曹适宋，又折西去郑，再南下陈国。

路过曹国，进入宋国，孔子深感亲切，一是夫子祖先曾是宋国人，二是亓官氏也是宋人，三是多年前因考察礼也来过宋国。但是宋公室对孔子的到来并不热情。宋景公是应孔子要求才接见孔子的，而且一见面就提出诸多问题，听了孔子回答，反映出来的态度无精打采，见面不欢而散。

宋权臣司马桓魋让人做一口石椁，三年尚未完工，工匠们个个疲惫不堪。孔子与人说："与其这样奢侈，不如叫他死后早点烂掉！"这话传到桓魋那里，开始找孔子师生麻烦，将孔子和弟子常在树下演习礼仪的树连根刨掉。学生们劝孔子尽快离开宋国，孔子说："上天使我有德，司马桓魋能拿我怎么样？""子曰：'天生德于予，桓魋其如予何？'"[2]但是，孔子师生还是化装逃出宋国。孔子在郑国都城的东门外等候众弟子聚会。众人跑散。当子贡向人询问时，有人告诉子贡说，东门站着一位老头，长相奇特，脊背微屈，样子又瘦又累，活像一只丧家犬。子贡找到孔子，与众人会合，把刚才人说的话说了一遍，孔子听了又看看大家，一个个十分落魄的样子，

---

[1]《论语·述而》。

[2]《论语·述而》。

不禁哈哈大笑说："长相，倒不重要，说我像只丧家狗，啊，啊……这倒是很像，很像！"

> "孔子适郑，与弟子相失，独立东郭门外，或人谓子贡曰：'东门外有一人焉，其长九尺有六寸，河目隆颡，其头似尧，其颈以皋繇，其肩似子产，然自腰已下，不及禹者三寸，累然如丧家之狗。'子贡以告，孔子欣然而叹曰：'形状未也，如丧家之狗，然乎哉！然乎哉！'"①

孔子在郑国停留多长时间，已难以考证，但从《史记·孔子世家》中称"适卫""过匡""过蒲""过曹""适宋""适郑"来看，不称"过"而称"适"，说明孔子在郑国短暂停留过一段时间。孔子对郑国的子产很是尊敬，30年前，孔子在鲁国时听到子产去世的消息，为之流涕。②既然到了郑国的城门，进城是理所当然之事，也想对子产的旧居进行访问和考察。孔子对子产的评价，大概是这时讲的：子产有四种行为合于君子之道，言行谨慎庄严，对待君主忠心耿耿，执政给予民众很多实惠，役使人民都符合礼义。"子谓子产：'有君子之道四焉：其行己也恭，其事上也敬，其养民也惠，其使民也义。'"③

子产在郑国执政时，人们经常去乡校聚会，评议朝政。朝中大夫建议把乡校拆除，子产反对说："人们早晚到那里游玩，评论朝廷的举措对错好坏。他们认为好的东西，我就实行它，认为不好的，我就改掉它。这是我的好老师啊，为什么拆掉它呢？只听说一心一意地做善行才能减少怨恨，没听说用强制的手段能防止怨恨。强制的办法是可以迅速堵塞言论，可这就如堵塞河水决口一样，决口冲大死伤必多，要补救也不行了。莫如用疏导的办法解决水患，不如常能听到批评以补救朝政的得失。"

> "郑人游于乡校，以论执政。然明谓子产曰：'毁乡校何如？'子产

---

① 《孔子家语·困誓》。

② 见《左传》昭公二十年。

③ 《论语·公冶长》。

曰：'何为？夫人朝夕退而游焉，以议执政之善否。其所善者，吾则行之；其所恶者，吾则改之，是吾师也。若之何毁之？我闻忠善以损怨，不闻作威以防怨。岂不遽止？然犹防川，大决所犯，伤人必多，吾不克救也。不如小决使道，不如吾闻而药之也。'然明曰：'蔑也今而后知吾子之信可事也。小人实不才，若果行此，其郑国实赖之，岂唯二三臣？'"①

子产的话传到孔子那里。孔子说："由此看来，别人说子产不仁，我是不会相信的。"

"仲尼闻是语也，曰：'以是观之，人谓子产不仁，吾不信也。'"②

子产病重，对太叔说："我死了，你必执政。只有有德的人能采用宽仁的政策使百姓服从，其次就不如用严厉的政策。火猛烈，人民望而生畏，所以少有人死于火的；水柔弱，人民亲近而玩弄它，却有很多人死于它。"孔子听到后说："子产讲得真好啊！"政策宽和了人民就会怠慢，怠慢了就用严厉来纠正。政策严厉会使人民受到残害，受到残害又要用宽大政策来对付。用宽大调剂严厉，用严厉调剂宽大，政策到目前为止是调和的。"子产去世后，孔子听说了，流着泪说："他具有古人仁爱的遗风啊！""及子产卒，仲尼闻之，出涕曰：'古之遗爱也。'"③

"子贡问孔子，老师您对子产和晏子可以说尊敬到极点了。我想冒昧地问您，您尊敬和赞美他们的原因是什么呢？"

孔子说："子产对于老百姓是一个有恩惠的大夫，从学识来讲他又是个博学的人。晏子对君主可以说是位忠臣，而且为人又恭敬聪敏。所以我都以兄长之礼去爱戴和尊敬他们。"④

（五）"六十而耳顺"

孔子为什么说，到60岁时"耳顺"了呢？与孔子50—60岁，这10年间

---

① 《左传·襄公三十一年》。
② 《左传·襄公三十一年》。
③ 《左传·昭公二十年》。
④ 《孔子家语·辩证》。

的经历关系很大。

孔子50岁（公元前501年啊）这年，鲁国阳虎掌控朝政，欲去三桓，不成，据谨（今山东宁阳县），阳关（泰安东南）以叛。

51岁（公元前500年）孟氏季氏攻克阳关，阳虎出逃齐国。孔子任中都宰。

52岁（公元前499年）由中都宰迁小司空，再晋司寇。

54岁（公元前498年）摄行相事。

55岁（公元前497年）离开鲁国。经过蔡地，到达卫国。

56岁（公元前496年），卫内乱，卫太子蒯聩谋杀南子未成，出逃宋，孔子离卫去陈，过匡、蒲，又返卫。卫灵公郊迎。

57岁（公元前495年）鲁定公死，鲁哀公继位，孔子自卫返鲁。佛肸为中牟宰，召孔子，孔子欲往，子路阻之。孔子欲往晋，到黄河东岸边后决定不往。

58岁（公元前494年）孔子行至晋鲁边界。

59岁（公元前493年）去曹，适宋，宋司马桓魋恶之，欲杀孔子。返回卫国，卫灵公卒，卫国内乱。自卫适郑，嘲之“丧家之犬”。

60岁（公元前492年）孔子在陈，季桓子病，死前嘱咐季康子起用孔子。

从这10年来看，孔子从政时间是51—55岁。在这5年时间，从一个地方城市的长官，进入鲁朝，先任小司空，又转任司寇，后摄相事。从做官来说，接近于官居一品，摄相事时仅在鲁昭公和季桓子二人之下。摄相事说明季桓子将很多宰相的事交由孔子来管。可见此时的孔子权倾一朝。史有记载孔子摄政时7日便杀了朝廷官吏少正卯，此事是否真实，难有定论，但起码说明孔子是掌握了大权。

这是孔子一生中最得意，最辉煌的5年。

从55岁离开鲁国到60岁这四五年的时间里，孔子三度适卫。三次在卫国，时为卫灵公的座上宾，时遭卫灵公的冷落。他也曾结交权贵，拜见南子，但三次在卫均未得重用。在去陈的路上，蒙难于匡、蒲，一度被囚禁，成为阶下囚，到了宋国结仇于宋司马桓魋，化装出逃，跑到郑国，被郑国形容成“累累然，如丧家之狗”。这是孔子一生中最失意最沮丧的5年。

这近10年之中，前后反差极大，让寻常人难以承受。

恐怕就连孔子的有些弟子也想，干吗就愤然地辞官离开鲁国，不离开鲁国怎么会有这样的命运？

那么，孔子是怎么想的呢？

其实，孔子表面看是辞去相位，实际上是被迫无奈。孔子如果不辞行，那么他与三桓的矛盾，尤其和季桓子的矛盾很快就会发展到白热化的程度，在鲁国继续待下去，不仅不能实现他的政治抱负，甚至身家性命都有危险。孔子一向主张"有道则仕，无道则隐""君子不立危墙之下"，既然鲁国国君和执政大夫如此无道了，还有必要在鲁国待下去吗？离开的直接原因，是齐国用的美人计。孔子十分清楚，齐送美人，如果他不离开，一定会直谏鲁定公把美女归还齐国，那么鲁定公当然会和孔子产生隔阂和反感，然后季桓子还会以各种罪名加害于他，那时自己真的就大祸临头了。另外，天下还有诸多国家，鸟应择良木而栖，凭孔子现在在天下各国的影响，凭他的才能，还愁没有国家用他吗？这才是孔子当时离开鲁国的真正心理。

《史记》记载：

> "秋，季桓子病，辇而见鲁城，喟然叹曰：'昔此国几兴矣，以吾获罪于孔子，故不兴也。'顾谓其嗣康子曰：'我即死，若必相鲁；相鲁，必召仲尼。'后数日，桓子卒，康子代立。已葬，欲召仲尼。公子鱼曰：'昔吾先君用之不终，终为诸侯笑。今又用之，不能终，是再为诸侯笑。'康子曰：'则谁召而可？'曰：'必召冉求。'于是使使召冉求。冉求将行，孔子曰：'鲁人召求，非小用之，将大用之也。'是日，孔子曰：'归乎归乎！吾党之小子狂简，斐然成章，吾不知所以裁之。'"[①]

其实，季桓子嘱咐其子季康子，为相后复起用孔子。可惜，季康子并没有执行其父的意图。

这一方面说明季桓子的忏悔之心。另一方面说明，孔子治理鲁国时，

---

① 《史记·孔子世家》。

鲁国大变，如果能让孔子继续执政下去，鲁国完全可能成为天下大国。从中可以看出，孔子执政鲁国，无论在鲁国内，还是鲁国外，影响还是十分大的，必然会引起各诸侯国的高度关注。也正是这个原因，促使孔子愤然离去。孔子认为凭自己的影响和才能，会有明君用他。可惜，孔子想错了。

离开鲁国的孔子，不但没有被重用，反而几乎四处碰壁。所到之国所见之君，均未让他执政，这是出乎于孔子本人意料的。

为什么会如此？时也，运也，命也。

孔子出生于春秋中后期，死于春秋即将结束之时，孔子最佳的人生岁月20岁至60岁时，已是春秋晚期了。一个时代，或者一个朝代，除个别朝代外大多数都会有初期、初中期、中后期、后期（晚期）四个阶段。

初期往往是这个时代或朝代的最好的阶段，无论是社会还是统治集团中的大小官吏，思治、思发展占主要地位，而被统治的平民百姓中的农民、商人等等都是思安居乐业，思从服。

初中期，往往是时代或朝代发展到强盛阶段，这时的社会统治集团及大小官吏志得意满，好大喜功，大兴土木、大兴征伐，已没有往日养精蓄锐，韬光养晦，谦谦君子之风，骄奢淫逸，声色犬马日昌。被统治的平民百姓、农民、商人、手工业者的生活状况比过去有所改变，但社会不公、贫富悬殊的现象使人们对社会的意见愈来愈大，官与民之间的矛盾开始显露。

中后期，是时代或朝代从高峰往低谷滑落的开始，逐渐地走进低谷，统治集团的大小官吏人不思治，贪图享乐，乐而忘忧，社会经济开始下滑。被统治的平民百姓生活日益下降，民不乐业，贪奸取巧之风日盛，官民矛盾走向对立，盗贼泛滥。

晚期，是时代或朝代走向灭亡阶段，从统治集团的大小官吏来看，心不思治，争名于朝，争利于市，迷恋于灯红酒绿，纸醉金迷，明明是大厦将倾，还称颂太平盛世；从被统治的平民百姓来看，流民遍地，饿殍遍野，聚众为盗，揭竿而起。

春秋共二百九十五年，如今被划分为四个阶段，每阶段在70—80年。孔子73岁卒于公元前479年，春秋时代结束于公元前476年，孔子的一生正处在春秋晚期的开始与结束阶段。

所以，在这个时代晚期，没有人重用这位旷世治国人才，是非常正常不过的事了。这是"时也"。

什么是"运也"？孔子运气也不好。孔子63岁时，即公元前489年，楚昭王想恢复到春秋初时楚庄王时的地位，想用孔子执政，封以"书社七百里"给孔子。

《史记》这样记载这件事：

> "孔子迁于蔡三岁，吴伐陈。楚救陈，军于城父。闻孔子在陈、蔡之间，楚使人聘孔子。孔子将往拜礼，陈、蔡大夫谋曰：'孔子贤者，所刺讥皆中诸侯之疾。今者久留陈、蔡之间，诸大夫所设行皆非仲尼之意。今楚，大国也，来聘孔子。孔子用于楚，则陈蔡用事大夫危矣。'于是乃相与发徒役围孔子于野。不得行，绝粮。"[1]

以此记载，孔子与弟子们困厄于陈蔡之间，绝粮亡日，乃陈蔡大夫所为，目的是阻止孔子入楚。

《说苑·杂言》又有一种说法：

> "楚昭王召孔子，将使执政，而封以书社七百。子西谓楚王曰：'王之臣，用兵有如子路者乎？使诸侯有如宰予者乎？长官五官有如子贡者乎？昔文王处酆、武王处镐，酆镐之间百乘之地，伐上杀主，立为天子，世皆曰圣。至今以孔子之贤，而有书社七百里之地，而三子佐之，非楚之利也。'楚王遂止。"

此处记载之说，也极有可能。以孔子的才能，入楚后政治上一定会重新洗牌，原有的利益格局将被打破，这是任何怀有私欲的权臣都不希望见到的局面，所以楚国大夫阻止孔子入楚，乃为情理之中。

当然《说苑》的说法，也未见得可信，从楚昭王所作所为来看，不失一位想励精图治的明君，未见得听了身边人的话后，就改变想任用孔子的

---

[1] 《史记·孔子世家》。

想法。但至少说明在孔子的运途当中遇到的小人太多，君子太少。

更让人可惜的是，想用孔子的楚昭王短命而去。当时陈国是楚吴两大国争夺的对象。鲁哀公六年（公元前489年），吴伐陈，楚驻军城父（今河南平顶山市西北），准备迎战吴军。战之前，昭王患病，"卜曰：河神为祟。"说是黄河的河神在作怪。卜者要求祭祀河神，昭王以"祭不过望"，祭祀不能超过本国以外的山川为由，拒绝祭河神。

《史记》这样记载此事：

> "十月，昭王病于军中，有赤云如鸟，夹日而蜚。昭王问周太史，太史曰：'是害于楚王，然可移于将相。'将相闻是言，乃请自以身祷于神。昭王曰：'将相，孤之股肱也，今移祸，庸去是身乎！'弗听。卜而河为祟，大夫请祷河。昭王曰：'自吾先王受封，望不过江、汉，而河非所获罪也。'止不许。孔子在陈，闻是言，曰：'楚昭王通大道矣。其不失国，宜哉！'"①

不久，楚昭王便病死于城父军中，孔子一生最有可能实现他梦想的机会，就这样失去了。

如果孔子早生130年，30岁时正值齐桓公称霸，以孔子的才能，在管仲之上，如齐不用，宋襄公也可能重用孔子。或者孔子晚出生130年，正值战国变法时代，也会碰到像秦孝公、魏文侯、楚悼王等明君，他的一生就会大为改观，中国的历史恐怕要重新书写，但历史没有给孔子这个运程。

什么是孔子的"命也"？这时的孔子，对命的理解并不是很清楚，他深知自己身上肩负着上天赋予的使命，使他以所倡导的仁、义、礼、智、信等的文化，去改造社会，但首先自己的命运如何，他是不太清楚的，他不清楚自己的下一站应该到哪里，到哪里才能实现他的宏图伟业，只是在等待，在等待，希望碰到知遇的明君，但他相信人有命运，也相信天道的存在，只不过自己尚未弄清楚而已。

正是相信自己肩负着上天的使命，致使孔子到处提倡自己的理论道德

---

① 《史记·楚世家》。

学说，希望凭着自己的理论道德学说治理出一个新社会来，而这个新社会就是他所倡导的大同世界。

带着这样的认知感和使命感的孔子，无法与当时国家的统治阶层融为一体，却成为官僚集团中的另类，他自然不会受到他见过的国君的重用，也必然遭到各国贵族官僚们的反感和排斥，但是，孔子依然如初，我行我素。

孔子在这10年之中，听到过各种各样的声音，好的也有，不好的也有；实事求是的也有，子虚乌有的也有；有极力称颂的，也有恶意中伤的；有阿谀奉承的，也有冷言冷语的……但一个胸中追求天道的人，一个自认为被上天赋予使命的人，一切都不会在意，一切都能听得进去，这才是他为什么"六十而耳顺"。

公元前492年（鲁哀公三年），这年孔子60岁，正好是他的耳顺之年，孔子一行抵达陈国，这个国都宛丘（今河南淮阳）妫姓的小国，传说是舜的后裔建立的国家。

孔子入陈都城后，投奔陈大夫司城贞子，并由他引见拜会了陈闵公。陈闵公对孔子一行人热情款待，安排孔子等入驻城内最好的会馆。

陈闵公敬佩孔子的渊博学识，时常向他请教一些文化上的问题。

孔子在陈国除了教授学生之外，还是陈闵公的文化顾问，但时间一长，孔子仍无法实现他的政治抱负，又开始思归了。

孔子到陈的第一年，即鲁哀公三年（公元前492年），鲁国执政季桓子病故，去世之前，为孔子长时间在外流落而感到内疚，故嘱其孙季孙肥（季康子）在他执政之后，要召孔子回鲁。孔子听到这个消息有些兴奋，又听说留在鲁国的学生琴张、曾晳等人学业上大有长进，但有些志大狂放，孔子更加思归了。"回去吧，回去吧！我们家乡的年轻人奋发向上，志向远大，文采斐然，我还不知如何提高他们呢？"[1]

可是鲁国的请召没有到，孔子只能留在陈国。

孔子在陈，楚昭王请他入楚，可惜天公不遂愿，楚昭王病故。[2]

---

[1] 《孟子·尽心下》《论语·公冶长》。

[2] 《史记·孔子世家》。

因陈国受到吴军入侵的可能，加之孔子也想去楚国看看本应能让他施展抱负的国家，看看能否有新的机会，便率领弟子前往楚国。

从陈去楚，途经蔡国。蔡（又名上蔡，今河南上蔡县），春秋时小国，吴楚两个大国经常相战于此。孔子赴楚时，蔡地为吴军占领。由于连年战争，蔡国很多地方人烟稀少，残破荒凉，在方圆800余里的地方，无宿馆食饮。孔子一行陷入"无上下之交"的困境。干饭难继，只能用稀粥和野菜充饥，人困马乏，无力赶路。孔子为了提起弟子们的精神，讲诵弦歌，以舒缓弟子们的情绪。子路和子贡外出寻粮，每次都空手而归。

《论语·卫灵公》记载：孔子在陈国断绝了粮食，跟随的弟子们都饿病了，爬不起床来。子路很不高兴地来见孔子，说道："君子也有穷得毫无办法的时候吗？"孔子道："君子虽然穷，还是坚持着；小人一穷便无所不为了。"

> "在陈绝粮，从者病，莫能兴。子路愠见曰：'君子亦有穷乎？'子曰：'君子固穷，小人穷斯滥矣。'"[1]

孔子师生断粮的第七天，子贡从负函回来并带来接迎孔子等人的车马，才渡过这场危机。

负函是蔡国除都城之外的一个人口聚集区，多为难民。这里离楚国的都城郢五六百里，又有山川相隔，所以孔子决定应叶公（负函主政）之请，先做停留休息，并通过叶公联系上刚登上王位的楚惠王。

叶公接待孔子很热情，孔子又成了他的文化顾问。但相谈中两人并不投机。

叶公曾向孔子请教社会治理的问题。孔子回答说："近者悦，远者来。"[2]让境内的人高兴，使境外的人能来投奔。叶公又向孔子说："我这里有一个诚实直率的人，他的父亲偷了一只羊，他便向官府揭发了。"孔子说："我们那里诚实直率的人和你们这里的人不同；父亲替儿子隐瞒，儿子

---

① 《论语·卫灵公》。

② 《论语·子路》。

替父亲隐瞒——诚实和直率就在这里面。"

> "叶公语孔子曰：'吾党有直躬者，其父攘羊，而子证之。'孔子曰：'吾党之直者异于是。父为子隐，子为父隐，直在其中矣。'"①

从两人的谈话可以看出对社会治理的意见相左，孔子对叶公的治民之术是不认同的，而叶公对孔子所说也不认可。有一天，

> "叶公问孔子于子路，子路不对。子曰：'女奚不曰，其为人也，发愤忘食，乐而忘忧，不知老之将至云尔。'"②

叶公问得很不礼貌，向学生问他老师是什么样子的人，这带有一种轻蔑之意、而孔子让子路回答的话，能感觉到孔子大度的方面，但孔子让子路如此说，也说明孔子根本没有把叶公放在眼里，正所谓"道不同，不相为谋"。

同叶公关系处到这种地步，还指望他向楚惠王推荐，已是不可能了。于是孔子先后派子夏、冉求去同楚惠王联系，都没有很好的结果，孔子想在楚国施展抱负的心理已逐渐淡了下来。

虽然如此，可想去楚国是孔子很久的心意，他决定还是去楚国游历一番。

孔子一行沿着叶、巢、汉水之滨向南行进。

《孟子·离娄上》记载孔子与弟子们在行进时，听到一个未成年的孩子唱着一首乡歌：

> "沧浪之水清兮，可以濯吾缨；沧浪之水浊兮，可以濯吾足。"

沧浪，水名，《尚书·禹贡》言"嶓冢导漾，东流为汉，又东为沧浪之

---

① 《论语·子路》。
② 《论语·述而》。

水"。《水经注》认为，武当县（今湖北均县北）西北40里汉水中有洲名为沧浪洲，自此以下汉水有沧浪通称。

孔子听了说道："小伙子们，你们听这歌，水清的就用它洗冠缨，浊了就用它洗双脚，这是由水的自身条件决定的啊！"言外之意，不管时局如何，我们自身的信念不能改变，好的时局我们有好的做法，坏的时局我们有坏的做法。

时逢盛夏，孔子一行经过一片树林，看见一位驼背人在捕蝉。林中的蝉声此起彼伏，那位老人一心举竿粘蝉，完全没注意到孔子等人在一旁看他捕蝉，就像捡东西一样容易。孔子便上前问道："您真有技巧啊！有什么诀窍吗？"驼背人答道："我有诀窍啊，练习了五六个月，在竿头上叠放着两个泥丸不会掉下来，然后再去粘蝉，失手的概率就很小了；竿头上累放三个泥丸，然后再去粘蝉，失手的概率只有十分之一了；再后来在竿头上累放五个泥丸，这五个泥丸仍不掉下来，然后再去粘蝉，就好像在地上拾取东西一样容易了。粘知了时，我身子站在那里像没有知觉的断木桩子，举起的手臂，就像枯树枝，天地之大，万物之多，我浑然不觉，一心只在捕蝉上，不愿意以万物换取蝉翼，我怎么能捕不到蝉呢？"

听捕蝉老人说完之后，孔子回头对弟子们说："用心不移，聚精会神，说的不就是这位驼背的老人吗？"[1]

离开捕蝉者，他们继续往前行到了叶邑（蔡国叶公的封邑），孔子让子路去打听渡口怎么走。

子路去问正在地头并肩耕地的长沮和桀溺。长沮问子路："那位在车上执马缰绳的人是谁？"子路说："是孔丘。"又问："是鲁国孔丘吗？"回告："是。""那他应该知道渡口在哪里了。"子路又去问桀溺，桀溺问："你是谁？"回答说："我是仲由。"问："是鲁孔丘的弟子吗？"回答："是的。"桀溺停下身子说："像洪水一样的东西到处都是，谁能改变得了呢？你与其跟着的那位逃避坏人的人，为什么不跟着我们这些躲避坏世的人呢？"说完以后耕土不止，不再说话。子路回到孔子身边把刚才两人说的话转述给孔子；孔子不禁有些惆怅，说道："人既然不能与禽兽群居，若不跟天下的人待在

---

[1]　见《列子·黄帝》《庄子·达生》。

一起，那我们又去与谁交往呢？如果天下有正道了，我们为何要改变它呢？"如此穷困没落的孔子，仍然不忘他自己肩负的使命！

> "长沮、桀溺耦而耕，孔子过之，使子路问津焉。长沮曰：'夫执舆者为谁？'子路曰：'为孔丘。'曰：'是鲁孔丘与？'曰：'是也。'曰：'是知津矣。'问于桀溺。桀溺曰：'子为谁？'曰：'为仲由。'曰：'是鲁孔丘之徒与？'对曰：'然。'曰：'滔滔者天下皆是也，而谁以易之？且而与其从辟人之士也，岂若从避世之士哉？'耰而不辍。子路行以告。夫子怃然曰：'鸟兽不可与同群，吾非斯人之徒与而谁与？天下有道，丘不与易也。'"①

孔子及弟子遇到的隐士除了在卫国那位荷蒉人外，其余的都集中在楚国。楚国幅员辽阔，山区发展得也比较慢，这些隐者应该是在国家形成初期有自由身份的劳动者。这些人自食其力，远离喧嚣，他们排斥现有的国家形态，尤其厌恶统治阶级上层权贵之间的相互倾轧，明争暗斗，国与国为一己之利攻伐掠夺，战争连连，让天下人饱受战乱之苦。所以这些人认为，现实社会是一个不好的世道，不好的社会，于是他们过起了隐士的生活。这些人的主张与孔子的君子理念在一定程度上是一致的。孔子多次对弟子讲，有道仕，无道隐。孔子身处春秋时代末期，社会政治处于无道阶段，但为什么孔子还四处游走，还要寻一处用武之地呢？还是他心中的社会理想天道和天命使然，他放不下心中的理想和他认为是上天所赋予他的使命。

在楚国遇见的隐士，在孔子的心里还是产生了不小的波动，常年地在外奔走，使他的内心蒙上了阴影，产生了归国回家的念头。

此时南方吴国强大，努力向北发展，与齐国争雄。鲁国史在中间深受其害。公元前489年（鲁哀公八年）吴王夫差率师讨伐鲁国，攻下武城、东阳，进军泗水，直逼鲁城。孔子在鲁国的弟子同国人纷纷参战。国家有难，加之从鲁国回来的子贡告诉孔子其夫人和儿子孔鲤身体都不太好时，孔子想要回家归国之心更加强烈了。留在卫国做官的学生也传来卫出公有了委

---

① 《论语·微子》。

任孔子的想法，孔子便决定先回卫国，一是看卫出公是否重用他，另外在卫国等待鲁国是否也有用他的决定。

刚刚踏上回卫国的路，一个叫接舆的楚人，特意经过孔子的车旁，唱道："凤凰呀！凤凰呀！为什么这么倒霉呀？过去的不能再挽回，未来的还可以再去追求。算了吧，算了吧！现在的执政者们都危乎其危！"

> "楚狂接舆歌而过孔子曰：'凤兮凤兮！何德之衰？往者不可谏，来者犹可追。已而，已而！今之从政者殆而！'孔子下，欲与之言。趋而辟之，不得与之言。"①

孔子大约在公元前486年（鲁哀公九年）离开楚国负函，约在公元前485年即孔子67岁时，自陈入卫，由此推断孔子在陈待了大约半年以上的时间。《论语·述而》记载孔子在游历诸国时，生了一场重病，这场重病应发生在留陈之际。养病期间，子路向上天祈祷，希望老师尽快好起来。孔子问子路，"有这么回事吗？"子路说："有的，《诔文》说过代替你向天地二神祈祷。"孔子说："我早就祈祷过了。"

> "子疾病，子路请祷。子曰：'有诸？'子路对曰：'有之。'《诔》曰：'祷尔于上下神祇。'子曰：'丘之祷久矣。'"②

但在孔子病情加重期间，子路已经开始成立治丧组织，相当于今天的治丧委员会。孔子好了以后，认为子路做得不对。因为当时逝世的人只有很高的地位的诸侯才会成立治丧组织。事载于《论语·子罕》。

> "子疾病，子路使门人为臣。病间，曰：'久矣哉，由之行诈也！无臣而为有臣。吾谁欺？欺天乎？且予与其死于臣之手也，无宁死于二三子之手乎！且予纵不得大葬，予死于道路乎？'"③

---

① 《论语·微子》。
② 《论语·述而》。
③ 《论语·子罕》。

这里的"臣"指家臣，孔子当时不是大夫，没有家臣，子路让孔子门人充当家臣，是一种僭越。这段记载，说明孔子把礼制看得多么重要。在孔子之时，很多大夫去世，也多"僭越"周制，多"无臣而为有臣"。可孔子不然，虽然他希望恢复周制的愿望已无法去实现了，但他不允许自己违背周制。

病情好转，孔子便与弟子们再次上路。路过宋国西北边邑仪时，因孔子此时在社会上有了一定的影响，他的到来，受到当地人的欢迎。仪邑的守边官提出拜会孔子，并对孔子的学生说，所有来到我这里有道德学问的人，我没有不和他见面的。孔子会见了他。他从孔子那里出来后，对孔子的学生们说：你们这些人为何担心自己将来没有官位做呢？天下黑暗的日子已经很久了，上天会要把他老人家作为人民的导师呢。《论语》论述如下：

> "仪封人请见，曰：'君子之至于斯也，吾未尝不得见也。'从者见之。出曰：'二三子何患于丧乎？天下之无道也久矣，天将以夫子为木铎。'"[1]

弟子们追随孔子出游诸国，一路上孔子传道解惑自然收获颇丰，但老师的政治主张、想实现天道的愿望却屡屡受挫，加上孔子又大病一场，众人旅途劳顿，自然一脸土色，出来时那种朝气蓬勃的样子几乎不见了。这时被仪邑封官看到了，鼓励这些学生，不必去担心自己未来的前途这一番说。

仪封人对弟子们的鼓励和对孔子的评价，一扫灰头土脸的弟子们近日心头之霾，感到还有人在支持并赞美他们，使大家内心为之一震。过了仪封，离卫国的帝丘就不远了。

进了帝丘，孔子想到以前住过的馆舍看看，正遇上馆主人去世，家人正在办丧事。孔子进去吊唁，不禁落泪了，走出来让子贡把随车旁的一匹马送给他家，子贡认为有点过分。孔子说："我刚才进去哀悼死者，动了我心中的感情而流下泪来。我不愿意只流泪而没有别的表示，你照我的话办吧。"

---

[1]《论语·八佾》。

"孔子之卫，遇旧馆人之丧，入而哭之哀。出，使子贡说骖而赙之。子贡曰：'于门人之丧，未有所说骖，说骖于旧馆，无乃已重乎？'夫子曰：'予乡者入而哭之，遇于一哀而出涕，予恶夫涕之无从也。小子行之。'"①

子路问孔子："卫国正在急迫地等待您去治理国家呢，您准备先从什么做起呢？"孔子回答道："那一定是先纠正名分上的不当！"子路说："先生，没有想到您的迂腐竟然到了这种地步，为什么要先去正名呢？"孔子有些生气了，看来孔子也还没到达百分之百的耳顺，说道："子路，你怎么这样鲁莽！君子对于他不懂得的，都会持保留态度。名分不正，或用语不正确，语言就不能通顺；言不通顺，则事情就难以办成；事情办不成，礼乐制度就兴不起来，刑罚也就不会得当；刑罚不得当，百姓就不知道做事情是对是错，连手脚都不知道放在哪里才好。"

"子路曰：'卫君待子而为政，子将奚先？'子曰：'必也正名乎！'子路曰：'有是哉，子之迂也！奚其正？'子曰：'野哉，由也！君子于其所不知，盖阙如也。名不正，则言不顺；言不顺，则事不成；事不成，则礼乐不兴；礼乐不兴，则刑罚不中；刑罚不中，则民无所措手足。故君子名之必可言也，言之必可行也。君子于其言，无所苟而已矣！'"②

正名就是端正名分，这在当时的卫国来说是一个十分敏感的话题。卫灵公去世前，太子蒯聩因谋杀南子未遂而逃亡国外。灵公想立公子郢为太子，郢不从，只好立蒯聩的儿子辄。灵公死，辄即位，是为出公，出公坚持灵公的反晋国策，晋则支持蒯聩回国即位。蒯聩以奔丧的名义想进入卫都，途中遭到卫国军队阻击，蒯聩只好落足于离卫都40里左右的城邑，展开了父子之间的王位之争。

---

① 《礼记·檀弓上》。
② 《论语·子路》。

端正名分，就是端正君君臣臣父父子子的名分。这种情况怎么去端正，卫氏父子谁都不想扯上这个话题，所以子路才说，先生您怎么会迂腐到这种地步。

抱着这样的心理和想法返卫的孔子怎么会得到卫出公的重用？出公对孔子的到来表示了欢迎，但以国家养贤之礼待之，而不是重任孔子。

卫国执政大臣孔文子因家事与女婿大叔疾产生纠纷，他想利用手中的权力，用国家的军队去攻打大叔疾，并以此征求孔子的意见。孔子听到了之后，用当年回答卫灵公的方式回答了孔文子，即在祭祀方面的学问尚且可以，我曾学过一些这方面的东西，其他的我从来没有听说过。说完就退下，叫人套上车子想要走，并说道："鸟能选择树木，树木哪能选择鸟？"孔文子百般阻挠，并说道，自己不是为了私怨，而是怕国家出现祸患。于是孔子才没走。孔文子也没有去攻打太叔疾。

"孔文子之将攻大叔也，访于仲尼。仲尼曰：'胡簋之事，则尝学之矣。甲兵之事，未之闻也。'退，命驾而行，曰：'鸟则择木，木岂能择鸟？'文子遽止之，曰：'圉岂敢度其私，访卫国之难也。'"[1]

也就是在此时，鲁国执政季康子派来使臣公华、公宾、公林等人到了，带来了礼物，邀请孔子回国。《左传·哀公十一年》，和《史记·孔子世家》都记载了此事。

"会季康子逐公华、公宾、公林，以币迎孔子，孔子归鲁。"[2]

鲁哀公十一年（公元前484年），孔子及随行弟子们回到离别14年的鲁国，孔子的回归受到鲁国的学生及鲁国君臣的热情欢迎。

孔子回国后，很多学生都到官府中任职，孔子一直没有被任命职务，这与孔子回国时内心想法是违背的。鲁国朝廷尊孔子为国老，只是个虚名而已。

---

[1]《左传·哀公十一年》。

[2]《史记·孔子世家》。

有一次，鲁哀公向孔子询问如何治理国家，孔子说："关键在于选好大臣。"

> "鲁哀公问政，对曰：'政在选臣。'……然鲁终不能用孔子，孔子亦不求仕。"①

鲁国朝廷有什么大事还是到孔子家中征求意见，如执政季康子想要在原来向人民征税的基础上再增加一倍的税收，目的是备战齐国，还有一个目的是为进一步掠夺百姓的财产，恐怕这才是真实的目的。季康子让孔子的学生，此时任季氏总管的冉求前去征求孔子的意见。

孔子反对这样做，他说："君子应该根据礼制来治国，施舍要讲究丰厚，事情要做得中正，赋敛要力求微薄。如果这样，那按照过去的丘甲法，以丘为单位，征收赋税也就够了。如果不根据礼法而贪得无厌，就算按田亩征收税，还会感到不满足。季孙果真是想按法度办事，那么以前周公的典章还在；如果想随意行事，到至今如果都随意行事，又何必问我呢？"

> "季孙欲以田赋，使冉有访诸仲尼。仲尼曰：'丘不识也。'三发，卒曰：'子为国老，待子而行，若之何子之不言也？'仲尼不对。而私于冉有曰：'君子之行也，度于礼；施取其厚，事举其中，敛从其薄。如是，则以丘亦足矣。若不度于礼，而贪冒无厌，则虽以田赋，将又不足。且子季孙若欲行而法，则周公之典在；若欲苟而行，又何访焉。'"②

季康子不听。

孔子的治国理念与统治者格格不入，这恐怕是孔子一直不被重用的主要原因。季康子想要攻打颛臾。冉求和子路一起去见孔子，提起这事。孔子说："颛臾是前代君王封在蒙山的主祭，而且在我们鲁国的境内，是同鲁国共安危存亡的藩属，为什么要攻打它呢？"

---

① 《史记·孔子世家》。
② 《左传·哀公十二年》。

"季氏将伐颛臾。冉有、季路见于孔子曰:'季氏将有事于颛臾。'孔子曰:'求,无乃尔是过与?夫颛臾,昔者先王以为东蒙主,且在邦域之中矣,是社稷之臣也。何以伐为?'"①

冉求和子路说:"这是季康子要这么做的,我们俩是不同意的。"孔子说:"冉求,周人有句话是'能够贡献自己的力量,才去任职,如果不行,就该辞职。譬如瞎子遇到危险,不去扶持,摔倒了不去搀扶,那又何必用助手呢?你的话说错了。'"

"如今仲由(子路)和冉求你俩辅佐季氏,远方的人不肯来归附,却又没有办法吸引他们来归服,国家分崩离析,又不能使政权稳固,反而还要在国内大动干戈。我担心季氏的忧虑不在颛臾,而在萧墙之内呢。"

"今由与求也,相夫子,远人不服,而不能来也;邦分崩离析,而不能守也;而谋动干戈于邦内。吾恐季孙之忧,不在颛臾,而在萧墙之内也。"②

萧墙,国君宫室内所用的屏风。孔子暗示季康子意在鲁君。他怕鲁君和颛臾联合起来对付他自己,所以才想要除掉颛臾。

自鲁哀公十二年(公元前483年)开始,鲁国连续四年发生旱、蝗灾。③加之季氏实行的"用田赋",更使社会经济雪上加霜,饿殍遍野,民不聊生,致使朝野惊恐。季康子亲自向孔子请教如何防盗贼,孔子说:"假使您不贪求太多的财货,即使是奖励偷抢,他们也不会干的。"

"季康子患盗,问于孔子。孔子对曰:'苟子之不欲,虽赏之不窃。'"④

---

① 《论语·季氏》。
② 《论语·季氏》。
③ 见《春秋·哀公十二—十五年》。
④ 《论语·颜渊》。

鲁哀公面对连年的饥荒，问孔子的学生有若，"年饥，用不足，如之何？"有若回答说："为什么不实行十分抽一的税率呢？"鲁哀公不解地问："现在是十分抽二，我还尚且不足，怎么能十抽一呢？"有若说："如果百姓的用度够了，您怎么会不够呢？如果老百姓用度不够，您怎么会够？"

> "哀公问于有若曰：'年饥，用不足，如之何？'有若对曰：'盍彻乎？'曰：'二，吾犹不足，如之何其彻也？'对曰：'百姓足，君孰与不足？百姓不足，君孰与足？'"①

同样的治国理念也发生在另一次的谈话中。季康子来问政于孔子，说："假如杀掉坏人而去亲近好人，这样如何？"孔子曰："您执政，为什么要杀戮呢？您想用仁政治理国家，老百姓就会善良。君子的作风好比风，老百姓的作风好比草，风向哪边吹，草向哪边倒。"

> "季康子问政于孔子曰：'如杀无道，以就有道，如何？'孔子对曰：'子为政，焉用杀？子欲善而民善矣。君子之德风，小人之德草。草上之风，必偃。'"②

又有一次，季康子问政，孔子对他说："政字的意思就是端正，您带头做到端正了，还有谁敢不端正呢？"

> "季康子问政于孔子。孔子对曰：'政者，正也。子帅以正，孰敢不正？'"③

回国后，被尊为国老的孔子，将自己的主要精力用于教育和典籍整理上，政治上的不得意却从另一方面铸就了孔子成为中国历史上的文化圣人。孔子回到鲁国已经是68岁了。假如回国后鲁国让孔子担任更为重要的

① 《论语·颜渊》。
② 《论语·颜渊》。
③ 《论语·颜渊》。

职务，那么离他生命终点仅有5年时间能将鲁国治理成什么样？仅凭孔子一人之力，即使他的学生们鼎力辅助，想改变鲁国社会以及改变春秋的世道是不可能的，可以肯定地说，当时的鲁国，根本就不存在这种可能。令我们民族乃至世界人民庆幸的是，时运的天平此时倾倒向孔子，让他利用他尚有的时光来为中华民族子孙后代、乃至人类社会传承文化做出了任何人都无法比拟的贡献，将中华民族的文化推至前所未有的顶峰，"天不生仲尼，万古如长夜"。

我们现在可以设想一下，如果孔子没有利用晚年五六年时间，对收集的典籍进行整理与编撰，那么，《尚书》会怎样？《诗经》会怎样？《周礼》会怎样？《周易》会怎样？《春秋》会怎样？《乐经》会怎样？就从当时所出现的文人学者来看，谁会来整理这些典籍，谁又有能力去整理这些典籍？谁又能著得了《春秋》？没有人能完成这一历史使命。只有孔子才能做的，并且孔子完成了认为是上天赋予他的使命。

而这六经之中所蕴藏的是人类早期的社会智慧，不仅在以后几千年的历史中彰显其价值，恐怕在未来文化形成与发展中，这六经的价值也是今天的我们难以想象和估量的。

（六）"七十而从心所欲，不逾矩"

什么是孔子认为的天道呢？

"子曰：天何言哉？四时行焉，百物生焉，天何言哉。"①

这就是天道不言，但可以观察到。春夏秋冬，暑去寒来，四时更迭，万物有生有死，有枯有荣，天从不干预。

我们也可以通过松柏来观察天在松柏身上体现的道：

"子曰：'岁寒，然后知松柏之后凋也'。"②

---

① 《论语·阳货》。
② 《论语·子罕》。

可能有人会说，这是孔子在讲松柏的一种品德，或品格，这是表面的含义。岁寒是天道的变化，松柏之后凋是松柏的本性，是天道决定了松柏的凋，还是松柏本性决定了凋呢？当然是天道。因为天道是万物的本道，或称之为大道，而万物又有自道，或称其为小道，小道服从于大道。

人和松柏一样，也是天生万物的一种，人又是如何体现天道的呢？首先是人的天性。人的天性是人的自然之道，即人作为天生万物的一种，人有自然属性，人是动物，有着生命运动的习性，人又是高级动物，即人有思维、有思想，人可以通过自己的思维思考去了解天道，了解世界上其他生物的发展变化之道。

人除了是有自然之道的属性之外，人还有社会性的社会之道。人的社会之道，是同一地域的人们发生社会交往时所遵循的行为准则。这种行为准则本来应该是平等的、互爱的、互敬的、自由的，这都是天赋予人们的权利。但由于社会生产生活的需要，社会出现了分工，出现了私有制，出现了统治者和被统治者，占有领导权力的人从部分剥夺另外一些人的天道、天性到完全剥夺另一部分人的天道、天性，使人类社会的天道、天性逐渐丧失了。

人类的天道天性丧失是人类社会自身发展的一个必然结果，在某种方面说，存在着它的不可避免性。这种不可避免性导致了阶级的产生和国家的形成，使人类的强道文化逐渐成为社会的主流文化。人们想尽各种办法去找回失去的天赋权利，即天道文化。孔子认为必须改变现行社会的不合理，想把社会改造成他所向往的尧舜禹三代的大同世界。

所以，人要重新改造人，又须改造人的生存环境，即改造社会。

孔子认为：

"道千乘之国，敬事而信，节用而爱人，使民以时。"[1]

"千乘之国"在春秋时已经是大国了。一个大的国家，做任何的事情都要严肃认真。"敬事"既指尊重天，也指尊重人，还指尊重仕何事；"信"

---

[1]《论语·学而》。

就是要守信用才符合天道，天若要不守信用，其运行则无道，万物则无序；"节用"，天造万物，万物却有着自己的法则，无节制地去使用，就会破坏万物运行的法则；"爱人"人与人要相亲相爱，这样社会才会和谐，才不至于无礼；"使民以时"，是对统治者讲的，不要违背人的生活规律去役使百姓，不要违背天时去役使百姓。

这样做了便使人道符合了天道。人向往好的生活环境，无纷争，无困扰，无欺诈，这是人的天性。作为一个符合天道的社会，就应该想尽办法给人们一个这样的生存环境。

但人又不同于动物或植物，人有思想，有欲望，导致了人们既有善行，又有恶行，这就有违背天道的一面。那么，怎么办呢？孔子认为应该从这两种治理办法中选择，即

> "道之以政，齐之以刑，民免而无耻；道之以德，齐之以礼，有耻且格"。[1]

孔子显然认为后面的治理办法才是符合天道的。为什么？因为如果没有了羞耻之心，人便没有了道德，人没有道德，就等于人不仅失去了人德，还失去了天给人的天德，即人的自然天性，那么人就会什么事都会去做，没了是非，没了对错，人与人之间发生混乱，人与人之间发生争斗乃至战争，这使人与天道一起失去了。

孔子认为"大一统"的社会，要好于当时的春秋诸侯林立的社会，他说：

> "天下有道，则礼乐征伐自天子出；天下无道，则礼乐征伐自诸侯出。"[2]

这还是从天道有常，天道有序讲的。为了一己之利，战争连年，民不

---

① 《论语·为政》。
② 《论语·季氏》。

聊生，人不乐业，生灵涂炭，饥荒四野，这在孔子看来，是不符合天道的。

正是因为"诸侯出"无道，这样的国家及政权不会长久，孔子说：

> "自诸侯出，盖十世希不失矣；自大夫出，五世希不失矣；陪臣执国命，三世希不失矣。天下有道，则政不在大夫。天下有道，则庶人不议"①

"自诸侯出"传不过10代，如齐自桓公称霸，历任孝公、昭公、懿公、顷公、灵公、庄公、景公、悼公、简公为十公，至简公被陈恒所杀，这是孔子所见到的；晋文公称霸，历襄公、灵公、成公、景公、厉公、平公、昭公、顷公共九公，晋国开始九卿专权，也是孔子所见。

"自大夫出"传不过5代。如鲁自季友专权，历文子、武子、平子、桓子共5代，被阳虎篡夺了政权，这是孔子亲身经历的。

"陪臣执国命"传不过3代，如鲁国的季氏家臣的南蒯、公山弗拢、阳虎都是当身而败，一代则失权。

孔子所主张的天道社会是什么样的呢？

首先，是一个"大一统"的社会。在孔子看来，因为"大一统"使社会没有了纷争、没有了战争，才能给人们一个安定的生活环境。

其次，是一个有秩序运行的社会。这个社会用以前周公的礼制，把社会的每个人都固定在他应有的位置上，从而就不会出现僭越的事情发生。人们都安心在所在位置上生活，那么社会则稳定了。

最后，用德去教育人和培养人。把人们尽可能地培养成为正人君子，远离、批判、教育那些社会上的小人，使社会发展成为奉行天道的"中庸社会"，这个社会也是孔子心中的大同世界。

这就是孔子通过研究天地人的自然现象，对人们以往的历史及文化教育的考察和对当代社会政治文化的考察而得出来的天道社会。

---

① 《论语·季氏》。

"子曰:'朝闻道,夕死可矣。'"①

可见孔子把天道看的多么重要。

"子曰:'笃信好学,守死善道。'"②

这不仅是他要把人培养成君子的要求,也是他对自己的要求。

孔子为什么说他活到了70岁时,便"从心所欲,不逾矩"呢?

当然,达到这种状况的是人生的最高境界了。这种境界又不是任何人都可以达到的,历史上还有没有人达到过,无从可知。

那么孔子为什么能达到,这与孔子的前五个运程有关,可能很多人都是从这个角度去论证的。

当然与前5个运程有关。人们可能会认为,孔子三十而立,四十不惑,五十知天命,六十而耳顺,那么七十岁了,自然会进入这个境界了。这有关系,但不是最主要的。最主要的是孔子在晚年用了很多时间潜心研究《周易》,才会步入他的人生第六个阶段。这个阶段,也是孔子得道的阶段。孔子什么时候开始潜心研究《周易》?大多学者认为是50岁。得出50岁研究《周易》的原因来自孔子自己说的一段话:

"子曰:'加我数年,五十以学《易》,可以无大过矣。'"③

这段话翻译过来是:让我多活几年,50岁的时候去学《易》,我从50岁以后便不会有大的过错了。

一是多活几年。这不是50岁的人说的话,应该是年龄很大,远超过50岁的人的说话语境。二是从50岁时开始学《易》,我从那时起就不会犯大的错误了。这是承认他50岁以后还是有错误的。

孔子这段话是个假设语句,意思是说,如果我还能多活几年,50岁的

---

① 《论语·里仁》。
② 《论语·泰伯》。
③ 《论语·述而》。

时候我就开始学《易》，我的人生从50岁后就不会有大的过错了。这是一种恨自己学《易》已晚的心理吐露。

东汉学者郑玄在《周易乾坤凿度》书中提出："仲尼，鲁人，生不知易本。偶筮其命，得《旅》，请益于商瞿氏，曰：'子有圣智而无位。'孔子泣而曰：'天也，命也。凤鸟不来，河无图至。呜呼！天命之也。'叹讫而后息志，停读《礼》，止史削。五十究《易》，作《十翼》，明也。"

这恐怕是最早说孔子五十学易的。但就孔子50岁时的经历来看，他也不能有时间苦心去研究《易经》。五十岁的孔子一心想从政。与阳虎见面后，孔子便有心从政。这年季孙氏的家臣公山弗扰准备在费城谋反，派人去请孔子，孔子对其谋反一无所知，打算应邀前往，由于子路的阻拦才没去，说明孔子此时一心想在从政上。而转过年来，即孔子51岁时便出任中都宰。

鲁定公八年，阳虎叛乱，定公九年，阳虎不胜，奔于齐。此时孔子50岁。50岁的前两年，《史记》记载：

> "其秋，怀益骄，阳虎执怀。桓子怒，阳虎因囚桓子，与盟而醳之。阳虎由此益轻季氏。季氏亦僭于公室，陪臣执国政，是以鲁自大夫以下皆僭离于正道。故孔子不仕，退而修《诗》《书》《礼》《乐》，弟子弥众，至自远方，莫不受业焉"。[①]

从司马迁记载来看，孔子整理典籍，是没有《易》的。

另外，如像郑玄所说，孔子在50岁时研究《易》，作《十翼》，说明对《易经》已有很深入的研究，那为什么在周游列国与弟子对话不提到《易》呢？

所以，郑玄之说是不能成立的。孔子应该在52岁至55岁接触过鲁廷秘籍《易》。

《左传·昭公二年》记载："二年春，晋侯使韩宣子来聘，且告为政而来见，礼也。观书于大史氏，见《易象》与《鲁春秋》，曰：'周礼尽在鲁

---

① 《史记·孔子世家》。

矣。吾乃今知周公之德与周之所以王也。'"

李学勤先生在《周易经传溯源》指出："《周易》经文当时为列国所俱有，韩起没有必要到鲁太史处观赏，也不会为之赞叹……我们还要注意到，《左》《国》屡次提到《周易》，有的全称《周易》，有的简称为《易》，绝没有称之为《易象》的。由此可见，把《易象》说成《周易》并不合适。"

这说明韩宣子所见《易象》非一般国所藏的版本，该是鲁国独存，或除东周大史藏书之外仅有的，才会让他发出如此感叹，如是一般版本，也没必要提到《易象》。

很有可能韩宣子见到的就是《彖传》和《象传》合称为《易象》。

《易象》是文王、周公演《周易》的核心秘本，观象系辞、益卦演德，穷理尽性。《易象》不传诸侯，只藏于周太史氏与鲁太史氏。

孔子52岁时任小司空，又在52岁时升为司寇，54岁摄相事，以孔子那么好学，加之他的官职地位，完全有可能接触到鲁太史氏的藏书，尤其是《周易》秘笈。但有可能是草草地翻阅，不可能潜心研究，作出什么"十翼"来。

为什么？因孔子当时更多的时间用来完成他的政治抱负。从到鲁中央王庭任职，由小司空做到大司寇管理全国刑事，而且不到一年的时间，鲁国的治安就大为改观。54岁又开始摄相事，执政鲁国，鲁国大治，之后他又忙于"堕三都"。所以孔子根本不可能有更多的时间去潜心研究《周易》。55岁开始周游列国，孔子走时，应该是愤然辞行，鲁廷也不可能让孔子把《周易》抄录或带走。

另外还可以印证孔子自办学到从外国游历回到鲁国这段时间里，孔子教学生学习的内容，说话的内容，从来没有涉及《周易》。这时弟子们学习的内容及孔子与弟子们说话的内容，涉及最多的还是《周礼》《诗经》和《尚书》。

还有孔子的中心思想应该来源于《周易》。孔子说："不得中行而与之，必与狂狷乎！狂者进取，狷者有所不为也。"[1]孟子及其门生万章均认为此

---

[1]《论语·子路》。

话是孔子居陈国期间思念在鲁国的学生时说的。[①]这里孔子提出"中行"，而不是"中"，因为"中行"思想古人已有，所以，这种"中行"思想还不是源于孔子对《周易》的研究。这时的孔子已经是60多岁了。

孔子真正潜心研究周易是他68岁回到鲁国后，从政无望，被尊为国老，相当于国家顾问的角色。顾问有顾才问。而孔子在这时才开始整理以鲁太史氏处为主的古籍。不能直接参政？孔子只好将大部分时间用来整理典籍。

孔子研究《周易》最早见于司马迁《史记》："孔子晚而喜《易》，序《彖》《系》《象》《说卦》《文言》。读《易》，韦编三绝。曰：'假我数年，若是，我于《易》则彬彬矣'。"[②]。1973年湖南长沙马王堆出土的帛书《周易》卷所附的佚书《要》等两篇，记录了孔子与弟子有关易理的问答。

为什么说孔子70岁从心所欲，不逾矩，是孔子研究《周易》的结果。

"无大过"证明还有"小过"。而到了70岁的孔子，连"小过"也没有了，"不逾矩"就是连心里想的和行为上做得都不违背事物的法则了。

《易》是研究天、地、人及万事万物失衡与制衡系统规律的哲学。《周易》的核心是宇宙间所有万物之间的制衡运动。最好的制衡运动就是天地人及万事万物均要居中守正。这种核心思想被孔子总结出来便是他提出的中庸思想。

潜心研究《周易》，使孔子对"天道"的认识更加深入。他对"天道"的认识在于他整理《周易》及给弟子们讲解《周易》上。

一个掌握了天道、天命，又有一种认识世间最好的哲学认知的方法——中庸，孔子完成他自身的超越，自然会"从心所欲，不逾矩"了。

孔子这位一生为理想、为事业奔走呼号，饱经风霜，总在为社会、为他人着想的人，晚年过得十分凄凉。夫人亓官氏在他尚未归国前便去世了。孔子与亓官氏唯一的儿子孔鲤年仅50岁便早早离世，此年孔子70岁，白发人送黑发人。孔鲤离世后一年，孔子一生中最得意、最有可能继承孔子文脉的弟子颜回在孔子71岁这年也病逝了，年仅41岁。

对颜回的死，孔子悲痛万分，连喊：

---

① 《孟子·尽心下》。

② 《史记·孔子世家》。

"颜渊死，子曰：'噫！天丧予，天丧予！'"①

"颜渊死，子哭之恸。从者曰：'子恸矣！'曰：'有恸乎！非夫人之为恸而谁为？'"②

但在如何厚葬颜回的问题上，孔子与他的一些学生和颜回的父亲意见相左。孔子主张颜回一生没有做过官，不同意厚葬，这不合乎礼仪。但学生们不同意。

"颜渊死，门人欲厚葬之。子曰：'不可。'门人厚葬之。子曰：'回也视予犹父也，予不得视犹子也。非我也，夫二三子也。'"③

颜回死后，父亲颜路想让孔子把车卖掉，为颜回做棺外椁。在孔子以前，只有官做到很高的位置以后才能有椁。孔子不同意，一是不合礼仪，孔子始终坚持自己的原则，孔鲤死后葬也是无椁，二是自己也是70岁的老人了，又有一定的社会地位和名望，如果出行要徒步，这恐怕也不符合礼，于是孔子也未同意。

《论语》记述：

"颜渊死，颜路请子之车以为之椁。子曰：'才不才，亦各言其子也。鲤也死，有棺而无椁，吾不徒行以为之椁，以吾从大夫之后，不可徒行也。'"④

颜渊不仅学问好，人品也好。鲁哀公问孔子学生中谁最好学，孔子回答说："有一个叫颜回的学生好。他不迁怒于人，不重犯同样的错误。不幸他短命，现在再没有这么好的人了，再没有这么好的学生了。"

---

① 《论语·先进》。
② 《论语·先进》。
③ 《论语·先进》。
④ 《论语·先进》。

　　"哀公问：'弟子孰为好学？'孔子对曰：'有颜回者好学，不迁怒，不贰过，不幸短命死矣。今也则亡，未闻好学者也。'"①

　　"子曰：'回也，其心三月不违仁，其余则日月至焉而已矣。'"②

　　"子曰：'贤哉，回也！一箪食，一瓢饮，在陋巷，人不堪其忧，回也不改其乐。贤哉，回也！'"③

　　祸不单行，在颜回刚刚去世不久，传来在卫国担任执政大夫孔悝邑宰的子路惨遭杀害，这对孔子来说无疑是雪上加霜。孔子十分悲痛。子路大部分时间都在孔子身边，照顾孔子，与其关系十分密切。子路与孔子一同回鲁后，先在季氏任职，后于鲁哀公十四年到卫国担任孔悝的邑宰。在中庭祭奠子路时，孔子不禁痛苦起来。来吊唁的人对孔子讲子路遇害时被人剁成肉酱时，孔子又哭了，命人把准备食用的肉酱倒掉，说："我怎么忍心吃这些东西啊！"④

　　风烛残年的孔子病了。他自己也想到已经活到了生命的尽头，不由唱起歌来：

　　　　泰山其颓乎！
　　　　梁木其坏乎！
　　　　哲人其萎乎！

　　弟子们明白孔子快不行了。子贡闻讯赶来，看见孔子在门外凄凉地唱着歌，便把孔子挽扶入室里。

　　孔子对子贡说："夏代停枢在厅堂的东阶上，还保持主人的位置；殷人停枢在东西楹之间，是处于主宾之间的位置；周人停枢在西阶上，那是置枢于宾位，我本是殷人，昨晚梦到我坐在两楹之间，目前无圣王兴起，天下有谁还会尊崇我坐于两楹中间呢？想必是我要死了，将我的灵枢就停在

---

① 《论语·雍也》。

② 《论语·雍也》。

③ 《论语·雍也》。

④ 见《礼记·檀弓上》《孔子家语·曲礼子夏问》。

那里吧!"

　　从这天后,孔子卧床不起,七日便溘然长辞了,前一天,他感到有些力气,让人把典箱拿到他面前,第二天早上,人们进他的房间,发现他已经停止了呼吸,打开的简册散落在他的手旁。

第二章
天道文化

一、从孔子得道说起

子曰:"朝闻道,夕死可矣。"①

一是孔子从20岁至50岁之间学习天文历法知识。

中国是世界上天文学起步最早、发展最快的国家之一。在公元前24世纪尧舜时,就设立了专职的天文官。所以司马迁说:

"自初生民以来,世主曷尝不历日月星辰?及至五家、三代,绍而明之,内冠带,外夷狄,分中国为十有二州,仰则观象于天,俯则法类于地。天则有日月,地则有阴阳。天有五星,地有五行。天则有列宿,地则有州域。三光者,阴阳之精,气本在地,而圣人统理之。"②

《尚书·尧典》记载了尧命令羲、和观察天象,日月星辰依据其运行规律,去制定历法;命令羲仲、羲叔、和仲、和叔分别在东、南、西、北四个方位,观察太阳在每个季节的运行情况,指定四季人们生产生活方式的

---

① 《论语·里仁》。
② 《史记·天官书》。

行为准则。

> "乃命羲和，钦若昊天，历象日月星辰，敬授民时。分命羲仲，宅
> 嵎夷，曰旸谷。寅宾出日，平秩东作。日中，星鸟，以殷仲春。厥民
> 析，鸟兽孳尾。申命羲叔，宅南交，曰明都。平秩南讹，敬致。日永，
> 星火，以正仲夏。厥民因，鸟兽希革。分命和仲，宅西，曰昧谷。寅
> 饯纳日，平秩西成。宵中，星虚，以殷仲秋。厥民夷，鸟兽毛毨。申
> 命和叔，宅朔方，曰幽都。平在朔易。日短，星昴，以正仲冬。厥民
> 隩，鸟兽氄毛。帝曰：'咨！汝羲暨和。期三百有六旬有六日，以闰月
> 定四时，成岁。允厘百工，庶绩咸熙。'"①

夏朝仲康王时代（约公元前21世纪）负责观测天象的羲和因酗酒，擅
离职守，故而未能及时报告当时发生的一次日食。结果被下令砍头处死。
说明远在古代原始社会后期军事民主制时，我国已建立严格的观测天文历
法制度，开始对天体变化进行过不间断的观测和较为详细的记载。

孔子年轻时，曾学习钻研过夏朝的天文历法。

> "孔子曰：'我欲观夏道，是故之杞，而不足征也，吾得《夏
> 时》焉。'"②

郑云笺："得夏四时之书也，其书存者有《小正》。"《史记·夏本纪》
也说："太史公曰：孔子正夏时，学者多传《夏小正》。"夏代的历法是现今
所知我国最早的历法。保存于《大戴礼记》中的《夏小正》是现存记载有
关夏朝天文历法的重要文献。

《左传·昭公十七年》记载，郯国国君郯子来访鲁国，宴会上，鲁国大
夫向郯子请教："少皞氏（古部落）鸟名作官名是何缘故？"郯子在回答时
讲到火历、龙历、鸟历等历法。孔子听说后，便去找郯子学习历法。

---

① 《尚书·尧典》。
② 《礼记·礼运》。

二是孔子从周易中领悟到天道。

《易》学起源于中国遥远的古代，是古时人们长期观望研究天象的结果。《史记》记载：

"昔之传天数者：高辛之前，重、黎；於唐、虞，羲、和；有夏，昆吾；殷商，巫咸；周室，史佚、苌弘；於宋，子韦；郑则裨灶；在齐，甘公；楚，唐昧；赵，尹皋；魏，石申。"①

从这里可以看到，《易》学直接产生于古代的天文学，是人们观测天象后，用数字、图像、文字记录天象变化的结果。《史记》还记载：

"夫天运，三十岁一小变，百年中变，五百载大变；三大变一纪，三纪而大备，此其大数也。为国者必贵三五。上下各千岁，然后天人之际续备。"②

这说明古代的人们不仅观察研究天象及天的变化规律，而且把天象和世上的人事变化及人事规律联系起来。

（一）孔子三次与《易》接触

50岁以前孔子接触到的《周易》，应该是当时社会流传的简易本，有可能仅有卦象和卦辞。虽在民间流传，但因过简，让人难以读懂，所以并没有引起人们（包括孔子）的注意。

孔子52到55岁任大司寇，摄相事时应该能接触到鲁太史氏秘藏本《周易》。

"二年春，晋侯使韩宣子来聘，且告为政而来见，礼也。观书于大史氏，见《易》《象》与《鲁春秋》，曰：'周礼尽在鲁矣，吾乃今知周

---

① 《史记·天官书》。
② 《史记·天官书》。

公之德与周王之所以王也。'"①

这说明，韩宣子所见的《易》《象》，非民间流传的简《易》。孔子可能接触到秘本《周易》，是因为孔子不可能放过任何可以见到典籍的机会，尤其以他当时的身份而言。可这时的孔子，为官不足5年，官职四迁，政绩斐然，国运一新，说明他投入极大的精力，如此，他是很难有时间去阅读太史氏秘藏本《周易》的。辞摄相事，周游列国，鲁也不可能让孔子带走秘本，所以，孔子与秘本《周易》失之交臂。

68岁孔子回国后进行《周易》整理。回国后孔子的身份为国老，鲁国的顾问，以其身份及影响来看，是可以阅读到秘本《周易》，而孔子整理古典文献，理应选择秘本《周易》。

司马迁说："孔子晚而喜《易》，序《彖》、《系》、《象》、《说卦》、《文言》。读《易》，韦编三绝。曰：'假我数年，若是，我于《易》则彬彬矣。'"②要是能够再多给我几年时间，我对《周易》会有更深入地了解。"子曰：'加我数年，五十以学《易》，可以无大过矣。'"③让我再多活几年，50岁时去学习《周易》，便可以没有大的过错了。

一直到北宋前，孔子作《十翼》是公认的说法。欧阳修著《周易童子问》对此提出质疑，认为《彖》《象》为孔子所作，其他不是孔子所著。南宋叶适继承了欧阳修的说法。清朝史学家崔述对此进行考辨，也认为《十翼》均不是孔子所作。但《十翼》是何人所作，已无从考起。

《易传》是孔子之后人的作品似乎已成定论，但不能否定孔子对《易》的影响和作用。也可以说，《易传》中的很多论述是孔子论述过的，或者是孔子的思想。

原因如下：一是孔子在整理《周易》的过程中，肯定对《周易》进行过一定程度上的编纂工作。二是孔子晚年在鲁国设教的课程中包含《周易》，在讲授时不可能只讲《周易》的卦辞、爻辞，一定要对其隐含的深意

---

① 《左传·昭公二年》。
② 《史记·孔子世家》。
③ 《论语·述而》。

进行讲解，而且商瞿就是受业于孔子而传《易》于后世的。①三是马王堆出土的汉代帛书《易传》有《系辞》（两篇）、《二三子问》（两篇）、《要》、《缪和》、《昭力》各一篇。其中《要》："夫子老而好《易》。"孔子自己说："后世之士疑丘者，或以《易》乎。"这与《孟子》所载"知我者其惟春秋乎"的说法很近似。如果说孔子仅仅是学习和阅读《易》，为什么又说后人会质疑他呢？

那么，孔子又是怎样通过学习、研究、整理、传授《周易》，从中得到"天道"的呢？

（二）《周易》每一卦中三种主要关系

内外关系。从内外关系来推断，下卦代表事物发展变化的内部状况。在内部起决定作用的是二爻即中爻，代表事物的核心即本质；初爻是事物发展到目前阶段的历史，事物发展的过去；三爻代表着事物发展的近期走向。上卦则代表事物发展变化的外部状况。五爻代表事物外部状况发展的现状，在事物外部状况中起核心作用；四爻是事物发展外部的历史状况。六爻是事物发展变化外部的未来状况。

三才关系。三才也指天地人三道。"立天之道曰阴与阳，立地之道曰柔与刚，立人之道曰仁与义。"②从三才关系来判断：五六爻代表天，主要用来判断事物发展的情况即是否与天时、天象相违背，还是相应相合，天时、天象即阴与阳在一年四季之中消长变化；初爻二爻主要判断事物发展的地理和物象的阴阳消长变化，即看事物与地理、物象违背还是相应合；三爻四爻主要判断事物发展中的人，看是否违背仁义原则，还是与仁义原则相应合。

比应关系。在一卦六爻之中，相邻位为"比"。"比"又有承和乘的区别，如二爻往下，即与初爻的关系为"乘"，而往上，即三爻的关系为"承"。分析"比"的"承"与"乘"好与不好，主要以阳上阴下为宜，否则为不好；应：一与三、三与五；二与四、四与六爻位为应，阴阳异性相应为好，同性相应为不好。

① 见《史记·仲尼弟子传》。
② 《周易说卦》。

比应关系是六爻之间的对立统一、质量互变、否定之否定的关系。异性相应，既对立又统一，而同性相应，是敌应而无法统一的关系。异性相应相合而达到统一，同性敌应相分而无法达到统一，当相应相合、相敌相分，达到一定程度便会发生质量互变；当相应相合、相敌相分达到相互否定的程度便会发生否定之否定。

以上三个关系中，第一个关系是事物与时空的关系；第二个是事物与天地人三者的关系；第三个关系是事物与对立统一、质量互变、否定之否定的关系。

《周易》正是在以上三个主要关系的基础上，研究所预测事物现在和未来发展变化的。正是因为《周易》具有以上这三种关系，

> "是故阖户谓之坤，辟户谓之乾，一阖一辟谓之变。往来不穷谓之通，见乃谓之象，形乃谓之器，制而用之谓之法，利用出入，民咸用之谓之神。"①

(三)《周易》推理判断吉凶祸福的四个主要原则

《易传·系辞》有这样一段话："夫《易》，圣人之所以极深而研几也。唯深也，故能通天下之志；唯几也，故能成天下之务；唯神也，故不疾而速，不行而至。子曰：'《易》有圣人之道四焉'者，此之谓也。"

这圣人之道"四焉"是什么？

> "子曰：'知变化之道者，其知神之所为乎'《易》有圣人之道四焉：以言者尚其辞，以动者尚其变，以制器者尚其象，以卜筮者尚其占。"②

孔子提出《易》中有圣人"四道"，但并没有解释什么是"四道"。《系

---

① 《周易·系辞上》。
② 《周易·系辞上》。

辞》的解释为，"尚其辞""尚其变""尚其象""尚其占"。笔者认为这不是孔子的原意。"辞""变""象""占"四个方面，是《易》的全部内容，不是《易》的原则和方法。《易》作为一个整体，不仅仅是"四道"，"四道"存在于"辞""变""象""占"之中，应该是圣人推演《易》时使用的四个原则或四个方法。

我们认为"中""正""应""时"才是孔子提出的"四道"。

中（居中）：一卦之中上卦下卦的中位，即二爻和五爻，是决定事物发展变化的主要爻位，也是决定吉凶性质的爻位，如大有卦䷍，六五爻为阴爻，虽不当位，但居上卦之中，《象》说："柔得尊位大中，而上下应之。"上卦五爻又称尊位，虽阴爻居之，但因居尊位，故吉。六五爻辞，"厥孚交如威如，吉"。如果是阳爻居之，便称之为"九五"之尊，吉上加吉了。同样在下卦中位，因中而吉，但如果是阴爻居之，则更为吉，如谦卦䷎，六二爻辞说："鸣谦，贞吉。"《象》曰："'鸣谦贞吉'，中心得也。"

正（得位、得正）：称之为"当位"或"正位"，即阳爻居阳位，阴爻居阴位。如果阳爻居阴位，或阴爻居阳位，则为"不正"或"失位"。"正位"或"当位"为吉，"不正"或"失位"为凶，如噬嗑卦䷔，六三爻辞："噬腊肉遇毒。小吝。无咎。"《象》曰："'遇毒'，位不当也。"如贲卦䷖，六四爻辞："贲如皤如，白马翰如，匪寇，婚媾。"《象》曰："'六四'，当位疑也。'匪寇婚媾'终无尤也。"

应（比应）：即每卦相邻的两个爻为比，"比"又有承和乘的区别，一爻位对上称为乘，分析好坏以阳上阴下为吉，阴上阳下为不吉。上下卦之间初爻与四爻，二与五，三与六爻位上下为应。相应的两个爻，以阴阳相合为吉，以同为阳，同为阴为不吉，如泰卦䷊，卦辞："小往大来，吉，亨。"《象》曰："'《泰》，小往大来，吉，亨。'则是天地交而万物通也，上下交而其志同也。"如坎卦䷜，九二爻辞："坎有险，求小得。"《象》曰："'求小得'，未出中也。"九二爻有险，一是位不正，二是与上无应。六三爻辞："来之坎，坎险且枕。入于坎，窞勿用。"《象》曰："'来之坎坎'，终无功也。"原因是六三爻下爻为九二，为阴乘阳也。未济卦䷿，《象》曰："虽不当位，刚柔应也。"

时（识时、知时、观时、用时）：即识"时"之义，知"时"之行，观

"时"之变，用"时"之机，找出事物发展的细微征兆，在事物发展的萌芽阶段便掌握事物发展变化的时机，如节卦䷻，爻辞，"初九：不出户庭，无咎。""九二：不出门庭，凶。"九二，失位，失应，还不及时地出来，故而凶。

同时，这四个原则又代表事物在时空中的变化。"中""正"代表空间；"时"代表时间，"应"代表在时空中发展变化的事物。

1. 从《周易》的四个原则中得到中庸之道

孔子是怎么从四个原则中得出中庸之道？

中，中心、核心。孔子是将四原则的"中"直接拿过来，成为"中庸"的"中"。

在时空中，"中""正""应""时"普遍适应于万事万物。普遍适应便是"庸"。"庸"有普通、平常之义，笔者更倾向于《说文》对"庸"的解释："庸，用也"，当"使用"解。

如此，我们便可以把中庸理解为以中为核心，普遍使用的四个原则。将"庸"解释为用，唐代的孔颖达也是这么认为的，《礼记·中庸》孔《疏》"按：郑《目录》云，名曰'中庸者，以其记中和之为用也。庸，用也。'"

由以上论述，也可以把"中庸之道"看成为"用中"或"中用"都可。这便抓住了事物发展变化的核心，既坚持了《周易》四原则以"中"为核心，又兼顾了"正""应""时"三者在决定事物发展变化过程中，与"中"一同发生作用，四者统一，是不可分离的整体。

其实，在《易》产生之时，或在《易》产生之前，用"中"的思想在一定程度上已经成为人们的思维方式和行为方式。1921年，瑞典地质学家安特生发现了距今5000—7000年的仰韶文化遗址（今河南省渑池县仰韶村）后，在这里考古发现了很多造型的陶器，其中最引人注目的是一种尖底瓶陶器，这种陶器形状几乎贯穿整个仰韶文化，存在时间达2000年之久。

最初人们认为这种尖底瓶是古人使用的汲水器。20世纪80年代，北大力学系学者做过实验，用尖底瓶打水时，空瓶重心偏上，放置水上，瓶口自动灌水，灌到一半时，瓶处于中立状态，然而当灌满之后，尖底瓶就会倾倒，无法

仰韶村尖底瓶

汲水。这说明尖底瓶不是汲水工具。这种尖底瓶充分体现了"中庸"的思想。当水灌到一半，即瓶的中间部位时，瓶子便处于中立状态，在水中中立，便体现瓶子的"正"，这反映了尖底瓶与瓶中水及与瓶外面水三者的关系，这种关系便是"应"，而只有瓶中的水处于一半即中部时，瓶子才能中立，没到一半和超过一半即不能中立，这便是"时"。

苏秉琦先生认为，尖底瓶是一种盛酒器。甲骨文、金文、小篆"酉"字的写法，就是尖底瓶的象形字，酉字加三点水便是"酒"字。考古专家通过电子显微镜发现尖底瓶内壁上有白色的残留物，经鉴定是酒的痕迹。苏先生认为，这种尖底瓶酒器，是重大祭祀场合用的器皿。从汉字分类看"尊"与"奠"都在"酉"部，甲骨文中"尊"字，下部都是两只手，高举着尖底瓶的形象。

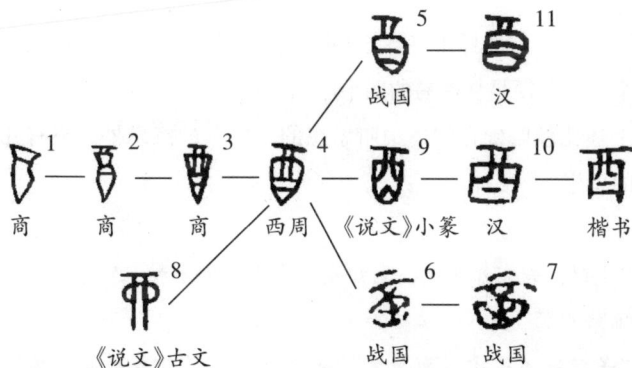

另一种说法，这种尖底瓶是古人用来警示自己的"座右铭"。
《荀子·宥坐》记载：

　　"孔子观于鲁桓公之庙，有欹器焉。孔子问于守庙者曰：'此为何器？'守庙者曰：'此盖为宥坐之器。'孔子曰：'吾闻宥坐之器者，虚者欹，中则正，满则覆。'孔子顾谓弟子曰：'注水焉！'弟子挹水而注之，中而正，满而覆，虚而欹。孔子喟然而叹曰：'吁！恶有满而不覆者哉！'子路曰：'敢问持满有道乎？'孔子曰：'聪明圣知，守之以愚；功被天下，守之以让；勇力抚世，守之以怯；富有四海，守之以谦。此所谓挹而损之之道也。'"

宥同"右"，坐同"座"。宥坐之器，即置放在座位右边的器皿。空虚时倾斜，注入一半水时便中立端正，注满水时便翻倒倾覆，目的是提醒人们为人处世不过或不不及，即应保持中庸状态。

从考古发现的尖底瓶到孔子在鲁桓公庙见的宥坐之器，说明在商周以前，人们已经有了"用中"的思想，并且已经起到"座右铭"的作用，并将这种尖底瓶的器皿一直从六七千年前传至夏、商、周，并在鲁庙中还可见到。

孔子中庸思想文本是在《论语》记载孔子与子贡两人对话中体现的。子贡向孔子问子张和子夏两个人谁更贤德一些，孔子说：

> "'师也过，商也不及。'曰：'然则师愈与？'子曰：'过犹不及。'"①

即过分和赶不上同样不好。"过犹不及"，都不是中，不过也不不及才是中。这个"中"便是从周易的四个原则中转化而来的"中"。

除了上述比较明确在阐述中庸思想的"中"的意思外，还有几处接近于"中"的思想。

> "子曰：吾有知乎哉，无知也。有鄙夫问于我，空空如也。我叩其两端而竭焉。"②
>
> "子曰：不得中行而与之，必也狂狷乎！狂者进取，狷者有所不为也。"③

得不到言行符合中庸的人与之交往，那就去交往激进的人和涓介的人，激进的人，一往向前，涓介的人不肯做坏事。

"庸"则是"中""正""应""时"天德的体现。天德要求万物要"居中""守正""相应""适时"。

---

① 《论语·先进》。
② 《论语·子罕》。
③ 《论语·子路》。

"子曰：'中庸之为德也，其至矣乎！民鲜久矣。'"①

这句话翻译过来就是："中庸这种道理，该是最高大的了，已经很久很少人知道它了。"也可以理解为中庸代表天道，中庸之德就是"天道之德"，天道施给万物之恩德。可惜的是，这种至高之德，很少被人们知道啦！

孔子从没给中庸下过明确的定义。

从《论语》的言论中可见，孔子教授学生时从来不把道理一次讲完。

孔子提出中庸思想已是晚年。这也是他没给中庸下过明确定义的原因之一。

可能还有另外一个原因，即天道不可言说。

"幽厉以往，尚矣。所见天变，皆国殊窟穴，家占物怪，以合时应，其文图籍？祥不法。是以孔子论六经，纪异而说不书。至于道命，不传；传其人，不待告；告非其人，虽言不著。"②

这段有一处十分重要：即"至于天道、天命、不予传授"，那些得到天道或天命的圣哲，都是自己体悟出来的。

《周易·系辞上》也有这样的说法：

"圣人以此洗心，退藏于密，吉凶与民同患。"

《周易集解纂疏》引陆绩曰：

"退藏于密，受著龟之报应，决而退藏之于心也。"③

"决而退藏之于心"，即并不将著、龟结果告知于百姓，而是隐藏于心里。这也是孔子为什么不向别人讲起天道的另一个佐证。

---

① 《论语·雍也》。
② 《史记·天官书》。
③ 《周易集解纂疏》。

那么，什么是孔子所讲的"中庸"？又何以说是天道呢？在孔子看来，中庸就是他对天道的描述，也是对天道的掌握和理解。

按照孔子的思想逻辑，我们可以给中庸下一个定义：一是天道居中的自然规律。二是认识天道、人道、自然之道的思维方法。三是建立天下共主、万物制衡的社会秩序。

天道在中，运行在庸，天道在制，运行在衡，天道在德，运行在损益。

2. 为什么说从《周易》得出的中庸思想就是"天道"

假设是天道：

第一个求证，从周易被创造出来说起。

据今人考证，《周易》的前身八卦产生于6000年前的伏羲时代。当时农业生产，需要通过观测太阳、月亮及行星的运动来测定天气、物象的变化，并尝试从大量的观测记录中寻找天体及自然发展变化的规律。因当时文字尚未产生，只能以图符的形式将这些认知记载下来，久而久之便形成了8种图形，逐渐产生了八卦。《周易·系辞下》说：

> "古者包牺氏之王天下也，仰则观象于天，俯则观法于地，观鸟兽之文与地之宜，近取诸身，远取诸物，于是始作八卦，以通神明之德，以类万物之情。"[1]

包牺氏即为伏羲。伏羲通过观察天地山川和万物的发展、变化、运动，从而找出天道运行的规律，然后"观物取象"，画出了八卦。

1985年，安徽省含山县铜闸镇凌家滩距今5300年至5600年前人类文化遗址中发掘一件玉龟和一件玉版。

玉版的八方图形与中心象征太阳的图形相配，四周钻孔有四、五、九、五之数。饶宗颐先生在《未有文字以前表示"方位"与"数理关系"的玉版》中引用天文学家陈久金、考古学家张敬国发表在1989年第4期《文物》上的

图2-2　含山出土玉版

---

[1]《周易·系辞下》。

《含山出土玉片图形试考》一文言"玉片图形表现的内容应为原始八卦"。[①]

陈久金先生在《北斗斗柄指向考》一文中说："凌家滩文明（古皇有巢氏）距今5300至5600年。当时的历法是太阳历与火历。这个时期以北斗九星和大火星来判定季节，实行一年十个月，每月36天的太阳历。玉版玉龟出土时是玉龟夹着玉版，说明他们是一起的。两块玉龟上也有钻孔，龟背钻孔数八，龟腹钻孔数五。如果上下叠加，中间数五，两侧各是四，这与真实乌龟背甲分布数完全一致。乌龟背甲中间五块，两侧各四块，一共13块。"[②]古皇有巢氏，亦称有巢氏，尊称巢皇。燧人氏之父，缁衣氏之夫，伏羲氏、女娲氏的祖父。

从上可见，《周易》产生是古人研究天象、考究天道的结果，而考古文物可证，在远古时期人们对太阳的认知，由此得出的天数以及历法，已经到了十分深入的程度。

《周易·易传》说："易有太极，是生两仪，两仪生四象，四象生八卦。"我们从太极图的出现，来求证中庸之道。《易传》提出太极说，但太极是什么，并没有说明。汉代人认为，太极是个"元气"，宋代朱熹把太极看作是"理"。但与道家的道很相同，认为无形无象，看不见，听不到。

在文献中出现的第一种太极图是一种空心圆。第二种就是北宋周敦颐的太极图，由朱震献图于世。

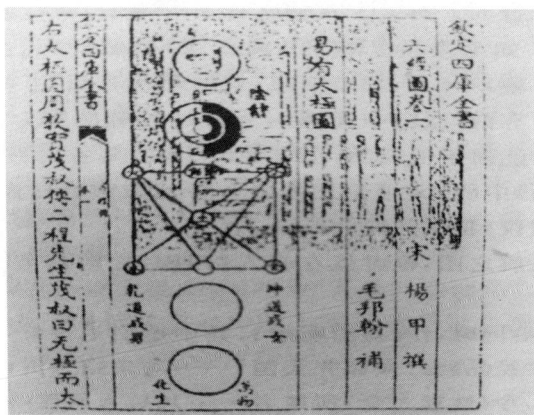

---

① 安徽省文物考古研究所编：《凌家滩文化研究》，文物出版社2006年版，第18页。
② 《自然科学史研究》1994年第3期。

《周氏大极图》,取自《四库全书》

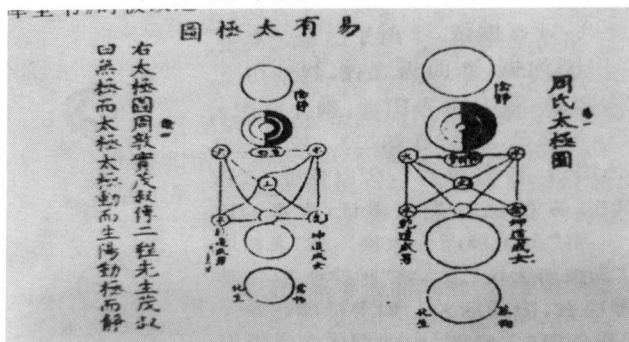

朱熹认为,黑中有白,而白中无黑,认为此图不合理,所以"改而正之"。

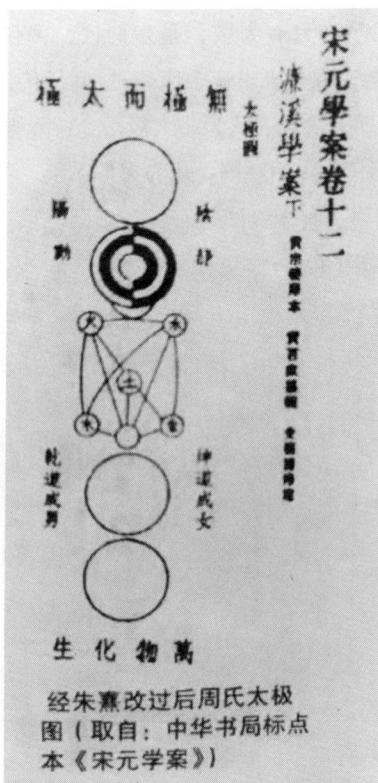

经朱熹改过后周氏太极图(取自:中华书局标点本《宋元学案》)

第三种即出现在明代赵撝谦的《六书本义》"阴阳鱼太极图"。

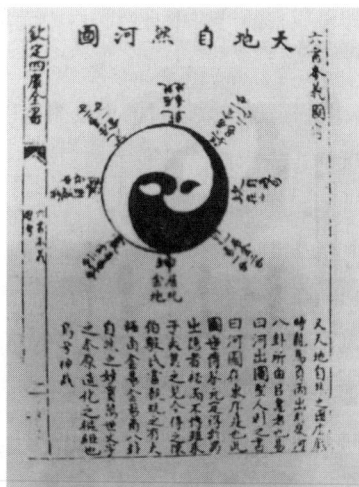

赵撝谦认为，龙马从荥阳附近的黄河中驮上来的就是此图，伏羲就是依据此图画出八卦的。

从三类太极图来看，后两类已分为黑白两部分，明显显示出太极生两仪，即生出黑白阴阳。第二类周敦颐太极图和朱熹改过的太极图中间有一个圆形，表示中心，圆圈的外部左右黑白阴阳对立，有一条线将黑白阴阳分开，即表现出有一条明显的分界线。第三类赵撝谦的阴阳鱼太极图，阴起于上，阳起于下，阳进阴退，阴进阳退，阴阳自始至终交合，阴阳各自发生量的变化，表示阴阳的消长，但在太极的中间即太极的至中位置阴阳达到可以完全重叠，达到完全平衡的状态。

第二种周氏太极图和经过朱熹改过的太极图，是将太极图除中心圆外部，通过上下一条线，将太极图一分为二。它两处体现"中庸"的"中"，一是中心圆，居太极图中的中心位置，是圆形太极的中心；二是中心圆外部的太极，被上下一条中线，将阴阳分开。周氏的太极图中线左侧为阳，右侧为阴。周氏太极图的特点是阴静在上，阳动在下；右侧黑中有白，左侧白中无黑。朱熹改过的太极图中线两侧，既有阴，又有阳，阴阳三分，包围着中心圆。中线则体现中心圆之外部分左右"中"间位置。

邱汉生、朱伯崑二位先生认为，朱熹改过的太极图与周氏人极图有两处不同：一是"自无极而为太极"或"无极而生太极"改为"无极而太极"；二是"阴静在上，阳动在下"改为"阴静居右，阳动居左"。李申先生认为还应加一点，即由原来的"黑中有白，白中无黑"改为"黑中有白，白中也有黑"。[①]

笔者认为周氏太极图和经过朱熹改过的太极图有以下三个特点：

一是均体现对立统一。太极图既是一个黑白阴阳统一体，又是一个黑白阴阳对立体；

二是均有图中之中心或黑白二者之中心；

三是均表现出黑白阴阳平衡。在太极图中心圆以外部分，阴与阳所占比例均等。如将中心圆的面积算上，阳所占的比例面积大于阴所占的比例面积，这种阴阳比例面积的不同，多出来的中心圆部分，应代表"太极"，无形无象，由太极而生出两仪，即阴阳。那么，这个太极则处于太极图的中心、核心，即"道"。

第三种即赵撝谦太极图，这张太极图，一说是伏羲所作，一直在秘密流传。也有说是陈抟所作，连周敦颐也没有见过此图。所以，周敦颐才另作太极图。这张阴阳鱼太极图，阴阳由小到大，又由大至小，循环往复，以至无穷。充分体现出阴阳生生不息的机制。阴阳共生、共汇，又此消彼长，阳在阴中生，阴在阳中始，阴盛阳衰，阳盛阴衰，既对立又统一，既增减又平衡。这便使阴阳鱼太极图具备以下特点：

一是太极的中心不是固定不变的。随着阴阳消长而变动。变动的区域在黑中的白点和白中的黑点之间挪移，靠近黑点还是靠近白点，主要看阴阳的消长。

二是阴阳的变化。阴阳总面积一直处于恒定的状态，代表阴的黑增长多少，同时代表阳的白就减退多少，反之也如此。

所以，阴阳鱼太极图更能体现中庸之道的"中"与"平衡"的核心思想。

《周易》全书之中体现阴阳均衡的思想。从构成爻位阴阳数量上的平衡上看，八卦阴阳爻各12个，六十四卦阴阳爻各192个。从卦上看，八卦两两相对；乾与坤，震与巽，坎与离，艮与兑；六十四卦从前向后，每两卦构成对偶，表现为"非覆即变"的关系。这说明"中"与"平衡"是一种

---

① 朱伯崑主编：《周易通释》，昆仑出版社2005年版，第319页。

相互依赖的关系。离开"中"则不能"平衡"，失"中"则"失衡"，反之，离开"平衡"则不能"中"，"失衡"则失"中"。

第二个求证，用现代天文学来证明它。

在西方，直到公元510年前后，才提出太阳居中，诸行星和地球都围绕太阳转动的日心地动学说。哥白尼《关于天体运动假说的要释》手稿，提出地球不是宇宙的中心，只是月球轨道的中心；太阳位于宇宙的中心附近，地球和其他行星都在绕着太阳转动；恒星都在遥远的、始终静止不动的恒星天上，恒星天离我们的距离远比太阳到地球距离大得多；地球自转不息，从而使所有的天体东升西落；地球只是一颗普通的行星，它和其他行星都在围绕着太阳公转，我们能见到的行星在天空中顺行和逆行是地球和各颗行星都在绕着太阳公转引起的合成效应。哥白尼"要释"的这些见解，成为《天体运行论》的核心思想。

哥白尼去世之后，布鲁诺在英国出版《星期三的灰烬圣餐》和《论无限、宇宙和众世界》两本书，提出宇宙无限，其中有无数个世界，我们的太阳并不在宇宙的中心，发展了哥白尼的天文学理论（见太阳运行图）。

图2-3　太阳运行图

太阳居于太阳系的中间位置，这个位置完全符合中庸之道的"中"。中、中心、核心，太阳居中，印证了中庸之道所主张的"中"的原则。

太阳系所有的星体都在自己该在的轨道上运转，几乎分毫不差，也充分体现中庸之道所主张的"得位""得正"的"正"的原则。

所有物体与太阳之间相互制衡，物体与物体之间又相互制衡，从而形成结构稳定，相互关联、相互呼应、相互作用的太阳系整体，这便符合了中庸之道的相应、相合的"应"的原则。

太阳系所有物体围绕太阳公转，物体本身又自转，时时刻刻，永不停歇，这又充分体现中庸之道所主张的适时的"时"的原则。

德国天文学家约翰尼斯·开普勒在17世纪初，研究地球绕太阳公转时得出地球的运行轨道。在地球被太阳作偏心圆规运动的假说下，开普勒推出面积定律。通过面积定律，开普勒得出：地球绕太阳公转的椭圆轨道与圆的差别很小。

战国以前，古代人将天划分为365又1/4度，即太阳在天空视运动日行一度，然后将太阳在天空恒星背景的移动描述下来。如《河图》所载：

> "天元十一月甲子夜半朔，日月俱起牵牛初度。推历考宿，正月在营室；二月在奎；三月在胃；四月在毕；五月在东井；六月在柳；七月在翼；八月在角；九月在房；十月在尾；十一月在斗；十二月在牵牛。"

地球围绕着太阳公转，从天空的视运动看，并不是完全居中；地球中部与太阳中部之间有一个夹角，正是这个夹角体现了天有好生之德。

地球围绕着太阳运转，太阳和地球处在同一个水平面上。黄道面是地球绕日运动的轨道面，赤道在地球的中间位置。

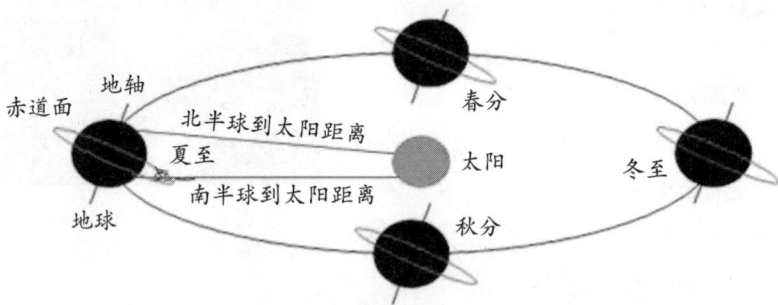

图2-4 地球两极到太阳距离远近示意图

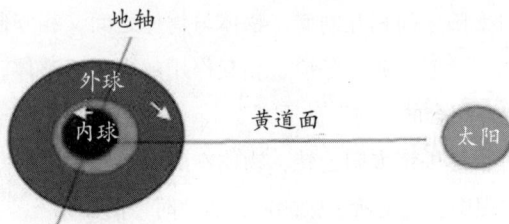

图2-5 地球内、外球转动示意图

黄道面和赤道面的交角为23度26分。赤黄面没有完全重合。黄道和赤道相重合是每年的春分和秋分这两天。中国古代人能在历法中，准确地测量出黄赤重合会在春分和秋分这两天，说明天文观测已经十分精准。丹麦天文学家弟谷，在公元16世纪末才完成对黄赤交角进行精准测定。地球绕着太阳转，基本上是以中道运行。出现的夹角，是地球自转的结果。地球自转轴与其公转的轨道面成66度34分的倾斜，从而出现黄道面与赤道面的交角。而正是这个夹角的出现，使地球有了充足的阳光、雨露，四季分明，才有利于地球动植物的生存。假设黄赤交角为0度，地球上一年四季如春，北半球纬度比较高的地域因气候热度不足使农作物等无法成熟，农作物的耕种线便会南移；地中海气候、热带草原气候将会消失；地球上没有了极昼、极夜现象，因太阳直射点不会移动，全球太阳正午的高度不会发生变化；再没有昼长夜短、昼短夜长的变化。如果黄赤没有交角，始终重合，那么，能在地球上生存的生命，便被限定在很少的有限区域了。

通过对当代天文学关于太阳运行及太阳系天体结构的考察，中庸之道的居中、守正、呼应、时动的思想，符合天体运行的规律，中庸之道是人类对天体运行的自然规律的揭示。

第三个求证，用《论语》的话自证。

我们再来看一下，孔子在《论语》中讲的"道"，是不是"天道"。

《论语》中有两大难题一直没有很好的破解。即：

子曰："人能弘道，非道弘人。"[1]

当代注释《论语》专家杨伯峻先生在注释这段话时讲："这一章只能就字面来翻译，孔子的真意何在，又如何叫作'非道弘人'，很难体会。朱熹曾经强为解释，而郑皓的《论语集注述要》却说：'此章最不烦解而最可疑。'则我们也只好不加臆测。《汉书·董仲舒传》所记载董仲舒的对策和《礼乐志》所记载的平当对策都引此二句，都以为是治乱兴废在于人的意思，但细加思考，仍未必相合。"[2]

---

[1]《论语·卫灵公》。

[2] 杨伯峻《论语释注》。

我们来看朱熹是如何解释的：

> "人外无道，道外无人。人心有觉，而道体无为；故人能大其道，道不能大其人也。"①

朱熹这段解释可商榷。首先他否定了"天道"的客观性，即"人外无道"；然后他又否定了"天道"，与人的自然独立性，即"道外无人"；第三，他否定了"天道"自然而为的作用，"而道体无为"。

据说，朱熹在向弟子讲解时，正好手中拿着一把扇子，如是便借此发挥："道如扇，人如手，手能摇扇，扇如何能摇手?"②

这个比喻也是错误的，"道"和人不是手和扇的关系。

首先，人改变不了"天道"，故手不能摇扇，说"手能摇扇"，即说人可以使"天道"运转起来，这是错了。其次，否认"扇"不能摇手也是错的。"扇"即天道，"手"即人，天道是可以决定人及社会变化和自然界变化的。

这个比喻错在指代关系上，扇不能指代天道，扇是天道，道则变成器了，即人用来驱炎送凉的器具，道则成了道具，形而下的东西了。

像朱熹这样解释这段话，会越解释越让人糊涂。

为什么从古至今人们没有把这段话搞清楚，关键之处是对"道"的理解上。

这个道非"人道"或"社会之道"，乃是"天道"。

如果我们把"非道弘人"解释为天道不能弘人，即天道自然而言，既不会去弘张三，也不会去弘李四，也不会只弘人类而不去弘天下其他生物。天道一定是自然而然地行使自己的使命，不会去弘人，那么是不是"非道弘人"便可解了呢。

《论语》中还有一章，也是历代争论不休，现在仍使孔子被误解的一句话：

---

① 《论语集注》。
② 《朱子语录》。

"子曰：'民可使由之，不可使知之。'"①

杨伯峻先生的注译是这样的，我们来看译文："孔子说：'老百姓，可以使他们照着我们的道路走去，不可以使他们知道那是为什么。'"

"子曰……知之——这两句与"民可以乐成，不可与虑始"（《史记·滑稽列传补》所载西门豹之言，《商君列传》作"民不可与虑始，而可与乐成"）意思大致相同，不必深求。后来有些人觉得这种说法不很妥当，于是别生解释，意在为孔子这位圣人迴护，虽煞费苦心，反失孔子本意。如刘宝楠《正义》以为"上章是夫子教弟子之法，此'民'字亦指弟子"。杨伯峻不同意刘宝楠的解释，认为"自古以来亦曾未有以'民'代'弟子'者"②。

朱熹的解释采用了逻辑推理的办法，"民可使之由于是理之当然，而不能使之知其所以然也。"③朱熹这句话翻译过来就是："民可以被役使是理所当然的，所以，不用告诉他们为什么也是理所当然的。"其实在朱熹看来，不用去向民众解释什么，说明为什么，役使他们就行了，这才是真正的愚民。

程颢、程颐二人认为孔子不是"愚民"：

"圣人设教，非不欲人家喻而户晓也，然不能使之知，但能使之由之尔。若曰圣人不使民知，则是后世朝四暮三之术也，岂圣人之心乎？"④

二程认为"圣人不使民知"，即孔子不让民知道，这种说法不符合孔子的原意，是后世的人们，即统治者的一种统治权术而已。但孔子这段话的原意是什么，"二程"也没能说出来。

杨伯峻先生的译文是正确的。但"由之"是什么？"知之"又是什么？

①《论语·泰伯》。
② 见《论语译注》，中华书局1980年版，第80页。
③《四书章句·论语注》。
④《四书章句·论语注》。

直到今天，还以为这是孔子的污点，看不起老百姓，不必告诉老百姓为什么这么做，就让他们照着说的去做好了。

孔子从来不愚民，他身上也从没有发生过看不起老百姓的事情，如《论语》载：

> "子贡问政。子曰：'足食，足兵，民信之矣。'子贡曰：'必不得已而去，于斯三者何先？'曰：'去兵。'子贡曰：'必不得已而去，于斯二者何先？'曰：'去食。自古皆有死，民无信不立。'"①

孔子将取信于民看得如此重要，不让民知，如何取信？孔子为什么说出这句话来呢？一定是有其他的因由，子贡就说：

> "子贡曰：'夫子之文章，可得而闻也；夫子之言性与天道，不可得而闻也。'"②

连子贡都没听到孔子讲"天道"，天道不是所有人都可知道的。

所以，孔子讲，不必让老百姓知道的不是社会平常之道理，而是有关"天道"，即那些符合天道的事，设计好了，让老百姓做便行了，不必去同老百姓讲为什么这么做。这应该是孔子当时讲此句的原意。

第四个求证，"大道至简"。

《易》有三义，东汉郑玄《易赞》："易为之名也，一名而含三义。易简一也，变易二也，不易三也。"郑玄的三义说，来自《周易》自说：

《系辞传》："乾以易知，坤以简能；易则易知，简则义从。"这便是"简易"。

《系辞传》："阖户谓之坤，辟户谓之乾，一阖一辟谓之变，往来不穷谓之通。""广大配天地，变通配四时，阴阳之义配日月，易简之善配至德。"这便是"变易"。

---

① 《论语·颜渊》。
② 《论语·公冶长》。

《彖传》："天地之道，恒久而已也。"这便是"不易"。

我们说中庸之道来自《周易》，看中庸之道是不是也有这"三义"的含义？

首先看"简易"：中庸之道十分简单，即无论观察事物的天道，还是践行事物的天道，只要坚持"用中"原则，便可直达"天道"。"用中"最为重要的是观察事物的"中"，事物的"中"是事物的核心、中心，对立双方的平衡点；再者是"执中"，"执中"即抓住事物的本质，"不偏不倚"，不过也不不及，然后达到促进事物平衡有序地发展。这便是"简中"。

其次看"变易"：中庸之道的"中""正""应""时"四原则，是随着事物在时空中变化而变化的，那么按着中庸之道变化的事物，便符合"天道"。任何事物都存在于时空之中，都会随着时空的变化而发生改变，形成在共时态中的内外关系，历时态中的历史、现在、未来关系。在上述关系中，事物在对立统一、质量互变、否定之否定中发展变化，也使事物不断处于"中"与"失中""平衡"与"失衡"之间。所以"中庸之道"是随着事物的变化而变化的，这便是"变中"。

再次看"不易"：中庸之道的"中"，是恒久不变的"至中"，不偏不倚，不过也不不及，事物只要"至中"，便符合"天道"，否则即背离"天道"，这就是永恒不可改变。这便是"恒中"。

通过以上四个求证，可以得出，孔子讲的"中庸之道"就是天道，也就是他说"朝闻道，夕死可矣"的道。

3. 中庸之道如何认识和效法天道？

首先，天道是什么，最主要是中，即核心。所以，中庸之道便是"用中"或"中用"。如果离开中心或核心，便没有天道了，天便要混乱。在万事万物中，"中"是事物的本质，是事物发生、发展、变化的最为根本的性质。"中"不一定是事物绝对的居中位置，但它是事物的根本性质，它是决定事物发生、发展、变化的不可替代的力量。为什么太阳是太阳系的中心，核心？因为太阳的质量占整个太阳系总质量的99%以上。

其次，天道有德，表现为给万物生长需要的阳光、空气、雨露，万物靠天生长，天并不求回报。一个好的社会就应给生活在这个社会所有的人幸福，而不求回报。天德主要表现为正，正即位置正确。孔子讲"不在其位，不谋其政"，讲的就是这个道理。一切人都正了，都得位了，社会一定会好了。正不仅是位置的正，还要做到品行端正。《论语》是这样说的：

　　"子曰：'其身正，不令而行；其身不正，虽令不从。'"①
　　"季康子问政于孔子。孔子对曰：'政者，正也。子帅以正，孰敢不正？'"②

　　所以，在正的问题上，一个社会首先是执政者、社会的管理者要正，"上梁不正，下梁歪"。统治者不正，老百姓怎么正？老百姓也要自我端正。

　　"子曰：君子食无求饱，居无求安，敏于事而慎于言，就有道而正焉，可谓好学也已。"③
　　"子曰：'富与贵，是人之所欲也；不以其道得之，不处也。贫与贱，是人之所恶也；不以其道得之，不去也。'"④

　　再次，天有秩序。人类社会有序则表明其拥有好的社会制度。这种制度能使人们建立良好的社会关系，也就是《周易》八卦中的比应关系，相通关系。社会上人与人之间关系都融通和谐了，社会自然就好了。这种井然有序的社会秩序，首先是社会上层的秩序。孔子说：

　　"天下有道，则礼乐征伐自天子出；天下无道，则礼乐征伐自诸侯出。"⑤

　　一个国家，如果没有中心，便没有了秩序，多中心一定会导致天下的混乱。孔子断言，多中心，中心愈多，这个中心的寿命就愈短，他说：

---

① 《论语·子路》。
② 《论语·颜渊》。
③ 《论语·学而》。
④ 《论语·里仁》。
⑤ 《论语·季氏》。

"自诸侯出，盖十世希不失矣；自大夫出，五世希不失矣；陪臣执国命，三世希不失矣。天下有道，则政不在大夫；天下有道，则庶人不议。"①

第四，天道时时在运行。具有中庸之道的社会，应时时保持社会处于中庸的状态。社会由人组成，人有欲望，致使人很容易离开中庸。社会应该设立防止人们离开中庸的制度，来保障人们离不开中庸之道。人有时会处中，有时不会，都是欲望作怪。人若能清心寡欲，"正"的时候便会多，而纵情恣意，"不正"的时候也会多。孔子主张作为一位君子，要时时刻刻不能违背中庸之道，就是吃一顿饭的时间里，也不能离开中庸之道。仓促匆忙如此，颠沛流离同样如此。

二、《中庸》误导人们理解孔子的中庸之道

(一) 子思的《中庸》存在的问题

1. "喜怒哀乐之未发，谓之中；发而皆中节，谓之和。"②这句话将中庸之道看成"中和"。

"和"这个字，在孔子那里是有明确指意的，如：

"子曰：'君子和而不同，小人同而不和。'"③

这句话翻译过来就是："孔子说：君子用自己的正确主张纠正别人的错误主张，使一切做到恰到好处，而不肯盲目附和。小人只是盲从附和，却

①《论语·季氏》。
②《中庸·第一章》。
③《论语·子路》。

不肯表达自己的不同意见。""子曰：道不同不相为谋。"①孔子如果为了"和"而合，他就不会离开鲁国，不会辞去摄相事。离开原则的"和"不为孔子所取。孔子的中庸之道并不主张一团和气。

> "子贡问曰：'乡人皆好之，何如？'子曰：'未可也。''乡人皆恶之，何如？'子曰：'未可也。不如乡人之善者好之，其不善者恶之。'"②

可见，人人都说他好，这样是人人一团和气了，但失去了原则，即失去善恶的标准。只能善人说他好，恶人说他坏的人，才是君子，才是好人。故孔子十分厌恶乡愿之人，他说："乡愿，德之贼也。"③乡愿即没有是非的好好先生。孔子认为这种人是足以败坏道德的小人。孔子对"和"有十分深刻的理解，他不用"和"而用"庸"，就是怕人们因讲"和"而忘记了"中"。从而"失中""失正"，中庸之道变成了老好人的哲学。这种担心因《中庸》一文的出现，将"中庸"解释成"中和"，便使"中庸"被误解，成了老好人、好好先生的处事方法，在社会上大行其道，蒙蔽人们的视线和良知，个人从中得到好处，得到利益，从而加官进爵。所以，"中庸"与"中和"不是同一概念，中庸之道不是中和之道，二者有本质的差别。

"中和"，若从认识论上讲，是可以成立的，可以有两种存在方式：

第一种，将一事物的整体看成"中和"。一事物既然有"中"，一定存在着"不中"，将代表事物的"中"与"不中""和"起来便是事物的整体。但"和"起来的整体，便是事物的全部，那么也就不是"中庸"了。从方法论上讲中庸的"中心"，是讲事物的"性质"，和起来怎么讲"中心"？怎么讲"性质"？这样中庸便失去"用中""中用"的功效。中庸是讲"和"，"和"的体现是以"中"为核心的原则下的"和"，即"中""正""应""时"四者相应相合，而不是简单把"不中"和到"中"来，这种"和"是一种调和论，不是在"用中"或"中用"下的"和"。也可以说"中和"是

---

① 《论语·卫灵公》。

② 《论语·子路》。

③ 《论语·阳货》。

整体论的方法，那么整体论的方法便不是中庸方法。二者都存在，但绝不可混淆，即"中和"不是"中庸"。

第二种，将各种事物中的"中"和在一起。这是一种美好的愿望，这种"中和"是可以实现的。但各种"中"或各种"性质"和在一起仍然是一个大杂烩，这种"和"建立不起有效的秩序。"中庸"讲在一个特定时空中，一个中心，而"中和"这种"和"只能是"多中心"，"多中心"的"和"是暂时的。宇宙是多中心的"和"，但人类要走上宇宙"多中心"的"和"，恐怕还要有很久远的路要走。人类现阶段"多中心"肯定会处于一种混乱的秩序阶段。混乱的"中和"状态可以存在，但它不是有秩序的"中庸"状态。"中和"不能等同"中庸"。

2. 将中庸之道纳入伦理道德系统。孔子说：

"修身以道，修道以仁。"[1]伦理道德是"人道"，中庸是天道，二者有本质的差别，二者又是紧密联系的。"人道"必须符合天道，天道是人道要遵循的原则和目标。不能简单地把"中庸"视同为人道。

3. 把"诚"推到至高无上的境界。

"诚者自成也；而道自道也。诚者物之终始，不诚无物。"[2]这句话翻译过来："诚，是自己完善自己；中庸之道，是用来规范自己的。诚贯穿于一切事物的始终，没有了诚，也就没有了万事万物。"人没有了"诚"，世界上的万事万物真的没有了吗？"诚"能决定万事万物的存在吗？

《中庸》又说：

> "故至诚无息，不息则久，久则征，征则悠远，悠远则博厚，博厚则高明。博厚，所以载物也。高明，所以覆物也。悠久，所以成物也。博厚配地，高明配天，悠久无疆。"[3]

《中庸》认为"诚"是不间断的，不停止的；不停止则久，久了作用会显现出来，也会更加长远，长远了就可以成就万物，成就万物使诚更加高

---

① 《中庸·第二十章》。
② 《中庸·第二十五章》。
③ 《中庸·第二十六章》。

明；成就万物了就可以如地一样，高明了就如天一样，悠久了万物就与天地共存了。这是在说，"诚"像太阳那样高明，像地那样博厚，像时间那样没有止境。

在《中庸》作者子思看来，将"诚"抬至如此，还不够，他将"诚"上升到"天地之道"，"天地之道，可一言而尽也。"[①]

将"诚"提到这么高的地位是不对的。我们不责怪子恩把"诚"上升到世界本体，不理会他把"诚"说成是天地之道，就假定说"至诚"是人的最高品德，那么人能做到吗？

朱熹大讲"诚"，大讲"存天理，灭人欲"，可晚年又被诟病为"伪道学""伪君子"的代表。朱熹本人也不得不承认自己的虚伪。就连朱熹这样一位饱学"圣人"之学的人都做不到"至诚"，那么，又有多少人能做到"至诚"呢？说到底，"诚"仅仅是"人道"中伦理道德的一部分，把"人道"的一部分抬高至"天道"，必然是错误的。

（二）《中庸》一书混乱了孔子学说的三个系统

1. 天道观系统

孔子的中庸之道是通过对天文历法知识的掌握以及晚年学习、研究、传授《周易》而得出来的，即向天取道的结果。

子思认为"诚"不仅是天道，而且还是地道。那么，"诚"是"天道""地道"的科学依据在哪里呢？

2. 伦理道德系统

孔子是讲中庸之德，但孔子讲的不是仁、义、礼、智、信、忠、诚、恕、廉、耻、勇等，这是人道之德。中庸之德是天德，即天的运行秩序。天体运行的秩序几乎是恒定的，略有变化马上又恢复到秩序当中。这种平衡与制衡之德，是人类社会任何"德"都无法相比的。

"诚"的概念在孔子那里是有界定的。在孔子的伦理道德的概念里，"仁"一直处在总德的位置。义、礼、智、信、忠、诚等是下一级范畴。孔子讲，如果人没有了"仁"，那么，人掌握了礼、乐又有什么用呢？"子曰：

---

① 《中庸·第二十六章》。

人而不仁，如礼何？人而不仁，如乐何？"①在孔子人道思想的体系中，诚、信、忠概念的内涵和外延有很多重叠的地方，更多时孔子提"主忠信"，将"诚"都可以省略。

3. 方法论系统

中庸之道的方法论有三个属性：

来源属性，即它来自人们可以认知的天体及整个自然界运动规律的属性。

道德属性，即整个天体运行的平衡秩序和制衡秩序中体现出来的天德属性。

认识论属性，即用中、正、应、时等原则方法去认识自然界，认识人类社会，从中得出人应该怎么办的方法的属性。

《中庸》书中，子思除了用几段孔子讲过的"过犹不及""执其两端""用其中于民"外，对方法论没有任何新的阐述，似乎中庸方法论，仅仅是孔子在论语中所讲的而已。

中庸之道最有价值的就在他的方法论上。这个最有价值的方法论却没有引起子思的任何注意，反而把孔子的"用中""中用"的核心抹去，将中庸变成了中和，致使整个概念错位、混淆，使人们不知怎样去使用中庸这一方法，又为老好人主义、好好先生开了方便之门，成为欺世盗名的有利手段。不仅如此，还大书特书"诚"的学说，从而导致人们认为"诚"才是《中庸》一书要阐述的重点，"至诚"便是中庸。

三、《中庸》对后世的影响

《中庸》收入《小戴礼记》中。李学勤先生认为：

"《中庸》也收入《子思子》书中。《子思子》这部分最早著录于

①《论语·八佾》。

《汉书·艺文志》'《子思》二十三篇',班氏自注云:'名伋,孔子孙,为鲁缪公师。'书列于《诸子略》儒家,以《晏子》、《曾子》之间。另外《汉志》之《六艺略》礼家有《中庸说》二篇,例以志文有《明堂阴阳》、《明堂阴阳说》,《伊尹》、《伊尹说》,《鬻子》、《鬻子说》等,当系专对《中庸》解释引申。这说明《中庸》很早就受到特殊重视,而且可能有单行之本。"[1]

至北宋,《中庸》一书,及《中庸》书中的"至诚"思想被提到非常高的地位。北宋周敦颐:"诚精故明。"[2]

张载:"自明诚,由穷理而尽性也;自诚明,由尽性而穷理也。"[3]

南宋朱熹:"诚则无不明矣,明则可以至于诚矣。"[4]

《宋史·道学传·序论》:程颢、程颐"表章《大学》《中庸》二篇,与《语》、《孟》并行",开始了"四书"经典之先河。朱熹作《中庸章句》,将《中庸》《大学》《论语》《孟子》并列,刊刻《四书章句》,从而,"四书"与"五经"并列。

正是由于《中庸》一书,愈被重视,愈被虚夸,则将孔子真正的中庸之道思想湮没在历史的尘埃之中,甚至被误认为是折中主义、老好人的哲学。

四、孔子中庸思想的当代价值

(一) 用中庸的思想树立人人都应居中守正

中庸思想使人的思维方式和行为方式均处在一个合理的限度之内,不

---

① 李学勤:《周易溯源》,巴蜀书社2006年版,第96页。

②《通书》。

③《正蒙·诚明》。

④《中庸章句》。

过也不不及，就是做好自己该做的事情。这种目标的实现：

一是让人们认为自己的言行符合天理人道，包括人的利益、名誉、地位的取舍，该是你的就是你的，不越位，不贪得，正如孔子所说："不在其位，不谋其政。"①曾子是孔子晚年收的弟子，颇受孔子喜爱。他也多少领悟了一些孔子中庸的思想。他说："君子思不出其位。"②意思说，正人君子所思虑的是不超出他自己的本岗位。

二是建立一整套规定人们应该居中守正的社会制度，让制度保证每个人的言行都符合中庸之道。如果人人都能守住这一节度，居中守正的社会制度必然会被遵守，会被全社会人们去贯彻执行。人人若能有孔子所主张的生活态度，这个社会很快便会好起来。"子曰：'饭疏食饮水，曲肱而枕之，乐亦在其中矣。不义而富且贵，于我如浮云。'"③这意思说："吃粗粮，喝冷水，弯着胳膊当枕头，也有着无穷的乐趣呀。干不正当的事而得来的富贵，对我来说就如一片浮云。"

（二）建立秩序的、平衡的、制衡的社会制度

社会秩序的存在，大体可分为三种：

1. 平衡态，即社会按中庸的天道观思想运行，社会处在一种平衡的社会状态。这种平衡态的社会面貌，大约与《礼记·礼运》描绘的大同世界相同。平衡态是人类全面贯彻实行中庸之道、按照"中""正""应""时"四道去治理社会，从而使社会达到"天道在中，运行在庸"的平衡状态。即使不能完全达到四道，但能真正做到"用中"，也会出现平衡态的社会局面，只不过平衡得没有那么彻底而已。

2. 失衡态，即社会未按中庸的天道思想去运行，天下失中、失正、失应、失时，这样的社会必然失去秩序，没有天下之共主。原来的社会秩序被打破了，制度被破坏掉了，新的社会秩序和制度还没有建立起来。这恰恰是孔子所处的社会，周天子名存实亡，礼乐征伐自诸侯出，自大夫出，自陪臣出。统治者穷奢极欲，人性几乎失去节制，为了掠夺更多的财富，

---

① 《论语·宪问》。

② 《论语·宪问》。

③ 《论语·述而》。

大国侵占小国，强国欺凌弱国。而下层的老百姓苦不堪言，民不聊生，出现严重的两极分化，怨声载道，盗贼四起，社会处在极度混乱之中。失衡态主要原因是社会失制，失衡"天道在制，运行在衡"。

这种失衡态的社会，走到极度，物极必反，一定是代表旧秩序的国家或王朝被改朝换代。秦始皇统一六国后，大权独揽，刚愎自用，社会对他无制，个人欲望达到极大的膨胀。修建阿房宫和骊山墓，用工匠和刑徒70万人，修长城30万人。

"收泰半之赋，发闾左之戍，男子力耕不足粮饟，女子纺绩不足衣服。竭天下之资财以奉其政，犹未足以澹其欲也。海内愁怨，遂用溃畔。"①

加上严刑峻罚，民动辄得咎，道路以目交流，最终百姓揭竿而起，至二世而亡。

3. 治衡态，即社会从代表旧的、乱的社会秩序结束，代表新的平衡的社会秩序端倪开始出现，社会秩序从乱走向治的过程。社会要重新建立中庸之道的社会秩序。所谓中心，即是一个小国或大国，要确保一个权威中心。这个中心的国王或天子一定是夏禹、商汤、周文王、周武王之类的明君，才能带领人民把国家从混乱中拯救出来，才能使国家开始走向治衡态。治衡态是人类社会从失衡态向平衡态的转变，即"天道在德，运行在损益"。

损即修偏，通过减损来修偏，将不中、不正、不应、不时纠正过来。由不中转化为中，由不正转化为正，由不应转化为应，由不时转化为时。

损卦，"《象》曰：损，损下益上，其道上行。"此卦上下二卦可理解为上下体的关系，那么"损下益上"就变成了"损民"而"益统治者"。但一卦之中上体下体，也可看成内卦和外卦，而笔者更倾向于是内卦和外卦的关系，下卦为内，上卦为外。如看成内外关系，则指所有人，不分统治者和被统治者。损下是内部事物，是我；益上是外部事物，是他人。如果

———————————

① 《汉书·食货志上》。

这样，便将"损下益上"理解为损自我而益他人，这便符合损卦的核心思想。"其道上行"，指这样做减损自己益于他人，这便符合了天道。损卦的卦辞说："损，有孚，元吉，无咎，可贞。利有攸往。曷之用？二簋可用享。"意思是：损卦，象征着减损，心存诚信，会有大的吉祥，没有灾祸。坚守中正，利于向前发展。减损之道用什么来体现呢？两簋淡食就足以奉献给尊贵的人和神灵。所以，减损还有一个反对奢侈的含义。反对奢侈就是减损人的欲望。个人欲望减损了，人与人之间的关系也就逐渐和谐了。"《象》曰：山下有泽，损；君子以惩忿窒欲。"山下有泽，象征"减损"；君子因此抑止愤怒，堵塞邪恶以自损欲望。

《益》卦则可以看成统治者与被统治者的关系，即官和民的关系。从治世来看，每个人都要从混乱的社会秩序中走出来，即修偏。但在整个修偏过程中，统治者又是最为重要的，所以《益》就是讲如何去损统治者，去益被统治者。

《益》卦辞："益，利有攸往，利涉大川。"这说明"益"已经是治世的第二阶段，社会已经过"损"的治理，发展到"益"的阶段。这个阶段，发展大道通畅，可涉万险，但前景光明。《象》曰："益，损上益下，民说无疆；自上下下，其道大光。"统治者应该减损自己，将更多的利益福祉留给老百姓，这样老百姓便会其乐无穷，天道和人道就会大放光芒。这段《象》辞还讲了中、正、应、时的四个方面："利有攸往，中正有庆；利涉大川，木道乃行。益动而巽，日进无疆；天施地生，其益无方凡益之道，与时偕行。"

秦朝刚刚统一天下，社会出现失衡态，仅14年而亡。经8年的楚汉战争，西汉初年开启了治衡态的社会。由于连年战乱，社会出现大饥荒、人相食的惨状，饿殍遍野，满目疮痍。

"自天子不能具钧驷，而将相或乘牛车，齐民无盖藏。"[①]

汉高祖刘邦登基后不久，便下令解散军队，让兵士返乡。关东人愿意

---

① 《史记·平准书》。

留在关中，免除12年徭役，如回关东的免除6年徭役，有爵位的加官进爵，并一律免除本人及全家人的徭役，军吏卒按军功大小给予田宅；因饥荒自卖为奴婢的，一律免为庶人。打击商人投机倒把，不允许商人穿绫罗绸缎，携带兵器，乘车骑马，担任官吏，减轻赋税，行十五税一；对生孩子的妇女，免除两年赋税；战乱中，逃往山泽中的百姓各归本土，恢复原有的田宅。

西汉初年，经过近70年的休养生息，一损一益，天下大治，开创了中国历史上第一次社会发展的盛世——"文景之治"。

（三）处理好人与自然界的关系

在处理好人与自然的关系上，孔子的中庸思想与老子的思想是相通的，老子讲的"四法"也是中庸之道遵循的"四法"。

"人法地，地法天，天法道，道法自然。"[①]

人为什么要法地？譬如地球的四季使人们不得不法。人以四季为衣，以四季为食，以四季为住，以四季为行。人的衣食住行，哪一项都离不开地球的四季。

地为什么要法天？地球以天为存在，是太阳的行星，绕着太阳运转。地势坤，厚德载物，但离开天，地球无法载物。地球上有生命的物种，如果离开阳光还能生存吗？在古代人看来，地上的旱、涝、灾、异、福报、祥瑞都是由天决定的。

"天法道"。在古人看来，天上的太阳早升晚落，"独立而不改，周行而不殆"。整个天是以太阳的运行为法，升为昼，落为夜。所以，天要效法道。

"道法自然"。"天道"即天的运动规律，在一定程度上讲，亦是太阳的运行规律。天也好，太阳也好，存在于整个宇宙之中。我们的太阳系只是整个宇宙的一部分。宇宙，我们也可以称之为自然，包括所有天体。但在

---

① 《老子·第二十五章》。

老子看来，自然是由"道"创生出来的。所以，道不是效法自然，而是自然要效法道。

　　这里需要指出的是，老子的"道"与孔子提出的天道还是有区别的。老子的"道"，是自然之上的"道"，它不仅是自然界的规律，还创生了自然界。所以，过去人们讲"道法自然"，认为是"道"效法自然，这是错的。"道"，创生了自然，它怎么能效法自然呢！应该自然效法道。问题出在这句话的断句上。正确的断法应该是："道：法自然"，即自然界的一切法则出自于"道"，"道"给自然界立法。

第三章
孔子的治世之道

　　孔子的"治世之道"，是孔子在对天道认识的基础上，提出人类社会应该如何治理，怎样才能实现天道社会的，也是孔子对从当时历史条件出发，如何从人道社会，一步一步地走上天道社会的具体思考。

一、为政之道，从共主的"道"与"德"说起

（一）共主与"德"的关系

　　　　"子曰：'为政以德，譬如北辰居其所而众星共之。'"①

　　北辰，又称北极星、紫薇星，指的是靠近北天极的一颗恒星。《观象》载：北极星在紫薇宫中，一曰北辰，天之最尊星也。其纽星天之枢也。天运无穷，而极星不移。古代天文学家十分尊崇北极星，因它固定不动，众星围绕，是帝王的象征。古人将北斗和极星作为一个整体，称之为"斗极"（见图3-1）。

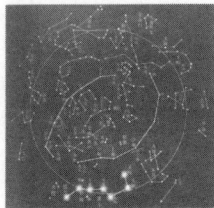

图3-1　北斗星图

————————————————

① 《论语·为政》。

《甘石星经》说：

"北斗星谓之七政，天之诸侯，亦为帝车。"

《夏小正》用斗柄的指向，提示时令季节。《鹖冠子·环流》载：

"唯道之法，公政以明。斗柄东指，天下皆春；斗柄南指，天下皆夏；斗柄西指，天下皆秋；斗柄北指，天下皆冬。斗柄运于上，事立于下，斗柄指一方，四塞俱成。此道之用法也。"

《史记·天官书》载：

"斗为帝车，运于中央，临制四乡，分阴阳，建四时，均五行，移节度，定诸纪，皆系于斗。"

"众星共之"这句话的核心就是怎样治世。治世需要"两个前提条件"的统一。

第一个前提条件是一个"德"字。

纵观商代，商初商汤为天下共主，他不用人殉，视民如己，"汤祷桑林"，启用出身低微的伊尹为相，商得德，故天下大治。

商末纣王，拒谏饰非，为非作歹，淫奢无度。

"以酒为池，县肉为林，使男女倮相逐其间，为长夜之饮。"[1]

厚赋税以实鹿台之用，剖比干，囚箕子，远君子，近小人，失"德"，众叛亲离，故失天下。

反观周之所以能代商而共主天下，是因为周文王姬昌，受殷封于岐山之下，为商西方诸侯之长，网罗天下名士，《史记·周本纪》记载周文王继

_____

① 《史记·殷本纪》。

位后，恭行仁义，尊敬老人，慈爱晚辈，礼贤下士，无论自己政务多忙，都要抽出时间来接待想要拜访他的人，于是伯夷、叔齐、太颠、闳夭、散宜生、鬻子、辛甲大夫等人皆往归之。

这一得一失，足以看出"德"在共主得失天下和治理天下中的重要作用。第二个前提条件是一个"共"字。为什么"众星共之"？

首先作为"共主"，你要值得众星去"共"，"共主"应具有至高的品行和智慧，众星才会拥戴你。

牧野之战，商纣赴火而死。周武王遂斩纣头，杀妲己，"释箕子之囚，封比干之墓，表商容之闾。封纣子武庚禄父，以续殷祀，令修行盘庚之政。殷民大说。"[①]

周武王的做法：一是天有好生之德在他身上的体现。否则取代一个已有300年历史的王朝，怎么敢仅杀掉暴虐的天子（共主）和王后妲己，让殷的王族再获社祀，商民重新建国，还让商的后人提出吸取殷商教训，主修盘庚之政。周武王这是以仁德治国，对天下人行仁政，从而深得人心。

二是表现出十分高超的政治智慧。武王亲自向纣王尸体射了三箭，再用剑刺纣王尸体，然后用黑斧砍下纣王的头颅，把头颅悬挂在大白旗的旗杆上，又到纣王宠妾住所，向已上吊自杀的宠妾各射三箭，用剑击之，将头颅挂在小白旗的旗杆上，以示惩戒。这向殷人说明，殷人无罪，罪在暴君纣王，既然暴君受到了惩罚，那么，过去的已经结束，殷人与天下人一样，应该重新面对新的未来。

这样一手施恩，另一手惩戒，充分显示出周初统治者的政治智慧，不仅让人相信，周代商，是周在替天行道，还在一定程度上化解了殷人复仇的心理。

西周虽然出现周武王这样贤明智慧的君主，但到了后期仍无法逃脱灭亡的运数。到了周厉王时，又开始变本加厉地膨胀个人的欲望，从而"失中""失正""失应""失时"，开始走向了商纣王的覆辙。

公元前841年，蓄积的怨恨就如洪水一样冲破大堤，"国人暴动"，周厉王仓皇逃出王宫。西周王朝开始了"共和执政"时期。"共和"之后，西周

---

① 《史记·殷本纪》。

虽经宣王短暂的"中兴"，但西周又上来一位比周厉王还失"德"的天子，这便是周幽王。

周幽王宠爱褒姒，废掉申后及太子，褒姒做了皇后，让褒姒生的儿子做了太子。当时的太史伯阳读史书后说道："大祸酿成了，无可奈何。"《史记》记载：

> "褒姒不好笑，幽王欲其笑万方，故不笑。幽王为烽燧大鼓，有寇至则举烽火。诸侯悉至，至而无寇，褒姒乃大笑。幽王说之，为数举烽火，其后不信，诸侯益亦不至。"[1]

西周就这样灭亡了，西周王朝再一次失去"众星共之"。

西周方去，殷鉴不远，孔子对这段历史应该是十分清楚的，所以，《为政》开篇那句话，既是治世之道的两个先决条件，也是孔子对殷周两代历史的总结，更是孔子中庸之道的主张。

"中庸之道"，先有"中"，后有"庸"。从治政来说，"中"就是"共主"，"庸"便是其他群星，即所谓"臣民"。以天道和德政来治理天下（国家），就如北极星一样，它所在的位置，别的星都围绕着它。

"德"与"众星共之"才符合天道，才是孔子的"治世之道"。"德"与"众星共之"是因，出现"治世之道"是果。也可以说，因为"有德"，才能"众星共之"，天道即治世之道才会出现。可见"德"是治理天下或国家的一个基础，得到了"德"，也得到了"道"，也就得到了天下或国家，反之，失"德"则失"道"，则失天下。

（二）共主与"道"的关系

孔子讲的"道"与共主的"道"，即国家治理之道。在国家治理上，有"天道"与"人道"之分。"天道"即指按照天的运行之道去治理国家，不按"天道"去治理，那便是"人道"了。

在孔子以前的社会，帝王把自己称为天子，把自己统治的社会，看成

---

[1]《史记·周本纪》。

是代替天来统治人间社会，即替天行道。

就帝王统治而言，分为"天道"和"人道"。"人道"包括不了"天道"，但"天道"包含"人道"中的"仁政"，即"德政"。

帝王的"人道"统治分为三种状态：

第一种是"德政"，商初商汤实行的便是"德政"；

第二种是"暴政"，如商纣实行"暴政"，大臣祖伊对商纣王说："上天已经终止了我们商朝的命运，能够认清形势的人和占卜都不认为我们有什么吉祥可言，不是祖先不保佑我们这些后代，是因为您的荒淫无道把商朝葬送了。上天抛弃了我们商朝，让祖先的宗庙再不享受祭祀。可是您至今还不思过反省，体察上天的旨意，还不去遵守先王的纲常旧典。如今的民众没有一个不盼望商朝灭亡的，他们说：'老天爷为什么不显示威灵，商王的死期为什么还不到来？'情况已经这么严重了，大王您打算怎么办？"纣曰："我生不有命在天乎！"祖伊反，曰："纣不可谏矣。"①

第三介于两者之间，即不德也不暴，居于中间，也是历代平庸的帝王统治出现的社会局面。

符合"天道"的统治，包含着"人道"中的德政。

前提治国之道是按着"天道"的原则执行的。怎样把国家治理成符合"天道"，也可以换句话说，怎样将"天道"转化成为国家的治理。

"天何言哉？四时行焉，百物生焉，天何言哉？"②

首先，社会的统治者在"无为"中体现"有为"。不去做违背天道秩序的事情。人类生存的自然界是按天道存在和发展的。人类不应过度地干涉自然界的生存与发展，形成与自然界共生、共荣、共发展的人类行为理念。

其次，统治者不可违背人的善良本性，更不可干涉人的善良本性，让社会回到一种自然而然的状态。人们日起而作，日落而息，劳作不是为别人去劳作，而是为了自己生存去劳作，世界上再没有剥削，也没有了压迫；

①《史记·殷本纪》。

②《论语·阳货》。

人对自然的索取仅仅是为了本身生存需要，而不是满足无限度膨胀的个人私欲；人们将有德作为自己追求的目标，这个目标就是人的言行要对他人、社会有利，对人类存在的自然界有利。这就是符合天道的人类社会。

最后，人类社会要想进入天道社会，首先要去掉人的贪欲之心。在自然界的动物中，人的贪欲最大，从而也使人类社会最为混乱。去掉人的贪欲之心，就要建立起人的廉耻之心。所以，就需要用"德""礼""乐"来辅佐"天道"。

《论语》中有一段话，引起后世治世理念之争：

> "子曰：'道之以政，齐之以刑，民免而无耻。道之以德，齐之以礼，有耻且格。'"①

关于这个"道"字怎么解，杨伯峻说："有人把它说成'道千乘之国'的'道'一样，治理的意思。也有人把它看成是'导'字，引导的意思，我取后一说"。②

朱熹说："道，犹引导，谓先之也。"③

这个"道"不应解释成"引导"，也不应解释成一般性的社会治理之道，而是符合天道的治世之道。

虽然符合天道了，但采用的手段"法"或"德"，取得的效果是不一样的。按着这样的治国理念，即符合天道的治国理念的前提下，我们再将这段翻译过来，即：如果执政者的治国手段是以"政令"为主，再加上"刑罚"，那么，人民只能免于罪过，却没有廉耻之心；如果执政者的治国手段是以"德"为主，加之"礼""乐"，那么，人民不但有廉耻之心，而且人心还会向善的方向改变。

这也是几千年来人们一直争论不休的问题，即"法治"好，还是"德治"好。孔子无疑是主张"德治"的。

---

① 《论语·为政》。

② 杨伯峻：《论语译注》，中华书局1980年版。

③ 《四书章句集注》。

（三）共主与臣民的关系

"共主"与"臣民"的关系，孟子讲得很清楚，"民为贵，社稷次之，君为轻"。[①]这种思想发展到唐代，唐太宗自己对大臣们说："为君之道，必须先存百姓。若损百姓以奉其身，犹割股以啖腹，腹饱而身毙。"[②]他还讲："天子者，有道则人推而为主，无道则人弃而不用。"[③]唐太宗还引用荀子的话，以"舟"来比喻君主，以"水"来比喻百姓，"水能载舟，亦能覆舟"。[④]

人类应该向天取道，从天与万物的运行与生息关系上，来规划君主和臣民的关系，天下才会存在永远不会错乱的至恒秩序。

"杞国有人忧天地崩坠，身亡所寄，废寝食者。又有忧彼之所忧者，因往晓之，曰：'天，积气耳，亡处亡气。若屈伸呼吸，终日在天中行止，奈何忧崩坠乎？'其人曰：'天果积气，日月星宿，不当坠邪？'晓之者曰：'日月星宿，亦积气中之有光耀者，只使坠，亦不能有所中伤。'其人曰：'奈地坏何？'晓者曰：'地积块耳，充塞四虚，亡处亡块。若蹠步跳蹈，终日在地上行止，奈何忧其坏？'其人舍然大喜。晓之者亦舍然大喜。"[⑤]

劝说者解释得并不科学，但说明古代人们对天地的稳定性有所担忧。李白在《梁甫吟》诗中说："白日不照吾精诚，杞国无事忧天倾。"

天不会崩陷是由于天体平衡稳定性决定的。牛顿在解释这一问题时，按着他的引力理论，苹果和月亮都应遵从相同的定律。但月亮之所以不掉到地球上，因为月亮有一个最初的横向速度，所以，月亮便绕着地球做圆周的运转。牛顿的初始推动力，便回到了亚里士多德：即"任何被推动者皆被某一事物推动，'必然导致'一个不被任何别的事物推动的第一推动者"。

---

① 《孟子·尽心章句下》。
② 《贞观政要》卷一《君道》。
③ 《贞观政要》卷一《政体》。
④ 《贞观政要·教诫太子诸王篇》。
⑤ 《列子·天瑞》。

但宇宙有第一推动力把天体推动起来了，运转还会有问题。牛顿说：

> "如果构成我们的太阳和行星的物质以及宇宙的全部物质都均匀分布于整个天空，每个质点对于其他一切质点来说都有其内在的重力，而且物质分布于其中的整个空间又是有限的，那么，处于这空间外面的物质，将由于其重力而趋向所有处于其里面的物质，而结果都将落到整个空间的中央，并在那里形成一个巨大的球状物体。但是，如果物质是均匀分布于无限的空间中的，那么，它就绝不会只是聚集成一个物体，而是其中有些物质会聚集成一个物体，而另一些物体会聚集成另一个物体，以致造成无数个巨大物体，它们彼此距离很远，散布在整个无限的空间中。很可能太阳和恒星是这样形成的，如果这种物质还具有发光的性质。"①

假设，我们把地球上的人类社会，比喻为一个太阳系，就意味着地球上的人类，只能有一个共主。那么，历史上曾有人这样做过，如古罗马恺撒，古希腊亚历山大大帝，以及后来法国拿破仑等，但都失败了。因人类历史的文明程度织不出如太阳系一样合理、和谐、平衡的社会经纬网络结构。人类将来文明能否走到这一步，也很难得出结论。如按着从历史走过来的社会，现今社会的发展路径，百分之百达不到与天道相统一的社会，反而还会导致人类社会走向灭亡的道路。

假如我们把地球上的人类社会比作银河系，不妨我们这样比喻一下，银河系有数千亿颗如太阳的恒星，这些恒星都有自己的恒星系。人类社会虽没那么多的国家，但也有100多个。如果一个国家就是一个太阳系，那么这个国家便可以形成"共主式"社会经纬结构了。这样，世界就如同一个小的银河系。世界上每个国家，都有一个"共主"，每个国家在"共主"的领导下运行，然后再由这100多个"共主"成立一个世界联合体，制定世界各国的行动准则。

首先，这个"共主"具有巨大的引力。太阳系中的太阳，占有整个太

---

① H.S.塞耶编：《牛顿自然哲学著作选》，上海人民出版社1974年版，第54页。

阳系质量的99%，其他行星、卫星、矮卫星及星云中的物质质量占不到1%。"共主"代表国家，但他本人并不拥有多出于别人的财富和权力，一切财富和权力均为国家所有。"共主"可以代表国家行使这些财富和权力。只有"共主"代表国家的权力和财富，这些权力和财富便会产生足够的引力，从而使国家内的"臣民"离不开"共主"。

其次，"共主"要把国家内部的经纬社会结构建立好。"共主"是一国的中心，即核心，在核心的下面应有若干个分中心。这种分中心一直分下去，但是无论分到多少层级，"共主"是全国的唯一总中心、总核心，这是什么时候都不能变更的。国家内从"共主"到普通老百姓都有自己明确的位置，明确的生产生活轨道和大体一致的思维行为标准。

最后，"共主"要与相邻国家及不邻国家建立友好关系，保证国与国之间的和平安泰，不引发战争，不出现混乱。各个国家在世界上都有明确的地位，明确的社会发展方向、道路以及人们生产生活的轨道。

二、孔子主张的治世之道，即效法天道

天道是一种自然而然之道。"天道"在"治世之道"中表现为有秩序的、和谐的、无征伐的、无饥馑的、人与人之间平等的社会状态。有秩序的社会，而这种有秩序的社会还能体现天的好生之德。

人类社会秩序如何能像天那样经纬有序呢？

由于远古的中国人对天道有初浅的认知，在原始社会解体之后的社会结构，主要表现于两个结构形成的两个纲纪：一是血缘结构形成的血缘纲纪，以父父、子子为主要核心；另一个则是社会结构形成的社会纲纪，以君君臣臣为主要核心。

血缘结构就是以血缘亲情组成的家庭和由家庭向外扩大的家族社会组织结构。社会结构即人们在社会不同领域由于社会分工而形成的人与人之间的社会组织结构。

血缘结构是按辈分高低和血缘远近排列的，社会结构是按人在不同社

会领域的地位排列的。血缘结构与社会结构相互重叠，即每一个人既是血缘结构中的一员，又是社会结构中的一员。一个人的社会地位既能在血缘结构中表现为辈分的高低，又在社会结构中表现为地位的高低。这便形成一个大的社会纲纪网络。地位最高的君主自然是网络层级的最高端，然后降幂向下排列。这种有序的社会结构很像自然的天体。血缘结构从人类产生起便开始存在，并成为社会的最基本的结构。而除血缘结构之外的社会结构只是人类社会由于发展变化而产生的社会分工才作为血缘结构的补充出现的。

（一）天然的原始社会血缘群结构

人类最初的社会组织形式是原始群。原始群社会是以同一血缘为纽带的人们组成共同劳动共同生活的群体。

这是人类初级的群结构。人类刚从动物发展演变而来，人类的人性尚未完全摆脱动物的本性，处在人性发展的初级阶段，沿袭了很多动物的天性，如原始群人与人之间没有辈分，没有固定的配偶对象，处于一种杂交状态。这与人之外的其他动物相较，没有多大的差别。随着摆脱性别的杂交状态，人类开始进入初期的群婚阶段，配偶只能在同辈中进行但仍然在一个氏族内，称班辈婚，也称血缘家族。

原始群、血缘家族往下发展，人类社会进入氏族公社阶段。氏族公社排除了族内通婚的旧俗，实行族外婚，由同一地域相近的几个氏族公社组成较为稳定的婚配集团。

氏族公社再往下发展，人类社会便进入了母系氏族公社。因人只知其母不知其父，母系氏族的辈分是按照母方来计算的。另一个原因氏族社会当时生产以农业为主，女人采集是当时主要的生产方式。

从原始群到母系氏族公社，群及公社内部实行生产资料的公有制，政治上氏族成员平等，没有人比别人占有多的权力和财富。氏族或公社在事务的管理上，以酋长为中心。酋长从氏族成员中选举产生，也由氏族成员投票撤换，在氏族内没有什么特权。

母系氏族社会的后期，随着畜牧业和手工业的发展，男性在社会生产中占有更重要的地位，加之生产力的发展出现了生产剩余，私有制逐渐萌芽，同时随着婚姻制度由族外婚也逐渐开始向对偶婚过渡。男性希望将个人的私有财产留给自己亲生的子女，一妻一夫制的家庭形式开始出现，使母系氏族公社开始分化为若干个以男人为中心的大家族，社会开始进入父系氏族公社。

父系氏族公社初期，公社内部仍实行生产资料公有制，个体家庭内财产的私有制。到了公社晚期，个体家庭成为整个公社的生产与生活的基本单位，原来的公社内部的公有制被彻底瓦解了，小家庭所有制便成为公社的主体。原始社会的父系氏族公有制走向解体。

父系公社社会的解体，标志着人类社会的原始群结构社会组织开始走向终结，逐渐被一种以家庭为基本组织的社会结构所取代。

原始社会的群结构，社会基本结构是群，构成群结构是群中的每个人，每个人在群中都是平等的，到群结构的后期，即父系氏族公社的晚期，出现了军事酋长或首领，其地位已经远高于其他氏族成员。在群结构上，已经出现氏族群结构之间的联盟，这种联盟最早是从婚姻需要开始，最后因对抗自然灾害或应对外面氏族的入侵而形成的政治联盟。群结构中心，是以群的带头人酋长为中心。

家庭结构的出现是群结构血亲分化的必然结果，是人摆脱人与动物共有的天性的开始，也是"人欲"逐渐走向膨胀的开始。

人欲的增长，是随着人的能力提高而增长的。人的能力愈提高，人的欲望便愈加大。而家庭这种清晰的血缘结构，便成为不断刺激人的欲望增长的温床。人的每一个细胞便被这种家庭血缘结构调动起来，从人出生一直到人死去，家便成了人的出发点也成了人的归宿点。这时的家庭便与财富和权力等与人相关的利益连接起来，来到世上的每个人都会如此。为此，家的社会结构便迅速地发展起来，使原来的原始社会的群结构荡然无存。

家又开始不断地分化。家是以男人为中心，那么每出生一个男人，就要成立一个家，这样随着时间的推移，由一个家被分衍出若干个家，若干个不同辈分和代别的家，如此便形成了家族。

这时便出现了以家为基本单位组成的家族群的社会组织，但家族群已经不是社会最基本组织了，最基本组织是家庭。家庭又由家内的成员组成。我们把这种群，叫做"结构群"社会结构，那是由数个或者无数个基本家

（庭）结构组织成的社会组织。

为什么会出现结构群的社会组织呢？因为家的组织结构是十分坚固的，从上古到今天，人们仍然无法打开和去掉这一结构，所以它的存在是合理的。但从远古到现在，"家庭"只是一种血缘组织，它的功能只能表现在人的血亲关系上，以及由血亲关系而决定的人的社会地位，财产的继承关系上。而人的所有生产生活，从远古到今天还必须在更大的空间去完成，所以为了生产和生活的需要，人又必须走出血缘，走出家庭，与其他人，即来自与自己同家族的、不同家族的人交往，如是便开始了由社会交往和分工而形成的社会结构群的社会结构。

血缘群结构出现了二级结构，即以家庭为核心的底层结构，建立在家庭之上的同姓氏族家族结构。而由社会交往和分工产生的结构群也随着社会的发展而不断地发生变化，并逐渐分化出多层级、叠床架屋式的社会结构群。

（二）夏商周社会结构群

1. 部落结构群

结构群的社会是群结构解体后的社会结构。结构群的社会是随着人们交往的不断扩大而产生、而发展变化的。

中国古代三皇五帝时期便已经进入了结构群的社会。三皇五帝时期，是原始社会群结构解体后产生的同源、同族的结构群，即所有人可能都是出自一个氏族公社，上可追溯到母系氏族公社的先祖，或父系氏族公社的先祖。

关于五帝的说法，一说将五帝按地域分布，即黄帝居中，太昊居东，炎帝居南，少昊居西，颛顼居北。这是说五帝时五个部落是按中东西南北五个方位居住。第二种说法是五帝是按着时间先后顺序出现的。

据《史记》记载，黄帝时，天下已经出现了诸侯、百姓等，说明此时处于原始社会后期，即军事民主制阶段。人们生产生活是以当时中原为核心，向四周扩散，但已形成很多氏族部落，这些氏族部落中包含着若干个氏族，即"百姓"，"百姓"中的每个氏族，实际上就是以同姓家族组成的氏族，然后又由不同姓氏氏族组成一个人的部落。

不同姓氏的联合，一是由于地域的关系，使氏族联合起来；二是同族同源的关系使氏族联合起来，更重要的原因是为了争夺更大的生存空间。每个氏族、每个家庭都想获得更大的私人利益，但家庭是利益最终获得单位，这种人的欲望使具有相同目的的氏族联合起来。

这种联合有的也是在氏族或部落不断地迁移中实现的。这些部落在迁移中相互融合，或经过武装侵占后相互融合。黄帝与炎帝在阪泉之野发生激战，经过多次争战，最后黄帝打败炎帝，炎帝族人并入黄帝部族，黄帝又战胜了蚩尤，成为天下的共主。

这是国家出现前的社会组织。这种社会组织主要由三级血缘构成，即最基层的家庭组织，第二层氏族组织，第三层部落组织。

2. 国家结构群

五帝之后，社会又按着血缘结构的发展途径发展到了尧舜禹时代，这已经到了国家产生的门槛。

尧舜禹时，已出现了天下一统，虽然那时天下的范围并不大，但这种统一也促使社会的血缘结构进入一个大的发展时期。

这一时期明显的特征是战争减少，人口也增长起来了。

人们社会交往的范围扩大，组建家庭男女选择的空间增大，利于生者优化。

《礼记·礼运》在叙述大同社会之后，谈到当时的社会时说：

> "今大道既隐，天下为家。各亲其亲，各子其子，货力为己，大人世及以为礼，城郭沟池以为固，礼仪以为纪。以正君臣，以笃父子，以睦兄弟，以和夫妇，以设制度，以立田里，以贤勇知，以功为己。故谋用是作，而兵由此起。禹、汤、文、武、成王、周公，由此其选也。此六君子者，未有不谨于礼者也，以著其义，以考其信，著有过，刑仁讲让，示民有常，如有不由此者，在势者去，众以为殃，是谓小康。"

这段话讲的就是群结构之后的结构群的社会状况。从时间上看，这是从私有制出现、家庭的产生开始，一直写到孔子时为止。尧、舜、禹三代，虽不能说已经形成国家的社会结构，但标志着国家的一些要素已经出现，如《史记·五帝本纪》记载当时已经有了法律。

据《史记·五帝本纪》记载，在舜时便开始由皋陶制定法律。"舜曰：皋陶，蛮夷猾夏，寇贼奸轨，汝作士。"并告诫皋陶定罪量刑时要遵守统一的原则，即"五刑有服，五服三就；五流三度，五度三居。"[①]舜说：皋陶，蛮夷侵扰中国，盗贼犯法横行，你去担任法官，五刑要使用得当，对于犯罪的人要在规定的场所用刑；五刑如改为流放应按照罪行的轻重去规定远近的里程；五种不同程度的流放，应安置在郊野、市、朝三个不同的场所方可执行。总之，只有执法严明，才能取得人们的信任。《尚书·康诰》还说："父子兄弟，罪不相及。"《尚书·大禹谟》中记载皋陶说："与其杀不辜，宁失不经；好生之德，洽于民心。"即如果杀掉无罪之人，执法者应承担不按法度行事的责任。有了爱护老百姓的品德，才能使老百姓从内心感到亲近。

这说明，在尧舜时期，社会的法律已经涉及防盗、防贼、保护老百姓利益等方方面面了。

从某种意义上讲，原始社会人们所行的人道，与动物所行的动物道有所差别，但并不是本质的差别。只有国家出现，人类所行的人道，才与动物所行的动物道出现了本质的差别。

在国家产生之前，人类社会的群结构，是一种无中心的社会秩序，随着人口繁殖及增长，人们交往范围的不断扩大，使各氏族部落生存空间相互交叠，这种交叠一方面可能出现和平融合成一个部落，也可能发生冲突，导致氏族部落之间的战争。战争的结果胜利方融合战败方，接纳氏族的全部人口及其领地。在原始社会末期，部落之间发生战争，胜利的氏族部落并不是屠杀失败的氏族部落，而是将两个氏族部落合并为一体。

到了夏商周时期，这时的社会血缘结构已经发展为四级，即家庭——氏族——部落——国家。

从血缘结构来看，已经发展到了它的终极层。

国家出现对血缘结构的意义：

第一，血缘结构成为夏朝最基本的社会结构。

---

① 《史记·五帝本纪》。

夏朝建国之后，对当时天下的管理，并没有打破氏族血缘的地方管理，而是将天下各氏族按照与夏关系的远近进行了分封。《史记·夏本纪》载：

> "禹为姒姓，其后分封，用国为姓，故有夏后氏、有扈氏、有男氏、斟寻氏、彤城氏、褒氏、费氏、杞氏、缯氏、辛氏、冥氏、斟戈氏。"

当时分封的氏族部落，有一万个左右。《吕氏春秋·用民》载："当禹之时，天下万国。"夏代一方面分封氏族部落为国，另一方面将那些不听指挥的邦国灭掉。禹分封一万个左右的诸侯，"至于汤而三千余国"。《吕氏春秋·用民》说明有夏一朝，先后灭去了六七千个诸侯国。当时以氏族部落成立的诸侯国在社会生产上都有明确的分工，如：羲氏、和氏为夏观测天象，负责制定历法；周的先祖为夏农官，负责农业生产；封父国负责制造兵器良弓；奚仲是夏代善于造车的氏族首领，担任夏朝的车正，负责造车；商族的首领冥，担任夏的水官，负责治水。

这些氏族邦国臣服于夏，受夏的分封，成为当地的诸侯。夏族人本身，以夏原有的氏族部落为核心，形成天下邦国部落总联盟，即邦国归属于夏朝的统治。这些邦国与夏的关系，有的近，关系好些，有的较疏远，关系差一些，但均为夏的邦国。

《尚书·禹贡》，讲禹治理九州，但九州只是禹治理水患而划分的区域，并非以地域进行管理的行政区域，"九州攸同，四隩既宅……中邦锡土姓。祗台德先，不矩朕行。"意思说："九州的水利工程都已经完工，四方的土地都可以居住了……九州之内的土地都分封给诸侯并赐之以姓氏。诸侯们都要把我的德行放在治理邦国的首要位置，不得违背我所推行的德政。"

国家的出现，使一定地域空间内，形成一个凌驾于社会之上的统治机构。从夏商周来看，尽管不像今天国家这样完备，但立法机构、行政机构、军队、监狱都已经具备了，但夏商周的国家因刚刚从氏族公社演化而来，整个国家是建立在原始部落氏族基础上的，所以整个社会组织，是在血缘家庭之上建立起来的。这种血缘社会结构到了战国时仍十分突出。如孟子说：

> "人有恒言，皆曰天下国家。天下之本在国，国之本在家，家之本在身。"①

孟子的意思是：天下的基础是国，国的基础是家。

国家的出现，便由血缘组成一个巨大的社会血缘结构网络：

首先，天子是这个血缘结构的最顶端，天子直系血亲结构，非直系血亲结构，往下是诸侯的血亲结构，大夫的血亲结构，士的血亲结构，最后到庶民老百姓的血亲结构。

其次，每个人从自己的家庭血亲可以追溯到家族的血亲，又从家族的血亲可以追溯到同宗族的血亲，每个人都可以织出一个很大的血亲网。这种血亲网成为人在社会上非常依赖的社会关系。

商朝基本沿袭了夏朝的氏族血缘结构为社会的基本结构。商人的祖先子姓，是一个具有悠久历史的古代族群，取代夏朝时已发展成为以子姓为核心的许多部落联合体，《史记·殷本纪》载"契为子姓，其后分封，以国为姓，有殷氏、来氏、宋氏、空桐氏、稚氏、北殷氏、目夷氏"。

汤灭夏桀时，得到"诸侯群后"的支持，与天下众多部落建立起反夏联盟。商代夏后，"诸侯毕服，汤乃践天子位"，商因得到天下各诸侯、部落的支持得到天下，所以，商前期对各诸侯国和氏族部落采取忍让怀柔政策，允许一些部族首领参与殷王朝朝政的管理，并担任一些重要职务，尤其当时的贞人集团，负责商朝占卜的人员大多数由部落酋长担任。这些人试图通过神权占卜，来控制商朝的政治、经济、文化的发展。正因为如此，各部落血缘社会结构，不但没有遭到破坏，反而得到了进一步的加强。血缘社会结构变成了商朝社会的基本结构。这从武王灭商，处理殷遗民就可以印证这一点。

周初分封给鲁公"殷民六族：条氏、徐氏、萧氏、索氏、长勺氏、尾勺氏，使帅其宗室，辑其分族，将其类丑，以法则周公，用即命于周"②，还分封给康叔"殷民七族：陶氏、施氏、繁氏、锜氏、樊氏、饥氏、终葵

---

① 《孟子·离娄上》。
② 《左传·定公四年》。

氏"。^①由此可见商朝的地方社会结构，仍然是从原始社会直接过渡到夏殷社会的氏族血缘结构。

从周朝开始，嫡长子继承制的血缘宗族制度开始确立。从天子开始，国家最高统治者宗君合一，即天子既是天下的共主，同时又是王室的大宗，其他庶子分封到各地建立诸侯国。诸侯和卿大夫、士均实行嫡长子继承制，嫡长子为大宗，其他庶子为小宗。大宗称百世不迁，不论过多少代，由始祖的嫡长子一代代传下来的为大宗，是所有族系成员的共奉之宗。小宗又称"五世则迁之宗"，即血缘关系一旦超过"五服"，就不再奉之为宗。大宗世代不变，小宗则随着血缘关系的逐渐疏远而不断更新。庶子对嫡长子来说是小宗，小宗也实行嫡长子继承制，小宗的嫡长子对庶子又成为大宗。大宗有继承爵位、财产、祭祀祖先的权利。宗族祭祀由大宗主持。

周朝的国人与庶民家庭也按嫡长子继承制的原则分为大宗小宗，但并不严格，庶民以家庭为核心进行生产和生活，但家族或宗族仍对每个家庭有一定的组织和领导作用。晁福林先生《论周代国人与庶民的社会身份的变化》一文中指出："西周春秋时期所谓'国人'，皆为宗族之人。换句话说，游离于宗族之外的国人，在那个时期是找不到的。""西周时期庶人社会身份盖为宗族中的普通劳动者，即宗族中最普通的人数最多的成员。"^②

（三）国家的天道秩序

原始社会天然的群结构社会组织，是人类社会处于蒙昧状态天道的体现，这种与地球上的其他动物一样，野蛮无序地生长，只能靠一种自然繁殖与淘汰去顺行天道，而不是作为地球上有智慧的生灵在更高层次和更高的领域体会和接近天道，完成弘大天道的人类使命。

国家的出现，人类有了模仿天道，顺从天道而行的路径。

尧舜禹三代是进入国家的门槛时期，为后人树立了正确的榜样，可惜这种符合天道的行为被禹破坏掉了。禹打破了"传贤不传子"的传统，将国家的权柄交给了自己的儿子启。所以，从国家一开始建立，人类社会便

---

① 《左传·定公四年》。

② 晁福临：《夏商西周史丛考》，商务印书馆2018年版，第981页、第994页。

进入一道错误的门径，而且越往里走越错，乃至无法返回。

从地球上观测天道，只能观测到太阳系的天道。太阳系的天道，是以太阳的运行为核心、为轴心运转的天道，人类若在地球上模仿天道运行，就要在特定的时空领域建立以"共主"为核心的社会运行发展秩序，"共主"就相当于特定时空中的太阳，所有人都围绕在"共主"周围，与"共主"建立起"中""正""应""时"的社会秩序，共同参与治理国家。

这便是孔子晚年才发现的思想，将其写入《礼记·礼运》里面，即所谓的大同世界。可惜这时孔子已是垂暮之年，来不及整理他的全部思想，便撒手人寰了。

三、建立维持天道秩序的礼仪制度

维持这个天体般的社会网络结构最为重要的是"中"，即社会"共主"。"共主"则是社会上层统治者，以及从"共主"开始往下降幂排列的各级官吏，他们是社会发生变化的主导者、决策者、操纵者。另一方面便是维系纲纪的礼法制度了。

孔子主张恢复的周礼，不能仅仅理解为社会礼仪制度。周礼亦称《周官》《周官经》，主要以周王室官制为主，涉及周的政治制度、经济制度、文化制度，范围广泛，包括人们日常生活婚丧嫁娶，迎来送往，衣食住行，制礼作乐等方面。在这些方面，都有具体的规定。这些规定就是想将两个结构固化下去，形成经纬式的两个纲纪，目的是形成社会各个结构之间的稳定的社会秩序。

这种社会秩序运转好坏，在孔子看来，"中"即君主是十分重要的，君主好与坏的状况决定着这种社会秩序的好与坏的状况。

孔子说：

"天下有道，则礼乐征伐自天子出；天下无道，则礼乐征伐自诸侯出。"①

天子出，这是一个有秩序的社会。天子一声号令，各国诸侯也好，民众也好，都要执行，否则一个天下，天子也出号令，诸侯也出号令，这就失去了社会秩序。

齐景公向孔子问政，孔子说："君要像个君，臣更要像个臣，父亲要像个父亲，儿子要像个儿子。"齐景公问政于孔子。孔子对曰：

"君君，臣臣，父父，子子。"②

做到了这四像，社会秩序就稳定了。否则社会就会动荡、混乱。

孔子认为，当时的鲁国是最容易实现符合天道的社会。

"子曰：'齐一变，至于鲁；鲁一变，至于道。'"③

为什么鲁一变，就会至于道呢？因为鲁是周礼的制定者周公后代建立的国家。礼制比其他国家完备，如经过治理很容易就会达到有序的社会。

在春秋时期，各国的国君最为重要。一个国家发展得如何，主要看国君是否具有治理国家的才能。可惜，孔子时期的国君大多都不具备这样的才能。

仅有好的君主或共主还不够，还要有好的官僚队伍，还要有好的制度。《论语》载：

"子曰：'管仲之器小哉！'或曰：'管仲俭乎？'曰：'管氏有三归，官事不摄，焉得俭？''然则管仲知礼乎？'曰'邦君树塞门，管氏亦树塞门。邦君为两君之好，有反坫，管氏亦有反坫。管氏而知礼，孰不

_____

① 《论语·季氏》。
② 《论语·颜渊》。
③ 《论语·雍也》。

知礼？'"①

这是说管仲作为宰相，不知礼节，有与君主分庭抗礼、僭越礼制的行为，从而在这点上孔子反对管仲，说他格局不大。

"孔子谓季氏，'八佾舞于庭，是可忍也，孰不可忍也？'"②

一次季氏要去祭祀泰山。

"季氏旅于泰山。子谓冉有曰：'女弗能救与？'对曰：'不能。'"③

在当时，只有天子和诸侯才有祭祀"名山大川"的资格。这是孔子再次谴责季氏的"僭礼"行为。

四、治世之道，兴废在民

"子谓子产有君子之道四焉：其行己也恭，其事上也敬，其养民也惠，其使民也义。"④

子产是位法家先驱，为春秋时郑国的宰相。孔子评价他有四种好的品行。其中后面两点是对平民百姓的，即子产执政，让平民百姓得到实惠，子产从不役使百姓，凡役使百姓之事都是符合道义的。

鲁哀公二年（前493年），即孔子出游的第四年，到了宋国。孔子要求

① 《论语·八佾》。
② 《论语· 八佾》。
③ 《论语·八佾》。
④ 《论语·公冶长》。

见宋景公，宋景公才接见了他，结果两人话不投机。孔子到宋国原本有很大的期许，他是宋人之后，夫人亓官氏也是宋人，本想看在宋可否能有所作为，不想一句话得罪了宋大司寇桓魋。此人是宋先臣向戌之孙，宋桓公的后裔，为人骄横奢侈，想死后不朽，让人给他做一副巨型石椁。由于石椁制作难度大，三年尚未完工，工匠们疲不堪言，孔子见状，不禁动起气来，说："与其他这样奢，不如叫他死后早些烂掉！"这话传到桓魋那里，惹出麻烦，桓魋要杀孔子，吓得孔子及弟子都化了妆，穿上便服，连夜逃出宋国。

"季氏富于周公，而求也为之聚敛而附益之。子曰：'非吾徒也，小子鸣鼓而攻之，可也。'"①

"子适卫，冉有仆。子曰：'庶矣哉！'冉有曰：'既庶矣，又何加焉？'曰：'富之。'曰：'既富矣，又何加焉？'曰：'教之。'"②

孔子对家境比较穷的学生，格外照顾。

"冉子为其母请粟。子曰：'与之釜。'请益。曰：'与之庾。'"③

对穷人富有同情心。

"原思为之宰，与之粟九百，辞。子曰：'毋！以与尔邻里乡党乎！'"④

《说苑》载："孔子初仕为中都宰，制为养生送死之节，长幼异食，强弱异任，男女别途，路无拾遗。"

孔子相鲁，鲁国大变，人心思治，任大司空时"设法而不用，无

---

① 《论语·先进》。
② 《论语·子路》。
③ 《论语·雍也》。
④ 《论语·雍也》。

奸民"。①

　　仲尼相鲁，景公患之。谓晏子曰："邻国有圣人，敌国之忧也。今孔子相鲁若何？"②

　　以上记载可以看出，孔子在鲁国从政时所展现的治理社会的才能，以及社会上各个方面对他治理社会的反应，说明孔子的政治实践是成功的。孔子成功的原因，即将"民"放在他政治的首位，所以鲁国大治，民心安定，盗贼不起。可惜的是，从辞摄相事后，社会再没给孔子政治舞台，没给他任何从政的机会。

五、孔子的理想社会

　　从上可见，孔子认为的治世，就是将世界向着天道的目标去治理，形成自然的、有序的、相互制衡的社会，人们在有序制衡的社会之中享受着自由、平等、相爱、富足、无忧无虑的生活。

　　什么是孔子理想的社会制度呢？我们来看他对尧舜禹的称赞吧！他赞美尧是在替天行道，尧将天的恩德广施于天下百姓，建立十分好的礼仪制度，使天下百姓都不知道怎样去赞美他。他赞美舜和禹说，舜和禹其德很崇高呀，他们贵为天子，富有四海，但每天为老百姓操劳，一点都不为他们自己。他说：我看不到禹没有什么不好的地方让我去批评他。他作为天子，自己吃得很差，穿得也很差，却把祭祀的贡品办得十分丰盛，把祭服做得十分华美。他住得也很坏，却把他所有的力量都用来修筑沟渠水利。这样的人，我对他还能批评什么呢？

　　《礼记·礼运》记载，有一次，鲁国岁末举行腊祭，祭祀百神，孔子担

---

① 《史记·孔子世家》。
② 《晏子春秋外传》。

任腊祭的蜡宾。祭祀完成后，孔子走出宫廷，站在台阶之上，不禁长长地叹息。弟子言偃在旁问道："老师为什么叹息？"孔子说："五帝时是大道施行的时代，三代时的英明君臣，我虽没有赶得上，但典籍中都有记载的。"

孔子很是向往尧舜禹那样的社会，《礼记·礼运》中的话，发出了他心底的声音：

> "大道之行也，天下为公。选贤与能，讲信修睦，故人不独亲其亲，不独子其子，使老有所终，壮有所用，幼有所长，矜寡孤独废疾者皆有所养。男有分，女有归。货恶其弃于地也，不必藏于己；力恶其不出于身也，不必为己。是故谋闭而不兴，盗窃乱贼而不作，故外户而不闭，是谓大同。"

第四章
孔子的治学之道

我们这里所说的治学之道，只能说孔子的这些"治学"教育理论，有一定的天道思想，但它并不是完整意义上的天道的治学教育之道。孔子的治学之道仍属于人道的治学之道，是孔子针对春秋特定的历史时期而行使的治学之道，也是他所主张的从人道社会向天道社会过渡之时的治学之道。

在西周时，学在官府，即文化、学术、典籍由国家政府的专人掌管。学校的教育据《周礼》记载：

"古之教育，家有塾，党有庠，术有序，国有学。"[1]

孔颖达疏："周礼百里之内，二十五家为闾，同共一巷，巷首有门，门边有塾。谓民在家之时，朝夕出入，恒受教育于塾，故云'家有塾'。"

《周礼》虽经孔子整理，但当时并未成书。成书应在战国至西汉期间。"家有塾"是在西周，还是在春秋，已难考证。孔子立塾讲学，现在看并非孔子首倡。《吕氏春秋·下贤篇》记载，郑子产去看望壶丘林子，见壶丘林子与自己的弟子按着年龄顺序坐在一起。《吕氏春秋》中还记载，郑国的郑析，办过诉讼培训班。

---

[1]《礼记·学记》。

"民之献衣，襦袴而学讼者，不可胜数。"①

另外，《韩非子·解老》中讲到的詹何，《庄子·德充符》讲到的王乃台，《论衡·讲瑞篇》提到的少正卯，也都是稍在孔子前或同时办私立学堂讲学。这说明，私塾在孔子创办时，已经是民间办学的一种形式了。但也可能是刚刚出现不久的新生事物，如果在孔子之前已经是很普遍的社会现象，孔子从小便要到这种平民学校去读书，但孔子没有，也没有任何文献记载孔子读过私塾，孔子自己也没有说过。如读过私塾他便不会说出"吾十有五而志于学"的话来。

由此也可推断，私塾这种教育形式，是在孔子之时才逐渐推广起来的。

孔子的治学之道主要分为：

一、师道

（一）"有教无类"的胸怀

在孔子之前，平民出身的人，很难接受到系统的学习教育，社会不具备条件，因学在官府。另有"党有庠，术有序，国有学"。②

可这非为平常之家子弟可为之。孔子改变了穷家子弟学习的途径。

什么叫"有教无类"？

孔子招收学生时，不管贫贱、贵富、老幼、国籍，只要你愿意做我学生，我便收你入门下。有无学费均可，只要你能带来一束肉干。

"自行束脩以上，吾未尝无诲焉"。③表示对老师的尊重，便可成为孔子的弟子。

我们看一下孔子弟子的家境。

---

① 《吕氏春秋·离谓篇》。
② 《礼记·学记》。
③ 《论语·述而》。

颜回："一箪食，一瓢饮，在陋巷，人不堪其忧，回也不改其乐。"①可见颜回家境之穷困，可他却成为孔子最钟爱的学生。

子路："卞之野人"，"尝食藜藿之实，而为亲负米百里之外。"②子路与孔子十分亲近，常随其左右。

卜商：出身贫寒，年少时身体瘦弱，"衣若县鹑"，即衣服上补丁累补丁，披在身上就如一只秃尾巴鹑的羽毛。③

原宪："居鲁，环堵之室，茨以生草；蓬户不完，桑以为枢；而瓮牖，二室，褐以为塞；上漏下湿，匡坐而弦歌。"④可见原宪家方丈小屋，用桑条做的门，用破瓮做的窗户，用粗布隔成两室，下雨屋内积水。

曾参："居卫，缊袍无表，颜色肿哙，手足胼胝。三日不举火，十年不制衣，正冠而缨绝，捉衿而肘见，纳屦而踵决。"⑤而来自卫国的曾子衣衫褴褛，面常茶色，手足生茧，三天不生火煮饭，十年不添置新衣。

来孔子门下的也有富贵者，如：南宫敬叔、司马牛、季康子，富商如子贡等。

孔子认为，人的本性基本上很接近，但由于人后天的环境不同，使人的本性改变，差别逐渐大了起来。

"子曰：'性相近也，习相远也。'"⑥

这种相远的本性，只要人受到很好的教育是会改变的，改变是将那些已经离开人本性善的仁的方面，将其重新找回来。而人性中本来就有的"善"和"仁"的本性，通过教育使之发挥出来。人人都是有仁性的，那么人人又都接近了。

只有两种人无法改变：

---

① 《论语·雍也》。
② 《说苑·建本》。
③ 《荀子·大略》。
④ 《庄子·让王》。
⑤ 《庄子·让王》。
⑥ 《论语·阳货》。

一种是具有上等智慧的人。这种智慧的人，就是孔子所说的"生而知之"的人。另一种是人的智力十分低下，如先天的智障之人。

这两种人是人性之中的智力走了两个极端。生而知之之人，天生就带有智慧，对世上万物的感知远远超过一般人，一般人无论如何受教育都是无法与这种人相比。智障人因认知能力过于低下，也无法通过教育实现认知能力赶上正常人。

"子曰：唯上知与下愚不移。"[①]

既然大部分人通过教育能使人性得到提升，升华到孔子提倡的君子人格，那么就应该"有教无类"。

（二）师者无私

师者应该具有一颗让所有学子都公平受教育之心，不能以与自己的关系远近及好恶相投而对学生不一视同仁。

孔子以自身做出表率。他的儿子同其他弟子一样跟孔子学习，他从不给儿子特殊待遇。

弟子陈亢问孔子的儿子伯鱼："您在老师那儿，曾得到过我们不同的传授吗？"伯鱼回答说："没有。他曾经一个人站在庭院中，我恭敬地走过去。他问我：'学诗没有？'我说：'没有。'他便说：'不学诗就不会说话。'我便退回去学诗了。过了几天，他又一个人站在庭院中，我又恭敬地走过去。他问道：'学礼没有？'我回答说：'没有。'他说：'不学礼，便没有立足社会的依据。'我退回去学礼。只有这两件特别的事。"

陈亢十分高兴地说："我问一件事情，却知道了三件事，知道了诗，知道礼，又知道了老师对待他的儿子态度。"

"陈亢问于伯鱼曰：'子亦有异闻乎？'对曰：'未也。尝独立，鲤趋而过庭。'曰：'学《诗》乎？'对曰：'未也。''不学诗，无以言。'

---

① 《论语·阳货》。

鲤退而学《诗》。他日，又独立，鲤趋而过庭。曰：'学《礼》乎？'对曰：'未也。''不学《礼》，无以立。'鲤退而学《礼》。闻斯二者。陈亢退而喜曰：'问一得三，闻《诗》、闻《礼》，又闻君子之远其子也。'"①

孔子在教学中讲："兴于《诗》，立于礼，成于乐。"②意思是说，诗能使人兴奋，礼能使人在社会上立足。当学完了乐，弟子们的学业也就基本完成了。可见诗、礼、乐在孔子的教学内容中占据了十分重要的地位。

有一次孔子对众弟子讲："弟子们，为何没有人研究《诗》？读《诗》，可以培养人的想象力，可以提高人的观察力，也能使每个人与大家关系处理得融洽，还可以抒发人的哀怨情感，他可以用诗里讲述的道理去侍奉父母。说远点，可以用来服侍君王；还可以多了解鸟兽草木的名称。"

"子曰：'小子何莫学夫诗，诗，可以兴，可以观，可以群，可以怨。迩之事父，远之事君；多识于鸟兽草木之名。'"③

由此可见，在学习上，孔子对待伯鱼，就把他当作是自己的弟子，对弟子怎么样，就对伯鱼怎样。他想让弟子们学什么，他就在公开的场合下说出来，从来不因亲疏远近给哪位弟子吃小灶。

（三）教学方法

孔子说："教导学生，不到他想弄明白，又想不明白的时候，不去开导他；不到他想说出来什么，却又说不出来什么的时候，不去启发他。教会他东方，他却不能由此推出南、西、北三方，暂时便不要反复教他了。"

"子曰：不愤不启，不悱不发。举一隅不以二隅反，则不复也。"④

---

① 《论语·季氏》。
② 《论语·泰伯》。
③ 《论语·阳货》。
④ 《论语·述而》。

"不愤不启，不悱不发"，在《论语》中就有充分的体现，《论语》中孔子的言论，孔子主动讲的，都是一些最基本的道理，而更深层的道理，往往都是弟子一步步追问，孔子才一步步地回答。如果孔子讲了之后，弟子还不明白，孔子则不往下讲了。

> "樊迟问仁。子曰：'爱人。'问知。子曰：'知人'。樊迟未达。子曰：'举直错诸枉，能使枉者直。'樊迟退，见子夏曰：'乡也吾见于夫子而问知。'子曰：'举直错诸枉，能使枉者直'，何谓也?'子夏曰：'富哉言乎！舜有天下，选于众，举皋陶，不仁者远矣。汤有天下，选于众，举伊尹，不仁者远矣。'"①

樊迟又一次向孔子问仁，孔子则从另一个角度阐述什么是仁：

> "樊迟问仁。子曰：'居处恭，执事敬，与人忠。虽之夷狄，不可弃也。'"②

樊迟还有一次又问到"知"和"仁"，孔子回答的同以前回答的又不一样：

> "樊迟问知。子曰：'务民之义，敬鬼神而远之，可谓知矣。'问仁。曰：'仁者先难而后获，可谓仁矣。'"③

这次孔子对仁的解释是："有仁德的人付出一定的努力，然后获得成功，可以说就是仁德了。"这显然是针对樊迟讲的，希望他勇于进取与付出。

子路有一次问什么是君子。孔子回答说："修己以教。"不断地修养自己来认真地完成工作。子路又问："如斯而已乎?""像这样就可以了吗?"

---

① 《论语·颜渊》。
② 《论语·子路》。
③ 《论语·雍也》。

孔子说："修己以安人。"还要进一步修养自己，好让你的上级对你所做的工作安心。子路又问："像这样就够了吗？"孔子说："修养自己使所有百姓都安乐。"就连尧舜大概还没有完全做到呢!"

"子路问君子。子曰：'修己以敬。'曰：'如斯而已乎？'曰：'修己以安人。'曰：'如斯而已乎？'曰：'修己以安百姓。修己以安百姓，尧舜其犹病诸？'"①

孔子经常告诉学生们，听他讲的道理，要学会举一反三。

有一次孔子问子贡，你认为和颜回比，你俩哪一个更强一些？子贡回答说："我怎么敢同颜回相比呀！他呀，听到一件事，可以推演知道十件事。我呢，听到一件事，只能推演出两件事 。"孔子说："赶不上，是赶不上他，我和你都不如他。"

"子谓子贡曰：'女与回也孰愈？'对曰：'赐也何敢望回？回也闻一以知十，赐也闻一以知二。'子曰：'弗如也；吾与女弗如也。'"②

孔子除了以"不愤不启，不悱不发""举一反三"的方法教育弟子外，他还给弟子讲了一个方法。

孔子说："我有知识吗？没有哩。有一个庄稼汉问我，我本来一点稼穑的知识都不知道。我就从那个问题的首尾两头去盘问，才得到点知识，然后尽量地告诉他。"

"子曰：'吾有知乎哉？无知也 。有鄙夫问于我，空空如也。我叩其两端而竭焉。'"③

这种方法是，当你面对的问题，一无所知的话，那你应采取从问题的

---

① 《论语·宪问》。
② 《论语·公冶长》。
③ 《论语·子罕》。

首尾两端去做起，知道问题的原委与过程，然后去找到解决问题的关键所在。就是在无头绪中，在不知所措中找出突破口，找到问题的入境，然后再一步步地解决问题，绝不能放弃。

(四) 因材施教

孔子有一个弟子叫司马牛，是一个比较内向、性格忧郁的人。他对子夏抱怨，"别的人都有好兄弟朋友，唯独我没有。"子夏对他说："我听说过：生死听之命运，富贵由天安排。君子只对待要做的事情严肃认真，不出差错，恭恭敬敬，以礼相待于他人。天下之大，到处都会有你的好兄弟、好朋友。君子又何必着急没有好兄弟朋友呢？"

"司马牛忧曰：'人皆有兄弟，我独亡。'子夏曰：'商闻之矣：死生有命，富贵在天。君子敬而无失，与人恭而有礼。四海之内，皆兄弟也——君子何患乎无兄弟也？'"①

子夏的话可能对司马牛起了作用，为了广交朋友，他找孔子去问什么是君子。

孔子说："君子不忧不畏。"孔子这是针对司马牛的内向性格、忧郁病症而说的。

司马牛又问道："不忧愁，不恐惧，这样就可以成为君子了吗？"孔子又进一步让司马牛放开自己的胸怀，说道："自己问心无愧，那还有什么可以让自己忧愁和恐惧的呢？"②

"司马牛问君子。子曰：'君子不忧不惧。'曰：'不忧不惧，斯谓之君子已乎？'子曰：'内省不疚，夫何忧何惧？'"③

司马牛因性格内向，忧惧而使他说话较慢，言语有些迟钝。孔子认为

---

① 《论语·颜渊》。
② 《论语·颜渊》。
③ 《论语·颜渊》。

应给他信心，不应将自己的语言较迟钝作为自己的弱点。正好司马牛又向孔子问仁。孔子说："仁人，他的言语迟钝。"司马牛说："言语迟钝，这也能叫做仁了吗？"孔子说："做起来不容易，说话能够不迟缓吗？"

　　"司马牛问仁。子曰：'仁者，其言也讱。'曰：'其言也讱，斯谓
　　之仁已乎？'子曰：'为之难，言之得无讱乎？'"①

　　孔子是反对花言巧语的，如"巧言令色，鲜矣仁"。②
　　"其言也讱"谓之仁其实，有些勉强，但为什么这里孔子这么讲呢，一是语言迟钝，不花言巧语，有仁的表现，二是主要是为了让司马牛对自己有信心，从而这样讲的。
　　子路性格有些粗放，有时鲁莽，学习的悟性也差了些，所以被一些同学看不起。孔子评价子路的学问时说："由也升堂矣，未入于室矣。"堂是正厅，室是内室，先入门，次升堂，后入室，表示做学问的几个阶段。孔子说子路的学问，已到了"升堂"的阶段，这是对子路，也算是很高的评价了，但又马上告诉子路，你不要由此而骄傲哟，因为你没有入室，还要努力，与别人比还有差距。
　　所以，针对子路的性格上的欠缺，学习上所处的阶段，孔子对子路的教育与别人是不同的。
　　子路，崇尚忠义，尚武，性格刚烈，容易与人争执，从而产生矛盾。有一次，他向孔子问什么是"士"，孔子说：互相批评，和睦共处，可以叫做"士"了。朋友之间，互相批评；兄弟之间，和睦共处。

　　"子路问曰：'何如斯可谓之士矣？'子曰：'切切偲偲，怡怡如也，
　　可谓士矣。朋友切切偲偲，兄弟怡怡。'"③

　　子路有勇无谋，经常做些较为莽撞的事情。有一次子路问孔子："君子

①《论语·颜渊》。
②《论语·学而》。
③《论语·子路》。

崇尚勇敢不?"孔子回答说:"君子崇尚义,君子只有勇,没有义,就会捣乱造反;小人只有勇,没有义,就会做土匪强盗。"

> "子路曰:'君子尚勇乎?'子曰:'君子义以为上。君子有勇而无义为乱,小人有勇而无义为盗。'"①

子路因为急躁鲁莽,从而对待事物缺乏思考,闻风而动。还有一次,子路问:"闻斯行诸?"子曰:"有父兄在,如之何其闻斯行之?"②子路说,"听到了就干起来吗?"孔子说:"有爸爸哥哥活着,怎么能听到就干起来呢?"

> "冉有问:'闻斯行诸?'子曰:'闻斯行之。'公西华曰:'由也问闻斯行诸?子曰'有父兄在';求也问闻斯行诸,子曰,'闻斯行之。'赤也惑,敢问。子曰:'求也退,故进之;由也兼人,故退之'。"③

意思说:冉求平日缩手缩脚的,所以我给他壮胆,仲由(子路)的胆量却有两个那么大,所以我就压压他。

针对子路的学问状况,孔子对他进行单独教育。

孔子说:"你听说过六种品德也会有六种弊病吗?"子路答道:"没有。"孔子说:"坐下!我来告诉你。爱好仁德,却不爱好学问,其弊端就容易被人愚弄;爱好聪明,却不爱好学问,其弊端就是放荡不羁;爱好诚信,却不爱好学问,其弊端容易与贼人为伍;爱好直率,却不爱好学问,其弊端就是说话恶意钻牛角尖;爱好勇敢而不爱好学问,其弊端就是捣乱闯祸;爱好刚强,而不爱好学问,其弊端就是刚愎自用。"

> "子曰:'由也!女闻六言六蔽矣乎?'对曰:'未也。''居!吾语女。好仁不好学,其蔽也愚;好知不好学,其蔽也荡;好信不好学,

---

① 《论语·阳货》。
② 《论语·先进》。
③ 《论语·先进》。

其蔽也贼；好直不好学，其蔽也绞；好勇不好学，其蔽也乱；好刚不好学，其蔽也狂。'"①

但子路也有他的好处，即为人坦荡诚实，直言直语，也正是这样，"子曰：'片言可以折狱者，其由也与？'子路无宿诺。"②

子路行直，名闻于天下，能取信于人，讼者所言必直，不忍欺骗于他，所以子路断案，听一方之词，便能断狱。孔子又说，子路答应办的事，立即去办，从不拖延诺言。

（五）诲人不倦

孔子在讲述自己教育学生时，把所见所闻的都默默地记在心里，而且努力去学习，通过学习解决自己在教育上遇到的难题，然后不知疲倦地去教育学生。孔子还反问自己，这些我都做得怎么样呢？

"子曰：'默而识之，学而不厌，诲人不倦，何有于我哉？'"③

孔子回到鲁国以后，身为国老，被鲁国上下的人尊重，所以有人称他为圣人或仁人。他对弟子说：

"若圣与仁，则吾岂敢？抑为之不厌，诲人不倦，则可谓云尔已矣。"④

可见孔子自己都承认，自己教导人从来都不知道厌倦的。

因为孔子总是不知疲倦地教导学生，虽身为老师，但与学生的关系是平等的，在探讨学术和社会问题上尤其如此。

有一次，颜渊、子路站在孔子身旁。孔子说："何不说一说各自的志向？"

---

① 《论语·阳货》。
② 《论语·颜渊》。
③ 《论语·述而》。
④ 《论语·述而》。

子路先说："愿意将我的车马、衣服给予朋友用，即使用坏了，我也没什么遗憾。"

颜渊说："愿意不炫耀自己的长处，不表白自己对谁有过奉献。"

子路对孔子说："我也想听听先生的志向。"

孔子说："我的志向是：我希望我能让老年人有一个安逸的晚年，希望我的朋友能够信任我，年青人呢，能够怀念我。"

"颜渊季路侍。子曰：'盍各言尔志？'子路曰：'愿车马衣轻裘与朋友共敝之而无憾。'颜渊曰：'愿无伐善，无施劳。'子路曰：'愿闻子之志。'子曰：'老者安之，朋友信之，少者怀之。'"①

孔子教学很多时是不拘泥于形式，边走边谈的有之，坐在车上相互问答有之，坐在一起边聊边问有之，同学们可以相互提问，也可以在旁边议论，也可以有人在听讲，有人在抚琴弹瑟，气氛十分和谐欢快与融洽，绝不是为了师道尊严而人正襟危坐。如子路曾在孔子见南子后给孔子以脸色看，孔子为了说明自己跟南子没有什么起誓发愿；当知道卫出公请孔子回卫国，让孔子执政，子路问孔子到卫国想先做点什么时，孔子讲回去首先要"正名"，子路便气愤的说："您怎么迂腐到这种地步。"孔子回子路，说子路"你怎么这样鲁莽"！意思是你没有听我讲完就断言我迂腐。二人既是师生，又是朋友，双方探讨问题十分民主，各自以礼执事。

孔子的教学有时就同开座谈会一样。

有一次，子路、曾晢、冉有、公西华四个人陪着孔子坐着。

孔子说："因为我年龄比你们都更大一些，没有人用我了。你们平常总说人家不了解我呀，假如有人了解你们，想请你们出去做官，那你们该怎么办呢？"

子路还没来得及思考便抢先发言，他说："一千辆兵车的国家，地处几个大国的中间，有外国的军队进犯，国内又闹饥荒，我去治理，用三年的时间，可以使国人有勇气，而且还会懂得大的道理。"

①《论语·公冶长》。

孔子微微地一笑。

孔子又问道："冉求，你是怎么想的?"

冉求说："国土方圆六七十里或五六十里的小国家，我也会去治理它，过三年时间，可以使人人富足。至于修明礼乐，那只有等待贤明的君子去做了。"

孔子又问："公西华，你是怎么想的?"

公西华答道："不是我已很有能力了，但我愿意学习。比如做祭祀宗庙的工作，还有参加与国外的会盟，我很愿意穿上礼服，戴上礼帽，做个小司仪者。"

孔子又问："曾皙，你怎么样?"

曾皙当时正弹着瑟，铿的一声把瑟放下，站起来说道："我的志向和他们三人讲的都不同。"

孔子说："那又怎么样呢? 正是让每个人都说说自己的真实心里志向啊!"

曾皙说："暮春三月，已经开始穿春装的季节，我与五六个成年人，六七个小孩，在沂水河旁洗洗澡，在舞雩台上吹吹风，然后一边唱着歌地往家走。"

孔子长叹一声说道：我赞同曾皙的想法。

这场讨论会开场热热烈烈的，但结局似乎让大家还没有太尽兴便草草地结束了。子路、冉有、公西华都走了出去。只有曾皙在，他问孔子，怎么看待三位同学的志向。

孔子说："也不过各自说说自己的志向罢了。"

曾皙又问："您为什么对仲由微微地笑了笑?"

孔子说："治理国家应该讲究礼让，可仲由的话一点谦虚的味道都没有，所以笑笑他。"可见对子路所说，孔子是不满意的。

曾皙问："难道冉有所讲的不是治理国家吗?"

孔子说："怎么能见到方圆六七十里或者五六十里是个国家呢?"

"那么，公西华所讲的不是治理国家吗?"曾皙问。

孔子说："有宗庙、有国外盟会，不是国家是什么? 公西华只想在会盟上做个小司仪，那么谁又来做大司仪呢？"①

孔子对这场谈话并不满意，这也许是场让人有所期许的讨论会，由于孔子没有过多地将话题引向深入而致使这场讨论会草草收场的主要原因。

（六）主张知行统一

知行合一，是孔子一向提倡的。孔子把教书育人、做学问与社会实践结合起来，这无论在他周游列国前，还是在周游列国期间，以及回到鲁国后，都是他教学的一个突出的特点。他说：

"德之不修，学之不讲，闻义不能徙，不善不能改，是吾忧也。"②

"品德不培养；学问不讲习；听到义在那里，都不能亲身赴之；有缺点不能改正，这些正是我忧虑的呀！"

孔子教学的内容：一是历代文献，二是社会生活的实践，三是围绕着"忠"的道德学说，四是围绕着诚信的道德学说。

"子以四教：文、行、忠、信。"③

现今已无法论证是谁总结出孔子的教学内容为这四个方面，今天看，这种总结是片面的，因为孔子自己说过：

"志于道，据于德，依于仁，游于艺。"④

但也能看出，这四个方面的社会生活实践的确在孔子的教学内容中占有很大的比例。

孔子说："书本上的学问，大约我与别人差不了太多，但在生活实践中

---

① 见《论语·先进》。

②《论语·述而》。

③《论语·述而》。

④《论语·述而》。

做一个君子，我与想要达到君子的目标，还差得很远。"

　　"子曰：'文，莫吾犹人也。躬行君子，则吾未之有得。'"①

　　有一次子贡问孔子，什么是君子。孔子说："先行其言而后从之。"②
　　意思是，对于你要说出来得话，先实行了，再说出来。
　　弟子子张问孔子，什么是行。孔子回答说："言语诚实，没有虚假，行为稳重，办事情严肃认真，即使到了边远落后的国家，人的行为也能行得通。谎言不断，行为欺诈，即使在本乡土上，也很难立得住，行得通。"

　　"子张问行。子曰：'言忠信，行笃敬，虽蛮貊之邦，行矣。言不忠信，行不笃敬，虽州里，行乎哉？'"③

　　有人对孔子说，季文子做事情十分谨慎，每件事情都要思考很多次再去行动。孔子说：没那必要，想两次也就可以行了。

　　"季文子三思而后行。子闻之，曰：'再，斯可矣。'"④

　　孔子知行统一的观念在头脑相对简单，有时甚至鲁莽的子路身上起到了作用，使他听风便是雨的作风有所改变。

　　"子路有闻，未之能行，唯恐有闻。"⑤

　　孔子主张，具有高品格的君子，他的语言并不多，甚至表达得很迟钝，但他的行动却十分敏捷：

---

① 《论语·述而》。
② 《论语·为政》。
③ 《论语·卫灵公》。
④ 《论语·公冶长》。
⑤ 《论语·公冶长》。

"子曰：'君子欲讷于言而敏于行。'"①

孔子认为，君子在社会上做什么事，没有规定要怎么去做，也没有规定不要怎么做，怎么做只要合理恰当，那就去怎么做：

"子曰：'君子之于天下也，无适也，无莫也，义之与比。'"②

弟子子张向孔子请教求学与当官的关系。孔子说："你要多听，有怀疑的地方，加以保留；对那些自己认为正确的，要谨慎地说出来，就能减少错误。多看，有怀疑的地方，加以保留，对自己认为是正确的部分，谨慎地实行，就能减少懊悔。言语的错误少，行动的懊悔少。官职和俸禄就在其中了。"

"子张学干禄。子曰：'多闻阙疑，慎言其余，则寡尤；多见阙殆，慎行其余，则寡悔。言寡尤，行寡悔，禄在其中矣。'"③

子贡问孔子，有没有一句话可以终生奉行的？孔子说："其恕乎，己所不欲，勿施于人。"就是"恕"，自己不想做的任何事情，就不要去要求别人去做。

"子贡问曰：'有一言而可以终身行之者乎？'子曰：'其恕乎！己所不欲，勿施于人。'"④

（七）真诚的师生关系

作为师者，应为弟子的表率。但很多人错误地理解，反而整日板着面

---

① 《论语·里仁》。
② 《论语·里仁》。
③ 《论语·为政》。
④ 《论语·卫灵公》。

孔巍巍然以长者姿态与学生相处。孔子从不这样。

孔子不仅把自己看成是位传道解惑的师者，而且还把弟子们当成朋友，与学生之间平等相待，对待学生的态度是真诚的。

如孔子去见南子的事，作为弟子的子路，本不该去干涉老师的事，更何况是南子提出要见孔子的。孔子去见南子也是因为在卫一直没有找到与卫灵公更好的接触机会，也想为在卫国从政铺通道路，就这没什么不可。但子路认为南子的名声不好，所以给孔子以脸色。孔子见子路这样，便对子路发誓说："我去见南子那里没做什么呀，假如有什么不对的，天厌弃我吧！天厌弃我吧！"。

　　"子见南子，子路不说。夫子矢之曰：'予所否者，天厌之！天厌之！'"①

现已无法知道因为什么原因，孔子对弟子子路说："你们这些学生以为我会有什么事情或学问向你们隐瞒的吗？我现在告诉你们，对你们我没有任何隐瞒的，我没有一点不向你们公开。这就是我孔丘的为人。"

　　"子曰：'二三子以我为隐乎？吾无隐乎尔。吾无行而不与二三子者，是丘也。'"②

老师和同学可以同时讲出自己真实的心理，这也是为师者较难做到的事情。

有一次，子贡问孔子，"君子也有憎恨的事情吗？"孔子说："有憎恨的事情啊，憎恨一味传播别人坏处的人，憎恨在下位而诽谤上级的人；憎恨勇敢却不懂得礼貌的人；憎恨固执己念顽固不化的人。"孔子反问子贡："赐，你也有憎恨的事吗？"子贡回答说："我憎恨窃取别人成绩却又自称自作聪明的人；憎恨毫不谦虚又自认为勇敢的人；憎恨揭发别人的隐私却又

---

① 《论语·雍也》。

② 《论语·述而》。

自以为直率的人。"

    "子贡曰：'君子亦有恶乎？'子曰：'有恶：恶称人之恶者，恶居下流而讪上者，恶勇而无礼者，恶果敢而窒者。'曰：'赐也亦有恶乎？''恶徼以为知者，恶不孙以为勇者，恶讦以为直者。'"①

二、弟子之道

（一）学而时习之

《论语》开篇第一句话便是："子曰，学而时习之"，可见，对已学过的知识，要时常复习，有多么的重要。

接着孔子又说我每天三次反省我自己，一是替人办事，我是否竭尽力气了；二是与朋友交往，我是否做到诚实了；三是老师传授给我的知识，我是否复习过了。

孔子这是在说自己，也是对学生的要求。孔子的学识积累主要以自学为主。所以他从老子那里学过礼，在师襄子那里学过琴，但时间却很短。所以这句话还是说给学生听的。

孔子主张学生学习要"温故而知新"，这样学生不仅能把老师讲过的知识掌握好，而且还可以把这些知识讲给那些没有掌握知识的学生，"可以为师矣"，这是一种学生自主学习、共同提高的办法。

孔子还以身作则，教给学生这样做，如孔子同别人一同唱歌，如陪同他唱歌的那个人唱得好，孔子一定请他再唱一遍，自己认真地去听他是怎么唱的，即如何发出每一音节后再与他和一遍。

    "子与人歌而善，必使反之，而后和之。"②

---

① 《论语·阳货》。
② 《论语·述而》。

(二) 学生的学习态度十分重要

孔子说，一个想做君子的人，如果学习态度不庄重，那么他所学到的知识就不会牢固。

"君子不重，则不威；学则不固。"①

可见，学习的志向十分重要。孔子对子夏说：你学习的目的是要去做君子式的儒者，而不是做小人式的儒者。

"子谓子夏曰：'女为君子儒！无为小人儒！'"②

对于学生学习的畏难情绪，孔子既鼓励又让其端正态度。

如冉求对孔子说："我不是不喜欢您的学说，是我的学习能力不够强。"孔子说道："如果真是能力不够强，那你会学到一半，就再也学不动了。现在你还没有学呢，怎么就知道能力不够。"

"冉求曰：'非不说子之道，力不足也。'子曰：'力不足者，中道而废。今女画。'"③

孔子告诉弟子们说："做学问就好像你在追赶什么似的，先怕赶不上，赶上了，还怕丢掉了。"

"子曰：'学如不及，犹恐失之。'"④

"也好比堆土成山，只要再往上加一筐土就变成山了，可如果你放弃

---

① 《论语·学而》。
② 《论语·雍也》。
③ 《论语·雍也》。
④ 《论语·泰伯》。

了，这便是你自己停止了。又好比你要从平地堆出一座山来，只是刚刚倒下一筐土，如果你不畏艰辛，努力前行，可就要坚持呀！"

> "子曰：'譬如为山，未成一篑，止，吾止也。譬如平地，虽覆一篑，进，吾往也。'"①

学习的另一种态度就是诚实，不懂就是不懂，不能装懂。

> "子曰：'由！诲女知之乎！知之为知之，不知为不知，是知也。'"②

（三）学习要不耻下问

子贡向孔子请教，卫国大夫孔圉死后，为什么给他谥号"文"？孔子说孔圉这个人聪明敏锐，人又灵活，十分爱好学问。他本已很有学问了，但还谦虚下问，并不以此为耻，所以才配用"文"字做他的谥号。

> "子贡问曰：'孔文子何以谓之"文"也？'子曰：'敏而好学，不耻下问，是以谓之"文"也。'"③

孔子年轻的时候自学，更要不耻下问了。

孔子去了周公庙，进庙后每件事情都会发问。于是有人说："谁说叔梁纥这个儿子知礼？他到了太庙，每一件事情都要问个清清楚楚。"这件事情传到孔子那里，孔子说：这不正是礼吗！

> "子入太庙，每事问。或曰：'孰谓鄹人之子知礼乎？入太庙，每

---

① 《论语·子罕》。
② 《论语·为政》。
③ 《论语·公冶长》。

事问。'子闻之，曰：'是礼也。'"①

（四）学而思

孔子说，只是读书，却不去思考，就会迷惑而无所得；只是思考而不去学习，就会让人精神疲倦也无所得。

"子曰：'学而不思则罔，思而不学则殆。'"②

孔子在讲学与思的关系。

孔子又讲，当你思考，已无法思考出什么的时候，便要去学了。

"子曰：'吾尝终日不食，终夜不寝，以思，无益，不如学也。'"③

不仅学习要经常去思考，而且要养成善于思考的习惯。所以，孔子说："君子有9种思考：看的时候，要思考是否看明白了没有；听的时候，要思考自己听清楚了没有；脸上的表情，要思考温和了没有；着装和打扮，要思考庄重和谦恭了没有；说的话，思考是否是发自真心了；对待工作，要思考是否严肃认真了；遇见疑问，要思考怎样向人家请教；想要发脾气，要思考是否想过后果了；看到自己要得到的，要思考是否该得还是不该得。"

"孔子曰：'君子有九思；视思明，听思聪，色思温，貌思恭，言思忠，事思敬，疑思问，忿思难，见得思义。'"④

---

① 《论语·八佾》。
② 《论语·为政》。
③ 《论语·卫灵公》。
④ 《论语·季氏》。

孔子反对学生不用心，不加思考地学习。

"子曰：'饱食终日，无所用心，难矣哉！'"①

意思是说：整日吃饱了饭，不去用心地学习，这样的人是不行的呀！这样的学生，想教育好，或自己想学好，难啊！

学生子夏把孔子的学与思的思想上升到仁的高度，他说：

"博学而笃志，切问而近思，仁在其中矣。"②

意思是人要广泛地学习，坚守自己的志趣，恳切地提出问题，并将这些问题放在自己周边发生的事情上去思考，仁德就在这当中了。可见子夏将孔子的学与思的思想发展到与人的道德相关的领域了。

---

① 《论语·阳货》。
② 《论语·子张》。

第五章
孔子的治人之道

孔子的治人之道，是从春秋时代人的现状出发，对人的道德品质进行治理，从而得出，他想将人治理成为"君子"的品德。这种"君子"品德是人类从人道社会向天道社会转化时期，人应该具有的品质。

一、君子指哪些人

孔子说："克己复礼为仁。一日克己复礼，天下归仁焉。"①

克己讲的是恕道，要反省自己。孔子认为能够坚持恕道的人，又能做什么事情都合乎于礼仪，天下的人就会称之为仁人。这样的仁人是孔子为现实社会人们树立的道德标杆。他几乎倾一生心血，不断地讲现实人所应该有的理想品格。他将具有这样品格的人，称之为君子。

君子一词，最早见于《尚书·酒诰》。《酒诰》是周初周公对康叔的诰辞，即劝诫年幼的康叔戒酒勤政，吸取殷人因酒败政的历史教训。现从甲骨文中，尚未见到"君子"一词。君子一词在《酒诰》中出现，故"君子"一词，可能产生于周代。

---

① 《论语·颜渊》。

"庶士、有正越庶伯、君子，其尔典听朕教。尔大克羞耇惟君，尔乃饮食醉饱。丕惟曰：尔克永观省，作稽中德。尔尚克羞馈祀，尔乃自介用逸。兹乃允惟王正事之臣，兹亦惟天若元德，永不忘在王家。"①

周公平定三监之乱后，把康叔封在殷地，周公怕年幼的康叔不能完成统治殷人的任务，便写给康叔一篇上位前的训诫之辞。大意是这样的。庶士、有正、庶伯、君子，希望你们能认真地听我的教导。你们能够很好地服侍长辈和国君，你们就会酒足饭饱。这样，你们更能反省自己，言行举止都符合中正之德。这样你们基本上能参加国王祭天仪式，你们自己就可以向上天祈求幸福快乐的生活。你们都是被国王允准为国办事的大臣，你们能够按照天德去做事，永远不要忘记自己是国王臣下的身份。

《酒诰》主要内容是周公告诫康叔及官员不要饮酒，不要像商末统治者那样堕落。

这里的"君子""庶士""有正""庶伯"指的都是官员统称，并不是具体的官位。

而"君子"特指品德和素质较好的官员。"君子"一词出现时，就是官员的代名词。在最高统治者看来，他的官吏都是人群中品德和素质最好的，所以称为"君子"。

这在周成王所作的《周官》中也能得到充分地证明。西汉经学家孔安国为《周官》作的《序》说："成王既黜殷命，灭淮夷，还归在丰，作《周官》。"《周官》一文，主要阐明周王朝设官、分职、用人之法。《史记》记载与此完全相同。

在文中，周成王说：

"王曰：'呜呼！凡我有官君子，钦乃攸司，慎乃出令。令出惟行，弗惟反。'"②

---

① 《尚书·酒诰》。

② 《尚书·周官》。

"王说：唉！凡是我那些担任各级官职的君子们，一定要谨慎地对待你们所负责的事务，谨慎地发布命令。"

这是以周天子名义发布的文诰，也是第一次把周朝的大小官吏称为君子。

这从周代的另一文献《冏命》，也可以验证这一点。

《史记·周本纪》说："王道衰微，穆王闵文武之道缺，乃命伯冏申诫太仆国之政，作《冏命》。"周从成王到穆王，中间只隔了两代天子，即康王和武王。这时的西周已经王道衰微。周天子穆王对伯冏说："伯冏，我没能够培养好我的品德，登上天子的王位后，忧惧警惕，时常半夜醒来，思考怎样才能避免过失。""昔在文、武，聪明齐圣，小大之臣，咸怀忠良，其侍御仆从，罔匪正人。"[1]这句话翻译过来便是："过去文王、武王是才智聪颖的圣人，大小官吏都心怀忠良，他们的左右近臣没有一个不是正人君子。"

所以，君子是当时周天子对官吏的品德要求。

《诗经》的作品大致产生在西周初年至春秋的中期。

《诗经》的第一首诗《关雎》，已有了君子的词句。

"关关雎鸠，在河之洲。窈窕淑女，君子好逑。"[2]

另一首《樛木》也提到了君子：

> "南有樛木，葛藟累之。乐只君子，福履绥之。南有樛木，葛藟荒之。乐只君子，福履将之。南有樛木，葛藟萦之。乐只君子，福履成之。"[3]

这两首诗歌里的"君子"是不是指官吏呢？已无法去求证了。但在《诗经》的另两首诗中，也出现了"君子"成为丈夫的代称：

> "遵彼汝坟，伐其条枚。未见君子，惄如调饥。遵彼汝坟，伐其条

---

[1]《尚书·冏命》。

[2]《诗经·周南·关雎》。

[3]《诗经·周南·樛术》。

肄。既见君子，不我遐弃。"①

"喓喓草虫，趯趯阜螽。未见君子，忧心忡忡。亦既见止，亦既觏止，我心则降。陟彼南山，言采其蕨。未见君子，忧心惙惙。亦既见止，亦既觏止，我心则说。陟彼南山，言采其薇。未见君子，我心伤悲。亦既见止，亦既觏止，我心则夷。"②

《诗经》收集了诗歌305首，其中：《风》收诗160首。在160首中，君子指代国君的5处，官吏的9处，有能力的人2处，文采风流的人5处，情郎1处，丈夫25处，指代不清的4处。君子一词在《风》中发现52处；《雅》收诗105首，在105首中君子指代周天子54处；君王（诸侯）25处；官37处；品德好的人1处；快乐的人10处；丈夫3处；共出现130处。《颂》40首，只有一处出现君子，指代的是国君。

从上可见，在孔子之前，君子一词所指代的人很广泛，上至周天子、各国诸侯，下到平民百姓家中的已婚男人，妻子称丈夫为君子，也有女人称情郎为君子。同时，也出现了把那些有文采风流的人称为君子。

在《诗经》中，已经出现把君子指向要求人们学习的诗句："君子是则是效。"③

则，指法则、榜样；效，指仿效，让人们向君子学习。称周天子为"岂弟君子"。岂弟，指品德高尚。这样的称赞周天子，多次在《诗经·大雅》的诗中出现。

君子一词，从文献记载看，也有可能最早见于《周易》。《周易》卦辞、爻辞，应产生在周文王或周公时。《周易》中乾卦有一爻辞中，用"君子"一词，"九三，君子终日乾乾，夕惕若厉。无咎。"《坤》卦，卦辞出现"君子"一词：

"坤：元，亨，利牝马之贞。君子有攸往，先迷；后得主，利。"④

---

① 《诗经·周南·汝坟》。
② 《诗经·召南·草虫》。
③ 《诗经·小雅·鹿鸣》。
④ 《周易·坤》。

《屯》卦爻辞三出现君子："六三，即鹿无虞，惟入于林中，君子几不如舍，往吝。"①

《小畜》卦上九出现君子："上九，既雨既处，尚德载。妇贞厉，月几望；君子征凶。"②

《否》卦卦辞出现君子："否：否之匪人，不利君子贞，大往小来。"③

《否》卦六二出现小人："六二，包承，小人吉，大人否。亨。"④

同卦出现"大人"，"九五，休否，大人吉。"⑤

《同人》卦辞出现君子："同人于野，亨。利涉大川，利君子贞。"⑥

《谦》卦辞现君子："谦：亨。君子有终。"⑦"初六，谦谦君子，用涉大川，吉。"⑧"九三，劳谦，君子有终，吉。"⑨

《观》卦出现"君子"："初六，童观，小人无咎，君子吝。"⑩"九五，观我生，君子无咎。"⑪"上九，观其生，君子无咎。"⑫

《观》卦同时出现："小人""王""民"。"六四，观国之光，利用宾于王。"⑬

《剥》卦出现君子："上九，硕果不食，君子得舆。小人剥庐。"⑭

《遁》卦出现君子："九四，好遁，君子吉，小人否。"⑮

---

① 《周易·屯》。
② 《周易·小畜》。
③ 《周易·否》。
④ 《周易·否》。
⑤ 《周易·否》。
⑥ 《周易·同人》。
⑦ 《周易·谦》。
⑧ 《周易·谦》。
⑨ 《周易·谦》。
⑩ 《周易·观》。
⑪ 《周易·观》。
⑫ 《周易·观》。
⑬ 《周易·观》。
⑭ 《周易·剥》。
⑮ 《周易·遁》。

《大壮》出现君子："九三，小人用壮，君子用罔。"①

《明夷》卦出现君子："初九，明夷于飞，垂其翼。君子于行，三日不食。有攸往，主人有言。"②

《解》卦出现君子："六五，君子维有解，吉，有孚于小人。"③

《夬》卦出现君子："九三，壮于頄，有凶。君子夬夬独行，遇雨若濡，有愠无咎。"④

《革》卦出现君子："上六，君子豹变，小人革面，征凶，居贞吉。"⑤

《周易》卦爻辞共出现"君子"一词20处。

《周易》卦爻辞中，出现"夫君""君""王""臣""丈夫""君子""小人""小子"等均为代名词。

《周易》始于周文王。卦辞和爻辞皆成于周。《周易》中对人的名称指代，是十分清楚的。

这些指代中，小人出现9处，其中，6处与君子同卦文出现，品德好的为君子，不好的为小人。3处是讲天子或王公不能用小人，因小人品德不好。

由此可见，君子在西周时，并非专指统治阶级的官员，也指代那些人品好的人，包括在统治者之中的人，和不在统治者当中的人。

但还没有出现将君子这一名词主要指向品德好的人，也没有论述君子的品格应该是什么样的。论述君子应该具备什么样品格，这是从孔子才开始，孔子把君子讲成了品德高尚人的化身。随着孔子不断地讲和孔子在人们心目中地位的提高，孔子所讲的君子内涵与外延基本上形成了。

---

① 《周易·大壮》。
② 《周易·明夷》。
③ 《周易·解》。
④ 《周易·夬》。
⑤ 《周易·革》。

二、君子的人性

君子的人性来源于人的天性，即天赋予君子的本性。天赋予人的本性本来都是一样的，但君子，他能把天赋于人的本性继承下来，并加以光大。

天赋人性的第一个方面就是孝悌。这是因血亲关系成为君子人性的第一层次，即基础层次。人的后天既可以继承天性，也可以泯灭天性，这是君子与小人的差别。如在孝的问题上，人与人的看法都很难一致。

有一次，弟子宰我向孔子请教。宰我说："父母死要守孝三年，这时间太久了吧。君子有三年不去学习礼仪，他对礼仪会知道的很少；三年不去演奏音乐，他奏的乐已无法听了；陈年的谷子吃完，新谷子就要接继上；打火用的燧木四季用完一轮，所以人守孝一年就可以了。"

孔子问道："守孝不到三年，你吃大米饭，穿绫罗绸缎，你能心安吗？"

宰我说："安哪。"

孔子说："你安，你去做好了。君子在服孝期间，吃着饭不觉得甜，听着乐不感到乐，起卧在家心绪不宁，才不去这么做。如今，你觉得能心安，去做好了。"

宰我退了出去，孔子说："宰我真不仁啊！儿女生下来，三年之后才能离开父母的怀抱。替父母守孝三年，天下人都是这样做的。宰我也有父母对他的三年之爱护啊！"

"宰我问：'三年之丧，期已久矣。君子三年不为礼，礼必坏；三年不为乐，乐必崩。旧谷既没，新谷既升，钻燧改火，期可已矣。'子曰：'食夫稻，衣夫锦，于女安乎？'曰：'安。''女安，则为之！夫君子之居丧，食旨不甘，闻乐不乐，居处不安，故不为也。今女安，则为之！'宰我出。子曰：'予之不仁也！子生三年，然后免于父母之怀。

夫三年之丧，天下之通丧也。予也有三年之爱于其父母乎？'"①

在孔子时，三年服孝是人们应遵守的丧礼，宰我提出一年便可，孔子认为这有悖于常理，故认为宰我不仁。不仁则不是君子。

子游问什么是孝道。孔子说："现今所谓孝，就是养活爹娘便可以了。那么犬马也都能得到人的饲养；不去孝敬父母，那么养活爹娘和饲养狗马又有什么区别呢？"

"子游问孝。子曰：'今之孝者，是谓能养。至于犬马，皆能有养。不敬，何以别乎？'"②

孟懿子向孔子问孝。孔子回答说：不要违背礼节。父母活着的时候，依照礼节去侍奉，死去依照礼节去安葬，去祭祀。

"子曰：'生，事之以礼；死，葬之以礼，祭之以礼。'"③

在不违背礼节上，孔子举了一个颜回的例子：

"子曰：'吾与回言终日，不违，如愚。退而省其私，亦足以发，回也不愚。'"④

颜回听孔子讲学一整天，从不提反对意见和问题，像一个蠢人一样，这表现出"不违"。但等到他回到自己家里以后，自己便开始研究，却能在孔子讲的基础上加以发挥。视老师为父母，弟子对老师也应在符合礼节时"不违"。

颜回做到了，在老师讲课时，不会打断或者提出什么疑问，可是回到

---

① 《论语·阳货》。
② 《论语·为政》。
③ 《论语·为政》。
④ 《论语·为政》。

家里独处的时候，便研究老师讲的，有时还能在老师讲的基础上加以发挥。孔子对颜回的做法是赞扬的。

对待父母，如果父母有不对的地方，应该委婉地劝止。如果自己的意见并没有被父母采纳，还是要恭敬地不能触犯他们，虽然内心是很忧虑，但不怨恨父母。

"子曰：'事父母几谏，见志不从，又敬不违，劳而不怨。'"①

所以，孔子讲的"不违"，只是在符合礼节的前提下，也可以变动，可以向父母提出自己的意见，而父母不同意，才去"不违"。

人能做到孝，就是符合对长辈的孝道。那么对待兄长自然也就能予以尊重，便能做到悌。

孝悌是血缘亲人晚辈对长辈的孝道，同时引发人的另一天性，便是慈爱，孔子对季康子说，父母应慈爱幼小，即"孝慈"。孝慈是人的天性。这种天性不仅人具备，很多动物也有这种天性。

"孟武伯问孝。子曰：'父母唯其疾之忧。'"②意思是，做爹娘的只是为孝子的疾病发愁。

人性的第二个层次，便是智。人的智是天性带来的，人生来就有别于其他动物，即人有比其他动物更高层的逻辑理性认知能力。

在获得知识上，人分为4等：生来就知道的是上等人；学习后才知道的是次一等人；在实践中遇到难题再去学习又次了一等；而遇到困难，还不学习，就等同于不学习的老百姓了。

"孔子曰：'生而知之者上也，学而知之者次也；困而学之，又其次也；困而不学，民斯为下矣。'"③

人怎样才能有智慧和掌握知识？孔子的看法是："多闻，择其善者而从

---

① 《论语·里仁》。
② 《论语·为政》。
③ 《论语·季氏》。

之；多见而识之；知之次也。"①孔子说自己获得知识有智慧的办法是多多地听，选择好的予以接受，多多地看而辨别其好坏，这样的认知，仅次于生而知之的人。同时孔子认为对求知要有正确的态度，即："知之为知之，不知为不知，是知也。"②

对知识应有选择，怎么选择？孔子认为："知之者不如好之者，好之者不如乐之者。"③对知识的选择，想懂得它不如喜爱它，而喜爱它还不如以它为乐趣。这样你所掌握的知识既能学得懂，也能学得好。孔子就是一个这样的人。他说，他的知识不是生来就有的，是因为他喜爱古代的文化，所以靠自己的勤奋和敏感才求得到知识和智慧。"子曰：'我非生而知之者，好古，敏以求之者也。'"④

对知识选择还有一层意思，就是不要什么都去学。孔子说一个老农向他请教种庄稼的知识，而孔子一点这方面知识都没有。可见，孔子也并不是什么知识都懂，什么知识都掌握的人。

孔子又说："知者乐水，仁者乐山。知者动，仁者静。知者乐，仁者寿。"⑤

为什么"知者动呢"？想要求得知识和智慧，就要行动起来，去学习，去实践，这就涉及孔子是主张知与行相统一的。他带领弟子周游列国，碰到什么讲什么。为什么"知者乐水"？因为水是动的，所以想学知识和拥有智慧的人，一定是喜欢动的。

"知者乐"是因为，当你学习过程中，愈发会使你产生乐趣，因为那些获得知识和对未来知识的渴望，会让人产生无穷无尽的乐趣，对一个想求知的人来说，这种乐趣远非其他乐趣可比。

人通过学习，可以达到"不惑"，孔子有两处讲到"不惑"。一处在《子罕》。"子曰：'知者不惑，仁者不忧，勇者不惧。'"⑥

---

① 《论语·述而》。
② 《论语·为政》。
③ 《论语·雍也》。
④ 《论语·述而》。
⑤ 《论语·雍也》。
⑥ 《论语·子罕》。

另一处在《宪问》："子曰：'君子道者三，我无能焉：仁者不忧，知者不惑，勇者不惧。'子贡曰：'夫子自道也。'"①

这种不惑，是指人已经达到君子人格的最高境界，已经对什么事情都不迷惑不疑虑了。为什么？因为当你的知识智慧达到一定程度后，你会掌握事物发展的自身规律，你可以依据规律去寻找你的答案。如那位种田的农夫问孔子稼穑之事，孔子说对种田我真的一点都不懂，但我"叩其两端而竭焉"。也基本上可以回答农夫提出的问题，这就是一种不惑的状态。

孔子还说到了智和仁的关系。

人因为聪明而有智慧，会有多种机遇在等待你，因为你可以发觉，感觉到，而在别人还没有得到或想到时你已得到了机会或已经获得到了结果。但是如果你不仁，即使得到了也很可能会失掉，只有你是个仁人，有仁德你才能守住你应该得到的。这又涉及知识和人的品德之间的关系。

　　"子曰：'知及之，仁不能守之，虽得之，必失之。知及之，仁能守之。'"②

孔子认为，人有了知识和智慧，是可以预知未来的。

弟子子张问孔子："今后十代的可以预知吗？孔子回答道，依据已有的是可以预知未来的。殷朝沿袭夏朝的礼仪制度，所废除的，所增加的，是可以知道的；周朝沿袭了殷朝的礼仪制度，所废除的，所增加的，也是可知的。那么，假设有继承周朝而当政的人，就是以后百年，是不是也可以知道的呢？"

　　"子张问：'十世可知也？'子曰：'殷因于夏礼，所损益，可知也；周因于殷礼，所损益，可知也。其或继周者，虽百世，可知也。'"③

孔子认为，一个有智慧的君子，最主要的要"知命"。"知命"，即要知

---

① 《论语·宪问》。
② 《论语·卫灵公》。
③ 《论语·为政》。

道自己的命运。孔子讲的"知命"与以后发展起来的命理还不一样。在《论语》中，孔子在一定程度上承认人有命运，但这个命运人是不能掌握的，是无法知道的。孔子所讲的"知命"，是知道上天赋予人的使命。孔子认为，作为能成为君子的人，就应该依"天命"去行事，才是一个合格的君子，所以孔子说："不知命，无以为君子也。"①

为什么要"知天命"。天地生了万物，天为父，地为母。万物之中，人是被天地赋予智慧的，是代表天地来统领万物生灵的，这包括有生命物质，也包括无生命物质。人怎么去统领，就要按天的意志去做，君子是人群中最有智慧和品德的人，君子就应该去认识天命，了解天的旨意，而做不到这一点，就称不上君子。

能知"天命"的君子，就应去践行使命，去行动。

在孔子那里，知与行是统一的。孔子说：书本上的学问、知识，我大约与别人差不了太多，但在具体的生活当中怎样去实践能让自己成为一个君子，我还没有真正的到达。由此可见，孔子把日常生活当作实践去践行自己的理想而成为一个君子看得多么地重要。

"子曰：'文，莫吾犹人也。躬行君子，则吾未之有得。'"②

他不仅要求自己去践行，对别人、对弟子他也这么要求。子路问孔子，怎样的行，才是君子之行呢？孔子回答："言语发自真心不假，行为一丝不苟，严肃认真，即使到了蛮夷之邦，照样可以行得通。语言欺诈无信，行为摇摆不定，轻浮敷衍，就是在本乡本土，能行得通吗？"

因此，他说：作为君子，最忌讳说得多，而做得少。

"子曰：'君子耻其言而过其行。'"③

孔子四处寻求用武之地，可均无结果，正在无奈之中，晋国中牟宰佛

---

① 《论语·尧曰》。
② 《论语·述而》。
③ 《论语·宪问》。

胇请孔子去，孔子真的动了心，子路反对孔子去，因佛胇以中牟谋反，对抗晋国执政赵简子。子路说："从前你说过，亲自做了坏事的人那里，君子不去的。"孔子说："我是说过这样的话，但这样下去，我难道是匏瓜吗？只能在那里悬挂着而人又不能食用它。"

> "子曰：'然，有是言也。不曰坚乎，磨而不磷；不曰白乎，涅而不缁。吾岂匏瓜也哉？焉能系而不食？'"①

孔子不希望自己成为一个摆设，他希望自己能去社会权力地位中，找到一个位置，去施展自己的政治抱负。所以他是主张知与行二者统一的。

三、君子的品格

（一）君子品格的核心是仁

君子的品格来源于天德，天有好生之德，天生万物，而不需万物回馈、酬谢。作为君子就应行天道，继天德，而成为人的品格。

在孔子看来，仁是有界限标准的，不能将被人称道的好的都看成是仁。

有一次，弟子子张问孔子，楚国的令尹子文在楚三次做令尹（宰相），又三次被罢免，任令尹时他面无喜色，罢免时也见不到他脸上的怨怒之气，还每次一定要把自己的政令全部告知接任者。这个人怎么样？孔子说，可算尽忠于国家了。子张问，算不算仁呢？孔子说，"未知，焉得仁？"②，意思说，"不知道，这怎么能算得上仁呢？"

> "子张问曰：'令尹子文三仕为令尹，无喜色；三已之，无愠色。旧令尹之政，必以告新令尹。如何？'子曰：'忠矣。'曰：'仁矣乎？'

---

① 《论语·阳货》。
② 《论语·公冶长》。

曰：'未知，焉得仁？'"①

子张又问道：崔杼无理地杀死了齐庄公，陈大夫陈文子有马40匹，舍弃不顾，离开齐国，到了另一个国家，说道："这里的执政者同我们齐国的崔子差不多，又离开。又到了另一个国家，没多长时间又说，这里的执政者同我们齐国的崔子差不多，于是又离开了，这样的人怎么样？"孔子说："清白得很。"子路问："那他算不算仁呢？"孔子说："不晓得，这怎么能算仁呢？"

"崔子弑齐君，陈文子有马十乘，弃而违之。至于他邦，则曰：'犹吾大夫崔子也。'违之。之一邦，则又曰：'犹吾大夫崔子也。'违之。何如？子曰：'清矣。'曰：'仁矣乎？'曰：'未知，焉得仁？'"②

还有一次弟子原宪问："一个人能杜绝好胜、自谤、怨恨、贪心这四种毛病在自己身上发生，这可以说是仁了吧？"孔子回答说："可以说是难能可贵了，但若说他是仁人，那我还是不同意的。"

"克、伐、怨、欲不行焉，可以为仁矣？子曰：'可以为难矣，仁则吾不知也。'"③

孟武伯向孔子问子路有没有仁德。孔子说："不知道。"他又问，孔子说："仲由呀，如果有千乘的大国，让他去负责军政方面的工作，这是没什么问题的。至于他有没有仁德，我还不晓得。"

"孟武伯问：'子路仁乎？'子曰：'不知也。'又问。子曰：'由也，千乘之国，可使治其赋也，不知其仁也。'"④

---

① 《论语·公冶长》。
② 《论语·公冶长》。
③ 《论语·宪问》。
④ 《论语·公冶长》。

孟武伯继续问："冉求又怎么样呢？"孔子说，求啊，有千户人口的县邑，让他做个县长，或有百辆兵车的大夫封地，让他当个总管，应该没有什么问题。至于他有没有仁德，我不晓得。

> "'求也何如？'子曰：'求也，千室之邑，百乘之家，可使为之宰也，不知其仁也。'"①

"那公西赤人又怎么样呢？"孔子说："赤啊，穿着礼服，立于朝廷之上，让他接待外宾，处理外交事务可以。至于他有没有仁德，我不晓得。"

> "'赤也何如？'子曰：'赤也，束带立于朝，可使与宾客言也，不知其仁也。'"②

那么，什么是仁呢？

孔子的弟子多人问过什么是仁。但颜渊问仁，孔子回答的是仁的本质，因为孔子认为同颜回说话，可以和他讲最深奥的道理。

> "颜渊问仁。子曰：'克己复礼为仁。一日克己复礼，天下归仁焉。为仁由己，而由人乎哉？'"③

这话翻译过来就是："克制自己，使自己的言行都符合于礼，就是仁，一旦这么做了，天下的人都会称你为仁人。实践仁德，全凭自己，还依赖别人吗？"

颜渊又说："先生，您能否讲得详细些。"孔子回答：

> "子曰：'非礼勿视，非礼勿听，非礼勿言，非礼勿动。'"④

---

① 《论语·公冶长》。
② 《论语·公冶长》。
③ 《论语·颜渊》。
④ 《论语·颜渊》。

孔子讲的"四非"谁能做到呢？很难做到，但这的确是仁的核心思想。

这个核心思想来源于哪里？来源于天道和天德。在孔子看来，天虽不言，但天给万物的生息发展、昌盛灭亡等都建立了一整套的自然秩序，这种自然秩序在相互制衡着。

"子曰：'天何言哉？四时行焉，百物生焉，天何言哉？'"①

孔子之前的几代圣人，三皇五帝至夏商周的开国君主，在一定程度上仍不能依据天道给万物制定社会秩序。在孔子看来，《周礼》在一定程度上讲，已经很完备了，可以依周礼去做，即可改变现在社会的混乱，又可成为人们在社会中、在自然界中的行为准则。但这种社会秩序并不是天道秩序，而是当时的人道秩序。他认为这样做，便是最大的仁了，即仁的核心。

樊迟有一次问仁，孔子说，"爱人"。"樊迟问仁。子曰：'爱人。'"②"爱人"还是从人的小我出发，即一个人去爱别人就是"仁"。而孔子对颜回讲的"克己复礼"，是大仁，是仁爱的社会。

过去，我们认为"四非"人们很难做到。"四非"虽然很难做到，但如果真能把社会制度制定好，然后人人都去执行这个制度，人类社会是不是会是一个有序的并与万物和谐发展的社会呢？至于这种秩序是不是合理，比如说《周礼》这种社会制度按天道与天德的要求，有多少是合乎要求的，又有多少是不合乎要求的，正如孔子所说，历代都有"益损"，那么逐渐改，逐渐符合天道与天德就好了。

所以"四非"是从建立一个更高、更好的社会制度（不要把周礼看成一成不变的）来说，是对的。人们之所以做不到，才有奸佞邪恶、巧取豪夺的事情发生，才有统治者依靠自己的权力，贪欲无限度地膨胀，无止境地剥削无权力者，才会有"朱门酒肉臭，路有冻死骨"的现象出现；才会有人类无限度地掠夺自然界有机生灵和无机物质，使自然陷入失衡和逐渐走向毁灭的边缘。在孔子那个年代里，建立周礼所主张的社会，是合理的，

---

① 《论语·阳货》。

② 《论语·颜渊》。

是正常的人道社会。

所以，孔子提倡君子就是在吃顿饭这么短的时间里，都不违背仁德，在仓促匆忙的时候也不忘记与仁德同在，就连颠沛流离的时候也一定与仁德相伴。

　　"君子无终食之间违仁，造次必于是，颠沛必于是。"①

孔子也承认，做一个仁德的人很难的，所以他在教授弟子时，很少提到仁，当孟武伯似乎有些难为孔子，问子路、冉求、公西赤是不是仁人时，孔子便以不知道他们是否仁人作答，实际上等于否定了这三人是仁人。孔子在教示中，只有在弟子问到仁时，孔子才谈及"仁"。

　　"子罕言利与命与仁。"②意思是，孔子很少主动与人提到"利""命运"和"仁德"。为什么？因为作为一个仁德的人，首先的是"克己"，而"克己"靠的是自己，别人说是没有用的。

　　可见孔子把爱人当作"仁"的第二个层次。"爱人"也是从天道或"天德"得来，因为不去爱别人就很难和谐共处在一个秩序之内。孔子与弟子讲过这样的话，子游说："过去我也听老师说过：'君子学道则爱人。'"③

　　这个"道"指的就是"天道"下的人道，但正确的人道是源于天道的。

　　人的品性因后天的原因，总会是不一样的。孔子从人的品性的角度，把人分为君子和小人两类，而只有君子才能知道去喜爱哪些人，厌恶哪些人。

　　所以，孔子说："唯仁者能好人，能恶人。"④

　　这种喜爱与厌恶是君子因知天命、天道，所以知道哪些人的行为是符合天命、天道的，而哪些人的行为不符合天命、天道。

　　仁的第二个层次，便是人要树立自己的仁德志向。孔子说：

———————————

① 《论语·里仁》。

② 《论语·子罕》。

③ 《论语·阳货》。

④ 《论语·里仁》。

"子曰：'苟志于仁矣，无恶也。'"①

意思说：假如人立志成为仁，对人来说是没有什么坏处的。

就是人要立志当一个仁人，那么对人生就不会有过错，也不会有灾难。一个人是否想具有仁德，只是个心理问题。

"子曰：'仁远乎哉？我欲仁，斯仁至矣。'"②

所以，从这一点上说，一个人想求得仁德并不是件什么难的事情，只是想不想做而已。

仁德的第四个层次，便是真实、纯粹。孔子最讨厌花言巧语之人。他说："仁者，其言也讱。"讱，语言迟钝。

"子曰：'刚、毅、木、讷近仁。'"③

孔子还说：

"巧言令色，鲜矣仁。"④

体现孔子对巧舌如簧的人的反感，他认为这样的人很难有仁德。

孔子自己在这方面也给弟子做出表率。他说："我对于别人，诋毁了谁，称赞了谁？如果我所有称赞，一定是我已考验过了他。夏、商、周三代人都是如此，所以三代时人们能直道而行。"

"子曰：'吾之于人也，谁毁谁誉？如有所誉者，其有所试矣。斯

---

① 《论语·里仁》。
② 《论语·述而》。
③ 《论语·子路》。
④ 《论语·学而》。

民也，三代之所以直道而行也。'"①

孔子认为，夏商周三代，之所以被他推崇，因为那时三代还能奉行天道而行。孔子所说的"直道"，他认为从大的方面三代还是符合天道的。

仁的第五个层次，便是有仁德的人在世上的行为标准，也同样取决于道。

孔子说："目标在道，根据在德，依靠在仁，在游乐于六艺之中得到本领和知识。"

"子曰：'志于道，据于德，依于仁，游于艺。'"②

这里的"道"与"德"，有着一定的天道与天德的体现，可见作为一个君子，天道与天德是首要的。

孔子说："发大财，当大官，这是人的正常欲望，但不用符合道的方式去得到它，君子是不会做的；贫与贱，是人们都厌恶的，但不以符合道的方式摆脱它，君子也不会去做的。"

"子曰：'富与贵，是人之所欲也；不以其道得之，不处也。贫与贱，是人之所恶也；不以其道得之，不去也。'"③

可见，在孔子那里，以天道天德为主要内容的人的道德品性是一切行为的先决条件。

只有按照"道""德"去做，道才成为人的行为准则。

只有仁者，才能符合"道"，为什么？孔子说：

"夫仁者，己欲立而立人，己欲达而达人。"④

①《论语·卫灵公》。
②《论语·述而》。
③《论语·里仁》。
④《论语·雍也》。

所以，仁又与恕分不开。恕，就是反躬自问，叩问自己，以己心比别人心，再以别人心比自己心。如一个官员，他的仁恕之道就是要先管理好自己。孔子说："假如你端正了，治理国家又会有什么困难呢？一个人连自己都不能端正，怎么去端正别人。"

"子曰：'苟正其身矣，于从政乎何有？不能正其身，如正人何？'"①

"子曰：'其身正，不令而行；其身不正，虽令不从。'"②

端正自己就是一种仁的恕道要求。所以，当官的人要不断地克己，行恕道，即"修己以敬"，"修己以安人"，"修己以安百姓"。③

从而孔子才说，统治者本身行为正当，不用去发布命令，事情也能行得通。他本身的行为都不正当，虽然三令五申，百姓也不会听从。所以，统治者要："躬自厚而薄责于人。"④"君子求诸己，小人求诸人。"⑤

即君子要求自己，而小人则要求别人。而且君子还要"见贤思齐焉，见不贤而内自省也。"⑥

（二）君子的其他品格

义：在中国古代，人们把"义"排在"仁"之后，可见"义"的重要。"义"是孔子君子品格理论中十分重要的一个方面。

《说文解字》："义，己之威仪也。从我从羊。"义，本义是仪表，是人的外在形式。《诗经·相鼠》说："人而无仪，不死何为！"大概从这开始，人们逐渐把外在容貌行止的"仪"，演变成人内在的行为原则和道德规范的义。义学在中华民族文化的形成与演变中起到十分重要的作用，它不仅是

---

① 《论语·子路》。
② 《论语·子路》。
③ 《论语·宪问》。
④ 《论语·卫灵公》。
⑤ 《论语·卫灵公》。
⑥ 《论语·里仁》。

民族文化的重要组成部分，也是中华民族性格的重要组成部分。无论在历史上还是在今天，人们都把义理解为相互忠诚、相互帮助、扶危济困、除暴安良的美德。

孔子将"义"看作为人的本质。他说：

> "子曰：'君子义以为质，礼以行之，孙以出之，信以成之。君子哉！'"①

"义"也是人格优劣的区分。"子曰：'君子喻于义，小人喻于利。'"②

这里，孔子把"义"看得比"礼""信"等还要重要。同时，"义"又与"理"联系在一起，称之为"义理"。所以，孔子反对那种整日同众人聚在一起闲聊，不说一句有道理的话，只喜欢卖弄小聪明的人，认为这种人十分难教导。

> "子曰：'群居终日，言不及义，好行小慧，难矣哉！'"③

孔子主张社会要崇尚德性，而义是人实现德性的途径。有一次，子张问如何增进德行、辨别迷惑。孔子说："以忠诚信实为主，追求正义，就是增进德行。"

> "子张问崇德辨惑。子曰：'主忠信，徙义，崇德也。'"④

面对混乱不堪的现实社会，孔子说：对品德不进行培养，对学问不进行钻研，听到正义不能奔赴，有了错误不能及时改正，这些就是我所担忧的。

---

① 《论语·卫灵公》。
② 《论语·里仁》。
③ 《论语·卫灵公》。
④ 《论语·颜渊》。

"子曰：'德之不修，学之不讲，闻义不能徙，不善不能改，是吾忧也。'"①

孔子有时也将"义"作为"德"来使用，"在上者重视礼法，则人民不会不恭敬；在上者重视道义，则人民不会不信服；在上者重视诚信，则人民不会不诚实。"

"上好礼，则民莫敢不敬；上好义，则民莫敢不服；上好信，则民莫敢不用情。"②

孔子认为，个人的得失利害，应受义的制约，即遇到有利可得时，要想一想是否合乎义，不要见利忘义。

"今之成人者何必然？见利思义，见危授命，久要不忘平生之言，亦可以为成人矣。"③

孔子认为一个有道德的人，应该看到利就要先想到该不该得，遇见危险便肯于付出生命，过久贫困日子都仍然不会忘记自己平日的诺言。所以，孔子说："做违背义的事而得来的富贵，对我来说就如同天边的浮云。"

"不义而富且贵，于我如浮云。"④

孔子认为，君子对于天下的事情，没有人为非要这样做，或不要这样做，只要符合义理便就怎么做。

---

① 《论语·述而》。
② 《论语·子路》。
③ 《论语·宪问》。
④ 《论语·述而》。

"子曰：'君子之于天下也，无适也，无莫也，义之与比。'"①

意思说，君子对于天下的事情，没有规定要干什么，也没有规定不干什么，怎么干只要理所当然，就怎么干。

但是，作为一个有权力的君子，当你使用权力役使人们时，一定要符合义理。孔子说：

"君子之道四焉：其行己也恭，其事上也敬，其养民也惠，其使民也义。"②

义并不等于勇敢，见义勇为首先是"义"，这是勇敢的前提。

"子路曰：'君子尚勇乎？'子曰：'君子义以为上，君子有勇而无义为乱，小人有勇而无义为盗。'"③

在儒家的思想命题中，礼是被排在第三位的。礼的本意是敬神。《说文解字》说："礼，履也，所以事神致福也。从而从豊。"《诗经·相鼠》说："人而无礼，胡不遄死！"说明礼在当时太重要了。在儒家创始人孔子之前的殷周社会，统治阶级内部实行分封制、等级制和世袭制，礼就是这些制度的体现。礼作为人类社会必不可少的行为规范，从古至今，一直以它特定的价值作用，推动着人类社会的发展。它的主要作用体现在为符合社会的需要而从礼制上规范人们的社会行为。

在孔子的思想中，礼占有十分重要的地位。在《论语》一书中，孔子多处讲到礼。孔子讲礼主要有以下几种含义：

第一，指西周到春秋时的社会制度。子张问孔子："今后十世的情况可以知道吗？"孔子说："殷朝因袭夏朝的礼法，所减少和增加的可以知道的；周朝因袭殷朝的礼仪制度，所减少和增加的是可以知道的。或许将来有继

---

① 《论语·里仁》。
② 《论语·公冶长》。
③ 《论语·阳货》。

承周朝的，即使是一百世，也是可以知道的。"

> "子张问：'十世可知也？'子曰：'殷因于夏礼，所损益，可知也；周因于殷礼，所损益，可知也。其或继周者，虽百世，可知也。'"①

"夏朝的礼我能说出来，夏朝的后裔杞国保留的文献也不足以证明；商朝的礼，我能说出来，商朝后裔宋国保留的文献也不足以证明。这都是文献不足的缘故。如果文献足够，那我可以证实当时的礼了。"

> "子曰：'夏礼，吾能言之，杞不足征也；殷礼，吾能言之，宋不足征也。文献不足故也。足，则吾能征之矣。'"②

第二，指各种礼节仪式。

"当父母活着的时候，要按照礼的要求孝敬他们；父母亡故，要按照礼的要求安葬他们，并按照礼的要求祭祀他们。"

> "子曰：'生，事之以礼；死，葬之以礼，祭之以礼。'"③

子贡想在每月初一告祭祖先时，省去一只活羊。孔子说："赐啊！你爱惜羊，我更爱惜礼。"

> "子贡欲去告朔之饩羊。子曰：'赐也！尔爱其羊，我爱其礼。'"④

孔子对齐相管仲评价很高，称"管仲相桓公，霸诸侯，一匡天下，民

---

① 《论语·为政》。
② 《论语·八佾》。
③ 《论语·为政》。
④ 《论语·八佾》。

到于今受其赐"。①

但对管仲违背礼仪，则提出严厉的批评。

"国君殿门前设立塞门，管仲在大门口也设立塞门。国君为了与别国修好，招待外国国君时在堂上设有放酒杯的台子，管仲也有这样的台子。如果说管仲知礼，那么还有谁不知礼吗？"

> "邦君树塞门，管氏亦树塞门。邦君为两君之好，有反坫，管氏亦有反坫。管氏而知礼，孰不知礼？"②

这里，孔子批评管仲，身为臣子，却同国君一样执礼，这是管仲的不知礼。

第三，表示谦让、礼貌、耿直、恭敬、勇敢的个人品质。孔子说："能够用礼让原则来治理国家，那还有什么困难呢？不能用礼让原则来治理国家，怎么能实行礼呢？"

> "子曰：'能以礼让为国乎？何有？不能以礼让为国，如礼何？'"③

孔子说："只是恭敬而不以礼来指导，就会徒劳无功；只是谨慎而不以礼来指导，就会畏缩拘谨；只是勇猛而不以礼来指导，就会违法作乱；只是心直口快而不以礼来指导，就会说话尖刻。君子如果能厚待自己的亲人，老百姓当中就会兴起仁的风气；君子如果不遗弃老朋友，老百姓就不会对人冷漠无情了。"

> "子曰：'恭而无礼则劳，慎而无礼则葸，勇而无礼则乱，直而无礼则绞。君子笃于亲，则民兴于仁；故旧不遗，则民不偷。'"④

---

① 《论语·宪问》。
② 《论语·八佾》。
③ 《论语·里仁》。
④ 《论语·泰伯》。

不学会礼仪礼貌，就难以有立身之处。

"不学礼，无以立。"①

第四，礼是人们行为的准则。"不合礼制的东西不看，不合礼制的声音不听，不合礼制的话语不说，不合礼制的事情不做。"

"非礼勿视，非礼勿听，非礼勿言，非礼勿动。"②

君子广泛地学习古代的文化典籍，又以礼来约束自己，也就可以不离经叛道了。

"君子博学于文，约之以礼，亦可以弗畔矣夫。"③

"智"是儒家思想中重要的命题之一，是儒家伦理思想的重要范畴，是儒家崇尚的一种道德品质和思维境界。智在儒家思想中有两种含义：一是做"知"解，即知德、知礼、知道；一是指聪明、睿智。中国古代的智实质上是一种辨别是非、对错的能力。人有智慧而不失其德，并将自己的聪明才智用于正途，正是当时孔子极力倡导的。

孔子认为，智为聪慧豁达的品德，是儒者修道治世的本领。他认为，智者能通宇宙万物和人伦之理，凡事能秉理而行，故"知（智）者不惑"。孔子心目中的智者既知人，也知礼，还知命。他说："不懂得上天赋予你的使命，就不可以成为君子。不懂得礼义礼节，就不能立足于社会。不懂得分辨言语明辨是非，就不能了解别人。"

"不知命，无以为君子也。不知礼，无以立也。不知言，无以知

---

① 《论语·季氏》。
② 《论语·颜渊》。
③ 《论语·雍也》。

人也。"①

孔子不仅主张知命，还要知"道"，这是知的最重要层次。

孔子自己就做到了知道。孔子说："君子所行的三件事，我还一件也没能做到：仁者不忧，知者不惑，勇者不惧。"子贡说，这正是他老人家对自己的描述呀。

> "子曰：'君子道者三，我无能焉：仁者不忧，知者不惑，勇者不惧。'"②
>
> "子曰：'道之将行也与，命也；道之将废也与。命也。公伯寮其如命何！'"③

这里的"命"，既指"命运"，也指规律，所以，孔子说，公伯寮能把我的命运怎样呢？

孔子曾多次向他的学生解释智的含义。樊迟问孔子什么是智，孔子说是"知人"，樊迟没有明白是什么意思。孔子进一步向他解释说："选拔那些正直的人，把他们的位置提拔到邪恶的人的上面，这样才能促使那些邪恶的人变得正直。"

> "举直错诸枉，能使枉者直。"④

一句话，智者知人善任。孔子还告诉樊迟，智者应知"义理"。这个"义理"就是"努力做老百姓想做的事，对鬼神敬而远之，就算是智了。"

> "务民之义，敬鬼神而远之，可谓知矣。"⑤

---

① 《论语·尧曰》。
② 《论语·宪问》。
③ 《论语·宪问》。
④ 《论语·颜渊》。
⑤ 《论语·雍也》。

孔子还多次论述知和仁的关系。孔子说知是实现仁的重要条件，知与仁相辅相成、相得益彰。凭借聪明才智得到的事物，但没有仁德保持它，即使得到，也一定会丧失。凭借聪明才智得到的事物，也有仁德保持它，但不用严肃态度来对待，那么百姓就会不敬。凭借聪明才智得到的事物，也有仁德保持它，又能用严肃态度来对待，但行为不合礼制，那也是不完善的。

> "知及之，仁不能守之，虽得之，必失之。知及之，仁能守之，不庄以涖之，则民不敬。知及之，仁能守之，庄以涖之，动之不以礼，未善也。"①

这说明，智的品质还必须与其他的品质和行为相配合，智才能发挥正确的作用，人也才能成就事业。

孔子还说，仁者不忧虑，是因为仁者乐天知命，内省不疚，所以才能无忧无虑；智慧者不迷惑，是因为智慧者明于事理，洞达因果，所以才能不迷惑；勇毅者不畏惧，是因为勇毅者心存大道，一往直前，所以才能不畏不惧。"智""仁""勇"成为儒家理想美德"三大德"的雏形，被其后来者所继承。

孔子认为，就人的资质敏慧而言，有的人是生来就聪明的，即生而知之，这为上智；有的人是生来就愚笨的，即为下愚，而上智与下愚的差别是无法改变的。

> "唯上知与下愚不移。"②

孔子认为，上智是生而知之的圣贤，是统治者，而下愚是困而不学的下民，是不可教化的。

> "孔子曰：'生而知之者上也，学而知之者次也；困而学之，又其

---

① 《论语·卫灵公》。
② 《论语·阳货》。

次也；困而不学，民斯为下矣。'"①

知，又是观察人和了解人的方法。孔子说，对待君子，不可以用小的事情来考验他，而且可以让他接受重大的任务。对小人，不可让他接受重大任务，也没有必要对他了解的那么多。

"君子不可小知而可大受也，小人不可大受而可小知也。"②

这里的"知"就是对人的了解。

故孔子主张推行国家统治人民，有些事可以让人民知道，但事关天道的大事，指使人们去做事就行了，不一定要让他们明白天道的道理，因为天道的道理对于普通的老百姓来说，太深奥了。

"民可使由之，不可使知之。"③

这里的"知"，也是当了解和知道讲的。

孔子虽然主张生而知之，强调人生来就有聪颖的智慧的人，但人也要后天的学习才能没有弊病。他说："有聪明才智却不学礼度，它的弊病是放荡不羁。"

"好知不好学，其蔽也荡。"④

孔子自谦道："我不是生来就懂得事理的人，是喜好古代典制，勉力以求的人。"

---

① 《论语·季氏》。

② 《论语·卫灵公》。

③ 《论语·泰伯》。

④ 《论语·阳货》。

"我非生而知之者，好古，敏以求之者也。"①

孔子主张在知识面前应有谦虚、诚恳的态度，知道就是知道，不知道就是不知道，这才是聪明智慧的表现。

"知之为知之，不知为不知，是知也。"②

孔子主张掌握知识应该为社会服务，不能成为炫耀自己的筹码。他说古代学者学习的目的在于修养自己的学问道德，现代学者学习的目的在于装饰自己，给别人看。

"子曰：'古之学者为己，今之学者为人。'"③

信，人从言，信守诺言，诚实无欺，忠实于自己所承担的义务。"信"最早是人们对上天和祖先的诚实与信赖。

"忠于民而信于神也。""祝史正辞，信也。"④

到了春秋时期，信成为人们普遍遵循的道德规范。信作为儒学中的重要学说，在几千年的中国社会中，成为人们所遵循的美德。无论是今天还是未来，信仍将是人们奉行的人生准则。因为，信来自天道，符合于天道。说它来自天道，即"天何言哉四时行焉"。天道守信，万古不变。

孔子认为，"信"是人不可缺少的道德修养。如果人不讲"信"、不具备"信"的品质，就无法在社会上立足。孔子说："做人不具备信的品德，就不知道他有什么可取之处了。好比大车缺輗、小车缺軏）一样，这样的车靠什么行路呢?"

---

① 《论语·述而》。
② 《论语·为政》。
③ 《论语·宪问》。
④ 《左传·桓公六年》。

"子曰：'人而无信，不知其可也。大车无輗，小车无軏，其何以行之哉？'"①

孔子把"信"分为三点：一是信任，"宽厚就能得到百姓的拥护，诚实就能取得百姓的信任。"

"宽则得众，信则人任焉。"②

"在上位的人能重视信的品德，民众便不敢不用他们的真心来对待在上位的人。"

"上好信，则民莫敢不用情。"③

二是信用，"人与人交往，要守信用。"

"与朋友交，言而有信。"④

"君子要先取得老百姓的信任，而后再去任用他们；没有取得信任就去任用他们，老百姓就会认为是苛待他们。取得君主的信任而后再去进谏；没有取得信任就去进谏，君主就会认为是诽谤自己。"

"君子信而后劳其民；未信，则以为厉己也。信而后谏；未信，则以为谤己也。"⑤

孔子很多时候将忠信放在一起。他认为忠信是大多数人的品格。

---

① 《论语·为政》。
② 《论语·阳货》。
③ 《论语·子路》。
④ 《论语·学而》。
⑤ 《论语·子张》。

　　"子曰：'十室之邑，必有忠信如丘者焉，不如丘之好学也。'"①

　　孔子有时甚至强调把忠信作为人的主要品格。

　　"子曰：'主忠信，毋友不如己者，过则勿惮改。'"②

　　三是相信。"子问公叔文子于公明贾曰：'信乎，夫子不言，不笑，不取乎？'"③

　　意思是说，公叔文子不言语，不笑，不取，这是真的吗？这里的信乎，是相信的意思。

　　"子曰：臧武仲以防求为后于鲁，虽曰不要君，吾不信也。"④

　　孔子说："臧武仲凭借他的采邑防城请求立其子嗣为鲁国卿大夫，说他这不是对国君的要挟，我是不会相信的。"

　　"忠""恕"和"信"是相关的道德范畴，"忠"作为道德规范，在春秋时引起重视，并流传开来。"忠"侧重于人对自身的要求。《说文》："敬也，尽心曰忠。"郑玄解释"忠"是"中心曰忠，中下从心，谓言出于心皆有忠实也"。⑤

　　"忠"被认为是"德之正也""民之完也"，成为做人所应具备的品质。

　　"忠"作为人的道德标准，带有普遍性，适应于一切人。"忠"受到历代儒家的重视。

　　孔子把忠作为个人必须具备的品德，提出"处事当以忠信为根本"的思想。

---

① 《论语·公冶长》。
② 《论语·子罕》。
③ 《论语·宪问》。
④ 《论语·宪问》。
⑤ 《周礼·地官疏》。

　　"子张问行。子曰：'言忠信，行笃敬，虽蛮貊之邦，行矣。言不忠信，行不笃敬，虽州里，行乎哉?'"①

　　孔子的学生曾子主张把忠信当作每日反省自己的信条。"我每天多次自我反省：我替别人谋划事情是否尽心竭力呢? 我与朋友交往是否以诚相待呢? 我学习前人传下来的知识是否认真复习了呢?"

　　"吾日三省吾身——为人谋而不忠乎? 与朋友交而不信乎? 传不习乎?"②

　　孔子是从4个方面来教育他的学生的，即：文献典籍、言行、忠诚、守信。

　　"子以四教：文，行，忠，信。"③

　　可见忠信有多么重要。子张问怎样才能提高品德，分辨迷惑，孔子回答说：以忠实诚信为主，符合义的事才去做，这样品德就会得到提高。

　　"子张问崇德辨惑。子曰：'主忠信，徙义，崇德也。'"④

　　人的日常行为要恭顺端庄，办事要严肃认真，与人交往要讲究忠信。

　　"居处恭，执事敬，与人忠。"⑤

　　孔子主张，忠要讲究个度，如果违背了度的原则，就是白取其辱。所

---

① 《论语·卫灵公》。
② 《论语·学而》。
③ 《论语·述而》。
④ 《论语·颜渊》。
⑤ 《论语·子路》。

以，孔子不主张愚忠。

> "子贡问友。子曰：'忠告而善道之，不可则止，毋自辱焉。'"①

但人如果忠于人，就要说真话，对人负责，教导他。

"子曰：'爱之，能勿劳乎！忠焉，能勿诲乎？'"②

廉，正直，不贪婪，廉洁。廉耻思想不但是中华民族的灵魂，而且是中华民族文化的重要组成部分。

孔子在《论语》中讲到廉，但与以后儒学政治思想中廉的含义是不一致的。"古时候端庄矜持的人品行方正，现在端庄矜持的人易怒而不近人情。"

> "古之矜也廉，今之矜也忿戾。"③

但在他的思想中，已存有以后儒学中"廉"的内容。如孔子的学生子张问孔子："齐国执政大夫崔杼杀死了齐庄公，大夫陈文子家有10辆车，他厌恶崔杼的所作所为，毅然舍弃家产离开了齐国。到了其他的国家，他看到执政者的所作所为就说：执政的人像我们齐国的大夫崔杼一样呀。于是离开这个国家。到了另一个国家，他看到执政者的所作所为就又说：执政的人像我们齐国的大夫崔杼一样呀。又离开了。他这样的人怎么样呢？"孔子说："廉洁啊。"子张问："算是做到仁了吗？"孔子说："只看到了他的廉洁的事迹不知道他的仁义。哪里算得上是仁呢？"

> "崔子弑齐君，陈文子有马十乘，弃而违之。至于他邦，则曰：'犹吾大夫崔子也。'违之。之一邦，则又曰：'犹吾大夫崔子也。'违之。'何如？'子曰：'清矣。'曰：'仁矣乎？'曰：'未知；——焉得仁？'"④

---

① 《论语·颜渊》。

② 《论语·宪问》。

③ 《论语·阳货》。

④ 《论语·公冶长》。

不与统治者同流合污，洁身自好，孔子认为是"清廉"。这正是以后儒学思想中廉的端倪。又如孔子在谈到古今被遗忘的人时说：虞仲、夷逸，避世隐居，不再谈论世事。行为廉洁，放弃手中的权力。

"谓：'虞仲、夷逸隐，居放言，身中清，废中权。'"①

执政者不仅在政绩上不要图快，要脚踏实地做工作，而且还要廉洁。正如孔子所说：不要贪求快速，不要贪图小利。贪求快速，反而不能达到目的；贪求小利，反而做不成大事。

"子曰：'无欲速，无见小利。欲速，则不达；见小利，则大事不成。'"②

孔子主张，君子在奢侈与俭朴上，应该选择俭朴，虽然俭朴显得寒酸，但宁愿寒酸，而不要奢华。

"子曰：'奢则不孙，俭则固。与其不孙也，宁固。'"③

而且，君子要知足。他称赞卫公子荆，认为他是个非常容易满足的人。

"子谓卫公子荆，'善居室'。始有，曰：'苟合矣。'少有，曰：'苟完矣。'富有，曰：'苟美矣。'"④

"知行"之知，是指认识、知识、道德意识等；行，本义为道路，引申为行动、行为、践履之义。在中国古代，知行问题既涉及认识论，也涉及伦理道德等其他哲学范畴。知行思想是中国哲学史上出现较早的一对哲学

---

① 《论语·微子》。
② 《论语·子路》。
③ 《论语·述而》。
④ 《论语·子路》。

范畴，是古人争论久远且又激烈的问题，乃至今日也是认识论中时常讨论的重要课题。

孔子非常重视知行在认识社会以及道德修养中的作用。孔子认为人的道德修养是一个学习和锻炼的过程，即从学习道德知识到确立道德信念，再到认识和把握规律、进行实践、实现自由的过程。而这个过程也正是知行统一的过程。孔子的知行思想中，在知行的关系上，他倾向于先知而后行，故讲知要多于讲行。

首先，孔子强调，人应"多闻"、"多见""敏而好学"。他说："我不是天生就有知识的人，只是热爱古代典籍文献，勤奋学习而获得知识的人。"

"我非生而知之者，好古，敏以求之者也。"①

他还说："多听，选择好的有益的知识，并按照它去办；多见，从而去认识它。"

"多闻，择其善者而从之；多见而识之。"②

其次，孔子提出"谨慎言语""谨慎行动"。"孔子说：'由！教给你对待知与不知的正确态度吧！知道的就是知道，不知道的就是不知道，这才是明智的呀。'"③

可见，孔子这里的"知"，是在讲怎样客观地对待事物的态度。子张向孔子问求得俸禄的办法。孔子说："多听，有怀疑的地方，先将其保留下来，自己有信心的事情，谨慎地说出来，这样便可以减少错误。多看，有怀疑的地方，先加以保留，其他方面自己有信心的谨慎地去做好，这样则会减少后悔。说话很少出现错误，事后很少感到后悔，官职和俸禄就会在其中了。"

---

① 《论语·述而》。

② 《论语·述而》。

③ 见《论语·为政》。

　　"子曰：'由！诲女知之乎？知之为知之，不知为不知，是知也。'"①

　　"子张学干禄。子曰：'多闻阙疑，慎言其余，则寡尤；多见阙殆，慎行其余，则寡悔。言寡尤，行寡悔，禄在其中矣。'"②

　　再次，一个人的道德品质是否高尚，不能仅凭其言论，还要看他的实际行动。宰予在白天睡觉。孔子说："腐烂的木头是不能用来雕刻的，粪土的墙壁是无法再粉刷的；对于宰予这样的人，还有什么可以责备的呢。"孔子又说道："开始时，我看一个人，听了他的话，便相信了他的行为；今天，我看见一个人，听了他的话，还要看看他的所作所为。"

　　"宰予昼寝。子曰：'朽木不可雕也，粪土之墙不可杇也；于予与何诛？'子曰：'始吾于人也，听其言而信其行；今吾于人也，听其言而观其行。于予与改是。'"③

　　孔子说，考察一个人，通过观察他做事情的目的，考察他们的行动，他的心安于什么，不等于什么就够了。子曰："视其所以，观其所由，察其所安。人焉廋哉？人焉廋哉？"④

　　最后，主张学思并重。孔子说："只学习不思考，就会迷茫，只思考不学习，就会精神疲倦。"

　　"学而不思则罔，思而不学则殆。"⑤

　　什么是"中庸"？《说文解字》："中，正也"；"庸，用也"。就是用正确的原则处理事物发展的相互关系。中庸的概念最早由孔子提出，但类似的

---

① 《论语·为政》。
② 《论语·为政》。
③ 《论语·公冶长》。
④ 《论语·为政》。
⑤ 《论语·为政》。

思想在孔子之前就存在了。《尚书·尧典》:"直而温,宽而栗,刚而无虐,简而无傲。"《尚书·皋陶谟》也有这样的记述:"宽而栗,柔而立,愿而恭,乱而敬,扰而毅,直而温,简而廉,刚而塞,强而义。"《周易》将中正作为立义言事的准则。

孔子的中庸思想,首先是他的天道观点。在天道观点思想的基础上,又形成了孔子人道观的中庸思想。

孔子人道的中庸思想,首先体现在认识论上。他说:"我有知识吗?没有哩。有一个乡间的农夫问我,我心中空空的。我从他所提出的问题的首尾两头去问,(从中得到很多对我有用的东西,)然后尽量地告诉他。"

> "吾有知乎哉?无知也。有鄙夫问于我,空空如也。我叩其两端而竭焉。"①

这就是孔子提出的"叩其两端而竭"的命题。孔子所讲的"两端",就是事物的两个方面,有始末、不同、相反和对立之意。所以,他提出在处理事物时应"诚实地握住它的中间"的中庸思想。

尧说:"咦!你这位舜呀!天道发展变化的规律重担已经落在你的身上了,你要在处理事物上诚实地握住事物的中间,保持事物发展的正确。"

> "尧曰:咨!尔舜!天之历数在尔躬。允执其中。"②

这里的"中",是指"无过"与"无不及"。无过,是指没有超过中,即在中。无不及,是指没有不达到的。为什么不及不好呢?因为"不及"还没达到中,中是目的,已经达到中。"中"在哪里?"中"就在"无不及"与"无过"之间。孔子在与弟子子贡的一次对话中进一步解释了"过犹不及"。"子贡问孔子:'颛孙师(子张)和卜商(子夏)两个人,谁更贤德?'孔子说:'颛孙师过头了,而卜商还没有达到。'子贡说:'那么,颛孙师是

---

① 《论语·子罕》。
② 《论语·尧曰》。

更贤德一点呢?'孔子说:'过头和达不到是一样的。'"

> "子贡问:'师与商也孰贤?'子曰:'师也过,商也不及。'曰:
> '然则师愈与?'子曰:'过犹不及。'"①

可见,中是一个时间与空间的"度"。这个中间度就在"不及"和"无过"之中。这个度的质点,就在"无过"和"无不及"的中间上。强调"中庸"是事物的中间度,这是孔子思想中最为重要的方面。

中庸又是一种天德。这种天德视万物为平等,无阶级、无贵贱之别。

> "子曰:'由!知德者鲜矣。'"②
> "子曰:'中庸之为德也,其至矣乎!民鲜久矣。'"③

但中庸之德又很难达到。孔子说:

> "不得中行而与之,必也狂狷乎!狂者进取,狷者有所不为也。"④

此外,孔子还提出"和而不同",并认为这是中庸之道的具体体现。他说:"君子追求和谐关系,但绝不苟同;小人一味求取苟同,但达不到和谐。"

> "子曰:'君子和而不同,小人同而不和。'"⑤
> "子曰:'众恶之,必察焉;众好之,必察焉。'"⑥
> "子曰:'乡愿,德之贼也。'"⑦

---

① 《论语·先进》。
② 《论语·卫灵公》。
③ 《论语·雍也》。
④ 《论语·子路》。
⑤ 《论语·子路》。
⑥ 《论语·卫灵公》。
⑦ 《论语·阳货》。

因此，"和而不同"的中庸之道，成为君子践行的理想目标，需要人们把这一原则贯彻到生活实践的方方面面，以期达到"和"，即达到兼容两端，以求恰到好处。

（三）君子的综合品格

孔子认为，君子与人交往切记对自己有益的朋友有三种：即正直的人，诚信的人，见识广博的人；对自己有损害的人也有三种：谄媚奉承的人，当面恭维而背地里诽谤的人和夸夸其谈，言过其实的人。

"孔子曰：'益者三友，损者三友。友直，友谅，友多闻，益矣。友便辟，友善柔，友便佞，损矣。'"[①]

陪着君子说话，容易犯的三种过错：不该你说话的时候，你抢先说话，这叫做躁；该你说话，你却不说话了，这叫做隐瞒；不看君子的脸色就贸然开口，这叫做瞎了眼睛。

"孔子曰：'侍于君子有三愆：言未及之而言谓之躁，言及之而不言谓之隐，未见颜色而言谓之瞽。'"[②]

君子有3件事情应该警戒自己：血气未定的年轻之时，要警惕迷恋于女色；血气旺盛的壮年时期，要警惕争强好斗；血气已经衰弱的老年时候，更要警惕贪婪多变。

"孔子曰：'君子有三戒：少之时，血气未定，戒之在色；及其壮也，血气方刚，戒之在斗；及其老也，血气既衰，戒之在得。'"[③]

君子有3件害怕的事情：怕天命，怕王公大臣，怕圣人的言语。小人不

①《论语·季氏》。
②《论语·季氏》。
③《论语·季氏》。

懂得天命，因而不畏惧天命，轻视王公大人，轻悔圣人的言论。

　　"孔子曰：'君子有三畏：畏天命，畏大人，畏圣人之言。小人不
　　知天命而不畏也，狎大人，侮圣人之言。'"①

　　君子有九个方面重要考虑的事情：看的时候，要思考看明白了没有；
听的时候，要考虑听清楚了没有；脸上的颜色，要考虑温和了没有；容貌
上，要考虑庄重了没有；说的时候，要考虑诚信了没有；做事情的时候，
要考虑严肃认真了没有；遇到疑问，要考虑怎样向人请求了没有；思想的
时候，要考虑到难处没有；看见自己有所得，要考虑是否符合道义了没有。

　　"孔子曰：'君子有九思：视思明，听思聪，色思温，貌思恭，言
　　思忠，事思敬，疑思问，忿思难，见得思义。'"②

　　孔子认为，君子有五种品德：庄重，宽厚，诚实，勤敏，慈惠。庄重
就不会遭到侮辱，宽厚就会得到大多数人的拥护，诚实就会得到别人的信
任，勤敏就会得到较高的效率，慈惠就会让人听从你的使唤。

　　"孔子曰：'能行五者于天下为仁矣。'请问之，曰：'恭、宽、信、
　　敏、惠。恭则不侮，宽则得众，信则人任焉，敏则有功，惠则足以
　　使人。'"③

　　孔子对子路说："仲由！你听说达有六种品德便会有六种弊病吗？"子
路回答说："没有。"孔子说："坐下，我来告诉你。"
　　爱仁德，却不爱学问，其弊端就是人愚昧；爱聪明，却不爱学问，其
弊端就是人放荡；爱诚实，却不爱学问，其弊端就是容易被人利用而反害
了自己；爱直率，却不爱学问，其弊端就是言语苛刻，刺痛人心；爱勇敢，

──────────

① 《论语·季氏》。
② 《论语·季氏》。
③ 《论语·阳货》。

却不爱学问，其弊端就是捣乱闯祸；爱刚强，却不爱学问，其弊端就是胆大妄为。

> "子曰：'由也！女闻六言六蔽矣乎？'对曰：'未也。''居！吾语女。好仁不好学，其蔽也愚。好知不好学，其蔽也荡。好信不好学，其蔽也贼。好直不好学，其蔽也绞。好勇不好学，其蔽也乱。好刚不好学，其蔽也狂。'"①

意思是，君子有五种美德：君子给人民好处，而自己又不用费心劳力；役使老百姓，老百姓却不怨恨；有欲望，但从不贪婪；庄重，从不傲慢；威严，却不凶神恶煞。

> "惠而不费，劳而不怨，欲而不贪，泰而不骄，威而不猛。"②

① 《论语·阳货》。
② 《论语·尧曰》。

第六章
西方近代强道文化理论的形成

一、强道文化与天道文化并存的古代社会

强道文化产生于人类原始社会的晚期，形成于原始社会的解体，奴隶社会的早期。

强道文化作为人类社会的后起文化，在人类近一万年左右的历史长河中，与天道文化并存，对立统一，此消彼长。但强道文化以实现和满足人的欲望与力量为动力，一直成为社会发展的强道文化。

人类社会进入阶级社会以后，由于受到人类社会生产力发展状况的决定，使人类社会一直处于农业社会长达四五千年，占人类5000年左右的阶级社会的9/10左右。人类社会进入工业社会、电子化社会、信息化社会至今才有500年左右的时间。

然而，在生产力的背后，是人类发展过程中的文化在起作用。决定人类历史的发展一直是两种文化，一是天道文化，二是强道文化。两种文化在个人、民族、国家中占有的多寡不同，导致个人、民族、国家的发展过程不同，结果也不同。

当一个人、一个民族、一个国家，天道文化占有主导地位的时候，个人与个人之间，民族与民族之间，国家与国家之间便和谐与秩序，人类与整个自然界也和谐与秩序。当一个人、一个民族、一个国家，强道文化占

主导地位的时候，个人与个人之间、民族与民族之间、国家与国家之间便斗争与混乱，人类与整个自然界也斗争与混乱。

强道文化，由于受到国家权力的主导，文化的核心部分受到国家保护，所以在传播、影响、作用于社会方面远远要强于天道文化。所以在几千年的阶级社会中，古代社会强道文化一直占据社会的主导地位。作为社会的统治阶级，虽然从文化接受上，也可以在思想意识中存留或接受人类的天道文化，这只能在他个人的思想意识中产生一定的作用，始终无法改变他是强道文化的代表者和执行者。近代社会以来西方列强国家的任何一位统治者，都不会放弃自己手中的权力，去践行人类社会的天道文化，即使他在一定程度上践行了天道文化，也是极其有限的，因为他这么做的原因无外有三：一是为了使自己统治下的社会更加和谐一些；二是假仁假义的统治权术的表演；三是个人素养中部分的天道文化使然。可这三个原因无论哪一个仍无法改变他的整个强道文化的思想意识。

强道文化不仅使社会的统治者不可能改变自己的强道文化思想意识，社会的被统治者也无法改变自己的强道文化思想意识，原因是无论任何人都无法跳出强道社会。

人类社会自原始社会解体之后，便由天道社会进入强道社会。强道社会是以强势个人或群体统治弱势个人或群体的社会；是以一己、一家、一群、一国为基础的强力，对弱势个体或群体实现剥削与占有的社会；是强力秩序与自然秩序的对抗，依靠强力压制而达到社会力量平衡的社会。在这个社会中，每个人都面对着自身的生存危机和来自方方面面的生存压力，这些生存危机和压力致使每个人都想尽一切办法去摆脱和排解，从而一点点地加剧人与人的竞争，想求得喘息的时间都难得。那些统治者由于身居高位，手握实权，在强与弱的竞争中，占有先机，优于那些社会上的被统治者。而社会的下层群众，日夜在为着自身的生存在抗争，在奋斗，这就决定了他无法放弃强道文化给予他的思想意识，如果放弃这种思想意识，就等于他要放弃生存，放弃所有希望。

文化是在人类历史发展过程中形成的。天道文化、强道文化也是如此。人类在有文字记载的四五千年的历史中，由于时间、空间、环境及人种进化的程度不同，也使两种文化在不同民族、国家表现不同，发展道路也不同。中国大多时期以天道文化为主，强道文化为辅；在西方大多时期以强道文化为主，天道文化为辅。强道文化主要表现在人与人之间力量的角逐，小到人与人之间的争斗，大到民族与民族、国家与国家之间的争斗。这种争斗发展到极致就是战争。从中西方各自发生的战争上看，中国的战争大多数仅限于国内改朝换代的战争，而且次数十分有限；而西方战争多表现为民族之间、国与国之间的战争，而且次数频繁。

因此，在中国，天道文化由于时间、空间、环境等因素，天道文化发展得相对充分些，天道文化与天道理论也发展得相对早些，成熟些，强道文化发展得相对缓慢些，强道文化受到天道文化制约性发展。而西方则不然，从西方两大文化源头——古希腊与古罗马，由于受时间、空间、环境等因素，致使西方强道文化得以充分地发展，强道文化与强道理论也发展得相对早些，成熟些，而天道文化发展得相对缓慢些，天道文化受到强道文化制约性发展。

二、人与人之间的争斗、国与国之间的战争是
强道文化的集中体现

强道文化产生与形成之后，人类便开始出现与生存的自然界发生对立与矛盾，这种对立与矛盾又不断地走向冲突；开始了人与人之间的争斗，由争斗发展到人与人之间的战争。

导致人与自然的矛盾、对立、冲突；人与人之间的争斗、战争，主要原因是人在不断地失去天道，失去天道文化，从而也逐渐地失去人的本性。

人与自然之间、人与社会之间，是一个对立统一的整体。人是有欲望、有目标、有追求的个体。人类由不同的个体、不同的群体、不同的社会集团、不同的阶级阶层、不同的民族组成，人类社会之中人与人，既对立又统一，既差异又相同。当对立尚能维系统一关系时，是一种制衡的力量在发挥着作用，一旦制衡作用失去，人与自然、人与社会原来的统一不复存在，原来的统治秩序发生改变或破坏。

这种对立源自争斗。即：人与人之间的争斗，人与自然之间的争斗。

人与人之间的争斗表现为一个人与一个人，或一个人与多个人，多个人与多个人之间的斗争，也包括家与家、家族与家族、民族与民族之间的争斗，更包括地域之间乃至国与国之间的争斗。

人与自然之间的争斗，主要表现在人向自然不知休止地掠取，甚至是竭泽而渔式的掠取，最终遭到自然对人类报复性的惩罚。

人类在地球上已经将能够被人占领的土地悉数占领。人与人之间争斗，也体现在人与人之间因对自然的占领引发的争斗。这种争斗有的是以和平方式，交流、交换、谈判、制定规则，乃至采用法律文件式的争斗，通过平等的、不平等的和平等手段进行，有的则是在和平争斗无法满足争斗者利益的前提下，争斗便转变为武力冲突。

从古至今从武力冲突，最后走上大规模的战争，大约有以下三种情况：

一种是符合"道义"或正义的战争，这种战争多是因为社会统治者"失德"或"无德"引起，即代表被统治的人民势力起来造统治者社会势力的反，如发生在世界历史上一些推翻腐朽的、残暴的王朝的战争。这种战争是符合天道的战争，消除腐败的社会秩序，再开启新的社会秩序。

第二种是因为利益而发生的战争。战争双方均以自身利益为出发点，想消灭 或战胜对方，从而使自己的利益最大化。这种战争也有可能部分适合于"道义"或正义，但双方或各方的主要目的是为利益而战。

人类社会在15世纪之前发生的战争基本上是以这样两种性质的战争为主。

第三种即以外国势力建立殖民地以及拓展海外领土而引起的各种战争。从西班牙15世纪的海外殖民地建立开始，葡萄牙16世纪侵占亚、非、美洲大片土地，17世纪荷兰又成为海外殖民霸主，一直到19世纪英国侵占比自己本土大100多倍的殖民地为止，即所谓先进种族与落后种族之间、先进文明与落后文明之间的战争。

这种战争与历史上以往战争相比较，有以下不同的特点。

第一，这种殖民战争已经由原来的地域性发展到世界性的战争。几个西方列强国家开始瓜分世界，争夺世界霸权，在全世界范围内实行军事占领。

第二，对占领国或无国家的地区实行殖民统治，排挤、压迫、剥削、奴役当地人民，将很多土著人变成为奴隶，实行残暴的殖民统治。

第三，对殖民地和附属国的财富进行海盗式的掠夺，或进行欺诈性的贸易，使以英国为主的几个资本主义国家成为世界性的帝国主义，政治、经济、文化的实力得到急剧的发展。

第四，世界上形成以英、法、俄、德、日、意、美等列强国家统治世界上弱小国家，世界上的国家和人民、人种分为三六九等。

从以上几点可以看出，强道文化由人与人、国与国之间的争斗，发展到人与人，国与国之间的战争，发展到近代成为帝国主义国家瓜分世界的殖民战争。

而这种战争的出现，与19世纪自然科学的发展关系极大。随着人类社会自然科学的发展，促使社会生产力发生变化，在人类开发自我与开发自然的能力得到提升的同时，人的欲望也日益增长。自然科学每向前发展一步，都使人力和人的潜能、物力和物的潜能向前发展一步，也同时使人的欲望向上增长了一步，甚至人的欲望会超越人力与物力的发展，成为人的贪婪的思想意识。

所以，自然科学的发展，也加速了人的自身力量和人的占有力量的发展，导致人的欲望的增强。这也使古代社会的强道文化迅速向近代强道文化发展，实现文化自身的转型。

19世纪自然科学的发展对人类社会的发展所起的推动作用，在过去的100多年里，得到社会广泛而高度的评价，细胞学说、能量守恒定律、进化论就曾被恩格斯誉为19世纪自然科学的三大发现。

细胞学说和能量守恒定律，这两者的发现及其影响，一直局限在自然科学的范围内，而达尔文的进化论对社会学、历史学、政治学及人类思想和行为的影响一直以来绝不亚于对生物学的影响。

三、达尔文生物进化的结论

近代强道文化理论开启于英国经验主义哲学家霍布斯，完成于达尔文。

1831年，达尔文登上了"贝格尔"号，参加该船全球地质考察的航海旅行。他从英国出发，途经巴西、巴伊亚、乌拉圭、阿根廷、火地岛、智利、秘鲁、塔希提岛、新西兰、澳大利亚、毛里求斯岛、佛得角群岛、圣赫勒拿岛……提加拉帕戈斯群岛、好望角等地，长达近5年的时间。1836年10月，达尔文带着5年来收获的大量的动物、植物标本回到了英国。

达尔文考察回国后，1859年发表了最重要的著作《物种起源》。之后，1871年发表了《人类的起源》，1872年发表了《人类和动物的表情》另外两部重要著作。

达尔文这些著作主要观点可归纳如下：

第一，生命的起源是自然界长期发展变化的现象：

> "人类智慧和动物智慧之间的差别没有无思想的生物（植物）和有思想的生物（动物）之间的差别那么大。"[1]

> "如果我们任意推广这一假设，那么所有的动物，我们的兄弟和伙伴，不管他们是处于疾病、死亡和饥馑之中，还是那些处于沉重劳役下的奴隶，以及同我们一起娱乐的伙伴们，都同属一个起源，都来自同一祖先，因此我们都是可以结合在一起的。"[2]

第二，生物是变异的，而且这种变异是从微小开始，经过长年累月的变化形成的，是在生物自己所在的范围内的变异。反对自然界跳跃式的变异。

第三，人类产生以后，"某些对人类有利的变异既可以是突然产生的，也可以是逐渐产生的"。[3]

他举例如起绒刺果、短腿猎犬、短腿绵羊等，都是突然出现的。他认为，当今繁多的物种，是人类对自然界为我们提供的持续不断地变异所作出的种种选择。达尔文认为，在人类尚未出现以前，存在着某种"无意识的选择"，人类社会出现以后，"对人类有用或受喜爱的变异物的出现显然

---

① ［法］德尼·布伊康著《达尔文与达尔文主义》，商务印书馆1999年版，第29页。
② ［法］德尼·布伊康著《达尔文与达尔文主义》，商务印书馆1999年版，第29页。
③ ［法］德尼·布伊康著《达尔文与达尔文主义》，商务印书馆1999年版，第31页。

均属偶然，因此产生的变异个体的数量越多，出现变异的机遇也就越大……"①

第四，物种有着强大的繁殖能力，所有物种都存在竞争和淘汰的生存法则。

> "既然对于人类有用的变异肯定发生过，那未在广大而复杂的生存斗争中，对于每一生物在某些方面用的其他变异，难道在连续的许多世代过程中就不可能发生吗？如果这样的变异确能发生（必须记住产生的个体比可能生存的为多），那么比较其他个体更为优越（即使程度是轻微）的个体具有最好的机会以生存和繁育后代，这还有什么可以怀疑的呢？另一方面，我们可以确定，任何有害的变异，即使程度较轻微，也会严重地遭到毁灭。我把这种有利的个体差异和变异的保存，以及那些有害变异毁灭，叫做'自然选择'或'最适者生存'。"②

达尔文认为这种自然选择在世界上每日每时都在进行着，各种生物都在仔细地检查着最细微的变化，把坏的排斥掉，把好的保存下来加以积累；无论什么时候，无论什么地方，只要有机会，它就静静地、极其缓慢地进行工作，各种生物把同有机的和无机的生活条件的关系加以改进，以达到满足于自身生存的需要。

在《物种起源》中，达尔文在人类的思想史上和科学史上第一次提出"物竞天择"的概念，正如达尔文支持者赫胥黎所说：

> "新物种可能是外部环境根据存在个体的特定类型，就其突变进行选择后所产生的……这对科学概念史学家以及1858年前的生物学家来说，都是全新的概念。但是此看法是《物种起源》（Originof Species）的核心概念，亦为达尔文学说的精华所在。"③

---

① ［法］德尼·布伊康著《达尔文与达尔文主义》，商务印书馆1999年版，第31页。

② 查尔斯·罗伯特·达尔文：《物种起源》，商务印书馆2005年版，第95页。

③ ［美］罗伯物·阿德勒著《他们创造了科学》，广西科技出版社2008年版，第97页。

达尔文对自己的进化理论也十分自信，他在《物种起源》的结束段落中写道：

> "我看到了将来更加重要得多的广阔研究领域。心理学将稳固地建筑在赫伯特·斯潘塞先生已良好奠定的基础上，即每一智力和智能都是由级进而必然获得的。人类的起源及其历史也将由此得到大量说明。"①

达尔文的理论，在一定程度上讲，是全新并对当时社会产生了巨大冲击力的理论，直接否定了基督教上帝造人的学说。据说，达尔文曾担心他的著作出版，会导致他本人遭到教会的迫害，又不得不把"造物主"拉出来当挡箭牌：

> "依我看来，世界上过去的和现在的生物之产生和灭绝就像决定个体的出生和死亡的原因一样，是由于第二性的原因，这与我们所知道的'造物主'在物质上打下印记的法则更相符合。"②

但就人是怎样来的，达尔文还是坚持非上帝创造的，而是由远古的生物进化而来。他说：

> "当我把一切生物不看作是特别的创造物，而看作是远在寒武纪第一层沉积下来以前就生活着的某些少数生物的直接后代，依我看来，它们是变得尊贵了。"③

他认为，生物的进化是依照其生殖内在遗传变化的法则进行的。

> "这些法则，就其最广泛的意义来说，就是伴随着'生殖'的'生

---

① ［英］达尔文著《物种起源》，商务印书馆2005年版，第556页。
② ［英］达尔文著《物种起源》，商务印书馆2005年版，第556页。
③ ［英］达尔文著《物种起源》，商务印书馆2005年版，第556页。

长'；几乎包含在生殖以内的'遗传'；由于生活条件的间接作用和直接作用以及由于使用和不使用所引起的变异；生殖率如此之高以致引起'生存斗争'，因而导致'自然选择'，并引起'性状分歧'和较少改进的类型的'绝灭'。这样，从自然界的战争里，从饥饿和死亡里，我们便能体会到最可赞美的目的，即高级动物的产生，直接随之而至。"①

如果说《物种起源》一书的出版，直接打破了西方文化思想的基督教神学上帝创造人的学说，那么达尔文的另一部重要著作《人类的由来》的出版，即导致了人类关于人是从哪里来，又到哪里去的思想革命的开端。

1871年达尔文用他的进化理论阐述人类起源的著作《人类的由来》一书正式出版，标志着达尔文向教会公开宣战。书中提出人与猿之间有着密切的进化关系，人与猿在身体构造上有着许多相类似之处，人与猿从胚胎到繁殖生育，以及体格上成熟的发生发展变化中有很多一致的地方。他甚至指出，就连情感的表达上，人与猿都有很多类似之处，现代的猿类和人类应该出自同一祖先，在之后的进化过程中演化为现代人类和现代猿类。

达尔文这一结论，在社会上引起强烈的震动，除了达尔文的亲密朋友、坚定支持者外，大多数人都难以接受人猿同祖。这更是给基督教一记猛拳，因《圣经》主张人是由上帝按照自己的形象创造出来的，这等于说将人们对上帝的信仰连根拔起，这种学说对人类的影响绝不仅仅是动摇人们的信仰问题。《物种起源》出版时，在社会产生了巨大的反响，第一版印刷了1000多本，当天销售一空，12年间再版6次，被很多国家翻译出版，成为影响世界文明进程的十分重要的书籍。

《物种起源》出版后，马上在英国形成两派：一派支持达尔文，以赫胥黎为代表；另一派反对达尔文，以威尔伯福斯、欧文为代表。赫胥黎读完《物种起源》后，拍案叫绝，马上给达尔文写信，信中说："至于你的理论，我准备接受火刑也要支持你。"

他还给当时的著名植物学家达尔文好友胡克写信说："让教会的矛头指

①［英］达尔文著《物种起源》，商务印书馆2005年版，第557页。

向我好了"，"我决心穿好我的铠甲，准备与之战斗"。

反对的声音首先是来自科学界。电磁理论的奠基人麦克斯韦、英国物理学鼻祖开尔文起来反对达尔文的进化论，科学界的许多学者也不支持进化论，其中包括达尔文的老师塞奈威克和导师斯罗，就连达尔文的好友顿尔也反对进化论。

教会的反应比较强烈，以谩骂的口吻斥责达尔文为"肮脏的福音""魔鬼牧师"等，哲学界也有人批评达尔文的进化论是"粗野的哲学"，后来的形势愈加严重，致使剑桥大学停止借阅《物种起源》。

《物种起源》出版后，恩格斯致信马克思，高度赞扬这部书出版的社会价值：

> "至今还从来没有过这样大规模的证明自然界的历史发展的尝试，而且还做得这样成功。"①
>
> "不管这个理论在细节上还会有什么改变，但是总的说来，它现在已经把问题解答得令人再满意没有了。"②
>
> "机体从少数简单形态到今天我们所看到的日益多样化和复杂化的形态，一直到人类为止的发展系列，基本上是确定的了。"③

1883年马克思逝世，恩格斯在葬礼的悼词中说：

> "正象达尔文发现有机界的发展规律一样，马克思发现了人类历史的发展规律。"④

马克思也阅读了《物种起源》。他在1860年12月19日给恩格斯的信中说：

---

① 《马克思恩格斯全集》第29卷，人民出版社1972年版，第503页。
② 《马克思恩格斯全集》第3卷，人民出版社1972年版，第526页。
③ 《马克思恩格斯全集》第3卷，人民出版社1972年版，第526—527页。
④ 《马克思恩格斯选集》第3卷，人民出版社1975年版，第574页。

"虽然这本书用英文写得很粗略，但是它为我们的观点提供了自然史的基础。"①

1861年1月，马克思在给费迪南·拉萨尔的信中指出：

"达尔文的著作非常有意义，这本书我可以用来当作历史上的阶级斗争的自然科学根据。粗率的英国式的阐述方式当然必须容忍。虽然存在许多缺点，但是在这里不仅第一次给了自然科学中的'目的论'以致命的打击，而且也根据经验阐明了它的合理的意义。"②

从上可以看到马克思恩格斯对达尔文的进化论在自然科学史上的贡献是从正面评价的，但仍然指出达尔文进化论的理论对人类社会发展上的说明存在着十分严重的问题。恩格斯说：

"全部生存斗争学说，不过是把霍布斯一切人反对一切人的战争学说和资产阶级经济学的竞争学说，以及马尔萨斯的人口论从社会搬到生物界而已。"

1862年，马克思再次阅读了《物种起源》，他在给恩格斯的信中写到：

"我重新阅读了达尔文的著作，使我感到好笑的是，达尔文说他把马尔萨斯的理论也应用于植物和动物，其实在马尔萨斯先生那里，全部奥妙恰好在于这种理论不是应用于植物和动物，而是只应用于人类，说它是按几何级数增加，而跟植物和动物对立起来。值得注意的是，达尔文在植物界中重新认识了他自己——英国社会及其分工、竞争、开辟新市场，'发明'以及马尔萨斯的'生存斗争,'这是霍布斯的一切人反对一切人的战争，这使人想起了黑格尔的《精神现象学》，那

_____

① 《马克思恩格斯全集》第30卷，人民出版社1975年版，第131页。
② 《马克思恩格斯全集》第30卷，人民出版社1974年版，第574—575页。

里面把市民社会描写为'精神动物的世界',而达尔文则把动物世界描写为市民社会。"①

四、达尔文的进化论导致西方强道文化的形成

达尔文想把人类从"创世主"那里解救出来,但也想将其中的另一部分人打入地狱。在他看来,人类社会与动物界没有太大的区别,每个人都有生存危机,只有强者才会"保种",才会在竞争中生存下来。这样强者打败弱者,强者剥夺弱者的财产,占领弱者的家园,这都是天经地义的事。

达尔文认为,人类社会这种弱肉强食,就如动物界的自然选择。人类社会的"自然选择"的原因,与地球人口的急剧增长有关。据说,达尔文在环海旅行回来之后,在整理他带回来的采集样品和考察记录时读到了马尔萨斯的《人口论》。

"据达尔文自己的说法,他在1838年秋天为了消遣,把马尔萨斯的《人口论》读了一遍,书中所描写的人类生殖繁荣和生存困难给他留下了深刻的印象。马尔萨斯断定,要解决人口增长与资源短缺问题,饥饿、战争和瘟疫是必不可少的手段,只有这样才能大幅度裁减多余人口,特别是裁减穷人。据说正是《人口论》让达尔文脑海中突然闪现出了自然选择的念头,这似乎是一个非常戏剧性的过程。"②

马尔萨斯人口理论的主要内容为"两个前提":第一,食物是人类生存所必需的。第二,两性间的情欲是必然的,而且几乎会保持现状。这两点是人类本性的固有法则。由这两点便可以得出这样的结论:人口的增殖比生活资料增长得更快,人口按照几何基数增长,而生活资料则是按算术级

---

① 《马克思恩格斯全集》第30卷,人民出版社1974年版,第251—252页。

② 史钧:《一本书读懂进化论》,北京联合出版公司2015年中文出版,第41页。

数增长。

> "随便假定世界有多少人口，比方假设有10万万罢，人类将以 1、2、4、8、16、32、64、128、256、512 那样的增加率增加：生活资料却将以 1、2、3、4、5、6、7、8、9、10那样的增加率增加。225年内，人口对生活资料即将成512对10之比。300年内，将成4096对13之比。2000年内，生产物虽有极大量的增加，差额亦会弄到几乎不可计算。"[①]

他提出，保持两个基数平衡的唯一出路就是抑制人口的增长。马尔萨斯认为，在这两个前提下，人类要遵循人口的三个定理：第一，人口的制约原理。人口与生活资料之间的正常比例，"人口的增长，必然更受到生活资料的限制"。第二，人口的增长原理。"生活资料的增长，人口也常随着增加。"人口不断地保持增长，除非受到某些非常有力而又显著的抑制的阻碍。第三，人口的均衡原理。"占优势的人口繁殖力为贪婪和罪恶所抑制，因而使现实的人口得以与生活资料保持平衡。"而这些抑制，以及那些抑制人口增长的优势力量，全都可归结为道德的节制罪恶和贫困。所以达尔文的进化论，在一定程度上受到马尔萨斯的影响，也可以说马尔萨斯的人口理论为他的自然选择铺下了理论基石。

如果说，在《物种起源》一书写作时的达尔文对自然选择是否适合人类社会还遮遮掩掩，而在《人类的由来》一书中，他便认为自然选择是推动人类向前发展的最为有效动力。为此，达尔文说：

> "自然选择是跟随生存竞争而来的，而生存竞争又是跟随人口的快速增殖而来的。人口倾向于增加得快，要为此而不感觉到痛心疾首的遗憾，是不可能的。因为，在半开化的部落里，它导致溺婴和其他许多恶习，而在文明的民族国家里，它导致赤贫、独身和谨慎聪明的人的晚婚，但是否值得为此而抱憾，是另一个问题。因为，人像低于人

---

① ［英］马尔萨斯：《人口论》，北京大学出版社2008年第一版，第13页。

的各种动物一样，会遭受同样的种种物质上的祸害，生存竞争所产生的一些祸害当然也在此列，他没有理由在这方面指望一种免疫力，而可以豁免。"①

所以，争夺生存空间，掠夺生活生产资料，解决人类人口增长与生活资料的矛盾问题，便成为困扰人类社会发展的主要问题。

达尔文生活的年代，正是英国大力发动世界殖民战争，在全世界进行殖民统治的年代。

英国资本主义走向发展的最主要原因，则是社会外部结构作用的结果。英国是个岛屿国家，位处欧洲大陆的西北部，四周环海，具备向外扩张的地理条件。在18—19世纪时，陆上、空中的交通业并不像今天这样发达，海上交通具有得天独厚的条件。15—16世纪时，世界海上交通工具的发达，它的自身特点和功能极大地推动了靠近海洋国家的经济、政治、文化的发展。首先崛起的国家是葡萄牙、西班牙、荷兰，它们开始争夺制海权，并在一些地区建立了殖民地。英国自16世纪后期开始加入海上争夺和拓展殖民地的行列。地理大发现后，英国的海外殖民扩张及殖民掠夺直接导致了后来英国资本主义的发展。

15世纪时，一些欧洲的商人和船员在做着一个去东方寻找财富的梦。于是，便有很多人揣度去东方的航线。葡萄牙人在航海和海外贸易方面领先于其他欧洲国家。葡萄牙人哥伦布在西班牙得到商人的支持，得到三艘船只，带领88人，发现了美洲新大陆，也开启了西班牙的海外殖民地的活动，西班牙成为拥有世界首个海外殖民地的首位强国。

17世纪，荷兰夺取了殖民地霸主的地位。荷兰的商船不仅为尼德兰城市的商业服务，而且为欧洲其他国家的商业服务。因此，荷兰的商船被称为"海上马车"，荷兰人也就成为"海上马车夫"，荷兰商人从中获得巨额利润。荷兰政治家克佛尔德说，尼德兰人"自各国采蜜"。尼德兰人说，挪威是他们的森林，莱茵河岸和加隆纳河岸是他们的葡萄园，德意志、西班牙和爱尔兰是他们的羊圈，普鲁士和波兰是他们的谷仓，印度和阿拉伯是

①《人类的由来》，商务印书馆2008年版，第219页。

他们的果园。

英国经过17世纪资产阶级革命而成为强大的资本主义国家。荷兰的世界殖民霸主地位，阻碍了英国在海外殖民地的发展，于是，英国同荷兰展开了争夺殖民霸权的斗争。17世纪下半期，英国同荷兰进行了三次战争（1652—1654、1665—1667、1672—1674），英国彻底打败了荷兰，摧毁了荷兰的殖民霸权地位，登上了世界殖民霸主的宝座。

登上世界霸主宝座的英国，总需要有一种理论，一种学说支持它称霸世界的行为，为其所犯下的殖民侵略罪行辩护。这种需要不仅来自英国，紧随英国之后的法国、德国、意大利、俄国、美国等那些心怀与英国称霸世界、一决雌雄的国家更需要达尔文的进化论理论。因为这种理论，它能把弱肉强食，物竞天择的强道理论上升到符合自然规律的天道理论，能将侵占它国领土，奴役它国人民，掠夺它国财富说成是人类自然选择的需要，人种优化的趋势，先进取代落后的必然；而且对于这些想挑战英国霸主地位的欧美列强国家来说，只要整个人类信奉弱肉强食、物竞天择的强道法则，终有一天他们可以超过英国，成为新的世界霸主。

第七章
强道文化

什么是强道文化？

强道文化是强势个人或群体对弱势个人或群体的文化，是以一己或一家、一群、一族、一国为基础的强力，对弱势个体或群体实现剥削与占有的社会文化；它是以强力秩序与自然秩序相对抗，依靠强力的压制而达到社会力量平衡的文化；强道文化的核心是权力，集权主义是手段，个人主义是目的，最终的思想表现形式是实用主义。

一、强道文化是以一己为基础而实现的社会文化

（一）人类起源于天道文化

人类起源何时，现知的最早的古猿是发现于1911年的埃及原上猿，距今3500万—3000万年前，或1966—1967年发现的埃及古猿，距今2800万—2600万年前。从现知人类最早的古猿祖先，到距今1万年左右的新石器时期，人类经历过漫长的演进岁月，已形成人类从发生到发展的人类文化。而在几千万年的从古猿到现代人的演进过程中，天道是演进的文化形态。据新石器考古发现记载：

"在耶利哥城以北，也就是今天土耳其境内的安纳托利亚高原上，有许多奇形怪状的土堆……在大约9500年至7700年，这片建筑群都有人居住。这里没有城墙，也没有格外宏伟的建筑或单独设计的建筑。考古发掘表明，这里没有统治者、祭司和战士的居所，也没有临时的工棚——这是一个平等的蜂巢。在某些方面，这些居所颇具现代性。这里有一座灶台，一间起居室，旁边还有食物储藏室，其他房间似乎都是卧室。典型的家居都非常干净，人们会定期把墙壁和地面刷成白色。走入其中，陌生感顿失。居室面积和现代城市公寓或村舍大体相当，虽然朴实无华，但足够宽敞。

然而，熟识感只是表面现象，这里不是我们想象的那种城镇。哈塔尔赫尤克没有街道，也没有广场或公共建筑。通过开在屋顶的门，人们可以进出蜂巢般的家。在屋顶和地面之间有梯子相互连通，整个居所就像一座人造洞穴。我们必须承认，这群人已经完全社会化。各家屋顶相互连通，形成了开阔、安全和平坦的空间……他们的房屋就像人造珊瑚——一层摞着一层。在某些地方，房屋总共累积了18层……哈塔尔赫尤克的人口逐渐增至7000人左右，甚至可能达到1万人。"[1]

安德鲁·玛尔记载比上述时间略晚的哈塔尔赫尤克，这个遗址：

"传递的第二个信息是平等。随着时间流逝，房屋层层累加，有些房屋就变得比其他房屋更宏大、更壮观，埋葬的死者也更多。这说明哈塔尔赫尤克逐渐出现了更具权势的家族，但那里依然没有统治阶层或祭司阶层。哈塔尔赫尤克向人们展示了产生阶级分化之前的社会形态，那里并没有后世城镇中的军人、首领和国王。这个世界更平等，正处于早期农业村落与好战帝国之间的历史阶段。有些人非常推崇哈塔尔赫尤克，认为这里是平等的伊甸园。妇女受到尊重，没有战争爆发，每个家庭只有少量财产。人们和睦相处，共同劳作。"[2]

---

[1] ［英］安德鲁·玛尔著《世界史》，天津人民出版社2016年版，第23—24页。

[2] ［英］安德鲁·玛尔著《世界史》，天津人民出版社2016年版，第25页。

人从几千万年前的古猿动物，一步步演变成现代人，到了旧石器和新石器时期，人既从动物家族中分开，又没完全分化，因为人仍旧是动物，只不过我们把人称为高级动物而已。人与动物的区别，按传统说法是人会制造工具和使用工具，然而早在达尔文时期的研究已经表明，制造和使用工具并不是人类的专利，但凡与人接近的动物，都会制造简单的工具并使用它，达到它想达到的目的。所以，在几千万年之中，人类的祖先和其他动物一样地生存着，演进着。与其他动物生存、演进不同的是人的大脑的变化。从考古发展看，从古猿到人的演进过程中，人的大脑有一个从小变大的过程，而大脑这一变化的后果，就是人的思维能力大大地提高，超过了地球上所有的动物的思维，实现了人的思维从感性到理性的飞跃。

所以，人与动物的区别，不是在制造和使用工具上，而是在思维的形式上，动物的思维，除人之外最高级的动物思维，也停留在感性思维而止，而人则可以从感性思维进入理性思维。

在人类文明进入新石器后期阶段，即公元前5000年左右，也就是在人类社会尚未分化出阶级之前，人类的文化与动物的文化发展和演进的道路，是秉持同一种文化，那就是天道文化。

所谓天道文化，就是整个自然界万物平等，众生平等，无贵贱尊卑之分，无贫富差距之别。自然界的动植物都在按照天赋予它们的一切存在着、生存着、演变着。

人是其中的一分子，在其中如此地发展演变着几百万年。

（二）强道文化的开始

到了距今5000—6000年左右，人类开始变化了，人类逐渐地抛弃了天道文化，强道文化兴起于人间。

在中国、西亚以及欧洲的一些地方，随着农业生产的发展，人口逐渐稠密起来，族群部落之间本来关系很疏远，也开始变得联系密切，随之出现婚姻、家庭、商贸、城镇等。

原来的社会组织结构——原始群也发生了变化，由原来的群结构向结构群转化。首先是家庭结构的出现。随着家庭结构的出现，逐渐出现了私有财产，而私有财产的发展，引发了人与人之间的阶级分化。那些原来在氏族或部落任酋长或首领的人，财产多于普通氏族成员，而且由原来投票决定的族内事务的程序被首领或酋长一人决定，或族内多位长老决定代替了。

在人口稠密的地方形成了早期的城市。考古学者柴尔德认为早期城市有十大特征：

> （一）范围和人口均有一定规模；（二）分工专业化；（三）生产剩余物资能够集中；（四）社会阶级分化明显，上层阶级的成员（包括宗教、政治、军事）组织并且统治社会；（五）国家和政府组织成形，其中的成员的资格是以其居住权为主，也就是说，从基于血缘关系的农村居民转为基于地缘关系的城市公民；（六）有公共建筑物，如神庙、宫殿、仓库、灌溉沟渠等等；（七）有远程的贸易活动，所交易的货品不论在数量上还是专业化程度上均在增加；（八）具有纪念性质的大型工艺品开始出现，而这些工艺品具有一致的形制；（九）文字出现，使得组织和管理的工作比较容易进行；（十）算术、天文、几何等较抽象的科学开始萌芽。[①]

这样的城市社会，已经是国家了。而随着国家的出现，古代的强道文化就已经完全地形成了。

当一己的私有财产已经超过了氏族成员之间平均度时，贫富分化便已出现，这时人们便有了"自己"与"别人"的观念。当一个家庭已经意识到这个是自己的财产，便有了"自己家"与"别人家"的概念，当一个族群战胜另一个族群，将对被战胜的族群人们进行杀戮或将其降为奴隶时，便有了等级的概念，当一个氏族酋长或部族首领有权力独来独往，不听民主投票结果而自行其是的时候，但产生了权力的概念。

私有制和权力的产生，强道文化便结伴同行。而当国家产生以后，一国之王，位居九五之尊，国人均为臣民之时，国家的强道文化也随之产生。

---

① 见马支垚主编：《世界文明史》，北京大学出版社2004年版，第26页。

二、强力秩序

在强道文化中，建立强力秩序是至关重要的，只有建立起强力秩序，强道才能运转，所有的一己的强力才能实现。

强道秩序，又分为三大秩序。

（一）政治强力秩序

政治强力秩序又分为三点：

第一，等级制度。等级制度是从原始社会后期氏族酋长、部落首领、军事氏族制时的首领及长老会成员发展而来。强力秩序就是将已成为各级贵族的身份固定化、合法化，这些人成为社会统治阶级的成员，而原来的普通氏族成员则成为社会的被统治者。

统治成员从国王或最高统帅往下，分成若干个等级，各个等级都配有等级的身份、地位、权力和待遇。但最高等级往往都是一个国王，或叫君主、天子等；中间的是贵族和大的官吏；下一层为中小贵族或中小官吏。不同的地域、不同的国家有着不同的叫法、称呼，有的按爵位公、侯、伯、子、男，有的以官吏名称。总之，分为若干个等级，层层分管，一直到城野村乡，形成以等级管理的行政管理制度。这个制度是一个服从的秩序，即下级服从上级，一直服从到中央。

第二，法律。历史上法律制度首先是为君主或国王统治服务的，其次是为整个等级统治制度服务的。这是集权专制的国家法律制定的目的，非集权专制民主主义国家法律是为整个统治贵族阶层服务的，但也代表中小贵族的利益。历史上也有特例，即雅典民主制时期通过的一些法律，代表公民的利益，限制了贵族的利益。但这一时期比较短暂，并不是强道社会法律的主流。法律制度是一种国家强力工具和暴力手段，与法律直接配应的是刑罚和监狱，人一旦被执政者判为刑徒进入监狱，便失去了做人的一切自由，乃至最严重者要失去生命。这是强道社会内部保障秩序。强道者利用手中的法律武器，自己可以任意妄为，而被统治者则是动辄得咎。

第三，军队。军队是强道社会的基石，应该说谁掌握了军队，强道就在谁的手里。所以无论是君主也好、国王也好，都会牢牢地控制军队的权力。军队的职能主要有两个方面，一是对内镇压，二是对外御敌或侵略。在对内镇压方面，一旦国内有反叛和起义抗争的事件，在法律和警察无效的情况下，统治者就会动用军队，对国内的反叛或起义者进行镇压，实施暴力管控是强权暴力统治最集中的体现。在对外防卫和侵略方面，军队不仅是维系统治的基石，而且也是君主、国王或整个统治集团实现强国霸权主义的唯一工具。只有通过军队才能开疆扩土，实现称霸世界、占有更多的财富乃至世界的野心。

（二）经济强力秩序

经济秩序，又分为二大秩序。

第一，财富占有。强权国家的统治秩序均围绕一己私利而已，社会中的每一个人都围绕着自己的私利而进行社会活动。

君主和国王有大的一己私利，大到可以让整个天下为己所有。有的君主和国王不仅不希望被统治者有更多的私人占有，就是在统治者内部，也不想多分给他的宠臣和贵族。比较开明一些的君主、国王会采用笼络人心的做法，让一同打天下或统治天下的臣僚们多分一杯羹，但那些仁慈的君主，可谓凤毛麟角，或者说在世界历史上很少有这样的君主出现。

第二，税收和徭役。强道社会除了人人追求一己占有之外，统治者尤其是君主及大官僚们想的最多的不是经济发展，而是税收和徭役。因为税收和徭役是整个强道社会运行的血脉。离开税收和徭役整个强道社会就会腐烂，而首先腐烂的就是从下层官吏开始，最后腐烂到君主国王，所以历代统治者将税收和徭役看得比命还要重要。税收和徭役也是君主、贵族、大小官吏经济福利的主要来源。因此，所谓的发展经济，其实是为了发展税收，这是强道社会的根本。

（三）文化强力秩序

文化秩序，又分为两大秩序。

第一，宗教。宗教一直被强力社会所接纳，甚至鼓励其发展。因为宗教是一种信仰。信仰可以让人相信人能摆脱一切尘世间的痛苦，升入天堂或在来世能得到好报与补偿，并将现世的贫穷和不幸与现实原因分开，认为这些不属于现实人类的事物，不是由强道社会造成的，而是由前世的因缘而至现世的结果。这是历代统治者、强权者最希望见到的，这样的国民会心甘情愿地服从于等级制度，心甘情愿地为大小贵族服务，心甘情愿地接受由统治者的不善良或服从腐败的罪恶给人们造成的苦难。

当然，宗教也能让人麻醉，让人从痛苦中得到解脱，达到人内心平衡的作用。

第二，统治文化。强道社会都要确立一种国家文化，即由国家占主要地位的文化。

文化的产生，源起是文化者的个人创造行为，但文化的发展就并非文化者个人行为。凡是立为国统文化，一定与统治者的切身利益有关，否则绝不可能立一个与自己利益相反的文化为国统文化。黑格尔的哲学之所以被立为德意志的国家哲学，就是黑格尔提出，德意志的国家是世界发展最鼎盛的、最好的开明君主政治的国家形式，而德国的文化、艺术乃至哲学都是最好的，所以黑格尔才获得殊荣。正如人们所说，世界上没有无缘无故的爱，也没有无缘无故的恨，统治者对自己需要的文化取舍也是如此。

强道文化首要为强道政治服务，其次为强道社会服务，而不是为人民服务。

（四）利用政治、经济、文化三大强力秩序，对抗自然秩序，达到强权社会的目的

通过编户齐民，将所有的人纳入强道国家的控制之中，使想逃避秩序的人无从隐匿，将人置于网格式的社会结构之中，任何人必须服从整个社会秩序，用行政进行日常管理，用法律予以监控，用司法进行惩处，用军队进行镇压，一切政治秩序的目的就是将人打造成为驯服的人或者臣服的人，不给任何人反抗的机会。但可以搞一些虚假的人权、民主等，其实质是对政治目的真相的掩盖。

通过经济活动，实现强道社会的经济发展。整个经济活动中经济成果主要是在被统治的群体中通过生产实现的。在被统治者的人群之中，经济结构中的生产企业主或管理者具有双重身份，对国家统治者来说，他也是被剥削者，但对企业的员工来说，他则为统治者和剥夺者。经济活动主要是经济成果的分配与占有，统治者为了占有更多的社会财富，对被统治者，即纯体力劳动者来说既让他有最基本的生活条件，但又不会让他过于富有。让他有基本生活条件，因为要保证他的生命延续，体力的恢复，好再为之重复劳作。不能让他过于富有，因为他一旦富有了，就不可能再去劳作了，不会去为社会造血——大家都如此，整个社会劳动生产就会停止。所以，无论是强道国家还是企业都知道这个道理，劳动者一旦富有了，就决定了未来的劳动成本的增加与提高。所以，统治者会想尽一切办法，如加大社会人生存需要的费用或税收乃至满足社会人好赌等心理，就是不让社会人手中有更多的金钱，尤其不能让被统治者手中有更多的金钱，一旦发现被统治者自身金钱多了便会设计出各种措施，再次或者多次剥夺，直至使被统治者成为穷人。

通过文化活动，钳制被统治者的思想，使被统治者心甘情愿地生存在强道社会之中而不能自拔。将被统治者的自我的、自由的、自主的精神减弱到最小的程度，从心灵的麻痹最后达到没有对事物好坏的分辨能力，成为统治者的忠实的仆人。

三、强道文化的核心是权力

强道文化之所以能在人类社会大行其道，其最为主要的原因，是满足了所有人对权力的崇拜和权力给人们带来利益的心理。

权力与权利对人来说都是有魔力的，人们常说，"有钱能使鬼推磨"，人们只要得到权力，便可以使人得到利益。

强道社会是将每一个人都纳入权力结构之中。

人的权力结构分为三个等级：第一等级，是君主权力，这种权力是这位君主在他所管辖的范围内享有社会至尊无上的权力，得到一切能触及的范围内所能得到的利益。他的权力可以凌驾于所有权力之上，也凌驾于法律之上。在朕即国家，国家即朕的集权专制的国家里，他可以视臣民为草芥，视财富为粪土，骄奢淫侈，无恶不作，无所不为，还俨然一副救世主的姿态，表现出一副仁主贤王的模样，把自己当成了上帝或神的化身。

第二等级，是大小官僚和大小贵族的权力，有这种权力的人，人数不少，但对被统治的人们来说，人数都不到1%。各个朝代和各个历史时期以及不同国家这个等级的人数都不一样，但大体上不会多于1%。这部分人对君主来说是臣，是民，也是奴仆，而对被统治的人来说他们是官僚，是大大小小的官吏，是大大小小的不同等级的贵族。这些人是对君主总权的分拆。大官僚、大贵族分得的多一些，小官僚、小贵族分得的少一些，但无论多少，都是权力给这些人带来利益，不仅个人升官发财，而且还可封妻荫子，光宗耀祖。正是如此，促使这些人争名于朝，夺利于市，人人乐在其中，盘算着一朝一夕的得失，行使着明的暗的计谋，乐此不疲，迷恋忘返。

第三等级，是被压迫的没有任何统治别人权力的广大黎民百姓，他们在强道社会的权力结构当中的权力表现首先是生存的权利。

只要不去触碰强权社会少数人的底线，那么你自己的生命还是你自己说了算，这便是人的生存权利。这种生存权利不仅是人本身的财富，也是强权社会的财富。而且人与金钱和物质财富不同，金钱物质财富是一次性消费，而一个劳动者的社会财富，只要给他最起码的生存条件，就能重复为强权社会创造财富。如按人生命3.5万天计算，起码可用天数为2万天，这2万天他每天都创造财富。只有他的存在，社会才能正常运转，所有劳动者都死掉了，统治者不仅无人再为其创造财富，而且也无人统治了。

就是在残酷的强权社会——奴隶社会，奴隶主都明白一个道理，只有让奴隶活着，才有财富。所以这个生存权是不能被轻易地剥夺的。

被统治阶级除了生存权之外，还有做人的基本权利，这也是强权社会予以承认的。

这些权利包括娶妻生子的权利，可以有一定的能够过上简单的生活的物品及少数财产的权利，被国家法律所允许的行为权利和个人受到宪法法律条文中可以得到保护的权利。可能还有名誉上的选举权、民主权等。但这些权利仅限于名义上而已，大多没有任何实质的内容，充其量是统治者棋盘中任由摆布的棋子而已。

但就这些有实质内容的权力，对一个统治者来说已经很重要了。生存权不重要吗？人生谁愿意无缘无故地去死，能让你生存说明你有价值，人家还认可你，你还有被利用的价值。你即使明白了这一些，知道这一点，你还能怎样呢？你去以卵击石，你去计较反抗，没有用，被统治的广大群众只能认可这种现实。

至于那些人生存的基本权利，也无所谓。多一点，少一点，穷一点，富一点，又能如何，你就是强道社会中的被统治的人。

四、强道文化最终表现形式是实用主义

"实用主义"一词来源于希腊文，原意为行为、行动等含义。实用主义强调人的行为、行动在哲学中具有决定的意义。这种实用主义哲学认为现实社会是人的一切的出发点，人应该把谋生作为人生存之中的主要手段，把开拓与创新作为人的最基本生活态度，把获得实现的成功、成效、利益看成是生活的最高目标。因此，人们又称实用主义为"实践哲学""行动哲学"。

如实用主义早期代表人物詹姆士曾经提出真理就是有用，有用就是真理的主张。这种思想在实用主义创始人皮尔士那里也是相同的。他也认为必须符合行为、行动、实践的要求，真理只能通过行为、行动、实践来检验和证实。一切真理只能以人的行为、实践为转移。而在实用主义的集大成者看来，真理是人们在探索之中得出来的，并使人的生活行动、行为、实践得以进行的观念、方法、措施或者说工具。杜威认为，真理作为工具的观点，是人为了适应环境而提出的一种观念（方法），人是要适应于环境的，如果人们通过探究而得到的工具（方法）能帮助人们去适应环境并使自身得到发展，而且这个工具（方法）能经得起人们在社会实践中的验证，那么它们就是真理。

为什么说强道文化最终表现形式是实用主义：一是对个人来说，强力于强权是最为有用，也最为实用的，它能满足人的各种欲望；二是实用主义观点不仅对统治者有用，对被统治者也有用，是人人都可以接受的，并通过社会行动、行为实践，都可以得到利益与好处的主义；三是实用主义混淆了绝对真理和相对真理，只强调有用，而不去判别事物的性质。这些对强道文化开启方便大门，使强道文化在人类社会大行其道，会将强道文化推向社会顶峰。

第八章
西方强道文化的起源

在人类发展史上，东西方文化各有自己的起源。东方的文化起源于以中国为主的华夏文明圈，西方文化起源于以希腊为主的地中海文明圈。从两个文明圈所处的地理空间上看，东方文明圈以内陆为主，以黄河文明和长江文明为核心。黄河、长江从青海高原而下，为农业文明提供了可靠的水利资源，促进了中国古代夏商周几个朝代的社会发展。在东方中国，从地理环境上看，河流纵横，山川密布，还有大片的黄河、长江冲积出来的平原，土地肥沃，气候湿润，非常适合于农业生产，而且土地上人口稠密，物产丰富。

地中海文明圈是从希腊开始的。希腊的地理环境与中国不同。希腊是地中海中的一个半岛，像一个深长的楔形插入地中海的东部。它的东部沿岸，地形蜿蜒曲折，群岛连接。它的南部克里特岛，横在地中海与非洲大陆之间，使它的东部与南部与非洲相连。它的西部多山。从总体上说，希腊的地理环境是山多平原少，或者说没有大的平原，而降雨量时好时坏。这些原因使希腊不宜进行大规模的农业生产。伯里在《希腊史》中说：

> "希腊破碎的地貌非常适宜相互独立的共同体的存在，每一个共同体皆可通过群山形成的屏障保护自身免受邻邦侵略。希腊的历史就是若干独立小邦的历史，这种历史不可能在其他地貌环境下产生。"[1]

---

[1] 伯里：《希腊史》，吉林出版集团有限责任公司2016年版，第1页。

另一位史学家塞尔格叶夫在谈到希腊为何走上民主政治这条道路的时候说：

> "自然环境在相当的程度上决定着希腊最古住民地点的特点。希腊因山脉而分裂成为若干个小公社——每个公社，每个城市，就是一个独立自足的单位。'自治'与'自给'是希腊国家（城邦）的基本特征。所以，希腊有史以来，统一问题是一个最繁难的政治问题。"①

古希腊社会也经历了奴隶制社会。从公元前2000年开始，希腊半岛开始从原始社会向奴隶社会的过渡。公元前1500年左右，迈锡尼形成了奴隶制国家。但从迈锡尼奴隶社会的土地占有上看，与东方的奴隶社会不同。迈锡尼国家的土地分为两大类。一类是被原始社会遗留下来的公社所占有，另一部分不属于公社，即为私人占有。据考古发掘出的派罗斯泥版文书所记：国王一人有土地30单位（每一单位约合2.4公顷）；将军一人有领地10单位；公社上层特勒泰贵族共有领地30单位，普通农民也有一小块土地。而且各级奴隶主占有奴隶也不相同。这说明希腊的奴隶社会，国王的财产也是有限的，并有明文规定。

迈锡尼的政治结构，国家最高统治者是国王，国王下设指挥军事的将军。政治机构有贵族会议和民众会。社会基层结构是公社，公社设有长老，负责公社所有政治经济事务。

从迈锡尼国家的经济、政治结构来看，希腊从原始社会发展到奴隶社会，原始社会的政治、经济结构得到较好的保留，如社会基层的公社体制，社会上层的贵族会议和民众会。从中可见，从原始社会解体开始，东西方社会走着不同的发展道路。

迈锡尼的奴隶制国家并不是完全中央集权的社会结构，而是一种以国家最高行政长官为主体的民主共和国类型的奴隶制社会。

这样的一个奴隶制社会结构，在著名的特洛伊战争之后，即公元前1200年至公元前1100年间，被来自北方的多利亚人从希腊半岛多次南下最

---

① 见聂敏里：《西方思想的起源》，中国人民大学出版社2017年版，第4页。

终征服了伯罗奔民撒半岛，迈锡尼文明被彻底摧毁。迈锡尼等国被灭亡后，希腊半岛进入史学家所称的"黑暗时代"——荷马时代。

荷马时代希腊半岛被分割成诸多小国。每个国王都有自己的领地。这个时期，各国国王的权力受到上层贵族的限制。贵族定期开会，与国王一起就共同利益问题达成一致意见，并作出决策。各国的农民和工匠是国家的自由人，通过参加公民大会参与政治统治。他们可以赞成和反对国王和贵族作出的决策。

荷马时代之后，希腊就进入奴隶制城邦时期。城邦时期的典型国家就是雅典和斯巴达。从历史结构中可以看出以下问题。

一、国家的权力是统治者个人的权力为主 还是公民的权力为主

从希腊、雅典当时的社会情况看，从原始社会解体后形成的国家权力，其主体上讲，权力主要还是为社会公共服务，但这有一个过程。

从迈锡尼奴隶社会时期，国王还是有一定的个人权力的，这个权力主要表现在国王作为一个国家最高行政长官，是凌驾于贵族会议和民众之上的。虽然国王的权力受到贵族会议和民众会的制约。但到了荷马时代，希腊半岛已分化成诸多的小国。小国国王的王权受到来自贵族和公民的限制。国王自己无法作出决策，任何国策的制定都要和贵族一起商定，而且下层公民有权否定国王和贵族制定的决策。

伯里克利执政时期，国家主要执政人选要靠抽签产生，只要是公民都有担任国家重要权力和职务的机会，而且行政执政官一年一换。通过建立"放逐法"，惩罚那些在执政期间对国家和民众野心过大或寻求私人利益的军政要员。只要表决的公民投票超过6000人，这些人就被放逐国外，10年之后才能返回。从上可以看出，雅典国家的权力并不是以个人为主的个人权力，而是为全体雅典公民服务的公共权力。在雅典，没有拥有至高无上的权力的人去指挥和把控国家的权力和机构，并在国家权力运作的同时满

足和实现个人欲望，没有执政官将人民当口头禅，实际上为非作歹，男盗女娼，欺侮人民；也没有国王自称天子或神的化身，或迷恋于自身血统的高贵，去接受臣民的朝拜；也没有以个人的想法为全民的想法，更没有执政者认为天下是自己的天下，自己是始皇帝，并可以二世、三世永远传下去；也没有人敢在执政期间徇私枉法，因为如此要遭到公民的放逐；10位执政者中并没有一人有军队的指挥权，因军队由另外10位将领统领；任何执政者都没有司法权，从而社会上也不存在权大于法的社会现象。

二、社会财富是民众的财富为主还是个人的财富为主

财富是必需品，人没有财富，则无法由生物社会的人变成人类社会自由的人。社会自由的人可以在财富的支持下满足自己的生活必需、生产必需以及各种合理愿望的必需，从而实现人的合理自由，但财富又是罪恶的。

从人类发展进程看，财富是社会发展的动力。正是财富瓦解了原始社会的结构，使人类社会进入第二个发展阶段——奴隶制社会。但罪恶随之而来。奴隶社会不仅把人创造的社会财富分为个人或某个阶层所有，使财富直接变成了罪恶者的帮凶，而且又名正言顺地将活生生的人——奴隶，也变成了社会财富。

希腊文明似乎已经注意到了这个问题，希腊城邦公民之间并没有明显的等级差别，个人享有财富和特权的现象确实存在，但个人的社会地位并不是因为他占有多少社会财富和享有不同的特权决定的，而是这些人在社会政治生活中具有使社会公民服从他们领导的能力，决定了他们在社会政治生活中的地位。雅典很多执政官，出身于中产阶级的小康之家。而那些财富相对多人的，也并不以财富多为荣，反而富人会主动承担一些公共费用的开支，以及这些财富占有者积极捐款支持城乡的各种社会活动。同时，财产较少的公民没有任何自卑自贱的感觉，同样可以得到社会的尊重，因为这些公民与富有者一样，都有权力参与、决定公众的生活。

希腊人崇尚一种简朴的生活。加之所处的地理环境、适宜的气候、海

洋及半岛的资源条件，使要求简单的希腊人很容易满足。日常生活需要面包、橄榄油、蔬菜、水果、奶酪、鱼以及各种葡萄酒，人人都比较享受生活。即使富有的人家居住面积也不会很大，而且房屋很少装饰。富有的人也喜欢穿着亚麻外衣，佩戴一些珠宝，但这些并不引起更多人的注意和羡慕。大部分希腊男女身着粗制长袍，脚穿草编的鞋子，简朴的生活主要体现在个人的生活上，并且成为社会的时尚。希腊人每年都要花费大量的金钱修建神庙和公共建筑、雕塑以及绘画等，装饰他们的城市街道。而且一旦遇到某个庆典、运动会，则会毫不吝惜地支出大量的资金，举行各种各样的集会、集市以及进行各种戏剧的演出。

执政者从社会政治上考虑，反对财富过于集中在个人手里。希腊人很看重土地的占有。据记载，公元前431年时雅典公民16.8万人。其中第一级公民占有谷物土地125亩，第二级公民占有土地75亩。第一级和第二等级在雅典公民中为数不多，总数4000人左右。第三等级人数约10万，人均占有谷物土地50亩。第四等级约6.4万人，占有土地很少或者没有土地。梭伦改革中就有一项，限制土地集中，规定占有土地的最高限额。雅典对富人收取很重的税收，而对那些很贫穷的公民，政府要给予很多的补贴。

斯巴达相对于雅典来说，民主政治发展较为缓慢，并不完善，甚至存在着一定时期的奴隶主贵族专政。即使这样，也限制社会财富大量集中在个人手中。如斯巴达将新征服来的土地分成若干等份，分给每个公民家庭，而且规定土地不允许买卖、分割、转让，只能留给后代。为了防止公民财产出现多寡不同，还限制斯巴达人不能从事商业。

从上可见，雅典、斯巴达对城邦内的公民是民主的甚至存在一定的公平的，但这种民主和公平只是在城市公民内，而对外，即对他们掠夺的对象则采取的是暴政、是不公平的行动。同时对城邦非公民人，则也是非民主，非公平的。所以，希腊的民主政治是有条件限定的。

三、个人与国家、社会的关系

我们从希腊城邦发展的历史可以发现一个问题：希腊人认为个人与国家、社会是平等的。这种平等的观念应该与原始社会的公社成员之间人人平等的社会关系和群体意识下形成的人类意识有关。

在《伯罗奔尼撒战争史》一书中，修昔底德借尼阿斯之口说："男人就是城邦"。城邦即当时的国家，这句话包含着两层含义：第一层含义，城邦是当时全体公民的联合体，没有全体公民的联合体，也就没有城邦。在城邦中，公民是城邦社会政治结构、经济结构、文化结构的组成者。在这些社会结构中，公民担当着结构中的各种角色，包括执政者、官员、军队的指挥者乃至士兵，同时又是社会经济活动、文化活动的主要参与者；第二层含义，男人是指拥有雅典公民权的男子。这样，所有女性及外邦人都被排斥在城邦之外，即女性和外邦人不能成为雅典社会结构的主要承担者。马克垚先生主编的《世界文明史》认为，城邦一词来自英译"city states"，这个词是希腊语中"polis"一词的不太准确的翻译，因为这种译法过分注重多数城邦有城市中心这个特点。其实，如上所述，"polis"最重要的含义是精神上而非物质上的，因此很难找到一个合适的中文对应词。"公民国家"应该是最接近其原意的。①

公民一词，马克思·韦伯《新教伦理与资本主义》中说：

> "尽管各地方都一直有着市民的市场特权、公司行会以及各种各样的城乡法律差异，但是，公民这一概念在西方之外部从来未存在过，资产阶级这一概念在现代西方之外也从未存在过。"②

---

① 马克垚主编：《世界文明史》上册，北京大学出版社2004年版，第220页。
② 马克思·韦伯：《新教伦理与资本主义》，生活·读书·新知三联书店1992年版，第13页。

公民这一概念应起源于希腊城邦时期，是希腊城邦国家赋予人，即有公民权的人的权利和义务，权力是国家给予每个公民的生产生活权利，其中包含着人的政治生活的权利、经济生活的权利、文化生活的权利。国家既然给了"三权"，那么也要求每个公民必须为国家尽他应有的义务。这种义务就是要积极参与社会政治活动，包括服兵役、保卫国家，在经济上应交纳各种税收等等。

人类社会进入阶级社会以后，便产生了国家，国家就是把一个地域空间的人组织起来，形成一个社会组织机构，有国家的宪法、政府、军队、监狱等，这就是国家实行什么样的体制，给予所辖人民什么权力，就决定了这个国家是什么性质的国家。

古代的国家由原始社会的氏族部落发展而来，这种发展为一个或几个部落联合在一起。在成立国家之前的原始社会，无论是母系氏族社会，还是后来的父系氏族社会，社会制度是原始公社的社会制度。因当时社会生产力极度低下，只有依靠集体劳动才能获得有限的生活资料，根据平等原则，生活资料在社会全体成员之间平均分配。到了父系氏族的后期，随着生产力的发展及人们生产能力的提高，社会产品有了剩余，才逐渐产生了产品交换，才开始萌生私有制，以及后来的公社上层的贵族等。

希腊城邦的公民由原始社会成员发展而来。如斯巴达的国家制度是在公元前7世纪早期到公元前5世纪早期这段时间形成的。公元前7世纪，由于进入集权国家之后社会贫富分化，富有的公民和贫穷公民矛盾日益加剧。随着对外扩张，斯巴达的军队由原来的骑兵发展为重装步兵，便有更多的公民有机会成为军人，这些人在社会上的地位越来越重要。这些公民不满社会上层贵族享有的特权，致使社会紧张状况进一步加剧。国家为了缓和社会矛盾，给全体公民更大的社会权力，将从美塞尼亚征服来的土地进行重新分配，每个公民得到一份相同的土地。从此斯巴达人自称为平等人，称他们的国家是"平等人公社"。平等是公民国家的主要体现，失去了平等，就不可能是公民国家，而不平等则是贵族国家。国家存在的目的是为公民服务的机构。国家是为公民服务，还是为贵族服务，乃至为一个集权者服务，这是三种不同类型的国家。

希腊的城邦社会一直在为公民国家做不懈的努力。

首先，执政者执政的理念从保护公民的权益出发。梭伦当选执政官后，对社会进行了改革。改革的核心是"解负令"。"解负令"的目的是帮助穷人和受压迫者废除他们以往的债务，不允许地主向债务人索取过高的地租，使其无法偿还而沦为奴隶。正是由于"解负令"，使许多受奴役的人成为自由人，又有了公民的身份。允许那些没有足够财产的公民参加公民大会，这使下层公民有了参政议政的机会。梭伦修改了德拉古的法典，使公民参与对国家司法机构的管理，司法案件是否向法院申诉，用民众法庭裁决代替由最高行政议事会的裁决。

民众法庭是一个大型的公民陪审团，其人员通过集体抽签从公民大会成员中产生，杜绝了贵族在法律上的舞弊，使公民能用法律来保护自己。克里斯梯尼执政，开始对社会政治制度进行根本的结构性的改革，废除了过去氏族、胞族、部落贵族的政治职权，让平民阶层的公民进入社会上层，掌握国家权力机构的行政职务。用10个地区部落代替了4个血缘部落，分散了氏族贵族的力量，改变以前由氏族族籍决定是不是公民的传统，而是在村社机构登记便可以成为公民。这样使外籍人员只要登记便可取得公民的身份。克里斯梯尼把梭伦的400人会议改为500人会议，由十个部落中每个部落选50人组成，每50人一组，管理国家一年1/10时间的行政事务。每组任期仅一年，这样使公民均有参政议政的机会。伯里克利在梭伦和克里斯梯尼的基础上，把保护公民利益的执政理念发展到高峰，他把城邦的治理权力交给了整个雅典公民，公民大会成为国家最高的权力机构。而且担任主要行政职务的人员一律由抽签产生，任期一年。这样就使人人都有担当国家最高行政长官的机会和可能。为了鼓励公民参与公民大会充当陪审员，国家采取"薪金制"，凡是参加公民大会充当陪审员的公民都会得到一定的补贴。

其次，公民通过与国家进行斗争取得自己的权利。希腊诸城邦除了少数几个外，大多数城邦走着君主制的道路。公民与国家斗争，首先是国家的贵族与国王的斗争。最初的国王是城邦的大主教，在城邦里执掌宗教的同时，也担任议会主席、审判官、军事统帅等职务，所以国王兼有行政、宗教、军事等权力。在希腊城邦，最初并不是人与人互结的团体，而是在部落、家庭的基础上结合的，也可以说城邦是由家庭及部落合成。在城邦尚未组成王国之前，在家族内已经有了阶级等级的区分。家是不可分的家庭，实行长子继承制，长子在家里具有教权、产业、主祭、致祷、审判，管理家中一切事务的权力。庶子事兄如父，父死长子继承。所以一个家只能有一个家长，几代之后，这个家便形成一个大的家族。家族中自然存在着余支，但在宗教上、习俗上，余支地位是低下的，余支处在族长的保护之下，并听从家族族长的命令。

当希腊各城邦成立，这些部落的首领及家长变成了城邦的贵族。这些贵族自己统辖的部落和家族基本上保持原来的状况，最初的公民也只能是各部落的上层贵族和各家的家长，所以有公民权的人很少。雅典有多条法律规定，"凡有家神者方能为公民"。还有城邦规定父在子不得成为公民，只有父亲死了，才能由长子继承公民权，并可继承父亲在政治上的职位。

在雅典，每个家族、每个部落都有自己的首领。这样，在邦国之内的每个大小不等的区域，都有着自己领域的权力。而且，这种权力同样有着不可侵犯的性质。邦国的国王不能向全国的人行使自己的权力，不能直接指挥和管理部落中的家族和家庭的事情，国王只能指挥自己国土内的部落首领。

有较大的和实力较强的部落常常无视国王的领导和指挥，很多部落的首领联合起来对抗国王。凡是国王都希望自己在国内拥有无上的权威，而凡是国内的部落贵族及家长，则反对国王拥有这样的权威。于是便发生了国王与贵族之间的斗争。这是希腊城邦公民向国家展开的最初的斗争形式与内容。

斯巴达最初是专制政体，国王实行专制统治，但到了第三代，国王与贵族之间发生了斗争，持续长达两个世纪。来库古父辈统治斯巴达时期，斯巴达曾发生暴动，来库古父亲在暴乱中被打死。公元前8世纪初，来库古执政，被迫进行改革。以两位国王取代单一国王，以地缘部落为基础成立30人的长老会议，国王仅仅是长老会的成员，这就使得王权得到极大的削弱，而由部落贵族为主的长老会成为最高的统治权力机关。从国王一人专制到奴隶主贵族专制，这从政治上来说无疑是一次社会进步。

雅典也是如此。公元前8世纪中期，雅典也是君主制统治形式。传说雅典国王提修斯把阿提卡半岛各部落统一起来，倡议在雅典卫城建立统一的政府和议事会，从而建立了雅典的城邦。城邦的国王权力有限，受到长老会议和公民大会的限制，但雅典保留国王的时间并不长。传说雅典末代国王骄奢淫逸，在战争中表现得懦弱无能，引起上层贵族的不满，发动宫廷政变，推翻了国王的统治。

最初设军事执政官，后来又设司法执政官。原先国王的职权被削弱，成为执政官之一。原先执政终身制，后改为10年一任。自公元前683年改为一年一任。开始时执政官一人，公元前7世纪中叶增为9人（首席执政官、王者执政官和军事执政官各1人，司法执政官6人）。执政官从贵族中选举，退职后进入贵族议会。贵族议会是国家的最高监察和审判机构。

从斯巴达和雅典国家初期的情况来看，国家公民的权利首先是国家上层贵族从国王那里先得到的，但是，是靠一步步的斗争获取的。这一时期公民的人数是整个国家中的少数人，即那些部落上层贵族和部落家族的家长才能获得。而这部分人公民权利的实现，必须突破王权的专制。只有推翻王权的专制，才能完成贵族公民权的实现。

希腊公民权的社会化实现，是普通公民从贵族特权公民那里争取来的。在希腊贵族阶层反对王权专制这一点上，贵族公民和普通公民的意见是一致的。但贵族对待下层平民的态度则完全不一样。开明的贵族认为人人生来平等，应该给那些平民更多的公民权，甚至将公民人数扩大得愈多愈好。这些贵族执政的出发点是扩大人人平等的权利，实行更大范围的民主。而另一部分贵族则想通过下层平民推翻现行的贵族共和统治，建立自己的僭主政治。还有一部分贵族为了维护自己的既得利益，反对改变现状，反对任何改革。这样，下层平民的态度和行为决定着上层政治的发展与走向。雅典城邦成立不久，掌握政权的贵族便开始压榨和盘剥平民。到公元前7世纪的时候，社会矛盾激化，原因是上层贵族利用国家的权力获取个人利益，向平民发放高利贷，要求借债人用人身和土地做抵押。如果农民还不起债务，便没收农民在氏族中占有的土地，将借款人本人或其妻子、子女没收为奴隶，或将这些人出卖用于偿还债务。有的农民还不起债务，只能将自己产品的1/6交给债主，所以这部分人又被称为"六一汉"。成为"六一汉"便失去了公民的权利。这一制度致使雅典平民怨声载道。很多平民自发组织起来，推选自己的领袖，反抗贵族的统治。平民的反抗被贵族出身的基伦利用，他想通过联合平民推翻贵族统治，建立自己的僭主政治。开始时，基伦得到了平民领袖支持，但随着事态的发展，平民发现基伦的个人野心，他的目的并不是为平民伸张正义，便逐渐脱离了他。在基伦率兵攻打雅典卫城，雅典卫城很快就将会被他攻占的紧急时刻，平民领袖号召所有的雅典人起来反对基伦，不允许基伦在雅典实行僭主政治，保卫雅典。平民和贵族的军队把基伦和他的反叛者围在雅典卫城，最后基伦的暴动被镇压下去了。

基伦暴动事件说明了以下问题：

第一，雅典的政局十分不稳。首先，雅典的贵族政治统治存在着内部分裂的倾向。其次，贵族的寡头政治可能被个人独裁的僭主政治所取代。

第二，雅典的贵族阶层和平民之间存在着尖锐的社会矛盾，而造成这种矛盾的主要原因是贵族阶层对平民土地的兼并和占有，很多平民因此失去公民权。

第三，平民在雅典危机的时刻，挽救了雅典国家，说明平民可以成为决定国家命运的政治力量。必然使雅典上层执政者开始畏惧平民的反抗，开始思考解决平民所面临的各种社会问题。

基伦暴动之后，雅典平民与贵族之间的矛盾进一步紧张。平民为了摆脱债务和捍卫自己的公民权利在酝酿武装起义。正是在这种情况下开始了梭伦改革。

梭伦改革的结果是，把卖到国外为奴隶的人赎回，废除债务奴隶制，严令禁止以自由民人身做债务担保，并规定土地占有者的最高限额。同时规定，无论是贵族还是平民，只要是自由人，都是雅典的正式公民。按4个等级承担公民的责任义务，并享受公民的权利。同时，削弱贵族会议的权力，提高公民大会在国家的地位和作用。无论哪级公民都可当选为公民大会的成员，一二三级公民可当选四百人会议，4个等级的公民都可以当选陪审团法庭的陪审员。

梭伦改革使雅典的公民势力得到了前所未有的发展，为以后的"公民城邦"或"公民国家"打下了十分坚实的基础。

梭伦改革虽然使公民势力得到进一步发展，但并未满足农民公民的些要求，农民公民与贵族之间的斗争仍然继续。雅典出现三种政治势力。贵族出身的庇西特拉图依靠农民公民的支持，用武力夺取政权，建立了雅典僭主政治。庇西特拉图实行了一些有利于农民的政策，对农民实行低息贷款，土地税定为收获量的1/10或1/20。设立农村巡回法庭等，进一步打击了贵族势力，也使农民公民的势力在梭伦改变的基础上，进一步得到了加强。

庇西特拉图的儿子继位僭主之后，雅典贵族在斯巴达支持下夺取政权。然而平民起来反抗贵族，赶走斯巴达人，重新建立起更为民主的政治，从而开始了平民领袖克里斯梯尼的改革。

克里斯梯尼的改革使雅典的民主政治又前进了一大步，使公民获得了更多的权利。全国共分为10个区，每区每年在30岁以上公民中抽签产生50人，10区500人组成公民会议。这500人掌管全国的财政、军事、外交、民政事务。50人成立一个委员会，其中1人为主席，任期一天，一个委员会任期为一年的1/10。这样500人在一年之中都有机会成为国家的重要行政人员，任何公民不能连任，任期只能一年。这样，所有的公民都有机会成为国家的主要管理者。梭伦时期的9名执政官，已由贵族出身逐渐转为平民出身，而且后来也改为由抽签产生。而且对那些在执政一年中对国家有危害的公民实行陶片放逐法，这样来保证无论是执政者也好，公民也好，只能是奉公守法，为国家和每个公民办事。

伯里克利时不仅公民大会有批准和否决贵族议事会的权力，还获得了独立的司法权。每年从全国公民中抽签产生6000名公民，以这些公民组成201人到1001人不等的公民陪审团，受理特别案件。这些陪审团每个都是一个法庭，通过陪审员投票多少决定案件中的每个问题，其判决不允许上诉。

希腊公民的人数由贵族逐渐扩大到自由人、平民，是希腊贵族上层一些开明人士努力的结果，也是平民自由人政治斗争的结果。公民的权利与利益的提升及社会地位的逐渐提升，说明希腊公民时期的民主政权是成功的。国家最高行政长官——执政官由贵族逐渐转移到平民手中，并且由抽签产生，使每个公民都有机会担任最高领导者，这便实现了公民之间政治关系平等。陶片放逐法、公民陪审团等办法和司法机构的存在，不仅在一定程度上杜绝了社会腐败，而且也防止社会十分重要的司法领域腐败的发生。这不仅反映出公民斗争的结果，也反映出公民的政治智慧。

第四，公民积极践行自己的权利、责任与义务。一个国家，如果能让他的公民心悦诚服地为其奉献自己的一切，视国家生命如同自己的生命，视国家利弊如同自己的利弊，只有国家能平等公正地对待每一位公民，把公民真正视为自己存在的基础和前提，而不是表面把公民挂在口头上，实际视公民如草芥，这样，当公民真的觉醒的时候，当他们意识到他所在的国家只不过是特权阶层在上面演戏，而自己却只是他们权力分配和利益交换的棋子，那么，一是公民会离开你的舞台，或者由观众而变成拒绝入座的离席者，二是一旦有反对力量出现，这些公民就会自动成为执政者的对立面，与反对者结成同盟，那么，这样的国家就离土崩瓦解和改朝换代不远了。

古希腊城邦的民主政治，尤其是雅典的民主政治，正是那种把全体公民作为存在的基础和前提的国家。公元前443年，伯利克里担任首席将军时，在一次演讲中说："我们的制度被称作民主制度——因为政权不是在少数人手里。就法律而言，一切人在解决他们私人纠纷方面都是平等的。就人的价值而言，无论何人以何种方式显露头角，优先于他人担任公职，不是因为他属于特殊的阶级，而是由于他个人的才能。"

正是由于执政者有这样的理念，将这种理念不仅仅限于说出来，而且整个雅典社会的方方面面就是如此实行的，才唤醒公民的内心良知，才使每一个公民认识到国家是公民的国家，而不是几个统治者的国家，才使公民视国为家，愿意为这个国家去奉献自己的一切。

其实，希腊的民主政治也并非执政者感化公民，使公民良知发现才成为民主政治的主要参与者，其公民民主历史就是在民主政治胚胎下逐渐形成的。希腊的若干国家都是在城邦的基础上形成的，城邦是国家的初级形式。城邦由一个或几个城市为中心，再联合容纳一些周边的乡村而组成。斯特拉波指出：伯罗奔尼撒的曼提亚将5个部落联合在一起，成为一个城邦。起该亚（Tegea）起源于9个村落，赫拉亚（Heraea）是由9个村落联合成一个城邦，埃吉翁（Aegion）是由7个或8个村子联合成的城邦，帕特莱（Patrae）是由7个村落联合成立的城邦。

这种联合首先是自愿的。如雅典城邦便是自愿联合在一起的。据说阿提卡居民原来居住得很分散，人们很难在一起处理彼此之间发生的社会问题。人们意见不仅很难统一，涉及的一些社会共同问题又无从处理，还时常引发一些争吵甚至斗殴。提修斯是来自希腊南部的一支氏族部落,这支氏族部落来到阿提卡地区,打败阿提卡原有居民的联合抵抗后,建立了雅典城,成为雅典第十代王。他走访了雅典周边的所有村镇,劝说这些村镇居民接受他的计划,废除阿提卡各村镇的议事会和行政机构,建立了以雅典城为中心的中央议事会和行政决策机构。由于是自愿联合而成,所以各村落公民的身份便得到了保障,平稳地过渡到新的城邦国家。城邦国家除了自愿联合外,还有通过征服方式形成的。一些志同道合的人自愿组织起来,到其他地方寻找新的居住地。这种新的居住地可能是一片没有人居住的地方,也可能是对原有居住人的征服得到的。这是一种通过殖民形成的城邦的途径。这种殖民城邦在希腊的城邦中占有大多数,多是些小国寡民。斯巴达就是这种城邦的代表。传说赫拉克勒斯的后代在赫拉克勒斯死后过着流放生活,寄居在多利亚。在多利亚王的支持下一同南下,企图收回宙斯赐给赫拉克勒斯的土地。这支由多利亚人组成的希腊北部氏族部落有一支进入巴尔干半岛南端伯罗奔尼撒的拉哥尼亚。最初失败了,但经过5代人的努力,最终征服了拉哥尼亚居民。在公元前10世纪至公元前9世纪,由5个村落联合成一个新的政治中心,并在拉哥尼亚平原南部,欧罗塔斯河西岸(距入海口约30英里)处建立新城,名为斯巴达——传说是一位女神的名字,大约在公元前7世纪形成斯巴达国家。

移民建立的城邦国家自然要与原住民发生种种斗争甚至战争,这就使得移民国家存在着征服者和被征服者,被征服者很容易成为奴隶,被排挤出国家公民之外。但在征服者的内部,却以平等、公平为旗帜,以争取获得更多的财富和权力为目标,吸引所有的征服者为自己的理想而去战斗。这样,靠征服建立城邦和国家的统治者,只能依靠他所有的公民才能维护靠征服得来的土地,维护自己的政权。所以,在征服者及公民中实行公平的民主政治是其唯一选择的发展道路。

这种移民国家的民主政治是这样形成的,然而这种民主政治又是有效的。我们从希腊的公民看,所有公职是向公民开放的。而且公民担任公职,不用选举,只靠抽签便可以,说明每一位公民都有机会担任管理社会的职务。这种公职的开放录用,就使一个普通公民能够通过轮流抽签的方式成为社会公职人员,甚至有机会成为最高执政官。这种获得感和优越感就会在人们的心中自然而然地产生。每位公民都要担任陪审员。当公民成为陪审员去审判司法案件时，参与审判和被审判的人们都普遍认为这种审判具有正义性、公正性，使人们更加相信自己是国家和社会的主人。当每一位公民都有权投下一枚陶片，决定一个执政的官员是否有罪或者被流放，那么每一个投票的公民都深深地体会到，要做一个公正守法的人，否则就会被社会唾弃。雅典等城邦的公民，一生中至少担任过一次或两次公职，或担任过一两次陪审员，投过几次或多次放逐那些贪官污吏的陶片。正是这样，雅典公民认为国家政权真正是为老百姓谋幸福，而不仅仅是统治者的空洞口号，实际上是在为自己和自己的小团体谋利益，搞权力出租。这就使"公元前5世纪的雅典公民自信所有的人都将从他们的制度中受益"。①

　　同时，公民与国家的凝聚力得到极大增强，人人为生活在这样的国度里有着高度的民族认同感和对国家的认同感，也感到十分的光荣和自豪。

　　正是因为公民具有这样的责任感、认同感和幸福感，所以很多有利于国家发展的举措得到人们的拥护和心甘情愿的服从，使人感到国家甚至比自己的家庭还重要。如斯巴达就是实行这样的教育方式。斯巴达人男孩子7岁就离开父母，被编入国家的连队里，由国家的监督官管理，设有孩童长领队。对这些离开家庭的孩子实行战胜寒冷、饥饿的各种训练。每个孩童都要严格遵守连队的纪律，改掉依靠父母娇生惯养等习惯。不同连队间还举行各种竞赛，培养孩童与同伴的沟通协调能力，培养对自己连队的忠诚，对同伴的友爱等心理。从18岁至20岁，这些人开始接受军事训练，学习战争理论及各种军事搏击技术，同时开展对社会上的被征服者奴隶进行侦缉和暗探的行动。这样的军事生活要到30岁时才结束，国家才完成了对男孩的教育的全过程。男子20岁时便可缔结婚姻，但男子要到30岁时才能自主成立家庭。过了30岁的男人可被接纳为聚餐会的成员。对这名男子的加入，如果没有人反对，即获得通过。这样的人便是全权公民或平等人。

　　斯巴达人对男性公民成长教育的经历，除了希腊城邦外，其他社会、历史绝无仅有。因为这样的生活方式，必须得到这个国家公民的极大认同

① ［美］萨拉·B.波罗伊等：《古希腊政治、社会和文化史》，周平等译，上海三联书店2010年版，第244页。

才能实现，否则谁会将自己7岁的亲生儿子交给国家去代养？这样牺牲的不仅仅是孩童的童年、少年甚至成年，同样，做出牺牲的还有他们的父母及家人、亲友。只有公民把国家看得比自己的家庭和骨肉还重要，才肯去这样做。

斯巴达的女孩也要被组织到连队里，同样接受体育训练和学习唱歌跳舞，也要同男孩一道接受训练。但这些女孩吃饭和住宿在自己的家里。斯巴达人十分注意身体好坏。一个婴儿生下来，要由族中的长老仔细检查，如果孱弱就会被丢到泰吉图山的幽谷之中。孩子们经过长期训练，不仅有着十分健壮的体魄，而且还要有斯巴达人的气质，即善于征战，勇往直前，遵守纪律，忠诚团队与国家的精神。

所以，在希腊城邦成立的初期，那些武艺高强的人被普遍认为是公民中最优秀的，是被人羡慕和向往的最可贵的品种。那些社会上层人物，如梭伦创作军歌和诗歌，鼓励公民同胞为国家去战斗。"一个勇敢的人为他的祖国冲在前面，战死于疆场，那是多么光荣；但若背弃自己的城市和良田沃野而像一个乞丐般苟且偷生，则必得最大的悲伤。""我们向萨拉密斯进军，为了那可爱的岛屿而战，为了抹掉耻辱的烙印。"

第五，希腊人的自由意识，成为民众群体意识国家意识的表现。

不自由，莫如死。这话说说可以，但在世界历史上，大多数人、大多数国家、民族，都难以做到。生活在希腊半岛城邦时期的公民一直崇尚着自由，努力去做到这一点。英国学者阿尔弗雷德·E. 齐默恩在研究古希腊智者时代人们的自由状况时说："希腊人善于独立思考，他不会没有理由地接受任何意见，这是他的天性。"[①]

在一定程度上说，思想自由是人类社会一切自由的基础，是衡量自原始社会以后一切社会进步的前提条件。如果一个社会再进步，政治经济再发达，但离开个人的思想自由的前提，所有的一切都是假的，都是统治者用以迷惑人的假象。

正是生活在这样一个崇尚自由的社会，希腊半岛的人才把各自城邦视

---

① ［美］阿尔费雷德·E. 齐默恩《希腊共和国：公元前5世纪雅典的政治和经济》，龚萍等译，格致出版社、上海人民出版社2011年版，第72—73页

为自己的国家。希波战争，雅典在马拉松战胜了波斯军，赶回报捷的士兵一口气跑了40多公里，到达雅典城后刚说完我们胜利了，便栽倒在地死去。波斯战败后，又重新集结力量，于公元前480年出动士兵170万，战舰1207艘，加上非战斗人员，据说有500万，史学家希罗多德说波斯军队有几百万人，并不被现代史学家认可，现代史学家们认为，波斯军队的人数在10万—30万。波斯国王率海陆大军从阿尔卑斯出发进入欧洲。斯巴达国王列奥尼达斯率士兵300人扼守中希腊的温泉关。国王率部坚守数日，斯巴达将士全部壮烈牺牲。后人在温泉关立碑纪念死去的将士，碑文写道："过客啊，去告诉拉西第梦人，我们遵从着他们的命令，长眠在这里。"当时的战斗打得十分惨烈，国王列奥尼达斯率领斯巴达300名武士阻击着波斯万人卫队的进攻，连续两天不断地打退波斯军队的进攻，但由于希腊人出现了告密者带领波斯军队从后山的小路到达山顶，当时国王列奥尼达斯得知敌人从山的后方对他的关隘包围时，他没有选择撤退和逃走，而是带领士兵前进到关口前的宽阔地带，迫近波斯军的先头部队，成为进攻者。一批波斯大军向国王带领的几百人压来，有的希腊士兵被波斯军队踩死，但希腊人在绝望的战斗中表现得十分勇敢，长矛被折断，他们就用短剑与敌人厮杀。国王列奥尼达斯阵亡，围绕争夺国王的尸体展开更为激烈的战斗。波斯人全力以赴要抢走列奥尼达斯的尸体，但数次都被希腊人击退。武器没有了，就进行肉搏。他们带着国王的尸体，被敌军围困在山丘上，最后被标枪击败，全体阵亡。史学家希罗多德通过各方询问，获得了这可敬的300人名单。甚至在600年之后，保萨尼亚斯仍能在斯巴达的一根石柱上读到他们的名字。

温泉关失守，雅典城陷落，整个希腊半岛危在旦夕。而撤退在阿提卡的萨拉米海湾的希腊海军，在海军统领太米斯托的指挥下，把妇女儿童迁移至伯罗奔尼撒半岛的特洛伊城，把所有的成年男人都征集入伍，誓与半岛共存亡。萨拉米海湾海战于公元前480年9月20日清晨打响。参加这次海战的希腊悲剧诗人埃斯库罗斯写道："前进呀！希腊的男儿！快救你们的祖国，救你们的妻子儿女，救你们祖先的神殿与坟墓！你们现在是为自己的一切而战！"

这应该是一场没有悬念的战争。遇上这样的民族，这样的国民，当时的战争只会有两种结果：一是希腊彻底战败，大多数的希腊人会流尽最后一滴血；还有一个结果，那就是希腊国家和人民的胜利。历史毫不犹豫选择了后者。一天的海战结束，波斯军大败，被摧毁战舰300余艘，而希腊人仅损失战舰40余艘。

萨拉米海战成为希波战争的转折点。从此希腊的雅典由自卫战争转为对外扩张，不久建立了希腊200多个城邦的海上同盟，雅典也成为海上同盟的盟主，最终取得了希波战争的胜利。

通过希波战争，也可以看到，一个社会、一个国家给予人们自由的重要性。只有人是自由的，人们才会热爱这块土地，热爱自己的民族，热爱自己的国家。人才具有更大的潜能，一旦国家和民族需要他时，他会毫不保留地把自己奉献出来，才能把他的所有潜能调动起来。否则，希腊人怎么可能打败比自身多10倍甚至几十倍的强大敌人？

所以，在希腊半岛，自由就如同空气一样成为人们生活中必不可少的东西。这种自由意识嵌入每一个希腊人的骨髓。正是有这样的自由在希腊公民身上，即使有各种社会角色的改变，他的自由属性不可改变。自由成为当时希腊人性中最核心的元素。

第九章
希腊历史的反思

一、从天道文化向强道文化的演进

在公元前6500年左右，希腊出现了人类活动。考古学家在克里特岛克诺索斯新石器时代遗址中，发现这一时期人类的住宅规划排列得十分整齐，住宅布局中，中间有一个大的房间，周围整齐地围绕着小房间。这说明从这个时期起，在原始氏族内部，社会地位可能已有所分化。这个大的房间可能住着氏族的首领，亦可能是氏族成员集中活动的场所。

考古还发现，约到公元前5100年时，在克诺索斯的居民住宅有了许多更大的房子。

> "这种房子通常有两个房间，室外有一个用鹅卵石铺砌的院子。此时期又发现了更多的雕像和一些权杖头。下一时期，即早新石器Ⅱ，以这一地点发展成整齐规划的城镇为标志。"①

克里特早期王宫（公元前2000—前1900年）的发掘出土说明希腊已经进入强道文化的初期阶段，即国家已经开始形成，整个社会也分化为统治阶级和被统治阶级的两大部分。在岛屿东部的瓦西利基山顶居民住地的遗

---

① ［英］N.G.L.哈蒙德：《希腊史》，朱龙华译，商务印书馆2016年版，第29—30页。

址中，已出现双层楼房的建筑，屋内又分为多个小的房间，而且生活区与工作区域已有明显的分化。

克里特文明毁于公元前1400年左右，宫殿被焚毁，被毁的原因不甚明了。一些学者认为，迈锡尼人入侵导致里特文明毁灭。但有个问题，外族入侵，强占财物是必然的，但为什么非要将其所有宫殿摧毁？克里特的克诺索斯宫殿在公元前1700年因火山爆发被摧毁了一次，但很快新的王宫被建立起来。所以有没有可能是被压迫的人民起来反抗，带着一种仇恨的心理将所有的宫殿都付之一炬呢？有研究者认为毁灭宫殿的是在公元前2000年左右进入希腊的阿卡亚人，这支外族人已在希腊生活了600年左右，已习惯了这里的居住和生活，他们有什么理由非要焚烧殆尽所有宫殿呢？焚烧全部宫殿说明不具备占有这些宫殿的资格，而全部焚烧也说明是一种仇恨心理所致。

我们还可以假设推断一下。原本人类是平等的，人与人之间不存在等级、贫富、统治与被统治、奴役与被奴役的差别，而突然产生了分化，一开始这种分化似乎并不大，还可以让人接受，但随着时间的延续，这种分化愈来愈大了，一部分人将另一部分人变成了非人，变成了工具——奴隶，而这部分人不仅统治着奴隶，自己还过上超过人们容忍限度的奢侈生活，这便在下层人们的心中引起极大的不满，故起来反抗。但这也只能是一种假设，在克诺索斯宫殿被毁之谜解开之前，就存在着各种可能。

在中国历史上也曾发生过秦末农民大起义焚烧秦都咸阳阿房宫的事件，其惨烈的结果远胜过克里特岛上的宫殿被毁。而秦末农民起义军的项羽部队之所以烧掉阿房宫完全是出于对秦的仇恨，因秦国使楚人国破家亡。

据记载，克诺索斯的统治者在当时是有一支强大剽悍的军队，而且还征服过周边地区，这就更让我们怀疑是否发生过暴动的事件。没有战争的记载，而且考古工作者至今没有发现克里特岛上的宫殿有任何的防御设施，没有围墙城池、瞭望楼等，所以军队哗变或下层民众暴动，很容易烧掉整个宫殿。

依据后来的希腊人民主思想的盛行，而他们的父辈的父辈，或者往上溯十几代人，也一定具有这种追求民主，追求平等的思想。

我们不管这种推测是否存在，但有一点是可以肯定的，人类可以预测出天道文化走上强道文化，这对人类来说是有本质差别的。

天道文化讲的是，天下芸芸众生，生而受天地之鸿恩，人人平等，人人无别，人与人应和谐相处，无剥夺、无欺诈、无虚妄。而强道文化讲的是，我是你的主人，你是我的奴隶，我不仅剥夺你的财产、妻小儿女，还要将人变成非人——工具——奴隶。这便是人类从天道文化开始改变，经过1000年左右，便到了强道文化，而且产生了奴隶制的国家。克里特岛王宫时期，就是处于这样的历史阶段。

从此可以看出，强道文化是非人的文化，即是对人的天性、自然性的否定文化。所以人类文化从天道文化转型进入的第一个文化，就是非人的文化——奴隶社会。

克里特文明之后，希腊成了许多小的国家，其中最强大的是迈锡尼，一度曾将特伦斯城、派罗斯、底比斯、雅典等都变成它的附属国。迈锡尼的鼎盛时期，国王开始修建宽厚的城墙，雄伟的宫殿，贵族们又开始过上了克里特文明时期贵族过的生活。迈锡尼文化与克里特文化一样，仅存在200年左右便又灭亡了。迈锡尼文明衰落灭亡的原因，在历史界也是众说纷纭，但有一点是可以肯定的，这种奴隶制的社会长久不了，因它彻底丧失了天道文化。

这从接下来的历史发展也可以说明这一问题，希腊从公元前1200年至公元前800年为希腊历史的"黑暗时代"，在这400年之间，考古再未发现有迈锡尼时期那样大量的宫殿巨石建筑出现，而且城市衰落，人口稀少，人们大多都到农村去生活，不断地发生战争，人口迁徙。这说明古希腊这块土地上不支持一个强大的奴隶制集权国家的存在，人们从心里是排斥这种非人道的强权国家。

二、希腊民主政治出现的原因

人类社会从天道文化演变到强道文化，出现希腊雅典民主型的强道社会是有其特定的历史原因的。

首先，是由希腊半岛的地理环境决定的。希腊的地理地貌决定形成专制集权的大规模农业生产的基础不存在，加之沿海的岛屿形状碎小，为工商业的发展提供了便利条件。这就使专制集权不仅没有大农业发展的基础，而且工商业的发达决定人口流动性大，使人难以固定在一块土地之上。这便使集权政治失去它存在的基础，是希腊形不成专制集权国家的主要原因。

其次，代表权力的统治势力并不强大。在希腊半岛上的两个王朝，即克里特时期的克诺索斯统治者和迈锡尼时期的统治者并没有实现半岛的联邦统治，只是在自己所在的岛屿及周边实行了有效的统治，而随着克里特文明和迈锡尼文明的衰落，代之而起的是希腊半岛上城邦林立，互不统属，以及形成代表社会上层贵族与代表下层平民僭主之间的相互制衡的局面，致使希腊半岛强权势力只能勉强维持自己统治地位尚觉力量不足的局面。

"无论何时审视早期希腊贵族阶层，可能核心的问题都是为什么贵族们没有与近东地区的君王们一样，获得至高的威望和权力；而且为何希腊的城邦未能发展成君主制？首先，相比较而言，希腊的贵族们贫穷得多。一般巴塞勒斯所拥有的房产与埃及封疆大吏或波斯的贵族相比，都微小寒酸。没有一个希腊贵族能够建造得起宏大的官殿，也不可能以自己的名义去建一所庙。一个贵族不认为自身高人一等，从而去统治其他贵族。相反，如同在《伊利亚特》中明确讲述的那样，'高雅的'人不得不分享权力。'大王'们在特洛伊城墙外扎营露宿了十年。他们必须团结如一体，所有决定都商议后才能定夺。等级制度在巴塞勒中确实存在。阿伽门农是大王中最尊贵者（basileutatos），而阿喀琉斯的地位太低以至于配不上阿伽门农的女儿。但当阿伽门农的领导能力不能令人满意时，阿喀琉斯就可以寻求获得统治权力了。"[1]

可见，当贵族担当不了领导邦国的责任时，以英雄为代表的阿喀琉斯就可以统掌邦国的大权，说明国家的统治力量也并非固定在贵族当中。

[1] 尼古拉斯·杜马尼斯：《希腊史》，东方出版中心2012年版，第18页。

"希腊统治阶层不同于那些更富有的东方同时代贵族的另一个因素，是世袭权力这一观念在希腊人头脑中毫无市场。一个贵族的价值是以其成就来衡量的，并非出身。因此，绝大多数贵族的所作所为都重在竞争（agon）。在战场上获得的功勋是名望的终极来源，但也存在其他获得名望的渠道，包括体育竞赛……这种竞争模式对于希腊政治体制的形成具有深远的影响。一开始，贵族们形成寡头政治体制，而在贵族之间则实行妥协互让。古希腊（前800—前480）政治史的特征是，贵族阶层通过宪法手段坚决维护他们的权力，同时也竭力包容兼顾平民阶层的意愿。"①

这说明贵族的统治力量不足以控制国家的政治局面，贵族统治除了满足自己的利益外，还不得不顾及平民的利益。

最后，公民意识来源于天道文化的氏族民主意识。我们以雅典为例，雅典位于希腊中部的阿提长半岛。公元前10世纪之后的雅典城邦仍然基本上处在一个部落制的国家阶段，没有农奴制度。总共为4个部落，每个部落下面又分为3个胞族，共12个胞族，每个胞族又有30个氏族。一个氏族又由许多家族组成，其中有的家庭在氏族中地位较高，说明在氏族内部已经出现等级制度。在部落国家形成之后，这种氏族的数量便固定下来，不能增加。在公元前6世纪梭伦改革时规定家庭土地占有的最高限额，每个家族的土地，只能传在家内，若家族绝嗣，则将土地留在氏族内。

"当一个雅典人成年时，他就以一个氏族成员或者一个归化民的身份加入一个胞族，从而取得公民权；以后他就按其胞族、氏族或归化民组织登记入公民册。"②

同为公民，仍存在着身份等级和财富上的差别。这种差别的存在是客观的，是社会发展到强道社会的必然，但存在差别的同时，仍然存在着一

---

① ［英］尼古拉斯·杜马尼斯：《希腊史》，屈闻明、杨林秀译，东方出版中心2012年版，第18—19页。

② ［英］N.G.L.哈蒙德：《希腊史》，朱龙华译，商务印书馆2016年版，第234页。

些氏族民主意识。如斯巴达：

> "修昔底德说斯巴达人是最早提倡简朴穿着的人，而且斯巴达的贵族尽量过着平民般的生活。当时及后来的文献对这种'平等的生活'有大量的描述，特别是在普鲁塔克的《来枯古传》里。但是这些描述无疑有些夸张的成分，其原因一是在怀旧的过程中不自觉地强调了斯巴达与其他城邦特别是雅典的差异，一是想用丧失简朴美德、道德沦丧这个原因来解释斯巴达在公元前371年鲁克特拉之战中的失败及随后的衰落原因。其实。如上所述，从一开始，斯巴达富有公民和贫穷公民之间的差距就很大，前者在政治上地位更高，年老后几乎都可进入由28位'长老'组成的议事会，而后者拥有的土地很少，粮食产量也不高。为了减少富人与穷人之间的差别，富有的公民有义务在共餐时为大家提供较好的肉食和面包，色诺芬的《斯巴达的政制》中有这样一段记载：'他为他们规定了固定的食物分量，不多也不少。除此之外也有许多狩猎得来的食物；富人有时会提供白面包。因此在人们离开乱糟糟的营地前，桌子上总是有些吃的，虽然从来也不会太多。他还禁止过度饮酒，认为这样会导致身体衰弱，意志消沉，他规定所有的男人只能在口渴时才喝酒，相信这是害处最少，最快乐的饮酒方式。'" [①]

三、希腊民主政治的局限性及问题

第一，希腊的民主，无论从内容上还是从形式上看，它都是强道文化的民主形式，或者说是强人的、强权者的民主。它是一种民主文化，或者说是民主制度，但它是有条件、有限定的，这个限定就是公民的民主。我们知道，就雅典而言，人口少时大约30万，最多时达到40万人，而有公民

---

① 马克垚主编：《世界文明史》（上），北京大学出版社2007年版，第224页。

权的人最多时是3万人，那么公民比例在国民之中仅为1/10或不足1/10。如将有公民权的男人的家属妻子儿女算上，最多也不过10万人。那么整个雅典国家的人有2/3或者3/4没有公民权，这些人是社会的下层贫民百姓，有的还是奴隶。这些人没有任何的权利可言。而且公民占有了社会的大部分资产，因有土地就可以获得公民资格，证明社会2/3—3/4的人都没有土地。而且即使是公民，有的人也没有土地。这样土地掌握在极少数人的手中。据流行的观点认为，在公元前4—5世纪时，有1000—1200个公民是最富有公民，这些人要为雅典的公共礼拜交纳金钱，还有1000—4000个是相对比较富有公民，这些人也有义务交纳"捐助金"。这近5000个相当于雅典的大小贵族，其余2.5万人左右就是小土地所有者。从这一点说，雅典的公民也可以称为土地所有者的政治联合体。而雅典的各种社会权利在这个土地联合体内进行政治权力的分配，只不过分配的程序民主、公开、平等而已。

其他的国人是迈提克和奴隶。在雅典，每个公民都享受拥有奴隶的权利，即使经济状况一般的公民、农民或小业主也存在拥有奴隶的可能，在雅典人看来，奴隶就是野蛮人，生来就比雅典人低下。

第二，希腊的民主并非真正理性的民主。希腊民主形式、内容都是实实在在的，即民主的内容有一定的实操性和可行性，但总的来说，还是形式大于内容。也就是说，雅典的历代改革家过于追求民主的形式，而在一定程度上忽视了民主的内容，即内容的真实性、真理性、公民正义性等。

希腊最伟大的思想家、哲学家，西方伦理道德的开创者苏格拉底被"民主暴政"处死，就充分说明这种民主是有问题的，说明这种民主是强道文化的民主。

判决苏格拉底的所有罪行都是莫须有的、滑稽可笑的。当时雅典分为贵族派和民主派，苏格拉底政治上倾向于贵族派。公元前404年，贵族派开始了"三十僭主统治"，这30名贵族是从1000名贵族中选出500人，组成了500人会议，又委派亲信主掌着雅典各级官职。公元前403年，仅存在1年的贵族派政治被民主派推翻，便以"不敬城邦神而引入新神"的罪名将苏格拉底逮捕。其中一个主要原因，苏格拉底有两个学生是贵族派成员，其中克里提亚斯是"三十僭主"之一。苏格拉底宣讲的让人们追求德性、善、真理。他对民主派也好，贵族派也好，只要触犯这个原则，都要遭到苏格拉底的批评与责难。他的学生克里提亚斯在"三十僭主统治"时期领袖人物，同样遭到苏格拉底的批评与指责。可民主派上台不顾事实，提起对苏格拉底的诉讼。召开500人公民陪审团会议，会上公民们指控他腐蚀雅典青年人的思想，亵渎诸神等罪名。面对公民们对自己的无理指控，苏格拉底不但不为自己辩护，反而慷慨陈词，斥责雅典民主政治的弊端，这激怒了民众法庭的500名陪审员，投票以280票对220票通过判处苏格拉底死刑。

需要说明的是，判处苏格拉底死刑时的整个雅典公民人数才3000人，陪审团占公民1/6，那么这1/6之一，代表3000人，结果一半多人认为苏格拉底应该判以死刑。

无论说苏格拉底亵渎神灵也好，还是说他腐蚀青年人的思想也好，都说不出真凭实据，而真实情况只不过是个借口，真实的原因是苏格拉底的满腹才学、桀骜不驯，抢占了当时雅典上层社会贵族或平民领袖们的风头，苏格拉底又不把那些贵族和公民放在眼里，只顾追求真理，才会使身居统治强权地位的一些公民陪审团成员不满，非要置苏格拉底于死地而后快。据说得知自己被判死刑，苏格拉底神情自若地说："我即将死去，你们继续活着，我不知道我们谁更幸福，只有神灵才知道"。

如果说法律是为了维护人世间的正义，打击犯罪者的国家政治工具，那么将西方有史以来最伟大的思想家、真理的追随者就如此这般地判处死刑，丝毫见不到法律的公正。如果说仅仅凭借着依靠不分青红皂白的公民投票数的多寡而决定一个人的生死，这样的民主政治还有什么让人值得称颂的地方，与其说成是民主，还莫不如说其是民主的暴政。

第三，希腊民主制度的蜕变。希波战争胜利之后，希腊的民主便开始蜕变，主要因素是外围波斯的危险已被解除，其势力已经退出了小亚细亚西岸。雅典通过"提洛同盟"使希腊的一些小的城邦成为雅典的臣属，这种胜利即其后在希腊半岛称霸的局面，致使雅典的上层统治集团——公民们头脑膨胀。虽然原来的民主政治的形式犹存，但公民传统的精神已经发生改变，公民中的贵族愈来愈富有，追求财富的占有以及个人幸福安逸的生活，这些与希腊原有的民主精神愈来愈远，公民之间的财富差距也愈来愈大，以往的农民公民兼士兵的模式开始动摇，连结雅典公民之间的单一共同体意识不断瓦解，以往那种对民主政治的热情及崇拜已经逐渐消亡殆尽了。

修昔底德认为，导致雅典人失败的不是"蛮族"波斯人的入侵，也不是希波战争之后斯巴达及其盟国对"提洛同盟"做法的反抗，而是雅典人自己所犯的错误，以及内部的党争。

希波战争之后，斯巴达便与雅典分道扬镳，没有参加"提洛联盟"，并暗中帮助各城邦中的反雅典力量，促使希腊内战爆发。当时斯巴达陆上战力强，而海上力量弱，雅典正好与之相反。雅典在伯里克利的指挥下，发挥海上优势，取得一系列的胜利，但不久伯里克利死于一场瘟疫，雅典失去了他之后，接连战败。公元前415年，雅典出现了一名有名望的将领亚西比德，他准备率军攻下西西里岛的叙拉古城邦，如此雅典便可控制西地中海，这对斯巴达构成致命的威胁。可就在这时，雅典开始内讧，有人说他叛国投敌，逼他投奔斯巴达。亚西比德到了斯巴达之后，将雅典攻占叙拉古城邦的计划告诉了斯巴达，使斯巴达有了准备的时间，结果雅典全军覆灭。雅典的失败，并没有停止内部各派之间的争斗，而且已形成的雅典帝国，各附庸国纷纷离开联盟，加入斯巴达的阵营，一些过去效仿雅典的民主城邦，也不再推行民主制，走上了寡头治理城邦的政治结构。

雅典的老对手斯巴达遇到的问题也相差无几，主要的问题都是公民人数少而非公民人数多。公元前5世纪初，斯巴达公民人数为800人至1万人，国家还组织了一支可观的军队，这也是这时斯巴达屡次战胜雅典人的主要原因。但到了公元前465年，因一场大地震使斯巴达丧失了近一半的人口，公民数量锐减。公元前460年之后，斯巴达对外战争不断，尤其伯罗奔尼撒战争长达近30年，许多公民丢掉了性命，家庭破落，土地丧失，但有一些公民因获得大量的战利品致富，土地转移到这些富人手中，加上公元前400年颁布的《厄庇泰德法》承认土地可以转让和买卖，这样土地更加集中在大贵族手中，公民的人数已经减到只有1900人左右，而到了公元前4世纪中期，管有田产的公民—战士，只剩下约一千五百产了。[1]又有记载说到公元前371年时，公民人数又减至1300人。斯巴达以军事立国，公民从年轻一直到60岁都要服兵役，而这时的斯巴达公民仅有1300人，已经很难说得上是个有军事实力的国家了，只好用钱雇佣人来扩充军队，但来采取任何

---

[1] 亚里士多德：《政治学》，商务印书馆2017年版，第87页注①。

扩大公民人数的措施。此时斯巴达同盟战事再起，雅典与结盟国成立新的海军，战胜了斯巴达海军。公元前371年，底比斯的军队与斯巴达军队会战于琉克特拉，斯巴达阵亡400人。经过此战，斯巴达彻底失去了战斗力，不可一世的希腊半岛强国斯巴达从此衰落至小邦弱国的境地。

四、强道文化的两大开端、两大创举

（一）强道文化中贵族与公民的民主政治社会实践的探索

国家出现以后，必然要产生国家政体。从历史上看，政体如按政治制度而言，分为专制政体和民主政体。专制政体即君主制政体，国家有一国之君，国君即是国家最高统治者，从国君开始往下分层级设置官吏，国家的一切权力总揽国君一人手中，而各级官吏只能从国君手中一级一级地分配权力，国君也可以不按级分配权力，直接将其某项权力交付给某人。

"专制"是强道文化产生后的社会产物，它与天道文化的"民主"相对应。只有人类社会产生了权力，才能有专制政体出现的基础。

"专制"也可以称之为"官制"，即通过大大小小的官吏治理国家，小官服从大官，大官服从中央，中央服从君主或皇帝。凡是分为大小官吏，统治着没有政治权力的民众，都应该叫"专制政体"。"专制"是"官制"，是与"民制"相对应，"民制"即"人民自制"，无官。

"专制政体"又分为集权专制政体和分权专制政体，两个政体在性质上是相同的，但程度上是有差别的。

"民主"来自天道文化，即生来人与人之间平等。凡是人与人的各种事物，都由人们来共同主持，共同治理。这里首先排除权力，排除官的存在。

从这个意义上讲，人类社会自从国家产生之后，就已没有民主政体。但民主作为一种政治文化，它还存在于社会之中，在各个历史时期不同程度地存在和表现出来。

希腊独特的自然环境，人口稀少，小国寡民，不能进行大规模的农业生产，促使了它保存了部分天道文化，其中最为主要的就是民主政治。

严格说希腊不能称其为民主政治，就其最具代表性的雅典也不是严格意义上的民主政治，这不仅是因为处于强道社会的问题，更主要的是由它的局限性决定的。

但希腊的确在人类史上，开拓了一条如何在强道文化的社会中，保留在部分人之中实行天道文化，从这一点来说，这是十分难能可贵的。

雅典的民主道路始于公元前6世纪，止于公元前4世纪，延续长达200年的时间，可谓时间不短，不能说是昙花一现，它说明在强道文化的社会中是可以实行有限定的民主政治的。

雅典的民主政治最大的成功原因在于：

首先，贵族势力中有一部分人坚持站在民主派（平民公民）这一边，而且一直是雅典政治势力的主导力量，而贵族派本身人就少，在整个公民团体中形成不了反制力量，这是雅典民主政治能够成功的主要原因。

其次，雅典在公民中实现了真正的民主，极大地激发了公民们的积极性，正如希罗多德所说："权力的平等，不是在一个例子，而是在许多例子上证明本身是一件绝好的事情。因为当雅典人是在僭主的统治下的时候，雅典人在战争中并不比他们的任何邻人高明，可是一旦他们摆脱了僭主的桎梏，他们就远远地超越了他们的邻人。"[1]

雅典青年在成为公民时，要进行宣誓："我决不使神圣的武器受到侮辱；我决不在战斗中抛弃同伴；无论是一个人，还是和许多人在一起，我都要保卫一切神圣的与崇高的事务；我将不是削弱而是扩大祖国的威力与荣誉；我将循规蹈矩，服从现在的政府，服从已经制定出来的和被公认的法律；假使有人破坏法律或是不服从法律，我绝不会纵容他，我将一个人或者和大家一起进行反对他的斗争；我将尊重祖国神圣的领土。"正是这样的制度和仪式，焕发出人的使命感、自豪感，才使希腊人在面对波斯帝国入侵时，以希腊城邦联军仅有8000人至1万人，面对波斯军队多达2.4万人的数倍于己的强敌，还能大获全胜，这场著名的以少胜多的马拉松战役，希腊方仅阵亡192人，而波斯方阵亡多达6400人。

---

[1]　希罗多德：《希罗多德历史》下卷，商务印书馆1959年版，第379页。

最后，严格的社会执行力。一个好的社会制度，有没有执行的基础和可能，是制度能否被执行的关键。雅典的社会政治制度是建立在社会经济制度基础上的，这种政治制度本身就有以经济为支撑的基础。这种制度不仅基础牢固而且得到广大公民的拥护和赞同，因为制度中的每一项条款和程序都代表着他们的权利，而且公民本身就是制度的执行者。

雅典的民主政治最值得我们从中吸取的经验，就是至今仍然困扰我们的社会腐败问题。在长达近200年的历史中，雅典的社会腐败并不突出，应该说基本上没有产生腐败。雅典的民众法庭早在公元前6世纪初梭伦改革时就设立了。这种法庭存在着一定的弊端，甚至出现将大思想家苏格拉底判处死刑的事件，但它的主体还是值得肯定的。法庭的审判员不是职业化的法官，而是直接从公民群体中产生的陪审员。陪审员们听取控辩双方的申诉，再由陪审员成员举行投票而得出决定，投票多者获胜。它的好处是直接杜绝了内幕交易、权力的干涉，公开性以及它的普法效果得到凸显。最高峰时陪审团成员达到6000人，近于占整个公民群体的1/3人，审判别人，也是在教育自己。雅典下层没有公民权的人，是无法职业犯罪的，所以可以职业犯罪才3万人，那么其中6000人却是法官，这就是犯罪率低下的缘故。

法律在治理社会腐败上主要起着防治和统治的作用。雅典人在防止职业腐败上先从制度上做起，如最高官职的执政官开始2人，最多时到9人，掌管全国的政治、军事、经济、外交等重大事务，以后又发展成为最高行政官职9位，最高军事官职10位，最高警官11位。每个人之间是平等的，并不具有正副职的区分，每人只执政一年，只有军职可以连任。而且每位公民都有机会成为最高执政官，尤其后来采取抽签任职。公民大会要对任职官员进行审查，每个官员在任职的一年内要接受10次审查，如发现贪污、贿赂要处以10倍罚款，严重的将按陶片驱逐法驱逐出境，惩治十分严厉，这就在根上治理了社会腐败。

（二）思想家对强道文化的批判与建设

希腊民主政治时期，主要有苏格拉底、柏拉图、亚里士多德师徒三人。对雅典的民主政治，历来褒贬不一。如历史学家希罗多德就一方面肯定雅典的民主政治，另一方面他指出这种民主政治的缺欠和存在的问题。如他认为，这种以能言善辩而形成的民主投票，公民很容易受人蛊惑，个人更容易遭受欺骗。尤其到了民主政治的后期，即雅典古典时代的后期，雅典公民团体开始分化，失去了原来的民主精神，而且在军事上又接连不断地失败，公民大会在决策一些国家大事上争论不休，迟迟不能作出决定，人们开始抨击时政。苏格拉底就提出社会制度存在着问题，所以他很少参与雅典城邦的政治活动。因为他认为社会靠抽签而确定的公务人员，很多就是无知的群氓。在苏格拉底看来，雅典之所以江河日下，就在于决定国家命运的群体——公民，尤其仅凭抽签就能担任公职，乃至决定国家命运的最高长官，大多是一群无知的群氓，这些群氓使本来很好的国家，现在弄得混乱不堪。正如他在被判为死刑时说，我呢，就像一只马虻，而雅典就像是一匹良种马，这匹良种马本来是非常高贵的，但是由于它不修德行，不思智慧，沉溺在财富和虚名当中，从而变得臃肿不堪。而我的任务就是来叮咬它，让它反躬自省。但是雅典仍然是执迷不悟，所以才把我告上了法庭。面对法庭的判决，苏格拉底陈述的最后一句话说：离别的时刻已至，以死为苦尽的人，你们想错了。我即将死去，你们继续活着，我不知道我们谁更幸福，只有神知道。

在苏格拉底看来，雅典社会存在的问题，是公民们普遍的无知，由于无知，不知道追求人自身的完美性，便使人的社会德性出了问题。所以他提出"美德即知识"。而人之所以作恶，完全出于人的无知和无意而为。人做善事对人是有好处的，但做了坏事不仅对别人没有好处，就是对自己也没有好处，所以无人有意作恶。因此，知识可以改变一个人的德性，使人具有美德。在美德之上存在着一个善，善不是来自人的感性，而是来自人的理性思考，即对人生目的的思考。真正的知识是人对人生目的进行理性思考才得出来的"普遍定义"，即是"善"，是人的美德，是普遍性的绝对真理。

所以，苏格拉底总是采取以自己无知，向人请教问题的方式展开问题一层层地深入，他认为这与他母亲的影响有关。他说母亲是一位"助产婆"，是为人接生胎儿，而他从他母亲那里得到启发，要为人"接生"精神。人的知识蕴藏在人的心灵之中，只有把人的精神，即人的知识，人的美德接生出来，人类社会才会好。正是出于这个目的，苏格拉底不修边幅，光着头和脚，风雨无阻地在广场、剧院门口、街头找人发问、辩论，目的是对自己和别人的观念进行检讨，探讨美的、善的知识，传播着他的思想。

苏格拉底之死对当时整个雅典的知识界震撼极大，苏格拉底的学生也纷纷逃离雅典。

柏拉图深信雅典的君主政治不是人类理想的社会制度，雅典的公民没有能力超越个人的利益而达到对真理的认知。苏格拉底案审判的过程及结果，让柏拉图对雅典社会心灰意冷，他认为雅典社会现行的一切制度是坏的，所以他要重新审视政治，开启了他对政治学的研究。

柏拉图的政治学思考集中体现在他的《理想国》中。他的社会政治制度是建立在他的伦理学之上的。在什么是善的问题上，苏格拉底提出了问题，并作了解答，但并没有由此形成完整的、系统的人生哲学，而这一任务便留给柏拉图来完成。

他认为人和人所创造的人文制度的目的和价值，不是独立存在并进行评价，应放到宇宙和人类的关系之中进行探讨，才能得出正确的结论。他认为宇宙是个有理性的宇宙，即是一个精神的体系。而我们所感觉到周围的所有物质现象，是一种假象，是永恒不变的精神体系——理念的流动的影子，这种物质现象不能持久，也没有价值，而只有理性才具有真正的价值，是至善。所以，人的肉体和感官只是一种物质现象，只有人的灵魂中才有理性，人应培养这种理性。肉体是人灵魂的监牢和桎梏，人应该让灵魂从中解放出来，这是人类最终目的。"因此，我们要尽快地飞离尘世，飞离就是变得同神一样。所以，人应该做自己理性的臣民和同盟者。理性让人思考，一旦人有了理性的思考，人就会控制住人灵魂中的冲动，知道怎样做才会更有利于社会，那么人就是聪明的；而人的意志又为自己思考的理性去奋战，服从理性的指挥，完成理性的指令；这样当你勇于面对困难、百折不挠，这是理性指挥的结果，你就是勇敢的；当你的意志和欲望和你的理性和谐融洽地在一起，你就是有节制的。聪明、勇敢、节制这三种理念被一个人所具有，并能彼此融合，这就是一个正直的人，就能有一个合乎伦理道德的态度，这样的人绝不会做出欺诈、偷盗、贪污、受贿等耻于人为的事情来。"在柏拉图看来，人的德性，包括聪明、勇敢、节制、正直4个方面。人具有了这4个方面，才是达到至善，人的生活才幸福。而快乐本身并不是真正的幸福，不是人生活的目的，它只是人生活中的最低级的部分。

如果说提出至善的人是柏拉图对人的思想内涵的最佳的设计，那么提出理想国则是柏拉对人类社会的最为理想的设计。

柏拉图认为，一个人如果离开人类社会是无法达到至善的，由国家组成的人类社会，其目的就是实现人的德性和幸福。国家通过体制和法律为社会上的人们创造各种条件使人们达到善的境界，个人必须在一己之利与公共福利发生矛盾时，要牺牲自我利益，去实现整个社会的利益。柏拉图认为，在理想国中，不可能人人都能达到至善，如果都达到善，那么就没有必要再有法和国家的形式存在了。

在《理想国》里，柏拉图将公民分为3个等级：第一等级是受过哲学训练的人，因为这样的人具有理性，可以成为社会的统治阶级；第二个等级是武士。这样的人代表着勇敢和意志，其职业是防御敌人的进犯和保卫国家的安全；第三个等级是农业生产者、手工业者和商人，这些人以生产社会财富为己任，但这部分人代表着人的低级欲望。

在3个等级之中，第一等级统治阶级的国王是十分重要的。柏拉图说："除非哲学家在国家中取得王位，或者是现在成为国王和君主的人具有足够的真正哲学方面的修养，那就是说，除非政权和哲学融合于一身……城邦就不会得救，何况全人类。"

而公民的3个等级是怎样产生的呢？凡是有公民身份的人从小都要在理想国内接受同样的教育，学习一般的基础知识，即体育锻炼，学习神话、传说、认字等，从而培养人的最基本的素养。到了20岁，要进行一次考试，将不合格的人淘汰掉，被淘汰下来的人就成了第三等级，即劳动者。通过考试的人继续学习，主要学习法律、搏斗、数学等方面的知识，到了30岁的年龄再进行一次考试，没有通过的人被淘汰下来，就成了第二等级，即武士阶级。通过第二轮考试的人又继续学习深造，学习的科目更多，开始学习更高等级的法律学、政治学、经济学等，到了50岁再进行一轮考试，没有通过的便成了第一等级的统治阶级。而这轮考试通过者只有很少的人，可谓凤毛麟角。这样的人便开始学习哲学，最好的能成为哲学家的，便可以担任国王。

理想国里面的经济结构实行双轨制，即身处第一等级和第二等级的人们实行财产公有制；而第三等级的劳动者则可以拥有一定的个人财产。但是第三等级的人必须坚持节制的美德，不可奢侈浪费，个人财产不能超过标准。

柏拉图主张，理想国是一个统一的整体，一个大的家庭，从而理想国里没有一夫一妻制，第一等级和第二等级实行共产和共妻儿制，国家推行义务教育，妇女可以参加作战和参与国家政治。

柏拉图后期的著作《法律篇》对《理想国》的政治理念有所修改，提出一个好的国家中的人们，除了要有理性和对事物有深刻的洞见之外，人们还应该有自由和人与人之间的友谊。所有的公民都拥有自己该有的自由，并享有参与国家政治的权利，并可以拥有自己的土地，而让农奴和外国人从事商业贸易，改变了共产和共妻儿的设想，提出公民可以拥有自己的家庭。

柏拉图的学生亚里士多德（约公元前384—前322）是希腊哲学集大成者，是个百科全书式的思想家。他生于希腊北部斯塔拉吉城，父亲尼科马库斯，是马其顿菲力普国王的御医。他17岁进入雅典柏拉图学园，在学园学习了20年。柏拉图死于公元前347年，亚里士多德便离开雅典去梅西河的阿索斯旅行，之后又回到雅典开办修辞学学校。公元前342年受马其顿国王菲力普的邀请担任王子亚历山大的老师。7年后又回到雅典，创建"吕克昂学园"。亚历山大死后，雅典反马其顿党控告亚里士多德渎圣罪，亚里士多德逃离雅典，隐居于优卑亚岛，公元前322年病死在那里。

由于亚里士多德是外邦人，所以我们很少见到他对雅典社会政治的批判。他把自然界和人的社会生活都看成为一个有机的、发展的过程，而在这个发展过程中，充满着生命发展的目的性。例如鸭子长蹼就是为了能在水中生存，人类存在的自然目的就是使自己能在城邦中生存；城邦之所以存在，是它能够满足人们生活的需要；一个人如果单独地生活，他的生存条件就无法满足他个人的需要，而城邦的存在会使人过上一种有价值有秩序的生活。

希腊的城邦就是国家，那么在这种国家的体制下，一个社会好与不好，亚里士多德与苏格拉底、柏拉图一样，都认为社会文化和人的素养起决定作用。所以亚里士多德仍然按着苏格拉底和柏拉图的至善道路，寻找解决社会文化和人的素养的良方。

亚里士多德将"至善"与人的目的性联合在一起。他认为人的一切行动都有目的，如果我们的目的都是善的，那么通过一个个目的地实现，最后达到最高的目的或目标，这个终极的目标就是至善。至善即是全面和习惯地行使人成为人的职能。使人成为人，同样有使人成为非人的存在，将非人的改为人，从而达到至善。亚里士多德认为，欢乐包含在至善之中，但二者并不同等。达到至善的过程中，是有欢乐的，但欢乐并不等于至善。因为人的灵魂既有理性，又有非理性，非理性主要表现在人的感情和欲望。若使理性与感情和欲望很好地合作，人必须有适当的经济财物作为基础。亚里士多德认为，奴隶和儿童都不能达到道德的目的，贫困；疾病和灾难也是障碍物。其原因就是缺乏经济财物作为基础。

> "一个有德性的灵魂是一个很有条理的灵魂，其中的理性、感情和欲望保持正当的关系。完善的理性活动本身是智慧上的（推理的）效能或德性（聪明，见识）；感情冲动职能的完善的活动被称为伦理上的德性，诸如节制、勇敢和豪爽等等。"[1]

怎样通过"唯理"，又与人的感情、欲望很好地结合，达到至善呢？亚里士多德得出的结论便是早于他100多年的孔子提出的"中庸"。他说：

> "德性像自然一样，较一切技艺更精确、更优秀，它能够娴熟地命中中间。我是指伦理德性。因为它是关于感受和行动的，在其中存在着过度、不及和中间。"[2]

亚里士多德担心人们对"中间"和"最优"概念引起误解，又进一步解释说：

---

[1] 梯利著，伍德增补：《西方哲学史》，商务印书馆2017年版，第90页。

[2] 亚里士多德：《尼各马可伦理学》，据洛布本古希腊原文直接译出。见聂敏里：《西方思想的起源》，中国人民大学出版社2019年版，第185页。

"应该的时候、应该的地方、应该的对象、应该的目的、应该的方式，这就是中间和最优……因此德性就是中道，就是对中间的娴熟命中。"①

亚里士多德认为，并非人的全部活动都有一个中道。他说：

"虽然存在着对事物本身而言的客观的中间，例如，10和2的中间数是6，但是这并不就构成对人而言的中道，因为，以重量为例，在重量为10和2的东西之间，重量6的东西并不是对于任何人来说都刚刚合适。"②

但亚里士多德又指出，既然人的德性在于过度与不及之中的中道，德性只有处在中间状态才能实现，那么，这里很显然就存在着一个选择的问题。也就是说，德性是通过对合乎中道的行为的选择而建立起来的。这样，亚里士多德在这里便触及了道德选择的问题。

首先，亚里士多德指出，选择和自愿不同，所有的选择都是一种自愿，但并不是所有的自愿都是一种选择，有很多我们自愿从事的活动完全受我们的欲望所支配而没有经过审慎的选择。这样，很显然，虽然选择说到底是一种欲求活动，但其中都含有明显的理智成分。它是一种在理智支配下的欲求活动。③

其次，亚里士多德指出，作为欲求，选择与愿望不同，愿望可以指向任何事情，甚至是不可能发生的事情，但是选择只能指向可能发生的事情，它被严格地限制在人类事务的范围之内。④

---

① 亚里士多德：《尼各马可伦理学》，据洛布本中古希腊原文直接译出。见聂敏里：《西方思想的起源》，中国人民大学出版社2019年版，第185页。

② 聂敏里：《西方思想的起源》，中国人民大学出版社2017年版，第185页。

③ 参见亚里士多德：《尼各马可伦理学》，据洛布本中古希腊原文直接译出。见聂敏里：《西方思想的起源》，中国人民大学出版社2019年版，第185—186页。

④ 参见亚里士多德：《尼各马可伦理学》，据洛布本中古希腊原文直接译出。见聂敏里：《西方思想的起源》，中国人民大学出版社2019年版，第186页。

再次，亚里士多德指出，选择不同于意见，我们进行选择不同于我们进行判断、发表意见，这不仅是因为我们可以对超出人类事物范围之外的事情发表意见，而且是因为意见有真假，但我们选择没有真假，只有善恶，从而，选择在根本上是一种道德实践活动，而不是一种理论认识活动。①

最后，亚里士多德指出，我们既不可能对必然发生的事情进行选择，也不可能对偶然发生的事情进行选择，因为必然的事情我们不能选择，而偶然发生的事情我们无法选择，所以我们所选择的只能是那些出于我们且并非永远如此的事情，是一些通过我们自己的行为所能做到的事情。②

亚里士多德认为，选择实际上是一种筹划活动，通过这种活动来对我们的实践活动进行安排，而这也就是使我们的实践活动合于理智，受到理性原则的支配，使之达到最优。能够为我们的实践活动提供这种理性原则的不是别的，就是明智。这样，明智在德性伦理学中就处于至关重要的地位，因为它直接关系到我们能否做到在不同的境遇下都行为优良。③

亚里士多德的确抓到了实现"中庸"的"最优"状态的实质。他讲的第一点，选择到"中庸"最优状态，"是一种在理智支配下的欲求活动"。这是对的。人面对纷繁复杂的事物，一旦这件事情与人的欲求有关，理智就起到十分重要的决定作用。人在欲求之下，选择可能有所偏离中庸，而只有理智才能控制住欲求。他讲的第二点，"选择只能指向可能发生的事情，它被严格限制在人类事物的范围之内"。亚里士多德的意思说，达到"中庸"的"最优状态"的选择是有限度的，不是无限的。这就是一个有限度的时空事物如何找到最佳的"中庸"点。其实，中庸的最佳点是变化不居的，正如他解释"中庸"时说："应该的时候、应该的地方、应该的对象、应该的目的、应该的方式。"如果真正掌握了这5个应该，那么，无论事物处于什么样的时空状态之中，我们都会找到它最佳的"中庸"点的。第三点，"选择在根本上是一种道德实践活动，而不是一种理论认识活动"。

---

① 参见亚里士多德：《尼各马克伦理学》，据洛布本中古希腊原文直接译出。见聂敏里：《西方思想的起源》，中国人民大学出版社2019年版，第186页。
② 参见亚里士多德：《尼各马可伦理学》，据洛布本中古希腊原文直接译出。见聂敏里：《西方思想的起源》，中国人们大学出版社2019年版，第186页。
③ 聂敏里：《西方思想的起源》，中国人民大学出版社2019年版，第186页。

这一点毫无疑问，因为"中庸"的"最优状态"，实际上就是"至善"。在苏格拉底、柏拉图、亚里士多德师徒三人看来，"至善"是人类社会的最高最好的道德，而人走上最高最好的道德之路，要不断地在选择中接受考验、接受洗礼，最后才能到达"中庸""至善"的彼岸，这是人生的一场"道德实践活动"。第四点，"选择的只能是那些出于我们且并非永远如此的事情，是一些通过我们自己的行为所能达到的事情。"亚里士多德认为，"必然发生的事情我们不能选择，也不能对偶然发生的事情进行选择"。我们所能选择的与我们有关又可以让我们选择的事情。其实，这就是寻找"中庸""最优状态"的可为之事物。我们如果能控制住自己的欲求，而理智地选择事物的最佳状态的"中庸"点，才是亚里士多德讲的中庸与选择的关系。在前面4点"选择"的前提下，亚里士多德将"明智"提了出来。他说，"选择实际上就是一种筹划活动"，选择"受到理性原则的支配，使之达到最优"，而这种"理性原则的不是别的，就是明智"。

但是，只要仔细思考之后，就会发现亚里士多德的"中庸"与孔子的"中庸"还是有本质上的差别的。

亚里士多德把"中庸"作为实现道德的最高境界的"至善"的手段或方法，中庸的最终目的是达到"至善"，而孔子的"中庸"，不仅仅是做事的手段与方法，更是人类追求的最好的一种品德，这种品德的最高目标是天德，或者是天道，达到天人合一。也正是这一关键点上的不同，使亚里士多德的"中庸"与孔子的"中庸"在内涵和外延上都有本质上的不同。

亚里士多德从头至尾讲的是选择、明智，这是中庸的方法论中的一个方面，即事物发生、发展变化中的"度"，即孔子讲的"过犹不及"。而孔子并没有将"中庸"停留在方法论中的"度"上，是将"中庸"看成天道。"朝问道，夕死可矣。"[1]这便将"中庸"上升到天道，即整个人类之道，还包括整个自然天道，已绝非是人类社会伦理道德层面的"至善"问题。

"子贡问：'师与商也孰贤？'子曰：'师也过，商也不及。'"[2]

---

[1]《论语·里仁》。

[2]《论语·先进》。

五、希腊民主文明政治给人类留下的珍贵遗产

希腊民主政治的实践道路与思想家对民主政治实践的批判与建设是西方历史给人类社会留下的两件至宝,可惜两件至宝在当时无法合璧,这是一件无可挽回的憾事。

希腊的民主政治,是人类社会政治活动的伟大壮举,它在仅有的人类5000年文明史中,能长存200多年,这不能不说是十分难得之处。

但希腊民主政治又是短暂的而且它还是不完满的,是带有很多遗憾的民主,后人把它称为"民主暴力"。

希腊民主最后成为"民主暴力"的原因是什么?是"文化",是希腊民主政治缺失的是政治文化。于是从泰勒斯开始希腊产生了一大批思想家、哲学家,尤其在民主政治走上顶峰又因文化的缺失而开始跌落之际,出现了苏格拉底、柏拉图、亚里士多德这样三位思想伟人,他们本来想做马虻,去叮咬生病的雅典,让这匹良马觉醒,可惜不但没有救治已病入膏肓的雅典,反而还搭上了苏格拉底的性命,徒弟柏拉图只好逃亡,徒孙亚里士多德也因亚历山大之死而同样未免逃亡的命运。

黑格尔说:"密涅瓦的猫头鹰在黄昏起飞。"这也许是希腊民主政治与苏格拉底、柏拉图、亚里士多德师徒三人的宿命的真实写照。

六、希腊文化开启了强道文化走向征服世界的
直接之门

亚里士多德认为,希腊文化,尤其雅典文明是最好最先进的文化,其他民族的文化都是野蛮落后的,其他民族只配作为希腊人的奴隶。

亚里士多德的这种思想，也深深地影响着他的学生亚历山大，希腊走上征服世界的道路，践行者正是亚历山大。

希波战争中希腊的胜利证明了一个事实，那就是希腊城邦的民主政治胜过波斯的专制独裁政治。希波战争时，希腊以雅典为主组成的提洛联盟，取得胜利后，有些城邦认为波斯的威胁已经解除，各城邦没有必要维系同盟的存在，而雅典却提出将同盟改为帝国，实际上想把各城邦变成雅典的附庸。雅典的提议表面上得到了各城邦的赞同，但背地里都带有极大的不满情绪，尤其是斯巴达，不仅独立于联盟之外，还暗中支持反同盟的力量，这样就形成了雅典和斯巴达两个势力集团。两个集团明争暗斗，最终于公元前431年爆发了希腊内战——伯罗奔尼撒战争。战争持续至公元前404年，斯巴达战胜了雅典。

伯罗奔尼撒战争之后，希腊各城邦陷入混战之中，民主制开始在各城邦都走向衰落，公民的个人主义的观念盛行，爱国主义、集体主义的观念日益淡薄，社会出现一派衰败的景象。这时希腊北部的马其顿开始崛起。

公元前355年，马其顿国王腓力二世趁希腊各城邦发生混战之机，挥师南下，公元前338年在希腊中部与希腊联军决战，马其顿大胜，希腊各城邦国除斯巴达外，都向马其顿俯首称臣。公元前336年，腓力二世准备率兵攻打波斯，不幸在一个庆典的节日上被暗算谋杀，不到20岁的亚历山大继承了王位，并用两年的时间镇压了希腊各城邦的反马其顿运动，稳定了希腊之后，亚历山大便于公元前334年开始东征。公元前333年亚历山大在叙利亚北部打败波斯王大流士三世，之后南下征服埃及，又在公元前331年大败波斯王大流士三世，大流士三世被迫交出整个波斯的领土。夺取波斯，并没有让亚历山大停下征服的脚步，他率军继续向东进发，穿过兴都库什山脉，到达印度河流域。但长期征战，将士情绪不满，为避免下属反叛，才停止继续东征，于公元前325年回到波斯的巴比伦。公元前323年他因发高烧致死，年仅33岁。

第十章
英国历史的批判

在英国，社会发展有一条主线，一以贯之，即历史是在你争我夺、你胜我败、你强我弱的政治角逐中向前发展的。

对权力与财富的追逐，可以不择手段、不顾对错、不论真假，社会就是人与人的角力场。在各种角力下，实现着你方唱罢我登场的政治舞台的转换。

英国的历史与希腊雅典、斯巴达等城邦的历史不同，它在原始社会向阶级社会过渡中，几乎没有经过任何天道文化与强道文化的碰撞与冲突，便直接过渡到强道文化。有别于希腊历史，而成为西方除希腊、罗马之外，人类历史强道文化另外一种较为典型的发展途径。这也是西方国家都自诩为遗传继承了希腊、罗马的历史文化，但从本质上与希腊、罗马文化有很大不同的原因所在。严格意义上讲，西方现代国家继承的是希腊、罗马历史文化中的强道文化基因，并在英国历史形成过程中，形成了以英国为典型代表的西方强道文化。

一、英国强道历史的形成过程

英国现在的大不列颠群岛东南部沿海，在远古时代与法国之间并没有海洋阻隔，而且从地中海到现今英国的奥克尼群岛之间也有陆地相连。据考古发现，至少在30万年以前，人类已经在不列颠群岛上生存。公元前3800年的新石器时代，岛上已经出现了农业文明。大约距今6000年前，这里开始了由原始社会向文明社会的过渡。但这种过渡是十分缓慢的，私有制出现得比较晚。在岛上生活着一群烧制陶器的族人，陶器上有精美的压印纹图，器型口宽，故被称为宽口陶器。约在公元前3000年，从葡萄牙和西班牙过来的伊比利亚人居住在不列颠岛上，从公元前2500年至公元前700年伊比利亚人进入青铜器时代，之后又进入铁器时代。继伊比利亚人之后，欧洲的凯尔特人通过英吉利海峡也来到了不列颠群岛，成为岛上的霸主。公元前55年，罗马帝国皇帝恺撒的军队进入不列颠岛，不列颠纳入了罗马人的统治。78年，罗马人在英格兰北部修建了一座长城，以此防御北部原始居民皮克特人和苏格兰人。398年，驻不列颠的罗马军队开始被召回罗马。407年，剩余的罗马军队被调离，罗马人在不列颠的统治宣告结束。

从上可见，大不列颠群岛进入国家社会以后，从来就没有出现像希腊的雅典、斯巴达等城邦国家那样的民主政治的社会，天道文化自然而然地演变到了强道文化。罗马政治变更之后，以强力、强势为主要特征的政治统治在大不列颠群岛上愈演愈烈。

罗马军队离开后，不列颠岛出现混乱，遭受皮克特人和北部苏格兰人的入侵。当地的凯尔特人只好向原统治者罗马求救，希望罗马人能够重回不列颠岛恢复统治。然而罗马自顾不暇，在无奈情况下，凯尔特人向欧洲大陆的德国石勒苏益格·荷尔泰因的盎格鲁人和德国萨克逊地区的撒克逊人求救。这样，大批的盎格鲁人、撒克逊人进入不列颠。盎格鲁人和撒克逊人进入不列颠后反客为主，实力扩大，占领了城镇和村庄，引发了与当地人的战争。盎格鲁人和撒克逊人对凯尔特人进行驱赶和屠杀，随之盎格鲁人和撒克逊人便成为不列颠岛的统治者和不列颠岛上的主要居民。到了约500年时，传说本土人领袖亚瑟王率领不列颠本土人在多塞特郡的巴顿山重创盎格鲁人和撒克逊人，但最终没有改变本地人被统治、驱逐和屠杀的命运，而那些幸存下来的凯尔特人，大多成为了盎格鲁-撒克逊人的奴隶。650年时，英格兰已经建立起众多的盎格鲁-撒克逊王国，较大的王国有7个。从这时起，不列颠进入"七国时期"。

　　盎格鲁—撒克逊人对不列颠的野蛮残暴的强权统治，使罗马时期建立的社会和人文结构遭到极大的破坏和摧毁。整个社会政治黑暗、经济凋敝、文化泯灭，甚至影响巨大的基督教在英格兰都几乎绝迹了。继罗马人之后进入大不列颠岛的盎格鲁人和撒克逊人最初是海盗，然后又被雇佣到不列颠。盎格鲁—撒克逊人是古代日耳曼人的一支，此时的日耳曼人处于原始社会民主制后期，崇尚武力，崇拜英雄，被称为"英雄时代"的部落民族。英雄史诗《贝尔武甫》记载，在盎格鲁—撒克逊的社会里，主要的社会关系是国王和亲兵间的主从关系。部落亲兵跟随部落首领，即"王"，四处征战，抢夺财宝和土地，国王将土地、宅邸等战利品分给亲兵作为回报。这个时期的英国，到处充满着强暴、烧杀与掠夺，完全是强道文化的天下。

　　罗马教廷在格里高利担任教皇时，于597年派奥古斯丁进入英格兰，到肯特王国的首都坎特伯雷传教，并于第二年建立坎特伯雷大教堂，奥古斯丁成为第一个大主教。肯特国王埃塞伯特皈依基督教，基督教的势力在不列颠岛上发展起来，先后有埃塞伯特的侄儿埃塞克斯国王、盎格利亚国王雷德沃德、诺森伯里亚国王爱德温也都相继皈依了基督教。这些国王加入基督教，使王下属的军队、百姓也都纷纷加入基督教，在公元6世纪，基督教便征服了英格兰的东南部。在英格兰东南部被基督教征服的同时，基督教势力在凯尔特人的北英格兰基也得到迅速的发展，这样在英格兰就形成了南北两大基督教势力。公元669年，罗马教皇任命提奥多为英格兰大主教。690年，英格兰设立14个主教区。

　　基督教教堂在英格兰的设立与信徒统一，改变了原来盎格鲁-撒克逊人的信仰，基督教有关天堂、地狱、人的永生等思想，回答了盎格鲁-撒克逊人的原始宗教无法回答的有关人的生老病死、人与宇宙之间的关系等问题，也改变了粗暴杀戮的野蛮人心态，以及只知放纵强权而不顾社会管理、社会秩序等思维方式，并使英格兰早期城市生活得以恢复，对以基督教教堂为中心的英格兰城镇居聚地的形成起到了促进作用。

　　基督教文化的进入，使英国这个由亲兵和农民构成的蛮族社会文化又开始了罗马文化的延续，蛮族社会向基督教社会的皈依，成为英国强道文化的另一个新的起点，即蛮族社会的强道文化与基督教文化的结合，形成英国社会的新的强道文化。

公元7世纪，英格兰由"七国时期"逐渐走向三个霸主时代，即亨柏河以北的诺森伯里亚，亨柏河以南的麦西亚和南部的威塞克斯。诺森伯里亚在三者之中势力较大，在7世纪初至7世纪中叶一度称雄，大有统一英格兰的气势。到了8世纪，麦西亚奥发国王时期实力大增，成为最有实力、最有可能统一英格兰的国家。但此时由挪威人和丹麦人组成的维京人在全欧洲扩张，入侵英格兰和爱尔兰，使麦西亚统一英格兰受阻。796年麦西亚奥发国王去世。6世纪兴起的威塞克斯王国的埃格伯特国王（公元803—825年在位）打败麦西亚王国，成为不列颠统治者。871年，埃格伯特之孙艾尔弗雷德继位，他即是英国历史上著名的艾尔弗雷德大帝（公元871—899年在位）。他英勇善战，阻止了维京人的入侵，大力兴办学校，受到英格兰人的尊敬。艾尔弗雷德大帝去世后将王位传给其长子者爱德华（公元899—924年在位），爱德华将麦西亚合并到威塞克斯，使威塞克斯的地域向北推进到亨柏河。925年，爱德华的儿子埃塞斯坦（925—939年在位）继承王位，他统一了英格兰北部，并利用丹麦人王国之间的矛盾夺取了约克城。939年，埃德蒙（959—975年在位）继位，一度因丹麦人入侵而丧失土地，944年又将失去的土地夺回。在埃德加在位时期，英格兰出现了安定和平的局面。976年，年仅13岁的埃塞列德继位。1002年，埃塞列德与法国诺曼底公爵的妹妹埃玛结婚。

1013年，丹麦人斯韦恩的船舰大举进犯英格兰。1013年年底，英格兰国王埃塞列德逃走，英格兰承认斯韦恩的王权统治。1014年2月，斯韦恩暴毙，逃亡到诺曼底的埃塞列德又回到英格兰。1016年4月，埃塞列德国王病死于伦敦，其子埃德蒙继承王位后7个月去世，英格兰又处在政局混乱之中。斯韦恩之子克努特又乘机统一了英格兰登上了英格兰的王位，并于1017年与前国王埃塞列德的妻子诺曼底公爵妹妹埃玛结婚。1019年，克努特继承丹麦的王位，1028年继承了挪威的王位。这样，他变成了三国的君主。克努特死于1035年。克努特的两个儿子哈罗德1035—1040年为英格兰国王，哈萨·克努特1035年任丹麦国王。1040年哈罗德病死后，哈萨·克努特接任英格兰国王。挪威在1035年克努特死后独立。1043年哈萨·克努特去世。1043年的复活节，英格兰人将埃塞列德的儿子虔诚者爱德华（1042—1066年在位）从诺曼底接回英格兰继承王位，从而结束了丹麦人对英格兰人的统治。1066年1月，虔诚者爱德华去世，后继无嗣，法国诺曼底公爵威廉立即声称爱德华于1051年邀请他访问英国时曾经将王位许诺于他，但英格兰贤人会推举爱德华临终时指定的继承人高德温伯爵的儿子哈罗德。威廉公爵的声明得到了罗马教皇的支持，于是法国派兵攻占了英国。同年12月，威廉在伦敦加冕，称威廉一世（1066—1087年在位），开启了英国诺曼底王朝。

诺曼底对英格兰的征服，引起了英格兰的反抗，但两次起义均被威廉一世镇压下去。法国人的征服使英格兰的社会结构发生重大变化。

在政治上，原来上层统治者的财产占有格局发生变化。11世纪的英格兰最大的财富主要体现在土地占有上。威廉一世登上王位后，首先宣布所有的土地和森林均为国王所有。威廉一世本人及王室占有全国耕地的1/7、全国森林面积的1/3，作为王室的直辖领地。同时将全国1/4的土地赏赐给教会，因教会支持他夺取了王位，还给予他加冕。他将征服前的几千个领地合并成180个，其中10个领地的面积之和是所有领地面积的一半。他将这10个领地中的5个领地给予了他的兄弟和堂兄弟，另外5个赐给诺曼底的大贵族。威廉的弟弟奥托不仅取得肯特地区的200个庄园，而且在其他地方又分得了200个庄园。这就使得英格兰的社会经济结构发生了彻底的变化，几乎所有的大土地易主，而成为以威廉一世为核心的权力阶层们的私有财产。在这期间，原先盎格鲁-撒克逊时代的4000—5000个大小贵族失去了土地。

强道社会中社会的一切财富均是以社会的权力占有为转移。一个新的统治集团登上历史舞台，就要对社会财富进行重新洗牌，财富在权力斗争中由被战胜方转移到战胜方，被战胜方不仅失去自己的政治地位，还失去对社会财富的占有。社会的一切都以谁占有权力谁就占有社会资源的原则进行重新分配。

对下层民众，从1085年开始以各种名目征收赋税。为征收赋税，开展了普遍的土地调查。根据记载，调查得十分严格，"不仅一海得、一弗吉脱（=1/4海得）的土地不得漏掉，连一只猪、一头牛也逃不脱调查者的眼睛。"[1]

---

① 寿纪瑜译：《盎格鲁-撒克逊编年史》，商务印书馆2004年版。

　　按照农奴的赋税，每周要为领主劳作三四天，春天的季节还要多加一天。另外，需交纳实物和货币地租：农奴要向教会交什一税；在圣迈克尔节（2月29日），农奴须交纳租金10便士；在圣马丁节（11月11日）须交纳23蒲式耳大麦、两只母鸡等。调查结果表明，1086年英格兰地租的总收入为7.3万英镑，其中3万英镑为170家诺曼底贵族所有，约占总收入的1/2，另外的1/2中一半归威廉王室所有，另一半归50名基督教教士所有。

　　实行直属封臣制。威廉一世将全国土地森林分为7份，一份为王室的直接领地，另外6份分封给教会和与他一同征战英格兰的170个诺曼底人。这些人有些成为王廷的重臣，有些分封到地方成为地方官吏。这些直属封臣在政治上要宣誓效忠威廉一世，管辖封地的一切事务，包括政务管理和司法等。每年须向王廷按封地大小提供一定数量的骑士，为王廷服40天的骑士役。直属封臣留下自己经营的领地，再将剩余的土地再次分封出去，这就是次一级的封臣关系。然后再层层授封，便形成了从国王到最小封臣的封臣制政治关系。这种封臣政治关系，下一层效忠于上一层，一直效忠至国王。受封的人须向领主交纳协助金，应出席领主的各种法庭会议，向领主提供法律和政务上的协助。社会下层——根据"土地调查书"的统计，全国自由农民只占人口的12%；拥有20英亩的农奴，占总人口的38%；拥有5英亩的农奴，占全国人口的32%；三者加在一起，占全国总人口的82%。当时社会存在着大量的奴隶，估计占到总人口的10%左右。这样，无权力的人口已占到社会总人口的90%以上，社会上的大小贵族及国王亲属总共占人口不到10%。从记载来看，贵族以上人口不到1万人，而当时英格兰全国人口有100万—200万。

　　在文化上，威廉一世培养自己的基督教势力，以外来的主教、僧众及教士充塞英格兰的教区、修道院以及大礼拜堂，使英格兰的基督教在文化上教化臣民，让臣民服从于王廷。同时威廉一世牢牢抓住推举大主教及主教的权力，使英格兰教会牢牢掌握自己的手中。他所任用的大臣、法官以及文官多为僧侣。

　　从以上英格兰的历史看，我们可以得出以下几个方面的反思。

　　首先，这段历史对英国历史文化、民族性格的形成起到重要作用。在罗马帝国公元前45年占领英格兰并建立统治政权之前，先是从葡萄牙、西班牙过来的伊比利亚人生活在不列颠岛上，后来是欧洲的凯尔特人也来到这里，并成为岛上的霸主。公元前45年英格兰成为罗马帝国的疆域，开始了罗马对英格兰的统治，直到1066年威廉一世成为英格兰国王。在这1100年间，英格兰国家几易其主，先是罗马人，统治时间为公元前45年至公元407年，英格兰成为罗马的一个行省。之后是原居住在德国，后被请入英格兰的盎格鲁—萨克逊人的统治，从公元408年至1012年。之后是丹麦人，从1013年至1066年；最后是法国人威廉一世，1066—1087年在位。这1100年间换了四个国家的统治者，即意大利、德国、丹麦、法国，这四个国家分别代表着不同的文化类型。意大利代表的罗马文化在当时的欧洲是最先进的，不仅给不列颠带来了先进的文化，且从此与罗马建立了政治血缘关系，这也为日后英国历史的改变及基督教在英国的传播创造了很好的条件。德国的盎格鲁—萨克逊人大多处于原始社会后期，相对落后野蛮，但战斗力强，性格彪悍。这种原始野蛮的文化与罗马的先进文化融合，虽然需要一定的磨合期，但一旦结合成一体，就会爆发出前所未有的力量。丹麦人善于航海，尚武、豪放，崇尚海盗。以丹麦和挪威人组成的维京人在8世纪左右进入英格兰、爱尔兰，他们勇敢善战，以获得贡品和战利品为荣。他们乘坐的驾驶席在右边的高速帆船，船长75英尺，架设16副船桨，身穿铠甲，头戴铁盔，手持利剑战斧，在海上四处抢掠。丹麦人统治的时间虽然不长，但他们的尚武与海盗精神给英格兰人注入了另一种文化与人格精神。法国诺曼底位于法国塞纳河下游，是由丹麦建立的公国。威廉一世时期北部法国人尚武精神比较流行，而在南部浪漫情怀比较流行。另外，骨子里有一种冷漠与高傲，这便形成了威廉一世时期人们的绅士作派。

其次，这个时期的英国是强道文化比较典型的国家。英国从公元前55年恺撒大帝征战英格兰开始到公元1066年威廉一世为国王时期，这1100年的历史有着一个十分清楚明白的主线，那就是强者为王，只要力量足够强大，不管是哪个国家、民族，都可以荣登英格兰的至尊宝座。从这段历史，我们见不到善治和善政，甚至连些许的和平都不存在。有的只是强盗与暴政，征战与杀戮。在这期间，虽然出现了一位被称为"大帝"的阿尔弗雷德君主，但他的伟大之处，在于抗击丹麦人和挪威人组成的维京人，组织编撰了英国历史上第一部《阿尔弗雷德法典》。这部法典加快了英格兰的法治进程，但说不上是什么善政。

虽然善政并不等于天道，可相对于强道而言，善政的社会统治对于被统治的芸芸众生而言，还是远远好于强权暴政，如在罗马统治时期，给英格兰人带来了沉重的赋税和兵役，民不聊生，苦不堪言。于是，公元60年爆发了部落王后波迪卡的起义。起义军先杀死罗马及归顺罗马的7万多凯尔特人。反过来，罗马大军杀害起义军8万多人，波迪卡服毒自尽。再如德国盎格鲁-萨克逊人在没有入驻英格兰时就已经臭名昭著，经常在不列颠沿海干着杀戮、抢劫等海盗行为。被请进驻英格兰后，大肆抢掠原住民的财产和土地，若有反抗便进行屠杀。执政后的盎格鲁-萨克逊人将原来的居民赶走、驱离，并大量屠杀，将原来这块土地的主人凯尔特人彻底边缘化。以海盗著名的丹麦人入驻英格兰，自然一时难以改变其杀掠抢夺的本性。强道文化促成人的贪婪的本性在丹麦人身上也有充分的体现。丹麦人克努特成为英格兰国王之后，因其丹麦国王兄长去世，他又回到丹麦，当了丹麦的国王。1028年又继承了挪威的王位，一身任三国的国王，可见对权力贪欲到何等的程度。威廉一世当上国王后，通过强权将原英格兰人的财富全部剥夺给他自己和随从他一同打天下的诺曼底贵族们所有。一夜之间，英格兰人原有的财富化为乌有。他在政治上大搞任人唯亲，已经到了非我族类概不使用的程度，强权到了无以复加的程度。

第三，客观上加速了英国社会物产的丰富和商品经济的发展。罗马统治英格兰时期，在保留原来土著克尔特人农庄的基础上，建立起罗马大道，在人口集中的地方修建城镇和集市，将欧洲大陆的葡萄藤、樱桃树、萝卜、豆类、防风麦等新的农作物引入不列颠岛，在岛上大力发展养殖业，以饲养牛羊为主。罗马统治时期，英格兰的羊毛制品已经在欧洲享有盛名，行销各地。罗马统治时期不列颠岛上的经济以农业为主，但商品经济已经初具规模。岛上设有铸币厂，当时市场上使用的货币以意大利和高卢法币为主，货币主要用于购买当地生产或进口的食品，如食盐、不列颠岛自己生产的啤酒，以及进口的葡萄酒、陶器、服装、珠宝等。不列颠岛向外出口以羊毛制品为主，还有金、银、铜、铁、锡等制品，另外还有木材和奴隶。随着罗马时代结束，不列颠岛上的商品经济衰落，铸币在5世纪被停止，一直到7世纪才有所恢复，与欧洲大陆的贸易又活跃起来，恢复向欧洲大陆出口羊毛、木材、奶制品和奴隶。7世纪中叶以后，一些商业城镇设置在沿海沿河地区，如威塞克斯王国的南安普顿，肯特王国的福德威奇、多佛、萨尔桑德维奇等。伦敦城在这些城镇中规模最大。这些城镇人口众多、街道整齐，有着多种多样的生产作坊，生产众多商品，行销到海外及不列颠岛上各地。

威廉一世去世后，他的第二个儿子威廉鲁夫斯（1087—1100年在位）继承王位，但1100年8月2日在狩猎时被飞矢射死，其弟亨利一世（1100—1135年在位）继位。亨利一世死后，王权被其外甥、征服者的外孙、法兰西布鲁瓦的斯蒂芬（1135—1154年在位）夺取。但亨利一世的女儿马蒂尔达开始争夺王位。玛蒂尔达的丈夫是法兰西的安茹伯爵，她借助丈夫家族的势力与新上任的斯蒂芬国王展开了长达20年的战争，英格兰陷入混乱的战争之中。1154年斯蒂芬去世。1154年12月双方达成协议，王位由马蒂尔达的儿子亨利二世（1154—1189在位）继承，进行"亨利二世改革"，史称安茹王朝（又称金雀花王朝）。

亨利二世的改革以强化王权为主。亨利二世时期的英格兰统治疆域远超以前，除英格兰以外，还包括法国的诺曼底、亚奎丹和安茹等地，比当时法国直属领地大7倍。亨利刚刚登上王位不久，便将那些不太听令的、任地方贵族摆布的郡长撤掉，拆毁割据的城堡，之后开始改变兵制，原来的骑士服役40天，不适应于长期作战，于是改为强令每个骑士交10到20先令的免服役金（"盾牌钱"），并通过提高王室领地税收等办法，凑到一笔可以装备一支精良常备军的钱。这样既解决了国家组建一支装备精良的军队问题，也使骑士摆脱了兵役，专心做农庄的主人，经营农业和牧羊业。同时改革扩大了国王法庭的权力，于1178年设立中央常设法庭，骑士和自由民的一些重大案件可以绕过地方法庭直接向国王法庭上诉，同时设立了陪审团制度。亨利二世勤于政务，巡视四方，经常在马背上办公。在他执政时期的英格兰，虽然后期也因王位继承问题出现了一些纷争，但总的说来，国家社会出现了几十年的平稳发展时期。

亨利二世去世，他的二儿子狮心王理查德（1189—1199年在位）继位。继位后第二年，他与法王菲利普·奥古斯都共率大军开始第三次十字军东征。因其弟弟约翰在国内叛乱，便取道中欧返回，不幸在经过维也纳时被奥地利公爵利奥波尔德绑架，在交出 10 万英镑赎金后于 1194 年返回英国。回国后不久，就与法国进行长年的战争。1199 年 4 月，在战争中被飞箭射死。

理查德的突然去世，在王位继承上发生了很大分歧，因理查德没有合法的子女可以继承王位，按照诺曼底的长子继承制传统，王位应由他的大弟的儿子，12 岁的布列塔尼公爵亚瑟继任。但亨利二世的遗孀爱琳娜公爵和英格兰的贵族、诺曼底的贵族更倾向于理查德的幼弟阿奎丹和爱尔兰的领主约翰公爵。而卢瓦尔男爵和法兰西国王菲利普·奥古斯塔斯等则支持亚瑟。这场王位之争导致欧洲英法两大强国政治格局的变动。亚瑟眼见成为英王的可能性不大，就率领安茹王朝在西欧的所有领地投奔法国，向法王臣服。约翰于 4 月急忙自封为诺曼底公爵，5 月便赶往伦敦登上国王的宝座。英法双方开始打口水仗，并以战争威胁对方。法王向英国交付了 2 万银马克的赎金，用以抵偿理查德在法兰西的遗产。

约翰是亨利二世最小的儿子，史学家将其描绘成为卑鄙、无信、自私、纵情恣意、奢侈淫乱的君主，是历史上一切暴君中最凶狠的一个。他在继承王位的第三个月与昂古莱姆的女继承人伊莎贝尔结婚，提出伊莎贝尔应在欧洲大陆获得新的土地，便与法国发生接连不断的战争。约翰是个刚愎自用、性情多变、不听劝告的君主。在 1202 年至 1204 年的对法战争中，罗亚河以北包括诺曼底在内的大片土地被法国占领，约翰也因此获得一个"失地王"的称号。1205 年，约翰因在坎特伯雷大主教人选问题上与教皇意见不合，被教皇开除教籍，这又引发英国陷入 7 年的内乱。1212 年，约翰又被罗马教皇废除了王位。他在教会的重压下只好认错，答应英国每年向罗马教会交付 1000 英镑贡赋。1214 年布汶之战以失败告终。这些引起英国上下贵族及民众极大的不满，贵族在骑士和市民的支持下开始暴动。约翰为了挽救危机，不得不在民众的要求下签署了"自由大宪章"。

大宪章共有 63 款，其中有 25 条的内容保护贵族和骑士利益，只有 6—7 条的内容保护市民和自由民的利益。大宪章较为详细地规定了国王什么能做，什么不能做，是对国王权力和欲望的一种限制。如第 1 条规定，教会选举自由；第 2、第 8 条、第 37 条和 43 条是关于王位、爵位、财产继承、监护以及婚姻等方面的规定；第 9—11 条是关于巨额或长期负债的中上等阶层债务人，不能过分扣押财产和增加利息的规定；第20条是关于自由人、商人等犯罪应同样课以罚金；第61条是关于在国王破坏宪章的时候执行委员会可以发动战争反对国王。另外一些条款，是关于统一全国度量衡、地方执政官不可超越权限、国王森林领地范围和森林法官的权限等问题。在这些条款中最重要的条款：一是除封建义务规定的贡款赋税外，"王国内不可征收任何兵役免除税或捐助，除非得到本王国一致的同意""为了对某一捐助或兵役免除税的额度进行讨论，并取得全国的同意，国王应发起召集大主教、主教、寺院长老、伯爵和大男爵等等开会，讨论研究征款事宜"；二是"若不经同等人的合法裁决和本国法律之审判，不得将任何自由人逮捕囚禁、不得剥夺其财产、不得宣布其不受法律保护、不得处死、不得施加任何折磨，也不得令我等群起攻之、肆行讨伐。"

大宪章在英国历史上的出现，具有非凡的历史意义。

首先，它在当时的条件下体现了要求签定者的主体行为，是值得肯定的。它是当时国王的对立面，包括贵族和广大民众起来反抗国王，迫使国王在无奈之下签订的，其内容又是以限制封建王权为主，这在世界封建历史上是少见的。这无疑为历史开了一个十分好的先河，是人们对强权统治的反抗，是为自身谋利益并以条约方式固定下来的体现。

其次，它也说明强权统治不得人心，而且强权不是不可战胜的。权力社会，作为权力的受益者其本身也并非铁板一块，他们之间充满着权力和利益的争夺。即使这些权力的受益者在维护权力上完全一致，那么权力的受害者仍是人口之中的大多数，只要这大多数人不麻木不仁，不以出卖同类而为自己谋取利益，是完全有能力、有可能战胜权力者和权力集团，为自己在社会中争得生存与发展的机会。否则，让权力者吐出已吞进的利益，让他们放弃贪念和欲念导致的各种占有，就如与虎谋皮一样，不可能实现。

最后，人权斗争在人类社会是长期的，不可能一蹴而就，要有反复。

果然如此，约翰虽然签了大宪章，实为无奈之举，他是不可能遵守的。罗马教皇英诺森三世，为了拉拢约翰，宣布大宪章无效，于是又导致英国内战爆发。1216年约翰在内战中死去，9岁的儿子亨利三世（1216—1272年在位）继承王位，由伯爵威廉·马歇尔执行监护。1227年亨利三世亲政后，力图摆脱摄政大臣们的控制，不再向摄政委员会咨询政务，而是在王宫处理政务，用自己的私玺代替摄政大法官的官印，引起摄政大臣等人的不满，国王与贵族之间的明争暗斗。亨利三世开始削弱贵族的地方势力，1234—1236年在各郡设置没收土地的官员，对私人猎场和渔场藏匿的罪犯行使司法权，引起贵族们的恐慌与不满，纷纷在社会上散布谣言，声称这是亨利三世对大宪章的否定。1237年，亨利三世为自己和妹妹的婚事向国人征税，普遍引起市民阶层的反对。又因国王妹妹再婚违背宗教誓约反而得到国王的批准，更激起教俗两界贵族的反对，国王一度逃亡到伦敦塔避难。亨利三世见国内难以找到自己的支柱，便将赌注押在罗马教皇身上，对罗马教皇言听计从，罗马教皇在英国征税不加限制，只要教皇干涉意大利内政，亨利三世就给教皇提供兵源和14万英镑。1258年又将英国收入的1/3拨给教皇，这引起了贵族和民众的反抗，贵族发动兵谏，迫使亨利签署了比第一个大宪章对国王限制更多的《牛津条例》。这个条约规定成立15人的常设会议，其中大多数人是贵族。15人会议有权否定国王的决定。另外再成立一个12人委员会，12人委员会和15人常设会议每年召开三次会议，国王的一切措施须经他们的同意。御前大臣、大法官、财政大臣等，凡是国家的高级官吏须经这些人决定，否则不能任用。国王和官吏要宣誓遵守《牛津条例》。

《牛津条例》是国王与贵族之间斗争的集中表现。从产生这个结果的原因看，有亨利三世胡作非为、咎由自取的原因，更有贵族想架空国王而在英国实现以男爵们为主的寡头政治的考虑。这场内斗的实质是国王和贵族之间的权力斗争，因为《牛津条例》中见不到工商业主和广大民众的利益，也就是在与国王的斗争过程中贵族并没有拉上骑士、市民等阶层，自然骑士和市民没有在《牛津条例》上分得一杯羹。但社会上层却混乱不堪、内斗不已，导致社会动荡、民不聊生，也引起了骑士和市民们对《牛津条例》的不满。而贵族内部也分歧较大，各方面利益难以统一，反对《牛津条例》之声逐渐增强。亨利三世趁机宣布《牛津条例》对他没有约束力，这又导致了内战的爆发。1264年5月14日，孟福尔的联军在留威斯击败了国王的部队，亨利三世及儿子爱德华被俘。1265年1—3月，孟福尔等贵族召开了英国历史上第一次国会，邀请贵族和僧侣参加，各郡邀请两名骑士、每个城市两名市民参加会议，这便开启了英国等级君主制国会的形式。

但历史又朝着相反的方向发展。国王被俘，各地民众认为可以在混乱中取胜，就开始袭击各地的庄园主。贵族们见自己的利益不保，认为反对国王可能招致自己的利益受到威胁，就反戈一击，站在国王一边，结果1265年8月4日在埃夫哈姆战役中孟福尔阵亡，亨利三世又恢复了统治，但不久便去世了。

爱德华一世（1272—1307年在位）即位。这位被称为"苏格兰的锤子""威尔士的征服者"的国王，喜欢穷兵黩武，先后对威尔士、苏格兰、法国进行长期战争。苏格兰在13世纪20—30年代，亚历山大二世（1198—1249年在位）执政时期，是其历史上最好的时期。亚历山大二世趁孟福尔反叛之机，向亨利三世索要了英格兰北部诺森伯里亚和坎伯兰两郡。1238年，亨利三世的姐姐亚历山大二世的妻子去世无嗣，亚历山大二世便与法国贵族女子结婚，并于1241年生子，亨利三世关闭了两国陆上贸易通道及英格兰临爱尔兰海的港口。1244年，苏格兰归顺英国，亚历山大二世的儿子娶亨利三世的女儿为妻。1249年，亚历山大二世死去，9岁的亚历山大三世继位，向英王亨利三世行效忠礼。1294年英法战争开始，苏格兰见机于1295年与法国联姻，惹怒了英国。爱德华一世发兵攻入苏格兰腹地，迫使亚历山大三世退位，从此开始了长达半个多世纪的"苏格兰独立战争"。1307年，英王爱德华一世在出征苏格兰途中病死。爱德华一世是一位较有治世才干的君主，其最大的贡献就是在法律的制定上。据统计，在他统治英国35年里，颁布的法律数量高于16世纪以前任何一个君主统治时期，尤其在加强王权对法治的管理上，他在1278年颁布了《格洛斯特律令》，其中规定特许私立法庭必须有王家法官在场的情况下才能进行司法活动，这便将私人法院纳入国王的司法体系之中。

爱德华二世（1307—1327年在位）从父亲手中接下来的英国，因连年的战争导致国力疲惫不堪，负债累累。爱德华二世缺乏治世才能，所以统治期间政治混乱，经济更加衰败。由于无能，1327年被贵族控制的议会罢免，3年后遇害死去。

爱德华三世（1327—1377年在位）登基时15岁，史家对他的评价远好于爱德华二世，说他精明能干，谨慎小心，能很好地处理与臣民的关系，在与法兰西战争中，他不仅是一名统帅，还能冲锋陷阵，身先士卒。

法王查理四世1328年去世，但没有男嗣继承，于是王位继承引起了英法百年战争。按照法国的法律，爱德华三世的母亲伊莎贝尔因是女性不可继承王位，也不可能将王位给他儿子。法国贵族便立瓦卢瓦伯爵之子为法王菲利普六世（1328—1350年在位）。可按照英格兰的王位继承，则不分男女。所以王位继承问题，便成为两国权力争夺的焦点。但此时英王爱德华三世才15岁，无力提出他母亲继承法王的要求，还在1329年，爱德华三世为了保有他在法国的领地，向法王行了臣服礼。导致英法百年战争的另一个原因则与法国的佛兰德尔有关。当时佛兰德尔伯爵是法国的附庸，他与英国的关系密切。英国的羊毛运往这里的城镇，在这里的城镇生产成呢绒，又返销英国。法国作为宗主国一直想占佛兰德尔为己有。同时，英王在法国境内还拥有吉约那和加斯科尼领地，这对法国来说如芒在背。

1337年5月24日，法国派兵占领英王领地，并宣布没收英王吉约那领地。10月，英王则宣布拥有法兰西王位的继承权，双方立即发生海战。1340年6月24日，双方舰队在佛兰德尔北部的爱克留斯港发生激战，法国的172艘舰船被英国击沉142艘，法国海军失去战斗力，英国控制了英法海峡，将部队运往法国大陆。1342年，经教皇克莱门特六世的斡旋，双方停战。1346年春，战事又起。7月，爱德华三世亲率大军在法国北部登陆，迅速进军鲁昂和巴黎郊区。8月26日，双方会战于克勒西，法军死伤万余人。接着，英军又攻占了加莱，加莱城投降。加莱不仅是商港，也是军事要塞，从此一直到1558年为英国占领，成为英国在大陆进行羊毛贸易的中心站。1347年黑死病在欧洲流行，加之两国人疲兵乏，战事停止。从1355年算起，英国黑太子爱德华率军在法国南部波尔多登陆，双方会战于普瓦提埃，约翰和他的幼子腓力及17位伯爵同时被俘。1360年，两国签订《布勒丁尼和约》，规定爱德华三世无须行臣服礼便可拥有加斯科尼和吉约那，同时增加了北部的普瓦图、利茅辛、加莱、克雷西等地，法国还需交出50万英镑的巨额赎金。长期战争的鞍马劳顿，使黑太子于1376年病死，其父爱德华三世也于1377年死去，年长黑太子11岁的长子理查德二世（1377—1399年在位）继位。

理查德二世继位时，英国在欧洲大陆的领地已丧失殆尽，只有加莱、波尔多、巴约那和瑟堡几个港口和城市。1399年，理查德二世出征爱尔兰，他堂兄兰开斯特的亨利私下组织军队，在贵族和议会的支持下发动政变，罢黜理查德自立为王，即亨利四世（1399—1413年在位）。亨利四世即位后，自然遭到一些大贵族的反叛，均被他镇压。他采取与德意志、斯堪的纳维亚后、布列塔尼等邦国结盟，使他的王位得以巩固。1413年，亨利四世去世，其子亨利五世（1413—1422年在位）继位，此时法国内部陷入纷争混乱状态，这就为亨利五世乘机夺回先前失去的土地提供了机会。1414年8月，英国派使团到法国提出法国公主凯瑟琳嫁给亨利五世，法国并将庞迪厄和吉约那交还英国，遭到法国的拒绝。亨利五世便带军从阿弗勒登陆，英法百年战争进入后期阶段。阿弗勒很快便沦陷，1417年，亨利五世再次率军远征法国，这次他已不再仅仅满足于入侵法国，而是想实现他的政治抱负，即将法国变成他的领地。军队很快便占领了诺曼底的卡昂、法莱西、瑟堡和鲁昂等城镇，接下来许多法国的城镇接二连三地投降，致使法国的勃艮第公爵和奥尔良公爵倒向亨利五世。1419年，法王理查六世之子谋杀了勃艮第公爵，勃艮第公爵之子"和善者菲利普"继承爵位并与英王结盟，逼迫法王接受《特鲁瓦和约》。《和约》规定：废除法国太子继承权，英法共同拥戴一王。法王理查六世死后，由英王亨利五世继任法国王位，把吉约那及波尔多划归英格兰，公主凯瑟琳嫁给亨利五世。1420年，公主凯瑟琳与亨利五世结婚，1421年生子，取名为亨利。1422年，亨利五世去世，年仅10个月的亨利六世（1422—1461年在位）继位。几个月后，法王查理六世去世，依据《特鲁瓦和约》，亨利六世继位法王，成为英法两国的国王。与此同时，法国太子拒不承认亨利六世为法国国王，在布尔热宣布继承王位，自称查理七世。

此时英法之间的战争并没有停止，英国军队将法国军队围在奥尔良。奥尔良是通向法国南部的咽喉，战略地位十分重要，能否保住奥尔良直接关系到整个法国的生存。此时英法之间已不再是王权之间的战争，已经成为法国人民起来抗击英军侵略性质的战争，所以引起法国人民的大反抗，贞德就是法兰西民族反击英国侵略的代表。英军的烧杀抢掠，激发了她强烈的爱国热情，她决心把王太子的权威树立起来，这样有利于呼吁人们抗击英军，于是她决心要见王太子。1528年5月的一天，她到了沃古勒尔城，见到城防司令官波德黎库尔。贞德对波德黎库尔说："上帝派我来拯救法兰西，为查理加冕。"波德黎库尔派兵护送贞德去见王太子。见到王太子的贞德说："给我军队，我要立即去拯救奥尔良城。"王太子同意了贞德的请求。1429年4月27日，贞德手持王太子赐给他的宝剑，骑着一匹白马，率领7000名法军向奥尔良城进发。4月29日晚，贞德突出重围，进入城内，给城内人民带来了信心与希望。5月4日，奥尔良城保卫战开始，首先攻占了要塞桑鲁，5月7日又攻占屠棱，5月8日被英军围困209天的奥尔良终于解围，英军撤围，这给法国人民带来极大的鼓舞。6月18日，法军在帕泰战役中大败英军，英军统帅塔尔博特被俘。贞德的军队也不断壮大，此时已达3万人。7月16日，贞德军队解放兰斯，第二天王太子在这里登基，称查理七世。贞德于1431年因法国贵族设计被俘焚死。法军逐渐收复失地。导致英法战争中英国失败的原因是勃艮第公爵的反水。法王查理七世答应勃艮第公爵要严加惩处刺杀其父的奥尔良派分子，并答应赐给他大量的新土地，这使勃艮第公爵丢弃英国而倒向了法国一边，力量的天平倒向了法国。1436年，英国军队撤出了巴黎，1450年又撤出了诺曼底，1453年英军撤出了加斯科尼。英国除加莱之外在法国再无土地。百年战争至此结束。

百年战争的失败，导致了英国国内矛盾的总爆发。英国国内权力集团之间的矛盾错综复杂，形成多个权力利益集团。百年战争一方面掩盖着这种矛盾，随着战争的失败促使权力集团的矛盾爆发了。探究其原因，一是英国各派贵族积极参与百年战争，他们希望通过战争得到原来得不到的好处，名正言顺地扩充自己的军事实力，即私人武装；二是百年战争后期，亨利六世继任年龄才10个月，大权自然落在辅佐大臣身上。百年战争结束时，亨利六世已至而立之年，应该是执政的最佳年龄，但因1453年的卡斯蒂永之战英军惨败，致使亨利六世身心俱疲，患上了精神疾病，从1454年开始至1456年无法亲政，成立了一个摄政理事会，由摄政王约克公爵理查执政。约克公爵理查是爱德华三世第五子的后代，母亲是爱德华第三子的后代，现在又掌摄政大权，自然引起王后玛格丽特的猜忌。双方矛盾由来已久，就形成了两大政治集团，斗争也愈演愈烈。1455年，亨利六世再次亲自执政，玛格丽特将摄政王理查赶出王宫，并与亲王派贵族结盟。理查不甘心失败，决定用武力夺取王位，终于导致历时30年的内战爆发，史称

"红白玫瑰战争"。[1]

战争始于 1455 年圣阿尔班战役，约克家族获得大胜，兰开斯特家族惨败。经过谈判，亨利六世再次以抱病为由予以妥协，约克公爵理查重新担任摄政王。1459 年，玛格丽特再次说服亨利六世罢免理查的摄政王，理查便于 1459 年 9 月 23 日再次发动战争，双方在路孚德桥激战，这一场战争兰开斯特家族获胜。1460 年，约克家族又发动战争，双方在 7 月 10 日激战于北安普顿，这次约克家族取得决定性胜利，亨利六世被俘。理查本以为能从此登上王位，无奈英格兰贵族投票没有通过，只好接受调解，即成为亨利六世的王位继承人。这一结果遭到王后玛格丽特及兰开斯特家族的坚决反对，在英格兰的北部组织了 2 万人的军队，于 1460 年袭击了奥克菲尔德，理查兵败，理查、萨尔斯堡勋爵、理查 17 岁的儿子瑞伦伯爵埃德蒙阵亡。玛格丽特下令将他们的头挂在洛克的城门上。但在另一战场中，理查的长子爱德华于 1461 年 2 月 2 日在莫蒂斯克罗斯大败兰开斯特家族，并于 2 月 26 日进入伦敦，3 月 4 日在伦敦加冕国王，为爱德华四世（1461—1483 年在位）。随后率兵与亨利六世大战于陶顿，兰开斯特家族再次惨败，多数首领被杀，约克家族取得决定性胜利，亨利六世被俘囚于伦敦塔内。

这时约克家族发生内讧，实力雄厚的沃里克伯爵与王弟克拉伦斯公爵联手，在法国路易十一的斡旋下，同亨利六世王后玛格丽特结成同盟，废除爱德华四世，1470 年亨利六世复位。爱德华四世逃往尼德兰，在勃艮第公爵的支持下，又重新聚拢部队，并于 1471 年 3 月率军回到英格兰，亨利六世和儿子被杀，兰开斯特王朝从此消亡。

爱德华重新执掌英国之后，曾远征苏格兰，但无功而返。他也曾经试图夺回法国王位，但终未成功，最后死于 1483 年。同年 4 月 9 日，他 12 岁的长子成为继承人，但被其叔父格洛斯特公爵将他和弟弟囚禁在伦敦塔内。权力落在爱德华三世的弟弟"北部之王"理查三世手中。理查三世执掌王位仅两年，便死于博斯沃思战役。在理查三世执政时，兰开斯特家族的亨利·都铎伯爵势力崛起。亨利的母亲是爱德华三世第四子的后裔，他率军在博斯沃思与理查三世交战，理查被杀，亨利·都铎成为英格兰国王。为

---

[1] 亨利家族即兰开斯特家族的徽章是红玫瑰，约克家族的徽章是白玫瑰。

了停止两大家族的厮杀，亨利把红色玫瑰和白色玫瑰的徽章改为白色花心玫瑰，娶约克家族的第一继承人伊丽莎白为妻，从此开启了都铎王朝的统治时期。

亨利七世（1485—1509年在位）几次成功地镇压了约克家族的反叛。为了巩固自己的权力，实行了政治改革。他解散了贵族咨询会议，以枢密院取代贵族咨询会议的职能，在地方启用绅士管理行政和司法工作，治安法官由国王大法官直接任命，加强了王室对地方治安法官的控制。军事上解散了贵族的私人武装，建立一支庞大的雇佣军武装。财政上，没收在红白玫瑰战争中死亡贵族的土地，通过法庭判处1300名贵族为叛国罪，没收其土地归王室所有。经济上积极发展海外贸易，每年王室海外收入4万英镑，同时减少不必要的王室开支，在经济上大力支持工商业发展，禁止英格兰羊毛尤其是优质羊毛出口，甚至半成品呢绒都不得出口，为毛纺织业提供足够的原料供给。亨利七世的统治使英格兰经济得到迅速发展。1509年，亨利七世去世，儿子亨利八世继位。

亨利八世（1509—1547年在位）的第一任王后是哥哥亚瑟的遗孀凯瑟琳。凯瑟琳是西班牙的公主，亚瑟去世后，亨利七世考虑到与西班牙王室的联姻，劝亨利八世娶了凯瑟琳。凯瑟琳为亨利八世生了5个孩子，4个夭折，只有女儿玛丽·都铎活了下来。亨利提出与凯瑟琳离婚，罗马教堂反对，认为凯瑟琳并没有什么过错，亨利八世的离婚违背天主教教义，这导致亨利八世与天主教决裂。亨利八世与天主教决裂，离婚仅仅是个导火索。英格兰与罗马教廷的矛盾由来已久，主要原因是教会在英国的行为与英国正在兴起的资本主义精神背道而驰。首先，教会阻碍王室财富的扩张。亨利七世时，通过没收一些贵族的土地，使王室的土地和财富得以扩大，而教皇占有大量的土地和教会在各地滥征税收，影响了亨利八世聚敛财富的计划，自然成为下一步攻击的主要目标。其次，由于以前的英王多依赖教会维系自己的权利，致使一些教士有恃无恐。行为不端、生活腐败，而且成为了享有特权而不事劳作的消费阶层，这便引起整个社会的不满，尤其是与新兴资产阶级的主张格格不入。最后，主教和教会法庭滥用司法，秘密审判，大有与国王的法制体系相抗衡的趋势。

亨利离婚的诉求得不到罗马教皇的批准，亨利就宣布教皇没有权利干涉世俗婚姻。教皇则宣布将亨利八世逐出天主教。于是亨利八世改支持新教，开始宗教改革。亨利八世有两位得力的助手，一位是托马斯·沃尔西，1515年被任命为英格兰大法官和枢密院首席大臣。1518年，亨利八世又迫使教皇任命沃尔西为教皇全权使者，从而使英格兰的教士服从于都铎王朝的管制。但1530年，亨利以作为教廷使者没有完成离婚案处死了沃尔西。托马斯·克伦威尔，是继沃尔西之后亨利八世的心腹，成为都铎王朝政策的制定者。在1536—1540执政期间，他为没收修道院的财产进行了不屈不挠的斗争，因政敌以反叛罪告发，1540年被亨利八世处死。

在宗教改革中，亨利八世通过克伦威尔实现解散修道院的目标。到1540年3月，英格兰最后一个耶路撒冷圣约翰骑士团修道会被解散，将所有的修道院的财产转交给政府，其中大部分转到王室和世俗贵族手中。到1539年，共有560所修道院被禁止，年收入13.2万英镑的土地落入"王室岁入征收法庭"。原来修道院向苏格兰、威尔士教区举荐2—5人的圣职候选人的权利也归国王所有。亨利八世又将英格兰重新区划为彼得伯勒、格洛斯特、牛津、切斯特、布里斯托尔和威斯敏斯特6个教区。亨利八世死于1547年1月28日，死前任命16名改革派辅佐年仅10岁的爱德华六世。

爱德华六世（1547—1553年在位）即位，政权由辅佐大臣掌握，继续打击英国天主教势力，支持新教。1553年7月，爱德华六世病逝。逝世前，爱德华六世将王位传给表亲简·格雷。依据长幼顺序及爱德华六世的遗嘱，王位本应该由亨利八世与发妻凯瑟琳之女玛丽继承，但玛丽信奉天主教，爱德华六世担心之前宗教改革的成果付诸东流，故将王位传给简·格雷，但没想到格雷当上女王仅仅9天就被玛丽的支持者杀害。玛丽（1553—1558年在位）当上国王，马上为天主教翻案，让流亡在外的天主教枢机主教波尔回到英格兰，任命为坎特伯雷大主教；恢复异教审判和火刑，并镇压新教徒，烧死克莱默大主教及新教徒274人。玛丽不听枢密院和议会的劝阻，与西班牙国王查理五世之子11岁的菲利普结婚，出现了两人共同为英格兰国王的局面。1556年，菲利普继承西班牙王位，将英格兰也拉入西班牙与法国的战争之中，致使英格兰丢失在大陆最后一块土地加莱。1558年，玛丽和波尔主教相继去世，伦敦人敲钟欢庆。比玛丽小19岁的同父异母妹妹伊丽莎白公主继位。

伊丽莎白（1558—1602年在位），史称伊丽莎白一世，她统治了英格兰45年。在她统治时期，英格兰的社会出现了鼎盛局面，被称为英格兰历史上的黄金时代。伊丽莎白·都铎生于1533年，母亲安妮是亨利八世的第二任妻子。安妮被亨利八世指责与人通奸，而与之离婚，所以伊丽莎白被认为是私生子而留在王宫。伊丽莎白执政后，重新将新教立为国教，但并没有像她姐姐那样打击迫害天主教，而是实行一定的保护措施，出现了天主教与新教在英格兰相融的局面。这样，使由于宗教改革而带来社会混乱的英格兰从此走向了稳定。

亨利八世从亨利七世手中继承了一支皇家海军，总计有各种船舰15艘，由于英格兰海上贸易的发展以及没收修道院的土地等措施，有大量的资金收入支持亨利八世建立一支强大的皇家海军，扩建了朴茨茅斯皇家海军造船厂，又于1517年建成德普福德船厂，英格兰皇家舰队扩充至53艘。随着英格兰海军实力的增加，激发了英王室对海外财富的渴望，鼓励海外扩张掠夺，鼓动冒险家航海探险，到海外寻找更多更大的领地。伊丽莎白继续坚持发展英格兰海军的战略，将大量的资金投入海军建设，使英国海军的实力比亨利八世有所增强。1585年8月，英格兰与尼德兰联省共和国结盟，派出海盗兼商人德雷克带领29艘船只，2300人跨过大西洋去攻占西班牙在美洲的殖民地，结果大获全胜，凯旋而归，掠夺来了大量的财宝。12月，女王又派莱斯特伯爵去占领尼德兰的弗拉辛，却失败而归。英格兰与西班牙不断交恶，终于爆发了1588年海战，此战英格兰海军重创西班牙的无敌舰队，确立了英格兰世界海上新霸主的地位。

伊丽莎白一世虽然因软禁苏格兰女王玛丽而与罗马教皇交恶，教皇发出训令，革除伊丽莎白的教籍，废除其王位，但伊丽莎白下令不允许有人将训令带到英格兰，如有人这样做，则以叛国罪处死。同时，在英格兰建立独立的安立甘教会。

伊丽莎白终身未嫁，以她的才华和身份，自然引来很多大陆国家王室男性的青睐，希望与她保持良好的关系，以图能缔结良缘。伊丽莎白对所有追求她的人都表现得模棱两可的态度，这使她很顺利地周旋于欧洲各国之间。据说伊丽莎白有一个观点，即如果她与欧洲其他国家的王室成员结婚，有可能像他姐姐玛丽那样使英国很难保持政治上的中立，英国将再次陷入欧洲各国纷争之中。为了英国，她只好放弃成家的想法。

　　伊丽莎白心狠手辣，对威胁她王权统治的人从不手软。玛丽·斯图亚特是伊丽莎白的表侄女，也是苏格兰的国王，还想将来继承英格兰的国王，故于1565年与亨利七世的重孙、她的表弟恩利伯爵亨利·斯图亚特结婚。由于玛丽信奉天主教以及与苏格兰贵族的矛盾加深而被废除王位，于是她逃到英格兰伊丽莎白处避难，被伊丽莎白软禁起来，并于1583年处死。亨利七世的女儿玛丽·都铎的外孙女也有继承王位的资格，伊丽莎白一世便以其私自与爱德华·西摩伯爵秘密结婚为罪名将她囚禁起来。为了防止贵族势力的增强威胁到自己的统治，便严格限制贵族阶层人员的增加。她在位45年，只给8个人授予了贵族的爵位，而在8人中只有一人授予伯爵爵位，而其他7位只授予男爵爵位，并极力压制权高位重的人，枢密院人员由原来的39人减少到只剩下14人，尽量把重要的大权都揽在自己手中。

　　伊丽莎白统治英格兰45年，成为日不落帝国的奠基国王。其主政时期被称为伊丽莎白时代。这时，社会出现3个比以往更为明显的特征。一是，社会贫富差距不断拉大，社会固定人口和流动人口的比例不断上升，主要原因是从亨利七世以前贵族土地的转移和宗教改革导致对修道院土地的没收的结果。二是工商业尤其是羊毛业及海外贸易得到迅猛发展；三是社会上涌现一批新兴职业人员，如律师、教师，自然科学界、社会科学界的专业人士等。

　　大量流动人口出现，进一步刺激工商业发展，为工商业提供了人力基础，财富的集中、大土地者的出现，使更多的人走向赤贫化，又给工商业的后继发展提供了人力保障。当时经济上农业、畜牧业、工商业并举，这就使英格兰的农民身份复杂，尤其是有中等地位的人，他们既是农民，同时还兼做小商人、手工业者和小店主。工商业的发展也吸纳着大量的流动人口。在威廉·哈里森的著作中，他把1577年英格兰的居民分为4个等级：第一等是国王、贵族、骑士、普通乡绅；第二等是城市中享有公民特权的市民；第三等是乡村的约曼农，这些人有的是占有地产，年收入40先令，有的是地产承包人；第四等包括计日工人、农夫、手艺人、仆役等。

　　工商业及羊毛业的发展，使英格兰海外商品的占有率得到了提高，大量的工业品因国内市场饱和、过剩而行销海外，而向海外行销商品就需要强大的海军力量，从而进一步刺激了英格兰海上武装力量的发展。

律师、教师、科学家、社会科学家的出现，使个人主义和资本主义的价值观得到进一步的提升。自然科学和社会科学的知识得到进一步的普及，改变了以往基督教垄断文化的局面，人的思想开始逐步摆脱了神学的藩篱，逐渐走向开化和解放。

1603年，苏格兰国王詹姆士六世继任英格兰的国王。詹姆士是苏格兰女王玛丽·斯图亚特的儿子，亨利七世的玄孙，史称英格兰詹姆士一世（1603—1625年在位）。他在即位前有长达20年统治苏格兰的经验，而且是一名温和的新教徒。这些是他统治英格兰的有利方面，但也有不利方面，他的形体长相不尽如人意，说他的双腿佝偻，舌头肥大，语言含混不清，吃饭饮酒很不雅观。还有人说他是同性恋者。更为致命的是，因为他父亲恩利勋爵被刺杀，母亲苏格兰女王玛丽被伊丽莎白囚禁处决，这对他影响很大，致使他总是疑神疑鬼，对任何人都过分奉承。詹姆士一世博学多智，尤其是酷爱神学辩论，这一特点使他对巫术极为反感和憎恶，坚信天赋王权。他认为并宣称国王拥有上帝赋予他的统治权利，是所有法律之源。

詹姆士一世接手的英格兰在原来伊丽莎白盛世的光环下有着被人忽略的一面，即在伊丽莎白后期，由于同西班牙旷日持久的战争，国力消耗殆尽。每年与西班牙的战争要耗费25万英镑，这笔开销使英格兰入不敷出。伊丽莎白被迫于1588年出卖了价值12.6万英镑的土地，1599—1601年又出售了价值21.6万英镑的土地。1603年，英格兰所欠的国债已经达到36万—37万英镑。詹姆士一世的英格兰，在亨利八世以后的100年里，主要消费品的平均价格与从前比上涨了488%。除了经济状况不尽如人意之外，如何处理宗教问题，也是他碰到的棘手问题。"清教"出现在16世纪70年代，一些新教徒不满意宗教改革后的英国国教，他们主张清除国教中的天主教色彩。在伊丽莎白时期，清教徒受到迫害。詹姆士即位后，清教徒希望得到他的支持。但1604年召开的汉普顿会议，詹姆士扮演了调解人的角色，希望清教徒与国教妥协。清教徒在得不到詹姆士支持的情况下大批逃亡欧洲大陆的荷兰。1620年，一些英格兰的逃亡者和清教徒登上"五月花号"，从普利茅斯出发前往美洲，这是第一批英格兰向美洲的移民。詹姆士在苏格兰许诺对天主教采取宽松政策，但当上英格兰国王后，不仅没有采取宽松的政策，反而重申了伊丽莎白时期的反天主教的法令，这导致了一些天主教徒策划了"火药阴谋案"，计划在1605年11月5日炸死国王、上院和下院的人，结果因人告密而失败。詹姆士对天主教徒进行了镇压。

詹姆士一世将自己扮演成和平君主的角色。他即位后的第二年便结束了与西班牙长达15年的战争。从1604年起，他便以大不列颠国王的名义统治着英格兰和苏格兰。他尽可能调节王室与议会的矛盾，与议会的关系较为和谐。尤其是1610—1621年，议会形同虚设。这期间，詹姆士没有召开过一次议会会议。詹姆士死于1625年3月，次子查理继位。查理一世（1625—1649年在位）登基时25岁。由于口吃，所以不苟言笑，表情冷酷，做事情也优柔寡断。詹姆士在执政时，虽10年间不曾召开过议会会议，但国王和议会之间相安无事。詹姆士在执政的最后3年里曾两度召开议会。而到了查理时，国王与议会之间的矛盾开始对立尖锐，议会拒不配合，阻止通过查理的财政及宗教决议。议会通过审判弹劾白金汉公爵，查理却为了宠臣白金汉公爵，便于登基不久就解除了议会。由此，查理一世便在17世纪30年代没有召开过一次议会会议，实行一人独裁，被称为"十一年暴政"。但在这11年里，王室的财政经济得到增长，总税额从1635年前的30万英镑，到1636年时已经达到了50万英镑。查理一世与英格兰广大人民群众的关系也逐渐恶化。查理一世于1633年重用威廉·劳德为坎特伯雷大主教。劳德倡导罗马天主教的信仰与仪式，这使那些清教徒的英国人感到被国家抛弃。劳德打击迫害清教徒，还攻击俗人侵占教会资产，影响教会的裁判权等。从法国来的王后亨利埃诺·玛丽亚每天都请天主教牧师在宫中做弥撒，还鼓动一些宫廷夫人信奉天主教，这使英国人担心天主教复辟的可能。所以，查理统治时间过半时，已经不得人心了。事情的发展愈加严重，到了17世纪30年代末期，查理陷入严重的财政危机。在迫不得已的情况下，于1640年4月13日召开议会，但议会并没有按照查理的意愿通过征税法案，而是对查理的执政提出责难。查理一怒之下解散了议会，史称"短期议会"。这时英格兰和苏格兰的战争使英格兰军费难以应付，军队面临兵变，只好于1640年11月3日再次召开议会，寻求议会的支持。议会迫使国王逮捕劳德大主教和斯特拉福伯爵，又乘机通过了有利于自己的法案，规定不经议会本身许可，任何人都无权解散议会，并且规定，议会每三年召开一次，还提出废除森林法及造船费等非法征税。这次议会史称"长期议会"。从此以后，议会与国王之间的矛盾进一步加深，已到了难以调和的地步。但议会自身又发生分裂，一部分人主张应该限制王权，但不可用议会的力量去打压王权；王权与议会应该是一种互相制衡的关系，主张回到过去的"王在议会"；在宗教上虽反对劳德的亲天主教倾向，但主张保留主教制，保留国教在国家的正统地位。另一部分人的主张与此截然相反。

1641年10月，爱尔兰发生叛乱，国王派出将领前去平叛，但议会反对由国王派出将领，这就涉及谁是国家最高主权的问题。就这一问题，议会出现两种声音，于是就召开《大抗议书》的表决投票。最后以11票的多数票获得通过，但双方票数接近。面对议会的分裂，查理于1642年1月率亲兵进入议会，试图逮捕议会领袖。5位议会领袖事先撤离，躲进伦敦城，市民自发武装保卫5位领袖。查理见自己在此已不得人心，便离开伦敦去了北方，一些贵族和一半的议员随之北上，这些人便成为了王党。1642年8月，查理在诺丁汉城竖起王旗，斥责议会背叛了国家，背叛了国王，要予以清剿，从此内战开始。

10月23日，国王军队向伦敦进发，一路顺利，在牛津设立王军大本营，战局对议会军不利。议会为了改变局面，与苏格兰结盟，英格兰议会同意立长老教为国教，并为苏格兰军队提供军费。1644年战局发生改变，7月，与王军在马斯顿荒原的战役中，英格兰苏格兰联军杀敌4000人，俘敌1500人，王军失去优势。在这场战役中，克伦威尔的"铁军"名声大振，从而也使他成为议会阵营中权势最大的将军。6月14日，议会军大败查理一世和鲁波特亲王率领的军队。1646年6月，查理一世向苏格兰军队投降，内战第一阶段结束。1647年1月，苏格兰军队将查理一世移交给英国议会，议会就开始与国王谈判。

这时，议会的阵营内部发生分歧。议会中多数人是长老派，这些人对克伦威尔的新军心存戒备，而军队对谈判中提出设长老教为国教十分不满。这意味着要对独立派进行镇压，双方的分歧越来越大。查理国王也乘机不接受议会提出的《纽卡斯尔建议》。6月，军队把国王控制起来，关在军中，8月，军队进入伦敦，将11名议会领袖，驱出议会，开始由军队与国王谈判。8月底军官提出《建议要点》，其中：一切教派合法存在，不能将长老派强加于国人，国教的主教没有特殊权力；解散"长期议会"，扩大选举权，实行新的选举。国王拒绝了这些建议。但《建议要点》使军队发生变化，在中下层军队中，出现一个叫"平等法"团体，以罗伯特·李尔本上校为领袖。这些人主张改变政治制度，主张人人平等，并提出一个《人民公约》，主要内容是：人民是国家权力的源泉，因而应废除王权，废除上议院，建立由人民普遍的议会，由议会行使国家的主权。同时还提出"人权"的概念，包括人的信仰自由，不可强行服兵役等权利。平等派还提出改革司法，废除什一税及国家教会，取消各级贵族的特权，放开圈地，保障土地租佃等要求。

为了解决军队内部平等派与独立派的分歧，双方就《建议要点》与《人民公约》进行了辩论。双方无法说服对方，克伦威尔便强行终止了辩论，平等派的领袖被关进监狱，对士兵在全国闹事者严惩，并当众枪决了一个为首者，到了1650年，平等派退出英格兰的政治舞台。

在辩论期间，1647年11月11日查理一世从安普顿宫的监狱逃跑，藏在怀特岛的长里斯布家克城堡中。1647年12月，查理一世与苏格兰代表团签署协议，1648年7月，苏格兰军队进入英格兰，第二次内战爆发。面对新的危险，军队中的独立派与平等派再次合作，克伦威尔答应平等派取消上院，审判国王，释放以前被捕的军官。双方战争持续了几个月时间，最后苏格兰军队被击败。1649年1月30日，查理一世被处以死刑，对英格兰议会进行清洗，驱逐了140名长老派议员，剩下90名左右的独立派议员，史称"残缺议会"。

查理一世被处死后，英格兰国王位置空缺了11年，被史学家称为"大空位"时期。由"残缺议会"宣布成立英格兰共和国，废除王制，取消上院，下院由人民选举产生，产生后的下院行使国家主权。这一结果反映了军队中平等派的政治诉求，人民主权思想在人类思想史上第一次被写进文献，被国家公开承认，人民至上的理念第一次被提出，被认可，这在当时各国都产生巨大的影响。

人类社会出现天道的曙光。但可惜的是，"残缺议会"的治国理念得不到英格兰人民的响应，历史上人民一直是政治家手中的玩偶，从来没有当过历史主角。这种对人民的漠视，使得"大空位"时期的治国理念如一道划破黑夜的流星消失得不见踪迹，最终没有给人类社会留下任何的启示与反思，便沉睡在不为人知的历史岁月之中。

当时，国家的实际控制权在军队，具体地说在克伦威尔手中。军队不喜欢"残缺议会"，"残缺议会"也不喜欢军队，但为了支撑国家的局面又不能不相互合作。议会通过决议，成立负责国务的行政院，行政院的主要人员由议会投票任命。

这时的共和国处于风雨飘摇之中，一方面国内经常发生王党叛乱，爱尔兰、苏格兰提出拥立查理一世的儿子为新的国王，一些新教徒和天主教教徒也都参与了反英格兰的反叛。1649年爱尔兰立查理二世为国王。1649年克伦威尔率大军征讨爱尔兰，英军攻破德罗赫达城后，屠杀城里所有的男子，就连神甫都不放过。大军所到之处，若遇抵抗，破城即行屠城，终于于1650年夏天控制住了爱尔兰的局面。1650年，克伦威尔在邓巴尔击败了苏格兰军主力，1651年又在伍斯特战胜苏格兰军，查理二世逃亡到法国，克伦威尔将苏格兰纳入英格兰的版图，苏格兰和英格兰统一为一个国家。1652年议会同意克伦威尔提出的解决爱尔兰的法案，其中对5类共计8万人处以死刑，并没收全部财产，其他参与叛乱的人没收2/3的土地，另1/3的土地要在远离家乡的地方才能得到补偿。克伦威尔将这些土地分给随他征战的士兵，从而爱尔兰失去了大多数的土地。克伦威尔将爱尔兰变为英国的殖民地。

克伦威尔征服爱尔兰、苏格兰后回师英格兰，敌人被消灭后，议会和军队的矛盾便凸显出来，成为当时主要矛盾，双方关系紧张以至公开化了，围绕着权力和利益之争，双方剑拔弩张。这时双方已与共和国初期完全不同，而这时"残缺议会"的议员和军队的上层双眼紧紧盯着这胜利之后的硕果如何分赃，自己该怎样去获得。"残缺议会"是由两部分人组成的，一部分人是政治上的狂热分子，这些人坚守共和国的理念，信仰自由，但又提不出如何改变当下社会的方案，空有一些口号、热情而已，连自己都不清楚下一步应该如何走，更不知怎样带领人们去实现政治抱负，建立一个真正意义上的人民当家做主的共和国。另一部分人则是当时的投机分子，这些人没有什么政治主张，只想通过参与议会能让自己多得到一些利益，多分一杯羹而已。既然国王已经不在位了，就应该保持既得的权力，使自己永久享有利益。而军队已经不是当年与专制的查理国王作战，为摆脱查理的统治而战斗的军队，已经成为四处烧杀掠夺，并通过战争使参战人员都能分到土地的军队。军队一旦没有为了理想而战斗的思想，它必然成为权力者的暴力手段与工具，成为权力者统治社会的基础，而必然站在人民的反面。军队的士兵固然因为战争得到实惠而欢欣鼓舞，成为军官们的铁杆与死党，而军官们除了得到经济收益之外他们更觊觎政治利益，但议会成为他们政治道路上的绊脚石。议会认为武夫不懂治国，军官则认为天下是我们打下来的，打下天下自然要坐天下。而当时的英格兰人民呢？查理一世的专制统治、独断专行、横征暴敛，导致了英格兰人的不满，故支持议会和军队，但自从国王死了以后，英格兰人认为处死查理一世，是否做过了头，更为重要的是新的共和国并没有给社会带来和平和安全的保障，共和国的治国理念和原则成了一纸空文，人们追求的自由也没有得到，相反议会中的议员和军队的官员和士兵每个人都变得脑满肠肥，人民却被抛弃了。所以，人民便失去了过去的热情，变成了社会政治的看客。

1653年4月，克伦威尔派士兵驱逐解散议会，这便开始了世界近代史上的第一次军事政变，这意味着英国革命彻底地迷失了方向，取代议会的是一个更为强权的军事集团，或者是一个军事独裁者，那么，当年革命的意义在哪里？革命的成果又在哪里？是人民得到好处，还是议会派得到了好处？英国革命彻底地失败了，只不过还是你方唱罢我登场的一场闹剧而已。

于是在军队的控制下，又由140人组成新的议会，其中绝大多数是由各地的独立教团推荐的，以保证独立派在议会中的操控地位，但这届议员仍得不到军官集团的满意，仅存在半年多的时间便被解散了。军队决意自己掌握整个国家的权力，抛出一个《政府约法》的文件，其中两点最为重要：一是克伦威尔担任护国主，护国主负责整个国家的行政事务；二是由选举产生议会，议会负责立法，议会可以否定护国主的决定，使所涉及的法律生效。从理论上讲，议会的权力是至高无上的，因可以否定国王对法律的否决，使法律在得到国王的否决后仍然可以生效，但关键在议会成员的选举和议会成员对法律提案的表决程序上，实际上议员的选举和议员对法律提案的表决都在军队的操纵下进行，这就很难选举出真正代表民意和正义的议员以及表决时违背良知的事情不会发生。正是由于军队严格操控议会，使新议会一产生便与军队发生了矛盾，议会要求修改《政府约法》，反对军队对议会的操控和对国家的专制；而军队则要求维护对各种教派的宽容，用教派在社会中的一切权力来抵制议会的权力。双方互不让步，以致无法调和，于是克伦威尔便下令解散议会，历史与现今惊人的相似，和导致英国革命爆发的导火索——查理一世解散议会一样，克伦威尔本想设立一个傀儡议会，可当实际有悖于他的初衷时，他便露出强人政治和军事独裁的真实面目，而过去詹姆士一世也好，查理一世也好，他们手中都不握有强大的军队实权，而克伦威尔手持军队王牌，反对他的人连反抗的机会都没有。

此时的克伦威尔已经无所顾忌了。他直接把全国分为11个区，每个区的行政长官由他指派的军人担任，长官在他所管辖的区负责一切行政事务，长官的决定不能违背，如征税、征兵等等，这些毫无王法，只凭长官意志，就连司法断案也全由长官胡来。这等于在全国全面实行军队管制，且胡作非为，目无国法，毫无纲常。这种强制限制国人自由，不能饮酒，不能赌咒，不能在街市中"闲逛"，在安息日必须呆在家中，店铺不能营业。士兵荷枪实弹地在城市中巡逻，发现有可疑者立即逮捕，整个社会就如人间炼狱。

为了维持军队统治的局面，需要财力保障，要在全国开展税收，克伦威尔又将议会推了出来。议会的召开是在军队的监控下进行的。议会中，议员们还是提出修改《政府约法》等现行法规，制定新的国家宪法。克伦威尔让议员们拿出新的方案，议员们送上了一份《谦恭请愿与建议》，其中建议：克伦威尔晋升为国王，王朝世袭；设"另一院"，实际就是上议院。这个方案是议会退而求其次的做法，即如今的护国主史无前例，没有任何法规对其约束，而且军队及各地"长官"肆意妄为，无拘无束，还不如用旧的国王体制将其约束才好，重新恢复到君主立宪的体制，表面看来是对克伦威尔给予莫大的尊荣，实际上通过这种办法进行一定程度上的束缚。此方案对克伦威尔有一定的诱惑作用，他犹豫了很久，最终由于军官的反对而拒绝接受王位，却接受了其他内容。1658年设立"另一院"，克伦威尔将自己的亲信选进"另一院"，两院开会时，双方就其权限等问题争论较大，克伦威尔又将其解散，想重新再组成议会，但在1658年的9月3日，克伦威尔去世。

这便是西方近代强道理论奠基者霍布斯所处的历史背景。

二、英国历史的反思

一部英国的历史，我们从中更多看到的有两个字：争夺。争夺权力生存空间、争夺权力生存时间，与争夺有形的、无形的占有是争夺的全部内容。

（一）争夺权力生存空间。

人类本来没有权力和生存空间的限制，最初的人只有头顶上那片星空，脚底下那片土地，空间为大家所有共有。突然有一天，严格地说，在这一群人中那位最有权势的人开始给自己和别人规定了生存空间，人们就乖乖地服从这种划分，空间就有了个人的属性。这种"个人的属性"一旦被确立后，就如急剧传染的恶性病毒，开始侵袭着每个人肉体的和精神的细胞，每个人都如醉如痴地迷恋它给人们带来的快感。从此，人的天赋本性便开始逐渐消失，开启了人的后天的贪婪本性。人的运动变化呈裂变式的急剧发展，一个人，一群人，一个阶级的人，一个民族的人，到一个国家的人，最后蔓延到整个地球上的人。

英国的历史也同样如此。

如今四面环海的英国最初还是个半岛，在欧亚大陆的西部终端。从地中海到英国奥克尼群岛之间有着一片宽阔的陆地，大约在30万年前，人类已经在这半岛上生存了。那时人没有生存空间的概念，但会有着生存的概念及人的生活、生产和人的存在的概念。人们无需去划分这是谁的生活、生产和生存的空间，因为那时的人的生活是不固定的，是迁移的，走到哪里哪里就是他们的生存空间，离开了，没有谁去留意这片空间将为谁所有。公元前3000年至公元前700年，现知最早的伊比利亚人生活在这里，他们是从西班牙和葡萄牙迁移来的。伊比利亚人进入阶级社会，出现了私有制，从此开启了岛上生存空间的争夺。由于大不列颠岛雨量充沛，气候宜人，物产丰富，环境适宜于人类的生存和发展，因此受到欧洲大陆人们的关注和青睐。自伊比利亚人之后，有欧洲的凯尔特人，公元前55年罗马皇帝恺撒，公元398年之后的盎格鲁-萨克逊人，公元8世纪的挪威和丹麦的维京人相继而来。每隔几百年就会有欧洲大陆的民族大举入侵不列颠岛，来岛上争夺生存空间。这种生存空间的争夺一是通过武装入侵，直接打败大不列颠群岛上原有的统治者，取而代之，如罗马就是靠武力征服，实现对原不列颠岛上伊比利亚人的统治；二是被邀请进来，反客为主，赖着不走，然后打败原有统治集团而成为新的统治者，如盎格鲁-萨克逊人；三是只是在局部地域建立国家，而对其他地域的国家进行海盗式掠夺，如挪威和丹麦的维京人。这三种争夺空间的手段实现之后，便争取空间有效政治主导地域，立即建立起社会结构，将有效的政治区域作为胜利者的统治范围。如罗马时，不列颠岛共建立了5个自治市，维刺拉米、科儿彻斯忒、林肯、格罗斯忒、约克。伦敦虽比其他城市都大，但并不是自治市。自治市主要设在社会化程度高、经济比较发达的城市，其他社会开化程度不如以上5个自治区的则设为区。大部分的区仍以原凯尔特人各部落的疆域为区域，以原部落的旧名为区名，以罗马人建设的市镇为行政中心。这样就形成一个统治网，实现对整个不列颠岛的统治。

这些生存空间的争夺自然带来强暴与毁灭，如盎格鲁-萨克逊人入侵不列颠岛，从教士季尔达斯于540年左右所著《哀感录》中可以看到当时的情形：

> "所有的城市及居留地尽被攻陷，尽成灰烬。在满地尽是刀光火焰之环境中，举凡平民及教士尽遭屠戮无余。在街道中可见自高处坠下之塔顶，石砌之高墙，神圣之祭坛，分裂之尸首则满覆淡黄色之血块而横列错陈于道中，真有玉石不分之概；此情此景实令见者色为之变……劫余的人或则遁入山中，但最后仍被俘获而屠戮；或则为饥饿所迫而投降为奴，永世莫能超脱……更有痛哭流涕而远渡重洋以避逆锋者。"[1]

---

[1] 屈勒味林著《英国史》，钱端升译，红旗出版社2018年版，第29页。

而盎格鲁-萨克逊人对争夺来的空间实行统治又不同于罗马人。他们不善于城居，所以在他们统治的疆域内无城不毁，无坚不摧。他们将城镇化为平地，然后再将其变为耕地，认为土地是他们的财富。正是由于没有中心城市，致使6世纪时一些盎格鲁-撒克逊王国四处兴起，而且这些王国疆土时变，国土时更，五花八门，本国时有内讧，对外又时有征伐，社会呈现四分五裂，群雄并立，争斗不止的状况。

挪威人和丹麦人组成的维京人对大不列颠岛空间的争夺，以海盗形式出现的。维京人入侵大不列颠有两条路线。一条是围绕苏格兰北岸进入不列颠岛的西部，再行南下。另一条路线是直接进入苏格兰东南部沿海地带，再前往高卢。他们采取的办法是，如果能够掠取土地，就安营扎寨，建立据点。如果不能够获得土地，就掠夺财物等战利品，抢到了便走。他们乘坐长75英尺、架设16对船桨、左右有驾驶座的高速帆船，身着铠甲头盔，头拿鸢形盾和铁战刀斧从海上飞驰行走，四处烧杀抢掠，见人则抢，见村则进，不断地袭击城镇和乡村。他们打一枪换一个地方，在各个海岸和各国之间神出鬼没。这让一盘散沙式的不列颠诸国毫无招架之力，那便是在阿尔弗雷德大帝时，其国家也几乎被维京人灭掉，不得不承认维京人在不列颠统治的"丹麦区"。

（二）争夺权力生存的时间

人是有生命周期的动物，即上天赋予人生老病死，无法长生。可人偏要逆天而行，人人皆希望自己能违背生物的道理，长生而不死。于是中国人有修道成仙、印度人有修持成佛、西方人有修行升入天国等不死的企盼。

人对生命时间的贪欲，源自人对未来的渴望。人无论在现实生活中得到什么，得到多少，都无法满足人对未来的贪婪。人在未来虚拟的时间中寻找自己生命的支点，编织着各种各样的企图和理想，并为未来的自己设计了各种各样的、可行的、不可行的未来规划，开始了人对未来生存时间的争夺。

人对生存时间的争夺，离不开人对自己权力时间的占有。当权力在人的生存空间产生作用时，便思考权力在人的占有上的存在。人无法摆脱权力带来的种种利益，而人一旦得到了这种利益，便思考着让这种利益长久存在。于是人便开始了对权力生存时间的争夺。

这种对权力生存时间的争夺，在英国的历史上随处可见。争夺权力生存时间大致分为两种情况。一是尽量争取一个王朝统治时间长久，二是以王朝更替为新的统治者争得权力生存的时间。统治者一旦得到权力魔杖，他自身的欲望得到极大的满足之后，大多数人就被权力所异化而无法自拔。

伊丽莎白是被英国人和历代史学家十足赞美的人物。她更是把权力看得如生命一样珍贵。伊丽莎白即位，在伦敦市为她举行的第一次招待会上她大谈和平。实际上，这是她为自己的长治久安而使用的一种以柔克刚的统治手法，表面温柔和善而内心里却坚韧无比。她从父亲亨利八世的粗鲁残暴统治中得到教训，采用了一套更为柔和的统治方式，小心翼翼地下着英格兰这盘棋，将一切事物当成棋子，研究其利弊关系，这种方式几乎贯穿她整个统治生涯。她刚刚当上国王，也试图像她父亲亨利八世那样摆脱罗马教皇的统治，建立至高无上的王权，但又不想过分得罪英国的天主教徒，不想走她父亲对天主教徒进行迫害，严厉的打压的老路，而是采取了较为宽容和宽松的政策。她虽然将新教立为国教，但避免让新教一教独尊的局面出现，而是采用新教与天主教两个教派在英国实现共容与共存，只有这样，她才能得到两个教派的支持，从而达到巩固统治的目的。但无论任何人、任何事，一旦威胁到她的统治，她就毫不妥协，毫不手软，比如在处理苏格兰国王玛丽的事情上就证明了这一点。

伊丽莎白是个十足的矛盾体，表面温柔羸弱，但骨子里却充满了刚毅和野心。当西班牙的无敌舰队驶向英吉利海峡时，伊丽莎白面对准备抵抗西班牙无敌舰队的士兵们发表鼓舞人心的演讲，也许是她内心最真实的表达。她说："我知道，我只是个羸弱无力的女子，但我有着王者的雄心和胸怀，英格兰王者的雄心和胸怀。"可是，她将自己不为人知的心理掩藏起来。据说她恨玛丽，不仅因为玛丽想抢班夺权，还因为玛丽以女人之心看透了她的心理。玛丽曾对人说，她的表姑伊丽莎白之所以没有结婚，是因为不想失去让男人们向她求爱的机会。有人说这是伊丽莎白坚定地置玛丽于死地的另一个原因。

对伊丽莎白构成威胁的还有一人，就是她的表外甥女凯瑟琳·格雷夫人。她是亨利七世之女玛丽·都铎的外孙女，按血统具有继承王位的资格，这便成为伊丽莎白的心腹之患，就以她私自与爱德华·西摩伯爵秘密结婚为由而囚禁她。伊丽莎白甚至将自己的情爱和婚姻也当成维系统治的筹码。伊丽莎白一生未嫁，其原因成为人们津津乐道的谜。像玛丽所说，她是不想失去让人们向她求爱的机会，这只是说对了一半。伊丽莎白真正的想法是什么？她曾在最后一届议会上说："虽然你们过去和将来会拥有许多更加英明强大的王储——但无论在过去还是将来，没有一个人比我更加谨慎、更加博爱。"一个仅25岁，青春年少、长相甜美就当上了英格兰女王的女子，在她统治英格兰45年的漫长岁月中，历经无数个贵族男性的追求，不仅在英格兰，在欧洲大陆国家王室的男性中不乏追求者与钟情者。而且，一个国家强大权力的诱惑，更是使众多男人痴迷于伊丽莎白。而伊丽莎白对所有的追求者既不允诺又不拒绝，始终游离于两者之间。他同父异母的姐姐玛丽·都铎的遗夫、西班牙国王菲利普二世就是追求者之一。菲利普二世不仅是西班牙国王，还是瑞士国王，又当上了欧洲天主教的教皇。他想很容易就能使前妻妹妹伊丽莎白成为他的妻子，这样他就可以控制英格兰。但伊丽莎白以婚姻大事绝非游戏为由，与菲利普二世玩起了猫捉老鼠的游戏，告诉他等待她的最后决定。菲利普二世欲罢不能，欲纵不得，最后气得大叫："那个女人真是阴险！"

如果说伊丽莎白的所作所为是为了自己的家族血脉、王朝统治或自身统治长久的话，那么英格兰的约克家族则是千方百计地夺取王权，为约克家族争夺英格兰的权力、生存空间与时间。

约克公爵的父亲是爱德华三世第五子的后代，母亲是爱德华三世第三子的后代，所以在英格兰属于王亲贵族，并且在贵族当中享有很高的声望。英法百年战争后期，1422年亨利五世去世，亨利六世即位，大权掌握在摄政王约克公爵手中。但摄政王权力再大，也是在国王一人之下，这使他一直觊觎国王的位子，终于酿成英格兰30年的内战，这场战争被历史上称为"红白玫瑰战争"。

英国从罗马占领军撤出开始，经历了西萨克森王朝（829—1016年），诺曼底王朝（1066—1154年），舍雀花王朝（1154—1399年），兰开斯特王朝（1399—1464年），约克王朝（1461—1485年），都铎王朝（1485—1603年），英国的政治权力一直在上层王室贵族手中轮转，每一代国王竭尽全力维持自己的统治，每一代操纵朝廷权力的贵族，无不为保存自己的权力机关算尽，用尽手段。

这是人类历史上司空见惯的事情，但在英国历史上表现得尤为突出。

（三）争夺个人权力的占有，是强道文化的核心

强道文化中人对空间和时间的争夺，都要通过对精神和物质的占有体现出来。心理占有主要是人的心理意识得到满足、慰藉和快乐，物质的占有主要是人的身体需求得到满足、安逸与享受。

个人精神与物质上的占有是随着人类社会私有制的出现而呈现出来的，它是强道文化的核心概念，即以个人占有为主体。

原始社会的人并没有占有观念。人自从有了占有观念，便开始逐渐迷失自我，走上了越来越异化的道路。人的占有各种各样，但不外乎两大类：一类是物质的占有，另一类是精神的占有。对物的占有又叫对物质世界的占有，小到粒子、夸克，大到宇宙万物，都会引起人们的占有欲望。对精神的占有即人的自我精神慰藉、获得，凡是世界万物，小到吃喝拉撒，大到黄袍加身，都可以给予人精神慰藉。

一部英国历史，几乎是所有英国人围绕着"占有"这两个字展开。

对物质占有的争夺战，最为典型的时期是英格兰内战时期。如果说以上更多的是王室内部或王室与贵族的争夺，那么内战时期，是社会各个阶层、各种社会力量都从自己的目的出发而参与争夺。

我们首先来看内战中几个主要人物之间的争夺。这个时期的核心人物不是国王，而是克伦威尔。克伦威尔是英格兰亨廷顿郡的一位乡绅，30多岁改信清教。这时的克伦威尔一心想挤进社会上层，他利用与议会领袖皮姆·圣约翰及亨廷顿郡曼斯特伯爵的亲戚关系，再加上他的精明强干，在政治上一帆风顺，1640年当选长期议会的一员，这是克伦威尔争夺权力的第一步。

内战爆发之初，克伦威尔马上意识到这对他来说是一个绝佳的历史机遇。当时议会控制的军队是国王军队的3—4倍，他赌议会终将胜利。他回到乡下招募子弟兵，训练一支骁勇善战的骑兵队伍，这支骑兵加入了他的亲戚曼彻斯特伯爵指挥的东部联军，很快克伦威尔升任联军的二号总指挥，

同时兼任骑兵领队。这是克伦威尔争夺权力的第二步。

克伦威尔治军严格，颁布铁的纪律，严格执行军令。战争之初，由于议会军派别林立，互相不统属，结果连连败北，只有克伦威尔所在的东部联军屡战屡胜，尤其议会军与国王军在马斯顿荒原战役中，因克伦威尔率领的骑兵在战场上起到了决定性的作用，议会军大败国王军，克伦威尔的军队获得"铁骑军"的称号，克伦威尔在议会和军队中威信大增，这是克伦威尔争夺权力的第三步。

1644年12月9日，在议会上，克伦威尔提出要进行军事改革。他反复强调军队改革的重要性，并以不改革就可能导致与国王军的战争失败，会遭到人民的反对等等。他认为，如果军队不按照新的方式进行改革，如果战争不加以坚决地进行，那么人民就不愿意再忍受下去，而要强迫议会订立耻辱的合约。面对这种局面，议会只好同意军队进行改革，并于1645年年初通过关于改组军队的法案，即"克己法"。所谓的"克己法"就是两院议会的议员必须放弃同时担任的军事或民政职务中的一项。这个法案有效地解决了那些长老派议员在军队中担任部队指挥官或把持领导权的问题。这个方案执行后，只有两名议员留在军队的领导岗位，其中就有克伦威尔，其他议员包括原总指挥埃塞克斯都解除了军职。军队改组后克伦威尔当上了副司令，总司令由年轻的费尔法克斯担任，但实权掌握在克伦威尔手中。这是克伦威尔争夺权力的第四步。

克伦威尔斩首了国王，镇压了平等派，驱散了掘地派，征服了爱尔兰及苏格兰后，解散了"小议会"，消灭了他独掌大权的所有障碍后，便由军队中的高级军官组成军官会议，由这个军官会议提出"施政文件"，称为《政府约法》，其中规定克伦威尔成为终身护国公，这是克伦威尔争夺权力的第五步。

克伦威尔通过上述步骤，由一个乡绅成为护国公，最后独揽国家所有权力，从而实现了自己的理想，成为英国革命中最重要的人物，也是英国革命的最大赢家。

英国历史是一部争权夺利的历史。每个人都为自身的利益着想，由共同利益组成的派别或团体，也都为着自己派别或团体的利益着想，几乎见不到道德和正义的存在。如果我们解剖一下英国革命时期社会派别的心理动机，便可以看到这一结论的正确性。

当时的英国，社会上各种力量依据不断变化的社会状况而组合着，这种组合实际上是一种利益占有多寡得失的组合，每个人都在盘算着自己的利益，自己的所得，或者说是对利益的占有，决定了怎样组合，与谁组合。例如议会派也非铁板一块，每个议员都因出身、社会背景、与国王的关系不同，都各怀心事，都盘算着在这场内战中自己的牌如何打才能获利丰厚。

在战争爆发之初，议会中就出现了三个派别。第一个派别是主和派，这一派主张与国王和谈，通过和谈既保留国王尊严，又得到国王支持议会的承诺，然后在王权的保护下，不仅能保全现在的利益，还能得到更多的好处。第二个是主战派，认为只有打败国王才能让国王同意限制国王的条款，才能限制国王的权力，从而扩充自己的权力。第三个是主战派中的主和派，他们主张积极备战，如果国王能同意议会应有的权利和对国王限制的条款，就可以同国王讲和，不必发生战争，其目的与主战派基本相同。内战第一阶段结束，国王被俘，统治政权解体，国王对立面的社会力量又开始新的分化与组合，分化与组合的动因仍完全出于每个人的利益。

议会军取得胜利，议会的权力控制在长老派手中，这些人仍想利用军队取得的胜利成果与国王和谈，这样不仅可以维系旧的统治秩序，同时因当时的政治变化对长老派十分有利，在未来的政治组阁中对自己十分有利，况且通过"克己法"，这些长老派议员已经退出了军队的职务，不尽快结束战争对自己反而不利。

另外一个政治派别就是以克伦威尔为首的中等贵族、军官组成的独立派。这个派别开始时与长老派中的主战派意见一致，但随着战争的深入，因代表的利益集团不同、想法不同而与长老派分道扬镳。这一派因手握军权，反对议会提出的解散军队，认为只要军队掌握在自己手里，自己才安全，才能获得更大的利益。而议会拒绝给士兵补发军饷，用一种债券代替欠饷，这便引起下级军官的不满，军队发生骚乱。议会提出，凡是有不满情绪的士兵，要以"国家的敌人和骚扰公共安宁的人"罪名论处。但独立派不可能允许议会解散军队而失去与议会斗争的王牌，便开始议会与独立派之间的明争暗斗。

从人类历史中，人们看到的是强者不断战胜弱者。其实，人类社会每个国家都是如此，概莫能外，但表现的程度却有所不同。在英国历史中，人们看不到一种道德的力量在强弱争夺之中发挥作用，人与人之间拼的是实力，只要我的力量比你强大，我就可以战胜你，就可以取而代之。英国历史的这一特点十分突出。

从英国的历史中，人们看到它与希腊雅典的历史不同。在雅典的历史中，人们虽见不到雅典全社会人在历史政治舞台中发挥的作用，但是我们能看到有公民权的人在雅典的政治舞台上发挥的作用，而在英国的历史上，无论在哪个阶段，都见不到英国的公民真正登上政治舞台，公民完全是社会上层统治者相互争斗的陪衬，或政治流血斗争的祭品，至于公民的权力、公民的利益更无从谈起。

从英国的历史中，可以看到人类在不断地打破自然界生存平衡的历史。人类生存的丛林法则被英国历史推至极致。这种法则源自人的天性。这种天性是大自然给予所有有生命物种的自然秉性，它是以动物的生存本能体现的，这种本能就是生存的本能。一切动物都以生存为主要存在目的，便形成大自然给动物界的一个总原则，即生存平衡原则。

这种生存平衡原则在所有动物中，形成了它们的生存观念。这种生存观念仅存在于有生命的动物的感性观念里，即存在的最终目的只能是生存。所有有生命的动物的观念都仅限于生存的范畴。这种观念是简单的、直接的、反应的、无逻辑的、无体系的。

大自然给予所有自然界中有生命物种的生存感性观念，唯独给了人类生存理性观念，这便使人类逐渐从动物界里脱离出来。理性使人类摆脱了动物界，成为动物界的灵长类，也从而打破了动物界"灵"的平衡。

"灵"是作为动物界的一种思维基因存在的，所有动物的思维基因只停留在感性的感观阶段，并永远超越不了这个阶段。大自然将这种思维基因"灵"，在人的身上得以突破，让人类不仅有了感性的感官观念，而且给予人类理性的思维观念。所以作为动物的一种，人便有了超简单的、超直接的、超反应的、有逻辑的、有体系的理性思维。

人有了理性，便超越了人的生存本性，从生存走向了一个更广阔的空间，即走上了生活与生产，生活与生产是人类对大自然给予人生存天性本能的突破。

在人类产生以前，大自然有一个平衡的法则，即万物生存的平衡法则。人类出现以后，人类的理性，人类的生活、生产打破了大自然的平衡，而且随着人的理性、生活、生产能力的不断提高而导致不断的改变，这种平衡不仅被打破，而且已经到了失衡与倾覆的地步。

人类的理性逐渐向着远离生存平衡这个自然界的总的发展原则发展。

从英国的历史中，可以看到，英国是人类着先打破了自身的生存平衡的国家，从而人类的强道文化首先在英国成就与发展。

人类在原始社会时期，是以人的平等、自由、民主来实现人类自身平衡的。走出原始社会以后，人便分成为阶级，出现了等级，导致了贫富分化，形成了统治者和被统治者，权力、财富、金钱成了人们乐此不疲追求的对象，从而人与人之间的关系发生变化，争斗日益激烈，冲突日益突现，而人的各种欲望也随着争斗和冲突日益增强。于是人类便由矛盾发展到斗争、冲突，又由斗争、冲突变化为人与人的战争、族与族的战争、国与国的战争。

从此，人类走上了打破平衡的不归路！

第十一章
霍布斯批判

一、霍布斯生平

人在童年时的糟糕经历会给人的一生造成心理上的阴影，这一点在霍布斯身上表现得比较充分，也只有从这一点上可以解释霍布斯的生平以及他与别人的不同之处。

霍布斯于1588年4月15日出生在威尔特郡马姆斯伯的韦斯特波特。他出生时，正是西班牙海军遭到英格兰海军重创之后，西班牙人发誓要血洗英格兰，整个英格兰都处在战争的恐惧之中。他自己也调侃他的母亲在对西班牙即将攻击英格兰的恐惧之中生下了他，从而才让他的性格变得如此懦弱。从他的家庭情况来看，他的父亲是一位未曾受到良好的教育、愚昧无知、酗酒成性、玩忽职守、打架斗殴、麻烦缠身的教区牧师。在霍布斯16岁时，他父亲因在教堂门口与邻近教区的牧师争吵而被开除了教籍，就抛弃了家庭逃往伦敦。霍布斯由叔叔弗朗西斯抚养。他的叔叔靠贩卖手套起家，有足够的资金供他完成牛津大学的学业。

霍布斯一生的职业十分简单，牛津大学毕业后就开启了他一生的职业——家庭教师。

1608年霍布斯大学毕业时，正值威廉·卡文迪许即哈德威克男爵想找一位既可做他儿子威廉（1590—1628年）家庭教师又能作为同伴的人，于是，霍布斯便来到卡文迪许家族。卡文迪许·哈德威克于1618年晋升为第一代德文郡（Devon shire）伯爵，其子威廉为第二代伯爵，霍布斯就是给第二代伯爵威廉做家庭教师。威廉有一个儿子，名字也叫威廉（1617—1684年），第二代伯爵威廉去世后，便世袭了父亲的爵位，成了第三代伯爵。第三代伯爵的家庭教师仍然是霍布斯。第三代伯爵的儿子仍然叫威廉（1641—1707年）便是卡文迪许家族第四代伯爵，并于1694年晋升为德文郡公爵。从卡文迪许家族的升迁过程来看，在不到100年内，4代人跳了5级，由最下一等级的男爵最后晋升为公爵。因公爵在英格兰少之又少，足见这个家族有着非凡的发展历史。

霍布斯当了两代伯爵的老师，即第二代和第三代。当家庭教师不同于一般的佣人，加之霍布斯只比第二代伯爵年长两岁，既是老师又是同伴，所以霍布斯对这段时光很满意，游山玩水，享受着贵族子弟般的生活。二代伯爵威廉非常仰慕培根。培根在伊丽莎白女王和詹姆士一世时任过许多要职，又是一位哲学家，二人便成为朋友。威廉把霍布斯介绍给了培根。据记载，霍布斯在培根1621年离开王宫后作他的文书，即私人秘书，记录培根在花园散步时表达的一些思考片段，将他一生的作品翻译成意大利文、拉丁语等。

1628年第二代伯爵病逝。1629—1630年霍布斯受聘于杰维斯·克利夫顿爵士家，给其子杰维斯当家庭教师，陪伴杰维斯环游欧洲。

1630年，霍布斯再次受邀担任卡文迪许家族的家庭教师，学生即第三代伯爵威廉。他陪伴威廉在牛津度过夏天，又旅居巴黎、前往罗马，途中在佛罗伦萨探望了伽利略，后回到巴黎。在巴黎结交了法国新哲学领军人物——马林·梅森。1636年由巴黎返回英国。

霍布斯自1636年以后不断产生创作灵感，涉及数学、科学、哲学、心理学、逻辑学、政治学等诸多领域，开始了他的创作高峰。1644年出版短文《论光学》，撰写《哲学原理》；1640年撰写《法律要义》，起初以手抄本形式在社会上流传，后于1650年和1651年全书被分为两部分出版。书中的政治学部分为国王的绝对权威辩护，这便引起了反王权的贵族的强烈反抗。因惧怕导致不测，霍布斯不得不终止他的家教工作，移居巴黎，开始流亡生活。

1642年由梅森安排私人印刷了霍布斯的《哲学原理》第三部分《论公民》。1647年，当《论公民》在荷兰再版时，霍布斯已经在国际学术界博得了一定的声誉。1646年夏天，霍布斯被任命为查理·斯图亚特王子的数学老师。1647年左右开始写《利维坦》，于1651年出版。

1651年以后，巴黎对霍布斯来说已没有那么大的吸引力了。一是1648年梅森去世，二是英国保王党与议会双方均开始妥协，三是《利维坦》出版后引起法国天主教的不满，霍布斯担心自己有危险，便于1651年11月离开巴黎，回到英国德文郡。

1660年5月，斯图亚特王朝复辟，查理二世乘坐皇家御车在斯特兰德大街看见霍布斯，向他从前的数学教师霍布斯脱帽致敬。一周后，又在王宫接见了霍布斯，并给予霍布斯每年105英镑的津贴。这段时间成为霍布斯人生的巅峰阶段。国王给他起了个绰号叫"笨熊"，霍布斯本人也常自嘲："我就是这个等待嘲弄的笨熊哦！"。

霍布斯是近代科学和反基督教神学最勇敢的代表之一。他以革新和与传统决裂著名，认为希腊哲学是"幻想"。受培根影响，强调科学或哲学的实际功效，提出知识就是力量，任何基督教神学全部没有科学性，上帝根本不存在，认为哥白尼、伽利略是新自然科学的开创者。他本人研究过光学、数学，认为几何学的方法是唯一能给予人们认识事物的正确方法。因而他说，自然、政治和历史等不是科学，我们从自然、政治、历史中获得的只是经验，这种经验是没有逻辑推理过程的。

霍布斯在认识论上是个矛盾体。一方面，他在知识理解上是同笛卡尔的唯理主义一致的；另一方面，在知识起源的理论上，又是培根的经验主义。两者都在他身上体现，就使他的思想体系经常出现矛盾和不确定性。

二、国家是怎样产生的

霍布斯认为，他的国家学说是对于人类思想领域的主要贡献。那么，我们研究一下他的国家学说。国家离不开人，我们来看看他怎样看待人。

霍布斯认为，精神是头脑中运动的一个内在精微的物体，那么这便成了彻底的唯物论者。但他又说，心理作用是运动现象或幻象，是精神的，他又修正了他的唯物主义，表现出霍布斯认识论中矛盾的一面。他认为，人的精神能够使人的肢体产生运动。人的精神由大脑运动到心脏，在那里，有助于生命发展的运动会产生愉快的情绪，阻碍生命发展的运动会产生痛苦；快乐引起人们的嗜欲和欲望，痛苦则引起人们的反感和厌恶，而欲望又使人们极力通过向外追求获得，厌恶则使人们反感和极力躲避的。霍布斯认为人的某些欲望和厌恶是与生俱有的，如人的食欲。除了与生俱有的，其余的则来自人的经验。

从此他便得出一个结论：凡是人喜爱的便称之为善，而人厌恶的便称之为恶。由于人的秉性不同，对待善恶认识标准也不同。他说：

> "没有绝对的善。即使是上帝之善，也只对人类是善。一切娱乐或快乐都是嗜欲，除非继续或前进，就不能得到满足。幸福或延续的快乐不在于已经取得了，乃在于正处在取得的过程中。"①

什么是想象？想象是一切随意运动的最初的开端。

什么是考虑？嗜欲和厌恶持续地交替，这就是考虑。

什么是意志？考虑当中最后的嗜欲和最后的厌恶就是意志。人与动物在意志上没有什么不同。

什么是自由？欲行则行，欲止则止，是一个人的自由。自由是没有外在阻碍的。

这几者又是什么样的关系？当人在思考或者讨论做与不做，做任何事情之前，都有"做或不做的自由"。②

如果已经得出某个结论，那么在得出这个结论的过程中，既是"去自由"的过程，也是"权衡"的过程。当人们要思考是否可以开始行动时，便使自己处在欲望和恐惧的两难选择之中。欲望会促使尽快行动，而恐惧

---

① 梯利：《西方哲学史》，商务印书馆2017年版，第300页。
② ［英］昆廷·斯金纳：《霍布斯与共和主义自由》，上海三联书店2011年版，第20页。

则会阻止行动。当最后决定做与不做时，便形成了最终的意志。

> "在权衡过程中，最后一个欲望，或者最后一个恐惧，便叫做意
> 志，（这也就是）想做某事的终极欲望，或者不想做某事或忽略某事的
> 终极恐惧。"①

霍布斯认为这就是人的心理和本性，即在上面讲到的人的善恶、欲望、厌恶、想象、考虑、意志、自由。

霍布斯的善恶观是他日后形成国家观的认识基础。在霍布斯看来，善恶是以主体的人的自身为评判标准，即我喜欢的就是善，反之，我憎恶的就是恶。在他看来，这既是人的本性，同时也是人的心理。

这里可以看出，霍布斯的善，与苏格拉底、柏拉图、亚里士多德提出的善与至善完全是两回事，有着本质上的差别。在霍布斯看来，苏格拉底师徒三人提出来的善是没有功效的"幻想"，是不切合人的实际的。

霍布斯正是从唯理主义出发，从认识人的本性和心理开始设计他的政治学中的国家学说。他认为，从公民的道德哲学，从人的动机开始认识，就可以从中推导出建立国家权力和义务的必要性。

他说，如果没有外在的某种权力的威慑使人们来遵守，那么便与导致人们偏袒、自傲、报复等的自然激情相冲突。契约如果只有言辞而没有剑为后盾就根本不足以保证履行，从而使他人感到安全，他说：

> "那么每个人将可能合法地依靠他自己的力量和智慧来警告所有其
> 他可能侵犯他的人以保障他自己的安全。在所有人们以小的家庭为生
> 活单位的地方，相互抢劫和掠夺成为一种交换，而这与我们所谓的自
> 然法相去甚远。他们掠夺得越多，他们的荣誉就越大。人们在那里只
> 遵守荣誉的法则而非任何其他法则。这种法则禁止人们残忍，禁止人
> 们掠夺他人的生命和生产的器具。像小的家庭所做的那样，现在的城
> 邦和王国不过是一个为了自身安全而扩大领地的更大的家庭，其以各

---

① 同上，第21页。

种各样的危险、恐怖入侵和可能给予入侵者的援助为借口，采用公开的武力或秘密的阴谋，尽一切所能征服或削弱他们的邻国。因为缺少其他的安全保证，这样做就是正义的，同时还因如此而被后代所尊崇。"①

强权政治自原始社会晚期产生以来，它的合理性问题在历代统治阶级那里得到捍卫性认可，在被统治阶级那里是无可奈何的认可。但这些认可都是在社会实践层面上的存在，从理论上来证明这种强权政治存在的合理性，第一个站出来论述的就是霍布斯，霍布斯认为自己的国家学说具有开创性的贡献。

在霍布斯看来，人类社会是无法实行天道的。自然的天道那是动物，但人则不同，因为人都有丑恶的方面。霍布斯认为人和动物不一样，如蜜蜂和蚂蚁，能够互相依赖过着群体生活，然而除了个别的判断和爱好之外，并没有指令；它们也没有语言以相互表达，所想的都是为了群体的共同利益。

"于是有些人可能就想知道为什么人类不能如此呢？对此我的回答如下：

第一，人们一直为了荣誉和尊严而竞争（而这些生物不会），结果在人们之间据此就产生了嫉妒和仇恨，并最终引发战争；但是，在这些动物之间不会有这种情况存在。

第二，在这些动物中，也没有共同利益与个人利益的区别。由于天性倾向于为个体利益考虑，结果也实现了公共利益。但是人的快乐却在于把自己与他人比较，只考虑如何能出人头地。

第三，这些动物因为不能像人类那样运用理智，它们也就看不到，也不能认为自己能看到公共事务管理中的缺陷。然而人类却不同，有很多人认为自己比他人更有能力把公共事务管理得更好，于是这些人努力以这样的方式或那样的方式改革或创新，结果就引发了群体混乱

---

① ［英］霍布斯：《利维坦》，江西教育出版社2014年版，第111—112页。

和内部战争。

第四，这些动物，虽然它们使用某种声音来相互了解它们的愿望和别的感情，然而它们缺少语言的技能，然而通过语言一些人可以向另一些人把善说成恶，把恶说成善，夸大或缩小善和恶，随意使人不满，扰乱和平。

第五，非理性的动物从来不能区分无形的侵害和有形的损失，于是只要它们安逸时，它们不会侵犯它们的同伴。而人类是最麻烦的，因为当他最安逸时，他总是喜欢向别人显示他的聪明才智，控制管理国家的当局者的行为。

第六，动物之间的和谐一致是自然的，而人之间的和谐一致只能通过后天人为的契约来安排。于是毫不奇怪，如果有别的什么（除过契约）能使人们的和谐一致稳定和永恒，那就是共同的权力。共同的权力使人们敬畏，指示人们为共同的利益而行动。"[1]

霍布斯从6个方面说明人与动物的不同，从而人不能"如蜜蜂和蚂蚁，能够相互依赖过着群体生活。"[2]

在根本点上霍布斯犯了错误，因为霍布斯对人类社会迄今以来占人类社会时间有几百万年之久的原始社会毫不了解。所以他断定人类不能过"群体生活"。那么从现今往前7000多年之前的漫长的原始人社会哪里去了？人类社会现今的结构群式的生活最多才6000—7000年，占整个人类历史不足五百分之一，怎么能用这还不到五百分之一的历史，就将百分之九十九的历史否定掉了呢？出现上述错误，只能是在霍布斯那个年代，人们对原始社会毫无认识所致，所以也不能过于责难霍布斯。但霍布斯是错了。

除了这个错误之外，霍布斯将人与动物相比所采用的方法也不对，这主要表现在霍布斯只挑选使用对他有利的论据，而作为人最本质的东西却被他抛弃了。

人与动物最本质的区别是什么？是理性，是思维。人有理性思维，而

---

① 霍布斯：《利维坦》，江西教育出版社2014年版，第112—113页。
② 霍布斯：《利维坦》，江西教育出版社2014年版，第112页。

动物没有。动物适应于自然，适应于天道，这是动物本性所致。它既不是主动的，也不是被动的。而人则不同，人也曾经历几百万年的时间，如同动物一样。从本性上与天道与自然相一致，但人与动物不同的是，人还可以改变自身和改变自然，使之更符合天道。

人离开天道，是从强道文化产生以后，人群中的一部分，也由于理性的发展与变化，产生了背离自然、背离天道的思想。但人群中人的理性和人的思想都是不一致的。这样，人的理性和思想对天道既有背离的可能，也有顺应天道的可能，这一点正是人与动物的主要区别。

霍布斯为他的国家学说所举的例证，都在论证人的思想意识是丑恶的、具有破坏性的。可在人的思想意识中还有真善美的建设性的部分，霍布斯完全掩盖起来，视而不见。

如果国家建立的目的就是要控制和压制人的思想意识中丑恶的方面，那么这个国家存在的主要目的自然成了凌驾于人之上的政治统治，自然成了人们的对立物。如果国家建立在不仅看到人既有善的、美的、真的部分，也有恶的、丑的、假的部分，那么，国家成立的目的就应该是扬善抑恶，国家才是人们的国家，带领人们向前发展，向真善美的方向发展。

制度并不等于契约，权力统治并不是万能的。正如契约与权力不能解决人的心理问题一样，过分看重形式，而忽略了人与动物的根本差别在于人有理性、有文化，是文化决定了人的思维与行为。只有这样，才能知道和解决人类历史转折时期确立国家任务的根本，而不是将人当成小偷与贼一样对待。

人类文化从天道文化发展到强道文化，是强道文化对天道文化的否定。这种否定有它发展的必然，不能不承认它的必然性。但在发展的道路上有各种道路可以选择：上道选择是以天道为主，强道为辅的发展道路；中道是以强道为主，天道为辅的发展道路；下道只有强道，即完全的权力社会。霍布斯主张和选择的恰恰是中、下发展的道路。

"建立这样的国家——能使人们抵御外敌的入侵，避免相互伤害以及由此保障人们通过自己的劳动收获果实，从而滋润地生活并生活得很满意——的唯一途径就是把他们所有的权力和力量授予一个人或一个人的集合，这样把所有人的意志或多数人的意见转变为一个意志。这也就是说，任命一个人或一个人的集合使他承担群体的人格，每个人必须承认他自己授权给承受他们人格的代表人在关于共同和平和安全方面所做出的任何行为和命令。在那里每个人的意志服从于代表人的意志，每个人的判断服从于代表人的判断。这不仅是同意和和谐一致的问题，也是他们所有人的人格统一于一个人并且是同一个人的人格之中，这一统一通过每个人与每个人之间相互订立契约的方式来实现。"①

为什么是唯一途径？为什么要将自己所有的权力和力量都授予一个人或一个人的集合？就连自己的人格也要让出去，听任获得的那个人的代表和摆布，并将自己的意志取缔，使那个人的意志就是自己的意志？一个人已经变成别人，那么和平与安全还有什么意义？这样的人类文化是彻底的倒退，倒退到奴隶社会，甚至还不如奴隶社会。

霍布斯的回答是：这个人或者这个国家是出让权力和意志的人们的上帝。

"这就好像每个人对每个人说，'我放弃管理自己的权利，并将这项权利授予这个人或者人的集合，条件是你也放弃自己的权利并把权利授予他，并且以同样的方式承认他所有的行为。'这样，统一于一个人的群体就是所称的国家，在拉丁语中称为城邦。这就是伟大的利维坦的产生，或用更虔诚的方式说，这就是人类上帝的产生。我们在永生的上帝之下所获得的和平和安全就是从那里来的。因为通过国家中每一个个人所给予他的授权，他就能够使用授予他的如此大的权力和力量，通过这一强大的权力和力量的威慑，他能够形成群体共同的意志，对内谋求和平，对外相互联合以对抗外敌。"②

① 霍布斯：《利维坦》，江西教育出版社2014年版，第113—114页。
② 霍布斯：《利维坦》，江西教育出版社2014年版，第114页。

霍布斯这种比喻是彻底的错误，极不严谨，荒唐可笑。在《旧约》中，上帝耶和华是整个世界的创世主，是天地万有的创造者，上帝又是全知、全能、全善的。先不论霍布斯本人是否相信上帝，当时的整个欧洲信仰上帝，并相信上帝存在是普遍的。霍布斯将国家比喻成人间的上帝，这无疑是故意抬高国家的地位。国家产生以来有几千年的历史，但从来没有起过人们想象的上帝那样的作用。特别是有阶级社会以来，民是因为国家的存在才称其为民，而掌握权力者被称为管理民的官，国家成为统治阶级的化身，剥夺了大多数人的民主权、自由权，所以，将国家形容成为欧洲人的普遍信仰的上帝，这是对国家的美化。

霍布斯认为：

> "国家的本质就存在于他身上，一个人的行动成为一群人的行动，通过人们相互订立契约，他就使群体所有人成为他的授权者，而最终也可以使用所有人享有的为和平与共同防卫而使用的力量和手段。国家的实质存在于他身上，用下定义的话来讲，国家是这样一个人格，人们通过相互之间订立契约使群体的每个人成为他的授权者，他的行为就是群体的行为。最后他可以在认为对群体的和平和共同防卫有利时使用群体所有的力量和手段。"[1]

从最早的国家产生，一直到霍布斯所处的17世纪英国，全世界范围内没有一个国家是通过一种契约形式产生，都是掌握着国家统治权的统治阶级想尽一切办法，靠强权将臣民控制在自己的手下，把臣民控制在一个城市或地域之内，迫使他们向国家和统治集团交纳赋税，供其驱使，也从来没有契约的签订。

契约一词来源于拉丁文，原意为"交易"，其本质是契约自由的理念。它形成于商品社会，是一种自由、平等、合作、守信的精神。

我们无论从国家的形成发展过程还是霍布斯的时代，均看不到国家与人民之间存在着这种关系及精神。我们从霍布斯所在的英国历史来看，无

---

[1] 霍布斯：《利维坦》，江西教育出版社2014年版，第114页。

论是英格兰民族的形成，还是不列颠诸国的产生，均看不到任何国家与人民签订什么契约，也看不到国家遵守契约的平等、公正、信用的精神，而看到的只是统治阶级的相互争夺权力，争取对民众的管控权，看到的只是统治阶级的骄奢淫逸，看不到统治阶级如何履约，他们口中高喊的自由、平等、人权，实际上只是欺骗人民的障眼法而已。

霍布斯似乎也看到了这一点，故在国家与臣民实现一体的道路上，他提出了两种方式：

> "承受这一人格的人被称为主权者，并且被说成具有主权，其余的每个人都是他的臣民。获得主权者的权利有两种方式：其一，是通过自然力量而获得。例如，一个人可以使他人成为其子孙而服从于他的统治，如果他们拒绝则他能够处死他们；或者通过战争使敌人屈服于他的意志，并以此为条件让他们生存。其二，人们相互之间达成契约，在确信能被保护和免受其他人的侵害的条件下，自愿臣服于某一人或某一个人的集合。这后一方式可以被称为政治国家，或按契约建立的国家，前者则被称为通过力量取得的国家。"①

在人类历史上，恐怕也只有雅典民主政治时期，城邦与公民签订过类似的契约，即公约，而其他国家的历史均是以第一类形式出现的。

在国家产生这一点上，早在15世纪意大利的马基雅维利在他的《佛罗伦萨史》中就曾经指出：

> "在古代共和国和君主国那些早已废弃的伟大而高明的制度中，有一种制度曾经促使城市和市镇陆续建立起来。引起一位伟大的君主或治理得很好的共和国最关心的、同时也是使某一地区受益最大的事情，莫过于为了共同的便利和防御把人们吸引到一起的殖民区的创立了。"②

---

① 霍布斯：《利维坦》，江西教育出版社2014年版，第114页。

② ［意］马基雅维利著：《佛罗伦萨史》，商务印书馆1982年版，第52页。

在这一点上，马基雅维利对城邦国家的追述比较符合历史事实：

> "有史以来的君主国，是以两种不同的方式进行统治：一种是由君主和众臣进行统治，后者承蒙君主恩宠，经任命为大臣而辅佐君主治理王国；另一种是由君主和贵族进行统治，后者的地位并非得自君主的恩宠，而是来自古老的血统。这些贵族拥有自己的领地和臣民，臣民们把贵族奉为主人，对他的爱戴发自内心。由君主及众臣统治的国家，其君要更有权威，因为普天之下唯他独尊。即使人们服从其他人，也只是把此人看成大臣或官员，不会对他产生任何特殊的爱戴。在我们这个时代，行使这两种不同的统治职能的例子是土耳其皇帝和法兰西国王。整个土耳其君主国由一位君主统治，其他人都是他的臣仆。土耳其皇帝把他的王国分成若干州，向那里派遣各种行政官员，他可以随心所欲地对其进行更换变动。但是法兰西国王却置身于大量世袭贵族之中，这些贵族为自己的臣民所公认和爱戴，拥有各自的特权。国王无法剥夺这些特权，否则他会遭遇危险。因此，人们考察一下这两个国家就能看出，想要夺取土耳其皇帝的国家非常困难，不过一旦将其征服，维持统治将会轻而易举。相反，从某种程度上说，占领法兰西这个国家会比较容易，而要想统治它却是难上加难了。"①

这是自原始社会解体以后的国家形态及统治方式，对于被征服的国家的统治，马基雅维利认为有三种统治形式：

> "第一，毁灭它们；第二，亲自驻扎；第三，允许他们生活在自己的法律之下，从他们那里收取贡品并在那里扶持一个亲善于你的寡头政府。由于这个政府是由君主所立，他知道如果没有君主的友谊和力量，他就无法存活，因此他竭忠尽智地拥护君主。而且，如果君主希望保有一个习惯于自由生活的城邦，那么依靠这个城邦的公民，就会

① ［意］马基雅维利《君主论》，九州出版社2007年版，第31—33页。

比依靠其他任何方法简便得多。"①

所以，霍布斯的国家理论对国家的产生及类型，带有很多的猜想成分，就其符合历史实际情况而言，远逊于马基雅维利的论述。

霍布斯为什么会远离历史实际而谈国家的产生及国家的真实形态，主要原因是他的自然法思想。

霍布斯认为，自然让人们在身体和智力的功能上是平等的，所以，尽管我们经常发现一个人身体比另一个人更加强壮，或者思维比另一个人更加敏捷。但是将所有功能从总体上来考虑的话，人与人之间的差别并没有大到如此厉害的程度，以至于一个人可以得到他所想获得的任何利益，而其他人都不能。就体力而言，即使身体再弱的人也可以有足够的力量杀死身体最强壮的人，他可以通过密谋的方式或者与其处于同一境地的人联合起来杀死这个人。

体力上人与人大致是平等的，而在智力上正常人的智力也是相差无几，也是平等的。这就使人所具有的能力也大体上平等。由于能力上的平等，在达到的目的上，人与人之间都有平等的希望。

"如果两个人希望得到同一事物，可是却不能共同享有，则他们会变成仇敌，在达到这一目的的过程中（这一目的主要是为了自我保全，有时仅为了他们的自我愉悦），他们彼此都努力想毁灭或征服对方。因此会产生这样一种情形，若一个侵略者所面对的人处于孤身一人时，那么侵略者就没有什么畏惧去实施侵犯；如果一个人培植、建立或者拥有一个便利的地位，别的人可能会联合力量前来剥夺他的劳动成果，甚至他的生命或者自由。而得逞的侵略者也同样会面临被他人侵略的危险。"②

在霍布斯看来，自然状态下，人与人之间缺乏信任，任何人都缺乏自

---

① 〔意〕马基雅维利《君主论》，九州出版社2007年版，第37页。
② 霍布斯：《利维坦》，江西教育出版社2017年版，第82页。

我保全的安全感，都想用武力和计谋控制所有人，摆脱别人对自己的威胁。同时，有些人的追求已远远超出安全的需要，通过侵略而扩大自己的权力。人们没有共同敬畏的权力，更没有共处的快乐。每个人都希望得到别人的肯定，一旦遭到别人的否定或者责难，马上会不满，甚至寻机报复，这样就会导致冲突。

> "从人的本性的角度分析，我们发现导致冲突的主要有三个原因。首先是竞争，其次是猜疑，再次是荣誉。第一种原因是为了获取利益，第二种原因是为了安全，第三种是为了名誉。第一种原因使得人们采取暴力奴役别的男性和他们的妻子、子女以及牲畜。第二种原因使得人们采取措施进行防御。第三种原因使得人们为了一些琐碎的事情，如一句话、一个微笑和任何别的轻视低估的迹象，或者针对他们本人，或者针对他们的亲友、国家、职业以及他们的名誉而争斗。"①

从而霍布斯得出一个结论，这便是：

> "在一个没有共同的权力使众人敬畏的时代，人们往往处于战争状态，而这种战争是个人对个人的战争。因为战争不仅存在于一次战役或一次战斗之中，而且也存在于一段时间中。在这段时间中通过战争手段进行争夺的意志是人所共知的。"②

总之，霍布斯眼中的人的自然状态简直混乱不堪，所以亟须一个利维坦——国家的出现来拯救他。

然而，霍布斯的整个理论立论就错了。

霍布斯的立论是自然法，即自然法时代出现的丛林法则，人与人之间的战争，或者一个人对所有人的战争，或个人对个人的战争。

那么，什么是自然法？霍布斯有一个很长的、多方面的定义：

---

① 霍布斯：《利维坦》，江西教育出版社2017年版，第82—83页。
② 霍布斯：《利维坦》，江西教育出版社2017年版，第83页。

　　"自然权利，即著作者一般所称的自然法，是每个人所享有的按照自己意思使用自己的力量保全自己天性的自由，这种天性也就是他自己的生命。因此，人们可以根据他自己的判断和理性做任何事。而这是他认为达到自己意欲结果最简便易行的方法。自由这个词，按照它的字面含义来理解，是指没有外界的妨碍。这种妨碍可能拿走他想要做某事的一部分力量，却不能妨碍他根据自己的判断、理性使用余下的力量。自然法是一种由理性所发现的规则或者一般性的法则。他禁止我们做毁坏生命或者剥夺保存我们生命的手段的事情，但它并不禁止我们做最有利于保存我们生命的事情。当他们（著作者们）谈论这一问题时，他们经常使用权利和法律。然而权利和法律应该被严格区分。因为权利在于做或不做某事的自由；而法律则是对人们做或不做某事的规定。于是法律和权利就像束缚和自由的差别那样大，两者存在于同一事物之中但是却彼此不一致。"①

　　霍布斯讲了这么多，其实理解它没有什么难度，也不会让人对他的论述产生任何误解。他讲得很清楚，即自然法是"每个人所有的按照自己的意思使用自己的力量保全自己天性的自由"，"自然法是一种由理性所发现的规则或者一般性的法则"。

　　问题是自然法到底存在不存在？回答：自然法无疑是存在的。既然它存在，那么就引起第二个问题：它在哪里存在？它曾在哪个时空中存在？这恐怕是我们探讨自然法的根本所在。

　　自然法思潮的出现，是17世纪以英国的霍布斯、荷兰的雨果·格劳秀斯和斯宾诺沙等为主要代表人物，在欧洲文艺复兴和宗教改革的历史背景下，为了冲破基督教思想的牢笼，探索人类社会的起源、社会制度、政治权力的合法性。他们围绕17世纪以后的公共社会组织的合理性等问题，试图建立一门综合性的社会科学，创立一种有关社会综合性理论的实践与思潮。这种思潮在17世纪社会科学领域占据了中心位置，人们想从自然法的原则中引出新的社会秩序。应该说，初衷是好的。

――――――――――

① 霍布斯：《利维坦》，江西教育出版社2017年版，第85页。

自然法有几个问题需要论证。首先，自然法所指的历史时空，它的时间是确定在人类社会形成的初期，即人类社会尚未出现国家之前这一段漫长的历史时期。用今天的话来说，即原始社会时期。但在霍布斯所处的17世纪，还没有原始社会这一概念。在原始社会没有国家出现以后确立的法律。今天讲的法律概念是国家产生以后的法律，正如马基雅维利所说，是权势创造了法律。在原始社会，不存在法律，但应该有原始人之间的约定俗成的规定或者规则。这些规则在几百万年的原始社会中，每一个时期的规则，随着人类社会的发展而变化着。国家出现以后，法律也是一种规则，只是通过一种强权的形式把这种规则确定为法律，其功能与原始社会时的功能一样，即成为大多数人生活、生产以及各种社会活动的准绳，但其性质和作用则完全不同。自然法存在于原始社会，换句话说，17世纪的人们将原始社会看成自然法时期。

自然法时期社会都存在哪些最基本规则呢？

第一，群居法则。群居法则下的社会群结构。人类社会从产生与形成开始，便实行原始人的群居生活。一群人便是一个生命的共同体，以此来抗拒来自大自然方方面面的威胁。在群内，人人相互合作、相互依赖与相互前行，从不独存寡居。他们生有共同的居住地，死有共同的墓葬区，有共同的祭祀、共同的劳作、共同的迁徙、共同的守护，乃至共同与野兽及外群人作战。"共同"成为原始社会人们的最大规则。

第二，平等法则。在原始社会，人与人之间的关系完全平等，人的身份与地位没有高低贵贱之分。老幼受到社会的关爱，不是因为其身份地位的差别，而是因为老幼需要人们帮助和关爱。老者除了身体额外受到人们的照顾之外，还因老者具有比年轻人更多的生存经验，这些经验会使整个族群生活得更好。他们尊重老年人在过去的人生岁月中积累的经验，并将这些经验都作为做文化一代一代传下去。

第三，自由法则。在原始社会里，人们的自由，除了受到长久历史形成的各种习惯与习俗约束之外，便没有什么规定限制群内人的自由。人们的思想和言行是完全自由的，不受任何的限制和阻碍。

第四，民主法则。原始社会的民主主要体现在原始人群中人们生产生活中所遇到的一些重大事情的决定时，要经一人一票式的表决。一旦表决形成后，所有的人都必须执行，表决以票数多少决定，不以任何形式操纵人们的投票，或者任何人都不能以特殊身份决定票数、改变票数或者凌驾于票数之上。

以上4点是原始社会的政治结构。

第五，财产公有制原则。原始社会的财产公有制是原始社会结构中的经济结构，这种经济结构是由原始社会的结构决定的。社会是一个群，人们群居，没有家庭，每一个人都享有平等、自由、民主的社会地位。人与人之间的各种占有是同样的，这种无差别的共同占有就是经济结构的公有制。因为在这样的社会结构下，没有任何必要出现私人占有。

第六，建立在社会结构、经济结构之上的是人们的文化艺术、思想意识。从一些古代原始先民留下来的岩画，可以观察到人们的生产生活状况，如旧石器时代艺术的最高成就阿尔塔米拉岩洞壁画，主要画的是欧洲的野牛、鹿等动物。还有人群形象的几何图形。如非洲的拉文特岩画，都以表现人物、动物的运动为主要特点。如距今3000多年的中国云南沧源岩画，整个画面是一个祭祀场面。沧源岩画图像有1063个，包括人物、动物、房屋、树木、太阳，更多为狩猎和采集场面，也有舞蹈、战争等内容。从这些岩画可以看出，原始社会后期人们生产生活的场景，人与人之间、人与自然之间，基本上处在一种和谐有序的状态。岩画中并没有反映人与人之间的相互争斗，或以战争为主的人们相互厮杀打斗等丑陋不堪的场面，说明人与人之间的纷扰与争斗并不是原始人类生存的主旋律。

然而这种政治结构和经济结构导致人们的心理产生出如下的思想意识：首先应该有一种平等意识，自由意识、民主意识；其次，无己的思想意识，人们没有必要保持本有的自我意识。最后，互助的安全意识。只要是以群居的生活状态，群中的互相帮助是人们的主流意识，人们共同应付来自自然界和异族入侵者的种种威胁，所以，互助是群居生活的纽带。战争意识存在，但更多的不是发生在群居中人们的日常思想意识之中，只有出现外族人入侵的情况下，人们才会在族群里产生战争的意识。

这就是处于自然法状态的人们的基本法则。

霍布斯所描绘的自然法下人们生存的"丛林法则"是不存在的，原因是在霍布斯生活的那个时代，人们对原始社会还少有认识，根本不能了解处于原始社会时人们的生存状况。作为经验主义哲学家霍布斯，他只能通过当时人们以及他所了解的历史上人们的生存状况去推断，所以才得出那个时代的"丛林法则"的结论。

人类的祖先很可能与今天我们见到的大猿一样，不会如野马、羚羊、鹿等一样成群结队，往往是以几个或几十个血缘亲属为主要构成的生存活动单位。这可能是古生物学家至今很少发现人类远祖生存遗迹的主要原因。非洲大约在350万年前就有了人类的踪迹。考古学家在德国尼安德特山谷发现了距今12万年以前的尼安德特人。从考古资料证明，尼安德特人是以小的部落为主的原始人群，他们互相帮助、结群生活。大约在旧石器晚期，尼安德特人已经开始实施墓葬，在墓葬死者的身旁放着饰品、武器、食物等，还会举行简单的下葬仪式。尼安德特人在欧洲存了几万年，大约在2.5万年至5万年，克罗门农人和格里马耳底人取代了尼安德特人，成为欧洲的主宰。

这些人与野蛮人的征服不同的是，他们并不会占据失败方的妇女，从来不与其他种族人通婚，而且与之保持一定的距离。

到了父系氏族社会以后，一个小的部落可能就是一个大的家族，部落长老是这个部落的首领。在这个部落中，长老可能是所有妇女的主人。在部落里存在着一些禁忌，如阿特金森著《原始法律》中记载：

> "在所有的野蛮人中，禁忌随处可见，如兄弟与姐妹之间的禁忌，男子与继母之间的禁忌，成年男女之间的禁忌等。所有禁忌都能追溯到这个根本原因，只有遵守这条原始法律，青年男子才可能逃过长老的惩罚。"①

在原始社会，族内战争几乎是不存在，或者说是很少发生的，原因是血亲的缘故，再加之财产、情爱、土地等杀人动机产生的条件都不存在。

在旧石器早期或中期，可能氏族的长老会将即将成年的儿子杀掉，主要怕威胁自己长老的地位。到了旧石器晚期、新石器时期，这样的事情便

---

① 韦尔士：《全球通史》（上），民主与建设出版社2016年版，第65页。

很少发生了。随着农业发展，因播种献祭以及埋葬酋长时，会让他们的妻子陪葬，但这是一种原始人宗教祭祀的习俗，并不意味着人与人的相互战争和仇恨。

综上，原始社会无论是早期、中期还是晚期，均未出现用契约的方式把自己所有的权利转让给国家和君主的事情发生过。

三、君主——主权者与臣民的契约

契约成为国家存在的基础，是霍布斯国家学说的另外一个重要概念。

霍布斯认为，人类生存在相互作战的状态之中，人人都有对他人侵犯的权利，导致人人都没有安全保障。那么人应该怎么办？必然追求和坚持和平以尽自己所能来保全自我。怎样追求和坚持和平呢？如果每个人都保留喜欢做任何事情的权利，那么所有人都处于战争状态。如果人人都不放弃自己的权利，那么就没有人来保护他人的权利。他举例说："这就是福音书上的训诫：'你想要别人怎样对待你，你也得怎样对待别人。'"[1]

霍布斯告诉人们，要"舍弃权利"。"舍弃权利"有两种方式：一种是简单地放弃，另一种是将权利让渡给他人。一个人无论何时转让或者放弃他的权利，目的都是能够换取某种权利，或者希望因此而得到某种别的权利。"既然它是一个自愿行为，因此每个人产生这种自愿行为的目的都是为了自己的某种利益"。[2] "最后，放弃或者转让权利的目的只是使一个人的生命得到安全保障，以及得到保证生命而又不至于对生命感到厌倦的手段。"[3]

所谓社会契约，就是将自己手中的权利转移到他人手中，这个他人就是一个拥有至高无上权力的主权者，只有他可以终止这场战争。然而，所有转移权利的人都要服从于这个主权者。主权者以此为条件，提供对转移权利的个人生命和财产的保护。

---

[1] 霍布斯：《利维坦》，江西教育出版社2014年版，第86页。

[2] 霍布斯：《利维坦》，江西教育出版社2014年版，第87页。

[3] 霍布斯：《利维坦》，江西教育出版社2014年版，第87页。

霍布斯主张建立这样的国家——能使人们抵御外敌的入侵，避免相互伤害以及由此保障人们通过自己劳动收获的果实，从而生活得很满意。实现的唯一途径就是人们把他们所有的权利和利益授予一个人或一个人的集合，这样把所有的人的意志或多数人的意志转变为一个人或一个人的意志。也就是说需要有一个人或一个人的集合体来承担所有群体的人格，每个人必须承认自己授权并承受他们人格的代表在关于共同和平和安全方面所做出的任何行为和命令。

国家是这样产生的吗？霍布斯给人们阐述了一个非常好的美景，好像国家的产生如此温情脉脉，是拥有自然权利的人与想要拥有一切权利的国家之间在谈判桌前谈判的景象。而想要转移权利的每个人与每个人之间首先达成一个意愿，把自己的权利转移到一个人、一个集体或一个国家，然后就与这个国家化身的利维坦签订社会契约。于是，国家就产生了。

无论是古代的国家还是近代国家的产生，绝不是走着一条人们自动放弃权利从而产生一个代表他们权利的国家的路线。

国家是怎样出现的？最主要的原因是从距今2万年至7000年左右的时间里，农业生产的出现解决了人口繁殖所必需的一些条件。随着农业采集和农作物耕种的出现，人类的繁衍加快，人口迅速增加，种群也随之扩大。男人狩猎，女人采集，后来男女都转为以农业生产为主。沿海土地贫瘠的地区，则以男人下海捕捞获取海产品为主。

到了大约公元前4000年，在西亚地区开始出现城市和农村的不同区域。在两河流域出现一些人口密集的城市。

"考古学者柴尔德曾经举出城市的十个特征：（一）范围和人口均有一定规模；（二）分工专业化；（三）生产剩余物资能够集中；（四）社会阶级分化明显，上层阶级成员（包括宗教、政治、军事）组织并且统治社会；（五）国家和政府组织成形，其中的成员的资格是以其居住权为主，也就是说，从基于血缘关系的农村居民转为基于地缘关系的城市公民；（六）有公共建筑物，如神庙、宫殿、仓库、灌溉沟渠等等；（七）有远程的贸易活动，所交易的货品不论在数量和专业化程度上均增加；（八）具有纪念性质的大型工艺品开始出现，而这些工艺品具有一致的形制；（九）文字出现，使得组织和管理的工作比较容易进行；（十）算术、天文、几何等较抽象的科学开始萌芽。当然，在每一个早期的城市中，上述这些特征是以不同的比重存在着，造成各个文明的不同面貌。"[1]

城市的出现，标志着国家的出现。城市上层统治者就是国家的统治者。

在国家出现以前，家是唯一的社会基层组织。家可大可小，大的家族有几千人。每个家都有各自的神，各家祭祀自己的神。由几个相近的家合成一个团体，（希腊文 Pluaterie），拉丁文曰"居里"（Curie）。有一个天神，由各家共同供奉。居里的宗教聚餐在罗马一直持续了很长时间。据说罗马皇帝奥古斯特（公元前63—公元14年）时期，这种家餐还存在。加入居里还要举行宗教仪式，才能成为其中的一员。每个居里都有一名首领，罗马称之为 Curion，希腊名为 Phratriarquc。居里有议会、议案、命令等。

居里有的由邻近的家庭组成，有的由大的家族组成，再由众多的居里组成部落。每个部落有一个神，是一个神化的英雄。部落每年在祭日里对神进行一次祭祀，祭礼的主要程序是全部落的人聚餐。部落与居里一样有议会，发布的命令全部落都要执行。

部落祭祀时，外人不得参与。部落是独立的，一旦组成，就不允许新的家庭加入。由几个邻近的部落组成一个邦，邦在组合时要举行仪式，并创立共同的宗教。

组成邦后，原来的部落、居里、家庭仍然存在，祭祀、集会、节日、首领等一切如前。居里、部落就相当于邦的基层组织，邦则作为公共政府的身份出现，凌驾在部落和居里之上，说明这时社会已经进入原始社会的后期，社会阶层开始分化，有了掌握全邦权力的人，社会强道文化有了新的发展。

在财产所有权上，有的部族仍然实行公有制，如古代日耳曼人的土地不属于个人，由部落分配一块土地由家庭来耕种，明年再换成别的土地，家庭只收获庄稼而不拥有土地。有些斯拉夫民族也是采用这种方式。而希

---

[1] 马克垚主编：《世界文明史》，北京大学出版社2007年版，第26页。

腊和罗马则与之相反，在很早时就已经土地私有制，如希腊人要将土地收获至少一大半上交公家，由众人共食之，私人不能自有其收获。但土地是自己的。希腊每家都有祭祀的家神。祭祀要有祭台，祭台占有的土地就是私有财产，这是永远不能迁徙的。家就建在祭台的旁边，家族所居之地和祭台就是全家族的私人财产，人们生与死皆在此地。另外，每个家族都有共同的墓地。所有权最初不是由法律保障，而是由宗教保护，即人们相信家神能保护和监督。在财产所有权上已经有了由男子继承的原则，而且私法在邦成立之前就已经存在，并且在普遍实行。

邦是一种联邦，是由若干个部落组成。这些部落都有自己的军队，人员由居里中家庭人员组成。如雅典人同时属于家、居里、部落、邦的一员。

在古语中邦与城是两种含义。邦是各家、各居里、各部落结合的宗教与政治团体，而城则是指这个政治团体集会的地方及居住处、神庙所在地。

希腊罗马的古代城市并非由人口和房屋逐渐增多而形成，而是由邦里的部落、居里、家反复商议，都同意结合并形成共同的祭祀时才开始建城，将城作为祭神的场所。所以，建城是邦里宗教的一次重大盛典。首先要选择地址，筑城之日先要祭祀，再举行仪式，然后开始建城。

希腊和罗马时期的城邦——国家，基本上是这样产生的。

这里根本不存在每个人与每个人的协商，把自己的权力转让给一个人或者一个集合体——国家，才建立起国家。

霍布斯认为，当一个人或一个家庭，他所居住的国家必然有登记造册，或者都有自己的法律，那么在这里居住的人就等于默认了这个国家的法律，并开始受到国家的政治组织的管理，军队和法律对自身的安全及财产的保护，就视同于签署了这样的契约。

默认法律、默认受到管理和安全保护等，这是客观存在的。但签订契约和默认法律及管理是两回事。首先，签订契约是双方平等自愿的，这与默认不同。其次，默认法律和客观上受到保护与转让出全部的权利有本质的不同。默认法律是可以执行法律所规定的内容，并不是把自己的权利转让给对方或转让给国家，而受到保护——作为臣民是要付出相应的赋税等。

如果一个契约，只有代表国家的一方公布了法律，一方签约，而另一方并不了解法律，也没有签署任何契约，就视同将自己所有的生命权利交给对方，这便违背了常理。履行这样的契约还有法律效应吗？

霍布斯是这样论述人们是怎样通过契约转让自己权力的，他说：

> "当一群人同意并且让人人互相订立契约，由他们中的大多数人把
> 代表他们全体人格的权利授予一个人或集体时，那么这个群体中的每
> 个人，无论他是赞成还是反对，都要以同样的方式同意这一个人或集
> 体的行为和裁断，好像他们就是他自己一样。这样做的最终目的是为
> 了人们在群体中相互之间能够和平相处，在群体之外能够受保护免受
> 外在其他人的侵害。"[1]

这里存在一个怎样才算认定人们与主权者签订合法有效的契约的问题，
霍布斯并没有给出具体的说明，只说"人人互相订立契约"。那么，"人人
互相订立契约"这一点真的能做到吗？

西方的"契约"原意是用铜片和衡具的交易，这说明，早在古希腊和
古罗马时期，契约概念便已经形成了。契约的真正形成必须有签订契约的
主体，主体应包括共同执行契约的双方。霍布斯所谓签订契约的双方，并
非公平的契约的双方，即代表国家的主体不出现、不签契约，而让契约的
另一方的公民签订契约，然后依据契约执行。

而且他还说，一旦签立了契约，无论在任何情况下不经主权者允许，
公民不能再行签订新的契约，服从主权者之外的任何人，也不能把给予主
权者的权力再给予另外的人或者人的集合。同时，契约不是由主权者与他
们中的任何人订立的，是他们之间相互订立的，就主权者来说，不存在违反
契约，所以，主权者的臣民就不能以收回授权为借口脱离对主权者的臣服。

简而言之，主权者可以不执行契约，但臣民也不能因为主权者不履行
契约而脱离主权者的管控和对他的臣服。

霍布斯还提出，因为多数人以赞同的意见宣布了主权者，那些不同意
的人必须少数服从多数。也就是说，必须心甘情愿地接受主权者所做的一
切，否则会被其余的人以正当理由杀死。而且，任何臣民都不能够控告主

---

① 霍布斯：《利维坦》，江西教育出版社2014年版，第115页。

权者的不正义，因为每个臣民已经通过契约把权力授予了主权者，每一个人都是主权者所有行为的授权者。主权者可能有不公正的行为，但这并不是不正义，也不是通常意义上对臣民权利的损害。正是因为这样的原因，霍布斯说：

> "主权者的臣民处死或以任何方式处罚主权者都是正义的，因为既然每个臣民都对主权者的行为授权，那他对主权者进行惩罚就是对自己的授权而惩罚另外一个人。"

> "主权者有如下权力：决定哪些看法和学说不利于和平，哪些有利于和平；当对人民讲话时，决定哪些人在什么场合以及在多大程度内可以被信任；决定在所有的学术书籍出版前谁有权利来进行审查。"[1]

这完全是强道文化的典型逻辑。名为契约，可主权者不去签订契约，反而令出让所有权利的人们人人自相签订契约。契约签订了主权者还可不受契约约束，可以做出任何不当或错误的行为，而授权方还不能制裁主权者，如果制裁主权者，都被看成不正义的行为。

霍布斯认为，人们会因财产所有权而发生战争。为此，制定财产所有权的规则的权力在于主权者。一个人应该拥有多少财产，他的哪些行为是合法的，这种行为规范是为了公众的和平的权力所制定的法典。国家的司法权属于主权。与其他国家或民族宣战和议和的权力也从属于主权。

"和平和战争时期一切参议人员、大臣、地方长官和官吏的任命权都从属于主权……委托给主权者的权力还有主权者根据事先制定的法律对臣民以财富和荣誉加以奖赏之权和以肉刑、罚金以及剥夺名誉加以处罚之权，若没有事先制定的法律，主权者就自己判断以最有利于鼓励臣民为国家效力和防止损害国家的方式施行。"[2]

霍布斯的契约如卖身契一样，将人的所有权利连同思想、意识、学术都毫无保留地转让给了君主。

---

[1] 霍布斯：《利维坦》，江西教育出版社2014年版，第118页。
[2] 霍布斯：《利维坦》，江西教育出版社2014年版，第119页。

我们已提到社会契约的概念由来已久，雅典智者学派对于当时的社会分析是："概括地说有三个层次：（a）划出一个社会秩序的领域，断言社会秩序概由人为，而非神创；（b）人是根据自身的利益，集强权或经由相互约定来建立社会秩序与正义观念；（c）划出一个高于人为法的自然法的领域。自然法乃是人性的本然要求，当自然人性与社会秩序发生冲突时，人应该依据更高的自然法而行动，而不论个人所主张的自然法是什么。"①

智者学派指出，所谓的契约不过是社会强权者借着相互约定打着正义的名义建立所谓的社会秩序。这种社会秩序在一定的社会时期内，对人的社会行为起着规范和制衡的作用。从这一点说，契约还是有着它的进步作用的。但是智者学派明确指出，在人为法之上划出一个自然法领域，这个自然法领域它所起的作用就在于，当人为法与自然法发生矛盾时，人们应该遵行更高的自然法去行动。

很明显，智者学派认为，当强道文化与天道文化发生矛盾时，强道文化要服从于天道文化。即当城邦国家的法律与国家产生前人们处于自然状态时形成的自然法相比，自然法更符合人的本质，故人为法要服从于自然法。

雅典公民在民主制下直接参与国家事务诸项权力的管理，从某种意义上讲，每个公民都可能成为国家的最高统治者，一些重大事项，如战争、法律都由公民代表大会投票表决，严格按照少数服从多数的原则，任何强权都不得更改，这就是雅典人从祖先原始人那里继承下来的自然法。雅典民主政治之所以成为后世的楷模，成为人类社会模仿和追求的对象，就是它较多地保留了原始社会自然法，即天道文化的内容，为人类社会进入强道文化开辟了一条最为可行的道路。尽管雅典民主政治有它历史的局限性，但它仍是人类社会进入强道社会后一条最好的民主政治道路。在此方面，雅典人开辟了理论上的建树和社会实践上的建树。

霍布斯的契约论思想，是彻底的强道文化中的强道文化，这种契约理论远落后于希腊民主政治时期的思想，使人类的思想文化进入一种强道的逻辑之内。

---

① 于海：《西方社会思想史》，复旦大学出版社2008年版，第25页。

四、论臣民的自由

在什么是自由的问题上，霍布斯的论述貌似公允般的严谨与正确。他说：

> "严格来说，自由指的是没有阻碍（我这里指的是运动的外部阻碍），它不仅适用于有理性的创造物，同样可以适用于没有理性和没有生命的创造物。无论什么创造物只要被约束或被包围而不能运动，只局限于由外界的阻碍决定它一定空间内的运动，我们就认为它没有超出这一空间进一步运动的自由。于是所有的生物当它们被墙壁或被锁链监禁，或当水被堤岸或者器皿阻挡而不能流到更广阔的空间，我们常常说，他们不自由，不能像没有外界阻碍那样运动。但是如果运动的阻碍在事物本身的构成，我们常常说，它不是缺乏自由而是缺乏运动的力量，如静止的石头或生病在床不能动弹的病人。"①

但是霍布斯接着又说，人们为了获得和平并由此保全生命，人们便创造了一个人造的"人"，"人们称其为国家。他们也创造了一个人的锁链，人们称其为法律。他们通过相互间的契约将锁链（法律）的一端连接在被授予主权的某一个人或某一议会中人们的嘴上，另一端连接在他们的耳朵上……我现在要讲的是与这些锁链相关的臣民的自由。可以看到世界上没有一个国家能够制定出管理人们所有行为和言论的足够完善的法律，这是一个不可能的事情。因此可以必然得出，所有法律没有规定的行为，人们都有自由去做他们理智建议的利益最大的事情。"②"如果我们要求法律豁免（不受法律约束）的自由，这同样也是荒谬的。因为人们如果要求这种

---

① 于海：《西方社会思想史》，复旦大学出版社2008年版，第141页。
② 于海：《西方社会思想史》，复旦大学出版社2008年版，第142—143页。

自由，每个人便都可以借此成为自己生命的主人。这种事情尽管荒谬，可这是他们要求的。他们不明白：如果没有武力掌握在一个人或一群人手中使得法律得以实施，法律就没有权利保护他们。臣民的自由存在于主权者未对他们的行为加以管理的事情中。"①

英国学者昆汀·斯金纳所著《霍布斯与共和主义自由》一书中这样描述国家与臣民自由的关系：

"按照这个思路，霍布斯首先回溯了某些人的下述主张：只要我们生活在一个民主国体或自由国体中，我们便能在政府之下做自由人。霍布斯提出，对此他可以不假思索的给予必要的评语：这些著作家谈论的不是自由，而是主权。为了使立论成功，霍布斯检视了亚里士多德《政治学》第六部的一段文字，其中亚里士多德思考了一种普遍观点，即：自由只有在民众自治的政体中才有可能存在。霍布斯承认，就'民主政体的基础或宗旨是自由'这句话而言，亚里士多德说得并不错；然而，此语之所以成立，并非因为我们在归顺政府的同时有望保持自由，而是因为，在建立一个民主国体的时候，我们实际上并未归顺政府；尽管每一个人都成为了一个臣民，但是人民作为一个整体，都成为了主权的共同承担者。这种格局，虽然可以被描述为'无人能共享自由，除非在一个民众国家之中'——亚里士多德在引用'常言'时，便是如此描述的；但是霍布斯认为，亚里士多德实际上描述的却是另一层意思：在一个民主国家，人人都成为了主权权力的参与者（Partaker）。霍布斯以最强调的口吻提炼了其中的道德教益：'既然自由不可能与臣服共存'，因此，'一个国家的自由不外乎是政府和统治。'"②

在霍布斯看来，历史上古希腊人和古罗马人的历史和哲学，以及从他们那里接受全部政治知识的人的著作和谈论中，经常被提到和推崇的不是

① 于海：《西方社会思想史》，复旦大学出版社2008年版，第143页。
② 昆廷·斯金纳著：《霍布斯与共和主义自由》，上海三联书店2011年版，第71—72页。

个人的自由，而是国家的自由。"如果没有市民法和国家，这种自由与每个人所应该享有的那种自由是完全一样的。它的结果也是完全相同的。因为在无主之民中，存在永恒的每个人对每个人的战争。"①

五、霍布斯批判

在亚历山大征服希腊雅典、斯巴达等诸城邦之后，虽然希腊雅典的文化受到重大冲击，但随着希腊半岛强道文化的发展，终于造就出来一位马其顿国王亚历山大。他对世界的征服，也使希腊雅典文化从地中海西部一直扩展到中亚。然而，西方另一个强道文化的摇篮罗马城邦，其国力迅速强大起来，最终罗马统治了整个地中海区域和欧洲的大部地区，出现了恺撒、渥大维等独裁者。他们凭借着自己的政治天才和残忍的军事手段从西方一直征服到东方的埃及，将古罗马文化带到这些地方。同时，罗马也在希腊化时期使自己的文化与希腊文化相融合，如一些思想家——西塞罗、维吉尔、贺拉斯、李维等，他们接受了希腊文化的精髓，并试图用希腊思想家的一些思想来解决罗马面临的问题。希腊神话与罗马神话融合为一体，保存在罗马神话中。

但从公元4世纪末开始，基督教成为罗马帝国的国家宗教，开启了基督教神学文化代替民主政治文化统治西方的时代。

霍布斯是反基督教神学文化较为坚定的分子，他否定基督教文化，是建立西方科学民主政治的开创者之一。

然而，令人可惜的是，霍布斯的思想走上了与希腊民主政治相反的道路。他将希腊民主政治中的天道文化全部扼杀在本来还可以萌芽，甚至发扬光大的摇篮之中，再一次走上一条亚历山大、恺撒、屋大维等独裁者走过的强道征伐道路，再一次开启一扇至今仍未关闭的集权、专制、称霸之大门。

---

① 霍布斯：《利维坦》，江西教育出版社2014年版，第144页。

霍布斯的国家观念，并没有继承柏拉图《理想国》的国家观念。柏拉图认为，一个人如果对他人不义，他人就有权力对他不义，他便会因此受到损失和伤害。只有互相保证，相互约束，不向他人做不义之事，这种相互保证和约束便是国家、政府成立的基础。正义的本质就是守法践约，正义是在人们同意下产生的，时间久了便成了习惯。所以，正义是大家约定的习俗。在法律问题上，霍布斯并没有继承雅典智者色拉西马库斯（Thrasymchus）的观念。在色拉西马库斯看来，法律的形成无非是强道社会的强权者们通过利用手中的权力基于自身的利益而制定的，是强权者利用强权迫使弱者接受他们制定的行为准则和制度安排，"我说正义不是别的，就是强者的利益"①。

他是继承了另一位智者强权即公理的倡导者卡里克勒斯的观点，反驳公正即当权者自私自利，认为法律是为处于弱者地位的人们建立起来的一道保护屏障，以防御强者的侵犯。

霍布斯提出，人们为了和平和安全，不得不将自己的所有权利让渡给君主或者国家，这样才能建立起社会秩序。而雅典的智者们在个人与社会秩序的关系上阐述的思想与霍布斯正好相反。普罗泰戈拉是智者派的代表人物，在整个希腊都享有很高的声望。即他提出"人是万物的尺度"，依据这个命题，在世界上不存在绝对、唯一、普遍、永恒的、客观的东西，每个人都有追求自身利益的同等权利，都有评判事物对自己是好是坏的权利。

霍布斯认为，人们是相互之间签订契约，并不是人们同君主签订的。所以，君主不受契约（法律）的约束。君主可以为所欲为，而人们不能惩罚君主或者解除与君主的契约。雅典思想家柏拉图在《法篇》中明确指出，统治者必须受到法律的约束，才能保持国家的正常运转。

在霍布斯看来，臣民的自由不能一面向国家臣服，而另一面又享有自由，二者不可能共存。因此，"一个国家的自由不外乎是政府和统治"。而在希腊雅典民主制时期，政府鼓励和保护公民思想自由和言论自由，不仅在学术上不设禁区，即使对国家政治的批评言论也予以容忍，这就为希腊雅典公民社会始终保持一个自由的学术环境与轻松的政治氛围提供了先决

---

① 柏拉图：《理想国》，商务印书馆2009年版，第18页。

条件。雅典民主政治改革家、执政官伯利克里曾经说过："雅典人纵使不能创造一切事物，但有权力判断一切事物。我们不认为自由讨论是行动的障碍，而视此为采取明智行动的必要步骤。"[1]他倡导"在私生活中我们从心所欲同时优容他人"。在此方面，伯利克利不仅主张，而且在实际行动上也为社会做出表率。他亲自到法庭为受到诬告的哲学家辩护，避免哲学家受到迫害。他从来不禁止上演攻击他本人的戏剧，还照旧发放给公民津贴，鼓励公民去观看，如喜剧作家阿里斯多芬（公元前450—前388）的《吕西斯特拉塔》，剧中雅典的军队被遭到嘲弄和奚落，公民的爱国激情遭到蔑视，政府的执政官和领袖受到无情鞭挞，但这个剧从来没有被禁止和停演过。而整个雅典人并不关心剧中批判了谁，歌颂了谁，而是主要评论《吕西斯特拉塔》是否有没有价值。在雅典，没有什么事情是公民议论的禁区，公民以一种从容、大度、公允的态度，自由地应对所发生的一切，真正体现"位卑未敢忘忧国"的国即家的胸怀，这便成为雅典民主政治的基石。如果公民什么都不敢说，不敢问，没有言论自由，何谈自由，何谈雅典的民主政治。正如罗素所说，社会思想"并不是卓越的个人所做的孤立的思考，而是曾经有各种体系盛行过的各种社会性格的产物与成因"。[2]而在"产物与成因"之中，人民的基础最为重要，任何人的思考能转化成广大人民群众的思考，尤为重要，这是人类思想进步的前提。自由是思想前进的基础，国家应给予每一个人独立的灵魂，一个真正的独立的灵魂，不能给思考带上牢笼。

霍布斯主张，人们要通过转让自己所有的权利给予君主或者国家，由君主或国家来统治管理人民，从而换得人民的和平以及个人财产的安全。而在雅典，公民全部有资格成为社会的领导者、统治者、管理者，或具体事务的参与者。不仅有资格，而且全部由公民大会选举产生，每个人在一个职位上只能任职一年。真正的公民人人都有参与国家事务的权力和机会。公民不需要向谁出让权力，他们本身就是权力者。

在雅典，法律不是由统治者操纵下再由御用法学家撰写而成，而是每

---

① 参阅修昔底的斯（Thucydides，约前460—前395）：《伯罗奔尼撒战争史》卷二，第34—36页。

② 罗素：《西方哲学史》上卷，商务印书馆1963年版，美国版序言第一页。

个公民都可以提出法律提案，由公民代表大会通过执行。即使通过的法律皆可由民主议事程序决定兴废，对于那些过时的、无实际内容不可施行的法律，也由公民民主程序决定予以废除。

在雅典，主权在民。而在霍布斯那里，主权在君。

六、对霍布斯退化的思考

综上，我们不得不说，霍布斯的政治思想远远地落后于雅典时期整个社会的思想。

这种退化的原因是什么？

当我们重新考察人类历史之后，我们就不难发现这种退化是整个人类的退化。就人类的思想发展史来看，人类的思想分为两大类。一大类是总结已经发生的历史而形成的思想，这是人类的社会实践在先，而思想理论发展在后，霍布斯就属于这一种。另一大类是引导人类社会向前发展的思想，这便是思想在先，而人类的社会实践在后。

霍布斯的思想在一定程度上是当时英国社会的摹写，及对英国历史政治发展的总结。

第一，霍布斯所阐述的一切都是人类历史上、英国历史上已经发生并进行了几千年的历史，可惜霍布斯整理得并不准确，他随意挑选一些他看得上的历史，或因他不知而使他无法看到而缺失的历史，写出了那本《利维坦》。从这本书上可见霍布斯根本不了解自然法时期的人类历史，而他提出的国家产生、契约（法律）、自由等命题、学说、观念，无疑是对历史和现实社会的追述或有些方面是真正的摹写，如君主集权、君主不必守约等。

强道社会是自原始社会解体以后，人类经历的主要社会形态，大致有奴隶制强道社会、封建制强道社会、资本主义制度的强道社会。霍布斯所处的时代正是资本主义强道社会形态初步形成并开始走向发展的时代。封建制强道理论对社会已经不适用了，需要有人来重新为新的社会形态寻找新的理论依据和必要参考。

霍布斯是从英国的奴隶制、封建制的强道文化中寻找支撑，寻找基石，寻找突破，而完全抛弃了西方文化中最珍贵的人类社会实践和精神探索的古希腊雅典民主之文化，所以霍布斯退化了。他甚至退化到公元前5世纪之前的历史时光之中。从那里开始，跳过雅典，一步一步走到17世纪他的那个时代，写成了他自鸣得意的《利维坦》。

第二，英国君主与议会之间的斗争，只是一人强道，还是多人强道的斗争。但不管是一人强道还是多人强道，就争霸世界这一点上君主和议会是统一的。走强道君主、强道国家是英国社会上层自身利益和国家利益的需要，所以，不可能选择走雅典民主制的道路。

第三，英国是当时自然科学最发达的国家。在霍布斯所处时代前后科学技术的发展促进了生产力的发展，瓦特发明了蒸汽机，牛顿发现了三大定律，从而使英国的经济迅速发展起来，成为世界最强大的国家，但英国也有地处岛屿，空间、资源有限，争夺更大的生存空间势在必然。所以，只有走强道的君主立宪的集权道路，才能满足英国上层统治者所需、所想、所求。

第四，很可能与霍布斯本人的心理性格有关系。霍布斯很小就过着寄人篱下的生活，这样的生活经历影响了他一生，其实他本人就没有安全感，所以他才一生呆在贵族家里给人家的孩子当教师，依靠强人的保护，依靠强人的资助，利用强人的资源，过上他自己想要的生活，这才是真实的霍布斯。

第五，我们不能不看到霍布斯在政治学的进步意义。在英国历史上，统治阶级上层一直存在着两种内外斗争的主线：一条是内部国王与贵族、国王与议会的斗争主线，另一条是对外君权与神权的斗争主线。霍布斯极力推崇君权，在一定意义上是为了用君权去对抗神权。只有将君权推至绝对统治地位，才能更好地对抗与打击神权。从这一点说，霍布斯的思想，也不可全面否定。

第十二章
洛克批判

一、洛克生平

　　洛克1632年8月26日出生于英格兰萨默塞特郡。他的父亲是一位律师，在英国内战时曾是议会派部队的军官，是一名清教徒。优越的家庭条件，使洛克从小受到严格且良好的启蒙教育。年龄稍长，被送至伦敦，就读于著名的西敏公学。1652年，洛克入牛津大学学习。大学期间主攻哲学，但他对中世纪亚里士多德的哲学并不太感兴趣，反而热心于研究社会、政治、宗教等问题，但最使洛克有兴趣的还是医学。他于1656年获得学士学位，1658年获硕士学位。1660年，洛克结识了化学家和皇家学会创始人罗伯特·波义耳，开始阅读波义耳、笛卡尔、伽桑迪等人的著作，并成为波义耳的亲密朋友。1660年，洛克被牛津大学聘为希腊语讲师，1663年担任修辞学高级讲师，1664年获得牛津大学道德哲学的教席。

　　牛津大学的教师大多数为教士。在是否接受教士一职上，洛克听从了朋友斯查基的意见，选择放弃。1666年洛克结识在当时极具影响力的政治家萨夫茨伯里伯爵，并成为伯爵的好友、助理及私人医生。从这时起，洛克开始创作他人生中最为重要的哲学著作——《人类理解论》。1675年，洛克去法国居住3年，在那里结识了很多思想家。之后，洛克又回国担任萨夫茨伯里伯爵的私人秘书。1682年，萨夫茨伯里伯爵因参与刺杀国王查理二世的"黑麦公馆案"逃亡荷兰，洛克也牵扯其中，与伯爵一同逃往荷兰避难。第二年伯爵死去，洛克在荷兰隐姓埋名，一心一意在荷兰著述，完成了《人类理解论》等多本著作。1688年光荣革命后，洛克回到英国，结束了5年的流放生活。此时，洛克已经56岁。1690年，他的3部重要著作《论宗教宽容》《政府论》《人类理解论》出版。威廉国王打算让洛克出任大使，洛克却提出只想当一名申诉官员，以便能有时间从事他的哲学研究。

伦敦污染的空气使洛克肺部严重感染，他不得不搬到埃塞克斯居住，住在老朋友弗朗西斯和玛莎女士家中。1699—1698年冬天，洛克的身体越来越差，疾病缠身。他写信给克拉克说："我不仅囚禁在房子里，而且也囚禁在椅子上，以至于没有人像我一样真正过着这样一种很少活动的生活。"

洛克1704年10月去世。在他的墓志铭中，他表示他是由于自己的哲学著作而有名。这些著作主要有：1689年，《论宗教宽容》；1690年，《人类理解论》；1690年，《政府论》；1695年，《基督教的合理性》。

他自己在墓志铭中写道："这里躺着的是约翰·洛克。如果你好奇于他是一个什么样的人，那么答案就是：他是一个满足于谦虚的人，一个总是致力于寻求真理的训练有素的学者。"

约翰·洛克被称为西方哲学史上最伟大的人物之一。在哲学思想史上，他是经验论哲学体系的奠基者；在政治思想上，他是西方现代民主思想的开创者。他的政治理念深深地影响着17世纪之后的西方政治社会的走向，影响着英国、法国、德国、美国等许多西方国家的历史变迁。

洛克又是现代西方政治思想史的奠基人物，在论述他的政治思想时，要从西方政治思想的源头说起，这样我们才能真正地见到洛克在其中的作用与贡献。

二、国家的起源

关于国家的产生，柏拉图在《理想国》中记载了苏格拉底与阿得曼托斯的对话。苏格拉底阐述了关于国家产生的原因：

"在我看来，之所以要建立一个城邦，是因为我们每一个人不能单靠自己达到自足，我们需要许多东西。你们还能想到什么别的建立城邦的理由吗？"[1]

"因此我们每个人为了各种需要，招来各种各样的人。由于需要许多东西，我们邀请许多人住在一起，作为伙伴和助手，这个公共住宅区，我们叫它作城邦。"[2]

"看来我们正在考虑的不单是一个城邦的成长，而且是一个繁华城邦的成长。这倒不见得是个坏主意。我们观察这种城邦，也许就可以看到在一个国家里，正义和不正义是怎么成长起来的。我认为真正的国家，乃是我们前面所讲述的那样——可以叫做健康的国家。如果你想研究一个发烧的城邦也未必不可。不少人看来对刚才这个菜单或者这个生活方式并不满意。睡椅毕竟是要添置的，还要桌子和其他的家具，还要调味品、香料、香水、歌伎、蜜饯、糕饼——诸如此类的东西。我们开头所讲的那些必需的东西：房屋、衣服、鞋子，是不够了；我们还得花些时间去绘画、刺绣，想方设法寻找金子、象牙以及种种诸如此类的装饰品，是不是？格：是的。苏：那么我们需不需要再扩大这个城邦呢？因为那个健康的城邦还是不够，我们势必要使它再扩大一点，加进许多必要的人和物——例如各种猎人、模仿形象与色彩的艺术家，一大群搞音乐的，诗人和一大群助手——朗诵者、演员、合唱队、舞蹈队、管理员以及制造各种家具和用品的人，特别是做妇女装饰品的那些人，我们需要更多的佣人。你以为我们不需要家庭教师、奶妈、保姆、理发师、厨师吗？我们还需要牧猪奴。在我们早期的城邦里，这些人一概没有，因为用不着他们。不过，在目前这个城邦里，就有这个需要了。我们还需要大量别的牲畜作为肉食品。你说对不对？"[3]

"说起土地上的农产品来，它们以前足够供应那时所有的居民，现在不够了，太少了。你说对不对？格：对！苏：如果我们想要有足够

---

① 柏拉图：《理想国》，商务印书馆1986年版，第58页。
② 柏拉图：《理想国》，商务印书馆1986年版，第58页。
③ 柏拉图：《理想国》，商务印书馆1986年版，第64—65页。

大的耕地和牧场，我们势必要从邻居那里抢一块来；而邻居如果不以所得为满足，也无限制地追求财富的话，他们势必也要夺一块我们的土地。格：必然如此，苏格拉底。苏：格劳孔呀！下一步，我们就要走向战争了，否则你说怎么办？格：就是这样，要战争了。苏：我们且不说战争造成好的或坏的结果，只说现在我们已经找到了战争的起源。战争使城邦在公私两方面遭到极大的灾难。"①

苏格拉底的国家起源说，无疑是在关注雅典社会现实的基础上，将国家起源理想化、超自然化了。雅典城邦国家不是直接从原始社会过渡产生的，是在经历过克里特文明和迈锡尼文明之后才形成的城邦国家阶段。克里特文明和迈锡尼文明无疑不是苏格拉底描述的国家形态。克里特—迈锡尼文明时代是公元前20世纪开始，然后在公元前1200年至公元前800年希腊进入"黑暗时代"或荷马时代、英雄时代，接下来是古风时代，即公元前8世纪到公元前6世纪。这是苏格拉底之前到原始社会解体的1500年，这个时期是希腊历史从天道社会进入强道社会时期，到了苏格拉底时期，是希腊城邦文化发展到高峰时期，即古典时期，即公元前5世纪至公元前4世纪。

柏拉图在《理想国》一书中转引苏格拉底的上述论断，主要是为了阐述他所追求的政治理想的国家。他希望他的理想国能像苏格拉底所说的那样。

首先，苏格拉底讲到的几种人居住在一起，各取所需，这并不是国家形态，这仍是原始社会后期生产出现分工后原始人群居住在一起的社会结构或社会形态，将其说成国家或城邦是不对的。正如恩格斯指出："柏拉图把分工描述为城市（在希腊人看来，城市等于国家）自然基础，对这种在当时说来是天才的描述。"②严格说来，苏格拉底所描述的是原始社会后期的社会结构变化，但近于国家的起源阶段。

其次，苏格拉底已经认识到了战争，谈到了军队，说明这个时候已经

---

① 柏拉图：《理想国》，商务印书馆1986年版，第65页。
② 《马克思恩格斯选集》第3卷，人民出版社1995年版，第574页。

到了国家的门口，而他还提到社会出现佣人以及牧猪奴，这说明已经有了社会阶级的分化，说明国家已经逐渐产生了。苏格拉底这时阐述的国家形态，仍然是强道文化下产生的国家形态，即强权社会的社会形态。

柏拉图的学生亚里士多德在国家起源的论述上，则在苏格拉底和柏拉图的基础上向前发展了一大步，论述了国家产生的自然过程。

"人类和一般动物以及植物相同，都要使自己遗留形性相肖的后嗣，所以配偶出于生理的自然，并不由于意志（思虑）的结合。接着还得有统治者和被统治者的结合，使两者互相维系而得到共同保全。"[1]

"家庭就成为人类满足日常生活需要而建立的社会基本形式。"[2]

"为了适应更广大的生活需要而由若干家庭联合组成的初级形式——便是'村坊'。村坊最自然的形式是由一个家庭繁殖而衍生的聚落；因此，有些人就称聚居的村人为'同乳子女'，或称这样的聚落为'子孙村'。希腊古代各城市原来都由君王加以统率，而各野蛮民族至今还保持着王权，其渊源就在这里。家庭常常由亲属中的老人主持，各家所繁衍的村坊同样地也由年辈最高的长老统率，君王正是家长和村长的发展。这种原始的家属关系，荷马关于古代散布世界的（圆眼巨人族的）聚落曾经说：'人各统率着他的儿女和妻子。'古先的人既一般地受治于君王，而且现在有些民族仍是这样，有些人就推想群神也得由一个君王（大神）来管理。"[3]

"等到由若干村坊组合而为城市（城邦），社会就进化到高级而完备的境界，在这种社会团体以内，人类的生活可以获得完全的自给自足；我们也可以这样说，城邦的长成出于人类'生活'的发展，而其实际的存在却是为了'优良的生活'。早期各级社会团体都是自然地生长起来的，一切城邦既然都是这一生长过程的完成，也该是自然的产物。这又是社会团体发展的终点。无论是一个人或一匹马或一个家庭，当它生长完成以后，我们就见到了它的自然本性；每一自然事物生长

---

① 亚里士多德：《政治学》，商务印书馆2009年版，第4—5页。
② 亚里士多德：《政治学》，商务印书馆2009年版，第6页。
③ 亚里士多德：《政治学》，商务印书馆2009年版，第6—7页

的目的就在显明其本性（我们在城邦这个终点也见到了社会的本性）。又事物的终点，或其极因，必然达到至善，那么，现在这个完全自足的城邦正该是（自然所趋向的）至善的社会团体了。"①

亚里士多德的国家起源于"自然生成"说，在当时突破了国家宗教起源说和国家神造说的范畴，从社会成员的社会活动探索国家的起源。但是令人遗憾的是，亚里士多德看不到私有财产的产生、社会等级分化、权力的产生等国家形成的实质性原因。他过于强调这种自然而然的国家产生的过程，看不到强道文化在整个国家产生中的社会作用，看不到由于私有财产的产生以及社会各阶层的分化，逐渐远离社会民主、平等的原则，开始了少数权力者统治大多数人的社会强权的实践，在此基础上才产生了城邦，产生了国家。

苏格拉底认为国家是社会分工的产物，而亚里士多德认为国家是人性发展的产物，而不是社会经济结构和社会政治结构发展的结果。从政治结构上看，是因为私有制的出现、贫富阶层的分化，出现了族群部落的上层统治阶层，这些人掌握着日常社会分工和宗教祭祀等权力，这种社会分化越来越严重，使族群和部落内部的矛盾逐渐加深，正如恩格斯研究希腊历史时所说：

"在这里，国家是直接地和主要地从氏族社会本身内部发展起来的阶级对立中产生的。"②

"国家是从控制阶级对立的需要中产生的，同时又是在这些阶级的冲突中产生的。"③

到了17世纪，英国的哲学家罗伯特·菲尔麦在《论父权制或国王的政治权力》中，将《圣经》《创世说》作为国家起源，认为国家是氏族社会父权制产生的结果。

---

① 亚里士多德：《政治学》，商务印书馆2009年版，第7页。
② 《马克思恩格斯选集》第4卷，人民出版社1995年版，第169页。
③ 亚里士多德：《政治学》，商务印书馆2009年版，第172页。

　　"世界上的一切权力或是从父权派生，或是篡夺父权而来，此外再也找不出任何权力的其他起源。"①

　　"这种子女的从属关系，按照上帝的命令，是一切君主权力的本原。"②

　　菲尔麦认为，亚当一创生，就由上帝的选任而成为世界的君王，虽然他还没有臣民——但至少在外表上，亚当从他创生的时候起就是一个君主。

　　"上帝规定亚当的最高权力应该是无限制的，其范围与基于他的意志的一切行为一样广大，亚当如此，其他一切具有最高权力的人们也是如此。"③

　　菲尔麦不是从历史出发，而是从《圣经》的《创世说》论证国家的起源，这无疑是错的，但是他强调权力在国家起源上的作用，尽管他说的权力是神权，但这一点对人们思考国家的起源上、还是有一定的启示作用的。

　　英国另外一位思想家约翰逊·弥尔顿（1608—1674年），他认为在国家产生之前，人类处在自然法状态，人们享有自由、财产、生命、安全等自然权利，人们正是通过自然法给予人们的权利，通过社会契约建立国家。而国家的目的"不论在和平和战争时期都首先要保障人民的自由。"④

　　弥尔顿关于国家产生于"契约"，这是英国自然法学派的普遍观点，但他最有价值的观点是，国家存在的真正目的是什么？给予人民自由是国家的首要义务，而且人民的权利至高无上，主权在民的思想，是完全符合天道文化的思想。

　　胡果·格劳秀斯（1583—1645年），荷兰著名的政治哲学家，自然法理论的创始人之一。他关于国家产生的观点是，在国家产生之前，人类处在一种自然状态，那时的社会既没有私有财产，也没有阶级，更没有国家，

———————

① 见洛克：《政府论》上卷，商务印书馆1982年版，第62页。

② 菲尔麦：《父权制及其他著作》第3卷，第57页。

③ 洛克：《政府论》上卷，商务印书馆1982年版，第8页。

④ 弥尔顿：《为英国人民声辩》商务印书馆1978年版，第140页。"人民的权利从自然秩序上来讲便是至高无上的。"（商务印书馆1982年版，第109页）。

人与人之间是平等的。但是，在"自然状态"下的人们，"孤立的家庭，不能抵抗强暴"，人们处在"不方便"与"不安全"的状态之中。因而在这种情况下，国家便随之产生了。国家是人们在理性的启发下，通过自行定立的契约而建立起来的。

> "国家是一群自由人为着享受法律的利益和求得他们共同福利而结合起来的完美的团体。"①

别涅狄克特·斯宾诺沙（1632—1677年），荷兰著名政治哲学家。他认为，自然状态是国家起源的基础。自然状态下，人是自然的一部分，受自然法法则的统治与支配，享有天赋予人的生存、自由等自然权利，不接受任何法律约束。同时，每个人都是平等的，每个人都不必去服从任何人。没有私有财产，一切物品归一切人共有。人与人没有共同的善恶标准，只是按自己的好恶去评判事物。但是，"自我保存"和追求自身利益又是人的自然权利，这样人人都按照自己的欲望去从事社会活动，必然导致相互利益的碰撞，势必产生相互仇视、嫉妒等心理，故而相互猜疑，相互提防，人人自危。为了实现和平共赢的局面，人们便理智的面对现实，寻找改变现状的出路，故而人们便缔结契约，从而国家就产生了。

在国家产生的问题上，洛克认为，原始社会

> "自然状态有一种为人人所应遵守的自然法对它起着支配作用；而理性，也就是自然法，教导者有意遵从理性的全人类：人们既然都是平等的和独立的，任何人就不得侵害他人的生命、健康、自由或财产……正因为每个人必须保存自己，不能擅自改变他的地位，所以基于同样理由，当他保存自身不成问题时，他就应该尽其所能保存其余的人类，而除非为了惩罚一个罪犯，不应该夺去或损害另一个人的生命以及一切有助于保存另一个人的生命、自由、健康、肢体或物品的事物。"②

---

① 何勤华主编：《西方法律思想史》，复旦大学出版社2005年版，第78页。
② 洛克：《政府论》下卷，商务印书馆1964年版，第4—5页。

"上帝扎根在人类心中和镂刻在他天性上的最根本和最强烈的要求，就是保存自己的要求。这就是每一个人会有支配万物以维持个人生存与供给个人使用的权利的基础。"①

洛克认为，在原始社会，人们经过劳动创造财富，每个人创造的财富必然归每个人所有，这便是私有的产生。

"既然劳动是劳动者的无可争议的所有物，那么对于这一有所增益的东西，除他以外就没有人能够享有权利，至少在还留有足够的同样好的东西给其他人所共有的情况下，事情就是如此。"②

"我们的劳动使它们脱离原来所处的共同状态，确定了我对于它们的财产权。"③

很显然，洛克这里将私有制的产生归结于劳动。"不同程度的勤劳会给人们以不同数量的财产，同样地，货币的这一发明给了他们以继续积累和扩大他们的财产的机会。"④

在阐述了私有财产产生的原因的同时，洛克认识到权力在国家产生中的重要作用，他说：

"为了正确地了解政治权力，并追溯它的起源，我们必须考究人类原来自然地处在什么状态。那是一种完备无缺的自由状态，他们在自然法的范围内，按照他们认为合适的办法，决定他们的行动和处理他们的财产和人身，而无须得到任何人的许可或听命于任何人的意志。这也是一种平等的状态，在这种状态中，一切权利和管辖权都是相互的，没有一个人享有多于别人的权利。"⑤

---

① 洛克：《政府论》上卷，商务印书馆2019年版，第75—76页。
② 洛克：《政府论》下卷，商务印书馆2019年版，第18页。
③ 洛克：《政府论》下卷，商务印书馆2019年版，第19页。
④ 洛克：《政府论》下卷，商务印书馆2019年版，第30页。
⑤ 洛克：《政府论》下卷，商务印书馆2019年版，第3页。

从上可见，洛克所讲的自然状态与霍布斯所讲的自然状态有着根本的差别。霍布斯讲的是一个人对所有人的战争状态，而洛克的自然状态充满着自由的人性、人人平等、友爱。

> "为了约束所有的人不侵犯他人的权利、不互相伤害，使大家都遵守旨在维护和平和保卫全人类的自然法，自然法便在那种状态下交给每一个人去执行，使每人都有权惩罚违反自然法的人，以制止违反自然法为度。"[1]

在论述了私有财产如何产生和权力平等之后，便开始涉及国家产生的问题了，洛克说：

> "但这种享有是很不稳定的，有不断受别人侵犯的威胁。既然人们都像他一样有王者的气派，人人同他都是平等的，而大部分人又不严格遵守公道和正义，他在这种状态中对财产的享有就很不安全、很不稳妥。"[2]
>
> 为什么"很不安全、很不稳妥"，因为"第一，在自然状态中，缺少一种确定的、规定了的、众所周知的法律，为共同的同意接受和承认为是非的标准和裁判他们之间一切纠纷的共同尺度……第二，在自然状态中，缺乏一个有权依照既定的法律来裁判一切争执的知名的和公正的裁判者……第三，在自然状态中，往往缺少权力来支持正确的判决，使它得到应有的执行。"[3]正是由于存在着以上的缺憾，所以国家便是在这样的社会需求下产生。
>
> "任何人放弃其自然自由并受制于公民社会的种种限制的唯一的方法，是同其他人协议联合组成为一个共同体，以谋他们彼此间舒适、安全和和平的生活，以便安稳地享受他们的财产并且有更大的保障来防止共同体以外任何人的侵犯。无论人数多少都可以这样做，因为他

---

① 洛克：《政府论》下卷，商务印书馆 2019 年版，第 5 页。
② 洛克：《政府论》下卷，商务印书馆 2019 年版，第 77 页。
③ 洛克：《政府论》下卷，商务印书馆 2019 年版，第 77—78 页。

并不损及其余的人的自由，后者仍然像以前一样保有自然状态中的自由。当某些人这样地同意建立一个共同体或政府时，他们因此就立刻结合起来并组成一个国家，那里的大多数人享有替其余的人作出行动和决定的权力。"[1]

"这样，国家的政治权力是每个人交给社会的，他在自然状态中所有的权力，由社会交给它设置在自身上面的统治者，附以明确的或默许的委托，即规定这种权力应用来为他们谋福利和保护他们的财产。"[2]

三、君主立宪

人类应该建立一个什么样的国家，早在雅典时期，苏格拉底、柏拉图、亚里士多德师徒有着十分明确的国家体制学说。

在柏拉图的《理想国》中，苏格拉底、柏拉图二人认为，法律和宪法重要，但一个国家中人们的素养更为重要。

"苏：因此，你别对他们生气。因为，他们不也挺可怜吗？他们像我刚才说过的那样不停地制定和修改法律，总希望找到一个办法来杜绝商业上的以及我刚才所说的那些其他方面的弊端，他们不明白，他们这样做其实等于在砍九头蛇的脑袋。阿：的确，他们所做的正是这样的事。苏：因此我认为，真正的立法家不应该把力气花在法律和宪法方面做这一类的事情，不论是在政治秩序不好的国家还是在政治秩序良好的国家。因为在政治秩序不良的国家里法律和宪法是无济于事的，而在秩序良好的国家里法律和宪法有的不难设计出来，有的则可以从前人的法律条例中很方便地引申出来。"[3]

---

① 洛克：《政府论》下卷，商务印书馆2019年版，第59页。
② 洛克：《政府论》下卷，商务印书馆1964年版，第109页。
③ 柏拉图：《理想国》，商务印书馆2009年版，第145页。

相反苏格拉底、柏拉图将人的素质看得更为重要。柏拉图认为国家应该是"公正"的。然而一个公正的国家的人，应该具有三方面的素质：即智慧、勇敢、节制。

"苏：那么可想而知，这个国家一定是智慧的、勇敢的、节制的和正义的——而且我在我们国家中清清楚楚看到第一件东西便是智慧——我觉得我们所描述的这个国家的确是智慧的，因为它是有很好的谋划——好的谋划这东西本身显然是一种知识。因为，其所以有好的谋划，乃是由于有知识而不是由于无知——在我们刚刚建立起来的这个国家里，是不是有某些公民具有一种知识，这种知识并不是用来考虑国中某个特定方面的事情的，而只是用来考虑整个国家大事，改进它的对内对外关系——这种知识是护国者的知识，这种知识是在我们方才称为严格意义下的护国者的那些统治者之中——由此可见，一个按着自然建立起来的国家，其所以整个被说成是有智慧的，乃是由于它的人数最少的那部分和这个部分中的最小一部分，这些领导着和统治着它的人们所具有的知识。并且，如所知道的，唯有这种知识才配称为智慧，而能够具有这种知识的人按照自然规律总是最少数——接下来，要发现勇敢本身和这个给国家以勇敢名称的东西究竟处在国家的哪一部分，应当是并不困难的吧——因为凡是说起一个国家懦弱或勇敢的人，除掉想到为了保卫它而上战场打仗的那部分人之外，还能想到别的哪一部分人呢……我想，其之所以这样，就是因为国家的这种性质不能视其他人的勇敢或懦弱而定——国家是因为自己的某一部分人的勇敢而被说成勇敢的。是因为这一部分人具有一种能力，即无论在什么情形之下他们都保持着关于可怕事物的信念，相信他们应当害怕的事情乃是立法者在教育中告诫他们的那些事情以及那一类的事情——如在'勇敢'上再加一个'公民'的限定词，也是对的——节制是一种好秩序或对某些快乐与欲望的控制。这就是人们所说的'自己的主人'——'自己的主人'这种说法不是很滑稽吗？因为一个人是自己的主人也就当然是自己的奴隶，一个人是自己的奴隶也就当然是自己的主人，因为所有这两种说法都是说同一个人——不过我认为这种说法的意思是说，人的灵魂里面有一个较好的部分和一个较坏的部分，而所谓'自己的主人'就是说较坏的部分受天性较好的部分控制——当一个人由于坏的教养或者和坏人交往而使其较好的同时也是较小的那个部分受到较坏的同时也是较大的那个部分统治时，他便要受到谴责而被称为自己的奴隶和没有节制的人了。"[1]

从上面可见，柏拉图的《理想国》里，并没有将法律看成在治理国家中多么重要的东西，而是将人的知识、智慧、品格看的格外重要，主张治国首先要治人。

然而柏拉图笔锋一转，便开始说道：

"现在来看看我们的新国家吧，你在这里也会看到有这两种情况之一。因为，既然一个人的较好部分统治着他的较坏部分，就可称他是有节制的和自己是自己的主人。那么你应该承认，我们说这个国家是自己的主人是说得对的——还可以看到，各种各样的欲望、快乐和苦恼都是在小孩、女人、奴隶和那些名义上叫做自由人的为数众多的下等人身上出现的。"[2]

十分明显，柏拉图十分看重人的思想对人自身的管控作用，即人通过自我节制让自己较好的部分统治自己较坏的部分。这种思想无疑是正确的和对人类有价值的。但是，从这段话中，我们也可以看出，柏拉图是将公民以外的人，视为人的另类，即大多数的下层人不被柏拉图认可，认为他们是不知道节制、没有道德的人。"靠理智和正确信念帮助，由人的思考指导着的简单而有分寸的欲望，则只能在少数人中见到，只能在那些天分最好且又受过最好教育的人中间见到。"[3]正是这样的原因，下等人才被上等人统治。"你不是在这个国家里也看到这一点吗？你不是看到了，在这里为

---

[1] 柏拉图：《理想国》，商务印书馆2009年版，第146—153页。

[2] 柏拉图：《理想国》，商务印书馆2009年版，第153页。

[3] 柏拉图：《理想国》，商务印书馆2009年版，第153页。

数众多的下等人的欲望被少数优秀人物的欲望和智慧统治着吗?"[1]

柏拉图这段记载了苏格拉底对人的品性的论述。这是从道德上将人分为上等人和下等人，上等人统治下等人在苏格拉底看来这是天经地义的。这是典型的强道文化，是为强者张目。将统治者上等人说成品性都好，而被统治的下等人品性都差，这个论述本身就违背常识，违背现实，不应是一个哲学家应该犯的错误。人的品性不是由统治和被统治的下上等级来分类的。

柏拉图论述了苏格拉底关于智慧、勇敢、节制之后，便开始论述"正义"了：

> "我们至此可以认为，我们已经在我们的国家中找到了第三种性质了。剩下的那个使我们国家再具一种美德的性质还能是什么呢？剩下来的这个显然就是正义了——我们在建立我们这个国家的时候，曾经规定下一条总的原则。我想这条原则或者这一类的某条原则就是正义。你还记得吧，我们规定下来并且时常说到的这条原则就是：每一个人必须在国家里执行一种最适合他天性的职务——正义就是只做自己的事而不兼做别人的事——做自己的事——从某种角度理解这就是正义。可是，你知道我是从哪里推导出这个结论的吗？格（劳孔）：不知道，请你告诉我。苏：我认为，在我们考察过了节制、勇敢和智慧之后，在我们城邦里剩下的就是正义这个品质了，就是这个能够使节制、勇敢、智慧在这个城邦产生，并在他们产生之后一直保护着它们的这个品质了。我们也曾经说过，如果我们找到了三个，正义就是其余的那一个了。格：必定的。苏：但是，如果有人要我们判断，这四种品质中我们国家有了哪一种最能使我们国家善，是统治者和被统治者的意见一致呢，还是法律所教给军人的关于什么该怕什么不该怕的信念在军人心中的保持呢？还是统治者的智慧和护卫呢，还是这个体现于儿童、妇女、奴隶、自由人、工匠、统治者、被统治者大家身上的品质，即每个人都作为一个人干他自己分内的事而不干涉别人分内的事

---

[1] 柏拉图：《理想国》，商务印书馆2009年版，第153页。

呢？——这似乎是很难判断的。格：的确是很难判断。苏：看来，似乎就是‘每个人在国家内做他自己分内的事’这个品质在使国家完善方面与智慧、节制、勇敢较量能力大小。格：是的。苏：那么，在使国家完善方面和其余三者较量能力大小的这个品质不就是正义吗？格：正是。苏：再换个角度来考察一下这个问题吧，如果这样做能使你信服的话，你们不是委托国家的统治者们审理法律案件吗？格：当然是的。苏：他们审理案件无非为了一个目的，即，每一个人都不拿别人的东西，也不让别人占有自己的东西，除此而外还有别的什么目的吗？格：只有这个目的。苏：这是个正义的目的吗？格：是的。因此，我们大概也可以根据这一点达到意见一致了：正义就是有自己的东西干自己的事情。"①

"苏：现在，当城邦里这三种自然的人各做各的事时，城邦被认为是正义的，并且，城邦也由于这三种人的其他某些情感和性格而被认为是有节制的、勇敢的和智慧的。"②

《理想国》中苏格拉底所讲的正义，在一定程度上是近似于孔子所讲的中庸天道思想的。中庸天道思想的核心是"中、正、应、时"。"正义"主张干自己分内的事，不去干涉别人的事。这便是"中"，即摆正自己的位置，做自己应该做的，不去做自己不该做的。而正义的三个前提条件，智慧，是指统治者；勇敢，指的是保卫国家的勇士；节制，是指社会下层妇女、儿童、奴隶、自由人等。如果做到了三个阶层的人都各行其道，社会则会处在一种正义的、中庸的状态，那么社会就会处于一种善的状态。

但理想国的正义理想与孔子的天道中庸思想还是有本质差别的。理想国的正义思想是希望社会能处于一种秩序社会，这种社会的目的仅是实现一种社会理想秩序而已，不是建立天地万物平等和谐的社会秩序。

在柏拉图看来，创世者在创造人的时候，就用不同元素的结合创造出三类人。然而，这三种人还不包括奴隶，因为奴隶还不是人。第一种人是

---

① 柏拉图：《理想国》，商务印书馆2009年版，第154—158页。
② 柏拉图：《理想国》，商务印书馆2009年版，第159—160页。

用金子的质料做的,第二种人是用银子的质料做成的,第三种人是用铜铁的质料做成的。三种质料中,金质的人天生就赋有天才和智慧,在理想国中是统治者。银质的人天生赋有忠诚于统治者的秉性,这些人勇敢战斗、不畏牺牲,是社会秩序的维护者,即社会的武士。铜铁的人是社会下等人,是从事生产劳作的人。在柏拉图看来,铜铁质的人唯利是图,只追求肉体的快乐。由于这三种不同质料构成的人具有不同的秉性,所以在国家中就构成了三个不同的阶层。这三个等级代表了三种美德,即统治者代表着智慧,武士代表着勇敢,而劳动者的美德即能克制自己的情欲。这三种美德结合在一起,即每个等级都在国家里执行一种最适合于他天性的职务,便体现了理想国的正义。

所以,《理想国》里所讲的正义、善,是建立在人生来就不平等的基础上的,而且是维护三个等级的不平等,这不仅不符合孔子的中庸天道思想,连孔子的人道思想,即以仁爱为代表的道德思想都不符合。所以苏格拉底所说的正义,说到底还不是个道德学说范畴,更多的属于政治学的概念范畴。

在建立一个什么样的国家政体上,柏拉图首先指出,社会上存在着四种不完美的政体,即荣誉政体、寡头政体、民主政体和僭主政体。

荣誉政体:"一种是好胜争强,贪图荣名的人,他们相应于斯巴达类型的制度。"①

寡头政体:"终于,好胜的爱荣誉的人变成了爱钱财的人,他们歌颂富人,让富人掌权,而鄙视穷人——这时他们便通过一项法律来确定寡头政治的标准,规定一个最低限度的财产数目。寡头制程度高的地方这个数目大些,寡头制程度低的地方规定的数目就小一些。法律规定,凡财产总数达不到规定标准的人,谁也不得当选。而且这项法律的通过则是他们用武力来实现的,或者用恐吓以建立起自己的政府后实现的。"②

民主政体:"党争的结果,如果贫民得到了胜利,把敌党的一些人处死,一些人流放国外,其余的公民都有同等的公民权及做官的机会——官

---

① 柏拉图:《理想国》,商务印书馆2009年版,第317页。
② 柏拉图:《理想国》,商务印书馆2009年版,第325页。

职通常抽签决定。一个民主制度，我想就这样产生的。"①

僭主政体："僭主政治是怎样产生出来的呢？据我看来，很显然，这是从民主政治产生出来的。"②在僭主政治下，"人民发现自己像俗话所说的，跳出了油锅又入了火炕；不受自由人的奴役了，反受起奴隶的奴役来了；本想争取过分的极端自由的，却不意落入了最严酷最痛苦的奴役之中了。"③

在这四种政体中，荣誉政体能成为军事强国，但它崇尚武力，不热爱和平；寡头政治是贵族势力操纵国家政权，这种政体热爱虚荣，不同情穷人；民主政体是公民人人得到权力，但是狂徒和混乱充斥着政权；僭主政体是统治者纵欲的天堂，人民失去了自由。

通过对四种政体的考察，柏拉图认为都不是理想的政体，故又设计出来一个"哲学王"。"哲学王"是理想国的领导核心，他说：

> "除非哲学家成为我们这些国家的国王，或者我们目前称为国王和统治者的那些人物，能严肃认真地追求智慧，使政治权力与聪明才智合而为一；那些得此失彼，不能兼有的庸庸碌碌之徒，必须排除出去。否则的话，我亲爱的格劳孔，对国家甚至我想对全人类都将祸害无穷，永无宁日。我们前面描述的那种法律体制，都只能是海客谈瀛，永远只能是空中楼阁而已。这就是我一再踌躇不肯说出来的缘故，因为我知道，一说出来人们就会说我是在发怪论。因为一般人不容易认识到：除了这个办法之外，其他的办法是不可能给个人给公众以幸福的。"④

柏拉图描述的"哲学王"治理下的国家是一种浪漫描绘的手法，他说：

> "他们将拿起城邦和人的素质就像拿起一块画板　样，首先把它擦净，这不是件容易事；但是无论如何，你知道他们和别的改革家第一

① 柏拉图：《理想国》，商务印书馆2009年版，第334页。
② 柏拉图：《理想国》，商务印书馆2009年版，第342页。
③ 柏拉图：《理想国》，商务印书馆2009年版，第354页。
④ 柏拉图：《理想国》，商务印书馆2009年版，第217页。

个不同之处就在这里：在得到一个干净的对象或自己动手把它弄干净之前，他们是不肯动手描画个人或城邦的，也不肯着手立法的。阿：他们对的。苏：擦净之后，你不认为他们就要拟定政治制度草图了吗？阿：当然是啰。苏：制度拟定之后，我想，他们在工作过程中大概会不时地向两个方向看望，向一个方向看绝对正义、美、节制等等，另一个方向看他们努力在人类中描绘出来的它们的摹本，用各种方法加上人的肤色，使它像人，再根据荷马也称之为像神的那种特性——当它出现于人类时——作出判断。阿：对。苏：我想，他们大概还要擦擦再画，直至尽可能地把人的特性画成神所喜爱的样子。阿：这幅画无论如何该是最好的画了。苏：到此，那些你本来以为要倾全力攻击我们的人，是不是有点相信我们了呢？我们是不是能使他们相信：这种制度画家就是我们曾经称赞过的，当我们建议把国家委托给他治理时曾经使他们对他生气的那种人呢？当他们听到我刚才所说的关于画家的这些话时是不是态度会温和点呢？阿：如果他们是明白道理的，一定温和多了。苏：他们还能拿出什么理由来反对呢？他们能否认哲学家是热爱实在和真理的吗？阿：那样就荒唐了。苏：他们能否认我们所描述的这种天性是至善的近亲的吗？阿：也不能。苏：那么，他们能否认，受到合适教养的这种天性的人，只要有，就会是完全善的哲学家吗？或者，他们宁可认为我们所反对的那种人是完全善的哲学家呢？阿：一定不会的。苏：那么，当我们说，在哲学家成为城邦的统治者之前，无论城邦还是公民个人都不能终止邪恶，我们用理论想象出来的制度也不能实现，当我们这样说时他们还会对我们的话生气吗？阿：或许怒气小些。苏：我们是不是可以说，他们不单是怒气小些了，而且已经变得十分温和了，完全信服了，以致单是羞耻心（如果没有别的什么的话）也会使他们同意我们的论断了呢？阿：一定的。苏：因此，让我们假定他们赞成这个论断了。那么，还会有人反对另一个论断吗？国王或统治者的后代生而有哲学家天赋是可能的事情？阿：没有人反对了。苏：这种哲学天才既已诞生，还会有人论证他必定腐败吗？虽然我们也承认，使他们免于腐败是件困难事，但是有谁能断言，在全部时间里所有这些人之中就永远不能有哪怕一个人免于腐败吗？阿：怎能有人这样断言呢？苏：但是的确，这样的人出一个就够了，如果有一个城都服从他，他可以在这里实行其全部理想制度的话，虽然眼下这个制度还没有人相信。阿：是的，一个人就够了。苏：因为，他既成了那里的统治者，把我们描述过的那些法律和惯例制定出来，公民们情愿服从——这的确不是不可能的。阿：的确。苏：那么，别人赞同我们的看法，这是什么奇怪的不可能的事情吗？阿：我认为不是。苏：再说，既是可能的，那么我认为这已充分表明，这些事是最善的。阿：是充分表明了这一点。苏：因此，我们关于立法的结论看来是：我们的计划如能实现，那是最善的；实现虽有困难，但不是不可能的。"①

　　这里论述了哲学王是如何建立自己的理想国的。这里有一个至关重要的问题，那就是柏拉图提出在理想国中要将城邦和人看成一块画板一样，首先要把它擦干净。这个擦干净，从城邦来看，是擦去一切旧有的制度，不留任何旧时的痕迹，这比较好理解。那么人擦去的是什么呢？可能是擦去人的思想意识中的东西，指的是精神层面上的，而不是指物质层面上的。人的思想意识在柏拉图看来是必须擦干净的。因为在以前的城邦和人的历史中，人染上了各种贪婪的欲望，有着丑陋的品质，这些如果不擦去，是无法建成理想国的。

　　理想国实行哲学王的政体，是"贤人政治"。哲学王用他的知识来统治国家。柏拉图认为，人生来就是不平等的，故社会只能由少数人统治多数人。而这少数人之中，又有一位最高统治者，他就是哲学王。在柏拉图看来，如果仅是一人统治，而没有宪法制约，这样的国家就必然变成暴君统治；而有宪法制约又非一人统治，又如贵族统治，这样的国家则成为寡头政治。所以，一个好的政体，应该是"贤人政治"，同时又辅以宪法，是哲学王与宪法相结合的政体。

　　在理想国度里，哲学王凌驾在一切权力之上，成为国家的统治者。他具有发布一切命令的绝对权威。为此，在哲学王统治的国家里，整个国家

---

① 柏拉图：《理想国》，商务印书馆2009年版，第256—259页。

整齐划一，全国实行共产、共妻、共子，完全取消家庭私有制，废除原有的法律，实行严格的社会分工和等级制度，实行全民军事训练等。

亚里士多德的政体思想与柏拉图不同。他按照政体的性质，将国家政体分类如下：

（一）僭主政体

"僭主政体是一人（君主）统治，依据专制的原则（以主人对待奴隶的方式）处理其城邦公务；如果有产者们执掌这个政治体制的最高治权，就成为寡头（少数）政体；反之，由无产的贫民（群众）们执掌最高治权，则为平民（多数）政体。"[1]

这里的僭主政体又分为有产者们执掌政权的寡头（少数）政体，和以无产的贫民（群众）们执掌政权的平民政体。"寡头政体的定义为人数较少的富人控制了城邦的治权"，"平民政体的定义为人数甚多的贫民控制了治权"。[2]

但是，亚里士多德显然不赞成寡头政体和平民政体划分，他说：

"我们须先确定主张寡头政体和平民政体者各人所持有的原则，并辨明他们各个所包含的正义（法律）观念。寡头派和平民派对于正义各有其认识，但他们的认识既不充分，所持的正义就都是不完全的，各人都只看到正义的某些方面。譬如在平民政体中，'正义'就被认定为（分配政治职司的）'平等'。这确实是平等，但只限于同等人们之间的平等，不是普及全体的平等。在寡头政体中，却以（政治职司的）'不平等'分配为合乎正义。这确实也是正义，但只限于不平等人们之间而言，也不是普及全体的正义。寡头派和平民派都没有考虑这一因素——是谁（哪些人）可以适用他们所持的原则——所以两派都作出自己的错误判断。"[3]

---

[1] 亚里士多德：《政治学》，商务印书馆2009年版，第137页。
[2] 亚里士多德：《政治学》，商务印书馆2009年版，第138页。
[3] 亚里士多德：《政治学》，商务印书馆2009年版，第139页。

将国家的权力交给谁更好？亚里士多德认为这是个难题。

"关于城邦的最高治权应该寄托于什么（怎样的人们），这也是一个疑难，寄托于'群众'或'富户'或'高尚人士'或'全邦最好的一人'或'僭主'。（在这五者之中）选取任何一项，都会发生不相宜的后果：那些后果怎么会不随之而来呢？倘使穷人占据最高治权，就会凭其多数来瓜分富户的财物——无论为小康之家，或为穷苦的人，倘使把少数人的财物共同瓜分，据为己有，这种多数显然是在破坏城邦——恰恰好像平民多数以强力（较高法权）胁迫富户，僭主们也遵循同样行径胁迫他人——这就应该由（少数）高尚人士（贤良）执政而掌握最高治权么？但（高尚人士虽不会没收他人的财产，可是）依照这种制度，其他的人们（虽可常常保有产业，却）都不得任职。城邦的职司本来是名位（荣誉），少数的一部分人常常占据这些名位，全邦其他的人们便永远被摒于名位之外了。倘若以最好的一人来治理，是否可以胜过其他各种办法呢——把治权寄托于任何'个人'（或任何一组的人），而个人既难免情感的影响，这就怎么也不能成为良好的政制，于是他建议：还不如寄托于'法律'。然而法律本身可以或倾向寡头，或倾向平民；以倾向寡头或倾向平民的法律为政，又有什么不同于寡头派或平民（民主）派执掌着最高治权？实际上是一样的，上述的后果还得发生，而我们所拟最高治权寄托于什么的问题，倘若期之于法律，仍然还是一个疑问。"[1]

（二）君主政体

君主政体是"一王为治的制度，我们曾经说是正宗政体各类型之一。我们应加以考虑的问题是：任何城邦或国家要取得修明的治理，是否以君主政体为适宜，抑或王制实在不如其他形式的政体——或是王制在某些场合虽未必适宜，而在另些场合却又较为适宜。我们预先确定君主政体只有一属或数属（多种）。这不难认明，王制实际上包括若干不同种属，它们为

---

[1] 亚里士多德：《政治学》，商务印书馆2009年版，第145—146页。

政的方法各不相同。（一）拉根尼（斯巴达）政体中存在着一种王室……（二）君主政体的另一属，其权力类似僭主（专制），常常见于野蛮民族（非希腊民族）各国中……（三）另一属称为民选总裁（艾修尼德）的形式，屡见于古代希腊各邦……（四）君主政体的第四属是史诗（英雄）时代的王制，它根据成法，其统治符合于臣民的公意，王位则由父祖遗传于子孙……（五）君主政体还有第五属（这和上述四属完全不相同），是具有绝对权力的君主，由他一人代表整个氏族或整个城市，全权统治全体人民的公务；这种形式犹如家长对于家庭的管理。"①

对于君主制，亚里士多德提出，古代各邦通行王制，这种"王制（君主政体）所以适于古代，由于那时贤哲稀少，而且各邦都地小人稀"。②所以，各国、各邦采用君主制也是没有办法的办法。但君主制存在的问题："即使承认君主政体为城邦最优良的政体，王室的子嗣应处于怎样的地位？王位是否应该属于家族，一登王位，他的后嗣便应相继为王？如果这些子嗣都是庸才，也使登上王位，就会有害于邦国。"③君主制容易出现君主偏爱自己和自己同道的人的私利。除此，"一人之治还有一个困难，他实际上不能独理万机。他还得任命若干官员，帮助处理各项政务。然而，到后来由这个人继续挑选并任命这些共治的职官，为什么不在当初就把这些官员和这个君王一起安排好呢？"④

（三）共和政体

在亚里士多德思想里，他推崇共和政体，他说：

"共和政体的本旨只是混合贫富，兼顾资产阶级和自由出身的人们而已；人们见到其中有富人的地位，就联想到贵族为政（由此用上了贵族政体那种比较好听的名称）。实际上，在混合政体中应有三项同等重要的因素——自由出身、财富和才德。有时，或以门望（贵胄）列

① 亚里士多德：《政治学》，商务印书馆2009年版，第161—164页。
② 亚里士多德：《政治学》，商务印书馆2009年版，第168页。
③ 亚里士多德：《政治学》，商务印书馆2009年版，第168—169页。
④ 亚里士多德：《政治学》，商务印书馆2009年版，第173页。

为第四要素，这是因为贵胄都出自前代有财有德的后裔，那么它仅仅是那两项要素衍生的产物。所以，我们显然应该用共和政体一词来称呼贫富两要素混合的政体。"[1]

很显然，共和政体是由贫富两种人组成的混合政体，而且在这个政体之中要有三个要素组成，即"自由的出身""财富"与"才德"。

"自由的出身"指的是平民，即穷人，但这个穷人并不是奴隶，是有完全人身自由的平民。

"财富"指的是富人，或者还包括"第四要素"的"贵胄"，即贵族的后裔。

"才德"指的是参与政体的人必须有好的才能和品德。

在亚里士多德看来，共和政体是最为优良的。"现在我们应当考虑对于大多数的人类和城邦，究竟哪种政体和哪种生活方式最为优良这个问题，这里，我们所说的优良，不是普通人所不能实现的或必须具有特殊天赋并经过特殊教育才能达到的标准，也不是那些认为只有理想的政体才能达到的标准，我们是就大多数人所能实践的生活以及大多数城邦所能接受的政体，进行我们的研究。我们方才讲过的所谓'贵族政体'，其向善的一端都非大多数城邦所能望及，而其趋向于另一端的，便同所谓共和政体密切相近，实际上只能作为共和政体而不应称为贵族政体（所以贵族政体对于我们现在的论题便不相适合）。"[2]

（四）三种统治秩序

第一种统治秩序是：奴仆统治。即主人对奴仆的统治。"这里自由主人和天然奴隶两者的结合的确可以互利，但主人执掌统治权力时，总是尽多地注意着自己的利益，即使有时也考虑到奴隶的利益，那是因为奴隶如果死灭，主人的利益也就跟着消灭了。"[3]

无论是苏格拉底还是柏拉图，直到柏拉图的学生亚里士多德均认为奴

---

[1] 亚里士多德·《政治学》，商务印书馆2009年版，第203页。
[2] 亚里士多德：《政治学》，商务印书馆2009年版，第207页。
[3] 亚里士多德：《政治学》，商务印书馆2009年版，第134页。

隶的存在是天然的、合理的，这种天生的人的不平等在他们的师徒三人的思想中是根深蒂固的。

第二种统治秩序是：家属统治，即家长对家属成员的统治。"就我们所谓家务管理说，家长对于妻子和子女以及一般家属的统治是第二个种类；这种统治主要是为了被统治者的利益，同时也为了统治和被统治两方面的利益。"①

第三种统治秩序是：城邦宪政统治，即执政者对全体公民依据宪法统治。"当一个城邦依据平等原则，由相同身份的人组成政治体制时，公民（城邦组成分子）们自然认为他们大家应该轮流执掌治理的职司（治理的职司主要是致力于被统治者的利益，所以这些义务应该由大众轮流分担，而统治者作为公民团体中的一员，也附带地获得共同的利益）。这原来是一个合乎自然的制度，当初，人们各自设想，在我担当这种义务的时期，既然照顾到他人的利益，那么轮着他人执政时期，也一定会照顾到我的利益。如今，情况已不是这样。动心于当官所得的便宜以及从管理公共财物中所获的残余或侵蚀，人们就希冀久居要津。这类公职人员好像被病魔所缠，必须求救于官司（一旦失官，便憔悴不堪）；总之，看到这些人争权夺利的狂热，不能不想起这些情况实际是病态。由此所导致的结论是明显的；依绝对公正的原则来评判，凡照顾到公共利益的各种政体就都是正当或正宗的政体；而那些只照顾统治者们的利益的政体就都是错误的政体或正宗政体的变态（偏离）。这类变态政体都是专制的（他们以主人管理其奴仆那种方式施行统治），而城邦却正是自由人所组成的团体。"②

（五）公民最好的生活方式——中庸

一个真正好的国家，是会给人们创造好的生存环境的。同时，人们在这种生存环境中，也会处在最好的生活状态。亚里士多德说：

"（一）真正的幸福生活是免于烦累的善德善行，而（二）善德

---

① 亚里士多德：《政治学》，商务印书馆2009年版，第134页。
② 亚里士多德：《政治学》，商务印书馆2009年版，第135页。

就在行于中庸——则（适宜于大多数人的）最好的生活方式就应该是行于中庸，行于每个人都能达到的中庸。"①

亚里士多德这里所说的没有"烦累"，是指"一个人具有足够的生活资料，既无物质困乏之虞，亦无财富之累；又身体强健而无疾病之累"。②人如受到上述两方面其中一方面所累，就使人的思维方式、行为方式及品德难以处于中庸状态，这是生活环境决定着人生活状态的变化。什么样的政体，就会给予人们什么样的社会环境。"又，跟城邦（公民团体中每一个公民的）生活方式相同的善恶标准也适用于政体；政体原来就是公民（团体和个人）生活的规范。"③

亚里士多德认为，一个国家中的"中产阶级"往往能使自己的生存与生活状态处于中庸状态。他说：

"在一切城邦中，所有公民可以分为三个部分（阶级）——极富、极贫和两者之间的中产阶级。现在大家既然已经公认节制和中庸常常是最好的品德，那么人生所赋有的善德就完全应当以（毋过毋不及的）中间境界为最佳。处在这种境界的人们最能够顺从理性。趋向这一端或那一端——过美、过强、过贵、过富或太丑、太弱、太贱、太穷——的人们都是不愿顺从理性的引导的。第一类的人们常常逞强放肆，致犯重罪，第二类则往往懒散无赖，易犯小罪：大多数的祸患就起源于放肆和无赖。中产阶级的人们还有一个长处，他们很少野心，在军事和文治机构中，要是有了野心的人，对于城邦常会酿成大害。"④

亚里士多德认为，人的生存环境不同，决定了人的心理、性格及秉性的不同。如出生在极富家庭的人，从小就不愿意接受别人的统治。在奢纵

① 亚里士多德：《政治学》，商务印书馆2009年版，第208页。
② 见于亚里士多德：《政治学》，商务印书馆2009年版，第208页注2。
③ 亚里士多德：《政治学》商务印书馆2009年版，第208页。
④ 亚里士多德：《政治学》，商务印书馆2009年版，第208页。

的环境里长大的人，不知道纪律为何物，他们在讲堂内和操场上也从来没有养成循规蹈矩的品性。而那些极穷的人又太卑贱而自甘暴弃。于是，"我们在这一端所有的人都仅知服从而不堪为政，就全像是一群奴隶；而在另一端，所有的人却只愿发号施令，不愿接受任何权威的统治，就全像是一伙主人。"[1]亚里士多德认为，在一个国家里，生活在这里的人们便不是由自由人组成，而成为主人和奴隶组成；人与人之间一方面存在着富人对穷人的蔑视的态度，另一方面是穷人对富人的妒恨的心理，而没有了一个国家内人们应有的友谊和交情。然而一个社会如果没有了友谊和交情，还能称其为正常的社会吗？如今仇恨代替了友谊，人们哪怕是行走也不愿意走在同一条道路上，更不用说在社会中要组成相互合作的团体了。

正因如此，亚里士多德提出：

> "一个城邦作为社会（团体）而存在，总应该尽可能由相等而同样的人们所组成（由是既属同邦，更加互相友好）；这里，中产阶级就比任何其他阶级（部分）较适合于这种组成了。据我们看来，就一个城邦各种成分的自然配合说，唯有以中产阶级为基础才能组成最好的政体。中产阶级（小康之家）比任何其他阶级都较稳定。他们既不像穷人那样希图他人的财物，他们的资产也不像富人那样多得足以引起穷人的觊觎。既不对别人抱有任何阴谋，也不会自相残害，他们过着无所忧虑的平安生活。我们相信福季里特的祈祷文实在出于至诚：'无过不及，庸言至祥，生息斯邦，乐此中行。'"[2]

所以，在一个国家里，最好的政治团体必须由中产阶级掌握国家的政权。"凡邦内中产阶级强大，足以抗衡其他两个部分而有余，或至少要比其任何其他单独一个部分为强大——那么中产阶级在邦内占有举足轻重的地位，其他两个相对立的部分（阶级）就谁都不能主导政权——这就可能组

---

[1] 亚里士多德：《政治学》，商务印书馆2009年版，第209页。

[2] 亚里士多德：《政治学》，商务印书馆2009年版，第209—210页。福季里特（Phocylides）的祈祷文见伯格编：《希腊抒情诗人集》"福季里特残篇"12。福季里特，公元前6世纪的诗人，雅颂作家。

成优良的政体。"①

亚里士多德认为，在中产阶级掌握政权的国家，公民们都有充分的资产，这些人过上了小康的生活，这样的国家便是最好的上等国家。相反，如果一个国家，有些人家财巨万，而另一些人却贫无立锥之地，这样的国家就会走上社会的两个极端，不是成为绝对的平民政体，就会成为单纯的寡头政体；也可能发展成为最为鲁莽的平民政治或最强的寡头政治，再往下发展就是僭主政治。僭主政治常常就是出自两个极端的政体。

然而，中产阶级掌握国家政治则不然。"中产阶级所掌而执行于中道或近乎中道的政权就很少发生这样的演变。随后，我们在讨论到政体的演变（革命）时当说明中庸之道有助于政治安定的原因。"②

为什么说中产阶级所奉行的中庸之道会有助于社会政治安定呢？亚里士多德认为，对于大多数国家来说：

> "最好是把政体保持在中间形式。唯有中间形式的政体可以免除党派之争；凡邦内中产阶级强大的，公民之间就少党派而无内讧。大邦一般是党派较少，就因为大邦内中产公民较多。反之，小邦的人户常常分成两个部分（阶级），全体或几乎是全体非穷即富，中间阶级就不存在或少得微不足道。"③

从平民政体发展的历史来看，"凡是平民政体中存在着较多的中产阶级，分享较大的政权，显示着中间的性格，就比寡头政体较为安定而持久。凡是平民政体中没有中产阶级，穷人为数特多，占了绝对的优势，内乱就很快会发生，邦国也就不久归于毁灭。"④

为了进一步说明中产阶级的人在掌握政权后会做事中正公允，行中庸之道，亚里士多德说到可以证明中产阶级实属胜过其他阶级的例证："最好的立法家都出身于中产家庭（中等公民）。梭伦是其中之一，他自己的诗篇

---

① 亚里士多德：《政治学》，商务印书馆2009年版，第210页。
② 亚里十多德：《政治学》，商务印书馆2009年版，第210页。
③ 亚里士多德：《政治学》，商务印书馆2009年版，第210页。
④ 亚里士多德：《政治学》，商务印书馆2009年版，第210—211页。

明白说他的家道小康；还有莱喀古士，他就不是一个王族，有人说他裔出王族，实属不确；还有嘉隆达斯以及其他大多数的立法家也都同样是属于中产阶级（中等公民）。"①

那么，为什么在希腊历史上"共和政体"很少出现，而大多数采取平民或寡头政治呢？亚里士多德认为：

> "第一，在大多数城邦中，中产阶级一般是人数不多的；有产者们和平民群众两个对立部分，其中任何一方倘若占了优势，他们就压迫中产阶级，把政治制度拖向他们自己所主张的方向，或者树立平民政体，或者建成寡头政体。第二，平民群众和财富阶级之间时时发生党争；不管取得胜利的是谁，那占了上风的一方总不肯以公共利益和平等原则为依归来组织中间形式的政体；他们把政治特权看作党争胜利的果实，抢占到自己手中后，就各自宁愿偏向平民主义或寡头主义而独行其是。第三，应该归咎于希腊两个称霸的大邦（雅典和斯巴达）。两邦都坚持自己的政体：一个往往指使他所领导的各邦组织平民政体，另一个则就其势力所及而树立寡头政体；两邦都只顾本邦的便利而忽视各个属邦的公益。由于这三个原因，中间性质的混合形式政体就永远不能成立，或至多只能在少数城邦中偶尔成立。"②

亚里士多德认为，以中产阶级为主而组成的共和政体，就能很好地兼顾贫富两极的利益，是中庸者的化身或体现，保持了"中间形式"的原则，而不偏向极端，就会使国家处在和谐稳定的状态。而"凡离中庸之道（亦即最好形式）愈远的政体也一定是恶劣的政体。"③

继亚里士多德之后，希腊另一位政治思想家波利尔（公元前201—前120年），在希腊被罗马征服后，长期生活在罗马，成为罗马政治哲学的奠基人。波利尔将国家政体分为纯粹形式和腐败形式。纯粹形式包括君主政体、贵族政体、民主政体三类；与之相对的腐败政体包括暴君政体、寡头

---

① 亚里士多德：《政治学》，商务印书馆2009年版，第211页。
② 亚里士多德：《政治学》，商务印书馆2009年版，第211—212页。
③ 亚里士多德：《政治学》，商务印书馆2009年版，第213页。

政体、暴民政体。这6种政体循环出现。国家产生之后首先出现的是君主政体。最初的君主政体并不是世袭，但随着历史推移，后来的君主将国家世袭给自己的后代，为了保住自己的君主地位，世袭君主无不用独裁和武力维持着家族统治，使国家完全变成了君主的私产，君主政体也随之走上了暴君政体的道路。暴君政体时期，君主荒淫无道，腐化堕落，社会民不聊生，怨声载道，这使统治阶层发生变化，把持着权力的贵族利用社会的不满情绪，通过发动政变等形式推翻暴君统治，建立起贵族政体。波利尔认为，从君主政体演变为贵族政体，这是社会发展进步的标志。因为贵族政体是以反暴君统治的目的出现的，必然改弦更张，而且，当政的贵族大多数都是理性的、公正的，能够带领民众走出暴君统治给社会带来的危机。但是，随着时间的推移，第一代励精图治的贵族相继离开政权中心，权力逐渐移到那些只知道贪婪权力，声色犬马的第二代、第三代贵族纨绔子弟手中，这些权贵开始新一轮腐败，又开始重蹈暴君统治的覆辙，必然引起社会新的公愤和不满，形势迫使统治者走上寡头政体，对社会民众采取高压政治。于是便会导致社会爆发新的政治危机，"愤怒的人们完全受激情的驱使，拒绝服从当局，甚至不承认当局与自己有同等权利，而希望一切事物都由自己决定。后来，国家虽以自由民统治的最高荣誉来装饰自己，但实际上却成为国体中最坏的庶民制。"[1]社会进入暴力黑暗时代，杀戮四起，征伐不断，盗贼猖行，国家分裂，直到新的君主出现，建立新的政权，确立新的政治秩序，取代暴民政体，再次回到君主政体。"政体循环成自然的管理模式，在它的支配下，一种政体的结构发展、变化，并再次返回原始状态。"[2]

西塞罗（公元前106—前43年）罗马政治哲学思想家，他认为国家应该是道德的集合体，是共同拥有国家的财产和法律的人的集合体，即"共和国是人民的事业"。他认为，国家的政治形式分为：君主政体、贵族政体、民主政体。他说："照我看来，这三种政府形式当然不是最好的，而是过得去的形式。"[3]不过，在他看来，这三种政体，君主政体相对优越些，因君主的

① 涅尔谢相茨：《古希腊政治学说》，商务印书馆1991年版，第231页。

② C. Rowe and M. Sch-ofieldos（ed），The Cambridger History of Greek and Roman political Cambridge University Press，2000，P.466.

③ 张乃根：《西方法哲学史纲》，中国政法大学出版社2002年版，第67页。

王权类似于父权，使国家如同一个家庭。他认为，罗马之所以强大，就在于罗马由一个君主来统治。他说，如果我们比较各种纯粹的政府形式，我们就会不仅仅责难君主制度，而且会相信君主制度要优于其他政体制度。他认为民主政体是国家形式中最坏的一种，"没有什么东西比群众暴政更使人反感""没有什么东西比自称人民而徒有其表的群氓更为可怕"。①

托马斯·阿奎那（1224或1225—1274）是欧洲中世纪经院哲学的代表。他认为政体分为6种：由一人掌握政权的为"正义"的"君主政体"，和"非正义"的"暴君政体"；归少数人执掌的"正义"的"贵族政体"和"非正义"的"寡头政体"；归多数人执掌的"正义"的"平民政体"和"非正义"的"暴民政体"。在这6种政体中，君主政体是最理想的，"人类社会中最好的政体就是由一人掌握的政体"。②

尼科洛·马基雅维利（1469—1527），意大利著名的政治哲学家。马基雅弗利的政体思想深受亚里士多德的影响，认为政体在三种基本形式——君主政体、贵族政体、民主政体与三种变态形式——暴君政体、寡头政体、群氓政体中循环，依次更迭，而最理想的国家形式是集君主政体、贵族政体、民主政体于一身的"混合政府"，又称"共和国制"。在马基亚维利看来，"共和国制"远优于君主制、贵族制、民主制。他认为，"共和国制"能使人民代表、贵族代表、国家元首三者同时融入一个政体之中，一同执政，这便能克服其他政体本身固有的弊端，使国家处在一种良好的社会秩序之中，人们有着良好的社会政治生活。但是，"共和国制"并非适合于所有国家，只能在那些社会政治秩序好的国家才能实现，就当时的意大利而言，国家尚处在四分五裂之中，是无法实现"共和国制"。因此，意大利应建立中央集权的国家，走君主专制的道路，所以他写《君主论》，论述君主专制的理论和原则，呼吁建立统一的意大利，实行君主独裁，推翻西班牙等国势力对意大利的统治。马克思和恩格斯在评价马基雅维利的君主制思想时说：

---

① 王岩：《西方政治哲学史》，世界知识出版社2010年版，第92页。
② 《阿奎那政治著作选》，商务印书馆1963年版，第49页。

"这种普遍的混乱状态中，王权是进步的因素……王权在混乱中代表着秩序，代表着正在形成的民族（Nation），而与分裂成叛乱的各附庸国的状态对抗。"①

"君主专制是作为文明中心，社会统一的基础出现的。"②

让·布丹（1530—1596），法国著名的政治哲学家。布丹将国家政体分为三种，即民主政体、贵族政体、君主政体。民主政体的标志是社会权力掌握在全体公民手中。这种政体的好处是公民之间在一定程度上权力平等，但坏处是容易产生无秩序、无政府状态，容易导致社会失控，使社会进入混乱状态。因此，是一种最不合理的政体。贵族政体的主要标志是社会权力掌握在少数人手中，由在人口中的少数贵族把持着国家政权。这种政体的好处是政治上避免了一个人的君主专制，但坏处是贵族之间容易因权力而产生纷争，从而使国家政治左右摇摆，也会产生极端倾向，因此，贵族政体也不是一个好的政体。君主政体的主要标志是国家主要权力掌握在一个人的手中，这个人就是国王或皇帝。在国家中，君主握有至高无上的权力和凌驾于国家之上的权威，对国内实行集权的专制统治。在布丹看来，国家只有实行君主制统治，才能使国家在各种势力的矛盾斗争中达到一种平衡与和谐，摆脱混乱而走向秩序。因此，君主政体才是世界上最理想的、最合理的政体。而君主制又分为三种类型，即"合法"的君主制、领主君主制与暴君君主制。"合法"的君主能够遵守自然法和神法，能保障国内人民的自由权利和私有财产的权利，因而，"合法"的君主制是最好的君主制政体。领主君主制是类似于古代社会的家长制，在这种类型的政体下，人民没有人身自由和私有财产的权力，这些权力掌握在国家的君主手中。暴君君主制是暴君通过阴谋诡计或政变篡夺等手段当上君主，这样的君主一是杀戮成性，二是根本不遵守自然法和神法，无视人民的自由及财产的合理性，打着人民的旗号又视人民为草芥，损天下人民之利而满足一己之欲求，不谋子民之福祉，而图个人之功业。所以是最坏的一种君主制，人民

---

① 《马克思恩格斯全集》第21卷，人民出版社1965年版，第453页。
② 《马克思恩格斯全集》第10卷，人民出版社1965年版，第462页。

应该起来将其推翻，甚至杀死暴君。

雨果·格劳秀斯（1583—1645年）则从国家主权的归属来谈国家政体。他认为人们在成立国家时，通过契约交出来的权力只能被一个人或一个统治集团所拥有，这些主权便形成了国家的最高权力，而在这种状况下形成的国家政体只能是君主政体。所以，他坚决反对"主权在民论""君主互依论""民权高于君权论"等。他提出当人类进入文明社会即国家产生以后，人民的主权已经交给了国家，国家为维护社会公共秩序有权制止人民之间的相互斗争。人们如果过分强调"以民为主"，必然导致国家成为一盘散沙，国家无法实现有效的统治，从而国家很难生存下去。他认为，人民在选择什么样的政府形式上，仅仅在这个时间里是自由的，但一经选择了君主制的政体，那么人们在政体内便失去了自由，人民就将自由交给了君主，永久地服从于君主，不经君主的同意，是不能改变君主制政体的。

斯宾诺莎（1632—1677年）把国家政体的形式分为三种，即民主制、贵族制、君主制。他坚决反对君主制。他认为，君主制政治如同毫无生机的沙漠一样，到处充满着奴隶、野蛮与荒凉。这种政体对人民实行专制统治，从根本上违背人的天性，这种政治制度是不能长期存在的。贵族政体虽然不是君主一人把握着国家权力，但仍然是少数人对多数人的统治，必然要走上政治专制，这与人类的自由本性是截然相反、格格不入的。他认为，民主政体具有以下其他两种政体所不具有的优点。

第一，民主政体体现"主权在民"。他说：

> "在民主政体中，没有人把他的天赋之权绝对地转付于人……他是把天赋之权交付给一个社会的大多数。他是那个社会的一分子。这样，所有的人仍然是平等的，与他们在自然状态之中无异。"[1]

第二，民主政体存在的主要目的是保障公民的自由。他说：

> "政府最终目的不是用恐怖来统治或约束，也不是强制使人服从，

---

[1] 斯宾诺莎：《神学政治论》，商务印书馆1963年版，第219页。

恰恰相反，而是使人免于恐惧，这样他的生活才能极有保障……政治
的目的绝不是把人从有理性的动物变成畜牲或傀儡，而是使人有保障
地发展他们的身心，没有约束的运用他们的理智……实在来说，政治
的真正目的是自由。"①

斯宾诺莎认为，人的思想自由十分重要。他说："我们深信，最好的政
府会容许哲理思辨的自由，它不亚于容许宗教信仰的自由。"②"即令自由
可以禁绝，把人压制得除非有统治者的命令他们都不敢低声说一句话；这
仍不能做到当局怎么想，人民也怎么想的地步。"③"强制言论一致是绝对不可
能的。因为，统治者们越是设法削减言论自由，人越是顽强地抵抗他们。"④

弥尔顿坚决反对封建的君主专制的政体。他认为君主专制政体与人民
的天性是完全对立的。在君主专制的政体下，人民根本没有什么生命、财
产安全、自由而言，所谓的"君权神授"和"君权至上"的观点是子虚乌
有，是统治阶级用来统治人民的思想工具。按照社会契约的原理，君主的
权力是人民意志的产物，所以君主只有利用手中的权力为人民谋福利，才
能代表人民的意志和代表人民的愿望。因此，"法律永远是社会的最高权
威。"⑤，在法律面前人人平等。他主张混合政体，提倡由人民选举而成立
国家委员会和地方委员会，成为贵族制共和国。

约翰·李尔本（1614—1657），17世纪英国资产阶级革命时期的平等派
领袖。他用自然法和天赋人权为理由，提出"人民主权"和建立人民共和
国国体的思想。他认为，生命、财产、信仰和言论自由，是天赋予人们的
权利，人人生而平等，任何人没有任何权力剥夺他人的民主、自由、平等
的权利，没有任何人可以剥夺和压迫任何人。"全部权力都是来自人民，因
此，它只属于人民"，"由人民的自由选举并通过自己的代表而表示的赞同，

---

① 斯宾诺莎：《神学政治论》，商务印书馆1963年版，第272页。
② 斯宾诺莎：《神学政治论》，商务印书馆1963年版，第274页。
③ 斯宾诺莎：《神学政治论》，商务印书馆1963年版，第275页。
④ 斯宾诺莎：《神学政治论》，商务印书馆1963年版，第275页。
⑤ 弥尔顿：《为英国人民声辩》，商务印书馆1978年版，第71页。

是一切公正统治的唯一基础"。①他认为，国家存在的目的就是保障人民生命财产的安全，保障人与人平等自由的权利，政府的初衷和最终目的就是为人民谋福利，所以所有的官员都要关心人民的疾苦，如果统治者欺压人民，人民就有反抗统治者的权力，甚至人民可以收回主权，人民才是国家真正的主权者。

洛克认为，国家政权有5种形式。第一种，民主政体。"当人们最初联合成为社会的时候，既然大多数人自然拥有属于共同体的全部权力，他们就可以随时运用全部权力来为社会制定法律，通过他们自己委派的官员来执行那些法律，因此这种政府形式就是纯粹的民主政制。"第二种寡头政治："如果把制定法律的权力交给少数精选的人和他们的嗣子或继承人，那么这就是寡头政制。"第三种君主政体："如果把这权力交给一个人，那么这就是君主政制。"第四种世袭君主制："如果交给他的嗣子，这就是世袭君主制。"第五种选任君主制："如果只是交给他终身，在他死后，推定后继者的权力仍旧归于大多数人，这就是选任君主制。"②

洛克说：

"虽然有些人认为君主专制政体是世界上唯一的政体，其实是和公民社会不相调和的，因而它完全不可能是公民政府的一种形式。因为公民社会的目的原是为了避免并补救自然状态的种种不合适的地方，而这些不合适的地方是由于人人是自己案件的裁判者而必然产生的，于是设置一个明确的权威，当这个社会的每一个成员受到任何损害或发生任何争执的时候，可以向它申诉，而这社会的每一成员也必须对它服从。当人们没有这样的权威可以向其申诉并决定他们之间的争论时，这些人仍处在自然状态中。因此每一个专制君主就其统治下的人们而言，也是处在自然状态中。只要有人被认为独揽一切，握有全部立法和执行的权力，那就不存在裁判者；由君主或他的命令所造成的损失或不幸，就无法向公正无私和有权裁判的人提出申诉，通过他的

---

① 转引自许大同主编：《西方政治思想史》，天津教育出版社2002年版，第145页。
② 洛克：《政府论》下册，商务印书馆2022年版，第81页。

裁决可以期望得到救济和解决。因此，这样一个人，不论使用什么称号——沙皇、大君或叫什么都可以——与其统治下的一切人，如同和其余的人类一样，都是处在自然状态中。"①

洛克接着说道："对于一个专制君主的臣民或不如说是奴隶来说，只有这个可悲的区别——好像他已从理性动物的共同状态中贬降下来似的，被剥夺了裁判或保卫他的权利的自由；从而有遭受各种灾难和不幸的危险，而这些灾难和不幸是很可能由一个既处在不受约束的自然状态而又因受人谄谀逢迎以致品德堕落并掌握着权力的人造成的。"②

洛克认为，把制定法律的权力交给谁，决定了国家实行什么样的国体。他说："政府的形式以最高权力，即立法权的隶属关系而定，既不可能设想由下级权力来命令上级，也不能设想除了最高权力以外谁能制定法律，所以，制定法律的权力归谁这一点就决定国家是什么形式。"③

洛克主张建立共同体复合的和混合的政府形式。"如果立法权起初由大多数人交给一人或几人仅在其终身期内或一定限制内行使，然后把最高权力仍旧收回，那么，在权力这样重新归属他们时，共同体就可以把它重新交给他们所属意的人，从而组成一个新的政府形式。"④

四、三权分立

分权的思想，古已有之。亚里士多德开了国家分权思想的先河，他说：

"一切政体都有三个要素，作为构成的基础，一个优良的立法家在创制时必须考虑到每一个要素，怎样才能适合于其所构成的政体。倘

---

① 洛克：《政府论》下册，商务印书馆2022年版，第54—55页。
② 洛克：《政府论》下册，商务印书馆2022年版，第56页。
③ 洛克：《政府论》下册，商务印书馆2022年版，第81页。
④ 洛克：《政府论》下册，商务印书馆2022年版，第81页。

使三个要素（部分）都有良好的组织，整个政体也将是一个健全的机构。各要素的组织如不相同，则由以合成的政体也不相同。三者之一为有关城邦一般公务的议事机能（部分）；其二为行政机能部分——行政机能有哪些职司，所主管的是哪些事，以及他们怎样选任，这些问题都须一一论及；其三为审判（司法）机能。"①

而议事机构的职能又有四种：第一，和平与战争以及结盟与解盟事项；第二，制定法律；第三，司法方面有关死刑、放逐和没收的案件；第四，行政人员的选任以及任期终了时对于他们的政绩的审查。

亚里士多德的立法权在议事机能（机构）中，行政权在行政机能（机构）中，审判权在审判机能（机构）中。

但亚里士多德的三个要素与"三权分立"又有所不同。

"从表面上看来，这里的'三个要素（部分）'似乎相同于近代的立法、行政、司法三个机能。实际上，亚氏所述都根据希腊各城邦的政法制度：其'议事机能'有异于现代的'立法权'。公民大会和议事会，虽也有立法权，所议都常常是有关行政和司法审判的案件。卷六1317ᵇ32就称议事会（'布利'）为行政机构。他们的'执政机能'虽各有其行政职司，却不像现今由执掌'行政权'的人员组成为政府而发号施令；公民大会和议事会实际上处于行政职司之上。1275ᵃ26等注曾经说明希腊城邦由公民陪审员公决曲直的群众法庭异于现在由常任法官治狱断案的法庭，其'审判机能'也异于近世国家中的'司法权'。"②

尽管亚里士多德所写的希腊各城邦的分权职能机构与近代资产阶级国家的三权分立的职能机构有所不同，但从中可以看出，早在希腊时期，国家已有了分权的实践，并且亚里士多德也记载了这一分权的思想，说明在那时已经形成了国家分权理论的雏形。

波利比乌斯（公元前203—前121年），著名的历史学家，他继承了亚里士多德的分权思想。他认为罗马之所以能长期地保持强大的国力和社会

① 亚里士多德：《政治学》，商务印书馆2009年版，第218页。
② 见亚里士多德：《政治学》，商务印书馆2009年版，第218页注②。

稳定，主要原因是它的政体是三要素决定的，即执政官、元老院和人民大会。实际上，罗马执政官的职责相当于国家行政事务和军事事务的管理者，是除人民大会之外的众官之长，负责国家政府的行政、军事事务，拥有组织、召集公民大会、实施法令、提出法案以及接待外国使节等权力。在执政官下面设有行官，拥有行政、军事和司法各种权力，但其决定可以被执政官否决。罗马的元老院，或称为议会，在形式上是执政官的咨询机构。在罗马时期，既无立法权也无行政权，但到了共和国晚期，执政官的重大决定必须得到元老院的同意，晚期罗马的元老院实际上成了行政机构。元老院最初有300人，到了公元前1世纪扩大为600人，由原来退职的行政官员组成，成为罗马的政治核心，体现了贵族寡头政治。人民大会即公民群众的会议，其职能是通过法律选举行政官员，但最重要的官员由百人队大会选举。公民大会的主席是保民官，百人队大会的主席是执政官。

波利比乌斯依据罗马社会的现实状况，提出执政官、元老院、人民大会三权分立之间的制衡关系的思想。他提出，执政官执掌着国家的军事权力，但是军队的给养，将士的战功评定等都由元老院决定；战争的发动与结束谈判等均由人民大会决定，这样便制衡了执政官在军事上的独裁。元老院虽然在行政、外交、司法等方面享有权力，但人民大会有立法权，从而通过法律对元老院的权力进行限制，只要人民大会的"护民官"有一人对元老院的决定提出异议，元老院就不能作出最后的决定。人民大会虽然掌握国家的立法权，但人民大会所代表的人民则要服从执政官和元老院的领导，接受各级官吏的管理，民众公共利益的建设项目的制定要接受元老院的管理，负责民事、刑事案件的法官在元老院成员中产生，这就使人民大会的所有权力受到执政官和元老院的制衡。

波利比乌斯的分权理论，就是执政官、元老院、人民大会三种权力互不独立，相互牵制，执政官的权力受到元老院的牵制，而元老院的权力又受到人民大会的牵制，人民大会反过来又受到执政官和元老院的牵制。"这种特殊形成的政体具有不可抗拒的力量，任何所决心追求的目标都可以实现。"因此,"我们不可能发现比这更好的政治制度了。"①

波利比乌斯提倡的政治体制是一种集君主、贵族、公民于一体的混合政体。他在亚里士多德分权思想的基础上,提出三种权力相互制衡的主张,这对西方近代和现代分权理论具有重大的影响。

洛克提出立法权是国家的最高权力,他说:

> "这个立法权不仅是国家的最高权力,而且当共同体一旦把它交给某些人时,它便是神圣的和不可变更的;如果没有得到公众所选举和委派的立法机关的批准,任何人的任何命令,无论采取什么形式或以任何权力做后盾,都不能具有法律效力和强制性。因为如果没有这个最高权力,法律就不能具有其成为法律所绝对必需的条件,即社会的同意。"②

> "立法权,不论属于一个人或较多的人,不论经常或定期存在,是每一个国家中的最高权力。但是,第一,它对于人民的生命和财产不是并且也不可能是绝对地专断的;第二,立法或最高权力机关不能揽有权力,以临时的专断命令来进行统治,而是必须以颁布过的经常有效的法律并由有资格的著名法官来执行司法和判断臣民的权利;第三,最高权力,未经本人同意,不能取去任何人的财产的任何部分;第四,立法机关不能把制定法律的权力转让给任何其他人:因为既然它只是得自人民的一种委托权力,享有这种权力的人就不能把它让给他人。"③

洛克认为,立法应该由国会掌握,而国会应该由人民选举产生,他说:

> "在一切场合,只要政府存在,立法权是最高的权力,因为谁能够对另一个人制定法律就必须是在他之上——社会的任何成员或社会任

---

① 波利比:《罗马史》第6卷,转引自《世界史资料丛刊》《罗马共和国时期》(上)第52—53页。

② 洛克:《政府论》下册,商务印书馆2022年版,第83页。

③ 洛克:《政府论》下册,商务印书馆2022年版,第84—89页。

何部分所有的其他一些权力，都是从它获得和隶属于它的。"[1]

洛克还提出，立法机关应秉持以下原则："第一，它们应该以正式公布的既定的法律来进行统治，这些法律不论贫富，不论权贵和庄稼人都一视同仁，并不因特殊情况而有出入。第二，这些法律除了为人民谋福利这一最终目的之外，不应再有其他目的。第三，未经人民自己或其代表同意，绝不应该对人民的财产课税。这一点当然只与这样的政府有关，那里立法机关是经常存在的，或者至少是人民没有把立法权的任何部分留给他们定期选出的代表们。第四，立法机关不应该也不能够把制定法律的权力让给任何其他人，或把它放在不是人民所安排的其他任何地方。"[2]

洛克认为，立法权的目的，就是立法者享有权力去指导如何运用国家的力量以保障这个社会及其成员的权利。为了避免同一批人同时拥有制定和执行法律的权力，借以使他们免于服从他们所制定的法律，并且在制定法律时，使法律适合于他们自己的私人利益，那么，这样就违背了政府和人民的意愿和目的，所以，在一个完善的国家，制定法律的人，当法律制定完成之后，他们便"重新分散"，他们自己也受他们所制定法律的管束，他们也要执行他们所制定的法律，这就使他们于制定法律时注意为公众谋福利。但是，法律一旦制定，就需要人去执行，这样就需要有一个经常存在的权力，需要有一部分人来执行这些权力，来贯彻这些法律，这就导致了"立法权和执行权往往是分立的"。

洛克这里的执行权就是行政权，就是由一部分人来执行法律的权力。这种权力涉及国家日常行政事务的方方面面，也包括司法权。在洛克看来，行政权应属于国王。国王的主要职责就是指导法律的执行。国王通过任命大臣、法官以及其他行政官员来执行法律。所以，行政权要隶属于立法权，在立法权之下。因此，国王必须服从法律，不能违背法律执政，至于所有行政机构的人，也不能违背法律。洛克还指出，假如国家处于洪水灾害、危及人们的生命财产、外敌入侵等紧急状态下，为了保护人民的生命、财

① 洛克：《政府论》下册，商务印书馆2022年版，第95页。
② 洛克：《政府论》下册，商务印书馆2022年版，第90页。

产等安全，国王有迅速作出决策，甚至出现违背法律的情况发生，那么，国王还是有这样的特权的，"只要政府不是太经常祭出'国家安全'，不是事无巨细动辄以此为口实。否则，人民会起疑。此外，好的政府事后往往愿意就其紧急行动提出理据。"①

但是，行政权对于立法权也有一定的牵制作用，在议会或国会与国王的意见不一致时，国王有否决议会所决定的事项，并拥有解散国会的权力。如果立法机构即议会违背了法律或规定的限制，"当人民发现立法行为与他们的委托相抵触时，人民仍然享有最高权力来罢免或更换立法机关"。②

洛克的三权分立，除了立法权、行政权之外，还有"对外权"。"这里包括战争与和平、联合与联盟以及同国外的一切人士和社会进行一切事务的权力——可以称之为对外权。"③

洛克将国内事务与国外事务区分开来。他说："执政权和对外权这两种权力，虽然本身确是有区别的，但是前者包括在社会内部对其一切成员执行社会的国内法，而后者是指对外处理有关公共的安全和利益的事项，其中包括一切可以得到的利益或受到的损害在内，但是这两种权力几乎总是联合在一起的。"④

正是因为如此，对外权也应归国王拥有，因对外权在某种方面是国内行政权对外的体现，也不能离开国王而另外有一个权力的拥有者，所以，"两者的行使既然都需要社会的力量，那么把国家的力量交给不同的和互不隶属的人们，几乎是不现实的；而如果执行权和对外权掌握在可以各自行动的人的手里，这就会使公共的力量处在不同的支配之下，迟早总会导致纷乱和灾祸。"⑤

---

① 约翰·麦克里兰：《西方政治思想史》，海南出版社2003年版，第278页。

② 洛克：《政府论》下册，商务印书馆1964年版，第94页。

③ 洛克：《政府论》下册，商务印书馆1964年版，第92页。

④ 洛克：《政府论》下册，商务印书馆1964年版，第92页。

⑤ 洛克：《政府论》下册，商务印书馆2022年版，第93页。

五、天赋人权

资产阶级自然法理论的创始人格劳秀斯第一次将天赋人权的思想提了出来。

> "上帝在世之时以及在诺亚方舟之后，就把管理低级自然物的普遍权力赋予了人类。每一种物都是共同的和不可分割的，如同共有一份祖传物。因此，每个人都可以取其所用和取其所能消费的东西——每一个人所能取得的东西，除非犯罪，不能凭借暴力从另一个人的手中夺走。"[1]

在格劳秀斯看来，这种天赋人权包括人的所有权、财产权、生命权和自由权。这种天赋的人权是不可更改的。

> "自然法是如此的不可变易，就连上帝也不能加以变更——上帝本身不能使二乘二不等于四，他也不能颠倒是非，把本质是恶的说成是善的。"[2]

正因为如此，财产的私有，即财产的所有权是人类与生俱来的，他说："一经承认，自然法就指示我们违反任何一个人的意志而拿走他人的东西就是非法的。"[3]

"他人之物不得妄取，误取他人之物者，应该以原物所生之收益归还物主，有约必践，有害必偿，有罪必罚。"[4]关于人的生命权力和人的自由权

---

[1]《西方法律思想史资料选编》，北京大学出版社2022年版，第149页。

[2] 转引自何勤华主编：《西方法律思想史》，复旦大学出版社2005年版，第75页。

[3]《西方法律思想史资料选编》，北京大学出版社1983年版，第143页。

[4] 转引至何勤华主编：《西方法律思想史》，复旦大学出版社2005年版，第26页。

力，他说："自然赋予每一个动物以自卫和自救的力量。"① "因为我们的生命、躯体、自由仍然是我们自己的，而且除了干了显然不公正的事，也是不容侵犯的。"②

斯宾诺莎认为，自然状态下人是自然的一部分，受自然法统治的人享有天赋给人的生存权、自由权等，不受任何的法律约束，一切物品归所有人所有，并没有私人财产，没有善恶的标准。但是，由于"自我保护"和追求利益是人的自然权利，这就导致了人们均按着他自己的欲望而满足自己的需求，从而人人相互仇视，互相侵害。从而理性让人们摆脱这种状况，而互相缔结契约。他认为，因为人的本性是邪恶的、利己的，因此就要求必须有强权产生，才能制止人们的邪恶和利己。斯宾诺莎陷入一个矛盾之中，天赋予人的本性是自然状态下的人的本性，还是产生国家时的人的本性，即天赋人权是哪一段，怎样确定"天赋人权"。斯宾诺莎承认订立契约时的人们还得保留一部分自然权利，他说："人的天性是不受绝对的压制的。正如辛尼加所说，强暴的政府是不会长的，温和的政府会站得久。"③

但是，斯宾诺莎认为，人们的自然权利的大小同人的力量和欲望是成正比的，所以强权在人的自然权利那里是存在基础的，"个人的天然之权不是为理智所决定，而是为欲望和力量所决定"。④

洛克的天赋人权，从本质上有三种：生命权、自由权、财产权。他认为自然状态有一种为人人都应遵守的自然法对人们起着支配作用。在这种支配作用中产生了人们的理性，这种理性便是自然法。这种自然法在告诉人们，人人都是平等独立的，任何人都不能伤害他人的生命，剥夺他人的自由，他人的健康，以及他人的财产。

"因为既然人们都是全能和无限智慧的创世主的创造物，既然都是唯一的最高主宰的仆人，奉他的命令来到这个世界，从事于他的事务，他们就是他的财产，是他的创造物，他要他们存在多久就有存在多久，

① 徐大同主编：《西方政治思想史》，天津教育出版社2000年版，第125页。
② 徐大同主编：《西方政治思想史》，天津教育出版社2000年版，第125页。
③ 斯宾诺莎：《神学政治论》，商务印书馆1963年版，第82页。
④ 斯宾诺莎：《神学政治论》，商务印书馆1963年版，第213页。

而不由他们彼此之间做主；我们既赋有同样的能力，在同一自然社会内共享一切，就不能设想我们之间有任何从属关系，可使我们有权彼此毁灭，好像我们生来是为彼此利用的，如同低等动物生来是供我们利用一样。正因为每一个人必须保存自己，不能擅自改变他的地位，所以基于同样的理由，当他保存自身不成问题时，他就应该尽其所能保存其余的人类，而除非为了惩罚一个罪犯，不应该夺取或损害另一个人的生命以及一切有助于保存另一个人的生命、自由、健康、肢体或物品的事物。"①

洛克讲，在自然社会里，为了约束所有人不侵犯他人的权利，不互相伤害，所以大家都极力维护和保全人类自然法，每个人都执行自然法，也都惩罚那些不遵守自然法的人。

"根据自然，没有人享有高于别人的地位或对于别人享有管辖权，所以任何人在执行自然法的时候所能做的事情，人人都必须有权去做。"②

既然人人平等，物品公有，那么私有财产又是怎样产生的呢？

洛克认为，上帝将世界给予人类共有，同时也给予人类理性，为了让人们生活得更好和对物质的利用，土地上的自然生产的果实和养活的兽类，都归人类所共有。这些既是给人类使用的，那就必然要通过某种拨归私用的方式，然后才能对于某一个人有用处或者有好处。

怎样"拨归"和私用呢？洛克说：

"野蛮的印第安人既不懂得圈用土地，还是无主土地的住户，就必须把养活他的鹿肉或果实变为己有，即变为他的一部分，而别人不能再对他享有任何权利，才能对维持他的生命有任何好处。"③

---

① 洛克：《政府论》下册，商务印书馆2022年版，第4页。
② 洛克：《政府论》下册，商务印书馆2022年版，第5页。
③ 洛克：《政府论》下册，商务印书馆2022年版，第18页。

又如：

"土地和一切低等动物为一切人所共有，但是每人对他自己的人身享有一种所有权，除他以外任何人都没有这种权利。他的身体所从事的劳动和他的双手所进行的工作，我们可以说，是正当地属于他的。所以只要他使任何东西脱离自然所提供的和那个东西所处的状态，他就已经掺进了他的劳动，在这上面参加他自己所有的某些东西，因为使它成为他的财产。"①

很显然，在这里洛克将私有财产的产生与人的劳动联系起来：

"既然是由他来使这件东西脱离自然所安排给它的一般状态，那么在这上面就由他的劳动加上了一些东西，从而排斥了其他人的共同利益。因为，既然劳动是劳动者的无可争议的所有物，那么对于这一有所增益的东西，除了他以外就没有人能够享有权利。"②

正因为如此：

"谁把橡树下拾得的橡实或树林的树上摘下的苹果果腹时，谁就确已把它们拨归己用。谁都不能否认，食物是完全应该由他消受的。因此我要问，这些东西从什么时候开始是属于他的呢？是在他消化的时候，还是在他吃的时候，还是在他煮的时候，还是他把它们带回家的时候，还是他捡取它们的时候呢？很显然，如果最初采集不使它们成为他的东西，其它的情形都更不可能了。劳动使它们同公共的东西有所区别，劳动在万物之母的自然所已完成的作业上面加上一些东西，这样它们就成为他的私有权利了。"③

"因此我的马所吃的草、我的仆人所割的草皮以及我在同他人共同

① 洛克：《政府论》下册，商务印书馆2022年版，第18页。
② 洛克：《政府论》下册，商务印书馆2022年版，第18页。
③ 洛克：《政府论》下册，商务印书馆2022年版，第18—19页。

享有开采权的地方挖掘的矿石，都成为我的财产，无需任何人的让与或同意。我的劳动使他们脱离原来所处的共同状态，确定了我对它们的财产权。"[1]

洛克说，生命和健康权说到底还是为了保障个人的财产不受侵犯的权利，而自由权也是意味着每个人都有处置自己财产的权力。很显然，洛克把财产权确定为自然法的核心，它是神圣的，不可侵犯的，"人们联合成为国家和置身于政府之下的重大的和主要的目的，是保护他们的财产"。[2]

六、洛克批判

（一）洛克政治学的基础是坍塌的

洛克政治学的基础是建立在"天赋人权"上，这不仅是洛克政治学的基础，也是现代资产阶级政治学的基础。人们认为，人的生命安全权、自由权、财产权是天赋的，是神圣不可侵犯的，所以国家的产生也好，政体建立也好，法律制定也好，都是围绕着"天赋人权"展开的。

"天赋人权"即上天赋给人民的权利，或者西方人认可的"上帝"赋予的人们的权利。将上天或上帝赋予人们的权利，作为人类社会组织结构建立的基础和依据，并以此而建立相应的法律，这是对的。但洛克等近现代资产阶级思想家对这一权力内容的理解和阐述却是错误的。

天不单独赋予人类什么权利，而是给予所有的生物同等的权利，这个权利不仅是众生平等，而且众物平等。就以地球来说，地球上的万物平等接受着天给予的权利，这种权利包括生存权、平等权、自由权等。

从生存权来说，任何有生命的物质和无生命的物质，它们都有生存的权利。当有生命的物质的生命受到威胁时，任何有生命的物质都有保护自

---

① 洛克：《政府论》下册，商务印书馆2022年版，第19页。
② 洛克：《政府论》下册，商务印书馆2022年版，第77页。

己的权利。这一点上说，生命的存在权是不可侵犯的。但是，任何有生命的物质，无论是动物还是植物，都有维系它生存需要或生命需要的食物链。这种食物链的存在是生命存在和延续的前提和结果，是万物存在的内在逻辑，是天经地义的，是自然界存在、发展、变化的前提。生物链执行着一种有限的生物进化、优胜劣汰的过程。正是在这一种平衡与制衡的变化中实现众生平等。

从平等权来说，上天或上帝从来不偏袒地球上任何一种生物，任何物质、生物都有在地球上平等生存与发展变化的权利，没有规定一种生物高贵，另一种生物低贱。没有在同一种生物中规定哪一部分生物贵重，哪一部分生物轻贱，没有哪种生物统治谁或哪一种生物被谁统治。

从自由权来说，上天或上帝从来就不限制地球上一切生物的自由，任何动植物都有自由享受上天和大地给他们的任何福祉，没有任何动植物可以阻止其他的动植物享受上天给予的阳光、海水、雨露、土地等等。

而人的私有财产并不是天赋的。天赋的是生存权、平等权、自由权下的共同财产权。

人类从动物进化到人，经历了几百万年的时间。在这几百万年的时间里，人类的财产权都是公共的、公有的。而私有财产是在近1万年左右才出现，是伴随着人类社会人群结构的分化，即打破原来的天赋人权的人类平等权之后才出现的私有财产。

洛克所讲的劳动使私有财产产生，这只能说明，劳动使原来的自然状态的物质，通过人的劳动改变了它的社会属性，即在原来的自然物上加上了人的劳动属性。当这种因劳动而改变的物品的社会属性，如果仅仅是为了满足劳动者自然生命的维持和延续，并不形成多余的劳动成果为劳动者囤积或私人占有，这并不是私有制产生的原因。物质仅仅能满足人们的生产和生活需要，而没有多余的劳动成果成为个人私有，这并不是私有财产。

私有财产只能是个人占有自己多余的劳动成果或他人的劳动成果，这才是私人财产。这种现象的出现只能在自然社会——原始社会后期才有可能，即随着劳动生产能力的提高，劳动产品出现了剩余，社会又分层为统治者和被统治者，这时才产生了私有制。

所以，私有财产并不是"天赋人权"，而是群结构分化解体，阶级产生之后的社会产物。

人类社会产生阶级、国家之后，打破了"天赋"的人的平等，这种不平等主要体现在三个方面：一是社会地位的不平等，出现了统治者和被统治者；二是大部分人失去了人身自由，甚至将人变成非人——奴隶并将奴隶看成物品；三是社会劳动产品的归属出现了富人和穷人，富人大量地占有社会劳动产品，而穷人没有或占有仅仅是很少的一部分。而在财产的占有上，有权力的人，即统治者，他们对社会财产占有分配的权力，自然为自己或自己的利益集团多分配、多占有，形成不均衡的社会财富占有状况。

为了使这种财富占有现状合理化，所以要承认私有财产的合理化，而合理化的最好理由，就是把它说成天赋的。这一向是权力社会惯用的美妙言辞与常用欺世盗名的手段。

所以，洛克说资产阶级的思想家们所说的私有财产是天赋的，是根本站不住脚的；整个资产阶级政治学所建立在私有财产神圣不可侵犯的基础，是站不住脚的，资产阶级的政治学说建立的基础是坍塌的。

（二）洛克的国家产生观：将国家产生理想化

国家产生的根本原因，是社会生产力发展的结果。随着社会生产力的发展，社会分工的演化，是国家产生的直接原因。正是由于生产力的发展以及社会分工的不断扩大，使剩余劳动的出现与劳动成果的私人占有变为现实。这种现实使社会群结构开始分化，逐渐分化为土地所有者和农民、牧主和牧民、作坊主和工匠等不同的社会等级，形成阶级与阶层，社会结构从群结构向结构群变化。与此同时，土地由共有耕种逐渐转变为个体家庭分配等形式的耕种。独立个体劳动和个体家庭的劳动开始成为社会的经济单位。而当其子女继承了家庭财产时，打破了氏族的财产继承规则，私有制便逐渐形成并成为社会的经济基础结构。这种社会经济基础结构的变化，必然导致社会上层建筑的变化，即在经济基础之上产生了专门从事公共职能的管理者，这些管理者从原来的氏族部落中的首领或贵族中产生。这种上层建筑管理人员的形成便产生了统治者和被统治者的社会结构，在氏族社会里产生了阶级对立，同时血缘人群逐渐被地缘人群所取代，出现了新的居民划分方式，于是产生了不同氏族之间的公共生产生活领域，从而产生了新的公共领域的问题，形成新的社会公共需要。于是，整个社会分裂为"不可调和的对立面而又无力摆脱这些对立面"，社会陷入不可解决的自我矛盾之中。"而为了使这些对立面，这些经济利益相互冲突的阶级，不致至于在无谓的斗争中把自己和社会消灭，就需要有一种表面上凌驾于社会之上的力量，这种力量应当缓和冲突，把冲突保持在'秩序'的范围以内，这种从社会中产生但又自居于社会之上并且日益同社会相异化的力量，就是国家。"[①]

所以，国家的产生并不是人类社会某些地域人民为了防止人与人的战争或一个人与所有人的战争，即霍布斯所说的需要，或如洛克所说，"人们对财产的享有就很不安全，很不稳妥"，"唯一办法是同他人协议联合组成一个共同体"，即国家。而是人类社会发展到阶级产生、阶级矛盾达到不可调和的地步，这才产生了国家。

从人类历史所走过的历程看，没有一个国家是全体民众通过民主协商组成，即使像雅典这样的民主城邦国家，也不是通过城邦所有人共同协商成立的。正如在希腊和罗马，那些奴隶、仆人及没有公民权的平民，无法参与国家法律的制定和协商。就有公民权的公民来说，公民的权利是按照财产状况分级规定的，这直接宣告了国家是有产阶级用来防御无产阶级的组织，统治阶级为了防御和保护自身利益的需要而自行设立的。这种设立完全是极少数统治者自行其是的结果，根本不涉及所有人订立什么契约才导致国家产生形成的历史事实。

（三）君主立宪是西方资产阶级民主政治的历史退化

西方社会从天道进入强道文化以后，天道文化尚在雅典历史实践中有着很多留存，主要表现在雅典的公民政治生活中。雅典的公民政治虽然不是雅典的全民政治文化，雅典公民仅占全雅典人民的15%左右，但在15%的公民当中，雅典历史在一定程度上保留了天道文化。

梭伦改革："解负令"规定，取消公民的一切债务，把抵债的土地归还

[①] 见恩格斯：《家庭私有制与国家的起源》，《马克思恩格斯文集》第4卷，人民出版社2009年版，第189页。

给主人，取消以人身为抵押的贷款；确定个人占有土地的最高限额；组成400人的议事会，剥夺原来贵族会议的一些权力，贵族会议中增加平民出身的执政官；国家公职人员选举采取抽签法；从4个部门中抽签产生40名人选，再从40名人选中抽签选出9名执政官；建立陪审团制度，所有公民都有权担任陪审员；颁布女性继承法。梭伦试图解决公民中的贫富分化问题。他说他自己是"拿着一只大盾，保护两方，不让任何一方不公正地占据优势"。①

　　克里斯提尼的改革：建立地缘制部落的500人会议。500人会议成员虽然也有财产资格的限制，但比梭伦改革时降低了，更增加了广大平民加入500人会议的机会，实现了公民人人都有参与政治可能，公民共治的社会得以保障。500人会议成员任期一年，同一个人不能连续两次成为会议成员。500人会议主要掌管财政、军事、外交、民政等权力，并为公民大会起草议案，安排公民大会的议程等。500人在一年的任期中都有机会轮流成为政府中重要的行政人员。公元前504年，建立"十将军制"；公元前488年颁布陶片放逐法；公元前487年，抽签选举执政官，增加了平民成为执政官的机会。

　　雅典时期，尽管已经进入国家的强道文化的历史阶段，但由于雅典特殊环境下形成的小国寡民的国家形态等社会历史原因，使它还在一定程度上保留着天道文化。这种天道文化主要体现在雅典公民群体的社会平等之中。所以，公元前443年，伯利克里在就任首席将军的演说中说：

　　　　"我们的制度被称作民主制度——因为政权不是在少数人手里。就法律而言，一切人在解决他们的私人纠纷方面都是平等的。就人的价值而言，无论何人以何种方式显露头角，优先于他人担任公职，不是因为他属于特殊的阶级，而是由于他个人的才能。"②

　　西方思想家的社会政治理论中最早提出接近于天道政治思想的是希腊

---

① 见易宁、祝宏俊、王大庆等著：《古代希腊文明》北师大出版社2014年版，第117页。
② 见马克垚主编：《世界文明史》上，北京大学出版社2004年版，第233页。

雅典的柏拉图，他在《理想国》中提出建立一个智慧、勇敢、节制、正义的社会。在一些作品中，柏拉图提出，人要追求现实之外的纯粹美德及理念，理念包括仁慈、公正、美、平等等等。他说，"理念"是看不见的，永远不变的实体，存在另一个更高级的世界之中，它超越了人类的感性世界。他认为在高级世界之中，理念世界是真实的而又完美地存在着，而现实世界的人们只能通过人的感官去对这完美世界进行不完美的折射。

在国家政体方面，亚里士多德既不赞成寡头政治，也不赞成平民政治，他推崇共和政体。共和政体由贫富两部分人员组成。他认为共和政体有三个要素："自由的出身"即穷人，"财富"即富人，"才德"即人品。这三点十分重要。他提出一个国家政体好坏，标准是"大多数人所能实践的生活以及大多数城邦所能接受的政体"，以大多数人认可的标准来判断政体好坏。在人的政治品德上，亚里士多德推崇中庸思想，提出社会上的中产阶级能够理性地保持自己处在中庸状态，而那些富人、贵族则"过美、过强、过贵、过富"都不好，那些贫穷的人"太丑、太弱、太贱、太穷"也不好。他认为，道德问题是几乎所有人都有贪欲，尤其是人一旦有了权力之后，会使贪欲更加发展。所以，社会教育的目的主要是阻止这种贪欲的无穷延伸，而平民政体和寡头政体都会使公民的贪欲大增，而一个好的城邦是大家公认的法律得到奉行，以法律进行统治。为此，亚里士多德提出应该以中产阶级为主而组成共和政体，这样就能兼顾贫富两极的利益，使政体代表着中间的社会势力不偏向两端中的任何一端，就使国家处在合理稳定的状态。

洛克不赞成君主政体，也不赞成共和制，他认为应该建立共同体复合的、混合的政府形态，其实质是君主立宪制。洛克虽然没有明确说君主立宪制是最好的政体，但他主张制定法律的人就不应该再有执行法律的权力。而国家的权力是宣战、讲和、结盟、协约以及与国家外的一切人和社团交往，而行政部门有执行法律的最高权力，所以国家的对外权和对内的行政权是结合在一起的，最好由一人所有。这实际上就是君主立宪的体制。这种君主立宪的体制远远落后于历史曾经出现过的雅典民主政治及柏拉图和亚里士多德的思想，无论是历史的真实发展，还是思想家的思想，洛克都表示出退化。

以霍布斯、洛克为代表的资产阶级政治思想家为什么选择了君主立宪？

主要是历史原因和现实原因。

从历史原因上看：国王在英国历史上存在了千年以上的时间，人们不仅习惯了王朝的统治，而且国王已经成为国家的一种象征，在人民的心中留下了深刻的历史印象。从中世纪以来，王权与教权的斗争始终不断。教权主要表现在三个领域；一是对高级教士、教职任职授予权的争夺；二是在国家司法上，教会法庭与国王法庭受理案件范围及敏感问题上的争夺；三是对社会财富的争夺。在王权与教权的争夺中，英国大多数人支持王权。从14世纪到18世纪，欧洲经历了三次思想解放运动，即文艺复兴、宗教改革、启蒙运动。这三次运动，尤其是宗教改革导致整个欧洲社会发生重大的变革。英国在英王的领导下与罗马教廷决裂，建立附属于王权和政府的本民族教会，而在教义、教仪等方面变化不大，从而国王得到了新教派的支持。文艺复兴与启蒙运动解放了英国人民的思想，使人民渴求自由、民主、平等，而君主立宪既能继承历史、保留传统，又能吸纳新三大运动给英国社会带来的变化成果；既结束了君主专制的统治，又保留了君主王权的地位，这是英国历史发展的一种自然结果。

从现实原因看，17世纪40年代开始了英国的资产阶级革命，这是一场具有世界历史意义的革命。这场革命对欧洲乃至世界都产生了划时代的影响。这场革命的实质是代表王权的封建势力与代表新兴资产阶级的资本主义势力之间的一场殊死的斗争，这种斗争的结果必然引起整个社会阶层的重新组合和分化。斗争的过程也是反反复复，两种社会势力此消彼长，但在英国最终以资产阶级的胜利而告终。

洛克生活在英国资本主义制度确立的时期。英国从1640年开始资产阶级革命，1649年英吉利共和国成立，1660年5月查理二世回到伦敦登上王位，斯图亚特王朝复辟，资产阶级和封建贵族的矛盾不但没有解决，反而日益严重。在国会里，代表资产阶级和新贵族的辉格党以及代表王权和乡绅利益的托利党的斗争日益尖锐、激化。辉格党对复辟王朝对内大力扶持封建势力，损害资产阶级的利益，对外投靠法王路易十四、罗马天主教一系列的内政外交不满，于是与一部分人托利党人联合，于1688年举行宫廷政变，詹姆士二世逃往法国，1689年2月召开议会，确定了詹姆士二世的女儿玛丽和女婿威廉共同统治英国。

在"光荣革命"之前，英国的国王不但享有行政权和司法权，而且还经常干涉议会的立法权及财政权。国王之下的大臣们执行国王的命令，对议会的意见置之不理，议会无权对国家的行政事务进行干涉，只能通过投票否决国王所颁布的命令。但是，"光荣革命"之后的情况与之前大不相同，国家的实际权力掌握在推翻国王詹姆斯二世的辉格党和托利党的领导人手中，这两派的核心人物控制着议会，逐渐使议会的权力超过了国王的权力，而威廉三世和玛丽因靠议会的力量夺得王位，所以对议会有求必应，形成了国王"统而不治"的立宪君主制体制。

洛克的《政府论》于1689年出版，即"光荣革命"的第二年，这时的英格兰议会已经完全控制了王权，所以在某种意义上说，洛克的政治学说是对当时英国社会改革的摹写，是记录了已经存在的政治制度。从这一点上说，洛克是为现实的社会制度做注脚，或为现实制度提供理论支撑。

洛克的君主立宪思想中，君主王权是比现实社会的君主王权大得多，接近于"光荣革命"前的君主王权。这从人类文化进步人人平等的原则判断，这种思想无疑在历史上落后于希腊雅典时已有的天道思想并落后于希腊雅典天道文化的社会实践的。

（四）洛克的三权分立是为了制衡，而不着眼于社会"立法"的平等

首先，洛克的三权分立，实际上是两权分立，因外交权与行政权都在君主这里，是立法权与行政权（包括外交权）的分立。而对司法权，洛克完全没有涉及。所以洛克的分权理论是不完整的。

洛克的分权理论思想，一是他对英国历史上的国王和议会之间因权力斗争的历史考察，从平衡二者利益出发，走出了一条中间道路。这条路线就是恢复过去国王的君主统治，但又将国家的主要权力从国王那里拿出来，交由议会来掌握，即由国王掌握行政权、外交权，而国家的立法权，包括财政权则由议会掌握，这样就形成了他考虑的第二点，即国王与议会的制衡关系。在国家中，立法权是国家的最高权力，这个权力由过去主要在国王手里，现在改为在议会立法，由议会制定和颁布法律。这就使国王不能任意所为，为一己之私巧立法律名目而涂炭民众，也避免了国家走上集权统治的道路，国王实际上变成了一个行政的首脑。他要执行法律，同时也

要受到法律的约束。

其次，将立法权与行政权分开，产生的作用如下：

第一，立法机关的民选议会虽然成为国家的最高权力机关，但他只负责国家立法，而国家的法律如何实施和执行与它的职能截然分开。国王虽掌握着国家最高的行政权力，但他的权限必须在法律允许的范围内，而且权力仅限于对法律的实施与执行，不能干涉立法提案及立法秩序。第二，立法机关只能不断地提出和公布有效的法律来体现自己存在的价值以及对国家的法律统治，但它本身也必须遵守这些法律，没有任何可以逃避法律的权力。国王虽是法律执行的实施者，但也不因他位高权重而不受法律的约束与制裁，法律面前人人平等。第三，议会立法权主要体现在保护人们的人身安全、自由、财产上，对于人民的生命和财产不能任意所为，予以剥夺，未经本人同意，任何人无权占有或转移他人财产的任何部分。国王虽然拥有至高无上的行政权力，但是不能触碰人民的生命、财产私有底线，不能背离国家和政府的宗旨。

综上可以看出，洛克的三权分立的目的主要是形成国王和议会之间的制衡关系。他既不希望国王势力强大，从而走上专制的道路，也不希望议会势力强大而出现由议会核心人物组成的贵族寡头政体。这就是为什么洛克的学说落后于历史实践——"光荣革命"后，国王权力被议会完全架空较为合理的解释。

英国的君主立宪制，从根本上说是"1688年阶级妥协的产儿"。那么洛克的三权分立学说是他想为这种妥协寻找更为理想、合理的政治解决方案。

洛克的三权分立的分权理论，是否因为时代局限的原因，从当时的社会来讲是不是好于古代亚里士多德、波利比乌斯及西塞罗的分权理论，是否在此基础上进一步完善和合理，这值得人们进行研究。但就"三权分立"本身已经远远落后于古代雅典的民主政治及亚里士多德的"三个要素"学说。这种退步有其历史必然性，当然这种必然性不等于合理性。这恰恰说明，在人类历史上，存在一种先代较好的价值观却在后代逐步退步的现象。人类共同价值观在某些方面在退化，这已经成为人类发展的历史。

亚里士多德提出的三个要素立法、行政、审判执行的主体是国家的公民。其一是有关城邦一般公务的议事机能；其二为行政机能；其三为审判

（司法）机能。他说："议事机能具有最高权力：对于（1）和平与战争以及结盟与解盟事项，（2）制定法律，（3）司法方面有关死刑、放逐和没收的案件，（4）行政人员的选任以及任期终了时对于他们政绩的审查，这些都由议事机能做最后裁决。这个机能可以有三种不同的安排：第一，把一切事项（案件）交给全体公民审议，加以裁决；第二，把一切事项交给某些公民——这可以把一切案件的审议权力归属于一个政务机构或若干政务机构的联合组织或把个别案件的审议权力分别归属于不同的政务机构；第三，把某些事项交给全体公民审议，而另一些事项则交给某些公民审议。"①

亚里士多德的"三要素"是真正意义上的"三权分立"，是立法、行政、司法的三权分立，但与近代资产阶级民主政治及其思想家所提的"三权分立"有着本质的不同。近代的"三权分立"执行的主体是封建国王、贵族和资产阶级的上层贵族，而亚里士多德"三权分立"执行的主体是国家公民。后者的代表范围已经普及到广大人民群众（但那些没有公民权的人民除外），而前者仅限于社会的一小撮上层贵族。

这是西方近现代历史在"三权分立"上最本质的退变，是现实社会向雅典之后历史社会演变的妥协，是强道文化发展的必然结果。

亚里士多德的"三权分立"不是追求社会权力与利益之间的制衡，而是将国家的立法、行政、司法权力真正交给公民，由公民来整体地、分权地治理国家。所以他说："第一种安排，一切事项悉由全体公民审议是平民主义的特征；平民就乐于有这样的均等机会。这里有若干途径可以做出这样的安排。第一，全体公民可以轮番而不同时集合来进行议事。米利都的特勒克里宪法（政体）就订有这样的议事制度。另外有些城邦实行这种制度的变体，例如，那里由各个不同职司的政务机构联合而共同议事，公民则依部落为别，并依最小的区分单位，挨次推定人员轮番参加政务机构，直至全体轮番一遍为止。这种全体公民分批轮番议事制度，在集会时所议的事项只限于制定法律，讨论有关政制事项，听取行政人员的报告。

第二个途径是让全体公民同时会集于一堂，全体公民大会所议的事项则为选任和审查执政人员，通过法律，讨论有关和战的大事。其他事项

---

① 亚里士多德：《政治学》，商务印书馆2009年版，第218—219页。

（如有关死刑、放逐和没收各案件）则任令各有关的行政机构人员分别审议；但这些行政人员或由选举或由抽签任命，却是全体公民都有机会担任的。

第三个途径是公民的集会专门审议两项大事，即执政的选任和审查战争、结盟等对外政策；至于其他事项则留待各个行政人员加以处理，这些行政人员应该对他所执掌的业务具有经验和知识，任期任用应尽可能公开的，使大众都有受任的机会。

第四个途径是一切事项悉由全体公民集会审议，各个行政机构的人员只能对一切政事预先有所研究而提供他们的意见，完全没有任何裁决的权力。"①

---

① 亚里士多德：《政治学》，商务印书馆2009年版，219—220页。

第十三章
达尔文批判

一、达尔文生平

　　西方近代强道理论的奠基者查尔斯·达尔文1809年2月12日生于英国西象兹伯小镇，父亲是位医生，祖父伊拉兹斯·达尔文是位学者，一生著有多部著作，其中最突出的著作是《动物生理学》，该书揭示了自然界物种演化的基本轮廓。他的思想对当时法国生物学家、进化论者拉马克（公元1744—1829）产生过影响，也对查尔斯·达尔文走上生物进化的研究道路起到了先驱和引导的作用。达尔文后来不仅发展了他祖父在《动物生理学》中提出的生物祖先的思想，而且还引发他产生许多新的思考，以至于"某些历史学家指责查尔斯·达尔文不承认他欠他的祖父和拉马克的科学方面的债务"。[①]

　　达尔文的外祖父是一位十分出名的陶瓷工匠，凭借制作一种新型瓷器，成为当地的富豪。他还兴办了几所学校，并同人合作在英格兰的中部建立了数条运河。达尔文8岁时母亲便去世了。在兄妹8人之中，达尔文排行老六，在学校读书时，智力平平，老师对他的印象一般。父亲并不太看好达尔文，因此经常遭到父亲的辱骂，这使达尔文至老还在抱怨他的父亲。

　　富有的家境，使达尔文从小就受到较好的教育，长大后，被送到爱丁

[①] 德尼·布伊康著：《达尔文与达尔文主义》，商务印书馆1999年版，第3页。

堡学医，但达尔文似乎不具有从医的天赋，学习成绩一直不理想，他父亲认为他很难成为一名好的医生之后，便决定送他去宗教学校学习神学，1827年达尔文进入剑桥学院学习，准备当一名牧师。他后来在《自传》中写道：

> "鉴于我现在受到东正教如此粗暴的攻击，我一度想当牧师的想法实在可笑。无论是这种想法，也无论是我父亲的愿望，由于其他原因，都未被正式放弃过，然而当我作为一名博物学家从剑桥出发登上'贝格尔号'海军考察船时起，这二者就自然消失了。"[①]

"贝格尔"号是英国皇家军舰，要做一次环球航行，英政府要求这艘军舰在航海过程中考察沿途的海岸和港湾，拿到第一手的航海过程的记录，以支持和满足海上霸权需要。

达尔文说自己作为一名博物学家而随同前行，实际上"据当今最具声望的进化论学者之一古尔德（Stephen Could）研究认为，达尔文当时的工作只不过陪陪那个年轻的、只有二十六岁的船长罗伊（Robert，Fite Roy）在餐桌上说说话聊聊天，用以打发漫长难熬的船上时光而已。那时的船长就是一个船的国王，为了保持其权威性和神秘性，一般不与船上的其他人见面。为了不被闷死，加上不许带女人上船，所以船长需要一个来自上流社会的有一定知识的看着顺眼说话投机的绅士做伴侣，达尔文就用来充当这个角色的。"[②]

达尔文的父亲一开始时坚决反对达尔文去做这样一次旅行的。他认为这是一次毫无意义的荒诞的行为，可最终还是在达尔文的坚持下做出了让步。其实一切并不那么顺利，船长对这位年轻的博物学家一开始并不太感兴趣，甚至心里边露出一种厌恶感，对此达尔回忆说：

> "后来当我成为费茨罗伊的亲密朋友后，我才知道由于我鼻子形

[①] 德尼·布伊康著：《达尔文与达尔文主义》，商务印务院1999年版，第7页。

[②] 史钧著：《一本书读懂进化论》，北京联合出版公司2015年版，第34页。

状，我差一点被赶下船！他是拉瓦特尔的忠实信徒，他深信他能根据一个人的外貌判断他的性格。因此，他怀疑生有像我那样鼻子的人能具备足够从事这次旅行的毅力和决心。但是，我想旅行的结果应当证明他上了我鼻子的当。"①

达尔文是经导师亨斯罗（John Henslow）介绍给罗伊船长的。"贝格尔"号从 1831 年 12 月从英国出发开始航行，途经巴西、巴伊亚、乌拉圭、阿根廷、火地岛、智利、秘鲁、塔希提岛、新西兰、澳大利亚、毛里求斯岛、佛得角群岛、圣赫勒拿岛……提加拉帕戈斯群岛、好望角等地，长达近 5 年的时间，到 1836 年 10 月返回英国，达尔文在"贝格尔"号上度过五年的时间。后来达尔文回顾这段时光时，他将这次旅行看作是"他一生最重大的事件"。在晚年时，他回忆这段时光时说：

"我也无不欣慰地重新思考了我的某些科学研究项目，如找出珊瑚岛问题的答案或画出某些岛屿，如圣赫勒拿岛的地质结构图。我更不应该忘记发现了加拉帕戈斯半岛上的动物与植物之间的那些奇特的关系，以及这个半岛上的动植物与生活在南美洲的动植物之间的关系。"②

"贝格尔"号到达加拉帕戈斯群岛，这对达尔文来说，意义非同小可。达尔文说：

"这个群岛有那么多的火山口和无数奔流的火山熔岩，看来是新近才发生的，而我几乎觉得自己甚至参与了创造这个岛屿的行动。我经常寻思，这些如此独特的动植物是怎样产生出来的；最最简单的回答是各个岛屿上的居民是一些人种来自另一些人种，只是繁衍其后代的过程中经受了某些变异；加拉帕戈斯群岛的居民自然源于那些住在离

---

① 德尼·布伊康著：《达尔文与达尔文主义》，商务印务馆 1999 年版，第 11 页。
② 德尼·布伊康著：《达尔文与达尔文主义》，商务印务馆 1999 年版，第 13 页。

　　大陆最近的、自美洲来的殖民者。但是这对我来说是一个长期得不到
解释的问题，即这些必要的变异是怎样实现的。"[1]

　　这说明，达尔文在旅行期间以及他回来之后，就一直在思考能使这种
物种发生变异的进化机制是什么。

　　从19世纪开始，西方又出现了一种种族主义的思潮，这种思潮来源于
古希腊哲学家亚里士多德。亚里士多德把希腊人称为"自由人"，而其他的
非希腊人称为"野蛮人"，希腊人就应该成为统治者，而其他民族则应该成
为奴隶，尽管亚里士多德并没有说明哪些民族应该成为奴隶。他认为适合
当奴隶的人往往都有强健的体魄，却没有聪明的头脑。

　　信奉天主教的西班牙人战胜了哈里发王朝，西班牙人提出"血统纯正
法"。从19世纪后，种族主义同民族主义结合在一起，形成新的社会思潮。
法国社会学家C. D.戈比诺在《论人类种族不平等》一书中，将人类各民族
分成不同等级，宣传日耳曼人是人类最优秀的民族。

　　这种社会思潮引起了所谓先进种族与落后种族的争斗，这种斗争愈演
愈烈，最后演变成所谓的先进文明与落后文明的战争。

　　另一方面，19世纪英国海外殖民地规模达到历史的巅峰。这时英国的
殖民地包括加拿大、澳大利亚、印度、新西兰、埃及、南非、苏丹、南非
洲共和国、肯尼亚、乌干达、坦桑尼亚、赞比亚、津巴布韦、中国香港、
新加坡、马来西亚、缅甸、斯里兰卡、巴基斯坦、孟加拉国、伊拉克等。

　　而这种争斗与战争的出现，与19世纪自然科学的发展关系极大，这正
是达尔文成为19世纪标志性的人物的根本原因。

　　19世纪自然科学对人类社会的发展所起的推动作用，在过去的100多
年里，得到社会高度而广泛的评价。而在自然科学中，细胞学说、能量守
恒定律、进化论得到全世界的认可，成为划时代的里程碑，曾被恩格斯誉
为19世纪自然科学的三大发现。

　　细胞学说和能量守恒定律的影响，一直局限在自然科学的范围内，而

————————

[1] 查尔斯·达尔文：《动物和植物在家养下的变异》第一卷，赖因沃尔德出版社1868年
版，第10页。见德尼·布伊康著：《达尔文与达尔文主义》，商务印书馆1999年版，第
14页。

达尔文的进化论对社会学、历史学、政治学及人类思想和行为的影响一直以来绝不亚于对生物学的影响。

二、达尔文进化论的内容

1836年10月，达尔文带着5年来收获的大量的动物、植物标本回到了英国。

达尔文考察回国后，1839年发表了《一个博物学者的世界漫游记》，1842年发表了《珊瑚礁，它们的构成与分布》，1844年发表了《火山岛的地质考察》，1846年发表了《南美洲的地质考察》，1859年发表了最重要的著作《物种起源》。之后，1862年发表了《论兰花借助昆虫传粉的繁衍》，1865年发表了《攀援植物的运动和习性》，1868年发表了《动物和植物在家养下的变异》，1871年发表了《人类的起源》，1872年发表了《人类和动物的表情》，1875年发表了《食虫植物》，1876年发表了《植物界的异花传粉及自花传粉的效果》，1877年发表了《同种植物的花朵的不同形状》，1880年发表了与他儿子弗朗西斯共同署名的《植物的主要特征》，1881年发表了《蚯蚓作用下植物土壤的形成》。

达尔文这些著作主要观点可归纳如下：

第一，生命的起源是自然界长期发展变化的现象，所有"物种不是被独立创造出来的，而和变种一样，是从其他物种传下来的"。[1]在动物的物种中，人是理性的，有思想的，是不是人就完全有别于其他动物呢？达尔文在1837年7月至1838年2月期间的记事本中，记述："人类智慧和动物智慧之间的差别没有无思想的生物（植物）和有思想的生物（动物）之间的差别那么大。"[2]达尔文认为，整个生物界的生命是自然界长期发展变化的产物。

---

① 达尔文：《物种起源》，商务印书馆2005年版，第17页。

② 德尼·布伊康：《达尔文与达尔文主义》，商务印书馆1999年版，第29页。

"如果我们任意推广这一假设，那么所有的动物，我们的兄弟和伙伴，不管他们是处于疾病、死亡和饥馑之中，还是那些处于沉重劳役下的奴隶，以及同我们一起娱乐的伙伴们，都同属于一个起源，都来自同一祖先，因此我们都是可以结合在一起的。"①

第二，生物是变异的，而且这种变异是从微小开始，经过长年累月的变化形成的，是在生物自己所在的范围内的变异。达尔文反对自然界跳跃式的变异。他说：

"我完全相信，物种不是不变的，那些所谓同属的物种都是另一个普通已经绝灭的物种的直系后裔，正如任何一个物种的世所公认的变种乃是那个物种的后裔一样。而且，我还相信自然选择是变异的最重要的、虽然不是唯一的途径。"②

第三，达尔文认为：人类产生以后，"某些对人类有利的变异既可以是突然产生的，也可以是逐渐产生的"。③他举例如起绒刺果、短腿猎犬、短腿绵羊等，他们的变异都是突然出现的。他认为，当今繁多的物种，是人类对自然界为我们提供的持续不断的变化的变异而作出的种种选择。达尔文认为，在人类尚未出现以前，存在着某种"无意识的选择"，人类社会出现以后，人类开始选择那些对他们有用的动物和植物，为人们所用，"对人类有用或受喜爱的变异物的出现显然均属偶然，因此产生的变异个体的数量越多，出现变异的机遇也就越大……"④

第四，物种有着强大的繁殖能力，所有物种都存在竞争和淘汰的生存法则。

"当我们看到某些有利于人类的变化确凿无疑地发生的时候，那么

---

① 德尼·布伊康：《达尔文与达尔文主义》，商务印书馆1999年版，第29页。
② 达尔文：《物种起源》，商务印书馆2005年版，第19页。
③ 德尼·布伊康：《达尔文与达尔文主义》，商务印书馆1999年版，第31页。
④ 德尼·布伊康：《达尔文与达尔文主义》，商务印书馆1999年版，第31页。

从某种角度来看，另一些有利于机体的变化，在它们为生存而作的巨大而不间断的斗争中，在它们数以千代的生存过程中难道就不可以发生了么？如果这样的变化是可能的——我们一定还记得无穷无尽地生长出来的个体远比可能生存下来的个体多——那么，那些对其他个体而言具有某些尽管微弱优势的个体就会有更多的生存和繁衍其类属的机会，难道我们应该对此表示怀疑吗？另一方面，任何在本质上有害的变化在达到某种程度之后，必然会遭毁灭并被严酷地淘汰。我们把这种优胜劣汰的现象称之为自然选择或最适者生存了。"①

他在《物种起源》的绪论中说：

"全世界所有生物之间的生存斗争，这是它们依照几何级数高度增值的不可避免的结果。这就是马尔萨斯（Malthus）学说在整个动物界和植物界的应用。每一物种所产生的个体，远远超过其可能生存的个体，因而便反复引起生存斗争，于是任何生物所发生的变异，无论多么微小，只要在复杂而时常变化的生活条件下以任何方式有利于自身，就会有较好的生存机会，这样便被自然选择了。根据强有力的遗传原理，任何被选择下来的变种都会有繁殖其变异了的新类型的倾向。"②

达尔文认为，即使繁衍速度最慢的人类，都会在25年内将人口的数字翻一倍，"在数千年之后，将一点没有为人类后代生存所必要的地方"。③

"据达尔文计算，大象是已知动物中繁衍最慢的动物，然而，在750年左右之后，从一对大象繁衍的后代就能达到1900万头。"④

第五，物种的不断变异，实际上是为了适应于生存环境，即"适者生

---

① 达尔文：《物种起源》，商务印书馆1981年中文版，第一分册，第97页。
② 达尔文：《物种起源》，商务印书馆2009年版，第18页。
③ 德尼·布伊康：《达尔文与达尔文主义》，商务印书馆1999年版，第33页。
④ 德尼·布伊康：《达尔文与达尔文主义》，商务印书馆1999年版，第33页。

存"，达尔文说：

　　"我不相信必须有任何巨大的物理变化，例如气候的变化，或者高度的隔离以阻碍移入，借以腾出一些新的空位，然后自然选择才能改进某些变异着的生物，而使它们填充进去。因为各地区的一切生物都以严密的平衡力量互相斗争着，一个物种的构造或习性发生了极细微的变异，常会使它比别种生物占优势；只要这个物种继续生活在同样的生活条件下，并且以同样的生存和防御的手段获得利益，则同样的变异就会愈益发展，而常常会使其优势愈益增大。还没有一处地方，在那里一切本地生物现已完全相互适应，而且对于它们所生活于其中的物理条件也完全适应，以致它们之中没有一个不能适应得更好一些或改得更多一些；因为在一切地方，外来生物常常战胜本地生物，并且坚定地占据这片土地。外来生物既能这样在各地战胜某些本地生物，我们就可以稳妥地断言：本地生物也会发生有利的变异，以便更好地抵抗那些侵入者。"①

　　在达尔文看来，适应十分重要，本地物种不能适应于本地的环境，就可能被外来物种战胜，这就逼迫本地生物发生有利于环境、适应于环境的变异，从而来抵抗那些外来的入侵者。

　　第六，大自然对物种的生存进行裁决，即"自然选择"，达尔文说：

　　"自然选择在世界上每日每时都在仔细检查着最微细的变异，把坏的排斥掉，把好的保存下来加以积累；无论什么时候，无论什么地方，只要有机会，它就静静地，极其缓慢地进行工作，把各种生物同有机的和无机的生活条件的关系加以改进。这种缓慢变化的进行，我们无法觉察出来，除非有时间流逝的标志。"②

---

① 达尔文：《物种起源》，商务印书馆2009年版，第97页。
② 达尔文：《物种起源》，商务印书馆2009年版，第98—99页。

达尔文认为，"自然选择"与"适者生存"又是相互的、紧密地联系在一起，他说：

> "为了弄清楚自然选择如何起作用，请允许我举出一两个想象的事例。让我们以狼为例，狼捕食各种动物，有些是用狡计获取的，有些是用体力获取的，也有些是用敏捷的速度获得的。我们假设：在狼捕食最困难的季节里，最敏捷的猎物，例如鹿，由于那个地区的任何变化，增加了它们的数量，或者是其他猎物减少了它们的数量。在这种情况下，只有速度最敏捷的和体躯最细长的狼才有最好的生存机会，因而被保存或被选择下来，——假使它们在不得不捕食其他动物的这个或那个季节里，仍保持足以制服它们的猎物的力量。我看不出有任何理由可以怀疑这种结果，这正如人类通过仔细的和有计划的选择，或者通过无意识的选择（人们试图保存最优良的狗但完全没有想到来改变这个品种），就能够改进长躯猎狗的敏捷性是一样的。"[①]

三、达尔文进化论对当时社会所起的进步作用

在《物种起源》中，达尔文在人类的思想史上和科学史上第一次提到"物竞天择"的概念，正如达尔文坚定支持者赫胥黎所说：

> "新物种可能是外部环境根据存在个体的特定类型，就其突变进行选择后所产生的……这对科学概念史学家以及1858年前的生物专家来说，都是全新的概念。但是此看法是《物种起源》（Origin.of Species）的核心概念，亦为达尔文学说的精华所在。"[②]

[①] 达尔文：《物种起源》，商务印书馆2009年版，第105页。

[②] 罗伯物·阿德勒：《他们创造了科学》，广西科技出版社2008年版，第97页。

达尔文对自己的进化理论也是十分自信的，他在《物种起源》的最后结束段落中写道：

> "我看到了将来更加重要得多的广阔研究领域。心理学将稳固地建筑在赫伯特·斯潘塞先生所已良好奠定的基础上，即每一智力和智能都是由级进而必然获得的。人类的起源及其历史也将由此得到大量说明。"①

达尔文的理论，在一定程度上讲，是全新并对当时社会产生了巨大冲击力的理论，直接否定了基督教上帝造人的学说。据说，达尔文曾担心他的著作出版，会导致本人遭到教会的迫害，又不得不把"造物主"拉出来当挡箭牌，放在全书的结束语中引出下面的一段话来：

> "依我看来，世界上过去的和现在的生物之产生和灭绝就像决定个体的出生和死亡的原因一样地是由于第二性的原因，这与我们所知道的'造物主'在物质上打下印记的法则更相符合。当我把一切生物不看作是特别的创造物，而看作是远在寒武系第一层沉积下来以前就生活着的某些少数生物的直系后代，依我看来，它们是变得尊贵了……这些法则，就其最广泛的意义来说，就是伴随着'生殖'的'生长'；几乎包含在生殖以内的'遗传'；由于生活条件的间接作用和直接作用以及由于使用和不使用所引起的变异；生殖率如此之高以致引起'生存斗争'，因而导致'自然选择'，并引起'性状分歧'和较少改进的类型的'绝灭'。这样，从自然界的战争里，从饥饿和死亡里，我们便能体会到最可赞美的目的，即高级动物的产生，直接随之而至。认为生命及其若干能力原来是由'造物主'注入到少数类型或一个类型中去的，而且认为在这个行星按照引力的既定法则继续运行的时候，最美丽的和最奇异的类型从如此简单的始端，过去，曾经而且现今还在

---

① 达尔文：《物种起源》，商务印书馆2009年版，第558页。

进化着；这种观点是极其壮丽的。"①

1871年达尔文用他的进化理论阐述人类起源的著作《人类的由来》一书正式出版，等于达尔文向教会公开宣战。书中提出人与猿之间有着密切的进化关系，人与猿在身体构造上有着许多相类似之处，人与猿从胚胎到繁殖生育，以及体格上成熟的发生发展变化中有很多一致的地方。他甚至指出，就连情感的表达上人与猿都有很多类似之处，现代的猿类和人类应该出自同一祖先，在之后的进化过程中演化为现代人类和现代猿类。

达尔文这一结论，在社会引起强烈的震动，除了达尔文的亲密朋友、坚定支持者外，大多数人都难以接受人猿同祖。这一结论却给基督教一记猛拳，因《圣经》主张人是由上帝按照自己的形象创造出来的，这等于说将人们对上帝的信仰连根拔起，这种学说对人类的影响绝不仅仅是动摇人们的信仰问题。

《物种起源》出版时，在社会产生了巨大的反响。《物种起源：生命进化过程中自然选择或优势物种生存的必然结果》第一版印刷了1000多本，当天销售一空，12年间再版6次，被很多国家翻译出版，成为19世纪影响世界文明进程的十分重要的书籍。

《物种起源》一书的出版，引发了世界科学界的一场革命。这场革命不仅因为达尔文收集了大量的动植物标本，以论据和事实证明自然界包括人类社会的进化，还提出动植物进化的机制，来论证自然界和人类社会的多样性，而且还涉及人类社会学、政治学、哲学、历史学等几乎全新人文学科，正如同时代人德国动物学家，达尔文的支持者海克尔（公元1834—1919年）所说：这样一部书开创了一个新的"哲学时代"。

《物种起源》出版后，马上在英国形成两派，一派支持达尔文，以赫胥黎为代表，一派反对达尔文，以欧文为代表。赫胥黎读完《物种起源》后，拍案叫绝，马上给达尔文写信，信中说："至于你的理论，我准备接受火刑也要支持你。"他还给当时的著名植物学家达尔文好友胡克写信说：让教会的矛头指向我好了，"我决心穿好我的铠甲，准备与之战斗"。

---

① 达尔文：《物种起源》，商务印书馆2009年版，第558—559页。

反对的声音先是来自科学界。电磁理论的奠基人麦克斯韦尔（James Maxwell）、英国物理学鼻祖开尔文（Lord Kelvin）起来反对达尔文的进化论，科学界的许多学者也不支持进化论，其中包括达尔文的老师塞奈威克和导师斯罗，就连达尔文的好友顿尔也反对进化论。

教会的反应比较强烈，1860年英国牛津主教威尔伯福斯发文称，达尔文是一个"肤浅的人物"，"对自然科学院完全不体面的方式武断地支持效率的假设"。"难道萝卜的有利变种就有变成人的趋势是当真可信的吗？"他以谩骂的口吻斥责达尔文，"肮脏的福音""魔鬼牧师"等，哲学界也有人批评达尔文的进化论是"粗野的哲学"，后来的形势愈加严重，致使剑桥大学停止借阅《物种起源》。

1864年英国皇家协会授予达尔文科普里奖章，这是该机构最高荣誉称号。1875年，达尔文被意大利林琴科学院选为外籍院士。

《物种起源》出版后，1859年12月恩格斯致信马克思，高度赞扬这部书出版的社会价值："至今还从来没有过这样大规模地证明自然界的历史发展的尝试，而且还做得这样成功。"此后恩格斯又在《自然辩证法》中指出："不管这个理论在细节上还会有什么改变，但是总的说来，它现在已经把问题解答得令人再满意不过了。""机体从少数简单形态到今天我们所看到的日益多样化和复杂化的形态，一直到人类为止的发展系列，基本上是确定的了。"

1883年马克思逝世，恩格斯在葬礼的悼词中说："正像达尔文发现有机界的发展规律一样，马克思发现了人类历史的发展规律。"[①]

马克思也阅读了《物种起源》，他在1860年12月19日给恩格斯的信中说："虽然这本书用英文写很粗略，但是它为我们的观点提供了自然史的基础。"[②]

1861年1月，马克思在给费迪南·拉萨尔的信中指出：

"达尔文的著作非常有意义，这本书我可以用来当作历史上的阶级斗争的自然科学根据。粗率的英国式的阐述方式当然必须容忍。虽然

①恩格斯：《在马克思墓前的讲话》，《马克思恩格斯选集》第3卷，人民出版社1975年版。
②《马克思恩格斯全集》第30卷，人民出版社1974年版。

存在许多缺点，但是在这里不仅第一次给了自然科学中的'目的论'以致命打击，而且也根据经验阐明了它的合理的意义。"①

从上可以看到马克思、恩格斯对达尔文的进化论在自然科学史上的贡献是从正面评价的，但仍然指出达尔文进化论的理论对人类社会发展上的论证存在的十分严重的问题。恩格斯说：

"在达尔文的学说中我同意他的进化论，但是我认为达尔文的证明方法（生存斗争、自然选择）只是对一种新发现的事实所作的初步的、暂时的、不完善的说明……达尔文的全部生存斗争学说，不过是把霍布斯一切人反对一切人的战争的学说和资产阶级经济学的竞争学说，以及马尔萨斯的人口论从社会搬到生物界而已。"②

1862年，马克思再次阅读了《物种起源》，表示

"我重新阅读了达尔文的著作，使我感到好笑的是，达尔文说他把马尔萨斯的理论也应用于植物和动物，其实在马尔萨斯先生那里，全部奥妙恰好在于这种理论不是应用于植物和动物，而是只应用于人类，说它是按几何级数增加，而跟植物和动物对立起来。值得注意的是，达尔文在动植物界中重新认识了他自己的英国社会及其分工、竞争、开辟新市场，'发明'以及马尔萨斯的'生存斗争'。这是霍布斯的一切人反对一切人的战争，这使人想起了黑格尔的《现象学》，那里面把市民社会描写为'精神动物的世界'，而达尔文则把动物世界描写为市民社会。"③

---

① 马克思：《致费迪南·拉萨尔（1861年1月16日）》《马克思恩格斯全集》第30卷，人民出版社1974年版。

② 《恩格斯致彼得·拉甫罗维奇·拉甫罗夫（1875年11月12—17日于伦敦）》，《马克思恩格斯全集》第34卷，人民出版社1972年版，第161—162页。

③ 《马克思致恩格斯（1862年6月18日）》，《马克思恩格斯全集》第30卷，人民出版社1975年版，第251—252页。

四、达尔文批判

达尔文想把人类从"创世主"那里解救出来，但也想将其中的另一部分人打入地狱。在他看来，人类社会与动物界没有太大的区别，每个人都有生存危机，只有强者才会"保种"，才会在竞争中生存下来。这样强者打败弱者，强者剥夺弱者的财产，占领弱者的家园，这都是天经地义的事。

达尔文认为，人类社会这种弱肉强食，就如动物界的自然选择。

人类社会的"自然选择"的原因，与地球人口的急剧增长有关。据说，达尔文在环海旅行回来之后，在整理他带回来的采集样品和考察记录时谈到了马尔萨斯的《人口论》。

> "据达文尔自己的说法，他在1838年秋天为了消遣，把马尔萨斯（Thomas Malthus）的《人口论》读了一遍，书中所描写的人类生殖繁荣和生存困难给他留下了深刻的印象。马尔萨斯断定，要解决人口增长与资源短缺问题，饥饿、战争和瘟疫是必不可少的手段，只有这样才能大幅度裁减多余人口，特别是裁减穷人。据说正是《人口论》让达尔文突然在脑海中闪现出了自然选择的念头，这似乎是一个非常戏剧性的过程。"[①]

马尔萨斯人口理论的主要内容，张洪珍在《关于马尔萨斯的人口论》中概括为：两个公理、两个级数、两个抑制、一条规律、三点见解、四点结论。

两个公理：

> "第一，食物为人类生存所必需。第二，两性间的情欲是必然的，

---

① 史钧著：《一本书读懂进化论》，北京联合出版公司2015年中文出版，第41页。

且几乎会保持现状。这两个法则，自从我们有任何人类知识以来，似乎就是我们本性的固定法则。"①

马尔萨斯说：

"我的公理一经确定，我且假定，人口增殖力，比土地生产人类生活资料力，是无限的较为巨大。人口，在无所妨碍时，以几何级数率增加。生活资料，只以算术级数率增长，略有数学知识的人，就会知道，与后一种力比较，前一种力是怎样巨大。按照人类生存必需食物的自然法则，这两个不平衡力的结果，必须保持平衡。"②

马尔萨斯举例说明，假如这个岛国的人口约为700万。我们假设现在生产的食物，恰好是足够维持这个岛上的人数生存。在最初的25年间，人口为1400万，食物亦加倍，生活资料与人口的增加相等；在第二个25年间，人口将为2800万，生活资料仅是维持2100万人口的需要。在第三个期间内，人口将为5600万，生活资料却仅能支持3500万人口的需求，其他2100万人口，完全没有生活给养。

他说：

"随便假定世界有多少人口，比方假定有10万万罢，人类将以1、2、4、8、16、32、64、128、256、512那样的增加率增加；生活资料却将以1、2、3、4、5、6、7、8、9、10那样的增加率增加。225年内，人口对生活资料即将成为512对10之比。300年内，将成4096对13之比。2000年内，生产物虽有极大量的增加，差额亦会弄到几乎不可计算。"③

解决人口增长和资源短缺这对矛盾，只能通过两个抑制的手段和措施，

---

① 马尔萨斯：《人口论》，北京大学出版社2008年版，第6页。
② 马尔萨斯：《人口论》，北京大学出版社2008年版，第6页。
③ 马尔萨斯：《人口论》，北京大学出版社2008年版，第13页。

一个抑制叫积极抑制，一个叫道德抑制。所谓积极抑制，就是通过普通疾病和传染病、战争、瘟疫以及饥饿等，使人口减少。所谓道德抑制，即通过人们的主观意识，从道德上限制人们的生殖本能，从而降低人口的出生率。

如马尔萨斯在书中写到普鲁士这个国家，"在1709年及1710年，一种传染病杀了这国住民247733。在1736年及1737年，又盛行一种流行病，防止了人口增加"。①

> "结婚的妨碍及从此生出的种种恶习，战争，奢侈，大城市的人口减少（那虽然是不知不觉的，但是确实的），居民密集，贫民大部分食物不足，这种种，已可妨碍人口增长，使不超过生活资料，在用不着大而富有破坏性的流行病，来抑止过剩人口，杀人的黑死病，在英格兰扫除了200万人，在法兰西扫除了600万人，则在居民从这创痛恢复过来以后，诞生数对埋葬数的比例，无疑会大大超过现今各国诞生数对埋葬数的比例。"②

马尔萨斯说："饥馑似乎是最后而又最可怕的天然手段。"人口增加了，超越土地生产人类生活资料的力量，人类自不免在某形态下发生夭死的情事。人类的罪恶，又是使人口减少的有力的积极的机关。"

> "那是破坏大队中的前卫，屡屡单自遂行这可怕的作业。设若在这扑灭人口的战役中，它败了，就有疫病季，流行病，传染病，黑死病，以可怕的军容冲前来，扫除几千万的人。设仍不能完全成功。遂有巨大而无可避免的饥馑，为其后卫，以一有力的打击，使世界的人口与食物平衡……占优势的人口增加力，为贫穷及罪恶所抑压，致使现实人口得与生活资料相平衡。"③

---

① 马尔萨斯：《人口论》，北京大学出版社2008年版，第51页。
② 马尔萨斯：《人口论》，北京大学出版社2008年版，第55页。
③ 马尔萨斯：《人口论》，北京大学出版社2008年版，第59页。

马尔萨斯最后的结论还是较乐观的。他认为，在人口和生活资料二者，虽然人口增长占有优势，但是一旦出现二者的不平衡，导致的结果必然是贫穷、饥饿和战争。贫穷和战争就如调节器一样，在制约着二者的平衡。

所以，达尔文的进化论在一定程度上受到马尔萨斯的影响，也可以说，马尔萨斯的人口理论为他的自然选择铺下了理论基石。

如果说，在《物种起源》一书写作时的达尔文对自然选择是否适合人类社会还遮遮掩掩，在《人类的由来》一书中，他便认为自然选择是推动人类向前发展的最为有效的动力。达尔文说：

> "自然选择是跟随生存竞争而来的，而生存竞争又是跟随人口的快速增殖而来的。人口倾向于增加得快，要为此而不感觉到痛心疾首的遗憾，是不可能的。因为，在半开化的部落里，它导致溺婴和其他许多恶习，而且文明的民族国家里，它导致赤贫、独身和谨慎聪明的人晚婚，但是否值得为此而抱憾，是另一个问题。因为，人像低于人的各种动物一样，会遭受同样的种种物质上的祸害，生存竞争所产生的一些祸害当然也在此列，他没有理由在这方面指望一种免疫力，而可以豁免。"①

达尔文生活的年代，正是英国大力发动世界殖民战争，在全世界进行殖民统治的年代。

英国资本主义走向发展的最主要原因，是因为英国的二重结构中的社会外部结构作用的必然结果。英国是个岛屿国家，位处欧洲大陆的西北部，四周环海，具备向外扩张的地理条件。在达尔文之前的世纪，陆上、空中的交通业并不像今天这样发达，海上交通具有得天独厚的条件。15—16世纪时，世界海上交通工具的发达，它的自身特点和功能极大地推动了靠近海洋国家的经济、政治、文化的发展。首先崛起的国家是葡萄牙、西班牙、荷兰，它们开始争夺制海权，并在一些地区建立了殖民地。

17世纪，荷兰夺取了殖民地霸主的地位。荷兰的商船不仅为尼德兰城

---

① 达尔文：《人类的由来》上册，商务印书馆2008年版，第219页。

市的商业服务，而且为欧洲其他国家的商业服务。因此，荷兰的商船被称为"海上马车"，荷兰人也就成为"海上马车夫"，荷兰商人从中获得巨额利润。荷兰政治家克佛尔德说，尼德兰人"自各国采蜜"。尼德兰人说，挪威是他们的森林，莱茵河岸和加隆纳河岸是他们的葡萄园，德意志、西班牙和爱尔兰是他们的羊圈，普鲁士和波兰是他们的谷仓，印度和阿拉伯是他们的果园。

英国自 16 世纪后期开始加入海上争夺和拓展殖民地的行列。地理大发现后，英国的海外殖民扩张及殖民掠夺所造成的经济导致后来英国资本主义的发展。

英国经过 17 世纪资产阶级革命而成为强大的资本主义国家。荷兰的世界殖民地霸主地位，阻碍了英国在海外殖民地的发展，于是，英国同荷兰展开了争夺殖民霸权的斗争。17 世纪下半期，英国同荷兰进行了三次战争（1652—1654、1665—1667、1672—1674），彻底打败了荷兰，摧毁了荷兰的殖民霸权地位，登上了世界殖民地霸主的宝座。

英国战胜荷兰后，不仅成为全世界殖民地最大占领者，而且还是殖民地的经营者，它在世界各地以宗主国的身份对殖民地进行盘剥。

英国的殖民地大致可分为两种。一种是当地土著居民被大批灭绝或被驱逐，在被占领的土地上建立起以英国移民及其后裔为主体的殖民地，居民的社会结构是英国的翻版，如北美殖民地、澳洲殖民地，以及南非殖民地均属于这种类型。在这些地区，英国政府实行总督统治制度，总督代表英王掌握殖民地政治、经济、文化全权。殖民地设有立法议会，由殖民地的社会上层代表组成，但它不享有母国议会的政治权力。在经济方面，英国政府推行重商主义政策，依据《航海条例》，垄断殖民地的商业利益，限制殖民地对外贸易、商业、制造业的发展，从而使殖民地成为英国国内工业的商品市场和原料基地，在这种工业制成品和原料的不等价交换过程中，保证英国贸易的顺差。另一种是在某些国家或地区的沿海一带从建立据点进行掠夺式的贸易，并逐渐向内地延伸，进行武力征服和残酷掠夺，当地土著居民遭到大量屠杀。但英国对这些地区并未进行大量移民，而是通过特许贸易公司进行殖民统治，并利用当地的前资本主义统治结构来掠夺奴役土著居民。印度就是这方面的典型代表。

英国的海外扩张为其工业品提供了日益广阔的市场。英国的伯明翰之所以成为大工业中心，就是因为它为海外殖民地提供各种各样的工业品，如为印度提供斧头；为北美的土著居民提供战斧；向古巴及巴西运送囚犯佩戴的铁链、手铐及铁颈圈等。据统计，在1850—1870年的20年中，英国进出口贸易额增加了约2倍。1850年世界贸易总值为145亿马克，而英国及其殖民地的贸易就达52亿马克。1870年，世界贸易总值374亿马克，英国及其殖民地的贸易额达140亿马克。①

从上可知，达尔文生活的年代，英国的殖民统治几乎已成为世界性的。在《物种起源》发表之时，英国仍在继续加快它的殖民战争、侵略战争。1840年入侵中国，强迫清政府与之签订不平等《南京条约》，向中国倾销东南亚殖民地生产的鸦片，为了一国利益，干着灭绝人性的勾当。

但所有的行为，英国既没有借口，也没有理论支持，尽快创造新的殖民统治理论是英国当下最迫切之需。

达尔文的"进化论"理论，应该说基本符合当时英国对外侵略和加强统治全世界的理论需要。更为重要的是，达尔文的"进化论"理论，是19世纪自然科学发展标志性的科学成果，受到世界科学界的承认和认可，这样披上科学外衣的"进化论"还不同于一般的哲学社会科学，它将进化论的"自然选择"说成是最科学最先进的发展道路，是被自然历史和人类历史证明过的、正确的发展之路。

> "由于我们看到，在世界许多部分，存在着大片而肥沃得足以维持许许多多的幸福家庭的土地，而眼下实际上只有少数几个浪荡的野蛮人族类住在那里。也许就有人要提出论点，认为生存竞争的严厉的劲头太不够了，没有迫使人提升到他的最高的标准。"②

这无非是要占领他国土地，事先用一段义正词严的表白告知天下，以表明其行为的正义性或者符合文明社会发展的道理，即所谓的"自然选择"。

---

① 刘祚昌、光仁洪、韩承文 主编：《世界通史·近代卷》（上），人民出版社1997年版，第442—443页。
② 达尔文：《人类的由来》上册，商务印书馆2008年版，第219页。

近代以来的列强打着先进文明的幌子，对落后国家或地域的民族进行经济掠夺、军事战争。这些列强之间也存在着如何使自己国家的利益最大化的竞争。

> "不仅如此，从我们实际看到的一些情形来说，例如，在南美洲的某些地区，甚至在可以被称为有文明的一个民族，有如西班牙的移民，看来还不免由于生活条件的优惠，而倾向于变得懒惰，而趋于退化。就文明高度发展的民族国家来说，持续的进步只在某种次要的程度上有赖于自然选择的作用；因为，这些民族国家，和野蛮人的部落不一样，彼此之间，并不发生甲取代乙或丙灭绝丁的问题。不过，在这些民族国家内部，在同一社群之中，智能强些的成员，从长远来着，要比智能差些的容易走向成功，而留下更多的后辈来，这也就是一种形式的自然选择了。"[1]

从这里的论述中我们可以看到，殖民者对土著的部落民族采取的是一种驱赶甚至灭绝的政策，将原土著人生存的地域空间据为己有。这种依靠力量的强弱而决定去留和生死的文化，不仅表现在殖民者和被殖民者的社会关系之中，也同样表现在殖民者之中，以力量的强弱决定着每个人在未来社会存在的结果，那些智力强的社会成员，会逐渐战胜智力弱的社会成员。

达尔文认为，没有竞争，便没有进步，还会导致倒退。他认为：

> "人进入世界之初便是以文明的姿态出现的，而所有的野蛮人都是经历过堕落才变为野蛮的；据我看来，这种从高级倒退到低级的论点，与上面几个人的从低级进展到高级的论点相形之下，是软弱而站不住脚的。不错，在历史上，许多民族国家曾经从文明状态倒退了，而有的甚至有可能退回到了不折不扣的半开化状态。"[2]

---

① 达尔文：《人类的由来》上册，商务印书馆2008年版，第220页。
② 达尔文：《人类的由来》上册，商务印书馆2008年版，第220—221页。

在达尔文看来，在这种世界种族文明发展中，欧洲人无疑是胜利了。

"各个民族国家进行竞争，所由取胜的因素之一，其中最主要的一个似乎就是文明所已达成的等级，越高就越有利。不多几个世纪以前，欧洲还深怕东方半开化人的入侵，如今如果还有人怕，那就成了杞人忧天了。"①

然而，就欧洲来说，"文明所已达成的等级"，英国无疑又是最好的、最高级的。

"比起其他的欧洲民族国家来，英格兰人作为殖民主义者的成功是最为突出的，有人把这一点归功于'他们的勇敢和毅力'，这从加拿大人中间的英格兰籍人和法兰西籍人在进步方面的比较就可以知道，不过谁又能说明英格兰人的勇敢又是怎样被取得的呢？有人相信美国人的奇快的进步，以及美国人的性格，是自然选择的一些结果，看来这信念是很有一些道理的；因为在过去十个或十二个世代之内，欧洲各个地区的一些比较精力旺盛、不肯因循守旧、而敢于冒些风险的人都集中到了那个巨大的国家，并且在那里取得了最大的成功。"②

英国自身的成功，加上以英国移民为主的美国的成功，使达尔文非常自豪和骄傲地以为，英格兰人才是上帝的骄子，日不落帝国的称号当之无愧。他为本民族国家的优秀以及在世界上所占有的地位而欢欣鼓舞。

"瞻望遥远的未来，我并不认为牧师青克先生在下面的话里所提出的看法有什么夸张之处，他说：'所有其他一串串的事件——有如希腊的精神文化所产生的那些，或造成了罗马帝国的那些，都要用这样一个眼光来看才能发现他们的目的和价值所在，就是，它们是和……盎

---

① 达尔文：《人类的由来》上册，商务印书馆2008年版，第284页。
② 达尔文：《人类的由来》上册，商务印书馆2008年版，第218页。

格鲁—撒克逊人（Anglo-Sa-Xons）的向西方逐步迁徙的洪流有着连系，或者更确切地说，是这一迁徙过程的一个附带的产品。'文明的进展这一问题虽然隐晦不明，我们至少可以看到，在一个比较长的时期之内，一个拥有最大数量的智能高、精力盛、勇气大、爱国心强、而仁爱的心胸广泛些的人的民族国家，比起在这些方面条件差些的民族国家来，一般会占到优势。"①

正是由于这样的观点，在达尔文那里，把人分为低级的原始的野蛮人，半开化的人，文明的人，而在文明人之中，英格兰人又是最为优秀、高贵的人。

所以，高贵人占领和杀戮低等人种是正常的事情，即使低等人种灭绝了，也不会听到什么不应该有的指责，因这是以先进的代替落后的，以优等代替低劣的自然选择的必要过程。

正因为有这样的心态，达尔文在书中毫不掩饰地记录了以下数字。

"当塔斯马尼亚岛最初受到殖民影响的时候，有些人把岛上的土著居民粗略地估计为七千人，而另一些人则说约有两万人。无论如何，不久以后，他们的数目就有了很大的消减，主要是由于和英国人的战斗与他们自己之间的相杀。在那次有名的由全部殖民者参加的围剿之后，而剩余的土著居民向政府投诚的时候，他们一起只有一百二十个人，到1832年，这些人又被转移到弗林德尔斯岛。这个岛介于塔斯马尼亚与澳大利亚之间，南北长四十英里，宽二十到十八英里，似乎是个适合于居住的地方，土著居民也得到政府的良好的待遇。然而他们的健康变得很坏，死亡相继。到1834年，他们共有成年男子四十七人，成年女子四十八人，儿童十六人，合一百一十一人。次年，1835年，剩一百人。政府看到他们减少得这么快，而他们自己也认为如果换个地方，情况会好一些。于是，到了1847年，又把他们转移到塔斯马尼亚本岛南部的牡蛎湾。当时（1847年12月20日）他们一起是十

———————————
① 达尔文：《人类的由来》上册，商务印书馆2008年版，第218—219页。

四男，二十二女，和十个孩子。但地点的迁移并不好。疾病和死亡依旧追逐他们不放，到了1864年，只剩下一个男人（死于1869年）和三个上了年纪的妇人。"[1]

就这样，仅用了30年的时间，原来塔斯尼亚岛上最初的原土著7000人或2万人便彻底灭绝了。英国人对此习以为常，从达尔文的叙述里看不到任何的惋惜和自责，因他们认为这是"自然选择"。

达尔文在谈论自然选择对那些"文明"民族所起的作用时，他的观点相当接近于华莱士和哥尔登的优生学的观点。

"就野蛮人而言，体质上和精神上衰弱的个体（个人）很快被淘汰，而那些存活下来的一般均以他们强壮的体魄见长。至于我们，文明的人们，我们反而竭尽全力去阻止淘汰的进程，我们为那些白痴、残疾人和患病者建造医院，我们制定法律来帮助贫民，我们的医生运用他们全部科学知识来尽可能地延长每个人的生命。人们完全有理由相信，牛痘保护了成千上万个体质虚弱的人，过去这些人会死于天花。文明社会衰弱的成员因此得以无穷地繁衍下去。因而每个繁殖家畜的人肯定都知道，让这些衰弱的生命绵延下去对人种必定有害。"[2]

尽管达尔文对文明人的后代在无自然选择的情况下的未来社会的发展前景表示担忧，但由于人道主义观念在他身上还是起到了一些作用，从而对弱者的态度上尚有所克制。他说：

"因为不关心弱者和残疾者，人们只能以一种重大而确定的眼前灾害为代价，企求有可能得到一种优势。因此我们必须毫无怨言地承受体弱者的不断繁衍所造成的无可争辩的恶果。不过，似乎也存在着对此种繁衍的某种制约，因为社会中不健康成员比健康成员难于婚配，

---

① 达尔文：《人类的由来》上册，商务印书馆2008年版，第285—286页。
② ［法］德尼·希伊康《达尔文与达尔文主义》，商务印书馆1999年版，第70页。

如果体质上和智力上的弱者得不到婚配，那么这种制约便能产生一种实效；但是此种情况常常是企望比实现容易得多。"①

达尔文还担心文明社会如果失去了生存竞争，人种便会退化。这种退化的原因，就是人们不再努力从事为谋生而四处奔波的行为了。一代人积累的财富，要通过血缘遗传给自己的后代。

"富人的子女，即便不论身心品质方面有无优越之处，在奔向胜利的竞赛中，已经要比穷人占便宜。在另一方面，寿命短促的父母，平均说来，也正是健康与精力有欠缺的父母，死得既然早些，他们的子女，比起别家的子女来，承继财产的机会也就来得快些，因此，也就更容易早婚而留下更大数量在体质上有欠缺的子女来。"②

但他又为这些富家子弟辩解说。

"但财产的继承本身远远不是一件坏事情，因为没有资本的积累，各种生活与生产的艺术就不能进步，文明的各个族类主要通过资本积累的力量，才得以扩张它们的势力，并且如今还在到处扩张，使势力范围越来越大，而势将占有一些低等族类的地位而代之。"③

这样也为文明种族的弱者——只要是为富家人找到了生存之路——也被认为这对人类发展是有进步意义的。那么，就不必去担心文明人种的退化，只要文明人种的弱者把祖宗的财富，用于去发展殖民运动，填补原始野蛮人占据地球的生存空间，文明人种中的弱者，就有用武之地。

另外，对那些无可救药的纨绔子弟，达尔文认为也不必过于担心。

"财富太多太大，无疑倾向于使有用的人变成尤用，游手好闲，不事劳动，像蜜蜂中的雄蜂一般。但他们在数量上是从来不大的，而在

---

① 达尔文：《人类的由来和性选择》，见［法］德尼·希伊康《达尔文与达尔文主义》，商务印书馆1999年版，第70页。
② 达尔文：《人类的由来》上册，商务印书馆2008年版，第208页。
③ 达尔文：《人类的由来》上册，商务印书馆2009年版，第208页。

> 这里，也会发生某种程度上的自然淘汰，因为我们可以每天看到一些富人子弟，恰巧也是一些愚蠢或奢淫放浪分子，白白把祖遗的财富搞一个精光。"①

从此可见，达尔文对文明人的民族或国家的前途并不担忧而且还充满着信心。

总之，达尔文在生物学上的重大发现，并没有使他形成科学的世界观和方法论，即没有把生物进化的观点和规律科学化地应用在研究人类社会的发展上，而是简单用于人类社会，导致进化的思想在人类社会发展的过程中，并没有形成科学思想，反而又被社会达尔文主义者利用，形成社会达尔文主义的学说。这种学说的主要内容即强者才能生存，弱者必然遭到灭亡，是强道文化在19世纪后的体现。作为进化论的发明者，特别是作为欧洲殖民主义盛行时代的科学家，他既没有看到人类文明形成人道主义的意义，也没有看到人类从动物界进入人类社会一直存在着两种文化，即天道文化与强道文化的斗争。他只能按照动物界的规则和演进路线来理解人类社会。所以，他的理论在后来的社会学上便发展成为社会达尔文主义。

---

① 达尔文：《人类的由来》上册，商务印书馆2008年版，第208页。

天道 强道

中西方哲学思想研究

下 册

宋一夫 李星良 著

中国文史出版社
CHINA CULTURAL AND HISTORICAL PRESS

第十四章
赫胥黎批判

一、赫胥黎生平

托马斯·赫胥黎（公元1825—1895年），1825年5月4日出生于英国乡村伊林小镇，父亲是小镇上私立学校的数学老师，母亲是位颇有见解的家庭主妇。赫胥黎深受其母亲的影响，他在《自述》中说：

"从体质和智力上来说，我是我母亲的儿子……我几乎找不到父亲在我身上留下的痕迹，除了那种天生的绘画能力……一种急躁的脾气，以及一种追求目的坚忍性（不友好的人们有时称之为固执）。"①

赫胥黎8岁上学，两年后，因父亲失业终止了学业。他说："我进学校是我所知道的最糟糕的事情。"②从此赫胥黎走上了自学的道路。15岁时，赫胥黎跟随他姐夫学医，17岁时，赫胥黎获得查林·克斯医学院奖学金，进入正规医学院学医。1845年，即在他20岁时通过了伦敦大学的M·B考

---

① 转引自单中惠：《赫胥黎与近代科学教育的发展》，见托马斯·赫胥黎著《科学与教育》，单中惠、平波译，人民教育出版社2005年版。
② 转引自单中惠：《赫胥黎与近代科学教育的发展》，见托马斯·赫胥黎著《科学与教育》，单中惠、平波译，人民教育出版社2005年版。

试，不久便成为皇家外科学院成员，之后入伍参加英国皇家海军。4年的航海经历，使赫胥黎学术研究的兴趣从医学转向动物学。

1850年，赫胥黎结束航海生活，带回了大量的海洋生物标本，对其生物的"原型"结构进行研究。1854年，赫胥黎成为地质勘探部门的专职博物学家。开始古生物学和地质学方面的研究。赫胥黎在古生物学上的主要学术贡献即要证明同源结构，仅比较成年动物的结构是不够的，要与不同结构在胚胎发育时的特征结合起来研究，才会有更强的说服力。

赫胥黎之后在比较解剖学研究上颇有建树，得出不同动物体中普遍存在结构上的"同型"现象。所以，赫胥黎不同意上帝创世说，但他也反对物种的可变说，因为物种之间的差别使赫胥黎看不到转变的可能。

赫胥黎大约在1850年时认识了达尔文，两人因研究的专业相同，有着非常多的共同语言，使二人很快就成为好朋友。

此后，赫胥黎的社会地位急剧上升，一生获得了一些十分耀眼的头衔，相继担任过皇家学会主席（1883—1885年）等众多学术职务，获得过英国皇家勋章（1852年）、渥拉斯顿奖章（1876年）、科普利奖章（1888年）、林奈奖章（1890年）、达尔文奖章（1894年），获得英国及世界许多国家的科学组织的奖章及荣誉称号。1900年，英国皇家人类学协会设立了赫胥黎奖章，以表彰他所作的贡献。

达尔文在《物种起源》文稿交付出版之前，曾请他的三个至友阅读，这三位就是赫胥黎、地质学家莱伊尔、植物科学家胡克。

在读完手稿后，赫胥黎全部接受达尔文的进化论，据说当他读完《物种起源》之后，不禁拍案叫绝，长叹"我简直太笨了，居然没有想到这一点。"[1]他写信给达尔文，"至于你的理论我准备接受火刑也要支持你"。[2]他还给胡克写信，说"我决心穿好我的铠甲"。[3]同时他提醒达尔文，准备接受各种谩骂与攻击。事态的发展果然不出所料，《物种起源》刚刚出版，便在社会产生极大的反响，因这直接涉及人是从哪里来的，是上帝创造出来的，还是由类似猴子的猿人演变而来的。

---

① 史钧著：《一本书读懂进化论》，北京联合出版公司2015年版，第69页。
② 史钧著：《一本书读懂进化论》，北京联合出版公司2015年版，第69页。
③ 史钧著：《一本书读懂进化论》，北京联合出版公司2015年版，第70页。

崇信教义的大多数人对达尔文的学说满腔怒火，不信教义的少数人表示惊奇和怀疑。支持的和反对的迅速形成两大阵营，争吵中带有谩骂，辩论中既有慢条斯理的陈述，也有不顾场合的歇斯底里。赫胥黎率先发文，支持达尔文学说，并在皇家研究院演讲进化论。著名动物学家欧文则撰文强烈批判达尔文，在剑桥哲学年会上，两派言辞激烈，口水四溅。一时间支持和反对达尔文成为社会舆论"风口"。1860年，英国科学促进会在牛津召开。会上，欧文提出，大猩猩的大脑与人的大脑有着很大的差别。而赫胥黎则指出二者的差别并不大。之后，欧文又提出，人的大脑中有一个重要的构造，即小的海马状回转部分，亦称为海马回，而黑猩猩和大猩猩都没有这样的结构。此时赫胥黎正在写《人类在自然界中的位置》专著，他用大量的资料证明，所有的猿都有海马回，猿脑和人脑之间存在着明显的演变关系。这场争论引起了英国社会的广泛关注，争论的结果以赫胥黎的胜利而结束。据说，还有人劝赫胥黎乘胜追击，将欧文的理论全面打倒，而赫胥黎却感叹回应到："我们的生命太短了，不能将已经杀掉的再杀一遍。"[1]

赫胥黎击败欧文后，也并没有放过欧文，他利用英国皇家学会和英国动物学会委员改选投票的机会，把欧文挤出了两个协会。欧文也不放过赫胥黎，他与牛津教区主教威尔伯福斯商议，如何在即将到来的科学大会的辩论中将赫胥黎驳倒，将生物进化论从生物学界彻底清理出去。

1860年6月30日，科学大会如期举行。较为温和的达尔文，知道会上肯定会因他的学说发生争吵，因此并没有参加会议。赫胥黎本来也不想参加会议，但在胡克的力劝下还是出席了会议。会议进行到第四天，轮到主教威尔伯福斯发言，人们就猜想到这一刻要发生激烈的争辩，来参加的人员剧增，达700多人，只好改到刚刚建成的牛津博物馆举行。

主教先列举了达尔文的主要观点，随后指出，这些观点所用的推理方法是不科学的，他说：

"牛顿是因为受到苹果下落而发现了天体运行规律，如果达尔文也

---

[1] 史钧著《一本书读懂进化论》，北京联合出版公司2015年版，第75页。

能利用这种精确的推理方式，向我们证明人类与动物的血缘关系，我们将相信他的理论，并从此与动物平起平坐，从心里摒弃我们的自豪感。甚至，我们可以进一步承认，我们与地上生长的蘑菇也有一定的亲缘关系。"①

但是，让人遗憾的是，达尔文利用"异想天开的幻想"来代替"严格的逻辑推理"，因此，得出的结论恕我们不能接受，并且坚决反对。"最大胆的假设为基础的纯粹假说。"主教还指出《物种起源》有10处纯属猜测性的段落，然后义正词严地说道："我们对达尔文理论的反对，是在严肃科学的基础上进行的。达尔文如果要让我们相信，他的论点就必须接受真伪的检验。"

在讲演快要结束时，他把身子转向在座的赫胥黎，用十分轻蔑地语气说道："听说赫胥黎教授曾说过，你不在乎一个人的祖先是人是大猩猩。当然，如果这位博学的教授是在说自己的话，我们并不反对。"接着威尔伯福斯主教紧跟上一句："那个声称与猴子有血缘关系的人，究竟是他的祖父还是祖母，是从猴子变过来的吧？"

据当时在场的胡克回忆说："赫胥黎勇敢地应战了，那是一场激烈的争论。"

赫胥黎在回应之前，先是对身旁的一位朋友说："感激上帝把他交到了我们的手上！"接着冷静地站起来，大步走向讲台。②

赫胥黎先从生物学专业的角度驳斥了威尔伯福斯认为达尔文的生物进化论只是一种假设的说法，认为达尔文的生物进化理论是对从远古以来生物演进事实的解释；达尔文的研究方法是通过到世界很多岛屿进行考察、采集大量的生物不同时期的标本，再依据这些标本推论出生物进化的路线。这是严格按照科学逻辑的标准而得出的进化论。虽然这种理论还有待进一步完善，但它是科学的理论。

这便从进化论产生形成的依据，驳倒了威尔伯福斯提出的达尔文是

---

① 史钧著《一本书读懂进化论》，北京联合出版公司2005年版，第77页。
② 史钧著《一本书读懂进化论》，北京联合出版公司2005年版，第78页。

"最大胆的假设为基础的纯粹假设"结论，有力地回击了主教对达尔文的指责。

赫胥黎最后说：

> "我声明，我再次声明，一个人，没有理由因为可能有一个大猩猩祖先而感到羞耻。真正应该羞耻的是，他的祖先是这样的一个人，他不是利用他的聪明才智在自己的领域去获得成功，而是利用他口若悬河的言辞、偷梁换柱的雄辩和求助于宗教偏见的娴熟技巧来分散听众的注意力，借以干扰他自己不懂的科学问题。"[1]

因为台上双方唇枪舌剑，嘲讽讥笑，你来我往，火药味十足，现场人群的情绪如同被燃爆了一般，时而鸦雀无声，时而又嘘声一片，致使一位名叫布劳斯特的太太当场晕了过去。谁也想不到平日里彬彬有礼的科学家和笑容可亲、温文尔雅的教主两个人如发疯的狮子，各自张开"血盆大口"，无情地向着对方撕咬下去。

还有一人也为这场辩论留下茶余饭后的谈资，这个人即达尔文当年环球旅行乘坐的"贝格号"船长罗伊先生。此时罗伊先生就坐在台下。自从达尔文发表了《物种起源》后，平日罗伊先生时常向上帝忏悔，深感自己有愧于上帝，因达尔文随船考察才写出这本让上帝都很烦恼的书来。他在台下已经忍耐不住，大踏步地走上台去，满脸流泪地痛斥《物种起源》给他带来的痛苦。这种科学大会的场合，他讲不出一句带有科学内涵的话来，只请求人们把达尔文的进化论驱逐出自然科学，打倒在地，还要再唾上它一口。台下的听众们忍无可忍，便嘘声一片，呼喊他尽快下去。罗伊见状更是气恼，红着脸，高举着手里的《圣经》大喊着："这本书，这本书！"[2]

这场辩论就这样结束了。

无疑，赫胥黎赢得了广大听众。本来就富有声名的赫胥黎更加如日中天，更加引人仰慕了，这也为他后来成为英国皇家学会主席铺平了道路。

---

① 史钧著《一本书读懂进化论》，北京联合出版公司2015年版，第79页。
② 史钧著《一本书读懂进化论》，北京联合出版公司2015年版，第80页。

我们来看看当时在场的胡克对这场辩论的评价：

> "著名的1860年牛津会议，在赫胥黎的生涯中占有相当重要的地位。那不只是一个解剖学家反驳另一个解剖学家，也不是关于事实论据和抽象论断的论战，而是个人才智之间，是科学与教会之间的公开冲突。"①

出尽风头的赫胥黎，从此获得了名副其实的"达尔文斗犬"的称号。

二、赫胥黎的思想

赫胥黎一生著作颇丰，但影响最大的，还是阐释达尔文思想、发展达尔文思想的两本书，即《人类在自然界的位置》和《进化论与伦理学》。

我们还是从文本中来看看赫胥黎是怎么阐释进化论的。

《进化论与伦理学》最初源于他在英国牛津大学罗马尼斯讲座上的一次演讲，演讲的时间是1893年5月18日，地点是牛津大学谢尔德兰剧院。

因为是讲演，所以全书是以一种极为浪漫并带着英国绅士兼科学家的口吻开始，就如带领在场的听众走进进化论的自由王国之中一般。我们先来领略一下他的开场白：

> "可以有把握地设想，2000年前，在恺撒尚未登陆英国南部时，如果从我写作的屋子往窗外看，整个原野还处在所谓的'自然状态'。或许只有几座隆起的坟茔，就像如今四处散落的坟堆那样，破坏了丘陵地带流畅的轮廓。除此之外，人类的双手再没有在这儿留下什么痕迹。覆盖在广阔高地和峡谷斜坡上那薄薄的植被，也没有受到人类劳作的影响。土生土长的牧草、杂草，还有散布其间的一丛丛金雀花，

---

① 史钧著《一本书读懂进化论》，北京联合出版公司2015年版，第81页。

你争我夺，抢占着贫瘠的表层土壤。这些植物盛夏抗击干旱，寒冬抵御严霜，而且一年四季都得面对时而从太平洋、时而从北海刮来的狂风。此外，地下和地上的各种动物还常常进行骚扰，留下一片片空隙，有赖这些植物尽其所能加以填补。年复一年，它们保持着一种稳定的类群数量——也就是说，通过内部不断的生存斗争，它们之间形成了一种动态平衡。不容置疑，在恺撒到来之前的几千年里，这个地区保持着一种基本上相似的自然状态。如果人类不去干预，那么不得不承认，这种状态将在同样长远的岁月中继续存在下去。"[①]

　　这段话总结一下就是，所有的生物都是变异的，变异是为了适应生存，斗争是推动选择的原动力。这是整个达尔文学说的内在逻辑，自然也是赫胥黎遵循的科学逻辑。这个逻辑无非在说，整个生物界中也包含着人类社会内在的所有生物，都将发生不断变化的进化，而进化者是对整个自然的适应者，而在所有的适应者之中，生存斗争是不可避免的，这是自然之理，是自然的法则。

　　然而，对这个自然之理、自然法则的认证，赫胥赫是从人为干预自然开始，他说，我在前面谈及的自然状态，如果只就一小块土地而言，早在三四年前就因人类的干预而不复存在了。一堵墙把这块土地与其他土地隔开，墙内受到保护的土地，原生的本地植物已被斩草除根，同时一群外来植物被移植过来，在此扎根。简言之，这块土地被改造成了一块园地。现在，墙内墙外面貌迥异：墙外的土地，仍然属于自然状态；墙内的土地，已经过人类的处理。树木、灌木和草木植物，其中有许多来自异国他乡的野生种类，在园地繁殖昌盛。此外，园内还生产大量的蔬菜、水果和花卉，这些品种在墙外不仅现在不存在，过去也没有存在过，只有在诸如园地所提供的条件下才能生存。因此，这些品种，就像栽培它们的棚架暖房一样，是人类技艺的成品。

　　"就这样，'人为状态'由人类从野生状态中创造出来，由人来维

持，靠人而存在。如果没有园丁的精心管理，没有园丁对处处存在的宇宙过程的反作用进行顽强阻挡与反抗，'人为状态'顷刻就会消失殆尽；围墙坍塌，园门朽坏；四足动物、两足动物入侵，吞噬、践踏园中实用而美丽的植物；鸟类、昆虫、枯萎病和霉菌恣意妄为；本地植物的种子借助风或其他力量迁徙过来，这些曾遭鄙视的本地杂草凭借着长期以来获得的对当地条件特殊的适应能力，很快扼杀了园中精选的外来竞争者。再过一两百年，除了围墙、暖房和棚架的地基，人工的痕迹所剩无几——显而易见，在自然状态中发生作用的宇宙威力，消除了园艺家的技艺对它的至高权威造成的临时阻碍。"①

赫胥黎是在讲人造自然，或者说是人为自然。他强调的是人对自然变化的干预作用。他把这种由人生产出一系列的在自然状态下无法产生的自然与纯粹的自然区分开来。"在自然成品和人工成品之间作这种区分，已得到普遍认可，并且，我认为，作这种区分既是有用的，也是合理的。"②

这种纯粹的自然而然的生物，与人工成品的人造自然，二者之间存在着一种天然的对抗，纯粹的自然总想消灭人工自然。

"但是有人提出，如果按上述说法推导下去，就会出现这样的情形，宇宙过程不可能与属于它自身一部分的园艺过程相对抗。对此我只能回答，如果'两个过程是相互对抗的'，这一结论在逻辑上是荒谬的，那么我为逻辑感到遗憾。因为我亲眼所见的事实就是如此，园地同其他每一件人类技艺成品一样，都是宇宙过程通过和借助人的体力和智力发生作用的结果；同时，园地与在自然状态中创造出的其他每一件人工制品一样，自然状态的作用总是倾向于破坏它和毁灭它。毫无疑问，福斯河桥和海面上的装甲舰，如同桥下流动的河水，浮载船舰的海水，归根结底都是宇宙过程的产物。但是每阵微风都对大桥造成一点儿的损害，每一次潮汐都会削弱一点桥基，温度的每一次变化

① 赫胥黎《进化论与伦理学》，北京大学出版社2021年版，第6页。
② 赫胥黎《进化论与伦理学》，北京大学出版社2010年版，第6页。

都会使桥梁的连接部分稍稍移动，产生摩擦并最终造成损耗。船舰时不时要靠岸停泊，与此同理，桥梁时不时也要进行维修。原因很简单，人，作为自然的孩子，总是从母亲那儿借来各种东西进行拼装组合，但普通的宇宙过程不喜欢组合的东西，于是自然母亲总是倾向于将这些东西收回去。"①

在赫胥黎看来，这种对抗十分正常。人不要在乎自然母亲将人创造的人工自然收回去。收回去人类再创造就好了，就如船舰和桥梁，自然界靠着日浸月蚀，不断将船体和桥体搞坏，人类去修复好了，要是因寿命的问题不可修复便重新创造便好。这种自然界对人工自然的对抗，表现为自然的反作用，表现为自然与人类的竞争和反抗。这种竞争和反抗不仅发生在人与自然，自然界自身这种生存斗争，作用与反作用时时发生，从来就没有停止过。

"不仅自然状态与园地的人为状态相对立，而且园艺过程的原理，即建立和维护园地的原理，也与宇宙过程的原理相对立。"②赫胥黎认为，人工园地的管理制度，管理的原则与宇宙运行的规律都是对立的。总之，人的一切活动都是违反宇宙运行原理的。

为什么这样呢？因为发生在宇宙中的一切都充满着为生存而斗争，能活着，就必须斗争，不斗争就会死去。

"宇宙过程的典型特征是剧烈的、永不停息的生存斗争；园艺过程的典型特征是通过铲除产生竞争的条件来消灭生存斗争。宇宙过程倾向于对植物的生命形态进行调整，使之适应于眼下的生存条件；园艺过程则倾向于对生存条件进行调整，使之能够满足园丁期望培育的植物生命种类的生长需要。"③

这一段则说明，宇宙的法则是自然界在进行不停止的生存斗争，而人

---

① 赫胥黎：《进化论与伦理学》，北京大学出版社2010年版，第6—7页。
② 赫胥黎：《进化论与伦理学》，北京大学出版社2010年版，第7页。
③ 赫胥黎：《进化论与伦理学》，北京大学出版社2010年版，第7页。

类的做法是想在自己管理的自然界中，改造自然，但这种改变是按着人类自己的意思去消灭竞争，宇宙的法则是使生物按着所在的生存条件去调整，使之适应生存环境。而人类则是改造生存环境，让环境适应于人所希望的生物的生态条件。

这里面就出现一个十分致命的问题，即人类在改造宇宙中的自然，让宇宙自然按照人的意志去改变。

为什么人类要改变宇宙的法则呢？因为在赫胥黎看来，宇宙法则存在着它的弊端。

> "宇宙过程以不受限制的繁殖为手段，使数以百万计的生物为极为狭小的生存空间和极为匮乏的食物而竞争——它还唤来严霜和旱魔消灭体力不济和运气不佳者。因而要生存下去，不仅要强壮，还要有韧性，有好运气。"①

赫胥黎同达尔文一样，开始进入马尔萨斯《人口论》的逻辑之中，即控制自然，更为重要的是控制人口的自然增长。

当然，从中还看不出赫胥黎是在讲人口的问题，他不想把让人难以理解的问题过早地说出来，他还是想把人与自然的关系讲得十分充分。那么，人的行为，即殖民者与被统治的原来的"土著"或"半开化"的人或民族之间的合理性问题会更好理解了。

> "与此相反，园丁则限制繁殖，给每株植物提供足够的空间和养分，为它御寒防旱，以各种方式尽力改善生存条件，以使那些最接近园丁脑子里实用或美观标准的生物种类得以生存。"②

赫胥黎仍然将人为的选择和改善生物生存的环境看得十分重要，认为人是完全可以按照人所喜欢的标准，并让那些认为好的生物种类存在下去，

---

① 赫胥黎：《进化论与伦理学》，北京大学出版社2010年版，第7页。
② 赫胥黎：《进化论与伦理学》，北京大学出版社2010年版，第7页。

繁衍下去，而将那些不符合人的审美的、对人没有多大用处的生物淘汰掉。

"但是，指出下面这一点是极其重要的，即使自然状态保持不变，但如果园地的产出不能让园丁满意，园丁也会想方设法使产出更接近他的理想，虽然生存斗争可能停止，但进步可能不会停止。在讨论这些问题时，很奇怪人们常常会忘记这一点，即生物改良或进化的必要条件是变异和遗传机制。选择就是选定某些变种并使其后代保存下来的手段，生存斗争仅仅是选择得以实现的手段之一。人工栽培的花、果、根、块茎和球茎的无数变种，就不是通过生存斗争进行选择的产物，而是根据效用或美观的理想标准进行直接选择的产物。在园地里占据同样的位置、身处同样环境的一大群植物中，出现了变种，其中那些朝着园丁指定的方向演变的变种被保存下来，其余的则被淘汰。保存下来的变种又继续重复上述程序，直到诸如野甘蓝成了卷心菜、野生三色堇变成珍贵的三色紫罗兰为止。"①

按照人为而改变的自然物种，是通过不断地变异实现的，人们会按照自己的需要而逐渐培植这种变异，很多物种的变异的的确确为人类的发展做出过重要的贡献。如中国水稻之父袁隆平，1960年7月，在安江农校试验田中，意外发现一株特殊性状的水稻，1961年他把这株变异种子播种到试验田里，结果发现这株水稻"鹤立鸡群"，是"天然杂交水稻"。1964年7月，他又找到一株"天然雄性不育株"，经人工授粉后，结出第一代雄性不育株种子。一年后又得到6株。此后在两年的播种中，共有4株成功繁殖了1—2代。袁隆平水稻培植成功，使水稻亩产大量增长，为中国的农业发展做出了贡献。从上可见，通过人工对自然物种的改变，只要处理好被改变物种的生态平衡问题，赫胥黎的论证还是正确的。赫胥黎并不是讲生物进化上的意义选择，他是把人对自然的选择应用到人对人类社会的生存状态的选择上。

在做了大量的铺陈之后，赫胥黎便开始进入他要讲的核心主题，即

① 赫胥黎：《进化论与伦理学》，北京大学出版社2010年版，第7—8页。

"殖民统治"登场了：

> "殖民过程与园地的形成过程非常相似，这是发人深省的。我们假
> 定，英国殖民者乘船前往塔斯马尼亚去开拓殖民地，是在上世纪中叶。
> 登陆后，他们发现自己处于一种自然状态之中，除了最常见的自然条
> 件外，一切都与英国本土完全不同——常见的植物、鸟类、四脚兽，
> 还有人，都与他们在地球的那一边的出发地看到的完全不同。殖民者
> 急于占领大量土地，于是着手消除眼前的自然状态。他们清除本地植
> 被，只要有需要就灭杀或驱赶动物，并且采取各种措施防止植物再生
> 和动物回迁。他们还引进英国的谷物、果树，英国的狗、羊、牛、马，
> 还有英国人，以取而代之——事实上，他们是在原有的自然状态中，
> 新建了一个植物区系和动物区系，同时引进了新的人种。殖民者的农
> 场和牧场相当于大型园地，而他们自己就像是侍弄园地的园丁，小心
> 翼翼地同旧'制度'相对抗。从整体上看，殖民地如同引进到原有自
> 然状态中的一个综合体，继而成为参与生存斗争的一个竞争者，不胜
> 即亡。"①

按照国际惯例，帝国主义国家只有在殖民地的土地上建立了有效的政
权，对其殖民地进行了有效的控制，便可宣布对其领土拥有所有权。赫胥
黎以上讲到的殖民地，仍属于无主领土，这样的领土被殖民开发，只能说
对当地自然具有破坏作用，但对人类来说并不见得是坏事，因这样的土地
早晚要被哪个国家或民族开发，捷足先登者也无可厚非。这种开发对殖民
帝国来说，自然是再好不过的，因这是一个国家领土的扩大，是生存空间
的广大。

即使这样，殖民地的生存斗争便已经开始了。对殖民者来说，首要问
题是能不能适应环境，生存下去。

> "在假定的条件下，如果殖民者能群策群力，肯定会取得成果。但

---

① 赫胥黎：《进化论与伦理学》，北京大学出版社2010年版，第8页。

是，如果他们懒散愚笨，漫不经心，或者把精力浪费在内耗上，那么原有的自然状态就很有可能重占上风，迁徙来的文明人，会被野蛮的土著人所消灭。一些来自英国的动植物，会被本地的竞争对手所铲除；其余的则沦为野生状态，成为自然状态的一部分。再过几十年，殖民地的一切遗迹将消失得干干净净。"①

从这一段的表述来看，这种殖民地并不是无主土地，因为这里提到了"野蛮的土著人"。那么有一个殖民者和当地土著人的政治、经济、文化等各种关系，以及这样的各种关系下形成的社会结构、制度的合理性与不合理性的问题。

三、赫胥黎批判

这里面有一个最为关键的问题：人的天道与动物、植物的天道是否一样。

动植物的天道就是生存竞争，在竞争中达到一种生存平衡，动植物之间的有序平衡发展就是天道。所以，在动植物中提出优胜劣汰，适者生存，自然选择的理论，是符合动植物的天道的。

动物社会存在着一定等级差别，这是动物社会的组成结构决定的。但动物不具有积累社会财富的能力，所有动物只能为眼下的生存而斗争，而奋斗，这是动物不具有逻辑理性思维的结果。

人的天道有动物天道的一面，即适者生存、优胜劣汰。但人与动物最大的差别就是人是有逻辑思维的理性动物。正是人有逻辑理性思维，才成为动物中的统领者。在所有动物中，人的灵性是最强的，已远远高于其他的动物，是动物中的高级动物。从而也使人从动物界分离开来，人类社会成为地球的主宰。

① 赫胥黎：《进化论与伦理学》，北京大学出版社2010年版，第8页。

人类可以生活在三度时空之中，即历史、现实、未来。人可以通过向历史学习，生活在历史时空之中，可以通过对历史和现实的理解认知未来。人类的现实时空不断地变化和生成历史与未来的时空，这是其他动物无法做到的。其他动物也会由现实时空改变和生成历史与未来时空，但它们的三度时空所承载的内容与人类的三度时空有着本质的区别。

人有理性的推理、归纳、比较、选择，人可以认识更高级的天道，即天体运行的规律，并将这种规律与人的生产、生活规律相结合，从而脱离动物层面的天道。

达尔文揭示的是动物界的天道。人是动物，动物的天道人是具有的，但人的动物的天道与人的理性相结合，人则将适者生存、优胜劣汰、弱肉强食、自然选择发挥到了极致，便形成了人类的强道文化。

赫胥黎将达尔文所揭示的动物的天道，用到人类社会上，用来说明帝国主义的殖民运动，将这种理论说成了动物界的发展规律，就是将天道或人道降低到了动植物的天道了。

强道文化是人类社会很容易接受和选择的文化。作为人类是以选择以群居为主要社会结构的，强者一直是这种群居社会结构的主导者和社会领导者，强者在社会中占主导地位，必然要实行强道文化。

正是这种强道文化促使西方一些国家不断地向世界各地领土扩张，到了19世纪中后期使这些西方国家走上了帝国主义的道路。在第一次世界大战前，在世界上排在前列的各个帝国主义国家有英国、俄国、法国、德国、美国和日本。这六个国家占有的殖民面积6500万平方公里，是6个国家本身1650万平方公里的3.9倍，殖民地人口达到5.234亿，是这6个国家总人口4.372亿人口的近1.2倍。而且这6个国家中，英国占有最多，占有殖民地土地3350万平方公里，是英国本国面积的110倍，占有殖民地人口3.935亿，是英国本土人口4650万的8.5倍。[①]

殖民地最初的建立是以掠杀财富为主。如美洲被发现以后，西班牙人每见到新的海岸，首先寻找的是这里有无金银矿藏，以此来判定这些地方有无殖民价值及征服的价值，这种以掠夺土著的金银财宝是欧洲人殖民北

---

① 民·布哈林：《世界经济和帝国主义》，中国社会科学出版社1983年版，第63页。

美的第一阶段。等到发现了金银等矿藏，开始征服北美的土地，进入开采金银矿藏时，便进入了殖民过程的第二阶段。亚当·斯密在《国民财富的性质与原因的研究》中说：

> "美洲各地的土人，除墨西哥及秘鲁，只是狩猎民族。同样肥沃和同等面积的土地，所能维持的游牧人数与狩猎人数，相差很大。"[①]

西欧人殖民北美洲时，当地正处在狩猎生产阶段，生产力低下，地广人稀，人民过着游牧生活。这时的欧洲的殖民者，对当地的土著人采取驱逐和剿灭的方法，然后从本国殖民，这些殖民者便成了当地的统治者，奴役留在殖民地的土著人。

在非洲和亚洲的情况有所不同，亚当·斯密说：

> "非洲及几个统称为东印度的国家，都是野蛮民族居住的。不过此等民族，并不像可怜的无用的美洲人那么软弱，那么无抵抗力；而且，和他们居住地的自然产出力想称，他们的人烟稠密得多。非洲或东印度最野蛮的民族，都是游牧民族，连好望角的土人也是游牧民族。"
> "所以，在非洲及东印度，要想驱逐土人，并把欧洲殖民地推广至土人居住的大部分地方，那就比较困难。"[②]

这些殖民者以不等价的"物品交换"对殖民地土著人进行掠夺。他们用玻璃球、别针、纽扣、镜子、甜酒等价格低廉的东西，向土著居民换取大批黄金、白银、象牙等贵重物品。据记载，16世纪中叶，西方商人在几内亚用一个铜脸盆便能换取价值30多镑的黄金。1554年，英国一位叫洛克的商人，在加纳用梳子、镜子、纽扣等物品，先后换取重达400多镑的黄

[①] 亚当·斯密：《国民财富的性质和原因的研究》下卷，商务印书馆1974年版，第203页。

[②] 亚当·斯密：《国民财富的性质和原因的研究》下卷，商务印书馆1974年版，第203页。

金、36桶胡椒、250根象牙。①据研究，由葡萄牙人安陶·贡萨尔维斯和努诺·特里斯陶等人在1441年于布朗角附近沿海掠夺了10名非洲黑人，带回里斯本出售，开始了残忍的黑奴交易。

> "到了16世纪最后25年，从非洲直接向西印度诸岛及美洲大陆输出奴隶的南大西洋贸易体系已经确立起来。向欧洲及大西洋诸岛（马德拉、加那利和佛得角诸群岛）输出的奴隶仅占非洲输出总数的17%。"②

但从16世纪中叶开始，奴隶贩卖贸易开始兴盛，西方各列强国家几乎都参与了奴隶贸易。如英国在1618年特许组成第一个从事几内亚贸易的股份公司——伦敦对非贸易探险者公司。

> "1660年成立英国皇家对非贸易探险者公司。1663年修改后特许状第一次提到黑奴贸易作为这家公司合法活动的一部分。这一年它与阿西恩托代理商签订契约，每年提供3500名奴隶。但是，直到1672年皇家非洲公司成立，英国才大规模经营奴隶贸易……据估计，公司繁荣的头40年间（1672—1713年），派出500艘以上的船只运载了价值150万英镑的货物去非洲，贩卖了10万名奴隶去西印度种植国。"③

17世纪是法国奴隶贸易的形成时期。

> "法国在1713年以后的80年内派出了3000多艘船去非洲沿海，从佛得角到安哥拉，从莫桑比克到德尔加多角，购买了125万名以上的奴隶，其中100万转运到法属安的列斯群岛等地，其余的死于贩运途中。"④

---

① 参见王飞鸿主编：《非洲简史》，吉林大学出版社2010年版，第147页。
② 参见王飞鸿主编：《非洲简史》，吉林大学出版社2010年版，第149页。
③ 参见王飞鸿主编：《非洲简史》，吉林大学出版社2010年版，第154—155页。
④ 参见王飞鸿主编：《非洲简史》，吉林大学出版社2010年版，第156—157页。

　　19世纪的英国殖民主义所奉行的就是强道文化。从达尔文开始，这种强道文化的殖民统治理论开始形成，在这个过程中赫胥黎作用不可轻估，在将达尔文的生物进化论应用到人类社会，他起到了推波助澜的作用。

　　赫胥黎将殖民者对世界各地殖民地占领说成天经地义，这正是英国历史上传承下来的强道文化导致达尔文、赫胥黎等人心理的正常显现和必然的结果。如果殖民地已有了土著人，土著人就是原有这块土地的主人，他们用他们自己的方式——有的已经进入国家社会，有的处于国家之前的社会，来管理这块土地。那么对于后来的殖民者来说，就是入侵者。入侵者就是指来与原有土地的主人争夺土地的人。不管这些土著人生活所在国家社会还是国家以前的社会，这块土地已有了主人，新来的殖民者就是入侵者。

　　如果我们将国家以前社会的人，称为"土著"或"野蛮人"，那么说明我们自己是"文明人""先进人"。人是有道德的，一个所谓的"文明人"或"先进人"道德更应该高尚于"土著人""野蛮人"。这种土地既然已有了主人，这些主人已有了自己的生产生活，后来者便是客人。客人就应遵守客人之道，不能反客为主，这是最起码的人类社会秩序、规矩和道德。

　　当然，这种主客之分，并不是天道文化主导下的社会。天道文化的人类社会，人人平等，是没有主客差别的，人人是独立的个体，又是人类社会组成的成员。人无论在人所居住的任何时空中，不存在任何的私有，所有的地域空间，财物都为所有人所共有。随着私有制的产生和国家的出现，人类有了地理空间和财物的所有权，这种殖民地时空财物的所有权，是随着帝国主义的殖民政策确立的。在帝国主义产生之前，没有成立国家的地域，人们并没有法律上的所有权的概念，仅仅是人民实际上的占有。这为帝国主义的侵略该地域提供了条件和基础。

　　以往殖民者是怎么样做的呢？首先是反客为主，无视这块土地的主人存在，不仅破门而入，反而还要大打出手，甚至采取对原主人的毁灭手段。

　　其次，把原"土著"或"野蛮人"，当成自己的奴役对象，这就更违背文明法则。英国1713—1792年，从英国出口到非洲的贸易增加了10倍。"而从英属西印度群岛运入不列颠的实际上全是奴隶生产的货物，在1790年几乎占英国全部进口货物的四分之一。"①

最后，把原来的"土著"或"野蛮人"变成了奴隶，进行奴隶的全世界贩卖。这是殖民者从15世纪、16世纪便开始，一直到18世纪、19世纪长达三四百年的可耻行径。

帝国主义对全世界人民实行殖民统治，这是强道文化发展的必然结果，而在这个殖民统治的过程中，达尔文进化论学说成为殖民者进行侵略、战争最有力的说辞和思想理论武器。正是在这种理论的指引下，将侵略与掠夺甚至是无人性的行径说成为先进战胜落后、文明战胜野蛮的进步过程，变成整个西方国家的行为。这些国家或者以武装占领，或者以殖民统治和经济贸易，将殖民地据为己有。正是这种类似于强盗的行为，才使欧洲帝国主义一个接一个地发展起来。最大最强的英国，成为了日不落，在世界各地都有着它的殖民地的帝国。

令人称奇的是，大多数西方的思想家乃至哲学家，并不认为帝国主义的殖民运动有什么可以谴责的地方，甚至从自身民族利益出发，还为此大唱赞歌，称赞这种殖民行径。

我们再来看，赫胥黎对帝国主义的殖民行径的表述，赫胥黎将殖民者说得云淡风清、温情脉脉，就如大英帝国向它的行省派一名行政长官一样，这位长官带着一伙队伍，带着洋枪，占领了那些本就有了主人的土地，将其变成英国殖民地，开始由英国人的殖民统治。

令赫胥黎十分头痛的事，还是马尔萨斯的理论告诉那些英国上层精英们的道理，即迟早要爆发整个人类的生存斗争，所以富有政治考量和远见的赫胥黎自然要让那些殖民者未雨绸缪，去争夺英国人的生存空间。

> "这样一来，只要殖民地者开始繁衍，就会引起竞争。不仅为日用品竞争，还为生存资源竞争。于是摆在行政长官面前的，就是宇宙斗争将重返他管理的人为社会。一旦殖民地的人口增长到环境可承受的极限，就必须设法处理掉多余的人口，否则，残酷的生存斗争必定卷

① 帕尔烈：《现代世界史》，世界图书出版公司2010年版，第226页。

土重来，毁掉维持人为状态对抗自然状态的基本条件——和平。"①

我们可以看到，赫胥黎不但不去思考由于殖民入侵给当地人们带来的重大灾难，思考如何建立一个有利于所有人生产生活的和谐社会，而是完全由主人的姿态去设想，怎么去消灭殖民地的多余人口，以防出现马尔萨斯所说的"人口危机"。他说：

> "如果行政长官完全按科学思维的指导行事，那么他会像园丁一样，采取系统根除或驱逐过剩者的办法，来应对这个极为严重的困难。患不治之症者，年老体衰者，体弱多病者，残疾者或智障者，还有过剩的婴儿，统统被处理掉，就像园丁拔掉有缺陷的或过剩的植株、育种者杀死不称心的牲畜一样。只有身强体健、精心配对的夫妻，才能孕育后代，因为这样的后代才能最符合行政长官的期望。"②

按照赫胥黎的逻辑，一旦社会发展"极为严重——困难"，人类社会就是一个强者吃掉弱者的社会，每个人不是吃掉别人，就是被别人吃掉。如果在一个有序的殖民社会里，让强者生存，让那些年幼病残者死掉，不必通过生存斗争，应该由那里的殖民者来决定，哪些弱者先死，哪些强者后死，这些决定就如"园丁拔掉有缺陷的或过剩的植株，育种或杀死不称心的牲畜一样"，不必有任何的怜悯之心，这是再自然而然不过的了。

> "一个专制政府，无论是个人专制还是集体专制，都应具备超凡的智力，同时还须极度残忍，而且更残忍到恐怕让很多人认为是天理不容的地步；这也是它要贯彻通过极端彻底——彻底依赖于成功的方法——的选择来改进社会的原则所需要的。"③

在赫胥黎看来，文明的人类必须要与自然敌对才能得以生存，还要建

---

① 赫胥黎：《进化论与伦理学》，北京大学出版社2010年版，第9页。
② 赫胥黎：《进化论与伦理学》，北京大学出版社2010年版，第9—10页。
③ 赫胥黎：《进化论与伦理学》，北京大学出版社2010年版，第10页。

立完全"优于自然状态条件的人为生存条件"，这样才能使通过人工自然的植物得以生长，才能避免人们因生活资料的匮乏而发生人与人之间的生存斗争。

　　"我还说明，不论人为状态处于何处，唯有靠不断地抵御自然状态的敌对影响，才能得以维持。我还进一步指出，'园艺过程'只能反抗'宇宙过程'才能建立起来，因此从这个意义上说，二者基本上是对立的；园艺过程通过限制繁殖（它是引起生存斗争的主要原因之一），通过创造一种优于自然状态条件的人为的生存条件，使之适宜栽培植物的生长，从而阻止生存斗争。我还详细论述了以下事实：尽管进步性变化——它是自然状态下生存斗争的结果——已经完结，但这种变化仍然受到选择的影响，这种选择是按照自然状态下的人完全不知道的实用或合意的标准进行的。"①

　　"我又进一步说明，在一个处于自然状态的地方建立起来的殖民地，表现出与园地极为相似的特征；我还指出，一位既能干又愿意实施园艺法则的行政长官，为了确保这个新建的组织取得成功（假定它能够无限地扩张），他所采取的系列措施。如果情形相反，我也说明，肯定会出现困境。一旦人口的无限增长超过了有限的土地，或迟或早会把殖民者之间为生存资源进行的斗争，再度引入到殖民地来，可是，行政长官的首要目的就是要排除这种生存斗争，因为它会彻底破坏社会团结的首要条件——和平共处。"②

　　赫胥黎把殖民地设想成英国16世纪空想社会主义学者托马斯·莫尔创作的游记《乌托邦》一样美好，希望像蜜蜂社会那样有秩序，不存在敌对和竞争，实质上是他希望维持英国在全世界的霸权格局，英国永远主宰着世界，因为英国是世界民族中的强者，按着达尔文进化论的法则，就应该如此。

---

① 赫胥黎：《进化论和伦理学》，北京大学出版社2010年版，第14页。
② 赫胥黎：《进化论和伦理学》，北京大学出版社2010年版，第14页。

第十五章
德国历史批判

一、德国强道历史形成的过程

如果说强道文化从理论上形成于英国，在实践上促使英国成为全世界头号帝国主义殖民国家，即日不落大英帝国，那么强道文化在德国不仅理论得到进一步的发展，还在实践上促使德国走上发动两次世界大战的帝国主义道路。所以，德意志帝国被称为世界上最好战的国家，德意志民族也被称为世界上最好战的民族。

德意志成为世界大战的策源地和发动国，源于西方的强道文化，也源于德意志民族的自恋情结。德意志帝国的自恋情结，源于罗马时代的恺撒时期，形成于俾斯麦统一德意志帝国后的快速发展时期。

关于罗马的起源，有着不尽相同的说法。但在公元前3世纪，罗马人接受了公元前5世纪时希腊荷拉尼库斯关于罗马起源的说法，即特洛伊王子伊尼阿斯在罗马建城。依据这个传说，伊尼阿斯在特洛伊沦陷后乘船漂泊到意大利，国王拉丁努斯把女儿嫁给了他。公元前1世纪中叶，有位罗马作家瓦罗推算出罗马城建于公元前753年，这一说法为罗马人普遍接受。罗马人认为，在罗马建国之初曾受过7个国王的统治。在公元前510年，最后一位国王塔克文被罗马人驱逐，从而城邦的君主制结束，进入共和国时代。共和国由贵族势力联合组成，50个贵族氏族人数不到平民人数的1/10，却具有雄厚的经济实力，控制着国家的主要权力。共和国的实权掌握在执政官和元老院。两位执政官任期一年，享有原先国王的权力。如有战事发生，执政官担任指挥官，并保留了象征权力的"束棒""法西斯"，出行时十二侍从一人一束。

罗马共和国从建立时起就开始了贵族与平民之间在政治权力和经济利益方面的斗争。约公元前470年，平民迫使贵族同意遴选若干名保民官，这是平民获得的第一次的胜利。保民官有权否决行政长官的不法所为。公元前450年颁布了由平民编纂的《十二铜表法》。

——公元前367年，《长努雷阿法案》出台允许平民与贵族的合法婚姻。公元前367年，第一位平民出身的人被选为执政官，按照惯例，执政官退职后可进入元老院，从而打破了贵族垄断元老院席位的局面。公元前287年通过《霍滕西阿法案》规定无论元老院是否批准，公民大会颁布的法案对国家都有约束力，通过斗争，取得了一定的成功，在平民的社会地位有所提高的同时，平民的上层又形成了新的贵族。

强道文化最为典型的特点，就是整个文化以强力、武力、权力为核心，对弱势的个人、群体、民族、国家进行掠夺与侵略，这在罗马历史中表现得十分突出。

罗马共和国成立以后，便不断地向外扩张。第一阶段是对意大利的征服，第二阶段是对地中海西部与东部的征服。经过3次布匿战争，彻底打败了迦太基城，征服了意大利北部的城邦，成为地中海周边的霸主。

罗马共和国在地中海的扩张中，最受后来的德意志人崇拜的人，便是恺撒大帝。

盖乌斯·尤利乌斯·恺撒（公元前100年7月13日—公元前44年3月15日），出身贵族，历任罗马财务官、祭司长、大法官、执政官、监察官、独裁官等职。恺撒在担任高卢总督（公元前58年—公元前49年）打败了高卢诸部落，把罗马统治推至莱茵河，即以后的德意志的领土范围，并与南下的日耳曼军队交战，大败日耳曼军队，日耳曼军队在这场战役中战死8万人，首领阿里欧维斯图斯一人逃走，不知所终。在这场战役之后，在几个世纪的时间内，日耳曼人再不敢南下侵扰。恺撒的军队占领了不列颠（英国），并开始对英国的统治。在东方，恺撒于公元前48年占领了埃及，经不住埃及女王克里奥帕特拉的诱惑，扶持她主持埃及托勒密王朝的朝政。恺撒于公元前45年率兵回到罗马，公元前46年第5次担任执政官，并被任命为终身独裁官。公元前44年3月，元老院设计谋杀了恺撒。

德意志民族在很长时间内引以自豪的是它们认为自己为日耳曼人的后裔。然而，日耳曼民族就是一个以崇尚力量、热衷于武力，以好战和杀戮成性为特性的民族。

当时，人们一提到日耳曼这个名词，很快就会与德意志联系在一起。它最初的意思是"令人生畏的好战之士"，公元前98年，在古希腊人波息和尼乌斯的所著《历史》书中首次提到日耳曼一词。

古代日耳曼人生活的区域在莱茵河以东，多瑙河以北，北海、波罗的海以南。公元前325年左右，古希腊天文学家皮提亚斯的游记中提到，在欧洲的西北岸居住着古顿人和条顿人，这应是对古代日耳曼人最早的记载。

日耳曼的社会组织是以公社形态出现的。在公社中，成年男人是战士，成为战士就成为公民。日耳曼人崇尚武力，人们集会，大多形式是检阅军队。他们认为战场是天堂，勇士是上帝。和平时期经常召开比武大会，比武时不计生死，参与者不惧伤亡。如输掉比赛，被认为是耻辱而饮剑自尽。日耳曼人提倡复仇，尤其是血亲仇杀必报。所以，在日耳曼部落充满着血腥和杀戮。人与人之间强调整体的力量，即团体决定了个体的存在，所以，人人关注的不是自身的道德修养，而是团体的得失和自身从团体那里得到的利益。

日耳曼人崇拜英雄，所以日耳曼人的领袖或部落首领每逢战斗都身先士卒，冲在最前面，也因此深受族人爱戴。所有战士都要站在古老的栎树下发誓，效忠长官、首领、领袖。同时，日耳曼人要求战士无条件地服从领袖的指令，对领袖的任何命令都要毫不含糊地执行，哪怕这种指令多么惨无人道。相反，如果违背领袖指令，则被认为是奇耻大辱。日耳曼人认为领袖就是一切，一切功劳皆归功于领袖。假如在战场上领袖战死，那么他麾下的所有的将士都要在战场上战死，不应该活着回来。日耳曼人的这种文化传统，决定了日耳曼人的历史以征战和杀伐为主，它深深地影响了中世纪乃至近现代德国人的生活方式，包括德国人的思维方式和行为方式。

大约从公元前166年开始，日耳曼人突破边墙防御，越过多瑙河，持续了3个多世纪的入侵，使罗马境内的人们遭受到极大的侵扰。罗马几代皇帝都无法阻止日耳曼人的攻击。公元395年，罗马帝国最后分裂为东罗马帝国和西罗马帝国。这样，在罗马帝国境内的日耳曼人越来越多，日耳曼人部落诸王企图成为罗马的继承者。这时，居住在莱茵河下游（今比利时境内）日耳曼人的法兰克部落首领克洛维建立了一个强大的法兰克王国。511年克洛维死去，法兰克王国分成3个独立的国家：东北部为奥斯特拉西亚，西北部为纽斯特里亚，东南部为勃艮第。613年，西北部的纽斯特里亚国王洛塔尔二世一度统一了法兰克，但到了7世纪中叶，国家的权力落到宫相手中。687年，奥斯特拉西亚的宫相赫斯塔尔·丕平战胜纽斯特里亚的宫相后，成为法兰克的主宰。714年，赫斯塔尔·丕平去世，他儿子查理·马特继任宫相。741年查理·马特病逝，在去世前把所辖土地分为两部分，长子卡罗曼获得奥斯特拉西亚和贝尔曼诸伯领，次子丕平获得纽斯特利亚和勃艮第。747年，卡罗曼出家为僧，丕平统治了整个法兰克。768年，丕平死，法兰克一分为二，由两个儿子理查和卡罗曼分别继承。771年，卡罗曼死，查理统一了法兰克王国。查理对外发动一系列征服战争，将法兰克王国的疆域扩大到东至易北河和多瑙河，南至比利牛斯山和意大利，西起大西洋，北至北海的法兰克帝国。

理查大帝死于814年，由他的儿子诚笃者路易继位。路易是一位虔诚的宗教徒，不理朝政，即位刚3年，便将国土分给了3个儿子，并宣布长子罗退尔为帝位继承人。829年，路易想重新划分领土，要为后妻所生的小儿子秃头查理划出一部分领土，招致3个儿子反对，父子间进行了近10年的内战。840年路易死，罗退尔继位，直到843年签订了凡尔登条约。条约规定，日耳曼路易获得法兰克东部莱茵河与易北河之间的地区；秃头查理得到法兰克西部，即莱茵河以西地区；罗退尔获得法兰克中部，包括意大利在内的狭长地域。这便形成了后来德、法、意三国的雏形。

法兰克帝国一分为三，没有产生统一的民族与国家的意识。当时的东法兰克人的区域生活着巴伐利亚人、土瓦本人、图林根人、阿勒曼人、法兰克人、萨克森人、弗里斯人。这些人的语言被称为"德意志"。919年，萨格森·亨利执掌法兰克王国王权，第二年便将东法兰克王国改名为德意志王国。

历史上还有这样的一幕，即951年，亨利之子奥托应罗马教廷的邀请带兵进入罗马，重演了162年前查理曼加冕的一幕，"罗马帝国"再次出现，这就是德意志民族的神圣罗马帝国。皇权和教权并立，皇帝宣誓保卫教皇，教皇宣誓要效忠皇帝。这一时期皇权的势力高过教权，奥托甚至设想让教皇变为帝国的大主教。

奥托虽然成为"罗马帝国"的新皇帝，不仅对西法兰克王国没有多大的影响，而且西部法兰克王国已逐渐形成了稳定的行政管理秩序。奥托与教皇及意大利王国矛盾日益加剧，而在国内，德意志的权力也没有得到集中，反而德意志国内爵之间的斗争又愈演愈烈。

但从另一个角度分析，由于德意志民族的强道文化决定德意志人从查理曼开始就有统一欧洲的梦想，尤其对意大利和罗马的关注导致德意志人认为想称霸欧洲，首先要拿下罗马帝国的称号，这才有了在100年内两次问鼎罗马，两次与罗马教皇合作的内在愿望和行为上的动力。但是，德意志有一个致命的问题，那就是它的文化一方面梦想着统一欧洲乃至整个世界，另一方面缺少一种能使全民族思想意识统一起来的民族精神，正是缺少这种精神，使德意志的国家处于分崩离析、难以一致的状态。

正是没有这样统一的文化，没有统一一致的价值观念，致使德意志国家难以形成统一的国家。这个问题的出现与日耳曼民族传统有关。日耳曼民族一直奉行诸子分治的传统，并没有真正地形成嫡长子世袭的制度，这就使原来的部落首领诸子及亲戚形成了贵族上层，而每个贵族又都小心翼翼地经营着自己的领地，恐怕被别人侵占。然而，他们又在自己的领地内有着绝对的权威。

这里可以看出，没有新的文化产生德意志新的权威理念，想解决德意志内部组织结构松散难以实现，形成不了一个整体的力量去实现对外征服欧洲的梦想，称霸世界则更不可能。然而，这一历史任务就交给了18—20世纪的思想家们和哲学家们。于是，黑格尔、尼采、韦伯、海德格尔等人的哲学、政治学、社会学等理论就应运而生，以图补上德意志历史这一块短板。

正是由于在历史上德意志解决不了自身的弊端，使德意志在以后近千年的历史发展中摇摇晃晃，德意志的国王受尽罗马教廷和国内大领主贵族们的百般掣肘。如发生在1076年米兰大主教的任用权之争，导致国王亨利四世几乎丢掉了王位，只好向教皇格里哥里认罪，才免此劫难。但罗马教皇还是低估了德意志人从日耳曼人那里遗传的睚眦必报的文化基因。让教皇想不到的是，此事刚过，亨利四世便挥师罗马复仇，杀入教廷，教皇格里哥里只好南逃，亨利四世另立教皇，并自己加冕为罗马皇帝，洗雪了卡诺莎之辱。

亨利四世之后的国王或者几任德意志罗马皇帝，都十分信奉实力与强权，如弗里德里希一世，又称巴巴罗莎，意大利语"红胡子"，以及他的孙子弗里德里希二世，弗里德里希二世曾将世俗的皇冠放在圣坛上，然后自己给自己加冕。他的军队将罗马团团围住，而他自己轻车简从进入罗马，如入无人之境，根本不把整个罗马放在眼里。

德意志的国王或皇帝们虽然热衷于对罗马乃至欧洲的争夺，可在本国之内却对大领主、公爵们网开一面，反而给他们更大的权力。因为德意志国家缺乏统一的文化，统一的民族精神，每个人都是松散独立于所在的团体之中，而这个团体只相信实力、相信武力、相信权力。作为德意志的国王和皇帝，只有给予诸侯贵族们更大的权力，才能换得这些人对他的支持。1356年，查理四世登上皇位，他颁布了一项"金玺诏书"，用立法的形式确认了7位大诸侯的特权，他们不仅有选举德意志国王和皇帝的权力，在本国内又有绝对的统治权，将行政、司法、铸币、关税等权全部交给他们，这就等于用法律形式确认了德意志国家的分裂。

统一的民族文化的缺失，必然导致整个德意志民族共同的社会价值观念的缺失，这是德意志长期处于分裂状态的根本原因。

接下来的几个世纪，不断有人以占据德意志罗马皇帝位置为荣，如奥地利的哈布斯家族想先建立一个囊括意大利、德意志疆域的统一帝国，再去征服欧洲其他国家。但德意志那些诸侯们，任何人都不想看到中央皇权的强大，自己的权力被限制或剥夺，故都想尽办法阻挠其统一、强大。德意志的分崩离析，不仅来自德意志的内部，在外邦，德意志的皇帝也好，国王也好，一旦政权出现统一的迹象，就遭到来自法国、英国、丹麦、瑞典等国家的关注、反对和捣乱，甚至爆发本不该爆发的干涉性战争。欧洲的三十年战争就是因为这个原因发生的。三十年战争使德意志损失惨重，整个帝国1300万人口剩下不到2/3。1.2万个城镇村庄遭到破坏，柏林以北的鲁平地区人口几乎灭绝，德意志王权的地位大大地衰落。令人称奇的是，对外战争的失败，反而使一些地方的诸侯们欣喜若狂，原因是这些诸侯们认为重振德意志帝国的任务会落在自己的身上。强道文化，每个人都希望自己强大。

1643年，普鲁士国王弗里希·威廉发誓要把普鲁士建成强权国家。他通过向容克地主承认对所拥有的农民享有特权等办法，争取当地农业大地产主对王权的支持，设立中央权力机构。各地行政机构同时推行军国主义政策，让容克子弟担任军队的军官，并积极扶持工商业，对外实行吸纳外国人口，对迁入普鲁士的外国人给予优惠政策，目的是使普鲁士逐渐强大起来。到了腓特烈二世继任普鲁士国王后，普鲁士的人口已排在欧洲的第13位，领土排在第10位，军队人数排在第4位。腓特烈二世是一位较为开明、具有雄才大略的君主，为了实现他图强图霸的野心，他将普鲁士王室80%的收入投入军队建设中，这便引起了欧洲法、俄、奥的担忧，于是又爆发德意志邦国内以普鲁士为主与法、俄、奥等国为敌对方的七年战争。在欧洲法、俄、奥列强的围剿下，普鲁士却奇迹般地转败为胜，而且再经过战后的发展，成为欧洲的强国，为以后的德意志的统一打下坚实的基础。但天不假年，1786年，74岁的腓特烈二世去世了。普鲁士的强大自然引起了欧洲各国，尤其是法国的忌惮。

于是，引发了普法战争。1806年，普法大战爆发，普鲁士一败涂地。法国的强权人物拿破仑于1806年10月28日以胜利者的姿态，在柏林人"皇帝万岁"的呼喊声中从勃兰登堡门进入市区，开启了外国强权对普鲁士的统治。1807年，普鲁士签订《提尔西特合约》，普鲁士只留下4个省，面积仅相当于过去的萨克森王国，成为德意志的一个小邦，而且还要驻扎着法国军队。

1815年，拿破仑退出历史舞台，欧洲大陆反法战争取得胜利，德意志重新恢复了联邦，由38个邦国组成联邦，普鲁士与奥地利在联邦中占有主导地位。

但是德意志并没有真正的统一。一是欧洲各国不愿意看到一个强大的、统一的德意志国家的出现。另一方面，在联邦内部各怀心事，明争暗斗，谁都怕自己被吃掉，也不主张统一，如曾经享有过德意志皇帝称号的奥地利首相梅特涅就说过：德意志民族的提法"纯系一种神话"，"德意志"不过是一种地理概念。

德意志虽然取得了胜利，在拿破仑的皮鞭下解放出来，但松散的、分崩离析的德意志不仅在政治上无法与英法相抗衡，其经济又被在第一次工业革命中取得巨大发展的英国打着自由贸易的旗号所压制，民族工业和本国贸易受到极大的冲击。为此，德国经济学家李斯特于1841年提出"幼稚工业保护论"，办法是分三个阶段：第一个阶段，开放市场，采取自由贸易，发展先进生产力，使本国脱离未开化状态；第二阶段，采取保护主义政策，保护自己国家的工业；第三阶段，"当财富和力量已经达到了最高阶段，再逐步恢复到自由贸易原则，在国内外市场进行无限制的竞争"。

李斯特的经济理论对德意志经济发展及形成德意志统一的大市场起到了十分重要的作用，普鲁士政府正是按照李斯特的理论规划发展德国的经济，这就使德国的经济找到了正确的发展途径，使德国的工业化实现了突飞猛进的发展。

拿破仑统治德意志时，威廉三世重用施泰因，使普鲁士国家一度大有起色，成为整个德意志最有希望的国家。拿破仑下达手谕，抓到施泰因就地正法，施泰因被迫逃亡俄国。拿破仑下台后，施泰因开始主导德国的政治，使普鲁士的国力从各个方面逐渐强大起来。到了1852年，以普鲁士为主导（除奥地利和个别地区没有参加）的各邦成立"关税同盟"，经济发展迅速，大有后来者居上的势头。

以1860年为例，英国本土国民生产总值为160亿美元，人均558美元；法国国民生产总值为133亿美元，人均365美元；俄国国民生产总值为144亿美元，人均178美元；意大利国民生产总值为74亿美元，人均301美元；奥地利国民生产总值为99亿美元，人均288美元；以普鲁士为主导"关税同盟"地区国民生产总值127亿美元，人均354美元。①

这组数字说明，普鲁士"关税同盟"地区加上奥地利国民生产总值达到了226亿美元，已经远远超过了英国本土的生产总值。但普鲁士和奥地利

---

① 参见《大国崛起——德国》，中国民主法治出版社2006年版，第115页。

都有自己的打算，所以奥地利一直没有加入"关税同盟"，这样就形成了一边是以普鲁士为核心与各小邦结盟的关税"一体化"，在"一体化"基础上逐渐形成共同语言和文化；而另一边则是关税壁垒森严，将奥地利完全挡在"关税同盟"门外。在经济上，"关税同盟"对奥地利实行的是与外国同样的经济贸易政策。

但是，普鲁士的国力逐渐强大，"关税同盟"的联合使整个德意志联邦王国呼之欲出。这一历史责任便落在了德国历史上另一位强权人物——铁血宰相俾斯麦身上。

奥托·冯·俾斯麦1815年生于普鲁士容克地主家庭。父亲曾是腓特烈大帝手下的军官，母亲出身于外交世家。俾斯麦从1862年开始任普鲁士首相，德国统一以后，他又从1871年起任德意志帝国首相，直到1890年他离开德国政治权力中心为止，任首相长达28年。

俾斯麦非常赞同德国军事理论家克劳塞维茨的说法："德意志实现政治统一的道路只有一条，这就是通过剑，由一个邦支配其余各邦。"这是典型的强道文化的治理主张，即以武力治国，并以一己之力去征服各邦，最后实现德意志的统一。但俾斯麦的这些见解让普鲁士的上层人物感到了危险，摄政亲王威廉将他派往俄国和法国担任公使。俾斯麦，在前往英国考察时，他说，德意志应该"对奥地利进行清算，解散德意志联邦，在普鲁士的领导下获得民族统一"。他的言行给普鲁士国王留下了深刻印象，以致国王在对俾斯麦的秘密批示中说："等到短兵相接时，再用此人。"

1862年9月，国王威廉一世因议会拒绝批准新的军事预算使柏林陷于动乱之中而打算辞去国王一职。在他万般无奈之时，国防部部长向他举荐现任驻法大使俾斯麦，国王也想起了俾斯麦给他的铁腕印象，于是给俾斯麦发了个加急电报："快！慢则有祸。"俾斯麦进宫与国王密谈后，国王撕掉了已经写好的退位诏书。从王宫里走出来的俾斯麦已经成为普鲁士的首相。

俾斯麦上任后，在议会上要求增加军费预算。他说，普鲁士必须增加军费，成为一个强大的国家。只有普鲁士国家足够强大，德意志的问题才能得以解决。他提出，解决德意志的问题并非通过讲演才能决定，只有"铁"和"血"才能真正解决问题。这就是著名的"铁血政策"。

当了首相的俾斯麦此时正可谓如鱼得水，恰逢其时。

从普鲁士的内部情况来说，他得到国王威廉一世强有力的支持，俩人相见恨晚，互为知己。俾斯麦的到来，使本想退位的国王枯木逢春，于情于理对这位年轻的首相感激不尽。从朝中群臣来看，俾斯麦出身容克，自然得到贵族们的支持与信任，加之俾斯麦的言行作风、才干，人人早有耳闻，他的"铁血政策"充分表达了他要实行强人政治，而强人政治对既得利益集团的贵族们来说愈加有好处，所以支持者远远多于反对者；对于本国工商业资产阶级新贵，俾斯麦一向主张统一德意志，这无疑会形成一个强大的统一的国内市场；对于"关税同盟"的各个邦国来说，因为统一大市场给各个邦国带来经济发展、社会的稳定，各小邦国上层人物设想俾斯麦也不会更多地剥夺他们的利益，自然也会支持多于反对；而对于广大的德意志区域的人们来说，过去受外敌尤其是法国拿破仑的屈辱，使人们深深感受到各邦国不统一、政治经济混乱而导致的各种社会弊端，给社会造成的混乱和给人民带来的困苦，所以，人们都希望有一个强权者出现，领导德意志走向统一。

从外部环境看，世界上也是欧洲最强的英国，因历史上的一些渊源与德国的关系一向尚好，也因正忙于进一步开拓东南亚以及拉丁美洲的殖民地，无心更多地关心欧洲大陆的事情；法国因为拿破仑的失败，元气大伤，也无力再招惹普鲁士，不再关注俾斯麦的铁血政策和主张德意志统一等想法；俄国因为克里米亚战争的惨败，国内矛盾加剧，只好把目标转向国内的农奴制改革，从而也无力过问德意志的内政；远在美洲的美国正处在南北战争之中，无暇他顾。

此时的俾斯麦可谓天时地利人和皆占，只是摆在他面前统一德意志的这盘棋什么时候开始落子，从哪里开始而已。经过审时度势，俾斯麦断定还是先从外部开始做起，原因是德意志区域内统一的阻力主要来自奥地利。但此时的奥地利因为与邻国的争斗，已非昨日锋芒正劲之时，拿它开刀，不会有太大的失算，也不会在普鲁士统一德意志的道路上构成大的威胁，反而是扫清了统一的障碍。

行事严谨缜密的俾斯麦为更稳妥，又采取讨好俄法等办法，力保他的统一大业万无一失。

　　此时，波兰王国人民掀起了反对沙俄统治的起义，俄国政府采取了镇压的防范措施，俾斯麦政府积极支持俄国的镇压，以此换得俄国对德国的友好。俄国自然投桃报李，甚至向普鲁士作出"绝不出兵打普鲁士"的承诺。

　　面对身边的法国，俾斯麦利用法国国王拿破仑三世羽翼未丰，想坐山观虎斗的心态，向他口头表示同意把卢森堡、瑞士法语区并入法国，以此表示友好，缓和普法之间的敌对关系，从而减轻来自法国的威胁，并以各种方式向英国示好，以解除英国对德国的敌意，使英国在德国的统一的问题上尽量不予干涉。

　　俾斯麦深知强道之道。强道之道的核心是强力、武力、权力，但要实现强道的目的，无法离开强道的计谋。所有计谋可以以利益为轴心、为诱饵和手段，这是强道文化给予强者的两大法宝。

　　天赐的良机是，1864年丹麦议会通过并吞荷尔斯泰因的决议，这一地区的人口大多讲德语，属于德意志联邦的范畴。丹麦的行动使得德国人强烈不满而抗议。1864年2月，丹麦向德意志联邦宣战，爆发了丹麦与德意志联邦的战争，普鲁士、奥地利军队攻占了丹麦的日德兰半岛。1864年6月，普鲁士军队取得决定性的战役胜利，迫使丹麦议和。1864年10月，德意志联邦与丹麦签署《维也纳合约》，丹麦将一部分领土割让给普鲁士和奥地利。普鲁士占领了什列维格，奥地利占领了荷尔斯泰因。普鲁士和奥地利就在新取得的土地上达成协议，但普鲁士很快就撕毁了协议，出兵占领荷尔斯泰因地区。普鲁士的行为遭到奥地利及一些联邦国的反对，蓄谋已久的普鲁士终于找到撕破脸皮的借口，便宣布退出联邦，向奥地利的盟国汉诺威进军，于是爆发了普奥战争。6月，普鲁士军队在奥地利境内击败了奥地利的主力。8月22日，普鲁士与奥地利签订了《布拉格合约》。根据合约，奥地利同意解散德国联邦。此后，普鲁士将美因河以北的各邦组成了北德意志联邦，而普鲁士控制这一地区。奥地利将什列士维格、荷尔斯泰因、汉诺威、法兰克福市等地并入普鲁士。这就使普鲁士统一的疆域得到很大的扩展，向统一迈出了一大步。奥地利见自己的力量已无法与普鲁士抗衡，便与匈牙利联合成立了奥匈帝国。

　　1867年2月，普鲁士召开了第一次北德意志联邦会议。普鲁士国王威廉一世任北德意志联邦主席，俾斯麦任联邦总理。普鲁士完成了北部德意志的统一。

北德意志联邦包括19个邦和3个自由市，约占德国2/3的领土和人口。同年制定了北德意志联邦宪法，宪法规定普鲁士在联邦中居统治地位。当时德意志只有4个南部邦在北部德意志联邦之外。

普鲁士统一步伐的加快，引起了法国的高度警觉，普法关系开始紧张。引发普法开战的导火索是1860年西班牙国内发生政变，西班牙政府想让普鲁士国王的远亲李奥博特亲王接替王位，引起法国的反对，因这样法国就受到德意志联邦和西班牙的夹击。1870年，法国派使者两次拜见威廉一世，威廉一世同意了法国的要求，阻止李奥博特继承西班牙王位。威廉发电报给柏林，并详细说明了法国的要求和事情的经过。审时度势、惯用阴谋伎俩的俾斯麦认为有机可乘，随后将电报中的内容进行删减，突出了法国的言辞逼人的强势，并将这些言论发到报纸上，结果引起德意志人民的强烈反感，坚决反对法国在西班牙王位继承上的干涉。普鲁士的作为使法国十分恼怒，拿破仑三世于1870年7月19日向普鲁士宣战，正中普鲁士下怀，于是普法战争爆发。然而，让拿破仑三世没有想到的是，法国对普鲁士宣战，更加促进和加快了德意志的统一，他尚不知道这是中了俾斯麦的连环计。结果，战争爆发后，德意志南部的4个邦国出于民族利益的角度，站在了北部德意志联邦的一边，接受北部联邦的指挥，坚决反对法国，以此办法，俾斯麦成功地拉拢了南部4个邦，然而这只是他整个战略的第一步，实现统一和消除瓦解普鲁士身边的法国强敌，才是他整个战略的重点。

战争开始后，法军接连失败。9月2日，拿破仑三世在色当投降。普法战争加剧了法国的政治危机，9月4日，巴黎爆发革命，推翻第二帝国，宣布成立共和国。普鲁士军队围攻巴黎，普鲁士由原来的防御转变为入侵。10月，法军大败，在梅斯投降。1871年，法国同普鲁士签订屈辱的停战协议。法国投降后，1870年11月，德意志南部4个邦与北德意志联邦签订条约，正式成立德意志帝国，普鲁士国王威廉一世加冕德意志帝国皇帝，统一的德国最终完成。

德意志的统一，德意志帝国的出现，途径是依靠武力。这种一个地域、一个国家或一个民族的统一，在强道社会中，只能靠武力实现，谁的武力强，谁就能战胜对方，成为战争的赢家，谁就能笑到最后，成为地域之中的霸主。但是这种以武力为主体的强道文化，也给人类历史留下祸患。依靠强道文化发展起来的国家，愈强大，对人类的生存会愈加产生危机。德国历史就印证了这一点。

普法战争，法国的失败改变了欧洲的政治格局。1871年之前，法国是西欧和中欧的霸主，如今失去了霸主的地位，不仅重要的矿产基地阿尔萨斯和洛林被德国吞并，而且还要承担50亿法郎的战争赔款。这使法国感到巨大的屈辱，于1873年赔付了50亿法郎后，便开始谋取复仇重登霸主的道路。德国深知法国不会就此罢休，也开始了积极的军事准备，开展外交，阻止法国的重新崛起。经俾斯麦多方周旋，1872年9月，德国皇帝威廉一世、俄国沙皇亚历山大二世、奥匈帝国皇帝弗兰西斯·约瑟夫会晤于柏林，达成了谅解。1873年6月，俄奥先签署《兴勃隆协议》，规定如果双方遇到利害冲突问题，需进行协商解决；如遇到第三国侵略危及欧洲和平时，两国应立即商讨共同的行动方针。如双方认为必须采取军事行动，那么这种行动必须经过一个特别军事会议安排。10月，德皇也在这个协议上签字，这就是史称"三皇同盟"。1875年，德国想利用"三皇同盟"发动对法战争，俾斯麦征求俄国意见时，遭到俄国的反对。同时也导致英国的反对，因俄、英都不想进一步削弱法国，一个弱势的法国，不符合俄英的利益，只有法国与德国势均力敌，才使俄英在欧洲利益最大化。1877—1878年的俄土战争，俄国得到大片土耳其土地。1878年俾斯麦主持的柏林会议，迫使俄国签署了《柏林合约》，并吐出很多吞并的土地。1879年，德国增加了对俄牲畜进口的限制条款，又使俄德关系再行恶化，到期的同盟合约没有续约，"三皇同盟"形同虚设。

"三皇同盟"虽然解体，但德奥关系却得到进一步加强。德国的敌人是法国，积极准备对法战争需要奥匈的支持。奥匈帝国境内有着大量的斯拉夫人，为了压制对斯拉夫人的统治，也为了与俄国在巴尔干半岛争霸，需要紧密与德国的关系。所以于1879年10月，德奥秘密签署合约。合约5条，有效期5年，内容直接针对俄国、法国。缔约一方受到俄国攻击，另一方应予以"本国全部力量"的援助，并不能单独讲和；如缔约一方受到其他列强攻击时，另一方应保持"善意中立"。

1881年，意大利和法国争夺突尼斯的斗争日益加剧，俾斯麦一方面鼓动法国去占领突尼斯，另一方面又怂恿意大利与法国争夺北非。意大利为了寻求德国支持，愿意加入德奥联盟。1887年5月20日成立了"三国同盟"。但是"三国同盟"同样不巩固，到了20世纪初，意大利与英法之间的关系得到改善，便逐渐从"三国同盟"中分离出去。

"三国同盟"建立之初，法国感到恐惧，于是在1889年法国向俄国提出约盟的意愿。1892年法俄签署了条约草案，条约规定，法国受到德国、意大利或俄国受到德国和奥匈帝国进攻时，缔约国应立即出兵，加入战斗。1892年12月27日，俄国批准该草案，法俄正式结成同盟。

这样，在欧洲就形成了两大军事政治集团。开始时英国处于中立即采取"光荣孤立"政策。但到了19世纪末20世纪初，英国在欧洲的领先地位受到挑战。1900年，德国的工业生产总值仅次于美国而超过了英国，德国的商品输出逐渐侵入英国的势力范围。德国想要重新划分世界的政治经济势力范围的苗头日益显露，这使英国不安起来。

尤其在海外势力的争夺上，1876年，英国的海外殖民地已经达到2250万平方公里，而德国尚无一块殖民地。这就使德国很不甘心。德国国内要求参与世界政治的呼声也日益高涨，只是因为俾斯麦的大陆政策是先称霸欧洲，再向世界扩张的战略，使英德的矛盾尚未达到剑拔弩张的地步，但双方均视对方为竞争对手乃至敌人。从俾斯麦上台以后，德国制定了建立从东非到西南非（纳米比亚）斜断欧洲大陆"赤道非洲帝国"的计划，对抗英国的从开罗到开普敦"二C计划"，英德开始激烈的海外冲突。在国际贸易和资本输出上，德国1870—1914年从1000万美元增加到5000万美元。1913年，世界贸易额英国占19.3%，占据第一；德国占12.6%，占据第二。1870年连一块殖民地还没有的德国，到了1914年已有殖民地290万平方公里。到了20世纪初，英德矛盾已经到了势同水火的地步。

在强道文化的世界，没有永远的朋友，也没有永远的敌人，一切以利益为轴心，决定着世界的运转。不讲正义、平等与自由，更没有什么道德标准，比的是力，看的是利，图的是强，实用主义盛行，以实行霸权主义为目的，致使整个人类到处充满了敌对，人与人的关系，家与家的关系，民族与民族的关系，国与国的关系，都充满斗争与不和谐。当人类进入20

世纪的门槛时，这种敌对与不和谐就如即将爆发的火山，熔岩滚滚，随时都可以喷发。

人类开始逐渐滑向第一次自我毁灭的世界战争的边缘。

二、第一次世界大战

与法国结盟的俄国在日俄战争中失败，使法国感到需要寻觅新的盟友。英国的态度转变使英法于1904年签订了协议，法国承认埃及是英国的势力范围，英国承认法国吞并摩洛哥。英法结盟，是由于共同利益所致。英俄于1907年8月签订了同盟协议。英俄在波斯划分了势力范围；俄国承认阿富汗是英国的势力范围，对中国西藏，双方声称不干涉，是中国的一部分。1904年的英法协议，1907年的英俄协议，标志着"三国协约"形成。

这样，就在欧洲形成了以德、奥、意和英、法、俄对立的两大军事集团。

这两大军事集团，德、奥、意集团，核心国是德国，意大利表现得遮遮掩掩，最后退出。奥匈帝国内部有着深刻的危机，所以自顾不暇。英、法、俄集团核心是英国。俄国因日俄战争力量被削弱，国内又爆发了1905年革命，法国因直接受到德国威胁，便紧紧拉住英国。

欧洲已经把人类带入有史以来的世界大战的边缘，强道上行驶的列车已经开足马力全力备战世界大战了。

出于有利于自己利益的考虑，各国无不采取出内紧外松的战略，努力营造出一派和平景象：或想象出其不意致对方于死地，或戴着面具大放和平烟雾。首先上场表演的是沙皇尼古拉二世。他在1898年8月和1899年1月连续两次向各国发出倡议，要举行和平会议，并声称"这次会议有可能成为即将来临的世纪的美好预兆"。沙皇如此，一是日俄战争后国内财政困难，在军备竞赛中不敌对手，故想把大战的时间向后拖延；二是与英、日争夺远东势力范围的矛盾加剧，特别是刚得到中国东北的势力范围，企图以此来缓和矛盾，减缓冲突，但谁都心知肚明，只是看破不点破，各国纷纷装糊涂而已。面对沙皇的建议与邀请，德皇威廉二世说，"谁要是拒绝邀请，谁就是破坏了和平"。故两大阵营双方及态度尚不明确的国家都声明出席会议。这样，1899年5月18日至7月29日，第一次和平会议在荷兰的海牙召开，26个国家派出代表，但会议只是走走过场，被主张开会的俄国外交大使讥讽裁军就是"乌托邦"。第一次会议没有达到目的，1907年6月15日至10月18日又召开第二次海牙会议，44个国家参加。可笑的是这次会议不讨论如何避免战争，而花大量的时间去争论国际法中关于战争的条文；重申了第一次会议的3项公约，并通过了中立问题及海战法规等10个新公约。有人讽刺说，这好像进行一次体育比赛之前制定比赛规则，所以，这次海牙会议便成了战争的筹备会。

另外，各国还频繁地接触，进行双边和平谈判。尤其是英德关于裁减海军军备的谈判。英国试图以此来束缚德国海外竞争的手脚，但双方各执己利，互不相让，谈判无果。这种不知道妥协、都认为自己的利益是核心利益的谈判不可能有所收获。德皇威廉二世说："德国未来在海上。"

1906年，英国第一艘1.8万吨装甲舰"无畏号"下水，德国很快也下水"无畏号"。1908年英国有"无畏号"12艘，德国有9艘。从1908年开始，德国每年建造一艘"无畏舰"，英国就要造两艘。到1914年，德国已经拥有各种新战舰232艘。居世界第二。

未来战争的胜负，关键在于战前双方力量的比拼，两个军事集团极力为自己的军事扩张而加强军备。

1902—1911年德国军费由87.450万马克增至125.900万马克，到1914年增至324.400万马克；常备军51个师，87万人；还培训了大量的预备役军官，以便战时快速扩军。奥匈帝国军费从40.160万马克增至54.880万马克，至1914年增至80.000万马克；1912年新增加军人20万，到1913年，总兵力达56万人。意大利军费从1902年的28.250万马克增至1911年的47.250万马克。英国军费从121.830万马克增至145.240万马克；以海军为主，占据世界主导地位，陆军一战前达到25万人。法国军费从1902年至1911年由82.720万马克增至105.210万马克，1911年以后增至150.000万马克；并将服役年龄由原来的21—44岁改为20—48岁，第一次世界大战前兵力控制达到80万人。俄国军费从1902年至1911年从87.450万马克增至

125.100万马克，到1914年增至183.400万马克；并将服役期延长3个月，陆军总人数达到130万人。并拥有黑海舰队，重建了波罗的海舰队。

· 各国经过厉马秣兵的战前准备之后，人类有史以来第一次世界大战的前奏曲终于拉开了帷幕。

第一次摩洛哥危机。摩洛哥是非洲西北部的一个沿海国家，8世纪时建立阿拉伯国家。1904年，英法协议将摩洛哥划归为法国的势力控制范围。1905年1月，法国提出一个对摩洛哥进行政治、军事、财政的改革方案，要求摩洛哥在法国的监督下创办警察、开发矿山、铁路等。这使摩洛哥丧失独立地位，一切要听从于法国的主导，引起德国的极力反对。德国怂恿摩洛哥政府拒绝此方案。1905年3月底，德皇威廉二世到访摩洛哥，发表演讲，声称摩洛哥是独立国家，并声称德国不允许任何一个强国统治摩洛哥。英国希望法德对抗，并向法国表示如果德国进攻法国，英国将派10万—11.5万军队支援法国。法国1905年6月派军舰去摩洛哥，德国首相比洛向法国大使发出警告，战争一触即发。因德国考虑自己尚未准备好，于是态度大变，同意承认法国在摩洛哥的"特殊利益"。这就是第一次摩洛哥危机。1906年召开讨论摩洛哥问题的会议，会上俄、英、意、美等国家都支持法国，只有奥地利支持德国。

波斯尼亚危机。最早在公元7世纪时，斯拉夫人就移民到波斯尼亚。1137年，这一地区被匈牙利统治，后又被拜占庭统治，独立后又经历几个王朝。1463年为土耳其征服，归入土耳其的版图。20世纪初，为了夺得通往爱琴海的通道，奥匈帝国极力想将其占为己有，而俄国也想占据这一战略要地。1908年土耳其爆发资产阶级革命，奥俄均认为这是绝好的机会，两国于1908年9月16日在布赫劳谈判，并达成秘密协议。俄国同意奥匈兼并波斯尼亚和黑塞哥维那；奥匈支持俄国修改《柏林条约》中有关海峡的规定，同意达达尼尔和博斯普鲁斯海峡对俄国舰队开放。但海峡对俄国开放的问题尚未得到解决，奥匈就已吞并了波斯尼亚和黑塞哥维那，这引起俄国人的强烈抗议，并宣称自己是斯拉夫人的"保护者"，而支持塞尔维亚抵抗奥匈。1908年，奥匈帝国出兵塞尔维亚边境，扬言要占领塞尔维亚。德国支持奥匈帝国，并要求沙皇政府承认奥匈吞并波黑已经既定的事实，否则德国要向俄国宣战。俄国因自己准备不足，后面又没得到英法的有力支持，只好接受德国提出的条件，并向塞尔维亚施压，让其放弃反抗。土耳其政府对自己的土地被奥匈帝国占领开始还进行抗议，后因自己没有军事实力，只好以250万英镑将波黑两省卖给了奥匈帝国。

第二次摩洛哥危机。波斯尼亚和黑塞哥维亚危机刚过，德法又在摩洛哥因利益发生新的冲突。1911年春，摩洛哥首都菲斯近郊发生人民反对帝国主义的起义，法国以保护侨民为由派兵镇压，5月占领了首都菲斯。这样，摩洛哥完全在法国的掌控之下。而德国人认为不能让法国人独占摩洛哥，想从中分得一块摩洛哥的土地，或者在其他殖民地给予德国补偿，就让德大使交给法国外长一份备忘录，声称摩洛哥的"混乱"使德国侨民不安，政府决定派一艘军舰到阿加迪尔港，同时德舰艇"豹号"开进阿加迪尔港，并暗示如果法军不离开，德舰则不会离去。德法关系顿时绷紧起来。双方谈判，在摩洛哥问题上法国人丝毫不让步。德国提出割让全部法属刚果作为补偿，法国人自然拒绝，谈判处于僵局。德国派出柏林号巡洋舰到摩洛哥附近海面游弋，形势紧张到战争一触即发的地步。7月21日，英国首相劳合·乔治发表强硬声明，站在法国一边，要求与德国一战。德国一是战争准备尚不充分，加之英国态度强硬，只好降低条件。11月4日，德法达成协议，德国承认摩洛哥受法国保护，但商业上实行门户开放，法国将法属刚果领土的一部分割让给德国。此危机表面上化解，但德国与英法矛盾却日益加深。

意土战争。意大利早就对北非土耳其属的黎波里垂涎三尺，意大利将夺取这一地区看成走上地中海霸权和向北非扩张的重要步骤。1900年的法意协定和1909年意俄《拉康尼基协定》，已经取得法、俄对意大利占领这一地区的同意。趁第二次摩洛哥危机，1911年9月28日，意大利向土耳其提出割让黎波里和昔兰尼加的最后通牒，遭土拒绝，意土战争爆发。1912年4月，意军炮轰达达尼尔海口，土宣布封闭黑海海峡。俄国以支持土耳其反对意大利为诱饵，条件是土对俄单独开放黑海海峡，但遭到英、法、德的反对，土拒绝俄的要求。但由于巴尔干半岛的局势越来越不利于土耳其，土耳其不得不对意大利让步。1912年10月15日，意大利和土耳其先在洛桑签订合约草案，18日正式签订了《意土合约》，土耳其割让黎波里和昔兰尼加，意军撤出罗得岛等地。

第一次巴尔干战争。巴尔干半岛是南欧三大半岛之一，位于欧洲的东南亚德里亚海和黑海之间，是欧洲的东南门户，欧洲大陆通往中东、近东的必经之地，物产丰富，历来是西方列强都想争夺的战略要地。为此，巴尔干变成了20世纪帝国主义之间矛盾的总交汇点。

巴尔干半岛在19世纪就形成许多独立的国家。到了20世纪初，土耳其控制着巴尔干半岛的大部分土地，并对该地居民实行暴政统治。1912年3月13日，保加利亚与塞尔维亚签署同盟协定；5月，保加利亚与希腊签署同盟协定，8月门的内哥罗也加入了同盟，这样便形成了巴尔干四国同盟。1912年10月9日，巴尔干同盟趁土意战争尚未结束的时机，首先由门的内哥罗对土宣战。接着保加利亚、塞尔维亚、希腊均宣布对土战争，第一次巴尔干战争全面爆发。1912年11月，阿尔巴尼亚起义推翻土耳其在当地的政权，并宣布独立。11月3日土耳其要求欧洲列强出面调停，德奥不希望塞尔维亚强大，表示土耳其不能让步。俄法则支持塞尔维亚独立。到了11月末，巴尔干半岛局势加剧，大有引发德奥对英法的欧洲大战的趋势。1912年12月16日，土耳其与巴尔干半岛的四国举行会谈。土耳其因有德国撑腰，不肯妥协。1912年3月，土军大败。5月30日，土耳其与四国同盟签订《伦敦和约》，土耳其割让占据500年之久的欧洲土地，只留下首都及附近的地方，阿尔巴尼亚从此独立。

第二次巴尔干战争。本来独立的巴尔干半岛，各国因领土分配问题矛盾日益加剧起来。希腊不仅想从土耳其那里夺回克里特岛，而且还要向西北扩张，占有马其顿和阿尔巴尼亚南部的土地，企图恢复当年地跨欧亚大陆的希腊——拜占庭帝国；保加利亚想要重新实现"圣斯特法诺大保加利亚"的理想，要独自占有马其顿和色雷斯；塞尔维亚则要求将马其顿并入自己的领地，建立"大塞尔维亚"，并获得爱琴海和亚得里亚海两个出海口；门的内哥罗则要求分割诺维巴萨给自己，并强行占有阿尔巴尼亚的北部。1913年6月1日，塞尔维亚和希腊结成同盟，并吸纳罗马尼亚入盟，准备对保加利亚发起进攻。保加利亚在奥匈帝国的怂恿下于6月29日向塞尔维亚和希腊宣战，第二次巴尔干战争爆发。门的内哥罗和罗马尼亚随即宣布对保加利业作战。土耳其见有机可乘，便收复了保加利亚占领的亚得里安堡等地。保加利亚同时与五国作战，处于劣势。原本答应派兵出战的奥匈帝国眼见当下局势，只能看着保加利亚的接连失败。保加利亚求和。1913年7月3日，和会在布加勒斯特召开。8月11日保加利亚与交战国签订了《布加勒斯特和约》。和约规定，保加利亚将在第一次巴尔干战争中获得的马其顿大部分土地划归塞尔维亚，将马其顿南部和西色雷斯划归希腊；南多布鲁甲划给罗马尼亚；东色雷斯一部分及埃迪尔内划给土耳其。这样，保加利亚不仅丢失了新获得的大部分土地，自己原有的土地也被战胜国分割了一部分。

第一次世界大战爆发。从第一次摩洛哥危机开始，一直到第二次巴尔干战争，都是参加国家的统治者个人及执政集团的强国欲望所致。一个国王可以把他个人的欲望变成执政团队的欲望、国会的欲望，最后发展到全民族每个人的欲望。在欲望获得更大的政治经济利益前提下，不惜牺牲国家财力、军力、人力一战，没有什么信誉和道德可言，只要有利益，可以背信弃义，违背良知，欲望之火在每个人的心目中燃烧，终于酿成了人类有史以来第一场大悲剧的上演。

强道文化发展的必然结果使人类社会滑向战争的深渊而无法自拔。当战争的列车一旦启动，以强道文化为主的人类社会没有任何刹车的装置，能使列车停止运动，即没有任何思想意识能停止人的战争行为。这种文化使人们能做的就是人与人之间，派别与派别之间，阶级与阶级之间、集团与集团之间的利益交换来阻止战争，然而人的欲望是无止境的，利益是永远分割不完的，暂时的满足不等于永久的满足，于是矛盾愈积愈深，积怨愈来愈大，酿成世界性战争在所难免。

奥匈帝国在第二次巴尔干半岛战争中，由于保加利亚的失败被弄得灰头土脸，而且塞尔维亚势力不仅没有被削弱，反而增强了。这使皇位继承人弗兰兹·斐迪南极为不满，一心想报一箭之仇，便积极策划一场对塞尔维亚进行"预防性的战争"。为了控制南斯拉夫人，他主张将宪法由原来的"二元制"即奥地利人和匈牙利人，改为"三元制"即南斯拉夫人与奥匈人共享政治上的平等地位，由此拉拢南斯拉夫人，实现其统治南斯拉夫人的野心。为此，塞尔维亚人心知肚明，视奥匈斐迪南皇储为南斯拉夫最凶恶的敌人。

为了炫耀奥匈帝国的强大，奥匈帝国故意在塞尔维亚边境波斯尼亚举行军演，将塞尔维亚视为假想敌。这种嚣张的气焰引起塞尔维亚人的极大愤慨。塞尔维亚一个叫"黑手党"的军人团体决定刺杀斐迪南。1914年6月28日，斐迪南检阅完军演部队之后，与妻子乘坐敞篷汽车去往波斯尼亚首府萨拉热窝市政厅，车队经过闹市中心时，刺杀者扔炸弹炸伤了一名随从。当斐迪南参加完市政厅的欢迎仪式乘车返回时，在一街口被塞尔维亚青年普林西波用手枪击中头部，斐迪南当场死亡，其妻腹部中弹，不久死亡。

萨拉热窝事件点燃了第一次世界大战，成为大战的导火索。

奥匈以王储被杀为由，准备向塞尔维亚发动战争。德驻奥大使给德国发回电报称："奥匈政府跟塞尔维亚人来一个一劳永逸的彻底清算。"德皇威廉二世认为这是千载难逢的机会，坚决主张迅速对塞尔维亚采取行动，而不必犹豫，并向奥匈驻德大使表示，如果奥匈对塞尔维亚进攻引起俄国卷入冲突，奥匈将得到德国无条件的"忠实的支持"。奥匈得到德国的支持更加有恃无恐。6月29日，奥匈陆军总参谋部部长参谋长召开军事动员会议，叫嚣："现在是到了解决塞尔维亚问题的时候了。"1914年7月23日下午6时，奥匈帝国正式向塞尔维亚发出最后通牒，7月28日对塞尔维亚宣战，午夜炮击贝尔格莱德。从1914年7月28日奥对塞宣战，到1914年10月，已经发展成为以德、奥、土为一方，俄、法、英、日、比、塞及门的内哥罗为一方的世界大战。而到了1918年，共有31个国家参加了战争。战争至1918年11月3日奥地利签署停战协议，无条件投降为止，共经历了4年零3个月。这场战争耗费了1800多亿美元的直接战争经费和1500亿美元的间接战争经费，约1000万人死亡和2000万人受伤。除了在第一次世界大战中发了战争财的美国之外，其他国家无论是工业、农业、商业等均出现严重的倒退和衰落。

第一次世界大战像一架绞肉机，吞噬了上千万人的生命，制造了上千万座墓碑，成为人类有史以来最为惨烈的人间炼狱。德国不仅没有实现其称霸的目的，反而耗尽了所有资源，民族与国家处在崩溃的边缘。

德国在第一次世界大战中战败，德皇威廉二世于1918年11月宣布退位。1919年1月，德国举行国民议会选举，社会民主党在选举中获得优势席位，2月6日在魏玛召开选举总统的国民议会，民主党右翼领袖弗里德里希希·艾伯特被选为德国总统。因为社会民主党没有取得国民议会的绝对多数席位，须同民主党及人民党联合组阁，社会民主党人谢德曼担任总理。1919年6月，谢德曼在凡尔赛合约上签字。7月9日，国民议会批准了凡尔赛和约。1919年7月31日，国民议会通过了魏玛宪法。

德国因为战败失去了全部殖民地，还要支付巨额赔款。1921年4月27日，协约国规定德国赔偿总额为1320亿金马克。从1921年5月1日起，德国每年要赔偿20亿金马克，分66年付清。巨额负债使马克贬值，物价高涨，储蓄保险一夜化为乌有，普通人难以维持最低限度的生活，连中产阶级也陷入绝境。1922年，德国向协约国提出延期赔款，遭到拒绝，法国、比利时于1923年1月派10万军队占领鲁尔地区，逼迫德国赔款。德国消极抵抗，停止赔款，令鲁尔地区企业停工，损失由国家赔偿，并要求德国各级官吏不服从占领军的指令，以此威胁法、英等国。其结果反使国际关系更加紧张，国内经济危机加剧，产能急剧下降，通货膨胀严重，马克贬值，大量工人失业。最严重时工厂开工率只有1/3，失业人数从1929年的200万到1932年增加到800万，导致工人罢工。1930年德国发生366次罢工，人数达24万。1930—1932年3年时间爆发了1000多次罢工，规模较大的有1930年曼斯费特矿工罢工；同年柏林14万冶金工人罢工；1931年1月30日鲁尔30万工人罢工。

这便是强道文化所产生的必然结果。德国从日耳曼民族产生，即处于原始社会的日耳曼人，从小便相信强道文化，受强道文化教育，因此野蛮彪悍。而风烛残年的罗马帝国也只好引狼入室，西罗马王庭变成了日耳曼人的免费午餐，最后罗马帝国分崩离析为欧洲的多个国家，而日耳曼人成了这些国家中英、法、德、意等国家的统治阶级和统治者。英、法、德、意的日耳曼人应该是在这一过程中一定程度上继承了希腊和罗马文化。但是，希腊罗马的后期文化虽然在本质上与日耳曼文化有着一定的差别，但在强道文化这一点上在很多方面是一致的。

所谓希腊、罗马的民主政治，是贵族的民主政治，或者说是有公民权的人的民主政治。这种民主政治的局限性决定了所谓的民主只不过是贵族之间、公民之间相互制衡、相互妥协、相互利用的民主。在这种民主中，有公民权的人却以更加残忍的手段杀害剥夺那些外族人或者是本民族没有公民权的人。被史家所推崇的希腊、雅典的民主，表面上十分光鲜亮丽，产生了人民代表大会选举法、执政官轮流执政、大法官轮流担任等制度，但这都仅仅是限于有公民权的人，而对自己的同胞、没有公民权的人、异胞异族的人不仅没有民主，而且极尽剥削、掠夺、杀戮之能事。如雅典人将米洛斯岛的所有男性居民全部屠杀，将妇女和孩子全部变为奴隶。①

这就是强道文化对人类社会作用的结果。这种文化只相信力量的强弱：强者为王，弱者为臣，为民、为臣者则是剥削、压榨者猎杀的对象；而强者毫无罪恶感，他们毫无忏悔之心，连最低的同情与怜悯都没有。

弱者败在强者手下，被强者打败。弱者虽表面服从，心里并不服从，即使服从也是暂时的，大多采取韬光养晦，卧薪尝胆的做法，因为还要重新爬起来，重新强大，要再与强者一决高下。这就是德国为什么重蹈覆辙，发动了第二次世界大战。

战败的德国，德皇威廉二世退位，成立了德意志共和国，简称德国。面对严重的政治经济危机和此起彼伏的工人罢工及酝酿更大的社会动乱，德国不得不先后更换了4届政府（穆勒、布鲁宁、巴本、斯莱彻尔）。

战败后的德国，政治上处于群龙无首的状态，这是强道文化认为最不好的状态。这时候，哲学家、政治学家派上了用场，他们看到了这一点，所以，哲人尼采呼唤"超人"，还有韦伯等人呼吁德国应出现俾斯麦式的英雄人物。

正是在这种强烈的呼吁下，德国法西斯登场了，全名为"民族社会主义德国工人党"，党首为阿道夫·希特勒。

三、强道文化与第二次世界大战

希特勒出生于奥地利一个边镇布劳瑙，父亲是奥德边境的一名小官吏。

---

① 见［美］菲利普·李·拉尔夫等：《世界文明史》上卷，商务印书馆2006年版，第232页。

第一次世界大战爆发后，希特勒在慕尼黑参加了德国巴伐利亚预备步兵第16团，获得过"铁十字勋章"。1919年秋天，希特勒被德国陆军部派往慕尼黑调查政治团体"德国工人党"。他将与自己志向相同的人赫尔曼·戈林和约瑟夫·戈培尔等人拉拢在自己周围，并逐渐控制德国工人党。1920年，希特勒在法西斯纳粹党内提出他的《二十五点纲要》，核心内容是主张废除战胜国强加给德国头上的"凡尔赛和约"；建立所有日耳曼人的大德意志中央集权的统一的国家。1923年11月28日晚，希特勒得到鲁登道夫将军的支持，趁巴伐利亚邦的长官在慕尼黑一家啤酒馆集会，扣留了巴伐利亚邦的地方首脑，并宣布撤换邦政府和推翻德国政府。第二天便举行游行，并打算向柏林进军。但政变很快就被镇压下去，希特勒被判5年徒刑。在狱中，希特勒写下《我的奋斗》的第一部《清算》，该书进一步阐述了他的种族主义即雅利安人是人类最优秀的民族，而犹太人是"寄生虫"，宣布德国人应从东方的斯拉夫人和俄国马克思主义那里寻找生存空间，同时，书中还提出要废除凡尔赛和约，要向法国人复仇等思想。

1924年希特勒获释，之后他又写了《我的奋斗》第二部《国家社会主义行动》，其中将他第一部中的部分思想进行深入阐述。

希特勒出狱后，德国国内政治经济也发生了重大的改变。这种改变源于美、英、法、意对德国政策的调整，由于德国政治、经济危机，财政枯竭，战争每年的赔款使之难以承担。根据英国的提议，协约国增设了研究平衡德国预算和稳定德国金融的方法和调查德国资本外流情况并设计引回的方法两个专门委员会。两个专门委员会由法、比、意、英、美5国人员组成，由美国银行家道威斯为主席。1924年，通过并签订了《道威斯计划》。德国的赔偿问题得到了调整，缓解了德国因每年的赔偿经费带来的经济负担和压力，也使德国的经济逐渐走上了正轨。在施特雷泽曼担任德外交部部长期间，取得了一系列外交方面的成果，同英、法、意、比签订了安全条约。1926年德国与苏联签订友好中立条约，又于同年加入国际联盟，并担任国联理事会常任理事国。这期间，美国的资本大量流入德国，使德国经济实现较大的增长，工业生产年均增长仅次于英国；并加大了对外贸易，到了1927年对外贸易总额已经超过第一次世界大战前。在国内工业生产企业占80%以上为垄断行业，国家垄断资本主义也有了较大的发展。但由于德国海外殖民地荡然无存，这就使德国工业原料的来源和商品销售的市场产生了严重的问题，也为以后经济发展要求德国从政治上走上法西斯帝国主义埋下了深深的隐患。

经济的发展与政治地位逐渐复位和现实，德国在世界舞台上战败国的身份发生了严重的错位，促使德国又开始向强道文化的道路迈进了。

复仇与新世界的走向是当时一些政治家、政客、哲学家、政治学家、社会学家议论得最多的一个问题。这种思潮也必然引起政坛上的权力之争，成为当时德国社会改革的焦点与核心。

1925年2月28日，总统艾伯特去世，老元帅冯·兴登堡（1847—1934年）当选。这是个老牌军国主义者，第一次世界大战时任东线德军总司令，后又任全军总指挥。他的当选，便是德国军国主义死灰复燃的一个象征。

在德国军国主义死灰复燃的同时，意大利的军国主义势力也蠢蠢欲动。第一次世界大战爆发，本来参加德奥同盟的意大利宣布中立，于1915年4月26日与英、法、俄签订秘密条约，参与对德奥的战争。意大利之所以想参加协约国阵营，是因为从协约国那里得到了允诺：战后可以得到土耳其在亚得里亚海沿岸的土地，幻想实现历史上的"大意大利"版图。但第一次世界大战结束，协约国不承认以前允诺的条件。巴黎合约上，意大利仅得到特伦蒂诺等8900平方公里、160万人口的土地，德国在非洲的大量殖民地一块儿也没给意大利。第一次世界大战中意大利曾经占领阜姆和达尔提亚。1912年伦敦会议决定达尔提亚归意大利，而阜姆则归南斯拉夫，这引起意大利的极度愤慨。认为自己在第二次世界大战中死伤100多万人，却没有得到胜利带来的回馈，反而得到的是耻辱。

意大利人按着强道逻辑来考量，这次却失算了，虽然最后没有加入同盟国，没有遭到战败国承受的灾难，但作为战胜国，得到的还不如付出的，而且失去了德奥盟友，落得个背信弃义的骂名。但原因意大利自己清楚，在强道文化的逻辑中，付出的和得到的，不是按公平、平等、正当的原则，而是按照丛林原则，即狮王、狼王等先吃，剩下的才轮到弱者再吃，最后的残渣剩饭，才留给那些老弱病残。意大利在列强国家中，从经济、政治上看几乎是处于列强中最后一个等级，受到的待遇是在情理之中。

但意大利并不满意，这也为第二次世界大战的爆发埋下了火种。第二次世界大战中，意大利国民收入仅200亿里拉，可第二次世界大战它支出的军费是1459.36亿里拉，严重入不抵出，金融开始崩溃，中小企业破产，工人失业，社会矛盾日益激化，再加上社会上普遍对战争分赃结果不满，认为受到协约国的不公平待遇，加之大垄断资本家也没有通过战争得到商品市场和原料供给的殖民地，于是，整个社会便很快向立志强国的国家民族主义滑去，向强道法西斯主义走去，所以，以墨索里尼为代表的法西斯势力在意大利迅速崛起。

强道文化产生的强道逻辑，还有一个十分重要的特点，即只要能实现强道，无所不用其极，往往采取不择手段的欺骗行为。意大利的法西斯头目墨索里尼就十分具备这一特点。

墨索里尼（1883—1945），1883年出生于意大利费拉拉省一个铁匠家庭，早年参加意大利社会党，因公开支持意政府参加一战被社会党开除。1914年10月，墨索里尼参加了意大利法西斯组织"国际行动革命法西斯"，成为整个意大利法西斯组织的核心人物。为了扩大法西斯在意大利的组织，提高法西斯在意大利的影响，墨索里尼在米兰组织法西斯战斗团，并提出他的社会改革纲领，以许诺和欺诈等手段蛊惑人心，煽动民众。他提出建立意大利共和国，废除义务兵制和爵位，没收非生产资本，实行八小时工作制，制定最低工资标准，增加工人抚恤金和养老金，增加大资本的捐税，没收教会财产，土地归农民，实行普选制等。墨索里尼想用欺骗的手法蒙蔽社会下层人民，希望下层民众参加法西斯党，但效果适得其反。因为法西斯的这些主张与社会党、人民党有些相同，相反，那些垄断资本和封建贵族残余势力对他的主张存有戒心。墨索里尼见此种路线走不通，便改弦更张。他发现意大利的上层社会、政府、王室、工商业界的大小资本家对共产主义都有恐惧的心理后，便开始宣布法西斯战斗团要"把意大利从共产主义的恐怖下拯救出来"，于是得到了政府及大资本家的认可。法西斯为了讨好政府，穿着黑色制服，对参加集会的工人大打出手，破坏社会党党部和活动中心。政府让警察默认这些法西斯的行为，一些资本家背地里开始资助法西斯党，使法西斯党在意大利很快发展起来。到了1921年5月，法西斯成员已经达到19万人，到了1922年发展到30万人，一年中发展成员11万人。

纳粹党势力急剧抬头的德国，1932年举行的总统选举中，兴登堡再次当选。在选举过程中，德国的共产党已经看到军国主义的死灰复燃。共产党提出的口号是："谁选举兴登堡就是选举希特勒，谁选举希特勒就是选举战争。"这个口号说明：当时的人们已经看到军国主义抬头之势，大有走上军国主义道路的燎原之火；兴登堡与希特勒两人是一丘之貉，两人可以相互指代。

那么，人们为什么还是选择了兴登堡？当时有三个总统候选人。社会民主党支持兴登堡为候选人，说选兴登堡就等于将国家从法西斯手中拯救出来，口号是"取小害，避大祸"。纳粹党的候选是希特勒。共产党的候选人是恩斯特·台尔曼。

选举兴登堡反映了当时的德国对军国主义死灰复燃并不排斥。德国有很多人崇拜俾斯麦，尤其是战后德国的悲惨现状，使大多数人认为上层统治者中缺乏像俾斯麦那样的铁血首相，缺乏能与其他列强相抗衡的人物，这样的人物最好是有军事背景的人。无论是改变德国的现状，在欧洲称霸，还是在世界称霸，只能以军事战争的手段获得。兴登堡第一次当选总统以后，德国的政治经济的确有一个发展的稳定期，而且工业总产值仅次于英国，排在世界的第二位，这也使德国很多人又有了掌握大国霸权、问鼎世界的帝国主义梦想。一些来自思想文化界的有识之士，这些人在群众中有极高的声望，因他们以思想家、大学教授的身份出现，本身就是知识智慧的代表。在这个时候，有一批人出来呼吁德国要重新问鼎世界政治权力，甚至有些人也加入了叫嚣"日耳曼人优等"的行列之中。

兴登堡再次当选总统之后，用著名的右翼分子弗兰茨·冯·巴本组成政府内阁。巴本与纳粹分子勾结，使纳粹势力迅速发展，在1932年的国会选举中纳粹党获得37.3%的选票、席位从107席增加到230席，成为国会第一大党。巴本政府希望与纳粹分子合作组成联合政府。1932年兴登堡召见希特勒，希望他与巴本合作。希特勒认为自己的势力足够强大，直接拒绝了兴登堡的旨意，提出要"包括一切方面的整个国家的权力"。虽然兴登堡没有答应希特勒的要求，但此时德国国内正值工人罢工，1932年11月17日兴登堡任命施莱彻尔为总理，一些垄断资本家和银行家希望希特勒出面来稳定局势。1933年1月30日兴登堡任命希特勒为总理，巴本为副总理。

1934年8月，兴登堡去世，希特勒宣布改总统为国家元首，自任国家元首兼总理。1934年8月19日，在法西斯纳粹的操纵下，德国举行"公民投票"，希特勒"当选"国家元首，成为国家和国民意志的全部体现。从此，德国变成了希特勒的德国，第三帝国正式形成。

希特勒在当上总理后的半年，即1933年10月14日，德国宣布退出日内瓦国联裁军会议，后又宣布退出国联。1935年违背《凡尔赛和约》，公然恢复公民义务兵役制。1935年3月，签订英德海军协定，为德国发展海军铺平道路。1936年3月，派军进驻莱茵非军事区，彻底撕毁了《凡尔赛和约》和《洛加诺公约》。

对于那些信奉强道文化的人来说，任何个人的承诺或国与国签订的各种和约，只是一种利益间的占有、妥协而已，是相互利用的一种手段。通过这种手段达到军事的平衡或矛盾的暂时转化或调整。各自都在按各自的轨道前进，一旦一方的势力已经可以打破这种均衡，可以靠自己的力量改变势力的均衡，一切允诺和合约都将化为泡影。从这一点上说，强道文化产生的强道逻辑没有任何诚信可言。

到了1939年8月，德国已经拥有103个陆军师，其中有5个装甲师、3200辆坦克、军用飞机4093架、57艘潜艇、22艘驱逐舰、9艘巡洋舰和6艘装甲巡洋舰。在总体陆海空军力上处于世界第一的位置。这离世界将遭受远比第一次世界大战的灾难还严重的另一次世界大战已经不远了。

1936年8月，希特勒提出解决德国面临的严重的经济问题，根本的办法是扩大德国人民的生存空间；而德国的经济发展必须建立在德国战争的基础上。同年10月，德国成立"四年计划办公室"，其中心工作是使"德国经济在4年内做到能应付战争"，从此将国家完全纳入准备战争的军事轨道。

从工业生产上看，1933—1939年，德国的消费品生产增长了43%，军工工业增长11.3倍；在工业生产投资上，消费工业品投资从1928—1929年的31%，下降到1934—1935年的25%，到1937—1939年已经降到17%。军备开支1936年比1934年增加了两倍，到1939年已经增加到300亿马克。

1933—1935年，德国颁布了一些排斥犹太人的法令，不允许犹太人经商，不能担任国家公职，不能成为德国公民。从1938年开始，用武力驱赶犹太人离开德国，焚烧犹太教堂，制造"水晶之夜"，即打碎犹太人商店的橱窗，杀害犹太人等，将德国变成了犹太人的炼狱。

强道文化，是一个人战胜其他人，一个家战胜其他家，一个家族战胜其他家族，一个民族战胜其他民族，一个政治集团战胜其他政治集团，一个国家战胜其他国家的文化。这种文化必须要分出强弱，分出谁是主宰者，谁是被主宰者，谁是剥削者，谁是被剥削者，谁是统治者谁是被统治者。他们认为这才是合理的、合情的、合法的、合逻辑的、合天理的。

同时，希特勒的德国对国人实行高压政策，在思想文化上采取高压禁锢手段，进步书刊被烧毁，人们的文化生活只能符合纳粹的思想。所有的报刊、音乐、电影、广播、新闻都要受以戈培尔为首的"德国文化总会"的控制。

所谓的民主，自由，在强道文化看来，都是有限定的，在政治集团内部可以有一定的民主，但这也只是表面上的，在势力均衡的状态下，各方政治势力只好摆出执行规矩、不破方圆的姿态，一旦一种势力远远大于另一种势力，这种民主就只是一种摆设了。它可以用来做挡箭牌，需要时拿来摆一摆；有利于自己时，便将这种民主搬出来，否则就弃之不用，或另搞出一种程序来。思想方面更是如此，不仅可以控制禁锢人们的思想，而且还可以利用各种宣传愚弄民众，将人们的思想和行动引导到统治者需要的状态。欧洲为什么会成为两次世界大战的策源地？原因是整个欧洲人们奉行强道文化太久。

从欧洲开始，西方这种强道文化开始蔓延至亚洲、美洲等国家，新的强道格局开始形成，这便是德意日法西斯集团的形成。

意大利的野心是想控制巴尔干地区和多瑙河流域，控制东非和红海，变地中海为意大利的内湖，从而实现它多年的"大罗马帝国"梦想。但这个野心与德国想称霸欧洲、最后控制世界的梦想相冲突。还有在奥地利归属问题上，它是欧洲人的心脏，历史上德奥联盟的渊源，这是希特勒势在必得之物。1934年2月17日，意大利与英法发表联合声明，宣称要维护奥地利的独立。同年3月17日，意、奥、匈三国签订《罗马议定书》。问题是当意大利发兵埃塞俄比亚，英法采取制裁行动，而德国则公开支持意大利。

1936年10月25日，德意签订秘密协定：德国承认意大利对埃塞俄比亚的侵占，意大利同意德国在埃塞俄比亚享有特权；双方划分了各自在多瑙河流域和巴尔干地区的势力范围；承认西班牙弗朗哥政权，对不干涉政策采取共同立场；两国在国际上的一些重要政治问题上共同合作；发展空军等。11月1日，墨索里尼称这个协议是"新的时代已经开始"，"罗马和柏林的垂直线不是壁垒，而是轴心"。德意合作标志着法西斯帝国集团已经开始形成。

德意协定后，日本与德国加紧勾结。1936年7月上旬，德向日方提出《反共产国际协定》草案文本。11月两国正式签订了该协定书。1937年11月6日，意大利也加入《反共产国际协定》，形成了柏林—罗马—东京的轴心。第二次世界大战前法西斯集团正式形成。

1937年11月5日，希特勒秘密召开军事会议。他说："德国的前途完全决定于如何解决生存空间的需要。"而"生存空间""不是在遥远的非洲或亚洲的殖民地，而是'在德国近旁'的欧洲心脏地带；最迟在1943—1945年的时期解决德国空间问题"。假设我们邻国法国如果发生严重的内讧或"被牵连在另一个国家的战争中"，那么，我们就"在1943—1945年以前采取行动"；"我们的第一个目标—必须是同时推翻捷克斯洛伐克和奥地利，以便在可能对西方的战争中解除我们侧翼的威胁"。

1937年6月，德国国防部部长兼武装部队总司令勃洛姆堡向德军下达秘密命令：指示在未来要发生几种战争：一是代号为"红色方案"的进攻法国指令；二是代号为"绿色方案"的进攻捷克斯洛伐克指令；三是代号为"奥托方案"的吞并奥地利的指令。1937年11月5日，德国又召开最高军事会议，希特勒布置了德国对外战争的近期目标：占领奥地利和捷克斯洛伐克。

1938年2月12日，希特勒在贝希特斯加登山间别墅召见了奥地利总理许士尼格，将一份"协定草案"送至许士尼格面前，内容是：奥政府取消对奥纳粹党的禁令，释放被拘押的纳粹分子，确保纳粹党言论自由，任命奥地利纳粹党头目赛斯-英夸特为内政部长等。希特勒说："你必须原封不动地在这个文件上签字，在三天内满足我的要求，不然我就要下令向奥地利进军。"许士尼格开始还在抵抗，说道："我十分清楚你能够入侵奥地利，不过总统先生，不管我们喜欢不喜欢，这样做意味着流血。我们在这个世界上不是孤立的，采取这样的行动可能意味着战争。"希特勒立刻回答到：

"片刻也不要认为世界上有任何人能阻挠我执行我的决定。意大利？我同墨索里尼是一致的。我们两国极其密切的友好关系使我和意大利站在一起。英国？英国不会为奥地利动一动指头。"许士尼格无可奈何，只好按着希特勒的要求改组政府，使大批纳粹分子身居政府要职。奥地利人民掀起独立救国浪潮，维也纳等地有上百万人签名请愿，要求政府不要向希特勒妥协，要坚决反对德国的侵略。许士尼格政府于3月9日宣布，要在13日举行全民公决，决定奥地利是否独立。德国便向奥政府发出最后通牒，要求奥政府必须马上取消公决，并要求许士尼格辞职，由赛斯–英夸特为政府总理。奥地利总统威廉·米克拉斯为了以妥协换得国家的苟延残喘，竟然同意了德国的全部要求。但是在3月12日早晨，德军越过边境，占领奥地利。赛斯—英夸特政府决定将奥地利并入德国。3月14日，希特勒签署了奥地利同德国"联合"的文件，奥地利变成德国的一个省，即东方省，赛斯—英夸特任省长。

英法两国向德国提出抗议。而希特勒的回答是，德奥关系是"德意志人民的内部问题，与第三方无关"。英法无奈只好承认奥地利被德国吞并的事实，各自撤回使馆，代之以设驻维也纳领事馆。

希特勒做了一件连俾斯麦都没有做成的事，那就是将奥地利并入德国版图。奥地利失国，一方面是德国纳粹希特勒做事的极端风格，而更为重要的原因是，与德国相比，奥地利已经软弱到毫无还手之力，被吞并是早晚的事情。

在实力面前，不仅奥地利毫无办法，就连英、法明知德国吞并奥地利后接着会对自己的国家产生更大的威胁，但只能发表声明声讨一下，最后还要讨好德国，承认对奥地利的吞并是德国的内政。德国吞并了奥地利，土地扩大了17%，人口增加了10%，随着实力的增强，野心也就更大了。

希特勒吞并奥地利后，按照他的计划，捷克斯洛伐克就是德国的下一个目标。捷克斯洛伐克地处欧洲中心，西临德国，东近苏联，北连波兰，南通巴尔干半岛，战略地位十分重要，且资源丰富，工业生产的基础条件好。俾斯麦当年说过，"谁控制了波西米亚，谁就控制了欧洲"。所以，希特勒便策划了以民族问题为借口，在捷克斯洛伐克成立以康拉德·汉莱为首的"苏台德日耳曼人党"，然后攻击捷克斯洛伐克迫害苏台德日耳曼人，并以汉莱的名义向捷克斯洛伐克中央政府提出苏台德区完全"自治"，全部官员由日耳曼人担任，并要求释放被羁押的政治犯。捷克斯洛伐克不同意苏台德地区"自治"，希特勒就向捷克斯洛伐克边境集结四个摩托化师。捷克斯洛伐克总统贝奈斯主持内阁会议，决定实行对抗，德捷关系紧张，史称"五月危机"。

"五月危机"，英、法表面表现出很强硬的姿态，可话声刚落，英国外交大臣哈里·法克斯就密令驻法大使菲普斯会见法国外长，对法外长说，英国会履行对法国的义务，但这并不意味着"英国政府将（同法国政府）一道立即采取联合的军事行动去保护捷克斯洛伐克，防御德国的侵略"。同时，英、法向捷克斯洛伐克施加压力，致使捷克斯洛伐克同意苏台德地区实行"自治"。捷克斯洛伐克的妥协并没有填实希特勒的胃口。9月12日，希特勒在一次纳粹党代表大会上演讲："上帝创造了700万捷克人，并不是为了要他们来监督、欺压、侮辱350万德意志人的。"并咒骂捷克是"凡尔赛的政治家们设计的一个畸形儿"，并声称，就目前情况看，让捷克斯洛伐克政府自己解决国内自治引来的争端是远远不够的，于是下令大批德国军队向捷克边境集结。这就是捷克历史上的"九月危机"。

9月15日，英国首相张伯伦飞往德国。会谈中，希特勒提出将苏台德区割让给德国，张伯伦表示同意，但要回去和政府商定及与法国商定后再予答复。9月18日，英法两国政府在伦敦协商，决定同意德国的领土要求。第二天，英、法联合照会捷克政府，提出将有一半德意志人居民居住的苏台德地区割让给德国。如果不将上述地区移交给德国，和平的维护和捷克斯洛伐克切身利益的安全，便不可能获得切实的保障。

9月20日，捷克斯洛伐克政府复照英、法，拒绝照会提出的无理要求。英、法驻捷公使在21日凌晨将贝奈斯总统从床上叫起，威胁说，如果不按照建议行事，"英国将置身事外"，法国"将不履行它的条约义务"。捷克斯洛伐克政府只好接受英法提议。当晚，总统贝奈斯在对国民讲话中说："我们没有别的选择，因为我们被抛弃了。"

9月22日，张伯伦拿着英、法的议案再次前往德国，本以为会给希特勒送上一份厚礼，但希特勒却说，随着过去几天形势发展，这个议案已经没有什么意义了。他提出，除了苏台德地区德意志占人口50%以上领土要归属德国，其余地区要通过公民投票决定归属。另外，捷克斯洛伐克还要把一些领土割让给波匈两国。9月23日，希特勒将一份捷克斯洛伐克在9月28日前完成将苏台德地区割让的备忘录和一张德军对捷克斯洛伐克实行军事占领的地图交给张伯伦。张伯伦反复要求时间宽限，最后希特勒将时间改为10月1日。

9月24日，回到伦敦的张伯伦向捷克政府传达了希特勒的各项要求。捷克掀起激烈的抗议浪潮。9月25日，捷克斯洛伐克政府答复英国政府，拒绝希特勒德国的要求，全国进行战争总动员。

9月25日，法国宣布如果捷克斯洛伐克遭到攻击，法国将履行双方签订的条约义务。第二天，英国也宣布，如果法国援助捷克斯洛伐克，"英国将与法国站在一起"。其实，英、法领导人并不真想与德国殊死一战，一方面表示出一些强硬态度，为了自己的颜面好看，另一方面还是为下一步向希特勒妥协寻找借口。于是英国在伦敦开挖战壕，向居民发放防毒面具，法国则在巴黎疏散人口，以造成让人们以为德军真的要打来，好让两国人民同意他们向希特勒让步。布置过一切之后，于是张伯伦开始发表广播演说，他说："不论我们如何同情一个强邻压境的小国，我们决不能不顾一切地使整个大英帝国仅仅为了它而陷入一场大战。"并讲道："我们毫不犹豫地到德国去做第三次访问，只要我认为这样做有好处。"就在这天，张伯伦两次打电报给捷克斯洛伐克总统贝奈斯，要求他同意德国人提出的"某种有限度的军事占领"，并警告说："这个计划如果不能实现，贵国除了遭到武力侵略和武力肢解外，将别无其他出路。"

9月28日，张伯伦致信希特勒和墨索里尼，提出召开英、法、德、意、捷五国会议，讨论捷克斯洛伐克面临的问题。张伯伦还向希特勒说："我深信你可以不经战争就可以得到你所需要的东西。"9月26日，美国总统罗斯福也分别致信希特勒、墨索里尼，建议举行与捷克斯洛伐克直接有关的国家会议。9月28日下午，希特勒分别致电英、法、意三国政府首脑，29日到慕尼黑举行会议。

1938年9月29—30日，由张伯伦、达拉弟、希特勒、墨索里尼四人召开四国首脑会议。9月30日凌晨，四国通过了《关于捷克斯洛伐克割让苏台德领土给德国的协定》（简称"慕尼黑协定"）。协定规定：原则上将捷克斯洛伐克苏台德地区及同奥地利毗邻的南部地区，连同上述地区的一切建筑物和设施移交给德国；德军从10月10日起分阶段占领德意志居民占多数的地区。在德意志居民是否占多数不能确定的地区，由四国代表组成国际机构占领，再通过公民投票确定其归属；由国际委员会最后确定边界。

四国将协议签署后，派人将捷克斯洛伐克的代表叫进会议厅，由张伯伦向捷克代表宣读协定的内容，同时交给代表一张地图，责令其立即执行该协定。9月30日上午，捷克斯洛伐克宣布接受协定。

但协定刚刚签署不到一个月的时间，希特勒就发布密令，1938年10—11月，德军占领了苏台德地区，1939年3月占领了捷克斯洛伐克全境。

第二次世界大战从1939年德国入侵波兰开始，到1945年日本投降，历时6年，是人类历史上迄今为止规模最大、损失最为惨烈的一次战争。战火遍布欧洲、亚洲、非洲、大洋洲和太平洋、印度洋、大西洋、北冰洋，面积达到2200万平方公里，动用兵力达1.1亿人。在战争中死亡的军人及平民超过1亿人，直接军费开支约1.3万亿美元，参战国物资总损失值达4万亿美元。①

---

① 参见《世界通史·现代卷》，人民出版社2009年版，第604页。

第十六章
康德批判

一、康德生平

伊曼努尔·康德1724年4月22日出生于东普鲁士的首府哥尼斯堡。《普鲁士年鉴》里这一天被称为"埃玛努埃尔",因此埃玛努埃尔便成了他的教名,后来康德自己将它改成为"伊曼努尔"。埃玛努埃尔和伊曼努尔的原意是"与上帝同在"。康德认为这个名字十分适合于自己,并常以此为傲。

康德的父亲约翰·格奥尔格·康德（1683—1746年）是哥尼斯堡的马具师,母亲是当地另外一个马具师的女儿,娘家姓罗伊特。两人于1715年11月13日结婚后,便自立门户,做起了马具的生意。当时的工匠若要开业,必须加入行会。为了控制一个地域店铺的数量,娶老师的女儿就成了外人进入行会的唯一办法。

入会取得师傅头衔,要提交一件成熟的作品并且还要得到执业地点的公民权。康德一家并非富人,但维持全家人的生活还是绰绰有余。康德在晚年给他人的信中谈到父母时说：

"由于我所敬爱的父母的血统都还没有任何道德上的污点,希望您也能在您所爱的人身上看到这样的品性……"①

康德小时候受他母亲影响较大，每当谈起他母亲他都双眼充满了泪水，称她是："一位充满爱心、感情丰富、虔诚而正直的女性，温柔的母亲，借充满充分情操的言教与身教来启迪子女敬畏上帝。她经常带我到郊外去，教导我观念上帝的做工。"②

康德8—16岁在腓特烈中学学习，13岁时母亲去世，这对他打击巨大，直至康德晚年还留下一段关于母亲死前的回忆。

> "（她）生前有一个挚友，与钟爱的男友已有婚约，但仍未失去贞操。虽然该男子允诺要娶她为妻，最后却背信与他人结婚。在内心的痛苦煎熬之下，这个被欺骗感情的女子发了一场致命的高烧病倒下来，并拒绝服用医生开给她的药物。康德的母亲在病榻旁服侍她，试着劝她喝一匙药。生病的女友还是拒绝了她，抱怨药的味道令人作呕，康德的母亲认为要说服她最好的办法是自己先喝一匙，她吃下了药以后才想到那根汤匙她的朋友已经用过。在那一刻她立即感到恶心和一阵寒栗，不安的想象又不断使状况更加恶化。她注意到朋友身上的斑点，并认出那就是天花以后，她就告诉大家或许她的死期已到。她在那一天就病倒下来了，之后不久旋即死去，因友谊而牺牲了生命。"③

康德的父母是虔诚的敬虔教派教徒。敬虔教派是基督教的"心灵的宗教"，反对理智主义。康德在这样的环境中长大，对他思想的发展还是有一定的影响。

康德所在的中学是敬虔会附属学校，他并不喜欢这所学校，因为清规戒律过于严苛。他的好朋友希佩尔回忆说：

---

① 1796年12月17日写给子女的信，见曼弗雷德·库恩：《康德传》，上海人民出版社2008年版，第484页。

② 1796年12月17日写给子女的信，见［美］曼弗雷德·库恩：《康德传》，上海人民出版社2008年版，第484页。

③ 曼弗雷德·库恩：《康德传》，上海人民出版社2008年版，第64—65页。

"康德虽然与父母同住，就读的也是公立学校，即为当时人称'敬
虔会馆'的腓特烈中学，仍然尝遍了年轻人的各种苦头。他常说，他
只要一回想到被奴役的年轻时代，就不由得感到恐惧与害怕。"[1]

1740年康德进入哥尼斯堡大学，修的第一门课是哲学课。在哥尼斯堡
大学学习各科都要先学哲学。对于康德来说，当时并不想把哲学当作主修
课。因在腓特烈中学时，他对古典语言学产生了浓厚的兴趣，但不久他便
改变了想法，还是主修哲学。

哥尼斯堡大学地处偏远，各科系的教学与研究水平参差不齐，严格说
来很一般。无论在欧洲，甚至在德意志都不能算好学校。部分课程里，老
师并没有完全掌握教学的内容，"因而一边讲课，一边学习"。[2]1744年康德
读书时，该大学有44名正教授，待遇很差，正教授的薪水微薄，副教授和
编外教师则完全没有工资，靠学生缴的钟点费勉强维持生活。康德所在的
哲学系有8个正教授，另外还有几个副教授和讲师。

比康德晚一年入学，后成为康德的朋友的海尔斯伯格说："康德十分节
省，但他不曾真正缺什么，虽然有时候想要外出，衣服还等着裁缝师修补。
当时换做是别的学生遇到这个情形可能就留在家里，但康德则穿上借来的
衣服、裤子或鞋子出门。如果衣服实在已经再也不能修补了，兄弟会便一
起凑钱帮他买一件新的，没有人会去记这笔账，而钱也是有去无回。"[3]

在大学读书的康德不喝酒也不与人斗殴打架，不喜好戏谑，很少外出
狂欢作乐，对人表情严肃，不苟言笑，但有时却很幽默，他讲的笑话对大
部分同学来说难以捉摸，但又让人觉得十分好笑。

海尔斯伯格说：

"台球是他唯一的娱乐，弗勒默跟我是他经常性的球伴。我们自己
练出精湛的球技，很少空手而返，像我的法文家教几乎都是用赢球的
钱支付的。后来因为我们老是赢球，渐渐没有人愿意再跟我们比赛，

---

[1] 曼弗雷德·库恩：《康德传》，上海人民出版社2008年版，第7/页。

[2] 曼弗雷德·库恩：《康德传》，上海人民出版社2008年版，第98页

[3] 曼弗雷德·库恩：《康德传》，上海人民出版社2008年版，第95页。

> 于是我们放弃了这方面的收入，改成打翁布尔牌。康德打得一手好牌。"[1]

1748年康德大学毕业，同年他父亲去世，24岁的他必须完全自立地面对社会。他先受雇于特申镇牧师安德施家，又在阿伦斯多夫附近的许尔森家任职，最后到凯泽林克男爵家担任家教。6年的家教工作，使康德有了较为丰厚的经济收入，也使康德与普鲁士的上层社会人士有了一些接触，磨炼了他应对上层社会里的技巧，同时也引发了他对一些社会问题的思考。

1755年4月17日，康德完成并向哲学系上交了硕士毕业论文《简述几个关于火的思考》，后经过公开考试，于6月12日拿到哲学硕士学位。为了取得大学执教的资格，康德又提交了《对形而上学认识基本原理的新解释》，这样康德便取得了哥尼斯堡大学的硕士和讲师的资格。康德并不是在大学的讲堂里讲课，而是在私人拥有的讲堂进行。当时听讲的博罗夫斯基是这样描述康德讲课的：

> "我在1755年听了他首次的讲课。当时他住在吉普克教授位于新城的家里，有一间宽敞的讲堂，学生挤到了前厅与楼梯，康德似乎有点尴尬。很不习惯这种场面，因而有些慌张，讲话的声音比平常更小，并且不停地更正自己。但正因为如此，我们对于这个据说学问最渊博人的印象更加鲜活，不觉得他是害怕，而是觉得他很谦虚。在接下来的几堂课里，他就很不一样了。他的讲演从那时间开始就不只是鞭辟入里，而是生动有趣了。"[2]

康德的讲课风格从来不按部就班，从来不以重复来强调重点，也不循循善诱去开导那些愚钝的学生。据博罗夫斯基说，深入浅出是康德讲课的特色。听课的人必须时刻聚精会神，否则一不留神便跟不上他的思路。

---

① 曼弗雷德·库恩：《康德传》，上海人民出版社2008年版，第97页。
② 曼弗雷德·库恩：《康德传》，上海人民出版社2008年版，第138页。

"康德的演说是即兴的，时而又机智与幽默，引述他最近读到的著作，偶尔也会加上一些轶事，却不至于偏离主题。许多其他的老师用来活跃气氛、却让有教养的学生敬而远之的低俗（性）笑话，我还不曾从他的口中听到过。"①

康德讲课非常受欢迎，讲堂经常是座无虚席。为了赚够生活费用，康德每个学期都要上许多课，他讲的课程主要有逻辑学、形而上学、数学与物理学等。

1758—1762年，哥尼斯堡被俄国占领。俄军对哥尼斯堡人表示出友好。哥尼斯堡大学的教授虽然有一些与俄国人保持一定的距离，但另一批人则逐渐与俄国人开始交往，俄国人给哥尼斯堡的文化带来了一些更加"人性化"的宽松和谐的变化。当地人称"普鲁士真正的富贵是在俄国占领后才开始的"。康德的经济收入比以前也有所改善，很多俄国军官不仅来听他的课，而且还私下向他请教。据他自己说，他们给的钟点费很大方。康德还经常受邀参加晚宴。

康德是个很有魅力的男人，据康德记载：

"他的头发是金色的，脸色清朗，即使到了晚年，两颊仍然红润。他的眼睛尤其迷人，有人赞叹说：我应该到哪里去寻找适当的字眼来描述他的眼睛呢？康德的眼睛像是穹苍中的以太做的，心灵深处的凝视，仿佛穿透了薄云，温润地闪烁发光。我无法形容康德坐在我的对面时，低垂的眼睛突然抬起来与我四目交视的片刻，他的神情多么使我着迷。我总觉得好像透过这个蓝色的以太之火瞥见了蜜涅瓦最神圣的内在。"②

康德一生未娶。他对婚姻的看法是，婚姻是好的，而且也是必要的。曾经"有个教养良好而且面貌姣好的寡妇，从外地到此探亲"，康德并不否

---

① 曼弗雷德·库恩：《康德传》，上海人民出版社2008年版，第139页。
② 曼弗雷德·库恩：《康德传》，上海人民出版社2008年版，第149页。

认他有与这位女子共同生活的愿望，但"他仔细计算自己的收入与开支，把最后的决定一天推迟一天"。这个漂亮的寡妇又去拜访其他亲属，后来在别的地方嫁掉了。又有一次，有个来自西伐利亚的女孩吸引了他。她陪伴一位贵妇来到哥尼斯堡。他喜欢在她身边，并且也不掩饰自己对她的好感，但他又迟疑太久了。人家都到了西伐利亚的边境，他还在考虑要不要向她求婚。①

1764年4月22日是康德40岁生日。康德认为40岁是人生的关键年岁，大多数人在20岁时可以运用理性，但人能够做什么事情都能深思熟虑，则是到40岁时才能成熟。康德认为人的品格是在40岁时定型的。

> "一个人在思想上意识到的某种品格，绝不是天生的，而是必须习得的。我们可以假定：品德的奠立像是某种再生，对自己的庄严承诺，这个蜕变的时刻像个新纪元一样，是一生难忘的。经由教育、模仿、开导而得到的坚定而持久的原则，并非渐渐形成的，而是对本能长久的摇摆感到厌烦以后突然引爆的。或许很少人三十岁以前便尝试过这样的革命。而四十岁以前便是坚定不移的人，更是少之又少。想要一点点地塑造一个更好的人格，是徒劳无功的尝试；因为当我们在追求一个印象时，另一个也就跟着消失；品格的确立却意味着人生历程里的内在原则绝对的统一性。"②

在康德看来，人的品格不是天生的，也不是人偶然碰到的，而是在40岁之前逐渐形成，到40岁就大致定型了。一个人拥有好的品格，是人生道德追求的终极目标。所以，康德的道德心理学也是品格心理学。

康德认为人到了40岁以后才有可能形成对事物的正确认识。人在40岁以前很难对事物的价值有正确的判断。他指出，一个人品格形成的标志是当一个人的倾向仍然是以驱动他对事物的兴趣，但不再强烈到有激情的情况下，品格定型才有可能。康德认为，40岁是人的记忆开始退化的年龄，

---

① 曼弗雷德·库恩：《康德传》，上海人民出版社2008年版，第150—151页。
② 曼弗雷德·库恩：《康德传》，上海人民出版社2008年版，第180页。

因此，人们要在40岁以前把人的思想素材准备齐全。人到了40岁以后已经无法学习新事物，但仍然可以扩充知识。他认为人生的成就是知识与品格共同作用的结果。

康德认为，人的品格是建立在人的行为准则上的。准则是人们从别人身上或者从书本上学到的，选择作为人们的行为原则的规矩或普遍方针。这种准则是在告诉人们如何成为理性的存在者，或者一个有能力以普遍原则引导自己的行为而非被一时冲动主宰的个体。

他认为，一个人的准则不能单凭我们自己的推理产生，准则最初不是个人的原则，而是公共论述的主题。与别人讨论道德问题是弄清道德的最佳途径。但准则不仅仅限定在道德里。任何情况下，都有人们可以依循的准则。遵循准则生活，就是有原则的，那么这种生活也就是理性的。

在康德看来，品格有好有坏，但有品格还是比没有品格好。一个没有品格的人，也没有准则。那么如何去判断品格的好坏呢？只有透过准则，准则是品格的判断标准。只有准则是善的，人的品格才是善的。

在康德40岁的前几天，他最好的朋友丰克猝逝，这对康德打击很大。丰克的死使他开始思考和反省人生的意义，人的生与死的真正的价值。曼弗雷德·库恩认为：

"康德约在四十岁时经历了这样的重生，那是康德有意识地摆脱以前的'声色犬马的漩涡'的结果，也是博罗夫斯基所谓的'所有认识康德的人们都熟知的本来面目'的源头：'持续努力让他的行动遵循了深思熟虑的，或至少是他自己相信有理由的原则。'他努力要建立某些准则，无论事情的大小轻重，作为一切（行动）的起点以及依归。这些准则渐渐地与他的自我融合在一起，以至于他的行为甚至在无意中也成为准则的自然流露。"①

40岁后的康德，身体并不是太好，1768年被诊断为心肌缺氧导致的胸痛。

---

① 曼弗雷德·库恩：《康德传》，上海人民出版社2008年版，第184—185页。

"由于我的胸腔平坦而内陷，限制了心和肺的活动空间，使得我一直有'疑病症'的倾向，在早年甚至有些厌世。但是想到我的胸腔阻塞可能只是物理的原因而无法改变，以后，我便不再受其影响，以至于在我的胸部被压迫时，我的头脑还保持平静与快活。"[1]

大约在1764年之后，也就是康德40岁之后，他已经有一定名气了。他的作品开始有人评论，他的一些思想也在大学里被人们认真地讨论。1764年8月，哥尼斯堡大学收到官方的信件，信中提到可以征求康德的意见递补博克诗学教授遗缺，但他拒绝了这个能给他带来固定收入的职位，因他相信早晚会得到更加适合于自己的教席。他在宫廷图书馆谋得一个职位，这是他在1765年11月申请，1766年2月获聘，年薪62塔勒。这笔收入使他困窘的经济状况得到了改善。而讲学教授的职位被他的好友同学林登纳得到，这是在康德的帮助下得到的。

1770年1月，耶拿大学给康德一个职位，康德并没有接受。1770年3月15日，哥尼斯堡大学教授朗汉森去世，康德立即向柏林提出增补教授的申请。3月31日，在他提出申请的15天后，学校宣布聘任他担任逻辑与形而上学的正教授，康德终于圆了自己于1755年以来的教授梦。给他的薪资是160塔勒，加上图书馆馆员的收入共222塔勒，这已经能让他过上很舒适的生活了。他在1772年辞掉了图书馆的工作。

1776年的下学期，康德第一次担任哲学系主任。哲学系主任由正教授轮流担任。

康德的一些著名著作都是在18世纪80—90年代完成的，这20年的时间里，他将自己的主要精力投入到写作中去。

康德在1783年12月30日买了一幢属于自己的房子，结束了他在这之前一直借屋而居的历史。在1784年5月22日顺利搬进了新家。房间布置得十分简单。

"整个房间充满了简朴的气氛，城市与整个世界的喧嚷都被挡在门

---

[1] 曼弗雷德·库恩：《康德传》，上海人民出版社2008年版，第187页。

外。两张普通的桌子，一张简易的沙发、几把椅子（其中之一是他的工作椅）和一个带镜衣橱。小格子的窗前绿色的丝质窗帘或许是最有价值的摆饰了。不起眼的镜子下面有五斗柜。"[1]

据说康德的房间里仅有的一幅画，是挂在书桌前的卢梭画像。

他的生活十分有规律，每天清晨5点起床，喝过茶，抽过烟之后，开始备课。每周一、二、四、五的7—8点讲形而上学（上学期）或逻辑学（下学期）。8—9点讲自然神学或伦理学。每周三、六的上午7点或8—10点，讲自然地理学和人类学。上午之后的时间，开始写作，一直到中午12点。然后穿戴整齐，外出用餐。下午与朋友交谈，谈论一些学术上的问题。晚上完成阅读书刊和每天要做的其他事情后，上床休息。

他的重要著作都完成在这一阶段。《纯粹理性批判》于1781年出版，《任何未来的形而上学的绪论》于1783年出版，《伦理学的形而上学的基本原理》于1785年出版，《自然哲学的形而上学原理》于1786年出版，《实践理性批判》于1788年出版，《判断力批判》于1790年出版，《纯粹理性界限以内的宗教》于1793年出版，《伦理学的形而上学》（包括他的法哲学）于1797年出版，《保卫永久和平》于1795年出版，《论教育》于1803年出版。

从1798年至1799年的上学期，在大学的课程表上已经见不到康德的名字了。康德死于1804年2月12日上午11时，离他80岁的生日不到两个月。他死去时"极为宁静，没有任何痉挛，没有任何抵抗的征兆，看来似乎颇为乐意。"[2]

康德的哲学一般分为前后两个时期，前期被称为"前批判时期"，时间为1770年以前，后期被称为"批判时期"，即1770—1804年。

在前期，康德于1749年发表了《论关于活力的正确评价》，就莱布尼兹学派和笛卡尔学派在力的测量上的分歧，提出自己的看法；1755年发表《自然通史和天体论》提出了天体演化的星云说，被称为康德—拉普拉斯理论；1756年发表《自然单子论》，试图证明单子的不可分割性与空间的无限

---

[1] 曼弗雷德·库恩：《康德传》，上海人民出版社2008年版，第313页。
[2] 曼弗雷德·库恩：《康德传》，上海人民出版社2008年版，第473页。

分割性二者之间并不矛盾；1763年发表了《负量概念引入哲学的尝试》，第一次提出因果律的有效性问题，同年发表《证明上帝存在的唯一可能的证据》提出用自然神学的论证来证明上帝的存在都是不充分的，笛卡尔与沃尔夫企图用"上帝"这一概念推导出上帝的存在，同样不足为凭，因为"存在并不是个谓词"；1746年发表《论自然神学与道德的原理的明晰性》，提出自然神学的原理已经清晰可见，然而道德形而上学原理至今含混不清，因此，我们必须清楚实践哲学的基本原理是人的认识能力还是人的情感问题；1766年发表《以形而上学的梦解释视灵者之梦》，针对18世纪瑞典神学思想家斯维登堡以万物有灵的思想，提出从人的本性及道德来说，如果我们将人类的希望建立在另一个世界之上，还不如将人们的善行建立在对人善良的感知上，因为就人的理性而言，许多事情是不可知也无须知道的。

康德后期即他的批判哲学始于1770年的教授就职论文《感觉世界与理智世界的形式和原则》，在这之后他花费了10年的时间把这篇主要论文写成他的名著《纯粹理性批判》。自《纯粹理性批判》出版后的16年里，是康德批判学思想体系形成发展的阶段，也是他哲学理论创作的高峰期。他在1989年12月28—31日致莱因霍尔德的信中，专门提到了他从18世纪70年代起开始构想这一哲学体系的情况。他说：

> "人类的心灵具有三种不同的能力：认识能力，感觉快乐与不快乐的能力以及奢望的能力。在《纯粹（理论）理性批判》中，我发现了第一种能力的先天原则，在《实践理性批判》中，我发现了第三种能力的先天原则。同样，我也试图发现第二种能力的先天原则，尽管过去我曾认为不可能发现这样的原则……现在，我可以认识到哲学的这三个部分了，其中的每一个部分都有其先天原则。人们可以把它们一一列举出来，并且可以为基于它们之上的知识划定各自确切的范围：理论哲学、目的论和实践哲学。"[①]

---

① 见俞吾金、汪行福、王凤才、林晖、徐英瑾：《德国古典哲学》，人民出版社2009年版，第49页。

康德认为，哲学应该解决人们面临的三大问题：一是我能够知道什么？二是我应当做什么？三是我可以希望什么？1793年5月4日，康德在司徒林的信中，再次提出这3个问题，并认为这三个问题分别代表形而上学问题、道德问题和宗教问题。康德说，"接着是第四个，也是最后一个问题：人是什么？"①

康德认为，"人是什么"？这是人类的根本问题。他在《逻辑学讲义》中说："但是从根本说来，可以把一切都归结为人类学，因为前三个问题都与最后一个问题有关系。"②

二、大自然目的论

人类首先要有一个栖身之所，即存在之所。

大自然是人类的生存环境。一般认为，大自然只是人类的被动利用的社会资源，不会有什么主动的动机和目的。但康德认为，大自然是有其自身作用的。他是这样论述的："人类的行为，却正如任何别的自然事件一样，总是为普遍的自然律所决定的。"③

康德的论述是正确的。人受到自然规律所决定，首先人是自然界的成员之一，生存在自然界之中，故不能不受到自然规律的决定；其次，人的生产、生活是以自然界的基本条件为基础的，自然界给予人的生产生活条件，决定了人进行怎样的生产和生活；最后，人类的自身行为过程，也是自然规律在人自身的体现过程。但是人类同其他动物不一样。

> "每一个人都根据自己的心意并且往往是彼此互相冲突地在追求着
> 自己的目标时，他们却不知不觉地是朝着他们自己所不认识的自然目

---

① 见俞吾金、汪行福、王凤才、林晖、徐英瑾：《德国古典哲学》，人民出版社2009年版，第51页。

② 康德：《逻辑学讲义》，许景行译，商务印书馆1991年版，第15页。

③ 康德：《历史理性批判文集》，商务印书馆2009年版，第1页。

标作为一个引导而在前进着。是为了推进它而在努力着；而且这个自然的目标即使是为他们所认识，也对他们会是无足轻重的……而且尽管在个别人的身上随处都闪烁着智慧，可是我们却发现，就其全体而论，一切归根到底都是由愚蠢、幼稚的虚荣，甚至还往往是由幼稚的罪恶和毁灭欲所交织成的。"①

所以，在康德看来，人类既不能像动物那样出于本能在地球上存在，又不能从根本上设计出自己有理性的发展目标，那么就应该在自己的发展道路上去发现某种自然的目标。

"根据这种自然的目标被创造出来的人，大自然就曾产生过一位开普勒，开普勒以一种出人意表的方式使得行星的偏心轨道服从于确切的定律；大自然又曾产生过一位牛顿，牛顿便以一条普遍的自然原因阐明了这些定律。"②

那么，人类最佳的发展道路，就是去不断地寻找、发现某种自然的目标，像开普勒、牛顿那样去发现和阐明自然界的发展变化规律，使人们的发展道路、发展目标与自然界的发展道路、发展目标相一致，从而使人类的发展符合自然的发展。

正是在这样的前提下，康德提出如下名命题：

第一个命题："一个被创造物的全部自然秉赋都注定了终究是要充分地并且合目的地发展出来的。"③

在康德看来，我们对一切动物进行内部或外部或解剖方面的观察，都证实了这一命题。一种不能加以应用的器官，一种不能完成其目的配备——这在目的论的自然论上乃是一种矛盾。它说明一个道理，即大自然

---

① 康德：《历史理性批判文集》，商务印书馆2009年版，第2页。
② 康德：《历史理性批判文集》，商务印书馆2009年版，第3页。
③ 康德：《历史理性批判文集》，商务印书馆2009年版，第3页。

提供的所有物质都是有目的的。这是一个不可放弃的原则，如果我们放弃这个原则，那么我们就不再有一个合法则的大自然，而只能有一个漫无目的地活动着的大自然罢了。

康德认为，自然界的法则就是自然界有目的地创造了一切物种，并且有规律地让这些物种生存与发展，各种物种按其自身秉赋存在着、发展变化着，并且将使被创造物的全部自然秉性充分地发展出来。

命题二："这些自然秉赋的宗旨就在于使用人的理性，它们将在人——作为大地之上唯一有理性的被创造物——的身上充分地发展出来，但却只能是在全物种的身上而不是在各个人的身上。"[1]

这是说，人是被自然界创造的唯一有理性的创造物。人这种被创造物，在人自身的发展变化中，经过对事物的深入探讨，以及经过社会实践等措施，使人对自然的目的的认识不断从低级阶段走上高级阶段。而且每一个人都把对事物的启蒙认知留给下一代，使这种认识能力代代相传，最后使认知达到与自然目的的目标相吻合的发展阶段。而且人在每个阶段，都要有人类发展观念和争取要达到的目标，否则人类做的一切就是徒劳无功。在这一过程中，应该把大自然设定的目标作为人们长久的目标。

康德认为，人的理性就是要以大自然的智慧为智慧，以大自然的原则作为原则。大自然的智慧就是万物存在的目的性的智慧，大自然的原则就是按各自的目的生存的原则。但是，人的这种理性是在人的总体性上体现出来的，而不是在具体的个人身上体现出来的。

命题三："大自然要使人类完完全全由其自己本身就创造出来超乎其动物生存的机械安排之上的一切东西，而且除了其自己本身不假手于本能并仅凭自己的理性所获得的幸福或美满而外，就不再分享任何其他的幸福或美满。"[2]

---

① 康德：《历史理性批判文集》，商务印书馆2009年版，第4页。
② 康德：《历史理性批判文集》，商务印书馆2009年版，第4—5页。

在康德看来，大自然不会去做徒劳无功的事情，不会浪费手段而达不到目的。大自然将理性给了人类，就说明有着大自然的目的。人类并不是由人的自发本能所引导，或仅是由天生的知识所哺育、所教诲的；人类有人的理性和以理性为基础的意志，从而人按着自己本身的需要来创造世界。如人生产出自己最需要的粮食、建造自己最需要的房子，为自己安全需要而创造的防御设施，以及精神上能让自己有快乐的心情和道德伦理的善良等等，这一切都是人类自身创造出来的产品。而在这一过程中，大自然为人类从低级向高级的发展创造了一切精密的条件，恰好地满足人类的需求，同时满足人类这一切都是其自身所创造的自信与自尊心理，但又不让人类轻易地获得需要和满足，而是必须通过辛苦的劳作与努力才能达到目的，这反倒使人类勇往直前，使人类将自己的努力与福祉联系起来。

康德认为，人类正是将自己的努力建立在自己的下一代能享受更大更多的幸福基础上，所以人类的祖先不断地进行自我牺牲，理性地为下一代创造财富，把自然赋予人类的财富大楼建筑得愈来愈高，好让他们的后代去享受这大楼之中的财富而得到幸福。作为有理性的个人，一个个都要死去，但作为人这个物种，却永远不会死亡，因为人类一代代地将大自然赋予他们的秉性发展下去，并会使这种秉性得到充分地发展，以便于与大自然的目的相吻合。

命题四："大自然使人类的全部秉赋得以发展所采用的手段就是人类在社会中的对抗性，但仅以这种对抗性终将成为人类合法秩序的原因为限。"[1]

所谓对抗性，是指人类的非社会性，即人类进入社会的倾向受到分裂和阻碍。

康德认为，人类既有人的社会性一面，即人与人的联合共处的行为能力，又有人的单独化（孤立化）的倾向，因为人人都有抱着自己的意愿来摆布世界的想法，这样一来人与人之间就会有冲突并导致相互之间产生阻

---

[1] 康德：《历史理性批判文集》，商务印书馆2009年版，第6页。

力，使人与人之间既不能很好地容忍对方，又不能完全离开他人而离群索居。这样的阻力，即阻止别人的获得是为了自己获得。但正是这种阻力才唤起了人类的全部能力，推动人们去克服自己的懒惰倾向，并且由于虚荣心、权力或贪婪心驱使一些人在对自己的同胞——他既不能很好地容忍他们，可又不能脱离他们，于是促使人从野蛮向文明转变，将人的最初的道德自然秉性，随着时间的推移转化为实践原则，最终形成了人类道德的整体。大自然既想限制和阻碍人们的私欲横流，又想让人们存有追求物质享受的各种野心。

康德认为人类的非社会性促使人类全部能力增强。否则，没有这些非社会性，人类的全部聪明才智就会在一种美满的和睦的互亲互爱之中永远被埋没在他们的胚胎里。人类若是也像他们所畜牧的羊群那样受驯，就难以为自己的生存创造出比自己的家禽所具有的更大的价值来了；他们便会填补不起来造化作为有理性的大自然为他们的目的而留下的空白。

在康德看来，人们应该感谢大自然给予人类的不合群性：

"有这种竞相猜忌的虚荣心，有这种贪得无厌的占有欲和统治欲吧！没有这些东西，人道之中的全部优越的自然秉赋就会永远沉睡而得不到发展。"[①]

人类要求自己生活舒适而美满，但这种欲望一旦达到后人类就容易陷入懒惰和无所作为之中去，而大自然则要求人类要摆脱这种状态，就为人类设置了纷争和不和，使人类永远不会停下自己前进的脚步。

命题五："大自然迫使人类去加以解决的最大的问题，就是建立起一个普遍法治的公民社会。"[②]

康德认为，人的自由度愈高，人与人之间的对抗性愈彻底，但同时为

---

① 康德:《历史理性批判文集》，商务印书馆2009年版，第8页。
② 康德:《历史理性批判文集》，商务印书馆2009年版，第8页。

了使自由的界限得到最精确的规定和保证，使个人的自由与他人的自由共有共处在社会之中，因而大自然给予人性的最高任务，"就必须是外界法律之下的自由与不可抗拒的权力这两者能以最大可能的限度相结合在一起的一个社会，那也就是一个完全正义的公民宪法。"①

只有这样，大自然才能让人类去完成大自然赋予的其他目标。它需要迫使人类进入这种强制状态，不然的话，人就格外喜爱没有限制的自由了。所以，公民宪法的确定是一切需要之中的最大需要。只有这样才能摆脱人们在野蛮状态下的彼此共处，只有这样，公民才能在社会上发挥最好的作用。"犹如森林里的树木，正是由于每一株都力求攫取别的树木的空气和阳光，于是就迫使彼此双方都要超越对方去寻求，并获得美丽挺直的姿态那样；反之，那些在自由状态之中彼此隔离而任意在滋蔓着自己枝叶的树木，便会生长得残缺、佝偻而又弯曲。"②

在康德看来，一切为人道增光的文化和艺术、最美好的社会秩序，就都是这种非社会性的结果。它由于自身的迫切需要而在约束自己，并且通过强制的约束而使大自然的萌芽得以充分发展。

命题六："这个问题既是最困难的问题，同时又是最后才能被人类解决的问题。"③

康德认为，人是一种动物，当他和其余的同类一起生活时，就需要有一个主人。因为他对他的同类必是会滥用自己的自由。那么即使是有理性的生物，他们也希望有一条法律来规定大家的自然界限，然而人们那种自私自利的观念都可能把自己除外。因而人们希望有一个主人，他来制定法律，可到哪里去寻找这样一位主人呢？而且主人也同其他人一样，同样需要一个主人。怎样才能找到一位公正无私的首领，不管他是求之于一个人也好，还是求之于为此而选出来的由若干个人组成的集体也好。因为人们在依法行使权力时，总是要滥用自己的自由的。然而最高首领既须其本身

① 康德：《历史理性批判文集》，商务印书馆2009年版，第9页。
② 康德：《历史理性批判文集》，商务印书馆2009年版，第9页。
③ 康德：《历史理性批判文集》，商务印书馆2009年版，第10页。

就是正直的，而又得是一个人。所以这个问题就成为一切问题之中最为棘手的问题了。要完全解决这个问题确定是不可能的，从造就人类的那么曲折的材料里，凿不出来什么彻底笔直的东西的。大自然向我们要求的，也只是朝着这一观念接近而已。社会所需要的这个人要对宪法的性质有一个正确的认识，并且还要具有经历过许多事而磨炼出来的处世经验，还有满足他所主导的整个社会主人的善良愿望。这3个方面能集中在这一个人身上，人们才找到自己的主人。

命题七："建立一部完美的公民宪法这个问题，有赖于国家合法的对外关系这个问题，并且缺少了后者前一个问题就不能得到解决。"①

康德认为，一个国家合法的对外关系，即与国家周边乃至世界其他国家保持一个正常的、合理的、友好的和互不侵犯的国际关系，比在国内建立完美的公民宪法还要重要。为什么？因为如果没有一个稳定的周边国与国的关系，没有一个友好和平的国际环境，那么再完美的公民宪法也无法实施，再好的宪法也只能解决国内的和平、稳定，而解决不了国际政治斗争乃至于和平与战争的问题。国内宪法只能解决国内人民之间的斗争与对抗，而解决不了世界各国之间的斗争与对抗。于是"大自然"就再次利用"大社会"以及国家共同体，人们以希望建立和平与安全社会的心理，来重新设计和规范世界秩序。"大自然"利用的手段，是"通过战争、通过极度紧张而永远不松弛的备战活动，通过每个国家因此之故，哪怕是在和平时期也终于必定会在其内部深刻感受到那种缺匮，而在进行着起初并不会是完美的种种尝试，然而在经过了许多次的破坏、倾覆甚至是其内部彻底的精疲力竭之后——每一个国家、纵令是最小的国家也不必靠自身的力量或自己的法令而只须靠这一伟大的各民族的联盟，只须靠一种联合的力量以及联合意志的合法决议，就可以指望着自己的安全和权利了——因而所有的战争都是要——尽管这并不是人的目标，但却是大自然的目标——建立起国家与国家的新关系的反复尝试，并且是要通过摧毁或者至少是瓦解一

---

① 康德：《历史理性批判文集》，商务印书馆2009年版，第11页。

切国家来形成新的共同体，然而这些新的共同体，或者是在其自身之内或者是在他们彼此之间，却又变成无法维持，于是就必须再度经受新的类似的革命……直到最后，部分地是由于内部有公民宪法的可能最好的安排，部分地是由于外部有共同的约定和立法，人们才会犹如一架自动机那样地建立起来能够维持其自身的、就像是公民共同体这样一种状态来。"①

康德认为：国家就好像物质的细小质点那样，是通过它们之间的偶然相互冲撞而在寻找着各式各样的结构形态，每一种形态又由于新的碰撞而重新被毁灭，直到最后才由于偶然而获得了以某种形式可以维持其自身存在的那样一种结构形态。或者，究竟我们是不是能更好地认为：大自然在这里是遵循着一条合规律的进程而把我们的物种从兽性的低级阶段逐步地引向人性的最高阶段？并且就是在这一表面的杂乱无章之下完全合规律地发展着我们那些原始的秉赋呢？承认大自然的安排在部分上的合目的性，但在整体上的无目的性，究竟是不是合理？野蛮人的无目的状态所做的事情，就是他扼制了我们物种的全部自然秉赋，然而它终于通过把人类置诸灾难之中而迫使他们脱离这种状态，并走入一种可以使他们全部的萌芽都将得到发展的公民宪法。在这样的公民宪法下，建立国家合法的对外关系。"这种世界公民状态并不是任何危险都没有，从而人道的力量才不至于沉睡不醒；但同时它对于他们相互间的作用和反作用却又不是没有一条相等原则的，从而他们才不至于相互毁灭。"②

命题八："人类的历史大体上可以看作是大自然的一项隐蔽计划的实现，为的是要奠定一种对内的，并且为此目的同时也就是对外的完美的国家宪法，作为大自然得以在人类的身上充分发展其全部秉赋的唯一状态。"③

康德认为，基督教流传着基督将再次降临世界建立王国，并将要统治人类千年的传说，是人们对未来世界的一种向往。然而这一向往，又绝不

---

① 康德:《历史理性批判文集》，商务印书馆2009年版，第12—13页。

② 康德:《历史理性批判文集》，商务印书馆2009年版，第15页。

③ 康德:《历史理性批判文集》，商务印书馆2009年版，第16页。

是虚幻的。历史和现实的大自然是没有经验告诉我们这一"千年福祉王国"是怎样发展演变的过程的，人类在这方面的历史使我们很难推断出那是一个怎样的社会，正如根据迄今为止的全部天象观测还无法推断我们的太阳系及其整个的卫星群在广阔的恒星系里所采取的路径一样，尽管根据宇宙结构去设计我们的宪法体系、发展的需要以及根据人类社会发展的需要努力地朝着大自然的目标不断地前进。

同时，人类也在一直追逐着自己的梦想。人生对于其自身就是这样的：对于我们这个物种将要遇到的哪怕是最遥远的时代，我们人类也绝不会无助于事，只要那个时代确实无疑是可以指望的。我们可以通过我们的努力，加速引导这个时代发展，理想的社会会在我们后代的时代中到来，虽然不会在我们所在的时代里到来，我们也绝不会放弃努力，哪怕我们只看到那个时代来临的最微弱的迹象，这对我们来说，都是非常重要的。

人类社会还是朝着大自然的目标不断地发展。从当今各国的统治者来看，他们都在忙于准备未来的战争，没有将精力用在提升人民的福利之上，但是他们并不会阻止人民在公共方面所做的努力，尽管这些努力还很微弱。

康德指出，随着世界人民交往的日益频繁，世界上每一个国家的动荡都会对所有其他国家造成这样的或那样的影响，以至于这些国家愿意出面充当制止动荡的仲裁者，这是在为遥远的未来世界建设一个从前的世界从未显示过"先例的、伟大的国家共同体"。在康德看来，这个共同体就是各民族联合的国际政府。他说：

> "尽管这一国家共同体目前还只是处在很粗糙的轮廓里，可是每一个成员却好像都已经受到一种感觉的震动，即他们每一个都依存于整体的保全；这就使人可以希望，在经过许多次改造性的革命之后，大自然以之为最高目标的东西——那就是作为一个基地而使人类物种的全部原始禀赋都将在它那里面得到发展的一种普遍的世界公民状态——终将有朝一日会成为现实。"①

---

① 康德：《历史理性批判文集》，商务印书馆2009年版，第18—19页。

由此可见，康德对人类未来还是满怀期待和信心的。

命题九："把普遍的世界历史按照一场以人类物种的完美的公民结合状态为其宗旨的大自然计划来加以处理的这一哲学尝试，必须看作是可能的，并且甚至还是这一大自然的目标所需要的。"①

按照康德的观念，即人类社会最完美的公民结合状态是为实现大自然的目的，并将二者进行哲学上判断的探讨与尝试，是完全可能的，而且是必须的。我们会在判断与探讨中找到某种合理性的目的。

康德认为"当世界的行程可以用某种合理性的目的来加以衡量的时候"，我们就会看到大自然即使是在人类自由的演进过程中，也并不是没有规划和目标而在进行着的，那么这一观念就可能成为非常有用的了；哪怕我们是那么近视而看不透它那布局的秘密构造，但是这一观念仍可以为我们提供一条指导线索，把一堆只是毫无计划的人类行动的汇合体至少在整体上勾画出一个体系。康德主张，人民社会和大自然一样，只要我们细心些，我们就会发现，我们这个大陆上的国家宪法是有着一个合规律的进步历程的。同时，如果我们随时随地进一步地留意公民宪法及其法律，并留意国家的关系，着眼于这两者由于它们所包含的好处，从而为各族人民的艺术和哲学得以提高和繁荣。然后我们还需要留意它们本身，即宪法、法律与国家的关系所带来的缺点，纵使人类倾覆。可是每次倾覆总会留下启蒙的萌芽，这一萌芽又通过每一次革命而愈加发展，并准备好了进入后来的更为高级的发展阶段。从中我们发现了一条线索，这条线索不仅能够让人们得到那无常的人间繁杂的事物演进的解释，而且还会有一种大自然的计划，在人们面前展示一幅令人欣慰的未来远景。

"人类物种从长远来看，就在其中表现为他们怎样努力使自己终于上升到这样一种状态，那时候大自然所布置在他们身上的全部萌芽都可以充分地发展出来，而他们的使命也就可以在大地之上得到

---

① 康德：《历史理性批判文集》，商务印书馆2009年版，第19页。

实现。"①

在论述了9个命题之后，康德解释了什么是大自然的目的。

> "对大自然的——或者最好是说对天意的——这样一番论证，对于我们只选择一种特殊的观点以进行世界考察来说，绝不是什么无关紧要的动机。因为在没有理性的自然界之中，我们赞美造化的光荣与智慧并且把它引入我们的思考，究竟又有什么用处呢；假如在至高无上的智慧的伟大舞台上，包含有其全部的目的在内的那一部分——亦即全人类的历史——竟然始终不外是一场不断地和它相反的抗议的话？这样一种看法就会迫使我们不得不满怀委屈地把我们的视线从它的身上转移开来，并且当我们在其中永远也找不到一个完全合理的目标而告绝望的时候，就会引导我们去希望它只能是在另一个世界了。"②

三、　什么是启蒙运动？

启蒙运动是18世纪爆发在法国的一场波澜壮阔的思想解放运动，以伏尔泰、孟德斯鸠、卢梭和百科全书派为代表的思想家们，对封建神学和专制统治下的自然观、价值观、道德观、社会现状、社会制度等都做了无情的批判，用自由平等的人权思想，描绘未来的"理想之国"。康德对法国的启蒙运动，对法国启蒙运动的代表人物卢梭更是情有独钟，在康德居住的房间里，只有一幅画，就是卢梭画像。他在文稿《答复这个问题：什么是启蒙运动》中，表明了他对法国启蒙运动的态度以及对启蒙运动在人类社会发展史中的意义的思考。

康德认为：

---

① 康德：《历史理性批判文集》，商务印书馆2009年版，第21页。
② 康德：《历史理性批判文集》，商务印书馆2009年版，第21页。

"启蒙运动就是人类脱离自己所加之于自己的不成熟状态。不成熟状态就是不经别人的引导，就对运用自己的理智无能为力。当其原因不在于缺乏理智，而在于不经别人的引导就缺乏勇气与决心去加以运用时，那么这种不成熟状态就是自己所加之于自己的了。Sapere aude! 要有勇气运用你自己的理智！这就是启蒙运动的口号。"①

在康德看来，世界上就存在着一种不成熟状态的人，而且在人群之中，这种人是大量存在的：

"懒惰和怯懦乃是何以有如此大量的人，当大自然早已把他们从外界的引导之下释放出来以后，却仍然愿意终身处于不成熟状态之中，以及别人何以那么轻而易举地就俨然以他们的保护人自居的原因所在。"②

他指出，不成熟的人们，他们是那样的安逸，他们什么都不需要努力，什么都不愿意亲力亲为。如果我有一部书能代替我解释，我就没必要去思考，有一位牧师能代替我有良心，我就没必要去修养自己的道德，有一位医生能替我制定食谱，我就没必要去思考自己每天要吃什么，那么我自己就用不着操心了。只要能对我合算，我就无须去思考；自有别人会替我去做这类伤脑筋的事。

康德认为，绝大多数的人把步入成熟状态看作是非常艰辛、非常危险的事情，故而在不成熟状态中停滞不前或仅做尝试的努力便吓得胆战心惊而不再去努力尝试了。这样人为地给自己扣上一顶不成熟状态的帽子。只有很少的人通过自己的艰苦奋斗而摆脱不成熟状态。但是，公众要启蒙自己，却是很可能的，只要允许他者自由，这还确实几乎是无可避免的，因为哪怕在那些统治者们中间，也总会发现有一些独立思考的人，他们自己在抛却了不成熟状态的羁绊之后，就会传播合理地估计自己的价值以及每

① 康德：《历史理性批判文集》，商务印书馆2009年版，第23页。
② 康德：《历史理性批判文集》，商务印书馆2009年版，第23页。

个人的本分就在于思想其自身的那种精神。因而公众只能是很缓慢地获得启蒙。通过一场革命或许很可能实现推翻个人专制以及贪婪心和权势欲的压迫，却绝不能实现思想方式的真正改革，而新的偏见也正如旧的一样，将会成为驾驭缺少思想的广大人群之上而设置的圈套。

> "然而，这一启蒙运动除了自由而外并不需要任何别的东西，而且还确乎是一切可以称之为自由的东西之中最无害的东西，那就是在一切事情上都有公开运用自己理性的自由。可是我却听到从四面八方发出这样的叫喊：不许争辩！军官说：不许争辩，只许操练！税吏说：不许争辩，只许纳税。神甫说：不许争辩，只许信仰。（举世只有一位君主说：可以争辩，随便争多少，随便争什么，但是要听话！）到处都是对自由的限制。"[1]

四、人类的理性

人类具有理性，是人与动物的真正区别，以人类的存在作为开端，而且又必须以人类业以成熟作为开始。

在康德看来，人的理性来自大自然的目的性，来自大自然对人从动物的进化过程的作用，而这一切都源于大自然的设计。那么大自然是如何设计的呢？他们必须以无须母亲的扶持，他们还得有配偶，从而才可以延续自己的物种，并且还只能是单一的配偶：

> "大自然要通过出生方面的多样性而使他们以最适当的布局走向社会性……所有的人都将由之而出生的那个家庭的统一性，乃是达到这一目的的最好安排。我要把这对配偶安置在一个既不受猛兽侵袭，又具备一切使大自然可以丰富地提供食物的手段的地点，同时还有着像

---

[1] 康德：《历史理性批判文集》，商务印书馆2009年版，第25页。

一座花园似的四时美好的季节。"①

康德认为："最初的人就是可以直立和行走；他能说话，甚至还能谈论，也就是说能按照联合的概念来说话，因而就能思想。"②

康德认为，人最初是用自身的本能与上帝沟通的。起初必定是只有本能这个一切动物都需听从的上帝的声音，在引导着这个新学徒。这个本能就允许他以某些东西，而又禁止他以另外的某些东西作为食物。但是并没有必要由于这个缘故便假定有一种特殊的本能是现在已经丧失了的；它可能只不过是嗅觉官能及其与味觉感官之间的亲密联系，后者与消化器官之间的那种人所熟知的共同感觉以及（正如我们现在还可以觉察到的）对于享用某种食品适宜或不适宜的预感能力而已。

理性的第一步，是从人有了思想开始的。康德认为，理性都具有一种惰性，那就是他可以靠想象力的帮助便创造出种种愿望来，这些愿望不仅不具备任何有此倾向的天赋冲动而且还与之相反。这种愿望起初就叫做情欲，然而人们又炮制出一大堆多余的，甚至违反自然的情欲来，还可以称之为骄奢淫逸。这种情欲意识，使人们理性地意识到，人可以使自己超出一切动物都被规定着的那种范围之外的能力——却是非常重要的，并且决定着未来的生活方式。康德认为，亚当、夏娃去吃了伊甸园中的禁果，就是情欲的引诱。"理性以最初的机缘来反叛大自然的声音，并且使之不顾大自然的抵抗而做出了自由抉择的最初尝试。这一尝试作为最初的一次，很可能并没有按照预期而得到满足。这一损失可能就像是人们所愿望的那样微不足道。然而它却从此开启了人类的眼界。他发现自己有一种为自己抉择生活方式的能力，而不是像别的动物那样被束缚于唯一的一种生活方式。"③

理性的第二步，便是人从单纯的动物的性欲逐步过渡到爱情。康德说，人类很快就发现：性的吸引力在动物身上仅仅是靠一种转瞬即逝的、大部分是周期性的冲动，但它对于人类却有本领通过想象力而加以延长，甚至

---

① 康德：《历史理性批判文集》，商务印书馆2009年版，第62—63页。
② 康德：《历史理性批判文集》，商务印书馆2009年版，第63页。
③ 康德：《历史理性批判文集》，商务印书馆2009年版，第65页。

增加。对象离开感官越远，想象力就确实越是以更大的节制，然而同时又更为持久地和一贯地在发挥它的作用，因此便防止了单纯的动物欲望的满足所带来的那种厌倦之感。因为人能够使自己的对象脱离感官、从而使之更加内心化和更加持久化的这一倾向，就已经标志着理性之驾驭冲动的某种意识了，而不是像在第一步那样，单纯是在或大或小的范围之内为冲动服务的一种能力而已。而这种爱情的产生，从单纯感官的吸引力过渡到理想的吸引，从单纯的动物欲望逐步过渡到爱情，思想方式以一种崭新的方向而开辟了一个新纪元，它要比继之而来的整个一系列数不清的文化扩展还要更加重要得多。

理性的第三步便是深思熟虑地期待着未来。这是在爱情思想的基础上又大大地向前跨出了一步。不是单纯地享受目前一瞬间的生活而是要使自己面向将来的、往往是异常遥远的时代的这种能力，乃是人类的优越性之最有决定性的标志，这是靠一种逻辑思维才能实现的目标。人类根据自己的天职在准备着遥远的目的；——然而他同时也是无从确定的未来所引起的忧虑和愁苦的无穷无尽的根源，而那却是一切动物都可以免除的。人与动物的最大差别就在于动物没有理性，没有逻辑思维。康德认为，这种深思熟虑地对未来的期待，也意味着人的预测能力。

> "男人必须养活他自身和妻子以及未来的孩子。他预见到他自己的劳动在不断增重的艰难困苦；女人预见到大自然使女性所屈从的担负。以及比她更强而有力的男子所加之于她的额外的负担。两人又都在生活艰苦的背后，在这幅画面的背景之上，满怀恐惧地预见到一切动物所确定不可避免会遭遇到的，却不会使它们忧愁的那种东西——那就是死亡。对这个给他们造成了这一切灾难的理性加以使用，看起来简直是该受谴责的，是犯罪的。也许他们所树立的唯一可以自慰的前景，就是他的后代或许生活得更好一些，或者是这些家庭成员可以减轻一些他们的重担。"①

————————

① 康德：《历史理性批判文集》，商务印书馆2009年版，第67页。

对未来的预见能力，使人的思维开拓了新的维度，尽管它会给人带来的有欢乐，有恐惧，但正是这一步的跨越，使人类真正地既存于动物之中，又摆脱了动物界。

理性的第四步表现便是人类能够完全超出于动物社会，能真正理解到大自然的目的。理性使人认识到大自然真正的目的就是创造了人本身。他说：他理解到（不管是多么模糊地）他才真正是大自然的目的，大地之上所生存着的没有任何一种东西在这方面可以和他相匹敌，当他第一次向羊说：你蒙的皮大自然把它赐给了你，并不是为了你而是为了我，并且把它揭下来穿在自己身上；这时候，他就是具备了使他的本性可以超出一切动物之上的一种特权，他不再把它们看成是和自己同类的被创造物，而只把它们看作是由他任意支配以达到自己所喜爱的目标的手段和工具。这一观念就包含（不管是多么模糊地）如下的对立命题的思想：他不可以对任何人这样说话，而是应该把别人也看成是对大自然恩赐的平等分享者，这就是理性在未来将要着眼于他的同胞而对他的意志加以限制的一项长远的准备了，这对于社会的建立而言要远比感情和爱情更为必要。

这使人认识到大自然为什么创造了人，以及人与其他动物的不同，人成了世界上万物的主宰。人可以支配世界上的万物为自己所用。

在康德看来，大自然的目的就是创造出人的理性，使人类有别于自然界中的其他动物，作为有理性的人，人与人之间是完全平等的。

> "人类对于所有有理性的生物一律平等，而不问他们的品级如何；也就是说，就其本身就是目的的这一要求而言，他就应该作为这样的一个人而为每一个别人所尊重，而绝不能作为单纯是达到其他目的的手段而被任何别人加以使用。人类即使是对更高级的生物也是绝对平等的，其原因就在于此，而不在于把理性单纯看作是满足各式各样倾向的一种工具；尽管更高级的生物在天赋上可以是无比地超越于他们，然而却没有任何生物因此便有权可以完全恣情任意地去支配他们并统治他们。"[①]

---

① 康德：《历史理性批判文集》，商务印书馆2009年版，第68—69页。

在世界上，除了人之外没有更高级的动物，康德时期是这样，我们现今的时期也是这样，未来能否有更高级的生物，这些在现今难以得知。所以，康德所讲的更高级的生物，只是一种假设，他的核心思想是说，无论怎样，有理性的生物都是平等的。康德认为，这是人类从天堂状态往人道的过渡，是一种发展与进步。

> "从以上对于人类最初历史的叙述里，就可以得出结论说，人类之脱离这座被理性所描绘成是他那物种的最初居留的天堂，并非是什么别的，只不过是从单纯动物的野蛮状态过渡到人道状态，从本能的摇篮过渡到理性的指导而已——总之一句话，就是从大自然的保护制过渡到自由状态。究竟人类在这类变化中是得是失，可以说是不再成为一个问题，只要我们肯看一下他们整个物种的命运：那就不外是一场走向完美状态的进步而已。"①

人类走出动物界进入原始社会，摆脱野蛮状态，实现从动物向人的转变，这是质的变化和飞跃。但是从道德上来考察，走出这一步，则是人道德的退化。在理性觉醒之前，还不存在什么戒律或者禁令，因而也就不存在任何一种违法乱禁。但是，当理性开始它的作用的时候，并且——尽管它是那么的软弱——与动物性及其全部的顽强性发生了冲突的时候，于是就必定会产生无知状态，因而也就是为无辜状态所完全陌生的灾难以及（更其令人困惑的是）随着理性的开化而来的罪行。因此，脱离这种状态的第一步，就是道德方面的一场堕落。而在物理方面，则这一堕落的后果便是一大堆此前所从不知道的生活灾难，故而也就是一场惩罚。因此，大自然的历史是由善而开始的，因为它是上帝的创作；自由的历史则是由恶开始的，因为它是人的创作。

这一认识是很了不起的。人类的进步是伴随着恶的心理产生与形成的，人类由群体意识开始，但原始社会后期个体意识愈来愈得到增强，而群体意识在一步一步地退化，甚至从某种意义上说，是恶的心理和恶的言行战

---

① 康德：《历史理性批判文集》，商务印书馆2009年版，第70页。

胜了善的心理和善的言行。当然，所谓的善恶是以我们今天的道德标准加以裁判的。

康德认为，人类的下一个开端，便是人类从安逸与和平的时期过渡到作为社会结合的序曲的劳动与扰攘纷争的时期。这时人类开始了一次新的大发展的跳跃，即家畜的拥有和农业的播种的增加，就使这个时期一直都是彼此和平共存的人们开始了纷争，纷争的结果就是农业和畜牧业的分开，这便是人类的生产方式和生活方式第一次大的分工。随着农业的进一步发展，当谋生之道有赖于对一块土地进行耕作和种植（尤其是树木）的时候，这块土地就需要有人安居下来；保卫这块土地不受一切侵犯就需要有一个彼此相助的人群。于是人们在这种生活方式之下，就不能再采取家庭的方式分散开来，而且必须聚集在一起并建立乡村（或者很不确切地称之为城市），以便抵抗野蛮的猎人以及飘忽而至的游牧部落，保护自己的财产。这时在一定程度上已经打破了原来氏族公社的社会结构，即社会组织，开始出现乡村聚集定居，在一些地方出现城市。这是人类社会结构的一大变化，即由原来的家庭为主，在家庭之上是氏族、部落等结构，开始变成以家庭为主，以定居点形成的村社社会结构，这是人类从群结构向结构群的演变。

由于存在不同的生产方式，这样便发生了物品的交易，产生了文化及艺术，出现了公民宪法，在宪法的基础上又出现把全体都团结在一起的合法力量，也就是说一种政权机构，而对于这一力量的本身则不可能再行使任何其他的权力，于是，国家便产生了。国家的产生使人类社会形成了等级结构，有统治者和被统治者，这便是人类一个新的时代的开始。然而，随着这个时代的开始，人类便逐渐出现了整个社会的不平等，而这种不平等，在康德看来，它是那么多的坏事的，但同时却又是一切好事的丰富的源泉，并且还日益得到增长。这种不平等首先在国内开始，出现严重的阶级分化，形成两个集团，即以少数人为主的统治阶级集团和以多数人为主的被统治者集团。但是，为了使统治集团的利益最大化，统治者不断地研究和探索如何剥夺被剥夺者，于是统治者往往采取一些较为开明的统治政策，正如康德所说：

"一个国家若要成为强国，就需要有财富，但没有自由就不会出现任何可能创造财富的活动。一个贫穷的民族要在这方面大举从事，就必须得到共同体的支持，而这又唯有当人们在其中感到自由的时候才有可能。"[1]

同时，国家的统治范围不断扩大，将更多的市民纳入自己的统治范围。而且，没有进入国家统治的牧民，随着时间的推移，城市里不断增长的奢侈生活，引诱着每一个牧人，使之与城市居民发生联系，这些牧人也被吸纳到城里，这使之前水火不容的两个宿敌民族融合在一起，从而结束了战争的危险，但同时也是一切自由的结束，强有力的暴君统治建立，形成了专制制度的政体。

从这时起，理性终于使人不但摆脱了动物界，而且也使人摆脱了氏族部落，摆脱了群居的生活及社会的群结构。在人类社会开始出现村落、城市，最终形成国家。

康德得出结论，凡是有思想的人都有一种忧伤。这种忧伤很可能使人们的道德沦丧，这种忧伤是来自人们对统治者的世界进程的整体的"天意心怀不满"。康德认为：

> "我们应该满足于天意（尽管天意已经就我们地上的世界为我们规划好了一条如此艰辛的道路）；部分地为的是要在艰难困苦之中不断地鼓舞勇气，部分地为的是当我们把它归咎于命运而不归咎于我们自身的时候——我们自身也许是这一切灾难的唯一原因——使我们能着眼于自己本身，而不放过自我改进以求克服它们。"[2]

例如，战争是人类的最大灾难，但在现阶段人类所处的文化阶段里，战争乃是带动文化继续前进的一种不可或缺的手段。唯有达到一个完美化了的文化之后——上帝知道是在什么时候——永恒的和平才对我们是有益的，并且也唯有通过它，永恒的和平才是有可能的。康德最后的结论是：

---

[1]　康德：《历史理性批判文集》，商务印书馆2009年版，第76页。

[2]　康德：《历史理性批判文集》，商务印书馆2009年版，第77页。

"哲学所探讨的一部人类最古老的历史的结论便是这样：应该满足于天意，应该满足于人间事务全体的总进程，这个进程并不是由善开始走向恶，而是从坏逐步地发展到好；对于这一进步，每一个人都受到大自然本身的召唤来尽自己最大的努力做出自己的一份贡献。"①

五、永久和平论

（一）国与国之间的永久和平的先决条款

康德指出，无论是停止了战争，还是战争正在进行，达成永久和平的先决条款有以下6点。

1. "凡缔结和平条约而其中秘密保留有导致未来战争的材料的，均不得视为真正有效。"②

康德认为，如果仅仅是单纯的停战协定，只意味着暂时的休战，并不意味着战争的结束，不可能解除敌对行为而得到和平。但是现在所有导致未来战争的原因都应该用和平条约将产生这些战争的原因消灭掉。

2. "没有一个自身独立的国家（无论大小，在这里都一样）可以由于继承、交换、购买或赠送而被另一个国家所取得。"③

康德认为，国家不是一项财产，人们可以随便将其转让或赐予。国家是一个人类的社会，除了它本身而外没有任何别人可以对它发号施令或加以处置。

---

① 康德：《历史理性批判文集》，商务印书馆2009年版，第81页。
② 康德：《历史理性批判文集》，商务印书馆2009年版，第101页。
③ 康德：《历史理性批判文集》，商务印书馆2009年版，第102页。

3. "常备军应该逐渐地全部加以废除。"①

为什么要取消常备军呢？因为一个国家总是显示备战的活动而在不断地以战争威胁别的国家，这就刺激了各国在战备数量上不知限度地竞相凌驾于对方，同时各国战备所消耗的费用终于使和平变得比一场短期战争更加沉重，因为只有势均力敌的战备才能延缓战争爆发的可能。但是这种备战本身又成了攻击性战争爆发的原因。为了摆脱这种可能，只有裁掉和废除常备军。

4. "任何国债均不得着眼于国家的对外争端加以制订。"②

国与国的纷争，也往往因债务引起。为了国家经济的缘故（改良道路、新的移民殖民、筹建仓廪以备荒年，等等），而寻求国内外的援助，这种援助的来源是无可非议的。但是作为列强相互之间的一种对抗机制而言，将其变成进行战争的财富，便会成为永久和平的一大障碍，因此，其他国家至少有权联合起来反对这样的战争国债。

5. "任何国家均不得以武力干涉其他国家的体制和政权。"③

假如一个国家由于内部不和而分裂为两个部分，每一部分都自命为一个国家，声称代表着全体，援助其中的一方就不能认为是干涉别国的体制，因为这时候这个国家处于无政府的状态。但是如果这种内争尚没有确定，而强加干涉，就是侵犯了别的国家独立自主的原则。

6. "任何国家在与其他国家作战时，均不得容许在未来和平中，使双方的互相信任成为不可能的那类敌对行动。例如，其中包括派遣

---

① 康德：《历史理性批判文集》，商务印书馆2009年版，第103页。
② 康德：《历史理性批判文集》，商务印书馆2009年版，第103页。
③ 康德：《历史理性批判文集》，商务印书馆2009年版，第103页。

暗杀者、放毒者、破坏降约以及在交战中教唆叛国投敌等等。"①

康德认为，即使在战争中，对于敌人也还是得保留某些信任的，否则的话任何和平条约都不可能缔结；于是敌对行动就会以一场灭绝性的战争而告结束。既然战争只不过是自然状态下的一场可悲的、以武力来肯定自己的权利的必须手段，这里的双方之中的任何一方都不能宣布对方为不义之敌，因为如果这样就等于预先确定有一种法庭的裁决，而战争的结局，就好像是面临一场所谓的上帝审判的那样，决定了谁是正义。但是国与国之间不能进行惩罚性的战争。

在康德看来，人类面临着被战争毁灭的可能和前景。

"由此可见：只会造成双方以及一切权力随之同时一起毁灭的一场灭绝性的战争，就只是在整个人类物种的巨大坟场上才能发现永久和平。因此，这样的一场战争以及使用导致这种战争的手段，就必须是绝对不能容许的。"②

在达成国与国之间建立永久和平的先决条款之后，就应该建立国与国之间永久和平的正式条款。

（二）走向各国之间永久和平的正式条款

1. 每个国家的公民体制都应该是共和制

在康德看来，人与人生活处于相互间的和平状态并不是一种自然状态，而是一种接近于战争的状态，也就是说，即使他们尚没有敌对行为爆发，也会不断地受到战争威胁。因此，国与国之间要建立一种真正的和平状态，仅仅放弃相互的敌对行为，还不是和平状态的真正保障，真正处于和平状态的每个国家必须是一种严格的法治状态，只有通过法治保证一个国或一个人，不向另外一个国家或邻人进犯，并不将其当成敌人的前提下，和平

---

① 康德：《历史理性批判文集》，商务印书馆2009年版，第105页。
② 康德：《历史理性批判文集》，商务印书馆2009年版，第105—106页。

才有可能。

所以，"永久和平第一项正式条款：每一个国家的公民体制都应该是共和制。"①康德提出：

> "由一个民族全部合法的立法所必须依据的原始契约的观念而得出的唯一体制就是共和制。这首先是根据一个社会成员（作为人）的自由原则，其次是根据所有的人（作为臣民）对于唯一共同的立法的依赖原理，第三是根据他们（作为国家公民）的平等法则而奠定的。因此，他本身就权力而论便是构成各种公民宪法的原始基础的体制。"②

康德认为，这种体制最大的优点就是，如果决定是否发生战争应由国家公民表示同意，那么最自然的事情莫过于公民必须对自己作出有关战争的决定负责，并要承担战争所带来的一切后果。他们必须深思熟虑而非草率作出决定。相反，如果不是共和体制的国家，公民是国家的臣民，决定战争的不是公民，而是国家的最高统治者，战争则会变成全世界最不假思索的事情了，因为领袖并不是国家的同胞，而是国家的所有者，他的筵席、狩猎、离宫别馆、宫廷饮食一点也不会因战争而受到任何减损，而臣民百姓则要因战争而出征战场，流血牺牲，带给社会的是民不聊生、百业凋敝、流离失所的社会残败局面。

康德指出，我们不能将共和体制与民主体制相混淆，他说：

> "一个国家（Civitas）的形式可以或是根据掌握最高国家权力的不同的人，或是根据它的领袖对人民的政权方式而无论其人可能是谁，来加以区分。第一种是被确切地叫做统治的形式（forma imperii），并且它只有三种可能的形式，亦即或则仅仅一个人，或则是一些人联合起来，或则是构成为公民社会的所有人一起握有统治权力（专制政体、贵族政体和民主政体，君主权力、贵族权力和人民权力）。第三种则是

---

① 康德：《历史理性批判文集》，商务印书馆2009年版，第108页。

② 康德：《历史理性批判文集》，商务印书馆2009年版，第109—110页。

政权的形式（forma regiminis），并涉及国家如何根据宪法（即人群借以形成一个民族的那种公意的记录）而运用其全权的方式；在这方面它或者是共和的或者是专制的。"①

康德认为，共和制政体是国家行政权力与立法权力相分离的国家原则，而专制政体则是国家独断地实行它为其自身所制定的法律的那种国家原则，因而公众的意志被统治者作为自己私人的意志来处理的那种国家原则。

康德认为还有3种国家体制——共和政体、君主政体和民主政体。民主政体在这个名词的严格意义上就必然是一种专制主义，因为它奠定了一种行政权力，其中所有人可以对于一个人并且甚而是反对一个人（所以这个人是并不同意的）而作出决定，因而也就是对已不成其为所有的人的所有人而作出决定。这是公意与其自身以及与自由的矛盾。

在康德看来，凡不是代议制的一切政权形式本来就是无形式，因为在同一个人的身上立法者不可能同时又是自己意志的执行者。

"国家权力的人员（统治者的人数）越少，他们的代表性也就相反地越大，国家体制也就越发符合共和主义的可能性并且渴望通过逐步改革而终于提高到那种地步。由于这个原因，在贵族政体之下就比在君主政体之下更难于实行，而在民主政体之下则除非是通过暴力革命就根本不可能达到这种唯一完美的合法体制。"②

所以，议会制对于人民来说是十分重要的，唯有议会制体系中的共和制政权方式才符合大多数人的利益。如果不采用议会制就必然是专制和暴力。

2. 国际权利应该以自由国家的联盟制度为基础

康德认为，各个民族国家也如个人一样，在自然状态下也是和平共处互不侵犯的。每个国家的人们都应该出于自身安全的考虑，要求其他国家

---

① 康德：《历史理性批判文集》，商务印书馆2009年版，第111页。
② 康德：《历史理性批判文集》，商务印书馆2009年版，第112页。

的人们和自己一道进入一种类似公民体制的体制，在这种体制之中可以保证每一个民族自己的权利。这会是一种各民族的联盟，但不必是一个多民族的国家。然而这里面却有一个矛盾：因为每一个国家都包括在上者（立法者）对在下者（听命的，即人民）的关系，而许多民族处在一个国家之内就会仅仅构成为一个国家。这就和假设相矛盾，因为我们在这里只就各民族构成同样之多的不同的国家，而不是融合为一个国家来考察各民族彼此之间的权利的。

　　但是，世界上还有着尚未开化的野蛮人。这些野蛮人深深地眷恋着目前没有法律约束的自由。他们宁愿无休止地格斗而不愿意臣服于一种他们本身就可以制定出来的法律的强制之下，因而是宁愿接受疯狂的自由而不愿意接受理性的自由。我们把这看作是野蛮、粗暴和畜生式地贬低了人道。还有，现在的国家倒更加恰好把自己的威严（因为人民的威严是一种荒谬的提法）置诸完全不服从任何外界法律的强制，而它的领袖的光彩就在于他自己不必置身于危险之中又有千千万万的人对他俯首听命，为着和他们本身毫无关系的事情去牺牲自己。他们愚弄民众于股掌上，口里整天喊着人民、民主、自由、高尚，然而内地里比谁都龌龊，还都恬不知耻地披着光艳的外衣。但是，这些执政者认为他们的做法是天经地义的，正如公元前4世纪初入侵罗马的高卢部族领袖布伦努斯（Berenus）宣称："大自然所赋给强者凌驾弱者的优越性就在于弱者应该服从强者。"[1]

　　康德认为，国家追求自身权利的方式绝不像是在一个外部的法庭上进行诉讼那样，而只能是战争；然而通过这种方式及其有利的结局，即胜利，却决定不了权利。和平条约确实可以结束目前这场战争，但不能结束（永远在寻找新的借口）战争状态，而我们又不能宣称它是不正当的，因为这种状态中的每一方都是他自身事情的裁判者。但是在无法律状态中根据自然权利所适用于人类的东西，即"应该走出这种状态"，依据国际权利却不能同样地适用于各个国家。同时，理性从其最高的道德立法权威的宝座上，又要断然谴责战争之作为一种权利过程，相反地还要使和平状态成为一种直接的义务；可是这一点没有一项各民族之间的契约就不可能建立起来或

---

① 康德：《历史理性批判文集》，商务印书馆2009年版，第115页。

者得到保障——于是就必须有一种特殊方式的联盟，我们可以称之为和平联盟；它与和平条约的区别将在于，后者仅仅企图结束一场战争，而前者却要永远结束一切战争。

康德指出，建立这样的国际联盟，并不是要获得什么国家的权力，而仅仅是要维护与保障一个国家自身的以及同时还有其他加盟国家的自由。就像人类在自然状态之中的那样，需要他们屈服于公开的法律及其强制执行和平共处的社会之下。

3. 论永久和平的保证

大自然是人类永久和平的保证者，这主要从大自然的目的性体现出来。大自然的目的性是通过人类的不和谐乃至违反人类的意志而最终达到和谐一致的历史过程，因为我们不清楚这一过程中大自然的目的性是怎样表现出来的，可它是存在的。所以我们称这一过程为"命运"。但是，当我们考察到命运这一过程中的合目的性时，我们就会发现，一种更高级的，以人类客观的终极目的为方向，蕴含着预先就决定了这一世界进程的原因和充满着深邃智慧的结果，我们就称之为天意。即是上天的旨意。

> "它本来确乎不是我们在大自然的艺术加工厂里所能够与必须认识到的，或者仅仅是从其中推论出来的，而且（就像一般地在事物的形式对于目的的全部关系中那样）我们只能并且必须这样加以思想，以便根据与人类的艺术处理相类比而对它的可能性得出一个概念来。"[1]

大自然又是如何为人类永久和平提供担保的呢？康德认为：

第一，在大地上的每一个地方都照顾到人类以便使人类在地上面生活，即给人类生活提供必要的条件。

第二，通过战争把他们驱逐到各个方向，甚至最不堪居住的地方，使他们得以居住，即使人类能在地球表面均衡地居住，不至于人人都因追求好的居住条件而使一处过于拥挤。

第三，通过同一个办法迫使他们进入或多或少的法律关系，即通过一

---

[1] 康德：《历史理性批判文集》，商务印书馆2009年版，第122—123页。

种契约合作，来解决人们之间的纷争。

第四，即使一个民族不是由于内部的不和而不得不使自己屈服于法律的强制之下，战争也会从外部做到这一点的。因为根据大自然的安排，每一个民族都发现自己与另一个紧逼着自己的民族为邻，对此它就必须从内部使自己形成一个国家，以便作为一个强权能武装起来进行对抗。

> "可是唯有共和的体制才是完美地符合人类权利的唯一体制，但也是极其难于创立而又更加难于维持的体制，乃至许多人都认为它必须得是一个天使的国家，因为人类以其自私的倾向是不能够有那么崇高的形式的体制的。"①

第五，国际权利的观点是由于存在着许多互相独立的毗邻国家的前提下产生的。康德认为，从理性观点来看，就是如此分立的国家现状，也要远远好于有一个国家凌驾于众国之上朝着大一统的君主制过渡的国家出现在世界上。因为法律总是随着政权范围的扩大而越发丧失它的分量的，而一个没有灵魂的专制政体在它根除了善的萌芽之后，终于也就会沦于无政府的状态。然而每一个国家（或者说它的领袖）却都在这样向往着以这一方式而进入持久和平的状态，可能的话还要统治全世界。但是大自然则要求它是另一种状态——大自然采用了两种手段使得各民族隔离开来不至于混合，即语言的不同与宗教的不同；它们确实导致相互敌视的倾向和战争的借口，但是随着文化的多样性发展和人类逐步接近于更大的原则一致性，却也会引向一种对和平的谅解，它不像专制主义（在自由的坟场上）那样是通过削弱所有的力量，而是通过它们在最生气蓬勃的竞争的平衡之中产生出来并且得到保障的。

第六，大自然通过各个国家的相互自利，将各个国家结合在一起。那就是与战争无法共处的商业精神，并且它迟早会支配每一个民族的。因为在从属于国家权力的一切势力（手段）之中，金钱势力很可能才是最可靠的势力；于是各个国家就看到（确乎并不是正好通过道德的动机）自己被

---

① 康德：《历史理性批判文集》，商务印书馆2009年版，第128页。

迫不得不去促进荣誉的和平，并且当世界受到战争爆发的威胁时要通过调解来防止战争，就仿佛它们是为此而处于永恒的同盟之中那样；因为按照事物的本性来说，能够出现进行战争的伟大同盟是极其罕见的事，而能够成功的就更加罕见了。康德的结论是：

> "大自然便以这种方式通过人类倾向的机制本身而保证了永久和平；确乎并不是以一种（在理论上）很充分的确切性在预告他们的未来，但在实践的观点上却已足够了，而且还使得我们为这一（并不纯属虚幻的）目的的努力成为了一种义务。"①

最后，康德认为实现人类永久和平还有一个秘密条款，那就是哲学家有关公共和平可能性条件的那些准则，应该被准备进行战争的国家引为忠告，即要发挥作为智者哲学家在防止战争、实现人类和平上的作用，用哲学家的智慧，在观察引导势态的发展变化上，要听取他们的意见。他说：

> "一个国家的立法权威，人们自然而然地必定要赋之以最大的智慧，但在有关自己对别的国家的行动原则上却要听取臣民（哲学家）的教诲；这对他们仿佛是蔑视似的。然而这样做却是十分可取的。因此国家就要不声不响地（因此同时就保持秘密地）请求哲学家来进行这个工作，这就等于说：国家要允许他们自由地和公开地谈论进行战争和调解和平的普遍准则（因为这件事是他们自身就会做到的，只要人们不加以禁止）。国家彼此之间有关这一点的协议，也并不需要国家之间在这方面有任何特殊的议定书；而是它早就通过了普遍的（道德－立法的）人类理性而被奠定在人类的义务中了。"

但这里的意思并不是说，国家必须给予哲学家的原则以优先于法学家（国家权力的代表人）的裁决地位，而只是说人们应该倾听他们。成为法学家的标志乃是权利的天秤，而且紧跟着也还有正义的宝剑；他们常常要使

---

① 康德：《历史理性批判文集》，商务印书馆2009年版，第131页。

用后者，不仅是为了防止对于前者的一切外来影响，而且还要在天秤的一端不肯下沉的时候就把宝剑投到那上去。法学家并非同时（按道德来说）也是哲学家，他们在这方面受到极大的诱惑，因为他们的职务就是要运用现成的法律，而不是要研究它本身是否需要改良。康德指出：

> "不能期待着国王哲学化或者是哲学家成为国王，而且也不能这样希望，因为掌握权力就不可避免地会败坏理性的自由判断。但是无论国王们还是（按照平等法律在统治他们自身的）国王般的人民，都不应该使这类哲学家消失或缄默，而是应该让他们公开讲话；这对于照亮他们双方的事业都是不可或缺的，而且因为这类哲学家按其本性不会进行阴谋诡计和结党营私，所以也就不会蒙有宣传家这一诽谤的嫌疑了。"①

六、人类是在不断朝着改善前进吗？

（一）"我们在这里要求知道什么？"

康德讲，他希望有一部不是关于以往而是预测未来的历史。这其实是预测方面的知识体系，但称之为历史这便使人们想到新鲜有趣。他说如果它不能以已经为人所知的自然规律（例如日月蚀）为指导，我们就称之为占卜的却是自然的历史；然而如果它不能以别的方式而唯有通过越自然的通感和开辟对未来时代的认知才能获得，我们就称之为预言的（先知的）历史。

关于人类前进的标准是什么，这一问题十分重要。康德说：

> "如果要问：人类（整体）是否不断地朝着改善前进；那么它这里涉及的就不是人类的自然史（未来是否出现什么新的人种），而是道德

---

① 康德：《历史理性批判文集》，商务印书馆2009年版，第133页。

史了；而且还确乎并非根据种属概念（singulorum），而是根据在大地上以社会相结合并划分为各个民族的人类全体（Universorum）。"①

（二）"我们怎样能够知道它"

康德这里的"它"指的是未来，他说：

> "只能是作为对未来时代行将到来的事件之预告性的历史叙述，因而也就是作为对将要来临的事件之一种先天可能的陈述。"②

然而，一部历史又是怎样先天成为可能性的呢？即没有发生而先天决定其将会发生的呢？或者不是先天，是在尚未发生的列表就事先知道它会发生呢？康德的答案是：

> "如果预告者本人就制造了并布置了他所预先宣告的事件。"③

他举的例证是犹太人的先知们对自己国家命运的预测。

> "犹太的先知们曾很好地预告过，他们的国家或迟或早行将不仅仅是倾颓而且是完全解体，因为他们本身就是他们这种命运的创造者。他们作为民族的领袖给他们的体制压下了那么多教会的以及由之而来的公民的重担，以至于他们的国家已经变得完全不适应于维持它本身，而尤其是与他相邻民族的关系了。因此，他们祭祀的哀歌就必定自然而然地会枉自随风消逝，因为他们顽固地坚持那种他们亲自缔造的但不能实现的体制，于是他们本身就能够准确无误的预见到结局。"④

---

① 康德：《历史理性批判文集》，商务印书馆2009年版，第149页。
② 康德：《历史理性批判文集》，商务印书馆2009年版，第150页。
③ 康德：《历史理性批判文集》，商务印书馆2009年版，第150页。
④ 康德：《历史理性批判文集》，商务印书馆2009年版，第150页。

这是在说，犹太人的国家于公元前586年灭亡，是犹太人的自身行为造成的，那么犹太人的智者先知事先便能看到这一点。

康德又列举了政治家是如何预言的。我们的政治家，就他们的影响所及，也正好是在这样做的，并且也正好预告得同样幸运。他们说，我们必须把人类看成他们实际的那样子，而不能像对于世界孤陋寡闻的学究们或者好心的幻想家们梦想着他们所应该成为的那样子。可是这种他们实际的那样子也就是说：我们通过不正义的强制、通过政权随手捏造背信弃义的阴谋而把他们造成的那样子，那便是他们既固执不化而又反叛成性；当政权稍微一放松它的缰绳，于是就确定会得出这些自命聪明的国务活动家们的预言所证实的可悲的结果。因为，这些政治家们的所作所为是因，有了因便自然可得到果了。

康德举的最后一个例子，便是牧师对基督教未来命运的预测，他说：

> "牧师们也时而在预言着宗教的完全倾颓以及反基督者的即将出现。而这样说的时候，他们就恰好在做着实现这一点所必须的事情。他们并没有想着把直接导向人类改善的道德原则置诸于教徒们的心里，而是把对他起间接作用的遵守戒律和历史信仰当成了最根本的义务；从这里边确实可以生长出来像在一个公民体制中的那种机械的一致，但是决不会有任何道德观念上的一致。可是这时候他们就叹息人们不信宗教了，而这却是他们自己造成的；因此即使他们没有特殊的预言天分，也能做出预言。"①

可见，基督教的"倾颓"态势和反基督教思想出现，不在别人，而是因基督徒们自己的行为导致的。所以，即使没有预测能力的基督徒们也可以看到这一点。因此种的什么因，必然会知道会产生一个什么样的果。

（三）"关于我们所要求预先知道的未来事物的概念的划分"

康德认为，人类的道德处于3种状态：第一种是道德不断向着不好的方

---

① 康德：《历史理性批判文集》，商务印书馆2009年版，第151页。

向，即恶的方向发展，这种状态被他称为道德的恐怖主义；第二种是道德不断向好的方向，即向善的方向发展变化，这被他称之为幸福主义，也可以称为千年福主义；第三种道德永远停留在被创造时自己道德价值的目前阶段（永远环绕着同一点旋转和这是同一回事），他称之为阿布德拉主义，即是一种停止的道德。接着，康德对道德所处的3种状态进行解释。

"a，关于恐怖主义的人类历史观"。康德认为，恶的结果是可以预测到的。他说：

> "沦落为恶，这在人类不能是持续不断的，因为到了它的一定程度，它本身也就会灭绝。因此随着更大的、累积如山的罪行以及与之相应的灾祸的增长，人们就可以说：事情现在已经变得不能更坏了，最年轻的日子（即世界末日）就要临头了；虔诚的热心人现在已经梦想着一切事物的再度来临以及一个更新的世界了——当这个世界在烈火中被消灭以后。"[1]

这说明恐怖主义的人类历史观，是可以被预测到的，因为恶和恐怖主义发展到一个极端，就会走向事物的反面。而这个反面是可以被预知的。

"b，关于幸福主义的人类历史观。"对于未来善的、好的结果的预测有时是模糊不清、难以准确的。我们的秉赋中为天性所固有的善和恶，其总量始终是同样的，并且在同一个个体的身上既不会增多也不会减少，这一点总是可以承认的。那么我们秉赋中的这种善的数量又是怎样得以增多的呢？既然它必然通过主体的自由才能够出现，而反过来主体为了这一点又需要具有比自己过去更多的善的积累的话——作用不能超出作用因的能量之外，所以人身中混杂有恶的善，其数量也不能越出善的一定的总量之外，但超出恶它才能努力向上并且从而也就能总是朝着更加改善而前进。因此幸福主义以及乐观的希望看来就似乎是靠不住的，而且在善的道路上永不休止地继续前进，这方面也不大能许诺什么东西是有利于一部被预言的人类历史的。

---

[1] 康德：《历史理性批判文集》，商务印书馆2009年版，第152页。

这说明个人的道德在人身上是变化的，不是一个恒定的数值。所以，关于幸福主义的人类历史观，去预测人类将要发生的准确的历史是难以预测出来的。

"c，关于阿布德拉主义的人类预先决定自己历史的假说。"康德认为，从道德角度预测人类社会，你会看见人类社会停滞不前，善进一步，恶也同时进一步，善与恶交织在一起，中和在一起。这使人们对结果的预测好坏参半。

> "忙忙碌碌的愚蠢乃是我们这种物种的特性；我们匆促地走上善的道路，却又并不坚持走下去，而是为了不至于束缚于一个唯一的目的，哪怕就为仅仅来一次改变，也要把进步的计划给颠倒过来，建设就是为了要能破坏，于是我们便把西赛福斯的石头滚上山去为的是好让它再滚下来这样一桩毫无希望的努力加给了我们自己。"[1]

在康德看来，在人的本性中，善与恶是相互混杂的，有时善中和了恶，有时恶中和了善，善与恶在一个人身上有进有退地相互交织着。所以依据人类的善恶来判断人类历史的发展进程是徒劳无功的。如果从道德的角度来观察，人类的道德发展是不断前进又倒退的，从总体上看，处于一种停滞不前的状态。

（四）进步问题不是直接有经验就能解决的

康德认为，从人类历史的整体上考察，人类还是向前发展的，可是也不能由此而断定，目前及以后人类不会出现倒退的时代。所以仅仅靠以往的历史经验是无法证实人类会不会出现倒退式的发展。不过，即使出现倒退式的发展，人们也无须过分担忧，凭借着人类的道德秉赋，倒退到恶的时代还是会重新转回善的时代的。因为我们要探讨的乃是行为自由的生命，他们应该做什么确实是可以事先加以命令的，但是他们将要做什么却是无法事先加以预言的。当事情的确变得很坏的时候，他们就出于自己所加于

---

① 康德：《历史理性批判文集》，商务印书馆2009年版，第153页。

的罪恶感而懂得采取一种格外强烈的动机，使之变得比在这状态以前更加好得多。

康德的结论是，从道德的角度去预测人类的结果是做不到的。如果我们能够赋予人类以一种天生的、不变的、尽管是有限的善意，那么他们就有可能准确地预告他们这种物种是朝着向善方向在前进的，因为这里所遇到的事情乃是他们自己所能造就的。但是由于秉性中的善混合了恶，而且总量又是他们所不知道的，所以他们就不明白自己可能从其中期待得到什么样的结果了。

这说明，在康德看来如果仅从道德的角度去预测人类是向前发展还是向后倒退是很难做到的，因人性中善恶混杂，人们事先无法断定善与恶谁在起主要作用。

（五）预言中的人类史又必须联系到某些经验

为什么预言人类历史的发展要与人类以往的某些经验联系在一起呢？康德的解释是，人们只有通过人类历史上已经出现过的某些经验去预测将要发生的历史。这些经验来自历史上的事件，足以表明人类的特性和能量，再由这些特性和能量推动人类的发展，形成历史发展的原因和结果。当这种原因和结果与一道参与其中产生作用的环境已经呈现在人们面前的时候，人们便可以对其预言，一般地是很可能像在博弈中计算概率那样来加以预言的；但是无法确定这种预言所肯定的东西在"我"一生中是否会实现以及"我"是否会获得对它的经验。因此，我们就必须找出一桩事件来，通过这桩事件，可以表明这样一种原因的存在以及这种原因的因果律在对人类社会发展上所起的作用，但在时间上却又不限定，并且它还能得出在改善人类社会的前进的结论上作出其无可避免的结果的预测。

（六）论我们当代的一桩事件，它表明了人类的这种道德倾向

康德所说的当代的一桩事件，是指1789年爆发的法国大革命。大革命摧毁了统治法国多个世纪的波旁王朝，出现了伏尔泰、孟德斯鸠、卢梭、狄德罗等一大批思想家，天赋人权、君主立宪、三权分立、主权在民等思想应运而生，并且不仅对法国而且对整个世界的历史进程都具有重大的影响。

"一个才华横溢的民族的这场革命，是我们今天就目睹它在我们自己面前进行的，它可能成功或者失败；它可能充满着悲惨和恐怖到这样的程度，以至于一个善于思想的人如果还希望能再一次有幸从事推进它的时候，就决不会再下决心要以这样的代价来进行这场试验了——就是这场革命，我要说，却在一切观察者（他们自身并不曾卷入这场演出）的心目之中都发现有一种在愿望上近乎是热诚的同情，何况那种同情表现的有本身也就带有风险，因此它除了人类的道德秉赋而外就不可能再有什么别的原因了。"①

康德指出，共和体制的出现，就是法国大革命的结果，就是道德的倾向，就是历史的选择。这种道德倾向的原因乃是两重性的：首先是权利上的原因，即一个民族之为自己提供一种他们觉得对自己是很好的公民体制——-其次是目的上的原因（它同时就是义务），即唯有一个民族那种按它的本性来说就是被创造得在原则上能够避免侵略战争的体制，它本身才会是正义的并且在道德上是善良的。那就不可能是什么别的而只能是共和体制。

这说明，从人类道德发展趋势中可以预测，人类仍然是朝着好的方向发展着，因为从总的方面来看，是人类的道德倾向在发挥作用。

（七）预言的人类史。

康德认为，对人类未来历史的预言，必须从道德入手，才能实现有效的预言。

"在原则上它必须是某种道德的东西，而这种东西被理性表现为某种纯粹的，但同时又由于其巨大的和划时代的影响而被表现为某种公认是人类灵魂的义务的东西；这种东西涉及人类结合的全体（不是以个人，而是以整体），它以如此之普遍而又无私的同情在欢呼着他们所

---

① 康德：《历史理性批判文集》，商务印书馆2009年版，第157页。

希望的成功以及人类通向成功的努力。"①

康德认为，现今的法定体制将要被摧毁，共和体制一定会成为人类社会的主要政治体制。现在我无须有预见的精神就肯定能预言人类根据我们今天的面貌和征兆将会达到这一目的，以及同时还有那种从今而后绝不会再有全盘倒退的朝着改善的目标前进。康德为什么这么肯定地说出这点？因为共和体制在人类今后的发展史上是不会被遗忘的，它揭示了人性中想要改变世界的秉赋和能量，这一点是过去的政治家们都没有弄清楚的，但这是大自然和人类自由的秉赋按其内在规律发展的一个必然结果。虽然共和制体制具体到来的时间尚有它的不确定性，并且是作为一种偶然事件发生的，可其结果是可以预测的。

> "即使是这一事件所着眼的目的现在并没有能够达到，即使是一个民族的革命或体制的改革到头来遭到失败，或者是改革经历了一段时间以后，一切又都回到从前的轨道上去（正如政治家们现在所预告的那样）那种哲学预告也不会丧失其任何一点力量的——因为这一事件是太重大了，和人类的利益是太交织在一起了，并且它的影响在世界上所有的地区散布的太广泛了，以至于它在任何有利情况的机缘下都不会不被各个民族所想念到并唤起他们重新去进行这种努力的；因为那时候一桩对人类是如此重大的事情，就终将在某一时刻会使人们所嘱望着的体制，在所有的人的心灵之中获得经常的经验教诲所不会不唤醒的那种稳固性的。"②

康德指出，人类一直是朝着改善前进的方向并且将继续向前。我们不仅可以看到某一个民族可能发生的事，而且还会看到这种事情会在大地上所有的民族中逐渐地慢慢地发展开来，这就是造化本身的终极目的。

---

① 康德：《历史理性批判文集》，商务印书馆2009年版，第159页。
② 康德：《历史理性批判文集》，商务印书馆2009年版，第160页。

（八）就其公开性，论根据朝着世界的美好前进而奠定的这一准则的难点

康德认为，哲学家应该承担起为人民启蒙的责任。人民的启蒙就是把人民对自己所属的国家的义务和权利公开地教导给他们。因为这里所涉及的仅是自然的和出自普通人的悟性的权利，所以它们在人民中间的天然宣告者和阐扬者就不是国家所设置的官吏而是有自由权利的教师，也就是哲学家。

康德希望建成法治社会，实现共和政体。一部与人类的自然权利符合一致的宪法这种观念，亦即结合在一起服从法律的人们同时就应该是立法者的这种观念，乃是构成一切国家形态的基础；并且由纯粹理性概念设想为与之相符而被称为柏拉图式的理想（国家本体）的这种共同体，也不是一种空虚的幻念，而是一切公民体制的一般的永恒的规范，并且它会摆脱一切战争。一个按着这种观念组织起来的公民社会，就是它按着自由法则通过经验例证（国家现象）的表现，而且是只有经历过许多的敌对和战争之后才能艰辛地获得的。但是它那体制一旦大体成就以后，就有资格成为一切体制之中最能摒除战争这个一切美好事物的毁坏者的那一种。因而走向这样一种体制就是一种义务。

在康德看来，人类历史走上这一体制，是历史发展的必然。但要有一个过程，就目前来看很多国家这一任务只能由君主来完成。尽管他们可以专制地进行统治，却应该共和地（不是民主地）进行治理，也就是说应该按照与自由法则相符合的精神来对待人民（正如一个理性成熟的人民应该成为他们自己所规定的那样），即使在字面上无须征得他们的同意。

（九）朝着改善前进会给人类带来什么收获？

在康德看来，给人类带来的并不是道德数量在心灵中的不断增长，而是来自强权方面的暴力行为将会减少，遵守法律的行为将会增多。这就是说，人类朝着改善而努力的收获（结果），只能存在于永远会出落得更多和更好的人类善行之中，也就是存在于人类道德品质的现象之中。这种现象，在人类共同体中大概将会有更多的良好行为，更少的诉讼纠纷，更多的信用可靠，人们产生了荣誉心理，也更加理解和关心自己的利益。在国外，逐渐扩展民族与民族、国家与国家的外部关系，直至走向世界公民社会。

（十）只有在哪种秩序之下才可以期待朝着改善前进？

康德的答案是："不能靠自下而上的事物进程，而只能靠自上而下的。"也就是说，对善良的公民的培养，造就使公民永远按着善良的方向前进和保持每一个人的善行，还是要从国家政府的上层开始。如果它不是根据国家最高权力所考虑的方案并根据它的这一目标加以设计、推动并且始终一贯地维持下去的话，这个目的是难以达到的。所以国家要不断地变革自己，并努力以进化代替革命，同时不断地朝着改善前进。期待着靠对青年进行家庭教诲，然后是从低级的直到最高级的学校中进行教育，靠宗教学说在精神上和道德上加强培养而终于造就出不仅有善良的公民，而且还有永远在前进着的并能维持其本身的善行；这只是一种计划罢了，而其所得到的结果却是难以期待的。

> "但既然对这种教育起作用的仍然是人，因而这些人本身就必须也要接受教育；所以由于人性的脆弱性处于可以受这样一种作用的促进的偶然情形之下，他们进步的希望就只能以一种自上而下的智慧（当它为我们所看不见时，就叫做天意）作为积极的条件。"[1]

康德认为，至于大自然的目的对人类的期待，则只能期待得到为实现大自然的目的智慧了。这种智慧便是使人们自己会发现战争是对道德最大的破坏，是使人类道德的倒退，故而又需让战争"首先是一步一步地人道化，从而逐步地稀少起来，终于是完全消灭其作为侵略战争，以便走入一种按其本性来说是奠定在真正的权利原则的基础之上的而又不会削弱它自己并能坚定地朝着改善前进的体制。"[2]

从上可见，康德认为人类未来的历史是可以预测的，人类的共和政体就是大自然的目的，也是人类必然实现的未来。

---

① 康德：《历史理性批判文集》，商务印书馆2009年版，第166页。
② 康德：《历史理性批判文集》，商务印书馆2009年版，第166页。

七、康德思想的批判

（一）大自然的目的论

大自然目的论对人类历史发展很有价值。康德提出大自然的目的论，从大自然的生成、发展和变化的角度看，自然界是一个有机的、联系的、充满着原因和结果的整体。

人类要想适应自然，就必须了解大自然的产生与发展及它最终的目的，才能与大自然和谐相处。不了解大自然的发展走向、途径及最终的目标（目的），不是人类最终毁灭大自然，而是大自然最终要毁灭人类。

为此，康德的9个命题，是有一定的历史意义和现实意义的。

> 第一，"一个被创造物的全部自然秉赋都注定了终究是要充分地并且和目的地发展出来的。"

康德在这里提出，世界上的所有物质，都被造物主赋予了自我秉赋（属性），这种秉赋将会在物质被创造出来以后，随着它的使命（含目的）全部地发挥出来。从目的论上说，整个自然界没有多余的物质，也不存在没有作用的物质。整个自然界就是一个完美的、精细的、符合逻辑的物质运动的系统。

康德这一问题的提出，是将"造物主""被创造物"通过"目的性"连接起来。它的意义在于，让人们从造物主的角度去看待大自然是一个有机的、发展的、变化的、相互联系的整体，每个物质都不是单独的、孤立的存在，而是有着自身使命的存在。

这种思想在200多年前提出，已经是对物质时空观的一个重新思考，它已经超越了什么是物质、什么是物质的存在范围，提出世界上的万物万事绝非偶然的存在，每一种物质都有它自身的秉性，并带有自身的目的与使命，都是大自然目的的总链条中的一环。

这种思想与当时人类对物质世界的认知颇为不同。在康德的时代，一方面人类一以贯之的认知，即在整个物质世界之中，人是可以从中跳脱出来的，整个物质世界是人们使用或利用的对象，大自然中的物质是人们生产生活的原料，只能被动地为人类所用。从认识的角度上，物质的存在只是两种状态，一种被认为是客观存在，即唯物主义；另一种是主观存在，即唯心主义。将物质世界纳入自然科学研究范畴，产生了生物学、物理学、化学、数学等自然学科。而康德对物质的认识是独特的。他的独特性在于，世界上所有物质不仅仅是一个精致的、自然的、逻辑的整体，还在于他提出大自然所有的物质，都成了大自然目的棋盘上的一个棋子。如果这个思想能得到当时社会或现今社会的重视的话，我们还会这样任意妄为地处置世界上任何物质吗？会认真地慎重地思考康德从人类的未来出发为我们提出的物质观吗？

> 第二，"这些自然秉赋的宗旨就在于使用人的理性，它们将在人——作为大地之上唯一有理性的被创造物——的身上充分地发挥发展出来，但却只能是在全物种的身上而不是在各个人的身上。"

康德提出，人是造物主创造出来的唯一有理性的动物，在创造人时造物主赋予人"理性"的自然秉赋，人的这种"理性"自然秉赋将在人类社会的发展中毫无保留地、充分地发展出来，但这种发展是整体的体现在整个人类身上，而不是表现和发展在某一个人的身上。

这是在说人的"理性"是有一个发展过程的，并不是在人类发展的一个阶段全都表现和发展出来，而是要在人类历史整个发展过程中逐步表现出来，每个阶段只能表现和发展每一个阶段的秉赋，正如康德所说：

> "每一个人就必须活得无比的长寿，才能学会怎样可以把自己全部的自然秉赋加以充分的运用；否则，如果大自然仅仅给他规定了一个短暂的生命期限（就正如事实上所发生的那样），那么理性就需要有一系列也许是无法估计的世代，每一个世代都得把自己的启蒙留给后一

个时代，才能使它在我们人类身上的萌芽，最后发挥到充分与它的目标相称的那种发展阶段。"[①]

康德这里提出人类的特性在于人的理性，而且这个秉赋是创造物给的，从而也将人类与其他物种区分开来。

造物主希望人用不同阶段的理性去发展人类社会，这必然涉及不同阶段人类社会与大自然的关系。那么这里就有一个问题，人类的理性能否符合大自然的理性及大自然的目的，人的理性是被动地适应大自然的理性（目的），还是创造性地发展自己的理性，并从而改变大自然的理性，人的理性有没有一个系统的发展途径、方向及限度等等。这些问题都是涉及人与自然的规律，那么这个规律又是什么。还有自然界有没有规律，还是人的理性要把规律加于自然界等等。

这里面有一个至关重要的问题，即人的理性与大自然的关系。

大自然创造理性，并将这种理性给了人类。大自然还创造了所有有目的存在的物质。那么被创造出来的二者又存在着怎样的一个关系呢？

康德并没有给予明确的论述。但按照康德的逻辑我们可以得出以下的论断：

首先，人是万物万事的领导者或主持者。因为在万物万事之中，只有人有理性，人控制着自己的理性，可以充当万物万事的领导作用。

其次，万事万物均有自己的自然秉赋，都以自己的目的和使命存在着，那么在目的使命上，人与万事万物在大自然那里是平等的，没有贵贱高低之分。

再次，人的生产、生活离不开万事万物，尤其是自然物质，是以人的生产、生活的物质形式存在的，那么就有一个人与物质的使用和被使用、利用和被利用的关系，但二者在大自然那里又是平等的。没有一个人的存在是以物质存在为前提的存在，也没有物质的存在必须以人的存在为存在，那么物质的存在和人的存在就有一个合理的需求关系，如果人类过于依赖对物质的需求，那么就危及到物质的存在。所以，要找到二者需求存在的

[①] 康德：《历史理性批判文集》，商务印书馆2009年版，第4页。

合理范围，即合理的限定。可这个合理需求和限定是什么呢？是不是像我们今天这样，无节制地利用、使用乃至挥霍大自然的物质呢？人类这么做，会不会遭到大自然的全面反抗和报复呢？

第三，"大自然要使人类完完全全由其自己本身就创造出来超乎其动物生存的机械安排之上的一切东西，而且除了其自己本身不假手于本能并仅凭自己的理性所获得的幸福或美满而外，就不再分享任何其他的幸福或美满。"

牛顿在《自然哲学之数学原理》卷三中说道："大自然决不做徒劳无功的事；当少数就够用的时候，更多就是徒劳无功的了。"[1]

在康德看来，大自然"既然她把理性和以理性为基础的意志自由赋给人类，这就已经是对他所布置的目标的最明显不过的宣示了。"[2]

大自然希望人类能凭借着自己的本能和理性去获得幸福和美满，而不能再无限度地分享别的物种的幸福和美满。

这里边便隐藏着几种关系。首先是人类自己的本能与理性的关系。这对关系在人类自身的体现来看与其说是和谐，不如说是矛盾。人的本能和人的理性在人的身上体现更多的是矛盾的一面。人的本能拼命地满足人的欲望，可人的理性又拼命地抵制人的欲望。其次是隐藏着真、善、美的关系。大自然给予人类社会的，到底是本能体现真、善、美，还是理性能体现真、善、美，谁强于谁，谁好于谁？人们该崇尚本能还是崇尚理性？本能是先天的、大自然普遍赋予所有物种的，这应该是最符合自然，最符合天道的，是应该先于理性，好于理性的。但大自然又特殊地把理性给予了人类，这非常明显的是对人类的奖赏和恩赐。那么，是不是人类应该以理性为主，并且用理性去战胜本能或克服本能，那样是不是更符合天道，更符合大自然的目的。再次，是大自然给予了人类理性，无疑是给本能装上了翅膀。那么，谁来控制人的本能？谁来调节本能与理性的关系？人类的

① 康德：《历史理性批判文集》，商务印书馆2009年版，第5页。

② 康德：《历史理性批判文集》，商务印书馆2009年版，第5页。

理性应不应该有个限度？本来大自然的目的性决定了物种之间机械般的平衡作用，使宇宙和谐有序，那么突然加进来一个物种，也有理性，从而打破了目的论和机械般的均衡与平衡。那么，大自然也好，造物主也好，想好了这一点了吗？还有人类能不再分享任何其他物种的幸福或美满吗？人类会不会有一天跨越这条界限，或者人类早已跨越了这条界限？最后理性是一把双刃剑，它对大自然的目的既可以起好的正面的作用，也可以起不好的破坏性的负面作用。

人类自产生以来，理性已经成为人们标榜自我的一面旗帜，似乎自己都可以毫不怀疑地说自己具有理性，自己的行为存在合理性，尤其是现在，理性变成强道民族，强道国家欺压弱小民族、弱贫国家的一个借口，动辄说其他民族和国家的言行不符合理性，不符合道义，俨然将自己变成理性的化身，并将其贴上了自由民主的标签，对人类的同伴如此，对非人类的有生命的动植物、无生命的有机物、无机物则采取任意杀戮屠宰、无限度地挖掘和开采，而这些行为都打着科学研究的幌子，社会发展的口号，已远远不是只分享人之外的其他物质的幸福与美满，而是直接剥夺了它们的幸福与美满，使得生命界生灵涂炭，无生命界满目疮痍，令人不忍直视。

第四，"大自然使人类的全部秉赋得以发展所采用的手段就是人类在社会中的对抗性，但仅以这种对抗性终将成为人类合法秩序的原因为限"。

在康德看来，大自然让人类的全部秉赋充分地发展出来，包括人类的善、人的恶、人性中好的坏的都要发挥得淋漓尽致，从而使社会在对抗中发展。

这种思想是强道的逻辑。难道人类只有在强强对抗中才能发展吗？强强之中肯定存在着恶的一面，难道恶是人类社会发展的必要途径吗？在人类从群居到分化为各个家庭，再到市民社会的产生，阶级的出现，国家的形成，究竟是善行在起主要作用，还是恶行在起主要作用，还是二者共同起作用，或者说谁的作用多一些，谁的作用少一些，恐怕是难以有准确的定论。

对抗肯定是有的，历史也是这样发生的。历史的发生与形成已无法改变，但它又关系着未来的发展。从人类历史发展的进程看，愈往古代社会，人类历史更多地是一种自然而然，人为很难调控历史的发展。可当人类社会发展到一定社会阶段以后，人类通过反思、逻辑思考会对历史进程进行评判、反省与选择，从历史给人们提供的经验与教训中寻找什么才是更符合人类需要的道路，这也是大自然给予人的最宝贵的秉赋之一。

康德希望人类的对抗仅仅限定在达到建立合法秩序的范围之内，这是难以做到的。历史证明，所谓的合法秩序，在国内大多都表现为强权、强制，是合法，却剥夺了大自然原本给予人的许多天性。在国际方面，只不过是两个或几个强权国家的较量，一时间的平衡，一时间的失衡，一时间的和平，一时间的冲突，合法秩序，只能停留在美好的愿望之中。

在人类社会中，存在着天道和强道两种发展途径。天道的途径主张一切自然而然，人与自然和谐发展。大自然给予人类理性，使人类超出了所有物质而独立存在，可大自然并不是让人有了理性就可以超越自然或驾驭于自然之上。大自然是不会创造出人的理性，而让人去违背自己，破坏和改变大自然的。无论人的理性如何发展，人的言行如何地被人自身创造，但一切的一切都应在天道的范畴之内，不能违背天性、天德。可人类自产生以后，虽经历了漫长的不可估计的岁月，但在近几千年的历史中，人类改变了自己的言行，强道代替了天道，这种代替正是"对抗"的表现。

第五，"大自然迫使人类去加以解决的最大问题，就是建立起一个普遍法治的公民社会"。

法治社会的最大优点就是迫使人的欲望张力一直限制在法律的限定之内，但这是人的非情愿的自觉、自制，而不是人的情愿的自愿与自律。在法治社会中，人的本能是处在一种抑制或压制状态，是不得已而为之，甚至有产生投机钻营、躲避法律的心理，严重者产生心理精神疾病、阴暗与不透明、不阳光的状态，人的心理矛盾与抵触使人难以自行疏通与自拔，焦虑常系于怀，唯恐不慎而导致法律判决，这是法治社会人们常有的心理及精神状态。

一个好的社会，给人以最大的自由，不仅是身体上、物质上的自由，还有心理上、精神上的自由。而且又是在法治社会，不因法而限制人的自我自由，这种自由不妨碍别人的自由、社会的自由，人人都生活在有节制的但又符合人性自由、法治下的自由。

这种自由不仅需要好的社会给予社会中每一个人，而且每个人都能从内心得到人的自由秉赋，这种自由秉赋来自人的善心，来自人的道德修行。只有人心有善，从内心得到的自由才是人最大的自由、最好的自由。这种自由化为人的外在行为，人必然阳光而明媚，心情舒畅而身体健康态度谦逊，给人以如沐春风的感觉，社会由此而礼制，由此而感化，故盗贼不起，邪念不生。

康德希望的法治社会的公民社会，只能解决社会秩序的法律外化，而解决不了人的内心向善，解决不了社会风尚。

这种自由的源泉可以来自人的高尚道德，但人的高尚道德又来自何处？仅身处教化就能使人产生高尚的道德吗？正如康德所说，往往是徒劳而无功的，是人的理想化而已。

好的道德源于人的内心，而内心的道德自律则来自人对人以外世界的认知。如果对外界认知全是一种恶的、不好的，那么人的道德也自然是恶的、不好的，如果认知是善的、美的，那么人内心的道德固然是好的善的。

人们如果通过对外界认知而从中得到了天道，自然会在人心中产生善的道德秉性，而人们如果通过对外界认知获得的是强道，在人心中产生的必然是恶的不道德的秉性。

法律及社会法制对人类社会是必要的，但不能从根本上解决社会发展中的善恶问题，社会发展的根本还是人的发展，人的发展根本还是人的内心观念的发展，社会文化的发展。

第六，"这个问题既是最困难的问题，同时又是最后才能被人类解决的问题"。

康德认为，在一个国家里最高的首领需要有以下三个条件：一是能正确地理解和贯彻宪法；二是历经世事磨炼出来的伟大经验；三是当最高首领的人应该心存善念。其实这3点仍未有"主权在民""人民公仆"更为重要。首领的权力是民众赋予的，最高执政者时刻想到为民执政、为民掌权，而不是仅将此作为口号，行为却是另一套欺骗人的胡作非为、夜郎自大。主权在民，要当真将实权交给人民，如立法权、司法权必须在广大人民手中，最高领导只能有行政管理的权力。人民公仆要求执政者不能有任何的私心，己正才能正人，己不正何以正人。

权力是会让人异化的。再好的执政如果没有一套严格的政治制度、法律制度相制衡，最后势必走向人治。一个没有制度、法律相约束的执政人，难以逃脱权力利益的诱惑，最后必然走向人民的反面而不自觉。从政治制度上讲，不能因人设政，因人设制，国家制度如同法律，任何人都无权违背，无权擅改。

一个有良知的执政者，不会将公权私用，只有那些心地丑恶、虚伪的执政者，才会将权力私用，以利益的多寡而增减权力的筹码。这仅仅靠法律制约是起不到应有的作用的。法律是把双刃剑，既可以砍向自己，也可以指向别人。利用已有的法律去排斥异己、结党营私的最高首领，历史上比比皆是。所以，作为国家最高的首领，法律的作用在其身上不是首要的，首要的素质还是他是一个信仰什么文化的人。如果他信仰的是天道，他自然而然地遵从法律，而会真正地实现主权在民，主权在天，行天道，为民事，做善为，如果他信仰的是强道，他势必以欺压别人为乐，以霸凌别人为荣，必然会滥刑重罚，只顾自己或小团体的欢心快意，不顾他人的辛苦与灾难。这样的首领有了还不如没有。

第七，"建立一部完美的公民宪法这个问题，有赖于国家合法的对外关系这个问题，并且缺少了后者前一个问题就不可能得到解决"。

国与国的关系问题的核心是：大小、强弱国家一律平等的问题。在此基础上的互不干涉内政、互不侵犯、相互友好。

康德这一命题的价值在于，他将建立国家的联合体与公民宪法、世界公民联系起来。这一思想是十分具有远见的。尤其是他将实现这一目的的途径，即通过各国人民共同探索发掘出一种"平衡定律"的方式，来处理各个国家由于各自都过分强调自我自由而产生的彼此之间的对抗，这等于在给人类开了一个十分好的药方或指出消灭战争和争端最好的方向及最佳路径。

战争往往与集权联合起来。一个具有公民宪法的国家，是很难发动对外战争的，因为公民的权利限制了国王或执政者作出对外战争的决定。然而如果没有一个和平稳定的国际环境，公民宪法的国家很难成立巩固和长存。

所以康德才说，缺少后者，前一个问题就不可能得到解决。完美的公民宪法关键是宪法的立法是不是以社会全体公民人与人之间的完全平等为出发点。民主与自由为宪法立法的出发点也是宪法立法的最终目的。以往的宪法以满足强权者利益为主，以保持社会阶级分化、等级分化下的个人权利与利益为主。这是少数人的宪法，不可能是完美的公民宪法。

宪法是在强道社会形成以后出现的社会法律文化。这种法律文化是以维护强权者的利益为主，它是以社会现实现状为基础形成的法律，而这个社会现实现状，本身就是强道文化之下产生的社会现状。将社会现状通过法律的形式将其固定和合法化，这本身就成了社会朝着天道公平文化发展的桎梏。法律是什么，法律是统治者意志的体现。无论在康德的时代，还是现今的社会，根本就不存在一部以天道为原则，体现人与人、人与自然界所有的物质公平公正的法律或宪法。这种法律完全是为了维护现实社会秩序服务的，或者说是现实社会的稳定器，或现实社会的主要稳定文化。这种稳定是统治的需要，一切是为了服务于巩固政权，巩固统治者地位需要的、服务的，根本目的不在于保护被统治者的利益。不仅如此，它桎梏被统治人们的思想，阻碍社会的变革，永远不给被统治者翻身的机会。所以无论过去，还是现在，真正的公民宪法尚未出现，有的是维护现今社会制度的不合理，人与人之间的不平等的宪法。

第八，"人类的历史大体上可以看作是大自然的一项隐蔽计划的实现，为的是要奠定一种对内的、并且为此目的同时也是对外的完美的国家宪法，作为大自然得以在人类的身上充分发展其全部秉赋的唯一状态"。

世界公民和各个国家的联合体的设想十分大胆，这是200多年前的思想，远在世界联合国成立前100多年。但又符合人类社会未来发展的目的，这是与大自然的目的完全一致的。只有成为各国各民族的世界联合体，人类才会在最大的限度内摆脱人与人的战争、国与国的战争，人类才能与自然走上共生共荣的和谐发展道路。否则，战争毁灭的不仅是人类，而且还包括人类赖以生存的自然。

康德认为，各个国家的联合体——各民族联盟的国际政府、完美的国家宪法，"作为大自然得以在人类身上充分发展其全部秉赋的唯一状态"，那么我们不得不研究一下大自然要在人类身上实现并发展什么样的秉赋，是人类善的秉赋，还是人类恶的秉赋？还是善与恶都要全部实现与发展？

我们认为不可能包含人类身上恶的秉赋。因为，恶的秉赋终是人类无法摆脱争夺权利与利益的陷阱，只要这个恶的秉赋不被人类摒弃，那么迟早会掉进陷阱并使人类无法自拔，哪里还能有什么各个国家的联合体，还能有什么完美的公民宪法。但要求人类摒弃恶的秉赋时日遥远，绝非短期可为，是一个现阶段整个人类文化需要嬗变的过程，这个过程并非一蹴而就，只能循序渐进，难以急于求成。世界最难改变的是文化，而文化中最难改变的则是人心，即人心里的文化。人心不改，就难以成为合格的世界公民，世界联合的国际政府生命也会朝生暮死。

现今的联合国成立于1945年，即第二次世界大战之后。康德的思想在100年后成为社会现实。

就联合国而言，可以有几种形式：一是初级形式。这种初级联合国只是世界上各国之间的一种关系的联合。每个国家都各自为政，有自己的主权，各自的法律，各自的疆域，各自的执政官员等。自联合国成立以来，各国各地每次发生的战争，没有一次能被联合国阻止过。

联合国初级形式之上还有一个中级形式，在中级形式上还有一个高级形式。

中级形式主要是改变社会文化的统一。即世界上各个国家都有自己的传统文化和经过吸收和改变的文化。在保留各自的特色文化的基础上，世界各国有一个统一的文化，即世界大同文化联合国。中级形式的主要目标是建立世界大同文化，即世界各国人民的主流文化都信奉世界大同，再由世界大同文化产生人们的共同的文化信仰，这个信仰便是天道文化。各个国家都相信世界上有一种天道文化，这种文化主旨是人人平等，万物平等，人人自由，万物自由。

高级形式则是全世界实现经济统一和政权统一，这就是人类社会的天道大同社会。

第九，"把普遍的世界历史按照一场以人类物种的完美的公民结合状态为其宗旨的大自然计划来加以处理的这一哲学尝试，必须看作是可能的，而且甚至还是这一大自然的目标所需要的"。

大自然自始至终，起码人类能够了解认识到的自然界，是有着一个十分完美的计划，这个计划是人类的任何人、民族、国家在任何阶段设计的任何计划都无法相比的，也可以武断地得出结论，它是永远不可超越的。

问题在于当把"人类物种的完美的公民结合"所产生的人类历史，使之与大自然本身计划的自然历史符合，这便是人类永久的课题。人类自产生以来，是自然自觉地适应大自然所设计划，但大自然把天赋的人类秉赋——理性给了人类之后，随着人类理性的不断发展变化，人类已改变了自觉、自然的符合大自然的计划，开始按照理性去规划自我的发展。这种自我规划有的能与大自然的计划相符合，有的与大自然的计划相违背。如果将这种违背看成大自然的特意为之，现今的违背也正是大自然计划当中的一个环节，或者看成为一个组成部分。正如康德所说，大自然希望通过对抗使人的秉赋全部发展出来，其目的是通过违背而达到人类计划更加符合大自然的计划。

但是，这是不是大自然的真实意图呢？还是只是我们人类在为自己的恶意的违背寻找开脱的借口？这一点是否也同上述猜测一样，无法得到结果。

（二）启蒙运动

启蒙运动是欧洲人，尤其是法国的一次思想解放运动。启蒙，就是掀开人们被蒙蔽的思想。在欧洲蒙蔽人们思想的主要是基督教神学和封建的专制统治制度，所以以康德为代表的古典哲学家们以"理性"为旗帜，对

"神学"和封建制度进行"批判"。

康德认为，由于受到"神学"和"封建制度"的蒙蔽，人们的心智幼稚、不成熟，需要经过别人的引导，才能找到自己的理性。这些人骄奢成性，懒惰怯懦，内心安逸，什么都不亲力亲为，遇到任何事情都浅尝辄止，没有独立思考的能力……。

康德认为，解决人的不成熟的关键，要给常人以"理性"与自由，从思想到行为给予启蒙，给予松绑，化解人心身的惰性，这无疑是正确的。

问题是宗教神学也好，封建专制也好，其根源在于人类从大自然那里遗传下来的强道文化。

在人类产生以前，大自然以天道为主，以强道为辅。天道决定着大自然万物的存在与发展，天道决定了万物的秩序，决定了万物的平衡。但自然界中的物质，尤其是有生命的物质，平衡很容易被打破，故在大自然中又存在着第二个法则，即强道法则。

强道法则是天道法则的辅助法则，它的作用就是纠偏，纠正大自然生物界的失衡。大自然的生物界中物种千差万别，有形体彪悍的巨型生物，如四足与多足的野兽，虎、豹、象等，也有形体较小的小型生物，如小鸟昆虫等。这种动物天然的形体不同，决定着动物体能不同，形体大的动物体能强壮，形体小的动物体能弱小。

在大自然中，强道是受天道控制的，天道即允许强道的存在，同时又控制强道的存在，给强者一些自由，又限制强者自由。

人类产生以后，在漫长的时间里，天道占据主要地位，强道在人类的群结构中是不存在的。原始社会群与群之间存在着强道关系，在群内，则不存在强道关系。但随着人类社会的发展，人的理性的增强，生产能力的提高，私有财产的出现，人的社会地位变化，在原始群结构的内部产生了强道文化。从此强道文化不断地侵蚀原始社会天道文化的领域，并在原始社会的后期，强道文化成为人类社会的主流文化，天道文化在人类社会中居于次要的辅助地位。也是从这时开始，人类逐渐地被强道文化屏蔽了双眼，蒙蔽了思想，产生了人的强道理性。

强道文化主导下的人们，只相信力量，不相信人类早在原始社会天道文化时期形成的善的道德。整个社会只相信力量，并将这种力量发展到武力、发展到政治上的权力、发展到经济上的占有、发展到对人的压榨与剥削。这种强道文化既满足了个人的私欲，又纵容了个人的私欲，导致人类社会不同的人与人之间的纷争以及不同形式和内容的争夺，人的天性之中的平等、自由、民主的品性越来越弱化，而强道文化给予人们的贪婪、残暴、掠夺在人性之中越来越增加。

天道越来越变成了玄学。人是从天道而来，人反而陌生了天道。

天道将是人未来的道路。人生于天地之中，返归天地之道是为必然，然而天道却被屏障了。

所以，真正使人类不成熟的，必须靠别人引导的，是强道文化给人类带来的屏障。自由被屏障，民主被屏障了，只有打开屏障，才能使人类从不成熟走向成熟，才能从强道文化走上天道文化。

康德认为："大自然即使在人类自由演出过程之中，也并不是没有规则和目标而在进行着的。"[1]

这意思是说，人类的所有活动，都是受到背后的大自然的操纵，在其程度上是天意的一种实现过程。

人绝不是大自然手中的木偶。人的理性既可以认知大自然的天道，也可以放大大自然用来平衡万物的强道法则。大自然中的弱肉强食的丛林法则就是强道文化产生与发展的根源。人类发展的过往一直徘徊在天道与强道之间。康德的大自然的目的论有合理的地方，指出了整个大自然界存在着一种规律或发展过程。一个从低级向高级的发展过程，这个过程是不可否认的，本来这个过程是全部有序的，但人出现以后，大自然就出现两个设计者，一个是原始的造物主，另一个就是有自己主观意志的、理性的、可以改变大自然原有设计的人。这便扰乱了造物主设计的局面，出现了二元设计。但如果说人改变了大自然的设计，打破了大自然的和谐，如果将其也看成以大自然设计为主，也是大自然设计的题中应有之义，这便开脱了人类的罪责。但我们不同意的地方在于不能将人的不符合大自然设计的行为说成是合理的，因为，就现今来说，人类的很多设计，最后是要毁灭人类甚至要毁掉人所依存的大自然。

---

[1] 康德：《历史理性批判文集》，商务印书馆2009年版，第19页。

（三）康德的人类发展历史符合大自然目的观点来自他对自然界的认识

在康德看来，纯粹数学中因不涉及实际存在，它只能在抽象的思维中存在，如几何图形"合目的性在这里显然是客观的和智性的，而并不单是主观的和感性的（审美）的"。①

几何图形，它只涉及物的可能性，也就是某种与物的概念相应的直观的可能性，所以，数学的目的性只能被看成形而上的，而不能被看成自然的目的。但是，自然的目的性则不同。

> "经验把我们的判断力引向一个客观质料的和目的性概念，即引向一个自然目的概念，这只是在必须对原因和结果的关系做出评判的时候，而这种因果关系又只是由于我们把结果的理念作为给它的原因的原因性本身奠定基础的、使这种原因性成为可能的条件而加于其原因的原因性上，我们才觉得有可能看出它是合乎规律的。"②

这里康德把自然的目的性与自然规律联系起来。他举例子，河流、土壤、植物的关系，河流带来了各种各样有利于植物生长的土壤，河水涨潮时把鱼虾、甲壳类生物留在岸边，随着河水的不断冲击，长年堆积，逐渐变成土壤，这些土壤沉积在岸边，用这种方式不断地扩展陆地，便为植物生长提供了十分有利的生长空间。

自然界这种目的性是十分明显的。所以，在一个目的关系相互隶属的诸环节中，每一个中介环节都必须被看作目的（尽管就是不被看作终极目的），离它最近的那个原因对它来说就是手段。同样，世界上存在牛、羊、马等等，那么地上也就必须长出草来，骆驼要繁衍起来，沙漠也就必须有耐盐植物生长。

这就是说，大自然中的物种之间有着十分明确的因果目的关系，即甲的存在，是以乙的存在为前提，反之，乙的存在就一定会有甲的存在。

在自然界中，一物质受到外部物质的作用，体现了外部的合目的性。

---

① 康德：《判断力批判》，人民出版社2002年版，第210页。

② 康德：《判断力批判》，人民出版社2002年版，第215页。

这种作用只有在必要条件下才能被看作一个外部自然目的，即它所或近或远地对之有促成作用的那个物的实存本身是一个自然目的。如雪在寒带地区保护种子不被冻坏；海为北极地带的民族提供了丰富的动物资源，为人们提供了食物和衣服，以及为御寒提供了海底石油、天然气等燃料，等等。

康德认为，寻找自然界的目的，不应到自然界中物与物的机械作用中去寻找，应该到由概念组成的理性中去寻找。

如果一物自己是自己的原因和结果（即使是在双重意义上），它就是作为自然目的而实存的；因为这里有一种原因性，这类原因性若不给它加上一个目的，是不可能与一个单纯的自然概念结合起来的，但这样一来它虽然也能被无矛盾地设想，却是不能理解的。例如一棵树，它生出了另一棵树，如按类来说它是自己生出了自己，在类中它一方面作为结果，另一方面又作为原因，而不断地被自己生出来，这样作为类而长久地保持着自己。

当我们把这种因果联系看作一个系列时，将既具有一种下降的依赖关系，又具有一种上溯的依赖关系。康德解释说，例如房子虽然是房租所收入的原因，但反过来这一可能的房租收入，却也曾是建筑这座房子的原因。于是，对一个作为自然目的之物首先要求的是，各部分（按其存有和形式）只有通过其与整体的关系才是可能的——在这样一个自然品中，每一个部分，正如它只有通过其他一部分才存在那样，它也被设想成为其他部分及整体而实存着的，也就是被设想成工具（器官）：但这是不够的（因为它也可以是技艺的工具，因而可以只作为一般可能的目的被设想）；而是作为一个把其他各部分（因而每一部分都交替地把别的部分）产生出来的器官，这类器官绝不可能是技艺的工具，而只能是为工具（甚至是为技艺的工具）提供一切材料的自然工具：而只有这样，也只是因为这样，一个产品作为有组织和自组织的存在者，才能被称为自然目的。

这是说，在自然产品中，每一个存在的整体之中的每一个部分，只有通过其他部分存在，才决定着它的存在，它被设想成为其他部分及整体的工具或器官。所以，整体只是各部分同时存在的结果。但是就有机物体而言，各部分要依靠整体的存在而存在，依靠整体的作用而作用，是由整体的形式或机制或观念决定的。每一部分既是手段，又是目的，而是在构成整体的相互协作上，由整体的概念所决定。

自然的目的表现还在于自然界自身的形成力，这种形成力表现为它的自组织力。比如，在一块钟表里，

> "一个部分是使另一部分运动的工具，但并不是说一个轮子就是产生另一个轮子的作用原因；一个部分虽然是为了另一个部分的，但并不是通过另一个部分而存有的。因此产生该部分及其形式的原因也不包含在自然（这个质料）中，而是包含在外在于自然的一个存在者中，这个存在者能够按照一个通过他的原因性而可能的整体的理念来起作用。"①

这是说，钟表是通过人的目的性将其设计出来的，人要有一个钟表的整体理念，然后根据这一理念再来设计钟表。所以，钟表不能自组织，即它离不开人的作用，它不会自动补上它那里偷走的部分，或是由其他部分加入来补足它在最初构成时的缺陷，或是当它陷入无序时例如说自己修复自己。但大自然的有机物则有这种能力，有机物自身就存在着形成力，有自组织的能力，这就说明大自然是有目的性的。

康德认为，我们人类应该从大自然的目的性中得到教益，应该向大自然学习。

反过来，我们可以通过与上述直接的自然目的的一个类比来理解某种与其说在现实中不如说在理念中被见到的联结。所以我们在近代从事一种彻底的改造，即把一个伟大的民族改造成一个国家时，就很恰当地频繁使用了有机体这个词来建立市政机构等等乃至于整个国体。因为在这样一个整体中每一个成员当然都不应当仅仅是手段，而同时也是目的，并由于他参与了去促成这个整体的可能性，他又是按照他的地位和职能而由整个理念来规定。

大自然中的有机物中内在和目的性的原则同时也是它的定义，即：一个有机物的自然产物是这样的，在其中一切都是目的而交互地也是手段。在其中，没有任何东西是白费的，无目的的，有机物内部不存在某种盲目

---

① 康德：《判断力批判》，人民出版社2002年版，第223页。

的自然机械作用。

康德认为，这个原则，必须以某一有机物的先天的原则作为基础，加上后天的经验结合在一起进行考察。这条原则虽然按其起因可以从经验中得出来，也就是从按照一定方法来处理并被称作观察的经验中得出来；但由于它所表达的有关这样一种合目的性的普遍性和必然性，它就不仅仅是基于经验基础上的，而必须把某一个先天的原则作为基础，哪怕只是调节性的原则，哪怕那些目的只是处于评判者的理念中，而不处在任何作用因中。因此我们可以把上述原则称为有机物的内在合目的性的评判准则。

众所周知，植物和动物的解剖学家为了研究它们的结构，为了能看出有机体中这样一部分是为何并为了什么目的被给予的、各部分的位置和联结以及恰好是这种内部形式，而这种形式又是为何被给予它们的。而把那条准则，即"在这样一个生物中没有任何东西是白费的"假定为不可避免的和必要的，并使之正是如同普遍自然学说的原理，均是一种必然在发挥作用。没有任何事情是偶发的。

康德提出一个终极目的。在康德看来，终极目的在自然之外，即存在着一个在自然之外的超越之物——人。

由于一物的内部形式而将它评判为自然目的，这是完全不同于把该物的实存看作自然目的的。要作出后面这一种断言，我们需要的不只是关于某个可能的目的的概念，而且是自然的终极目的（Scopus）的知识，而这需要的是自然对某种超感之物的关系，这种关系远远超出了我们的一切目的论的自然知识，因为自然本身实存的目的必须超出自然之外去寻找。他举例子说，如果一根草，它的内部形式就足以证明它的起源对于我们人类的评判能力来说只有按着目的规则才是可能的。但如果我们撇开这一点而只着眼于别的自然物对它的利用，就等于我们放弃了对内部组织的考察而只着眼于外部的合目的性关系，如草对于牲畜来说，牲畜对于人来说都是作为后者的生存手段而必要的。但是我们也看不出人的生存为什么是必要的，从而我们找不到我们要寻找出的答案。

康德认为，通过理性来考察研究自然的目的，虽然不是规定性的判断力原则，但是反思性的判断力原则，我们可以通过寻找理性的线索，从现实自然界所给予的物与物的关系中，按照某种新的合规律的秩序而加以考察，并对自然知识按照另一条原则、即目的因的原则来加以扩展，却不损害自然原因性的机械作用。此外，我们凭借它也绝对没有断定任何一个我们根据这一原则来评断的某物是不是自然界的有意的目的：草是否为着牛或羊而存在，而牛或羊及其他自然物是否为着人而存在。妥当的做法是，哪怕我们不喜欢和在特殊的关系中是违背目的的东西也从这一方面来考察。

康德举例子说，如在人的衣服、头发或者头上发现叮咬他们的寄生虫，如果说这是自然界明智的部署，那就是对人爱卫生、爱干净的一种督促，而爱干净已经是人类一种保持健康的重要手段了。又如欧洲的野蛮人难以忍受蚊虫的叮咬，如是，这种叮咬给了野蛮人发展自己能动力的最好机会，他们开始排引沼池，使密不透风的森林照进阳光，通过各种方式开垦荒地变为耕地，改善自己居住的条件同时也更保持卫生，这是自然界逼迫人类进步。

康德认为，自然、人类社会构成一个整体，在这个整体中，每个部分互为目的，整体存在，各部分又都有着自己的内在目的，并依此目的实现各自内在的决定性。而人在整个物种中作为有理性的自然存在物，是在这一整体之中唯一能规定自己的目的，并能对自然中各种物质作出价值判断的存在者，因此，人是自然的最终目的。人之所以能成为自然的最终目的，在于人不再需要依靠自然设定的目的，而是人将自然作为手段去实现人自身的目的。既然这个世界的事物作为按照其实存来说都是依赖性的存在物，需要一个根据目的来行动的至上原因，所以人对于创造来说就是最终目的；因为没有这个终级目的，相互从属的目的链条就不会完整地建立起来；而只有在人之中，但也是在这个仅仅作为道德主体的人之中，才能找到在目的上无条件的立法；因而只有这种立法才使人有能力成为终极目的，全部自然都是在目的论上从属于这个终极目的的。

康德认为，因而只有作为道德存在的人才能是创造的终极目的。这说明，人能代表大自然的终极目的，并不是人为了追求人类自身的幸福，会与大自然的目的相矛盾，只有人作为"道德主体"的人，通过找到大自然的终极目的，并通过立法的形式，去实现大自然的终极目的。

在康德看来，自然界中有一个庞大的目的系统，而在整个系统之中，人仅仅是其中的一员，或其中的一个环节。但人不同于"系统"中的其他物质，因为我们可以从人的角度看到大自然的目的性，看到大自然给予我们的恩惠，看到大自然给予我们那么多有用的东西，还给予我们自然界的美和魅力，才能使我们热爱大自然，才能为整个大自然立法，去实现大自然的终极目的。

康德的大自然的目的论具有十分重要的现实意义。

康德是人类历史上比较早的论述和探索大自然问题的人。他从大自然本身出发，将大自然看作是系统的有机整体，大自然之中物与物之间存在着有机的联系，这种联系反映了大自然的目的性及其规律性。

从大自然的目的性上看，整个大自然的物质构成了一个有目的循环反复的系统。每一个物只是这个系统中间的一个环节。环节与环节之间形成物与物之间有机的外部联系，一个物的存在是另外一个物存在的先决条件，从而形成一个物与物外部紧密联系的大自然的整体系统。

从大自然的规律性上来看，大自然充满因果律，每一个物质都有一个上溯与下降的因果关系。物质不仅在整个系统中存在着因果关系，而且每个物质本身也存在因果关系。一个物质既是自己存在的原因，又是自己存在的结果。如一棵树生长出另一棵树，小麦生长出小麦，玉米生长出玉米等等。从大自然的整体与部分上来看，大自然作为存在的整体，每个物质则成为部分，而部分又成为物质自身的整体，构成物质的物又成了部分。在一个整体之间，每一个部分与部分都有着十分紧密的联系，有的部分是另一个部分存在的条件，有的是另一个存在的原因和结果等等。

我们必须承认，大自然的规律是我们人类必须遵循的规律。我们人类的生产生活很多方面都要受大自然的规律支配，我们无法改变大自然的规律，只有服从和依从于大自然的规律。因而人类应该检讨的是，大自然的目的是什么？人类是否了解大自然的目的？如何能清楚我们的理性是否符合大自然的理性？已经形成的思维方式和行为方式是否符合大自然最初赋予我们理性的目的？我们所做的是与大自然的目的相一致还是相违背？现今开发大自然、利用大自然，是大自然的目的吗？如果是大自然的目的，那么有没有一个界限？无限制地利用和开发大自然，对大自然进行无穷无尽的攫取，来满足于人类自身的各种贪欲，这是大自然总目的中的一部分吗？人与自然是怎样的关系？现今的做法是正确的人与自然的和谐关系吗？

大自然赋予人类理性，使人独自高于其他有生命物种和无生命的物种。人应该怎样对待其他有生命的物种和无生命的物种，才无愧于万物之灵长，无愧于大自然创造的人。

（四）人类的理性

用人类的理性系统探讨人类社会的发展，从动物到人，再到国家的产生与形成等，在西方哲学史上康德是第一人。

1. 理性真的能认识到大自然对人的目的吗？

这是一个永远难以破解的命题，可是它又使有思想的人不得不去思考的一个问题。人被大自然创造，大自然将理性唯独给了人类，它要人类肩负怎样的使命，大自然无法说清楚，人类自己又无法理解清楚。因而任何理解、任何答案都无可证明真伪。

答案恐怕还得从自然中去寻找。

宇宙的万物及所有物质构成了大自然，其中也包括人本身，都是大自然的组成部分。当人们看到大自然的和谐有序远远超出人们的想象，自然就会联想到大自然之外是不是还有另外一只手，把一切都先于自然安排好，而且还有一个产生、发展到达目标的过程，这种想法也是目的论产生的缘由。如果有一只手安排了大自然，那么人也是这只手的安排也就顺理成章了。问题是这只手是否真的存在，这也是千百年来人们一直争论的问题。

过去的哲学家在这无解的命题中绕来绕去，公说公有理，婆说婆有理。既然是个无解的命题，我们何不绕开这些无解的命题，从另一个角度得出大自然对人的目的，即大自然创造人的目的是什么？当我们发现大自然的目的性时，其实我们已经弄清楚大自然的逻辑，即大自然的理性。如把大自然比作人，也就是大自然的思维逻辑即人的理性。如果我们的思维逻辑符合大自然的思维逻辑，是不是就符合大自然的理性？答案是肯定的。

大自然创造人的目的就是让人知道大自然是怎么安排的，然后按着大自然的安排去做，这便使人和大自然真正的合一，成为同一个理性。这就是大自然的目的，也是人类理解了为什么是"天道"，如何去遵循"天道"。

2. 人类从"野蛮的""天堂"往"人道"的过渡

人类的人道符合天道吗？人类的"野蛮时代"，是指人类还处于动物界的时代。这一时代人的主要特点，人类尚未走上完全的人，尚没有人类真正的文化产生。所以，野蛮是针对文化而言的，并不是现代意义上的野蛮、粗野而不讲道理的意思，是指人类尚处于一种文化尚未开化的时期。

从野蛮的天堂向人道社会过渡，人类社会开始面临着3种冲突：

第一种冲突是善与恶的冲突。在野蛮时代，人与动物的差别除了智力逐渐增长超越动物之处，在其他方面差别不大。人类社会的结构虽然逐渐有了家庭，但还以群居为主，没有等级，众生平等，没有私有财产，没有私心私欲，与动物一样，以人的本性生存、生产。如从道德角度评判，是天然的人的善性。进入人道社会，便是原始社会的解体，由父系氏族社会进入氏族部落首长制阶段，然后是国家的出现，社会结构急剧分化成统治阶级和被统治阶级，出现地位、权力的不平等，私有制成为普遍的社会经济形态，人的私欲、恶的意识与行为也随之产生。所以，善与恶的冲突是人类进化首先遇到的，也是不可避免的。

第二种冲突是强道与天道的冲突。原始社会，人类与其他动物一样，都在天道之中，天决定一切，人与动物只能被动地接受天道的支配。进入阶级社会以后，强道代替天道，而强道是以统治阶级为强者一方，被统治阶级成了弱者一方。强道社会刚刚形成之初，强道与天道两种文化、两种社会原则不断地碰撞冲突，但强道始终是冲突中胜利一方。天道不断从人类社会中退出，仅仅留存在人们的思想意识中，变成一种思想或残缺不全的思想意识。

第三种冲突是和平与战争的冲突。原始社会人类有战争，但冲突有限，大多时期人类处于和平时期，因那个时期的人生产能力低下，碰到问题主要是因为大自然提供的自然条件不适应人们的生存需要的时候，才会因争夺资源而进行战争。战争的结果也是胜利的一方把失败的一方赶走，资源又重新分配。或者冲突双方势均力敌，在原先的地方保持占有。但进入阶级社会就不同了，人们有了私有权的意识，这大大地刺激了人的贪婪欲望。手中握有权力的统治者为了满足自己的私欲，除了剥夺被统治者的财产外，还想更加富有，故起了武力抢劫之心，这是大多战争产生的原因。历史上的战争起因很多，总的说离不开维护执政者的统治需要。战争是为了满足统治者的各种利益需要，很少是因为正义而发生战争。所谓的和平只是统治者之间、国与国之间力量达到一种均衡，或者为了达到均衡的一种结果。一旦这种力量失衡，就会爆发新的战争。

这三种冲突从道德角度上看，正如康德所说，变得越来越坏。这种坏是一种历史的必然，是为了走上更加好的前提条件。从大的方面看，这是人类走上另一个更高的天道的先决条件。

3. 康德的"人的理性"的历史意义与现实意义

康德是第一个从理性的角度审视人类社会起源与发展的哲学家。他的价值在于：第一，将理性看成是人从动物界脱离，即人从动物界划分出来的标准，回答了人是怎么来的，人与动物的主要区别等重大问题。第二，他指出了理性与人的欲望之间的关系，理性引导人们走上一种新的生活生产方式。第三，阐述了人的理性如何让人从单纯的动物的性欲走上了男女之间的爱情，使人的思维能力不断提升，由人的本能转化为人的复合性的心理，产生了想象、揣测、思念、情愫等。第四，论证了理性在促成人的逻辑、推理、思想等方面的作用，人类对自己未来的思考、规划人自身及事业的发展上面的作用。第五，理性帮助人们认识大自然的目的，理解大自然创造人类的真正的意图。

康德这些对于理性的认识，对于人类当时认识自身、认识自然、规划人类的未来，以及社会学、政治学、哲学等都起到了承前启后的作用。

今天，我们重新审视和研究康德的人类理性的思考，具有十分现实的社会价值。

首先，康德关于理性的思考是近代科学产生的结果。西方科学界和思想界无不高举着理性大旗，用理性重新审视以往的历史和文化乃至政治，并用科学和理性去批判文化和政治。康德认为，用理性批判文化和政治，那么这个批判的武器——理性，是否正确，是否值得人的信任，从而写出了他的三大批判著作：《纯粹理性批判》《实践理性批判》《判断力批判》，开启了理性批判的源头。那么，近代理性大旗在被举起背后的原因是近代西方自然科学的发展，这种思想文化上的革命在历史上破除迷信、冲破神学的羁绊，对人类社会发展有着巨大的推动作用。可这里有一个问题，既然理性批判源自近代科学的发展，科学是近代理性的肇因，那么科学应不应该批判呢？即科学应不应该重新审视呢？科学就本身来说真的揭示出自然界的规律了吗？还是正如罗素在他的《西方哲学史·绪论》中所说："究竟有没有自然规律呢？还是我们信仰自然律仅仅出于我们爱好秩序的天性呢？"[①]这就涉及是自然给人立法，还是人给自然立法的问题。既然是理性的批判，为什么康德没有进行理性的理性再批判？为什么人们如此迷信科学，迷信到已经失去人的理性的地步呢？如科学的功能属性、道德属性，从来没有经过理性的、认真的批判。有时虽然有人在谴责一些科学的非人道伦理的问题，但从来没有引起人们的高度重视，乃至科学至上、科学可以压倒一切成为人类的最高准则。

如一些违背人性、违背自然的自然科学，破坏人类、破坏自然的自然科学，人类从其生产和生活中从没有禁止过，并且一步步发展到不可逆转的地步。原子弹的发明和使用就充分地证明了这一点。

我们为什么不对科学进行批判式的审视呢？

其次，理性的批判不是对人的思维形式概念的批判而审视，最为重要的是应从理性与人类社会发展的关系上，人类社会发展与整个自然的发展关系上所起的作用上来审视，去批判理性，去审视理性。理性是人的一种思维方式，是认识事物的一种逻辑方法。人的这种方法既可以做有利于他人、有利于人类的事情，也可以做损害他人、损害人类的事情，也可能做有意无意地破坏了大自然的事情。

最后，人类至今非理性的事情做的太多了，大多数的科学都已经非理性化，都是对人类、对自然有着巨大破坏作用的。但这些非理性的事情为什么大行其道，其主要原因是人类已经被利益的欲望遮住了双眼，这样下去，人类迟早会走向灭亡。这是理性当今最值得批判的地方。

（五）永久和平论

康德是欧洲历史上比较早的、系统的阐述战争与和平的关系并为人类提供从战争走向和平措施与方案的人。

1. 战争与强道文化

战争一直困扰着欧洲人，因为整个欧洲成年累月地处于战争之中。据

---

① 罗素著：《西方哲学史》上卷，绪论第8页，商务印书馆2008年版。

资料统计，1492—1647年的150多年间，共发生了394次战争。在18世纪之后的100年中，共发生28次战争。每次战争，短则一年，长则几十年。1700—1721年，大北方战争；1710—1713年，俄土战争；1701—1714年，西班牙王位继承战争；1712年，第二次菲尔默根战争；1714—1718年，威尼斯-土耳其战争；1716—1718年，奥土战争；1718—1720年，四国同盟战争；1733—1738年，波兰王位继承战争；1735—1739年，俄土战争；1737—1739年，奥土战争；1740—1748年，奥地利王位继承战争；1740—1742年，第一次西里西亚战争；1744—1745年，第二次西里西亚战争；1741—1743年，俄瑞战争；1756—1763年，七年战争；1768—1774年，俄土战争；1768—1772年，巴尔干联盟战争；1778—1779年，巴伐利亚王位继承战争；1780—1784年，第四次英荷战争；1787—1792年，俄土战争；1788—1790年，奥土战争；1788—1790年，俄瑞战争；1792—1792年，俄波战争；1792—1802年，法国大革命战争；1793—1797年，第一次反法同盟战争；1798—1799年，埃及远征战争；1799—1802年，第二次反法同盟战争；1793年柯斯丘什科起义。

从战争起因看，主要集中在领土和霸权上；其次是王位继承、权力争夺；再次是宗教、民族；另外是殖民地和商业贸易、航海等。说到底还是围绕着权力和利益引起的国与国的战争。

欧洲为什么成为战争多发和频发的地区？首先，狭隘的地区分布着众多的国家。欧洲土地面积大约为1016万平方公里。18世纪共有17个国家，这不包括有的国家的内部成员国，如德意志联邦由奥地利帝国和四个王国——普鲁士、巴伐利亚、萨克森和符腾堡，以及诸多的公国和自由城市组成——共有39个成员国。这18个国家有英国、法国、俄国、神圣罗马帝国（包括普鲁士王国、萨克森王国、奥地利哈布斯堡王朝领地等）西班牙、葡萄牙、丹麦、挪威王国、瑞典、芬兰、荷兰、瑞士、波兰、立陶宛王国、奥斯曼帝国、威尼斯共和国、西西里亚王国、教皇国。

欧洲的人口从16世纪到18世纪初，总人口在8000万到1.2亿。到了1800年，欧洲人口增加到1.8亿。

欧洲的土地面积仅1000万平方公里，而在这1000万平方公里中，有400多万平方公里被俄国占有，其余的16个国家仅占有不足600万平方公里的土地。欧洲的人口在当时已经十分密集，如德国人口1800年时2450万，法国人口2950万，俄国人口3500万。

这时的欧洲各国均感到生存的压力。对外战争成了各国争夺生存空间的唯一出路。

其次，在欧洲区域内出现荷兰、西班牙、法国、德国等几个强大的国家，这些国家不断蚕食周边弱小国家，而且强国之间为了争夺生存空间而不断向对方滋生事端，进行战争。小国不断地被吞并，大国之间势均力敌，打打停停，战争几乎不断。

如奥皇查理六世于1740年10月20日去世，无嗣，查理六世在去世前向所有的欧洲强国都发出了《国事诏书》，其中规定因他无子，故死后由其长女玛丽娅·特蕾莎继承王位，所有领地也由玛丽娅·特蕾莎继承。但查理六世刚刚去世，欧洲的许多君主便声称自己对查理六世的所有领地有全部或部分的继承权。普鲁士腓特烈·威廉一世也在《国事诏书》中签了字。腓特烈一世去世，腓特烈二世继位，没有宣布战争就率兵进入西里西亚，并将其据为己有。腓特烈这种强道行为的主要目的是乘机扩张国土，认为这样做才能得到欧洲其他国家的尊重，并为自己取得功名。腓特烈在回忆录中说：年轻时渴望荣誉，希望别人知道自己的名字，促使他发动了这场战争。奥地利成为被侵犯受害的一方。整个欧洲各国各怀自己的目的，都被卷入到战争中，战争打了8年。《英国史》的作者麦考莱在说到这场战争时说："腓特烈曾经承诺保卫邻国，但是他却掠夺了这个国家。"他还风趣地说："对于腓特烈，他得到了西里西亚；而对于其他人，他们什么也没有得到。"

最后，强道文化是战争的真正根源。

强道文化在西方的君主身上体现得淋漓尽致。在西方强道社会，君主以将国家治理成为强大国家为目的，为了达到这一目的可以不择手段。如发动入侵西里西亚的普鲁士国王腓特烈二世，在奥地利王位继承战争之后，又一脚踏进"七年战争"。战争结束之后的10年，腓特烈和俄国的叶卡捷琳娜二世及奥地利的特蕾莎联手对波兰进行第一次瓜分。腓特烈在他的《我自己的时代记录》中这样来形容他的得意之作，他说："这是我们可以做出的最重要的占有之一，因为它将波美拉尼亚和东普鲁士连接起来，并且让我们成为维斯瓦河的主人，我们可以保卫自己的国家并且可以对维斯瓦河实施掌控，整个波兰贸易都是在这条河上进行的。"

在争夺利益面前，既没有永久的朋友，也没有永久的敌人。如在奥地利国王王位战争中，普鲁士国王腓特烈二世几乎与欧洲所有君主为敌，与奥地利的玛丽娅·特蕾莎水火不容，但在瓜分波兰问题上又与俄国、奥地利联手。腓特烈本人认为他推崇的法则是："如果可以，我们也愿意诚实正直；但是如果欺骗是必要的，那么就让我们做个骗子。""君主的永恒法则就是尽其所能地扩张自己的领土。""是让人民在这个世界上消失好呢，还是让君主违反和约好呢？到哪里才能找到对这样的问题犹豫不决回答的笨蛋呢？""如果荣耀之人没有权力制定规则来允许烧杀抢掠，那么他为何会发动战争呢？"[1]

这就是普鲁士腓特烈大帝的治国理念。

综上，说到底是一个文化问题。就是在西方，以某些社会权力方为代表的强道文化，已经深入人的骨髓、人的灵魂，这些人不相信公理的公正性，而只相信力量的霸道性，他们认为强力是一切的主宰。

所以，不消灭强道文化而得到真正持久的和平是不可能的。

2. 世界公民的可能性

康德的世界公民思想是他政治思想中最杰出、对人类最有价值的思想之一。可惜这一思想并没有引起后人的重视，就是在学术界和思想界对于康德这么有价值的思想也很少有人论及。人们更多关注康德提出的"纯粹共和国"的理念，但又认为在康德那里"纯粹共和国"的理念是在现实世界中无法实现的，只能存在于彼岸世界。康德虽然关上了这扇门，但他又开启了另外一扇门，那就是世界公民这扇门。他说：

> "各个民族作为国家也正如个人一样，可以断定他们在自然状态中（即不靠外部法律）也是由于彼此共处而互相侵犯的。它们每一个都可以而且应该为了自身安全的缘故，要求别的民族和自己一道进入一种类似公民体制的体制，在其中可以确保每一个民族自己的权利。这会

① 见菲利普·范内斯·迈尔斯：《世界近代史》，天地出版社2019年版，第132页。

是一种各民族的联盟，但却不必是一个多民族国家。"①

康德的思想十分大胆，他认为这种联盟并不是国家内的联盟形式，而是跳出国家的范畴，是建立在自然状态之后，即类似于原始社会之后出现的各个民族结合在一起的联盟，接近于原始社会后期的部落。这种设想也同样是不能成立的，因为人类历史就不是这样走过来的，国家的产生与发展已经将这条道路断绝了。

既然这个设想走不通，康德接着说：

> "然而这里面却有一个矛盾：因为每一个国家都包括在上者（立法者）对在下者（听命的，即人民）的关系，而许多民族在一个国内就会构成为仅仅一个国家，这就和假设相矛盾，因为我们在这里是只就各个民族构成为同样之多的不同的国家、而不是融合为一个国家来考察各个民族彼此之间的权利的。"②

这里，康德又回到了现实，即前提是各个国家已经不存在了，而是由不同的国家构成的各民族之间的联盟。

康德认为，这种国际联盟的可行性是可以论证并实操的，他说：

> "这一逐步会扩及于一切国家并且导向永久和平的联盟性的观念，其可行性（客观现实性）是可以论证的。因为如果幸运是这样安排的：一个强大而开明的民族可以建成一个共和国（它按照自己的本性是必定会倾向于永久和平的），那么这就为旁的国家提供一个联盟结合的中心点，使它们可以和它联合，而且遵照国际权利的观念来保障各个国家的自由状态，并通过更多的这种方式的结合渐渐的不断扩大。"③

在国际联盟中，国际权力十分重要。假如一个民族说：我们之间不要

---

① 康德：《历史理性批判文集》，商务印书馆2009年版，第113—114页。
② 康德：《历史理性批判文集》，商务印书馆2009年版，第114页。
③ 康德：《历史理性批判文集》，商务印书馆2009年版，第116—117页。

有任何战争，因为我们想缔造一个国家，也就是说我们要为自己设置最高的立法、行政、司法的权力，它可以和平解决我们的争端。但如果一个国家说，我和别的国家之间不要有任何战争，那么靠什么去约束和保证这一要求呢？国家相互之间的关系由于无法相互制约，战争因利益而无可避免，"这就是理性所必然要使之结合于国际权利概念的东西"。①但是国际权利又可以从不同的角度去理解，它也可以理解为进行战争、对外掠杀的一种权利，很多国家正是打着争夺国际权利的幌子对外发动战争。但是，也不是完全地无路可走，

> "只有是他们也恰好像个体的人那样放弃自己野蛮的（无法律的）自由，使自己适应于公开的强制性的法律，并且这样形成一个（确定是不断增长着的）终将包括大地上所有民族在内的多民族的国家（Critas Gentium）。"②

康德指出，各个国家按照自己的国际权利的观念他们根本不愿意这么做，因而人们抛弃了这一正确的观念。于是，世界和平的共和国只是变成了一种思潮。

3. 世界公民权利将限于以普遍的友好为其条件

康德认为，公民的正当权利并不是什么仁爱问题，而是一个权利问题。而友好就是指一个陌生者并不会由于自己来到另一块土地上而受到敌视的那种权利。人们可以拒绝他，如果这样做不至于使他沦落的话；但是只要他在自己的地点上采取和平态度，就不能够敌对他。他可能提出要求的，并不是任何作客的权利（因此就需要有一项特殊的慈善契约，使他得以在一定时期内成为同居伙伴），而是一种访问的权利。这种权利是属于人人都有的，即由于共同占有地球表面的权利而可以参加社会，地球表面作为一个球面是不可能无限地驱散他们的，而是终于必须使他们彼此相容忍；而且本来就没有任何人比别人有更多的权利可以在地球上的一块地方生存。

---

① 康德：《历史理性批判文集》，商务印书馆2009年版，第117页。
② 康德：《历史理性批判文集》，商务印书馆2009年版，第117—118页。

如果世界各部分人都可以这种方式彼此进入和平关系，最后将这种关系公开并成为合法，那么就终于可以把人类引向不断地接近于一种世界公民的体制。然而历史的进程并非如此。康德谴责那些从事贸易的不友好的国家，他说：

> "他们访问异国和异族（在他们，这和进行征服等于是一回事）所表现的不正义性竟达到惊人的地步。美洲、黑人大陆、香料群岛、好望角等等，自从一经发现就被他们认为是不属于任何别人的地方，因为他们把这里的居民当作是无物。在东印度（印度斯坦），他们以纯拟建立贸易站为借口带进来外国军队，但却用于进一步造成对土著居民的压迫、对这里各个国家燎原战争的挑拨、饥馑、暴乱、背叛以及像一串祷告文一样各式各样压榨着人类的罪恶。"[1]

康德气愤地说道：

> "糖料群岛这个最残酷而又最精心设计的奴隶制的营地，并没有带来任何真正的、而仅仅有一点间接的看来微不足道的收获，就是为战舰培养了水手，所以也就是为再度在欧洲进行战争而服务。这些列强干了许多事情来表示自己虔诚，并且愿意被人当作是正统信仰的特选者，而同时却酗饮着不正义就像饮水一样。"[2]

这是康德对西方殖民者的谴责，他认为这是强者对弱者的强暴与掠夺。

但是，无论现实社会离开他所主张的理想社会多么的遥远和格格不入，这并没有使康德对人的未来失去信心，他认为人类社会仍然存在着建立世界公民权力的可能。既然大地上各个民族之间（或广或狭）普遍已占上风的共同性现在已经到了这样的地步，以致在地球上的一个地方侵犯权利就会在所有的地方被感觉到；所以世界公民权利的观念就不是什么幻想的或

---

① 康德：《历史理性批判文集》，商务印书馆2009年版，第119—120页。

② 康德：《历史理性批判文集》，商务印书馆2009年版，第121页。

夸诞的权利表现方式，而是为公开的一般人类权利、并且也是为永久和平而对国家权利与国际权利的不成文法典所作的一项必要的补充。唯有在这种条件之下，我们才可以自诩为在不断地趋近永久和平。

4. 康德永久和平论思想的历史意义和现实意义

康德提出任何国家均不得武力干涉其他国家的体制和政权，这在以强道文化为主体的西方社会是十分难能可贵的。这一思想虽然在西方社会因强权主导不可能得到认可和采纳，但这样的思想在人们心中还是会产生一定的影响。它的提出，起码让强权者们认识到，在思想界还有这样的观念，即对于强权者肆无忌惮地插手别国事务、干涉别国内政提出不同的看法，也势必在这些强权者头脑中或多或少地产生一些影响，有时也会因利益攸关而将此作为说辞。这一思想虽然在历史上起作用有限，但从思想观念的发展角度看，它是当时人类社会进步的一种表现。而且从人类发展的角度看，这一思想愈早出现，对人类发展愈加有利。

康德可能也是西方思想界第一个提出裁减军队的人：应将各个国家的常备军逐渐地全部加以废除。这种思想在当时，即便是在现在也无疑是痴人说梦。但实现不了不见得不应该提出来，或者谴责说他提的不对。实现不了是受历史时代的局限，其思想还是先进的，是人类迟早要加以遵循的。康德说得对，不仅常备军的存在，始终存在着战争的威胁，而且它又是国家和人民的巨大经济政治的负担。一个国家常备军数量愈大，人们的幸福指数就会愈下降。因它将耗去国家的大量经济能量，参加军队的人民更不堪服役之痛苦。希望保留常备军是各国统治者的优先选择，因为常备军不仅仅是为了对外，更为重要的是对内保护自己的统治政权，他们深知一旦政权没有军队保护，他们随时就可能被人们赶下台，成为阶下囚。因为在强道文化为主的社会，统治者很少会做干净事和做有利于百姓的事，主要为满足自己的各种欲望而执政。

康德也是第一个将战争和国家政体联系起来的人。他认为，只有实行共和政体，人民真正掌握了权力，人民才可以以投票的方式否决对外战争，从而能保证人类的和平。这里边充分体现了他民权至上、主权在民的思想。

康德还提出，人类有被战争毁灭的可能性。他率先警告人们不要在整个人类物种的巨大坟场上去发现什么是永久和平。

康德的思想在当时的影响是有限的，而且以上这些好的思想基本上在那个时代被束之高阁。我们应该重新学习、研究、探讨康德《永久和平论》一文思想的现代价值。

人类的问题已经越来越严重了，其中战争问题不是愈来愈减少或消除，而是一天甚于一天，愈来愈处在另一次世界大战的边缘。而这次世界大战如果真的爆发，不仅可以毁灭人类，也可能毁灭整个世界及地球上所有的物种。整个人类已经发展到了可以毁灭自己及所有生物的能力，并且正在继续滑向深渊而不知停止。人类能不能走出战争的泥潭？走出战争的泥潭真的如康德所说，只有站在人类灭绝的坟场上，才会知道人应该如何避免战争，才能知道什么是和平和怎样实现和平吗？

大自然本来是人类生存条件的提供者，也是人类走向未来的保障者。可人类不仅仅为了满足自己的欲望无穷无尽地攫取，还利用战争对大自然进行破坏，地球上的大自然将成了人类灭亡的陪葬者。

（六）人类是在不断朝着改善前进吗？

康德的结论是，人类是在不断朝着改善的方向前进着。

这一点恐怕不只是康德，几乎所有人都应该得出这样的结论。康德的价值不在于他得出这样的结论，而在于他在论述这一结论中所涉及的三个问题。

第一个问题：以道德为标准去审视人类社会发展。我们习惯于从政治、经济、文化、科技的进步去审视社会的进步，还有以人为中心、以人的物质生活和精神生活为出发点，乃至将其作为参照系或标尺等，这几乎成了几千年来人们一直的一贯的做法。前者是官方愿意用的标准，甚至将政治、经济、文化、科技量化成为指标数据，以此证明执政的功绩。后者则是普通大众愿意用的标准，人们总是认为自己的日子一年好于一年，财富增多，精神快乐、安逸等等。

以道德作为衡量的标准——我们知道的大概在西方只有康德这个人了。如果人类社会仅仅为了满足于自我发展的欲望，以实现人欲为发展进步的标尺，那么无论是前者和后者都是正确的，但是这种正确只能是人类自我裁判的结果，并不符合大自然的目的及自然界发展的规律。人来自大自然，大自然给予人的思想能力让人有了超出其他物种的七情六欲，但同时又让人有了理性。理性除了使人知道设计规划自己的思维方式和行为方式外，还有另一个功能，就是控制人的七情六欲。可是，在以往的人类历史发展过程中，人们过于恣情纵欲，恨不得贪天下之财货为己有，受天下之美色为己欲，立天下之功劳为己名，尝天下之美味为己腹，只顾自己而不计其余，人人争名于朝，争利于市；为一己之利，不顾手足之情，为一人之欢，不念人伦道德，相互仇恨，互生怨恨，人人自危，朝不保夕。人类不仅仅因为人的欲念使人类社会至此，而且大量攫取自然界的财富，整个地球的自然表面被弄得千疮百孔，满目疮痍，生灵涂炭，动植物濒临灭绝，已经到了天怒地怨的地步。再不改弦更张，还以原来的路数继续而不知悔改，最终将遭到大自然的惩罚，变地球为整个人类的坟场。

以道德为评判人类社会发展的标尺，社会发展的途径会与现今发展道路截然相反。它在内使人在理性指导下追求人内心的平安、平静、舒适、快乐与幸福，在外追求人与人的平等，人与自然的高度和谐，共生共荣，同悲同喜，同苦同乐，天人合一的境界。

第二个问题，人类的预见需要根据自然法则的联系而得出。

这是一位难得的思想家难得的思想。人类是可以"告诸往而知来者"，即从历史和现实去推知未来，但是从来很少有人讲把未来与自然法则联系起来。

自然法则是自然界的规律，适用于整个自然界。在以往的哲学家眼里，大多数都把自然界看成为人的主观的客体，将自然法则看成为自然规律，也往往认为它是自然科学家应该研究的问题，从而很少将其与社会科学联系起来，只将其作为社会科学或社会实践的已知条件或已知的基础，很少会将人类未来发展与自然法则联系起来。在中国历史上八千年前伏羲氏时出现的先天八卦，以及西周文王时的后天八卦，所谓"先天为体，后天为用"，讲的就是这种思想。

自然界也存在着无数个法则，与每个人的关系只是一种间接作用，是通过物质运动的规律与人发生各种各样的作用，人不必全部去掌握，往往通过自然科学家的推理和试验的实践，再将其转化为生产力或者生产资料而被人们利用和使用。但有一种法则，这与每个人都有关系，那就是自然界的天道法则，或者叫做天道规律，这是世界上万事万物都必须遵循的。人是自然界的一分子，自然也要遵守这一法则，这一规律。

康德所讲的根据自然法则的联系，实际上就是讲人与天道法则的关系，人的行为与天道法则的关系。

作为人本身离不开自然界，离不开自然界的天道规律，人的衣食住行、生老病死无不受天道法则的主宰。在一定程度上可以说，人类是永远无法改变天道，永远无法胜天，只能服从和适应于天道。反而天道可以改变人，让人通过社会活动不断地修正和完善自己，从低级向高级发展，从现在走向未来，而在这过程中深具思想的哲学家们可以窥测天道的蛛丝马迹，可以从天道发展变化及人类社会活动的关系去预测人类的未来。

第三个问题：人类怎样去预测未来。

在预测未来的人类历史上，康德把环境引进来，这是十分正确的思想。

人类社会是在时空中存在，以时空为前提，加上特定的事物，便构成了人生存的环境。

人存在的环境，是形成难以计数的二重结构。二重事物构成的二重结构，密密麻麻地拥挤在时空十字架上，组成内部、外部的共时态时空与历史、现在、未来的历时态时空，相互联系，相互作用，决定着事物未来的发展与变化。

当人类社会的一切事物进入二重时空结构，当我们对这些事物进行时空二重审视的时候，我们看到的事物在内部环境与外部环境的两重作用，也看到事物在历史、现实、未来三度时空环境下的两重作用，我们便很清楚地看到事物在内部与外部、历史与现实、现实与未来的三度时空中的作用与演变，不断地更新和扬弃、发展与变化。

它们不断地重叠，又走向非重叠，不断地对称，又不断地走向非对称，形成无数个规律的和非规律的变化，形成无数个量变后的质变，形成无数个因果之后的因果，形成无数个对立又统一后的对立统一。这便是既存在于历史，又处在于现实的二重结构。

八、康德人类学思想中的局限性

康德是人类进入18世纪时最为重要的思想家，也是西方史上最具影响力的哲学家之一。他的思想集中地反映了那个时代的文化、政治与科学的重要发展现状，尤其是对形而上学、道德、自由和自然关系等问题的研究，成为西方哲学在近代发展的主要思想基础，也是德国古典哲学发展的基础。

在社会政治方面，康德反对人类社会的专制制度，他主张消灭专制主义，他讲：

> "所谓国家，就是由人民统治自己——专制政体对人类没有好处，对它本国也没有好处，它只能给予一个国家表面上的显赫。"①

但这样一位伟大的哲学家在种族问题上也存在着一些认识错误。他首先认为，欧洲的民族从文化上讲是优于其他地域的民族。

> "地球上的两个最文明的民族，其个性对比鲜明，而且或许主要是因为这一点，他们不断的彼此争斗。这就是英国和法国。他们后天获得的和人为的个性只是其天生个性的结果罢了，而即便是按照他们的天生个性，他们也许是唯一能够被认为具有一种确定个性的民族了，而且只要他们不被战争暴力混合起来，这种个性就不会改变。法语成了通用的会话语言，尤其是在女性的高雅世界里，而英语则成了商业社会最广泛的贸易语言，这大概是在于他们的大陆位置和岛屿位置的区别。但是，说到他们现在实际上具有的天性及其通过语言的培养，这也许就必须从他们出身的原始民族的天性个性推导出来；不过，我们缺少这方面的文献。——但在一种实用人类学中，我们只关心：把

---

① 见埃米尔·路德维希：《德国人》，文汇出版社2019年版，第222页。

这两个民族现在如何的个性展示在若干例子中，并且尽可能的系统化；这些例子让人做出判断，一个民族能够对另一个民族期待什么，一个民族如何能够为自己的好处而利用另一个民族。"①

这里面有一句话，即康德认为英法两个民族是世界最文明的原因，"这也许就必须从他们出身的原始民族的天生个性推导出来了。"

英、法、德、意的国家都是有日耳曼人建立的，所以说欧洲的民族是离不开日耳曼民族的。日耳曼民族最文明的原因来自原始日耳曼部落的天生个性，这无疑也在证明，欧洲其他来自日耳曼民族的国家、民族，同样具有"民族"遗传的"天生个性"。

康德把人类划分为4个种族：

"我相信，只需要认定人类的四个种族，就能够从中推导出所有一看就可以辨认并且持久的区别。它们是：1，白人种族；2，黑人种族；3，匈奴（蒙古或者卡尔梅克）种族；4，印度或者印度斯坦种族。"②

对这4个种族，康德评价过两个，即白种人和黑种人。

他是这样评价的：

"法兰西国民在所有其他国民中因会说话鉴赏而独具个性，在这方面他们是所有其他国家的楷模。他们彬彬有礼，尤其是对拜访他们的外人——这种方式的偏好按照原理也必须影响到提供服务的心甘情愿、乐于助人的善意，并逐渐影响到普遍的博爱，使这样一个民族在整体上可亲可爱——还有一种传染性的自由精神，它也或许把理性自身拉入了它的活动，并在民族与国家的关系中导致了一种震撼一切的热忱，这种热忱还超出了极限。"③

"英吉利民族。不列颠人（Briten）的古老部落（一支凯尔特民族）似乎曾经是一帮精干的人：然而，德意志人和法兰西部族的迁入（因

---

① 康德：《实用人类学》，《康德人类学文集》，中国人民大学出版社2016年版，第169页。

② 康德：《论人的不同种族》，《康德人类学文集》，中国人民大学出版社2016年版，第210页。

③ 康德：《实用人类学》，《康德人类学文集》，中国人民大学出版社2016年版，第170页。

为罗马人短暂的出现未能留下明显的痕迹），如同他们混杂的语言所证明的，熄灭了这个民族的原创性，并且由于它的国土的那种抵御外来攻击相当安全、反倒诱惑自己成为攻击者的岛国位置，使它成了一个强大的海上贸易民族，所以它就有了一种自己为自己创造的个性，尽管它真正说来天生不具备一种个性——英国人为自己的同胞们建立了庞大的、一切其他民族闻所未闻的慈善机构。——但是，由于命运而流落到他们那土地上并陷入困境的外国人，却总是丧生在垃圾堆上，因为他们不是英国人，也就是说不是人，但是，即使是在他们自己的祖国，英国人也把自己孤立起来，他们自己付钱吃饭——法国人通常喜欢英吉利国民，并尊重地称赞他们——英国人却普遍憎恨和蔑视法国人。"①

西班牙人，"在其公共的和私人的举止上都表现出某种庄重——都表现出一种高贵的国民自豪。——他们温顺地服从法律，尤其是衷心地服从他的古老宗教的法律——较坏的一面：他们不向外人学习——在科学上落后几个世纪；对一切改革都困难重重，以可以不工作为荣，具有像斗牛那样的浪漫主义的情调。"②

"意大利人把法国人的活跃（欢快）与西班牙人的严肃（坚韧）结合起来，而且其审美个性是一种与激情相结合的鉴赏——就像法国人在会话鉴赏方面杰出一样，意大利人在艺术鉴赏方面杰出。前者更喜欢私人娱乐，后者更喜欢公共娱乐：盛大的游行、大型戏剧、狂欢节、化妆舞会、公共建筑的豪华、用画笔或用镶嵌工艺所做的绘画、气势宏伟的罗马遗迹——较坏的一面是：就像卢梭所说的那样，他们在宫殿里谈话，却在老鼠窝里睡觉——拔刀子、拦路抢劫、刺客在宗教避难所躲难，警探玩忽职守等等，这些毕竟不能归咎于罗马人，毋宁说要归咎于其双头政府形式。"③

---

① 康德：《实用人类学》，《康德人类学文集》，中国人民大学出版社2016年版，第171—172页。
② 康德：《实用人类学》，《康德人类学文集》，中国人民大学出版社2016年版，173页。
③ 康德：《实用人类学》，《康德人类学文集》，中国人民大学出版社2016年版，173—174页。

"德国人有一种好个性的名声，亦即诚实和节俭的名声；这是些恰恰不适合于炫耀的特点。——德国人在所有文明民族中最容易并且最持久地服从他们所隶属的政府，并且对于采用了的制度，最远离革新的欲望和反抗。他们的个性是与理智相结合的淡泊，既不对已经采用的制度玄想，也不自己想出一种制度来。在这方面，他们毕竟是一切国土和气候的男子汉，轻而易举地移居国外，并不狂热地迷恋于自己的祖国——由于淡泊（在好的意义上说）是冷静思考和在追求自己的目的时坚持不懈、同时忍受得住与此相结合的艰难困苦的气质，所以，对于他们的正确知性和他们的深刻反思的理性的才能，人们所可以期待的，与可以期待于任何别的能够有最伟大的文化的民族一样多——他们不好的一面是模仿的倾向，很少认为自己是能够原创的（这恰恰是固执的英国人的反面）：但尤其是某种条理癖，即绝不按照一种接近平等的原则，而是按照优先权的阶梯和某种等级秩序，来非常认真地给自己与其他国家公民进行分类，并在这种等级图形中，在头衔（高贵者和尊贵者、名门、望族和贵胄）的发明中层出不穷，由于一味拘泥于迂腐而奴颜婢膝。"①

"由于俄国不是一个需要对正准备发展的自然秉赋有一个确定概念的国家，而波兰不再是这样一个国家，欧洲的土耳其民族从未是，也将永远不是需要取得一种确定的民族个性的国家，所以，对他们的描述在这里就可以适当地跳过去。"②

"在处于土耳其人的严酷压迫及其僧侣的并不温和多少的压迫之下的希腊人的个性中，他们的性情（活跃和轻浮）与他们的体型、相貌和面部特征一样，并没有损失多少，相反，如果宗教形式和政府形式通过幸运的事件使他们获得重建的自由的话，这种特性也许就会重新事实上建立起来。"③

---

① 康德：《实用人类学》，《康德人类学文集》，中国人民大学出版社2016年版，174—175页。

② 康德：《实用人类学》，《康德人类学文集》，中国人民大学出版社2016年版，175—176页。

③ 康德：《实用人类学》，《康德人类学文集》，中国人民大学出版社2016年版，176页。

相反，康德对黑人人种的评价，在语言的使用上与评价白人截然相反。

"与此相反，温暖的气候极大的湿热在一个为了完全适应自己的土
地已经在这方面足够古老的民族身上必然显示出其他作用截然相反的
作用来。所产生的恰恰是卡梅克形态的对立面。身体海绵质部分的生
长在炎热而潮湿的气候中必然增强；因此，就有了厚厚的朝天鼻和香
肠状的嘴唇。皮肤必然是油性的，这不仅是为了缓和过于强烈的蒸发，
而且也是为了防止腐蚀性湿气有害的吸入。通常在任何人血中都可发
现，而在这里由于磷酸的蒸发（因此所有黑人都发出臭味）而沉淀成
网状物质的铁微粒，其过量造成了映透表皮的黑色，而血液中浓浓的
铁含量似乎也是为了防止所有的部分萎缩所必需的。皮肤上的油质减
弱了毛发生长所必需的营养黏液，几乎不允许生长覆盖头部的毛发。
此外，湿热对于动物的茁壮成长是绝对有利的，简而言之，由此产生
出很好地适应自己气候的黑人，也就是说，黑人长的强壮、多肉、灵
活，但由于其家乡丰富而懒惰、懦弱、不思进取。"[1]

作为一个在德国深具影响的思想家，康德对犹太人的看法对后来影响
巨大。他认为犹太人是个迷信、原始又不理性的民族，"犹太宗教信仰根本
就不是信仰，仅仅是一个部落中的一群人组成的团体。"[2]

他对犹太人的生活观念、价值观念都是否定的，他说：

"生活在我们中间的犹太人，由于他们的高利贷精神，自从他们被
流放以来，（至少是他们中的大多数）就获得了不无根据的骗子名声。
当然，设想一个骗子民族是奇怪的；但是，同样奇怪的是设想一个全
是商人的民族，它的绝大部分——由古老的迷信连接起来——在他们
生活的国度中不寻求任何公民荣誉，而是以别人承诺给他们以保护或
者其他东西的代价来补偿他们在公民荣誉上的损失。——我不想制定

---

[1] 康德：《论人的不同种族》，《康德人类学文集》，中国人民大学出版社2016年版，第
215页。

[2] 见《希特勒的哲学家》，上海社会科学院出版社2017年版，第57页。

那种白费力气的计划，去使这个民族在欺骗和诚实的问题上道德化，我宁可想就这种奇特的、纯粹商人民族的心境来说明自己的猜想。"①

他认为，从纯粹道德上要求犹太人的犹太教应"安乐死"。在他看来，除个别的少数人"被启蒙的犹太人"外，剩下的都是不道德的。这些人不应该与德国人获得同样的政治权利，他们应该被排斥在外。康德认为，犹太人是人类所有种族的敌人。

"犹太立法者（摩西）的革命性举措，在犹太人和其他民族中间建立了一道屏障。犹太人只服从于自己的祭司，这就使他们成为所有人类种族的敌人——犹太人通常蔑视清晰的道德规定和民族法律——他们被教导成为冷酷无情、残忍、偷窃、叛国、背信弃义之人。所有这些都被认为是取悦上帝的行为。总而言之，犹太人已经成了暴民。经商的犹太人欺瞒诈骗、投机取巧，臭名远扬。如果犹太人强大了，他们很可能就会导致所在国悲剧频生——如果他们中间还有诚实、正义之人（这一点不容怀疑），这也是因为他们（少数诚实犹太人）拒绝那些教人生事和作恶的律法。"②

康德作为18—19世纪的启蒙运动的伟大思想家而受到欧洲人的尊敬。他的主张和见解，在一定程度上讲已成为近现代欧洲人思想发展的基础，他的人类学的思想在19世纪被看成正确的人类进化论的思想而被欧洲人普遍接受，而他对黑人的看法、对犹太人的观点，对欧洲人排斥黑人和犹太人的行为产生过一定的影响。

---

① L.Kant, Anthropologie, in Werker, 12, 517 f f. in P.L Rose1990, P, 94,《希特勒的哲学家》，伊冯·谢拉特著，上海社会科学院出版社2017年版，第40页。

② H.H Ben-Sassoned, A history of the Jewish people, Cambridge Harvard University press 1976, P74.见徐新：《反犹太主义历史与现实》，人民出版社2015年版，第206页。

第十七章
黑格尔批判

一、黑格尔生平

乔治·威廉·弗里德里希·黑格尔（1770—1831年）生于德意志斯图加特市，祖父是路德新教的牧师，诗人席勒出生时由他主持洗礼。父亲乔治·鲁德威·黑格尔早期任过符腾堡公国税务局的秘书，后来任运输局的顾问。黑格尔在家中排行老大，其下还有弟弟和妹妹。

黑格尔的母亲是一位在各方面很有教养的人，黑格尔从小便由母亲教习语文，这给黑格尔养成了很好的学习习惯打下了牢固的语言文学基础。黑格尔的父母是虞城的路德新教徒，这对黑格尔一生的思想和信仰产生了主要的影响。一直到中学，黑格尔都在他的出生地斯图加特接受教育，5岁时入拉丁学校，7岁入中学读书，学习成绩优良。他喜欢上了古希腊文和拉丁文，并对西方古典文化产生浓厚的兴趣。但在黑格尔14岁那年，母亲去世了，这对他打击很大。1825年，他写信给妹妹说："今天是我们母亲去世的日子，这个日子我永远记得。"

黑格尔在中学读书时，就对哲学产生很大的兴趣，他大段抄录洛克、休漠、康德等人的著作，并在本上记录了有关国家、迷信、哲学、逻辑、变化等。

1788—1793年，黑格尔在图宾根大学修读神学和哲学5年时间，前两年主要是逻辑和神学，后3年主要是逻辑和哲学。1790年接受学士学位考试，论文的题目是《人的义务的限度》，1793年大学毕业。毕业后当了9年的家庭教师。在当家庭教师的余暇时间，黑格尔读了谢林、费希特等人的著作。在黑格尔29岁那年即1799年1月，父亲去世，遗留下一笔10500盾的遗产，黑格尔分得了3154盾。因为有了这笔经济来源，他便辞去了家庭教师的职业，先任纽伦堡中学校长，后于1801应谢林的邀请，到德国的哲学中心耶拿去做研究工作。他就职期间所写的论文《论行星运转》，不仅使他获得博士学位，也得到了耶拿大学哲学编外教师资格。1805年，在歌德的帮助下，他担任了耶拿大学的副教授。1816—1819年，任海德堡大学哲学教授；1818年，受普鲁士政府的邀请，任柏林大学哲学教授；1830年，被选为柏林大学校长。次年因霍乱在柏林去世。

黑格尔从1805年开始写作《精神现象学》，这部书标志着黑格尔已成为成熟的思想家、哲学家，并已开创了自己的哲学体系。马克思说："精神现象学是黑格尔哲学的真正起源和密码。"①

马克思在《德意志意识形态》中又说《精神现象学》是"黑格尔的圣经"。这部书黑格尔写了一年，于1806年10月13日完成。这部书的主要内容将人类意识发展分为5个阶段，即意识、自我意识、理性、精神、绝对精神，前3个阶段被称为主观精神。在人的主观精神之外是客观精神。客观精神包括：社会意识、民族精神、世界精神、时代精神、时代思潮等。在主观与客观精神之上存有绝对精神，它包括宗教与绝对精神。黑格尔在《小逻辑》中说：

> "在我的《精神现象学》一书中，我是来取这样的进程，我从最初、最简单的精神现象，直接意识开首，进而直接意识的矛盾进展逐步发展以达到哲学的观点，完全从意识矛盾进展的历程以指示哲学观点的必然性（也就因为这个缘故，当那本书出版的时候，我把它认作科学体系的第一部分）。"

---

① 《马克思恩格斯全集》第3卷，人民出版社2002年版，第316页。

《精神现象学》在黑格尔的哲学中占据承上启下的地位。承上，它提炼黑格尔青年时期哲学思想的精华；启下，它成为此后黑格尔哲学的起源。

1812—1816年，黑格尔另两部著作《大逻辑》《小逻辑》完成并出版。黑格尔的逻辑学的问世，在它的思想体系中占有十分重要的地位。黑格尔的思想是从逻辑学思想上展开和发展的，体现了他将宇宙看成一个运动、变化、发展的有机整体。在黑格尔看来，就是从概念推理概念、从范畴推理范畴的概念辩证法，并用辩证法对概念的内在矛盾与内在的关系进行分析，用这种分析对自然界、人类社会、历史哲学、科学进行辩证的逻辑批判，从而形成黑格尔的逻辑体系。

1817年，黑格尔完成《哲学全书》的著述。该书的出版，代表着黑格尔的哲学思想已进入成熟阶段。

1821年黑格尔在柏林完成《法哲学原理》著作。《法哲学原理》涉及的范围十分广泛，它包含三大环节，即：抽象的法，道德，理论。它是黑格尔政治哲学的集中体现。

在柏林期间黑格尔开授历史哲学课，主要讲授哲学史、美学、宗教哲学、法哲学和历史哲学等课程，并进行多次哲学史的讲演。黑格尔去世后，由他的学生收集整理，1832年出版十九卷《黑格尔全集》。

英国哲学家罗素在《西方哲学史》中，介绍黑格尔的哲学思想时说：

> "黑格尔是德国哲学中由康德起始的那个运动的顶峰；虽然他对康德时常有所批评，假使原来没有康德的学说体系，绝不会产生他的体系。黑格尔的影响固然现在渐渐衰退了，但以往一向是很大的，而且不仅限于德国，也不是主要在德国。十九世纪末年，在美国和英国，一流的学院哲学家大多都是黑格尔派。在纯哲学范围以外，有许多新教神学家也采纳他的学说，而且他的历史哲学对政治理论产生了深远的影响。大家都知道，马克思在青年时代是个黑格尔的信徒，他在自己的完成了的学说体系中保留下来若干重要的黑格尔派特色。即使（据我个人认为）黑格尔的学说几乎全部是错误的，可是因为他是某种哲学的最好代表人物，这种哲学在旁人就没有那么一贯、那么无所不

包，所以他仍然保持着不单是历史意义上的重要地位。"[1]

黑格尔哲学思想主要体现在他的逻辑学和精神哲学上。

黑格尔认为一切都存一个开始，即开端。而一个真正的开端，必须是纯粹的开端。所谓纯粹的开端，即是一切事物的最初，它不能存有其他的范畴再成为它的开端。黑格尔认为最符合《逻辑学》的最初的开端的范畴，就是存在，"存在变成为第一个范畴。"他称这个存在为"绝对是纯有"，而"绝对是纯有"就是不具有任何质的纯有的存在。就是"无"，就是什么都没有，这便成为第二个范畴。这就是说，"无"是对"存在"的外在否定。在第一个范畴中是绝对是纯有是正题，第二个"无"是"存在"的反题。而"存在"与"无"的合题则是"变"。所以"存在"与"无"是"变"的两个内在的环节。"变"成为第三个范畴。但"存在"与"无"不能总是变来变去，于是便出现了第四个范畴"定在"，指在方向上的限定，即指原来的"存在"是毫无规定性的，现在已经有了规定性存在。但这里有规定性的存在还仅仅是范畴上的存在。而"定在"以上的范畴，全称为"质"，所以第五个范畴是"质"。由"质"必然过渡到相反的概念，即量，"量"成为第六个范畴。有"质"有"量"，再发展便出现第七个范畴"度"。这便是黑格尔的存在论。

黑格尔的逻辑学除了上述7个范畴外，还有他关于本质学说涉及的同一、根据、实在、物、质料、现象、内容、整体与部分、内与外、因果关系、相互关系着诸多范畴。

黑格尔的精神哲学包括历史哲学、法哲学、宗教哲学、哲学史、美学等等。

精神哲学又分为三大阶段：主观精神、客观精神、绝对精神。

主观精神，就是人的个人意识。黑格尔认为主观精神包括：人类学（分为意识、自我意识、理性3个方面），心理学（分为理论精神、自我精神、自由精神三个方面）。

客观精神，就是社会意识。黑格尔的客观精神包括法哲学（分为抽象

---

① 罗素著：《西方哲学史》下卷，商务印书2009年版，第301页。

法、道德、伦理3个方面），历史哲学。

绝对精神，指的是与绝对理念同一的精神。包括艺术哲学、宗教哲学、哲学史三个方面。

二、东方哲学

黑格尔对东方哲学有极大的偏见，甚至傲慢地认为东方哲学不值一提。他在《哲学史讲演录》中这样写道：

"东方哲学本不属于我们现在所讲的题材和范围之内，我们只是附带先提到它一下。我们所以要提到它，只是为了表明何以我们不多讲它，以及它对于思想，对于真正的哲学有何种关系。"①

在黑格尔看来，东方哲学很难说成是严格意义上的哲学。

"更适当地说，是一种一般东方人的宗教思想方式——一种宗教的世界观，这种世界观我们是很可以把它认作哲学的。在导言里，我们曾经区别开两种形态：一是真理保持在宗教形式里面，一是真理通过思想保持在哲学里面。东方哲学是宗教哲学，这里我们需要说出理由：为什么我们要把东方宗教观念也看作哲学。"②

为什么东方哲学是宗教哲学呢？因为在西方无论是希腊还是罗马以及创立基督教的犹太人，他们赋予神或上帝明显的人格化形象。而在东方则恰恰相反，那种人的主观因素并没有得到充分发挥，宗教的观念并没有人格化，而在人的内心里面存在着一些普遍观念，这些普遍的观念又表现为

---

① 黑格尔：《哲学史讲演录》第一卷，商务印书馆1997年版，第115页。
② 黑格尔：《哲学史讲演录》第一卷，商务印书馆1997年版，第115页。

哲学观念。

　　黑格尔认为，上帝、自在自为者、永恒者在东方大体上是在普遍性的意义下被理解，同样，个体对上帝的关系也是被掩埋在普遍性里面来理解的。在东方宗教中主要的情形就是，只有那唯一自在的本体才是真实的，个体若与自在自为者对立，则本身既不能有任何价值，也无法获得任何价值。只有与这个本体合而为一，它才有真正的价值。但与本体合而为一时，个体就停止其为主体（主体就停止其为意识），而消逝于无意识之中了。这就是东方宗教中的主要情形。

　　在黑格尔看来，东方中国的上帝、天或者印度人的佛，才被认为是唯一真实存在的，而自身则是虚幻的，人只有与天或与佛合而为一，人才认为自己有价值，否则就认为无价值。人不能与天和佛对立。而西方希腊则相反，主体的神就是自由的，而且时刻保持着自己的自由。这样希腊人也就独立自主，十分看重自己的自由，故而能更快乐更自在地生活。而在东方，则表现为个人的无权利和无意识，只有个体与实体（上帝）合而为一时才能达到自由。

　　黑格尔认为，人的思想必须是独立的，有自由的自我意识，从而才能理解和认识绝对理念，才能使存在着以普遍方式被把握或思想。这种普遍的规定，这种自己建立自己的思想，是哲学的启程。

　　然而对于一个民族来说，自由须要有合乎正义的法律来保护，用伦理和法律的客观规定取代社会上的自然特性和人的主观任性，人们才能真正获得自由。在黑格尔看来，当时的东方社会还没这种自由，他认为在东方只有主人和奴隶的关系，在这样的社会，主导性的范畴不是自由，而是人们的恐惧。人们的意志不是普遍的、无限的，而是有限的，怕死的。人的思维不是自由的，而是依附性的。

　　黑格尔认为，思想的自由是哲学开始的条件。为此，在他看来，东方哲学还不能算是真正的哲学。

三、中国哲学

"中国人和印度人一样，在文化方面有很高的声名，但无论他们文化上的声名如何大、典籍的数量如何多，在进一步的认识之下，就都大为减低了。这两个民族的广大文化，都是关于宗教、科学、国家的治理、国家的制度、诗歌、技术与艺术和商业等方面的。但如果我们把中国政治制度拿来和欧洲的相比较，则这种比较只能是关于形式方面的；两者的内容是很不相同的。"[1]

在黑格尔看来，中国虽然在文化上有着很高的声望与地位，虽存有卷帙浩繁的文化典籍，但无论是已有文化和尚有的典籍，都集中在宗教、科技、政治制度、文学等方面，在哲学上却寥寥无几、屈指可数。中国的政治制度在内容上与西欧的相比，也有着根本的不同。

"古代东方诗歌的内容，如果只看成一种单纯幻想的游戏，似乎在这方面最为光辉，但在诗歌中重要的是内容，内容要严肃。甚至荷马的诗歌对于我们也是不够严肃的，因此，那样的诗歌在我们里面是不会发生的。东方的诗歌中并不是没有天才，天才的伟大是一样的，但内容却与我们的内容不同。所以印度的、东方的诗歌，就形式论，可能是发展很成熟的，但内容却局限在一定的限度内，不能令我们满足。"[2]

黑格尔认为，东方的抒情诗既尚未达到主体个人的独立自由，也没有能使诗的内容具有深刻的精神化，相反，作者将自己的主体意识完全融入

---

[1] 黑格尔：《哲学史讲演录》第一卷，商务印书馆1997年版，第118页。

[2] 黑格尔：《哲学史讲演录》第一卷，商务印书馆1997年版，第118—119页。

内容的外在个别对象里，表现出来的是一种不可分割、内外统一的情况和情境。故而，他认为，从形式方面来看，东方抒情诗对事物的描写缺乏独立的见解，更多的是与思索无关的自身体验的直接描写，因而，作者表现出的不是反躬自省凝聚于自我内心的思考，而是与外界事物和情景的对立中对自我的否定，从而借助对事物的描述而表达自己的思想。

黑格尔认为，抒情诗应该遵守以下准则：

一是主体与客体相结合。即诗人的抒发感情也要使这种特定的感情成为审美关照的对象，即使其客观化，也不能离开客体而只顾抒发个人的情愿。二是诗中一定要蕴含着理念，从中体现时代性与民族性，不可只抒发诗人自己的情感，而使诗歌脱离社会。三是必须有独特的诗人作品表现出来的个性。

黑格尔认为，中国的诗歌创作是有缺陷的，尤其是史诗。他在《美学》第三卷下册提出中国人没有民族史诗。因为中国人的观照方式是散文性的，从有史以来最早的时期，就是以散文性来体现历史实际情况，他们对于宗教的观点也不适用于艺术表现，这是一个民族能否有自己的史诗最大的障碍。从某种意义上讲，中国人的本土宗教并未发扬光大，也就谈不上和创作冲突。

相比之下，黑格尔对中国的政治制度的否定更为彻底。

> "我们也感觉到无论他们的法律机构、国家制度等在形式方面是发挥得如何有条理，但在我们这里是不会发生的，也是不能令我们满意的，它们不是法律，反倒简直是压制法律的东西。当人们让他们自己为形式所迷惑，把东方的形式和我们的平行并列，或者还更爱好东方的形式时，内容不同这一点，在作这类的比较时，是值得普遍注意的。"①

在黑格尔看来，中国属于东方专制主义，而且是东方专制主义的代表，与西方世界相比，中国的专制主义主要表现为其政权对人民的奴役精神，

---

① 黑格尔：《哲学史讲演录》第一卷，商务印书馆1997年版，第119页。

而从未给过人们自由精神。

（一）对孔子的评价

黑格尔说：孔子的学说曾在德国17世纪至18世纪初的莱布尼茨的时代声名显赫，轰动一时。在黑格尔看来，孔子的学说是一种道德哲学。他的著作在中国是最受尊重的。他曾经注释了经籍，特别是历史方面（他还著了一种历史）。他的其他作品是哲学方面的，也是对传统典籍的注释。他的道德教训给他带来最大的名誉。他的教训是最受中国人尊重的权威。"①但是在黑格尔看来，《论语》这部书没有多大价值。他说：

> "他曾做过这一个时期的大臣，以后不受信任，失掉了官职，便在他自己的朋友中讨论过哲学的生活，但是仍旧常常接受咨询。我们看到孔子和他的弟子们的谈话，里边所讲的是一种常识道德，这种常识道德我们在哪里都找得到，在哪一个民族里都找得到，可能还要好些，这里毫无出色之点的东西。"②

黑格尔将孔子的《论语》贬低得一无是处，认为这无非是一些日常的道德说教。这种道德说教随处可见，各个民族都有，有的甚至比《论语》要更好一些。

黑格尔认为，孔子只是一个实际的世间智者，在他那里思辨的哲学是一点也没有的——只有一些善良的、老练的、道德的教训，从里面我们不能获得什么特殊的东西。在黑格尔看来，《论语》只不过是孔子随性而发的道德议论，见不到任何思辨的逻辑，而孔子充其量不过是中国古代一位见过世面的智者而已。

黑格尔将孔子与古罗马著名政治家西塞罗相比较，其结论：

> "西塞罗留下给我们的'政治义务论'便是一本道德教训的书，比

---

① 黑格尔：《哲学史讲演录》第一卷，商务印书馆1997年版，第119页。
② 黑格尔：《哲学史讲演录》第一卷，商务印书馆1997年版，第119页。

孔子所有的书内容丰富，而且更好。我们根据他的原著可以断言：为了保持孔子的名声，假使他的书从来不曾有过翻译，那倒是更好的事。"①

黑格尔对孔子的评价，表现出对中国文化和孔子的无知，以及他本人的浮躁与傲慢。不在于他读了多少中国典籍，对孔子了解多少，而作为一位受人尊重的哲学家，没读懂弄清事实真相之前便如此轻易地作出武断的评价，足以显得本身的轻浮和为人做事的草率及不严谨。

我们就按黑格尔在《哲学史演讲录》一书的撰写顺序来叙述著作中涉及的中国哲学。他讲的第二点就是《易经》。

（二）《易经》哲学

黑格尔是这样讲《易经》的："第二件须要注意的事情是，中国人也曾注意到抽象的思想和纯粹的范畴。古代的《易经》（论原则的书）是这类思想的基础。《易经》包含着中国人的智慧（具有绝对权威的），《易经》起源据说是出自伏羲。关于伏羲的传说完全是神话的、虚构的、无意义的。这个传说的要点是说伏羲发现了一个有一些符号和图形的图表（河图），这是他在一只从河中跃起的龙马背上所看到的（这龙马是一个奇异的兽，具有龙的身子，马的头。此外，另一些图形（洛书），是从龟背上得来的，与伏羲的河图联系在一起了）。"②

黑格尔这种说法将伏羲创造八卦、伏羲发现了洛图和洛书等历史传说归为虚构，从而就否定伏羲氏的存在，认为完全是神话的、虚构的。

他说：这个图表包含着一些上下排列的平行线，这些直线是一种符号，具有一定的意义。中国人说那些直线是他们文字的基础，也是他们哲学的基础。那些图形的意义是极抽象的范畴，是最纯粹的理智规定（中国人不仅停留在感性的或象征的阶段），我们须注意——他们也达到了对于纯粹思想的意识，但并不深入，只停留在最浅薄的思想表面。

《易经》的卦象充满严格的内在逻辑与外在逻辑，每个卦象中的每个爻

---

① 黑格尔：《哲学史讲演录》第一卷，商务印书馆1997年版，第119—120页。
② 黑格尔：《哲学史讲演录》第一卷，商务印书馆1997年版，第120页。

都代表着具体的事物以及事物发展变化的过程，绝不是什么"不深入""最浅薄的思想"。从此可以看出，黑格尔根本不懂《易经》符号的数理寓意。

黑格尔武断地说：这些规定诚然也是具体的，但是这些具体没有概念化，没有被思辨地思考，而只是从通常的观念中取来，按照直观的形式和通常的感觉的形式表现出来。因此在这一套具体原则中，找不到对于自然力量或精神力量有意义的认识。

黑格尔认为，《易经》缺乏自己的逻辑体系，没有将符号和卦辞概念化，使之无法进行理性的思辨推演，只是一些通常的简单的观念和单纯的直观形式，故而得不出对事物有价值的认识。

> "为了满足好奇心，我将详述那些原则。那两个基本的形象是一条直线（▆▆▆，阳）和一条平分两段的直线（▆ ▆，阴）；第一个形象表示完善，父，男，一元，和毕泰戈拉派所表示的相同，表示着肯定。第二个形象的意义是不完善，母，女，二元，否定。这些符号被高度尊敬，它们是一切事物的原则。再把它们重叠起来，先是两个一叠，便产生四个形象：▆▆ ▆ ▆ ▆▆ ▆ ▆，即太阳、少阳、少阴、太阴。这四个图像的意义是完善的和不完善的物质。那两个阳是完善的物质，并且第一个阳是属于青年和壮健的范畴；第二个阳虽然是同样的物质，但属于老年和衰弱的范畴。第三个图像与第四个图像都是以阴为基础，都是不完善的物质。它们也有老年和少年、壮年和衰弱的规定。"[1]

黑格尔对阴阳两仪和太阳、少阳、少阴、太阴的四象的理解过于肤浅，而且将阳称为完善的物质，将阴说成不完善的物质，不知阴阳既是相互对立着事物，又是一事物的两个方面，本身就是对立统一。它们是由"一"生来的。"一"即太极，阴阳两仪即本于太极。从太极开始以"二"，以一阴一阳作为"易"之道，故而太极生两仪，两仪生四象。以此生生不息，变化无穷。阴阳和四象，绝不是什么简单的肯定或否定的原则。

---

① 黑格尔：《哲学史讲演录》第一卷，商务印书馆1997年版，第121页。

"这些图形曾得到多方面的说明和注释，因而产生了《易经》。《易经》就是这些基本符号的发挥。《易经》的一个主要注释者是文王，生于基督前第十二世纪。他同他的儿子周公把《易经》弄成孔子所读到的那样情况。后来孔子曾经把这些注释加以综合和扩充。"①

黑格尔并不清楚是周文王推演出六十四卦，为《易经》之全貌，并不是周文王注释了易经。这可能受时空的、知识的、文化的局限，黑格尔并不了解这些。

"这些基本的图形又被拿来做卜筮之用。因此《易经》又被叫做'定数的书'、'命运或命数的书'。在这样的情况下，中国人也把他们的圣书作为普通卜筮之用，于是我们就可以看出一个特点，即在中国人那里存在着最深邃的、最普遍的东西与极其外在、完全偶然的东西之间的对比。这些图形是思辨的基础，但同时又被用来作卜筮。所以那最外在最偶然的东西与最内在的东西便有了直接的结合。"②

《易经》的确是一部占卜的书，这是《易经》的社会功能上的一大特点，即它对未来预测的功能。但这种功能恰恰又是在《易经》的逻辑推导、思辨体系下而发生作用的，这并不能否定《易经》是一部理性思辨的著作，也并不能否定中国人的理性思维。

"把那些直线再组合起来，三个一叠，便得到八个形象，这些叫作八卦；再将这些直线六个一叠，变成了六十四个形象，中国人把这些形象当作他们一切文字的来源，因为人们在这些横线上加上了一些直线和各种方向的曲线。"③

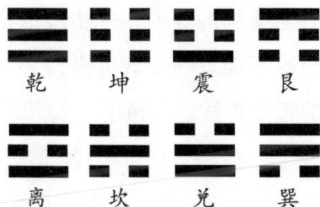

乾　坤　震　艮
离　坎　兑　巽

黑格尔这里犯了一个致命的联想错误，即将中国汉字说成是源于八卦，

① 黑格尔：《哲学史讲演录》第一卷，商务印书馆1997年版，第121页。
② 黑格尔：《哲学史讲演录》第一卷，商务印书馆1997年版，第121—122页。
③ 黑格尔：《哲学史讲演录》第一卷，商务印书馆1997年版，第122页。

可能只有黑格尔才能这样联想的。汉字是有许多横画、长横、短横，但汉字不是从横画上再加竖画以及其他的曲线形成的。汉字是通过六书的造字原则创造出来的，它源自中国古代原始社会末期，大多数是通过古代人们的象形、象声、象事、象意等原则造成的。八卦符号的起源与中国汉字笔画结字的起源不能说一点关系没有，伏羲氏创立八卦，是中国文化的源头，所有以后的中国文化都与八卦有关联。但八卦和汉字是中国文化发展的两个不同路线。

"我们将举出这些卦的解释以表示它们是如何的肤浅。第一个符号包含着太阳与阳本身，乃是天（乾）或是弥漫一切的气（中国人所谓天是指最高无上者，在传教士中，对于应否把基督教的上帝称为'乾'，曾因此引起分歧的意见）。第二卦为泽（兑）、第三为火（离）、第四为雷（震）、第五为风（巽）、第六为水（坎），第七为山（艮）、第八为地（坤）。我们是不会把天、雷、风、山放在平等的地位上的。于是从这些绝对一元和二元的抽象思想中，人们就可以为一切事物获得一个有哲学意义的起源。所有这些符号都有表示思想和唤起意义的便利，因此，这些符号本身也都是存在的。所以他们是从思想开始，然后流入空虚，而哲学也同样沦于空虚。"[1]

在黑格尔看来，《易经》将人的思想带入一个虚空的世界。人们会随着卦、爻辞的导引，一步步地将人的理性带入每个卦的虚无之中。人们的思想既不能反映主观世界，又不能反映客观世界，空空荡荡，一无所有。人的哲学也被虚幻掉了。

"从那第一个符号的意义里，我们可以看出，从抽象过渡到物质是如何的迅速，这充分表现在那些三个一组的卦里，这已经进到完全感性的东西了。"[2]

---

[1] 黑格尔：《哲学史讲演录》第一卷，商务印书馆1997年版，第122页。
[2] 黑格尔：《哲学史讲演录》第一卷，商务印书馆1997年版，第122页。

因为黑格尔看不到《易经》的整体逻辑，也不清楚每个卦内部的自我逻辑，以及卦与卦之间的外部逻辑，他看到的只有每个卦抽象的符号，以及代表的事物，他认为其中没有任何理性的联系，只是人们的感性行为而已。

> "没有一个欧洲人会想到把抽象的东西放在这样接近感性的对象里。这些图形是放在图形里边的。需要注意观察的是，哪些图形与哪些别的图形相对立。譬如，三条不断的直线可以与三条中断的直线相对立；这就表示纯气，天与地对立，气在上，地在下，而它们彼此并不相妨害。同样，山与泽也是对立的，这是因为水、湿气蒸腾上山，而又从山下流出来成为源泉和河流。没有人会有兴趣把这些东西当作思想观察来看待。这是从最抽象的范畴一下子就过渡到最感性的范畴。"[1]

黑格尔将八卦简单理解为对立的关系，乾与坤对立，艮与坎对立，这是不对的。八卦也好，六十四卦也好，所指代事物存在着对立的一面，阴阳爻本身就是对立，但并不能把对立原则视为卦及《易经》的总原则，而更多地强调一个卦的整体性和六十四卦的整体性，《易经》总原则是整体性原则，即每个卦是一个独立的整体，但六十四卦是《易经》的总的整体。《易经》的排列顺序就是如此。先有天地，即乾坤二卦起，然后生成万物，故将象征着万事万物的六十二卦置其后。阴与阳既对立又统一，又循环转化，永不停息，运行于自然规律之中。整部《易经》充满着自然辩证的法则。

（三）五行

> "在书经中有一篇讲到中国人的智慧。那里说到五行，一切东西都是由五行作成。这就是火、水、木、金、土，它们都是在混合着存住

---

[1] 黑格尔：《哲学史讲演录》第一卷，商务印书馆1997年版，第122—123页。

的。书经中论法则的第一个规条，举出五行的名字，第二个规条是关于前者的说明。这些东西我们不能认为是原则。在中国人普遍的抽象于是继续变成为具体的东西，虽然这只是符合一种外在的次序，并没有包含任何有意义的东西。这就是所有中国人的智慧的原则，也是一切中国学问的基础。"[1]

五行思想是中国古代人们通过生产生活的实践，对客观世界认识的一种结果。《尚书·洪范》中所讲的五行，是将自然界对于人们生产生活的5种物质成分分类排列，以试图说明它们与人们的生产生活的关系，以及它们的性质，其中包含着人们对自然界的认识，也包含着一定的逻辑思想。但由于黑格尔缺乏对中国文化的整体把握和了解，从而认为五行思想没有任何有意义的东西。

"于是我们就进到不完善的物质观念。八卦一般地是涉及外界的自然。从对八卦的解释里表示出一种对自然事物加以分类的努力，但这种分类的方式是不适合于我们的。中国人的基本质料还远不如恩培多克勒的元素——风、火、水、土。这四种元素是处于同一等级的质料而有基本的区别。而相反地，在这里不等同的东西彼此混杂在一起。在《易经》这部经书里，这些图形的意义和进一步的发展得到了说明。"[2]

中国古代的五行思想，与希腊恩培多克勒的土、气、水、火四种元素说较为接近。他认为这4种物质，每一种都是永恒的，但它们又可以以不同的比例混合起来，就产生了世界上所发现的种种变化着的物质。它们会因爱而结合，又会因斗争而彼此分离开来。

"夫和实生物，同则不继。以他平他谓之和，故能丰长而物归之。

---

[1] 黑格尔：《哲学史讲演录》第一卷，商务印书馆1997年版，第123页。

[2] 黑格尔：《哲学史讲演录》第一卷，商务印书馆1997年版，第123页。

若以同裨，尽乃弃矣。故先王以土与金、木、水、火杂，以成百物。"①

这与恩培多克勒的混合生成万物异曲同工，或者连曲调都相近似，可为什么黑格尔对中国人的五行说却得出的是相反的结论？

"那是就外在的直观来说的。那里面并没有内在的秩序。于是又罗列了人的五种活动或事务：第一是身体的容貌，第二是语言，第三是视觉，第四是听闻，第五是思考。同样又讨论了五个时期：一、年，二、月，三、日，四、星，五、有方法的计算。这些对象显然没有包含任何令思想感兴趣的东西。这些概念不是从直接视察自然得来的。在这里概念的罗列里我们找不到经过思想的必然性证明了的原则。"②

这里的"五事"，是指《尚书·洪范》中所说：

"五事：一曰貌，二曰言，三曰视，四曰听，五曰思。"

"五个时期"也是同篇所记：

"五纪：一曰岁，二曰月，三曰日，四曰星辰，五曰历数。"

这里《洪范》所讲的"五事"，实际上讲的是人的5种形态应该遵循的标准，即：

"貌曰恭，言曰从，视曰明，听曰聪，思曰睿"。

而"五纪"讲的是时空与历法。孔颖达注：

①《国语·郑语》
②黑格尔：《哲学史讲演录》第一卷，商务印书馆1997年版，第123—124页。

"凡此五者，皆所以纪天时，故谓之五纪也。"

《旧唐书·代宗纪》记载：

"叶五纪者，建号以体元；授四时者，布和而顺气。"

可见，黑格尔根本没有弄懂"五事"与"五纪"指的是什么。

（四）道家

"还有另外一个宗派即'道家'。这一宗派的信徒不是官员，不与国家宗教有关。他们也不是佛教徒，也不是喇嘛教徒。这一派的哲学和与哲学密切相关的生活方式的创始人是老子（生在基督前7世纪末年），比孔子老，因为孔子曾经以颇有政治意味的派头往见老子，向他请教。老子的书，《道德经》并不包括在正式经书之内，也没有经书的权威。但在道士中（遵从道理的人；他们的生活方式称为'道'，意思即是遵从道的命令或法则），它却是一部重要著作。"[1]

"他们献身于'道'的研究，并且肯定人若明白道的本原就掌握了全部的普遍科学，普遍的良药，以及道德；——也获得了一种超自然的能力，能飞升天上，和长生不死。"[2]

黑格尔这里混淆了先秦时期的道家与东汉以后的道教，两者有着本质的不同。以老子为代表的道家，是先秦学术派别之一，对中国传统文化的产生与形成起着十分重要的作用。而道教是在东汉末年才形成的一种民间宗教。道家主张人要回归自然，清静无为，修心养性；道教主张人要修养身心，目的是长生，成为神仙。

---

[1] 黑格尔：《哲学史讲演录》第一卷，商务印书馆1997年版，第124页。
[2] 黑格尔：《哲学史讲演录》第一卷，商务印书馆1997年版，第124页。

"老子的著作也是很受中国人尊敬的；但他的书却很不切实际，而孔子却更为实际，——这书包含有两部分，道经和德经，但通常叫做道德经。这就是说，关于理性和道德的书。究竟这书当始皇帝大焚古书之时是否得到特许免焚，大家的意见尚不一致，不过人们揣想，始皇帝本人是属于道家宗派的。《道德经》是这一宗派的主要著作。"①

这里需要指出的是秦始皇指使方士卢生炼丹，寻求长生不死之药，但这并不代表秦始皇是道家宗派的人。秦始皇崇尚法家这确定无疑。《道德经》是先秦道家的主要著作，但与道教没有太大的关联，是东汉末期的道教建立之后，把《道德经》作为道家的最主要的经典。

"据雷缪萨说，'道'在中文是'道路'，从一处到另一处的交通媒介"，因此就有'理性'、本体、原理的意思。综合这点在比喻的形而上的意义下，所以道就是指一般的道路。道就是道路、方向、事物的进程、一切事物存在的理性与基础。道（理性）的成立是由于两个原则的结合，像易经所指出的那样。天之道或天的理性是宇宙的两个创造性的原则所构成。地之道或物质的理性也有两个对立的原则'刚与柔'（了解得很不确定）。'人之道或人的理性包含有（有这一对立）爱邻居和正义'。"②

黑格尔这里所讲的天之道，即阴阳。这一概念，虽然无法概括天道的真正含义，但至少接近于天道。此话出自《易经·系辞上》：

"一阴一阳之谓道，继之者善也，成之者性也。"

但将刚与柔说成是地道，将爱邻居和正义概括为人道，则更为以偏概全。地道，如果找一句比较接近于地道的原意的话，那就是中国人普遍接

---

① 黑格尔：《哲学史讲演录》第一卷，商务印书馆1997年版，第126页。
② 黑格尔：《哲学史讲演录》第一卷，商务印书馆1997年版，第126页。

受的就是出自《易经》坤卦的"地势坤，君子以厚德载物"。而人道则包括
仁、义、礼、智、信、忠、孝、恕、廉、知行等。

　　"所以道就是'原始的理性，vorus（I'intellingence），产生宇宙，
主宰宇宙，就像精神支配身体那样'，雷缪萨说，道这个字最好用
hoyos来表示。但它的意思是很不明确的。中国人的文字，由于它的文
法结构，有许多的困难，特别这些对象，由于它们本身抽象和不确定
的性质，更是难于表达。"①

　　黑格尔将"道"理解为"原始的理性"，这基本符合道家的"天道观"。
老子说道："道生一，一生二，二生三，三生万物。"就是宇宙由道而产生，
同时，道也主宰着宇宙。

　　"老子的信徒们说老子本人曾化为佛，即是以人身而永远存在的上
帝。老子的主要著作我们现在还有，它曾流传到维也纳，我曾亲自在
那里看到过。老子书中特别有一段重要的话常被引用：'那可以理论的
（或可以用言语表达的）原始的理性，却是超自然的理性。我们可以给
它一个名字，但它是不可以名言的。没有名字，它便是天与地的根源，
但有了名字，它便是宇宙的母亲。人们必须没有欲望，才能观察到它
的庄严性；带着情欲，人们就只能看见它不完美的状态。'（它的限度，
它的边极）'这些（它的完美性和不完善性）只是标志同一泉源的两个
方式；而这个泉源可以叫做不可钻入的幽深；这个不可钻入的幽深包
含着一切事物在它自身。'"②

　　黑格尔讲的这段话，是《道德经》的第一章：

　　"道可道，非常道；名可名，非常名。无名天地之始，有名万物之

---

① 黑格尔：《哲学史讲演录》第一卷，商务印书馆1997年版，第126—127页。
② 黑格尔：《哲学史讲演录》第一卷，商务印书馆1997年版，第127页。

母。故常无欲，以观其妙；常有欲，以观其徼。此两者同出而异名，同谓之玄，玄之又玄，众妙之门。"

"这整个说来是不能给我们很多教训的，——这里说到了某种普遍的东西，也有点像我们在西方哲学开始时那样的情形。"①

"但为传教士们弄的熟习的最有名的一段话是：理性产生了一，一产生了二，二产生了三，三产生了整个世界，宇宙。基督教的传教士曾在这里看出一个与基督教的'三位一体'观念相谐和的地方。这一下就很不确定了；下文是这样的：'宇宙背靠着黑暗的原则，而黑暗的原则据法文译本的解释是当作物质的。老子的信徒究竟是否唯物论者是不能确定的。黑暗原则又是地；这是与前面所提到的卦相关联的，在那里地是属于阴的。'宇宙拥抱着光明的原则'，气或天。但这句话又可以解释为'宇宙为光明的原则所拥抱'。所以，我们可以颠倒过来，做相反的解释，因为中国的语言是那样的不确定，没有连接词，没有格位的变化，只是一个一个的字并列着。所以中文里边的规定（或概念）停留在无规定（或不无确定性）之中。"②

这里讲的是《道德经》第四十二章："道生一，一生二，二生三，三生万物。万物负阴而抱阳。"至于黑格尔说到中文的语言特点，导致的表达"困难"，这是他没有读懂中国典籍而发出无奈的自圆其说。

"这段话下面说，'温暖之气是由于谐和造成的'；或者'温暖之气使得它们谐和'；或者'温暖之气使它们结合起来，保持它们（事物）之间的谐和'。"③

这句话的原文是接上一句"万物负阴而抱阳"之后，即"冲气以为和"。④

---

① 黑格尔：《哲学史讲演录》第一卷，商务印书馆1997年版，第127—128页。
② 黑格尔：《哲学史讲演录》第一卷，商务印书馆1997年版，第128页。
③ 黑格尔：《哲学史讲演录》第一卷，商务印书馆1997年版，第128页。
④《道德经》第四十二章。

"另外一段话是：'你看了看不见的名叫夷，你听了听不到的名叫希，你握了握不住的名叫微。你迎着它走上去看不见它的头；你跟着它走上去看不见它的背。'这些分别被称为'道的连环'——'夷''希''微'三个字，——还被用以表示一种绝对的空虚和'无'，什么是至高至上的和一切事物的起源就是虚、无、恍惚不定（抽象的普遍）。这也就名为'道'或理。当希腊人说绝对是一，或当近代人说绝对是最高的本质的时候，一切的规定都被取消了。在纯粹抽象的本质中，除了只在一个肯定它的形式下表示那同一的否定外，即毫无表示。假若哲学不能超出上面那样的表现，哲学仍是停留在初级的阶段。"①

这一段《道德经》的原文是：

"视之不见名曰夷，听之不闻名曰希，搏之不得名曰微。此三者不可致诘，故混而为一。其上不皦，其下不昧，绳绳不可名，复归于无物，是谓无状之状，无物之象。"②

黑格尔接着说：

"到了这里现在还有两点需要提说一下。第一，我曾引证了'三'，因为在那里我们想要看出别的类似这种形式的发生和起源。那三个符号I-hi-Wei或IHV……第二点需要说明的，这三个IHV是绝对的来源，是'无'。由此我们就可以说，在道家以及中国的佛教徒看来，绝对的原则，一切事物的起源，最后者、最高者乃是'无'，并可以说，他们否认世界的存在。而这本来不过是说，统一在这里是完全无规定的，是自在之有，因此表现在'无'的方式里。这种'无'并不是人们通常所说的无或无物，而乃是被认作远离一切观念、一切对象，——也就是单纯的、自身同一的、无规定的、抽象的统一。因此这'无'同

---

① 黑格尔：《哲学史讲演录》，商务印书馆1999年版，第129页。
② 《道德经》第十四章。

时也是肯定的；这就是我们所叫做的本质。"①

　　可能是黑格尔没有搞清楚，"无"与"有"是《道德经》中重要的一对范畴，同时也是道家哲学的一对范畴。老子不仅讲"无"，还讲"有"。"无"与"有"在老子那里的关系，是无中生有。如

　　　　"谷神不死，是谓玄牝，玄牝之门，是谓天地根。"②

　　"玄牝"之"牝"是指女性生殖器，"玄牝"即非一般的生殖器——天地都是由这个生殖器生出来的。玄牝是中空的，天地万物都从这空中（无）生了出来。"有"被生了出来，就有了"无"和"有"这两个概念。所以老子并没有仅仅将事物停留在"无"的阶段，不是黑格尔所断言的"无规定"状态。

　　　　"如果我们停留在否定的规定里，这'无'亦有某些意义。那起源的东西事实上是'无'。但'无'如果不扬弃一切规定，它就没有意义。同样，当希腊人说：绝对、上帝是一，或者当近代人说：上帝是最高的本质，则那里也是排除了一切规定的。最高的本质总是最抽象的、最无规定的；在这里人们完全没有任何规定。这话乃同样是一种否定，不过只是在肯定的方式下说出来的。同样，当我们说：上帝是一，这对于一与多的关系，对于多，对于殊异的本身乃毫无所说。这种肯定方式的说法，因此与'无'比较起来并没有更丰富的内容。如果哲学思想不超出这种抽象的开始，则它和中国人的哲学便处在同样的阶段。"③

　　老子并没有抽象地停留在"无"的阶段。如《道德经》第五章说：

　　　　"天地之间，其犹橐籥乎？虚而不屈，动而愈出。"

① 黑格尔：《哲学史讲演录》，商务印书馆1999年版，第130—131页。
②《道德经》第六章。
③ 黑格尔：《哲学史讲演录》，商务印书馆1999年版，第131页。

"橐龠"就是个扇火用的风箱，中间是空虚的，如果发动起来，有风从箱中产生，而且无穷无尽。这"无"便产生了"有"。

> "近来我们又知道一些关于另外一个哲学家孟子的著作。孟子比孔子较晚，生于基督前第四世纪。他的著作的内容也是道德性的。孔子才是中国人的主要的哲学家。但他的哲学也是抽象的。"[1]

黑格尔这里评价孔子和孟子，说他们的哲学是抽象性的，这是说孔子和孟子的哲学具有普遍性，从普遍性中抽出来的道德哲学。但这些哲学太普遍、太普通，找不到思辨的理性，只是人的一些感性而产生的一些道理，并不存在它的内在结构与逻辑。

> "中国是停留在抽象里面的；当他们过渡到具体者时，他们所谓具体者在理论方面乃是感性对象的外在联结，那里是没有（逻辑的、必然的）秩序的，也没有根本的直观在内的。再进一步的具体者就是道德。"[2]

这便是黑格尔如此贬低孔子、老子、《易经》哲学价值的真正原因。在黑格尔看来，上述人及著作的思想还停留在认识的初级阶段。所以，黑格尔便得出如下的结论：

> "从起始进展到的进一步的具体者就是道德、治国之术、历史等。但这类的具体者本身并不是哲学性的。这里，在中国，在中国的宗教和哲学里，我们遇见一种十分特别的完全散文式的理智。——人们也知道了一些中国人的诗歌。私人的情感构成了这些诗歌的内容。中国人想象力的表现是异样的；国家宗教就是他们想象的表现。但那与宗教相关联而发挥出来的哲学便是抽象的，因为他们的宗教的内容本身

---

① 黑格尔：《哲学史讲演录》，商务印书馆1999年版，第131—132页。
② 黑格尔：《哲学史讲演录》，商务印书馆1999年版，第132页。

就是枯燥的。那内容没有能力给思想创造一个范畴（规定）的王国。"①

如果黑格尔没有对中国哲学的这些评判，我们会一直把他当作近代以来的伟大哲学家。看了他这些言论，我们会说，黑格尔只是近代以来的、对世界有一定影响的地域性的哲学家。离开德国，离开欧洲，他的哲学所讲述的内容不仅违背逻辑，也违背"存在"这一哲学的基本问题。

（五）国家宗教

"另外还有需要提及的，就是中国哲学中另有一个特异的宗派，这派是以思辨作为它的特性，我们也可以把它叫做一种特殊的宗教。中国人有一个国家的宗教，这就是皇帝的宗教，士大夫的宗教。这个宗教尊敬天为最高的力量，特别与以隆重的仪式庆祝一年的季节的典礼相联系。我们可以说，这种自然宗教的特点是这样的：皇帝居最高的地位，为自然的主宰，举凡一切与自然力量有关的事物，都是从他出发，与这种自然宗教相结合，就是从孔子那里发挥出来的道德教训。"②

这里黑格尔将中国人的天道观以及皇帝为首的每年对天地的祭祀，看成国家的一种宗教行为，而认为它是皇帝的宗教、士大夫的宗教，并将孔子的儒家思想也纳入宗教的范畴内。这样，就有了宗教的组织结构，也有了宗教的教义——儒家思想，黑格尔给它命名为"特殊的宗教""中国人有一个国家的宗教"。

"孔子的道德教训所包含的义务都是在古代就已经说出来的，孔子不过加以综合。道德在中国人看来，是一种很高的修养。但在我们这

---

① 黑格尔：《哲学史讲演录》，商务印书馆1999年版，第132页。
② 黑格尔：《哲学史讲演录》，商务印书馆1999年版，第125页。

里，法律的制定以及公民法律的体系即包含有道德的本质的规定，所以道德即表现并发挥在法律的领域里，道德并不是单纯的独立自存的东西，但在中国人那里，道德义务本身就是法律、规律、命令的规定。所以中国人既没有我们所谓的法律，也没有我们所谓的道德。"[1]

儒家思想中的原则，从来在中国没有起到法律的作用。中国古代任何时期的法律，均未将一个人有没有道德作为司法的主要依据。儒家的思想一直作为一个社会人的内心品德被提倡、被发扬光大，成为中国人伦理道德的基础或核心。为此，不能说中国人没有"所谓道德"。在中国古代，从先秦开始，各朝各代都有自己的法律。而且法律典籍汗牛充栋。虽就法律条文来说，东西方法律内容差距很大，但中国一直存在一个立法和司法系统，并一直在从事立法和司法的社会实践，也不能说中国没有所谓的法律。

"那乃是一个国家的道德。当我们说中国哲学，说孔子的哲学，并加以夸羡时，则我们须了解所说的和所夸羡的只是这种道德。这道德包含有臣对君的义务，子对父、父对子的义务以及兄弟姊妹间的义务。这里边有很多优良的东西，但当中国人如此重视的义务得到实践时，这种义务的实践只是形式的，不是自由的内心的情感，不是主观的自由。"[2]

这里边提到中国人在道德文化的实践过程中，只是形式上的，而不是自由的内心情感，"不是主观的自由"。这是讲中国人的心理活动。心理活动是极其复杂的，从何能得出中国人在道德实践中做的是一套而心里想的则是另一套，而且没有人的自由抉择呢？这里有些过于武断了。一个社会，在道德、法律的执行上，国家、民族都有这样或那样的心理与行为，谁都无法整齐划一，为什么就能单独说中国人没"有主观的自由"？这起码有违常理。

---

[1] 黑格尔：《哲学史讲演录》，商务印书馆1999年版，第125页。
[2] 黑格尔：《哲学史讲演录》，商务印书馆1999年版，第125页。

"所以学者们也受皇帝的命令的支配。凡是要想当士大夫、做国家官吏的人，必须研究孔子哲学而且须经过各样的考试。这样，孔子的哲学就是国家哲学，构成中国人教育、文化和实际活动的基础。"[1]

中国古代将儒学定为国家的主要学术，这是因为儒学其中一部分的社会功能是为中央集权的统治服务，正如黑格尔本人的哲学被定为普鲁士的国家哲学一样。所以，这是社会各阶层的社会生活必然产生的结果，任何国家、任何社会都是如此，人们都是选取对自己最有用的社会学说作为自己的准则。

四、中国历史

（一）停止进步的历史原因

黑格尔对中国历史的看法，如同他对中国哲学的看法一样，是带着极大的偏见、戴着有色眼镜的。他说：

"可以说中国是最古老的国家，但同时也是最新的帝国。为什么这么说呢？因为在很早以前，中国就已经进行了现在的状况，达到了现在的状态。但是，正如我们前文所说的，在中国缺乏客观的存在和主观的运动之间的对立。一旦缺乏主观和客观之间的这种对峙，变化也就无法产生，因为我们在前面已经说过，变化和发展都是一种辩证运动过程，在这个过程中需要有对立的产生。但中国缺乏这个。"[2]

黑格尔这样看待中国的历史，并不是他的无知与偏见，而是东西方不同文化认识观导致的。在西方哲学史上，占统治地位的是"主客二分"。黑

---

[1] 黑格尔：《哲学史讲演录》，商务印书馆1999年版，第125页。
[2] 《黑格尔历史哲学》，九州出版社2011年版，第219页。

格尔是近代哲学的"主客二分"思想集大成者，以我为主体，以他人他物为客体，主体借着认识客体的能力，从而认识客体的本质、规律，最后达到征服客体，使客体为我所用，从而达到主体与客体的统一。黑格尔在此基础上，比以前的哲学家更进一步，提出了人与万物都要统一到他的"绝对精神"上去。所以，黑格尔提出，中国历史停滞不前是因为没有主观和客观之间的对峙。

> "所以，中国虽然有各个朝代之间的更替和转变，但都始终没有什么变化，不过是一个王权代替了另外一个王权而已。一种亘古不变的东西代替了一种真正历史的东西，因此可以说，中国和印度还处在世界历史的外面，它们自身没有变化。它们只是期待着一些因素，如果这些因素能够纳入这些古老的帝国之中的话，它们才能得到活生生的进步。客观性和主观自由的统一，已经消除了二者之间的对立，所以，主观性就无法得到，于是，中国'实体的东西'就只能以道德的身份出现。在这种意义上，我们可以看到，中国只能实行君主的专制。"①

在黑格尔看来，中国人的历史停滞不前是由于中国人没有自己的主观自由，中国人的主观自由已经完全与客观融为一体，主观与客体和谐统一。所以，中国人只能发展道德，道德成为主观与客观共同形成的社会实体。不讲主观与客观的对立，去讲主客体的统一，在这样的情况下，社会的政体一定是君主专制的，因为人们不知道去认识和反思客体，只想让自己的主体如何去适应客体，服从于客体，故而对这种落后的专制政体没有丝毫的对立与反抗的精神，只讲忍受与等待，只讲与政权的统一，而不讲与政权的对抗，故而社会处在一种停滞和麻痹的状态。

黑格尔的这种说法表面上好像有些道理，实际上是黑格尔用强道文化的思想来非难中国。而更为重要的是他根本不了解中国文化。中国文化与西方文化的根本不同，是两种不同的文化，它们的产生、走向、发展结果必然不同。

---

① 《黑格尔历史哲学》，九州出版社2011年版，第219—220页。

（二）"中国的'历史'之中没有进步和发展"

"中华帝国最令人称奇和惊异的地方在于，它的一切都是自力更生的结果，它从自己内部之中就产生出来了，似乎与外界没有什么关系。不过这个帝国很早就已经吸引了欧洲人的视线、注意力和兴趣，但是那些欧洲人所听到的东西，毕竟也不过都是传说，人们听到了这些传说之后都很难相信。"①

最让欧洲人难以相信的是中国的人口数量。如13世纪就有来自意大利的传教士马可·波罗，从中国旅游回去之后写了一篇游记，这篇游记被当时的欧洲人认为荒唐可笑，可这篇游记记录的事情却被一一证实了。

"据最保守的估计，中国有一亿五千万人口，而据最大胆的估计，则认为中国人口有三亿。而它的领土更是辽阔，北起北极之地，南至印度，东起太平洋，西至波斯和黑海。中国本土人口过剩。在黄河和长江上，有相当多的人民居住在竹筏上，而离奇异的是，他们在竹筏上就能够完全适应他们的一切需要。这一切都让欧洲人无法理解。"②

"而在所有这些让欧洲人无法理解的事情中，最为奇特的则是中国历史著作之精细、严密和正确。因为在中国，历史学家的地位已经可以上升到最高级的士大夫阶层。这些史学家们时常会有两位这样的臣子追随于天子左右，职务就是记录天子的一言一行，而历史学家们就会根据这样的一些记录来做自己的研究。"③

但是，黑格尔笔锋一转，仍然坚持他的观点。

"这种历史本身没有表现出任何发展进步的地方。"④

---

① 《黑格尔历史哲学》，九州出版社2011年版，第222页。
② 《黑格尔历史哲学》，九州出版社2011年版，第222页。
③ 《黑格尔历史哲学》，九州出版社2011年版，第222—223页。
④ 《黑格尔历史哲学》，九州出版社2011年版，第223页。

在黑格尔看来，书面式的中国历史，可谓十分完备。因为中国有着比较完备的史官制度。他认为中国这种写史的史官制度，可以追溯到遥远的古代——伏羲时期。在这里，黑格尔反倒没有论述他所说的中国历史没有发展进步的原因及社会状况，虽然他已经知道中国有那么多人口，幅员辽阔，但这些都不能改变他对中国历史的看法，还是武断地宣称他的结论。

（三）"家的原则是中国的原则。"

黑格尔在简单地勾勒了秦汉以前的历史之后，他说如果在这些历史的背后蕴含着什么精神，那就只能是"家庭的精神"。

> "这种精神在中国这个世界上人口最多的国家普及开来。可是，在这种发展阶段上，我们丝毫看不到任何'主观性'的因素，也就是说，我们看不到任何个人意志的反省，以及这种反省和那强大的'实体'（所谓的实体就是一种权力，这种权力倾向于消灭个人）因素的对抗。人们从来也没能意识到自己是否应该以及如何同这种'实体'结合成一体，从而知道自己在这种'实体'内部是自由的。中国人从来没能做到这一点。"①

在黑格尔看来，如果说历史上中国人有一种精神，那就是"家庭精神"，他认为中国人有着很强的家族观念。而且家庭又是中国社会最基础、最基层的社会细胞。在这最基础的社会结构中形成了以家庭为中心的"家庭式精神"。但可惜的是在这种"家庭式精神"里，仍然找不出人的"主观性"因素。人仍由存在着的强大的家庭观念黏合着，人的主体性从家庭客体之中无法独立出来。

> "其实，这种代表权力的普遍意志要从个人的行动中才能够体现出自己的行动。在中国，那种普遍意志直接命令个人应该做什么，不应该做什么，个人所能做的，只能是谨小慎微地服从。个人不能反抗，

---

① 《黑格尔历史哲学》，九州出版社2011年版，第225页。

不能违背，从而也就放弃了自己的反省和独立。因为假使一个人不服从于这种普遍意志的要求，甚至他反抗了，那么他就要遭到惩罚，最坏的结果就是被剥夺生命。可是，既然他不追求自己独立的人格，他所遭受的刑罚也就不至影响他的内在性，因而只影响他外在的生存，也就是他的生命，结果还是一样。因此我们说，这个国家从总体上来说，缺乏主观性因素。"①

这是从专制政体对人的主观性的压制来论述专制社会的主要特点，即人的主观性在一定程度上丧失，这种丧失不仅来自社会专制政治结构，使人在社会上失去主观上的自由，也在于每个家庭之中，古代社会的家庭成员在宗法制以及父权夫权的控制下，使人在家庭之中也失去人的主观自由。

黑格尔进一步分析这种专制政体的另一个特点：就是家国同构。

"中国纯粹建筑在家庭这种道德结合体上，国家的特性，其实也是衍生于此的'家庭孝敬'，家国一体是中国的典型特征。这种家国同构的特征使得中国人一方面把自己看成是某个特殊的、具体的家庭中的成员，另一方面也把自己看成国家的儿女。但是在家庭范围内，由于个人生活于其中的那个能把他们团结在一起的东西，是血缘关系和天然形成的自然义务，因此，个人在家庭内是不大可能具有人格的。而在国家范围内，个人同样缺少独立的人格，因为国家范围内的关系和家庭中的关系一样，皇帝就是大家长，他就是好比家庭中的父亲，是政府的基础，国家所有的部门都归他统治和管理，因此在这种情况下，个人同样不可能获得独立的人格。"②

黑格尔对中国人缺乏"主观性""主观自由""独立的人格"批评立劳动主义上是正确的。这也是几千年中国社会桎梏人们身心，最终导致中国落后、受侵略、遭凌辱的重要原因之一。但是黑格尔无法理解中国人把

---

① 《黑格尔历史哲学》，九州出版社2011年版，第225—226页。
② 《黑格尔历史哲学》，九州出版社2011年版，第226页。

"主观性"融入更大的集体对象之中的价值。正是由于欧洲人的"主观性"与中国人的不同，使得黑格尔这样的哲学家也无法理解这种价值的普遍性意义。

（四）皇帝是中国古代各朝代的灵魂

黑格尔认为，这种家国同构，使中国皇帝之下的臣民就像孩子不敢跃出自己家族的伦理原则一样，所以，在这样的国家里面臣民们没有自己的独立地位和公民自由。"中华帝国的行政管理和社会立法的依据是道德，而不是理智，从而也就没有自由的'理性'和想象。"

他认为，在中国，天子具有至高无上的权力，但是由于他天下大小事情都要处理和过问，从而使他没有行使自己个人意志的余地与空间，因为皇帝不仅要向臣民发布圣训，还要遵循自古流传下来的圣言圣训。[①]

这种专制政体，使中国人十分注重皇帝的德行，因为全国百姓的福利、安宁，以及社会和国家的公正都有赖于皇帝的政治清明。

> "没有特殊的阶级存在，没有贵族存在。因为只有王室子孙才有特权，而这种特权其实质是来自他的地位。除他们之外，其余的人都一律平等，只有才能卓越的人能够胜任职责的人才会去做官，所以国家公职都是通过科举考试选拔出来的人去担当的。"[②]
>
> "古代中国没有宪法，只有行政。虽然中古时代中国没有宪法，但实际上人与人却是绝对平等的。所有的一切差别，其实都是由于行政带来的。"[③]

以上关于中国阶级、阶层的论述是深刻的。在中国古代，除王室之外，朝廷的大臣则为贵族，他们有的是贵族出身，有的是因为在行政上居于权力高位，而且有时皇帝对有功劳或政绩的人进行封赏，赐予土地与爵位，尤其是在一个朝代初期。中国古代没有公民宪法，但法律条文卷帙浩繁，

---

① 《黑格尔历史哲学》，九州出版社2011年版，第229页。
② 《黑格尔历史哲学》，九州出版社2011年版，第231页。
③ 《黑格尔历史哲学》，九州出版社2011年版，第131页。

人们之间也不存在绝对的平等，一直存在着统治阶级和被统治阶级。

　　"在中华帝国，所有的政策、法律制度都是由皇帝本人来颁布的，所以，他要任命一批官员来执行自己的法令管理政事。"①

　　"皇帝会在政府各个部门以及地方都派驻御史，御史的职责就是把各地的事情禀报给皇帝，因此，他们可以把有关政府和各个官员的所有行为禀报给天子，同时他们也有提出建议的权力，以此来监督政府的运作。"②

　　"由此可知，皇帝就是古代中国的中心和灵魂。一切事物都由他来决断，国家和人民的福利都紧系于他一人，全国的行政机构只要按照规则来做事就行了。这种情形从古至今几乎就没有什么变化。但是，与这些行政机构相比，皇帝所处的那个位置却要求十分严格，他要去担任那个不断行动、永远保持警醒同时又自由清新的'帝国灵魂'。所以，如果皇帝的德性没有达到要求，一切就将堕落下去，刚政不举，政府败坏。因为除了皇帝的监督和审查之外，就没有其他合法的权力机关可以统领全局。"

　　黑格尔对中国封建专制的政治体制中的负面内容所作的批判是正确的。中国古代封建社会如果我们从现今的社会发展观来看，几千年发展较为缓慢，一直处在改朝换代的循环之中，与这种专制政体的负面内容关系很大。这种政体必须进行彻底的反思与检讨，彻底废弃体制中不符合人类社会发展的集权政治体制，重新设定社会中心的政治核心的合理政治结构，这应该是从中国历史上得出的最大的经验与教训。

---

① 《黑格尔历史哲学》，九州出版社2011年版，第231页。
② 《黑格尔历史哲学》，九州出版社2011年版，第232页。

五、"世界历史由东方向西方发展"

（一）发展存在于精神层面

黑格尔在康德以道德为目的的社会发展观的基础上，又提出精神发展观。

> "长期以来，人们都在抽象而又一般的方式上把历史变化看成是向更美好、更完善的状况前进的过程。自然界中的变化，无论多巨大，无论多么丰富，展现出来的都不过是一个永恒的循环。因为在自然界中，太阳底下无新事。在这种意义上，自然界之中虽然会有多种多样的形式，但是其结果只不过带来无聊而已。只有那些发生在精神层面的变化，才带来新东西。精神现象的这种特殊性会让我们在理念层面上看到，人的命运与自然万物的命运会有多么的不同。因为在后者那里，我们会看到所有的变化都可以还原到一个而且是同一本质规定，可以还原到一个持久稳定的品性之中。所有的变化都从这规定和品性中产生出来，因而处于从属地位。只有人类才能进一步展示一个真正的能力去改变某物，正如前述，这就是追求更美好、更完满的能力，这是追求圆满性的冲动。"[①]

黑格尔很客观地叙述了人的命运与自然界万物的不同。自然界的万物受自然界规律的支配，生生死死，循环不已，一切自然而然，平平常常。正如他说："太阳底下无新事。"一切都是在无休止地重复而已。人类则不一样，人的生老病死无不受自然界的支配，但人有自己的能动性，有时在有意识地去改变自己的命运，而在这种既顺从自然又想改变自然，从而改变自我命运的过程中，背后起作用的就是人类的精神。

---

① 《黑格尔历史哲学》，九州出版社2011年版，第148—149页。

但是，人对掌握自己的命运，并促使他改变其他自然物质的变化，并不是随心所欲的。

> "这种将变化还原到一个有法可循的原则，会同时遇到来自宗教和国家的阻挠。因为他们会宣称，自己才有权力维系世界秩序。尽管通常人们认为，一方面，世界性的东西——包括国家在内——都是变化的，另一方面他们可以把一切的变化、革命乃至于对合法机构的破坏都归结于偶然性、错误判断，尤其是归咎于人类的轻率、道德沦丧以及罪恶的情欲。"[1]

所以，黑格尔说，人类追求完美性。什么是完美性？就是人类很难做到的事情。

但人类应该不断地追求自身的完美。黑格尔说：我们需要认识到，精神的发展是一种进步。尽管这个观念已经流传甚广，但它时常遭到人们的反对。因为这个观念可以与和平稳定的观念不协调，它可能与现有的宪法及各种法律相冲突。当然，稳定性是一种价值，但它必须与更高的方面结合起来，所有的活动都应该致力于维护稳定。进步的观念不太容易让人满意，仅仅因为它通常表明人是可以完美的，这个意思是说，人不断地奔向完美是可能的，甚至是必要的。

有时进步就要打破平衡，打破稳定。但如果一个国家、一个民族为了追求稳定而放弃进步，这样人类就无法走向完美。

黑格尔认为，稳定性并不是最高的价值。

> "相反，最高的价值是变化自身。这是唯一考虑的日益增进的完美，这个观念是如此地不确定，因此我们就剩下一般性的变化观念。我们没有可以批评变化的标准，也没有任何手段和方法可以判断国家现在的状态是对的，而且是和普遍实体符合一致的。我们无法做到这点。"[2]

---

[1]《黑格尔历史哲学》，九州出版社2011年版，第148—149页。
[2]《黑格尔历史哲学》，九州出版社2011年版，第149—150页。

黑格尔认为，在自然界中，物种并不进步，而在精神世界中，每一种变化都是一种进步。精神的进步，有一个从量变到质变的过程，知识的不断增长，文化的持续改良，一个人可以按着这样的方式发生改变而前进。

> "我们必须意识到，量变的观念是没有思想内容的。我们一定要知道最终希望获得的目的，因为精神活动是这样一种活动，即它的产物和它自身的变化必须以质变的方式表现、传达出来。"[1]

自然界的变化是一个循环过程，是相同事物的重复，自然界中的所有事物都处于循环之中，而发生变化的东西只不过是这些特定种类下的个别事物。在大自然中，从死亡之中诞生出新的生命，不过是另一个个别生命而已。但是，精神的形式则是另外一回事了，因为在这种情况下，变化不仅仅发生在表面上，而且就发生在一个概念自身之中。正是概念自身处于变化之中，才不断地形成不同体系、不同内容的文化，人类社会的精神才得以前进和发展。所以黑格尔认为精神发展是对的。

（二）进步有序可循。

黑格尔认为，精神的进步是有序可循的。

> "自然形式有一个等级序列，这个等级序列也同样有一个渐进的秩序。这个秩序的一个极端是'光'，另一个极端是人类，这两个极端之间存在着各种等级区分，因此，每一个继起的步骤都是对先前步骤的修改，从对先前步骤的扬弃之中，一个更高的原则升腾而出。但是在自然之中，这个序列是碎片式的，它的所有个别元素自动地并列存在，它们之间的转换和过渡只是对思想来说才是明显的，因为思想自身可以理解所有的关系。自然无法理解自己，因此它创造的形式的否定并不是为了自然而存在。但是在精神现象中，更高的形式通过更早的、不那么发达的形式转换产生出来，因此，那先前的、不发达的形式就

---

[1]《黑格尔历史哲学》，九州出版社2011年版，第150页。

不存在了。每一种新形式都是它先前形式的新的转换形式，这个事实就说明了为什么精神现象发生在时间领域之中。因此，作为整个的世界历史是在时间之中存在的精神表现，这就好比自然是理念在空间中的表现一样。"①

黑格尔接着说：

"但是在某种意义上，历史中的各个民族，虽然有精神性的形式，但也是自然的存在者。因此，它们假定的各种形式在空间中似乎就有各自存在、彼此互不相干。如果我们环顾一下世界史，我们就可以区分出在旧大陆中的主要原则：远东（蒙古、中国或印度）的原则，它在历史中首先出现；穆罕穆德的世界即阿拉伯世界，抽象精神的原则即一神论（Mone-theism）的精神已经显现出来，尽管它还具有无节制的任意性；基督教世界，也就是西方的欧洲世界，在这个世界之中存在最高的原则，也就是精神对自己和它的深奥已经有所认识。"②

黑格尔认为，人类精神发展的各个阶段都以实现自由为旨归。他说，世界历史就反映了原则之前后相继的发展，那个原则的实质内容是对自由的意识。

"在这个发展过程中的第一个也是间接的阶段中，精神仍然沉浸在自然之中，在那里它以不自由的个体性方式存在。但是在第二阶段中，它就认识到自己的自由了。然而，从自然之中的第一次起航也是不完美的，也是不完全的，因为只有一部分人是自由的，因为它是间接地来自于自然世界，所以它仍然跟这个自然世界有关，从而成为它的一个环节。第三阶段则涉及要把这些个别的自由提升到纯粹普遍性层面上，也就是人的自由为什么是自由这个层面，这就对精神世界的本质

① 《黑格尔历史哲学》，九州出版社2011年版，第154—155页。
② 《黑格尔历史哲学》，九州出版社2011年版，第155页。

有所自觉了。"①

黑格尔认为，精神自由有一个从低级到高级的发展阶段。

"因此，我们在精神发展的过程中首先要考虑的阶段就可以比作精神的儿童期。在这个儿童期里，精神与自然的统一仍然存在，这也是我们在东方世界遭遇的情况。这种自然精神仍然沉浸在自然之中，因而不是自足的。因此，它不是自由的，在这个过程中，自由也就没能产生。即使在精神进化的这一阶段，我们发现国家、艺术和学习的模型已经存在，但是它们仍然植根于自然的土壤之中。在这种早期的家长式的世界中，精神仍然只是一个内在的实体，个体在它这里不过是个附加上去的偶然事物，其他的人就像儿童或附属品一样隶属于那实体的意志。"②

在黑格尔看来，东方世界的精神尚处在精神自由的第一阶段，即儿童期阶段。这不仅反映为精神的幼稚，还表现为精神尚未从自然界中分离出来，仍受着自然界的羁绊。

"精神的第二个阶段是'分离'，在这个阶段中，精神在自身内进行反省，它脱胎于服从和信赖。这个阶段由两个截然不同的部分组成。第一部分是精神的青年期，在这个过程中，精神有着自为的自由，但是这种自由仍然受制于它背后的实体。自由还没有在精神的深度之中重生，这个青年期就是希腊世界。这个阶段的第二部分是精神的成熟期，在这个阶段中，个体自己就拥有目的。这就是罗马世界，在罗马世界中，个人之人格与普遍服务彼此矛盾，处于对立情形中。"③

所以，精神自由的第二阶段，也是黑格尔所说的"青年时期"，这正是

①《黑格尔历史哲学》，九州出版社2011年版，第157页。
②《黑格尔历史哲学》，九州出版社2011年版，第157—158页。
③《黑格尔历史哲学》，九州出版社2011年版，第158页。

西方强道文化处于完全的形成阶段，即个人的强力与个人的自由已不是仅仅在社会统治者那里才能找到，而是发展到整个民族乃至国家，从个人强道文化发展到民族的、国家的强道文化。

黑格尔所讲的第三阶段，就是日耳曼时期，即到了基督教的世界。

"如果人们可以把这里面的精神与个体生命进行一番对比的话，那么我们就可以把这个时期称为精神的老年期。老年期的特色在于仅仅生活在回忆之中，因此与其说他们生活在现在，不如说他们生活在过去。因此，这个类比在这里有点不恰当了。个人生命的否定方面属于自然世界，因此必然要消失，但精神却回复到它的概念之中。在基督教时代，神圣的精神已经进入了世界之中，在个人那里寻得住所，它现在已经彻底地自由了，并且享有实质自由，这就是主观精神与客观精神的调和。精神再度与它的概念调和并统一起来，在这个过程中，它从一种自然状态中发展出来，从而作为主体性再度出生。所有这些都是历史的先天结构，经验实在必须符合这种先天结构。"[1]

黑格尔认为，精神发展到第三阶段，即它的老年时期，是绝对精神的巅峰时期。精神不同于人的生命，因为生命还属于自然界，老了就要逝去与消亡，而精神却驻留在概念之中，永远不会逝去和消亡。绝对精神已经在这个时期进入世界之中，在个人世界中都找到了住所。

黑格尔指出，在这三个阶段中，精神在开始时具有无限的可能性，但只能说它具有各种可能性。但在现实中，精神发展则是从不完美向完美的发展过程。

黑格尔认为，世界历史进程要由哲学来掌握。

"世界历史，正如我们早就已经说过的那样，代表着精神对自身之自由的认识发展过程，以及与这种认识发展过程相对应的实现这种自由的过程。这种发展在本质上是个逐步前进的过程，它是从自由概念

---

[1]《黑格尔历史哲学》，九州出版社2011年版，第158—159页。

中衍生出来的一系列前后相继的规定。这个概念的逻辑本性，是个辩证的发展过程，通过这个过程它获得了一个积极的、更丰富的、更具体的规定。而这个概念的纯粹抽象性规定要通过哲学才能被理解、把握和认识。"[1]

黑格尔认为，人的先天知识对人类认识自然十分重要，他举了开普勒的例子，认为开普勒从经验的材料中发现那些亘古不变的规律之前，它首先要有关于椭圆形、正方形、立方体以及它们之间的相互关系的先天知识，因为对于那些规律的认识必须借助于先天知识所属的领域。任何人如果在接触一门学问之前没有认识到这些普遍规定，那么不管他怎么用功、怎么努力去观察天空及天体的运动，也不可能发现那些天体运动的规律。

(三) 世界历史从东方向西方发展

黑格尔认为欧洲是世界历史的绝对终点，就像亚洲是世界历史的起点一样。他认为这一切是理念以及它背后的普遍性决定的。

"太阳从东方升起，太阳是光明，太阳是普遍的，并且仅仅与自我相关，也就是说在它自身之中就具有普遍性。虽然光明在自身之中是普遍的，但是也作为一个个体或主体存在于太阳之中。我们想象某个人观看太阳破晓的那一时刻，那一刻是光明传播的时刻，那一刻是那么的雄伟庄严。对这个现象的描述倾向于强调破晓那一刻是多么的令人陶醉、多么的令人赞叹，从而让人无限忘我。但是当太阳越升越高的时候，这种震惊就消失了，人们的注意力就从对自然的关注转向对自身的关注了。人们开始在自己身上看到光亮，开始对自身有所意识，并且从那种原始的震惊以及沉思冥想的状态转向具体的行动了，从而开始独立地创造。到傍晚的时候，人们已经建立起来了一座建筑物，这是一个内在的太阳，即他自己自我意识的太阳，这是由他自己努力而建成的，因此，人类会珍视它更基于珍视的太阳。由于他的行为，

---

[1] 《黑格尔历史哲学》，九州出版社2011年版，第167页。

他现在与精神的关系就好像他面对太阳时的那种关系一样，但这种关系却是一种自由的关系，因为第二个对象是他自己的精神。这里，在'果壳'之中的是整个历史进程，是精神之伟大昭著的一天，在这一天中，精神辛劳地在世界历史中完成了自己的工作。"[1]

在黑格尔看来，几千年人类的文明历史，是绝对精神在一天之内完成它的创造的，这样才能解释通为什么东方是开始，西方是结束。

他说，世界历史有一个绝对的东方，尽管东方这个词在它自身之中就包含着相对的意义，因为尽管地球是球状的，但是历史并不是围绕着它旋转的，而是具有一个明确的东方，这就是亚洲。因此，精神的第一种形式是东方的形式。黑格尔认为，东方世界建立在直接意识上，建立在实体性的精神之中。面对升起的太阳，东方人"从一开始"就带有一种信念、信任和服从的态度。如果说得具体一点，这就是一种家庭成员与家长的关系。在家族中，个体只是整体中的一个成员，但是他在整体中也是一个环节，他参与一个共同的目的之中，由于家庭是大家的，所以那里同时有着每一个人特有的存在样式。他同时也成为个体意识的一个对象。该意识体现在家族的头领身上，他就是全体人民的意志，他出于共同目的的利益而行事，关注个人的利益，引导他们为了共同的目标工作，教育他们，并且要确保他们能与普遍的目标保持一致。他们的知识和欲望不会超过这个目标，也不得违背国家头领的意志。这就是一种民族意识。

在这个阶段，国家已经出现，但是主体还没有获得自己的权利。伦理生活具有直接性，缺乏法律的特征，因为这还是历史的童年期。

"这个早期阶段有两个截然不同的方面。第一个方面是国家建立在家族关系的基础上，由父权来监管，通过告诫和惩罚来维持它的整体性，因为它尚没有产生矛盾，尚没有产生出理想性，所以这个国家了无生趣。这是远东尤其是中华帝国的特征。至于第二个方面，这种空间上的连续性和在时间中的连续性是匹配的。"[2]

---

① 《黑格尔历史哲学》，九州出版社2011年版，第176—177页。
② 《黑格尔历史哲学》，九州出版社2011年版，第179—180页。

黑格尔认为这样的东方国家，它们在发展过程中自身不发生任何变化，不仅表面上如此，就是主导这发展背后的原则同样不发生任何变化，这就导致他们的必然没落。"历史仍然是非历史的，因为它仅仅是同样的伟大之没落的重复。"①

黑格尔认为东方的没落不可挽回。

　　"为了要取代昔日的光辉，那用勇气、力量、壮烈的牺牲所换回来的新局面，常常要经历解体和没落的循环。但是这些并不是真正的没落，因为通过这些动荡的转变带不来任何进步，不管取代那已经没落的局面是什么样的新局面，它自己也同样注定要没落下去。在其中没有任何进步，所有这些都不过是非历史的历史在这种意义上，历史就前进到了中亚了，但是这种转变仅仅是外在的转变，因为第二阶段与第一阶段没有什么关联。"②

东方社会，只有这样毫无希望的没落下去，不管东方人做任何努力、开创怎样的新局面，没落是必然的，没有任何更改的可能。在这里，黑格尔并不认为他说得过于绝对了，因为在他看来东方人的历史，大多都是非历史的历史。

同样，在黑格尔看来，不仅中国无希望，即使文明到了中亚，这一阶段仍然属于人类社会发展的童年期，但它与中国不同的是，这时的儿童，"它不再有儿童的安静，也不再轻信，而是变得举止粗鲁，好勇斗狠。"③

黑格尔是这样来描述他笔下的东方精神的。

　　"东方的精神在它自身的规定性上，更接近直观层面，因为它与自己对象的关联是直接的。但是主体仍然沉浸在实体性的存在之中，还没有将自己从那纯粹性、统一性中脱身出来而获得主体自由。因此，主体还没有从自身之内产生普遍的对象，该对象也还没有从主体之内

---

① 《黑格尔历史哲学》，九州出版社2011年版，第180页。
② 《黑格尔历史哲学》，九州出版社2011年版，第180页。
③ 《黑格尔历史哲学》，九州出版社2011年版，第181页。

被再生出来。它的精神模式还不是那种表象，相反，它仍然处于一种直接性之中，它的存在模式就是直接的存在模式。因此，它的对象是个体式的主体，以一种直接的方式被决定。这是一个自然中的太阳的方式，像自然中的太阳一样，它是个感性的对象而不是精神性的想象的产物。出于这个原因，它的形式是自然的个体存在。"[1]

"中华帝国和蒙古帝国是君权神授的专制国家。国家是家长制式的，它由一个家长统治，这位家长同时决断一切，也包括我们看作是良心领域的内的事情。在中国，这种家长制原则被运用、组织起来从而建立一个国家——国家首领是专制君主，他领导着一个体系复杂的官僚政府，其中包括很多官僚阶层。即使宗教事务和家庭事务也受国家的法律调控，个人没有道德自我意识。"[2]

黑格尔对东方，对中国的看法，是西方强道文化中的哲学家、思想家的必然看法，是一种文化形态，对另一种文化形态的否定，也是东方天道文化与西方强道文化的碰撞与交锋。黑格尔的思想形成于200年前，地缘的相隔与文化的不同，东西方的对决主战场不是发生在文化上，而在政治和军事上。这是人类社会进入强道文化社会后的必然，即不是由文化优劣而决定一个国家、一个民族、一个人的命运，而是由强力决定历史发展的途径、方向和结果，因为人类进入阶级社会后，历史遵循的是强道逻辑。

六、黑格尔批判

（一）孔子批判的批判

在批判的批判之前，我们有必要搞清楚一个问题，即什么是人类社会的进步，这个问题几乎每个人、每个思想家都思考过。社会进步这个概念

---

[1]《黑格尔历史哲学》，九州出版社2011年版，第181页。
[2]《黑格尔历史哲学》，九州出版社2011年版，第182页。

有时用社会发展来说明。但到底什么是社会进步？几乎没有人正面回答过，因为没有人确定社会进步的标准。人们经常用一些数据指标来说明进步，把社会进步分类为政治、经济、文化、科技等门类，然后每一年对比，只要数字增加了就说明进步了。这是人类约定俗成的做法。

为什么将政治、经济、文化、科技等作为标准或指标，谁也没有在理论上阐述过。似乎在人们看来也不需要阐述。

为什么说数字增长了就进步了？

政治，政治机构、人员、福利、军队人数等等，到底是增长好呢还是不增长好呢？如果一个政府所执行的政治是反动的政治，数字的增长还好吗？如战争，这是政治矛盾激化的集中表现。那么，战争的数量增加好呢，还是不增加好呢？

经济，经济总是在不断地增长，出现了经济结构失衡，随着增长带来的人的欲望的变化，带来自然资源被枯竭式掠夺破坏，带来严重的社会财富不均，带来严重的社会矛盾，这种增量还好吗？

文化，人的受教育程度越来越高，可随着智力开发，人的自我意识不断增强，愈来愈成为精致的利己主义者，这样的教育增长好吗？社会文化形态五花八门，无论从品种还是从数量上说日新月异，可愈发使人们沉湎于花天酒地、声色犬马，这种文化形态的增长好吗？

科学，科学与科技使人类从农业社会迅速过渡到工业社会，又从工业社会过渡到电子时代，如今又来到了信息时代。这种从一个社会形态很快地进入另外一种社会形态，人类进步了吗？科学科技让人开发了地球，又开发了太空乃至外太空，这种开发真的好吗？科学科技制造出无数个原子弹、氢弹，这种发展的道路正确吗？科学与科技使人类地球的资源物产越来越枯竭，地表已经被毁坏得不堪入目，地下的资源又几乎被掏空，太空中充满着垃圾，这种发展与增长好吗？

无疑，这是毁灭式的增长。老子有句话叫"物壮则老"，说的恐怕就是他所思考的未来人类的场景。

所以，我们必须改变我们的发展观。

其实，主宰人类社会发展变化的有三个"道"。一个是天道，一个是人道，另外一个则是强道。天道和人道主宰人类向着正确的方向发展，而当强道完成它的历史使命之后，便成为人类社会发展的阻碍力量了。

天道由于人的认识能力的局限，很难被人们认识和发现。天道虽然被孔子揭示出来，因被后人误解而其思想未得到普及和推广。东西方都在人道上下了很多功夫。就思想家来说，东方老子的善、孔子的仁，西方苏格拉底的善、柏拉图的美，都是在揭示人道的精髓与核心。在此基础上，东西方从不同的方向开辟了道德哲学。

道德哲学虽然引起了社会的重视，但真正将道德哲学提高到过去从没有过的高度，是到了18世纪末至19世纪初的康德。康德把道德作为人类不断完善的标准，即社会进步的标准。

然而作为德国古典哲学的集大成者黑格尔，并没有继承德国古典哲学开拓者康德的这一思想，将道德哲学视为衡量社会发展的唯一标准——他视道德哲学为肤浅的思想，更多地流于一般的常识，以抬高他自己的思辨、理性，标榜自己代表着绝对精神。决定康德思想命运的另一个主要原因是，康德的思想与强道文化的思想有着很大的不同，他的道德哲学的思想不可能成为西方主流社会的思想。

其实，在人类文化发展史上，真正有价值的恰恰是人类各个阶段产生的道德哲学。因为道德哲学产生于人的天性，即人的自然性，这是人符合天道的部分。人类只有充分阐发人的天性，才能与天道、与大自然相吻合、相统一。

孔子的道德哲学即人道是人类有史以来第一次系统地阐述人的道德，理论之系统、体系之完备早于西方任何哲学家。孔子的道德哲学的核心概念是"仁"。人类社会的一些道德，人的一切优秀品质，都围绕着"仁"的命题而展开，它是众德的总德。"仁"在大多数时候与爱相连，也可以称为"仁爱"，"仁者爱人"。在仁的总德基础上，孔子又提出诸种道德的概念，即其他道德命题，主要有：义、礼、智、信、孝、悌、忠、信、恕、廉、勇、君子、小人、善人、贤人、圣人等等，从人的构成到人的思想品德均有具体的说明与阐述。古希腊和古罗马的道德哲学，时间晚于孔子几百年甚至上千年，且思想体系及社会影响和作用都难以与孔了的道德哲学相提并论。如果把《论语》这样一部有命题的概念、有体系系统、有道德指代对象的道德哲学，作为孔子随性而发的一些道德议论，那么，我们真还未在其他东西方思想家著作里边找到一部如此系统完备，又在中国及世界影响深远的道德哲学的著作与之相媲美，与之相优劣，不知黑格尔是何因由，如此地贬低《论语》这部书籍呢？

至于黑格尔说，从孔子那里"见不到任何思辨的逻辑"，这就更不符合实际。

《论语》一书记载了孔子的大部分思想。此书成书于孔子逝世之后。该书为孔子弟子编撰而成，体现了孔子学说的理性逻辑思维，是一部内在逻辑十分缜密的思想学术著作。

《论语》全书20篇，前4篇是全书的总论，分别从第一篇《学而》讲人生开始；第二篇《为政》讲执政；第三篇《八佾》讲制度；第四篇《里仁》讲道德，概括出全书四大核心；从第五章开始分论，分别围绕上述核心展开，而且每一篇与其他篇章都不是孤立无关，而是一篇连一篇，体现着一种递进和演绎的关系。全书20篇，是一个大的逻辑，从人学习的《学而》开始到最后一篇《尧曰》讲人类的大同世界终止。

《论语》全书每篇中的章节又成为一个内在的紧密小逻辑，或者叫内部逻辑。如第一篇《学而》。

1.1：侧重讲学习方法，讲了3个学习方法，也是人开始学习最重要的3个方面，因为重要，故放在第一章。第一是学习方法；第二是讲人与人相交相处的方法；第三是对人宽恕的方法。

> 子曰："学而时习之，不亦说乎？有朋自远方来，不亦说乎？人不知而不愠，不亦君子乎？"

1.2：主要讲"孝"，孝为人之初，孝为人之本，故从孝开始，孝是做人的基础。

> 有子曰："其为人也孝悌，而好犯上者，鲜矣；不好犯上而好作乱者，未之有也。君子务本，本立而道生。孝悌也者，其为仁之本与！"

1.3：通过观察人，从经验中得出什么是好的人格，什么是不好的人格，这是识人的方法。这章放在第三，体现了从孝至仁的递进关系。

　　"子曰：'巧言令色，鲜矣仁！'"

　　1.4：学习交友的方法，交友标志着走向社会的开始，如何交友，主要做到两个尽心，一是对人要忠信，二是对己要讲究恕道。

　　"曾子曰：'吾日三省吾身，为人谋而不忠乎？与朋友交而不信乎？传不习乎？'"

　　1.5：讲的是当个好官的方法。学习好了，就要去当官，即"学而优则仕"。怎样当官，要学习为官之道。为官之道最为关键的有三点：敬业而讲诚信；廉政节俭而爱百姓；役使人民不要违背农时。

　　"子曰：道千乘之国，敬事而信，节用而爱人，使民以时。"

　　1.6：通过学习形成好的家庭生活习惯及社会行为准则，要将人一生的学习规划安排好。

　　"子曰：'弟子入则孝，出则悌，谨而信，泛爱众，而亲仁。行有余力，乃以学文。'"

　　1.7：学习非只能通过学校系统学习，才算学过，社会本身就是个大学堂，一个人，如果在家能对妻子好，对父母尽孝心，在外对朋友言而有信，这也是一种很好的学习。

　　"子夏曰：'贤贤易色；事父母，能竭其力；事君，能致其身；与朋友交，言而有信。虽曰未学，吾必谓之学矣。'"

　　1.8：在社会上要学做君子，人有君子的品格，仪表才能庄重、威严，所学的知识才能巩固。要去结交各方面比自己强的、好的朋友，有了过错，就要改正。

"子曰：'君子不重，则不威；学则不固。主忠信，无友不如己者。过，则勿惮改。'"

1.9：学习丧礼方面的知识，慎重对待父母的死亡，追思先祖，人的品德一定会愈来愈好。

"曾子曰：'慎终，追远，民德归厚矣。'"

1.10：对于一个从政的人，要学习问政及闻政的方法，同时要学习君子的五种品格。

"子禽问于子贡曰：'夫子至于邦也，必闻其政，求之与？抑与之与？'子贡曰：'夫子温、良、恭、俭、让以得之。夫子之求也，其诸异乎人之求之与？'"

1.11：儒家看重"齐家、治国、平天下"，所以学习治家十分重要，如何治家，孔子有自己的看法。

"子曰：'父在，观其志；父没，观其行；三年无改于父之道，可谓孝矣。'"

1.12：对于一个人来说，一定要学习和掌握国家及社会制度，懂得礼仪，用社会制度去规范自己的言行。

"有子曰：'礼之用，和为贵。先王之道，斯为美；小大由之。有所不行，知和而和，不以礼节之，亦不可行也。'"

1.13：一个人的人际关系如何，主要看他与人交往时是不是坚守诚信的本性，是不是对别人恭敬有礼貌，这是学会处理好人际关系的两个重要方面。

"有子曰：'信近于义，言可复也。恭近于礼，远耻辱也。因不失其亲，亦可宗也。'"

1.14：向那些有道德的人学习，改正自己的不足。

"子曰：'君子食无求饱，居无求安，敏于事而慎于言，就有道而正焉。可谓好学也已。'"

1.15：向历史学习。学习的关键，要通过对历史的观察与思考，从中观测到未来，这是一个十分重要的"告诸往而知来者"的方法，是学习的最高境界。

"子贡曰：'贫而无谄，富而无骄，何如？'子曰：'可也，未若贫而乐，富而好礼者也。'子贡曰：'《诗》云："如切如磋，如琢如磨。"其斯之谓与？'子曰：'赐也，始可与言《诗》已矣，告诸往而知来者。'"

1.16：学习最为关键在于与人相处，所以要学会理解人，了解人。

"子曰：'不患人之不己知，患不知人也。'"

综上可以看出，《学而》全篇以学习为主题，全篇16章涉及学习的方方面面，每一章都有自己的学习目的与方法，事与事之间有着相互关联的逻辑。

在《论语》20篇中，篇与篇之间也有着严谨的逻辑。如前4篇，虽然是全书的总论，但4篇之间存在着一个递进的逻辑。如，第一篇《学而》，为人之初，必须以学习开始。那么，人为什么学习呢？孔子主张人通过学习，掌握知识本领，好去治理国家，这便引发了第二篇《为政》。为政就是执政。对于一个执政的人什么最为重要，那一定是社会规则、法律制度等，这便引出全书的第三编《八佾》。《八佾》就是讲人应如何遵守社会制度。掌握了社会制度了，开始去治理社会，社会什么最为重要，社会道德。于是，第四章《里仁》就是讲社会道德。《里仁》的"里"，是社会的最基层单位，即古代的乡里。《里仁》就是普遍在社会上实行仁政，实行社会道德治理。

从上可以得出，孔子《论语》这部书，不仅具有十分强的逻辑性，而且还具有很强的理性。

这里也有必要阐述一下关于理性和思辨。既然理性是人类所独有，那么是否人类中的人都应有理性？大自然绝不会只给一部分人理性而不给另外一部分人理性。理性无非是在人的感性基础上的思维递进，进入有逻辑推理的阶段。所以，理性只不过是人的思维方式而已。任何人不可能只有感性的直观，而没有理性的深入。有理性、有逻辑思维正是人与动物的根本区别。从而，任何人只要他过了儿童期之后，都会有逻辑思维，差别只是在于逻辑思维多少众寡或形式有强有弱的表达。另外，逻辑思维，即人的理性有多种多样，有演绎，有综合，有系统，有组合，各种思维类型各有各的好处，不能说别人的思维类型与你的思维类型不一致，就否认别人的思维，这都不是一个学者应有的客观态度。

为此，黑格尔说在孔子那里找不到一点逻辑，找不到一点思辨，都是一些肤浅的、片段式的道德说教，说明他根本不了解孔子。

孔子不仅是人类道德哲学的最大贡献者，而且他的纯思辨、抽象的天道理论（见本书第一章至第五章），对人类社会贡献更大，是人类历史上第一个从《易经》中提炼出来人类天道思想的人。

（二）《易经》批判的批判

黑格尔认为："关于伏羲氏的传说完全是神话的、虚构的、无意义的。"

伏羲是中华文明的始祖，亦称作伏牺、庖羲、伏戏、宓戏、必羲等。《三皇本纪》载：

> "太昊苞牺氏，风姓，代燧人氏继天而王，母曰华胥，履大人迹于雷泽，而生应牺于成纪。"

从文字记载和考古发现，伏羲是处于渔猎向畜牧业过渡时原始社会末期的一位部落酋长，最早活动地区为现今的甘肃一带，由甘肃迁至陕西，再由陕西迁至河南，并在河南的东部建立了城邦，去世后葬在河南淮阳的太昊陵。

伏羲绝非一个神话传说、虚构的历史人物。他除制定八卦以外，还"造书契以代结绳之政"，即创制最初刻划符号——文字最早的形态；制定婚娶之礼，即以两张鹿皮为聘娶之礼；教人以结网捕鱼，驯养野兽；将部落立九部，设立六佐，即用6个贤能的人主管专门事务；教民钻木取火，民始熟食；遍尝百草，制九针，开创了中医；制琴瑟、陶埙等乐器，作乐章，创造了音乐艺术。

距甘肃秦州10余公里的麦积区渭南镇三阳川西北端的卦台山，为伏羲观天察地，始画八卦的地方，被称为画卦山。《易经》记载：

> "古者包牺氏之王天下也，仰则观象于天，俯则观法于地，观鸟兽之文与地之宜。近取诸身，远取诸物，于是始作八卦。"[1]

《易经》一书成于何时，作者是谁，历来说法不一。主要有三圣说、四圣说、多人说。《汉书·艺文志》："人更三圣，世历三古"。即伏羲氏始作八卦，周文王演六十四卦，做卦爻辞，孔子作传以解经，即三圣说。至东汉又有人提出周公作爻辞说。宋朝朱熹提出人更四圣说。从北宋欧阳修开始，认为十翼成书晚于孔子，疑孔子的弟子所作，故又有多人说。

《易经》六十四卦本身就是个以"一生二"为原则的数理逻辑，即一生二，二生四，四生八，八生十六，十六生三十二，三十二生六十四。六十四达到顶点，完成一个数理推演的过程。这种数理推演是宋代邵雍对《易经》数理的解读。

> "一变而二，二变而四，三变而八，三变而八卦成矣。四变而十六，五变而三十有二，六变而六十四卦备矣。"[2]

---

① 《易经·系辞下》
② 《皇极经世·观物外篇》。

《易经》六十四卦本身又体现一个完整的历史逻辑。历史逻辑即从人类的发展过程中寻找相互递进发展的逻辑。波普尔的"证伪"论，库恩的"范式"论，黑格尔的"正反合"，都属于历史逻辑。

> "有天地，然后万物生焉。盈天地之间者唯万物，故受之以《屯》。《屯》者盈也。屯者物之始生也。物生必蒙，故受之以《蒙》，《蒙》者蒙也，物之稚也。物稚不可不养也，故受之以《需》。《需》者饮食之道也。饮食必有讼，故受之以《讼》。讼必有众起，故受之以《师》。《师》者众也。众必有所《比》，故受之以比。《比》者比也。比必有所畜，故受之以《小畜》。物畜然后有礼，故受之以《履》。《履》者，礼也。履而泰然后安，故受之以《泰》。"[1]

从卦序的逻辑看：第一、第二卦乾卦、坤卦代表天地形成，然后产生万物；屯卦，代表事物初生阶段；蒙卦代表万物初生必然愚昧无知，需要启蒙。

始生必稚嫩，所以第四卦"蒙"，"蒙"就是养育，养育就有需要，所以第五卦便是"需"。"需"讲的是饮食之道，饮食分配就要引起争端，所以第六卦就是"讼"，"讼"就是争端。争端便有许多人参加，所以第七卦就是"师"。"师"就是众人的意思，众就有亲疏之分，有党羽，故第八卦就是"比"，"比"就是朋比、结党的意思。结党一定要积蓄力量，所以第九卦就是"小畜"。有畜备了就可以讲礼仪了，所以第十卦就是"履"，"履"就是礼的意思，遵守礼仪，社会变安泰了，故第十一卦就是"泰"。以此为例，整个六十四是一个国家决定关系。

从以上十一卦的反卦序逻辑看，前一卦是后一卦的因，后一卦是前一卦的果，前一卦是后一卦的条件和基础，后一卦是前一卦发展变化的过程和结果，体现事物在历史时空中的发展过程。六十四卦均相互依存，又互相独立，又各自统一，不断完成事物从一个时空阶段进入另外一个时空阶段。

我们再举最后几个卦的历史演变的逻辑。

"《巽》者入也。入而后说之，故受之以《兑》。《兑》者说也。说而

---

① 《易经·序卦》。

后散之，故受之以《涣》。《涣》者离也。物不可以终离，故受之以节。节而信之，故受之以《中孚》。有其信者必行之，故受之以《小过》。有过物者必济，故受之以《既济》。物不可穷也，故受之以《未济》终焉。"①

第57卦是《巽》卦，《巽》是表示进入的意思。进入可以居住的处所，自然会喜悦，所以第58卦是《兑》卦。兑是喜悦的意思，喜悦总会过去的，所以第59卦就是《涣》卦。涣就是懈怠，涣散的意思，人不可能总涣散下去，所以第60卦便是《节》卦。节就是有节制的人，必然言行有信用，所以第61卦就是《中孚》卦。中孚就是诚信，诚信在实现过程中不会出大的过错，但总难免有小的过失，所以第62卦就是《小过》卦。小过的错误也得到改进了，便做到成功与圆满，故第63卦就是《既济》卦。济是万物的成功和终结，但万事万物的运动不可能有穷尽，所以接着就是第64卦的《未济》卦。《未济》就是《易经》的结束卦，但结束于《未济》意味着事物又不圆满了，又有重新轮回，重新开始。

从六十四卦的历史逻辑上看，是对事物发展每个阶段的揭示，也是事物发展全过程的追溯。这里不仅充满着思辨的逻辑，也充满着事物进程中的规律。

《易经》又充满着与天地同步、与自然合一的逻辑，如十二消息卦的逻辑。

十二消息卦也称"十二辟卦"，分别是复、临、泰、大壮、夬、乾、姤、遯、否、观、剥、坤。复主十一（子）月，临主十二（丑）月，泰主正（寅）月，大壮主二（卯）月，夬主三（辰）月，乾主四（巳）月，姤主五（午）月，遯主六（未）月，否主七（申）月，观主八（酉）月，剥主九（戌）月，坤主十（亥）月。

这里阳爻递生6个卦。即从子月复☷☷开始、往下为月临☷☷、寅月泰☷☷、卯月大壮☷☷、辰月夬☷☷，最后到巳月乾☷☷。代表着阳爻从十一月复卦开始增长，到四月乾卦六爻全为阳爻，即阳的最盛，这个过程称之为息卦，"息"即意谓着增长的含义。而从午月姤☷☷开始，经未月遯☷☷、申月否☷☷、酉月观☷☷、戌月剥☷☷，最后道亥月坤☷☷，代表着六个阳爻逐渐消失，到坤

---

① 《易经·序卦》。

卦阳爻全无，故称这个过程为"消卦"。

从十二消息卦可以看出，十二卦阴阳的变化与自然界的气候、物候变化是一致的。一年之中农历的四月是阳气最旺的季节，而十月份则是阴气最旺的季节。十二消息卦揭示了大自然阴阳变化的规律。

这是卦与卦之间的逻辑关系及卦与天地万物的逻辑关系。

《易经》每一卦都有着严格的内在逻辑。

如第一卦乾卦：初九："潜龙勿用"。意思是说，龙潜在水中，上阴较重，暂时不宜有所作为。这时的龙在地下的渊水之中。九二，"见龙在田，利见大人。"意思是说：龙出现在田地间，去结交大德之人比较有利。这时的龙已转化为君子，出现在田地间。九三，"君子终日乾乾，夕惕若厉，无咎。"意思是说：君子整天勤勤恳恳，即使在夜晚仍谨慎行事，时刻警觉。这样，虽有危险，但不会有大的祸患。这时的君子在下卦的上位，如果从入仕的角度看，已是地方的最高长官。九四，"或跃在渊，无咎。"意思说：在这个位置或者可以向上跃腾到九五，或回到深渊中潜伏，都不会有大的失误。这时的君子已位居上卦的下位，离中位君王之位只有一步之遥。九五，"飞龙在天，利见大人。"意思说：龙高高地飞腾于天上，利于大德之人出来治世。这时的君子已成为九五之尊——帝王。上九，"亢龙有悔。"意思说，龙飞得过高，超越了自己的极限，故有了悔意。这时的君子已从九五之尊的帝王退了出来，失去了位置。

从上可见，从第一爻一直到最后一爻，是一个不断推进，不断演绎、不断从低向高发展的过程，这里面充满着辩证，充满着逻辑。

每一卦有6个爻位。分为内卦和外卦，下卦和上卦。内外代表着空间的广延性，是哲学上讲的共时态。上下代表着时间的一维性，是哲学上讲的历时态。所以《易经》每一卦都有确定的时空关系。

每一卦的6个爻位，又代表着天地人。初爻和二爻代表着地，三爻和四爻代表着人，五爻和六爻代表天。天地人被称为中国古代文化的"三才"说，意味着人生存在天地之间，与天地合为一体。

我们来看《易经》具有辩证思维，首先，《易经》的整体性原则。八卦代表天、地、雷、风、水、火、山、泽，这8种自然物体构成整个宇宙，并创造了万事万物。8种自然物体一同运作。

"鼓之以雷霆，润之以风雨。日月运行，一寒一暑，乾道成男，坤道成女。乾知大始，坤作成物。"①

由八卦组成的整体结构，天地万物及所有的物象都尽在其中；八卦重叠成64卦，这就形成了《易经》的整体，384爻便在其中；刚爻、柔爻相互推移，世界上万事万物的变化就在其中。

"八卦成列，象在其中矣。因而重之，爻在其中矣。刚柔相推，变在其中矣。②

《易经》还将八卦比作人体，即人体的8个部位分别代表一卦，而八卦整体正好代表一个人。

"乾为首，坤为腹，震为足，巽为股，坎为耳，离为目，艮为手，兑为口。"③

八卦又代表一个整体家庭，而每卦又代表着家庭成员，如：

"乾，天也，故称乎父。坤，地也，故称乎母。震一索而得男，故谓之长男。巽一索而得女，故谓之长女。坎再索而得男，故谓之中男。离再索而得女，故谓之中女。艮三索而得男，故谓之少男，兑三索而得女，故谓之少女。"④

《易经》的整体观在很多卦辞上都有体现。如艮卦卦辞：

"艮，艮其背，不获其身。行其庭，不见其人。"

---

① 《易经·系辞上》。
② 《易经·系辞下》。
③ 《易经·说卦》。
④ 《易经·说卦》。

这意思是说，如果你只注意到人的背部，而没有看到一个人的全部，即整体，那就如你走进一个庭院，却没有看见主人一样。因为作为一个家庭，主人最为重要，来访者进庭院而没有见到主人，就等于白来了，没有达到来访的目的。原因是没有见到家庭的整体，即它的全部。

其次，《易经》发展变化的原则。整部《易经》从头至尾贯彻着发展变化的原则。八卦和六十四卦均由阴爻（▬ ▬）和阳爻（▬▬▬）组成。《易经·系辞》说："爻者，言乎变者也。"卦有变动，故曰爻。"爻也者，效天下之动者也。"这些都在说《易经》的384个爻位，之所以称其为"爻"，原因在于"爻"就是代表着变动的含义。

在《易经》中，阴爻称六，阳爻称九，六是老阴之数，九是老阳之数，老则衰，即走向反面，称六称九，表示在卦象中阴爻和阳爻都处于转化的边缘，随时都可能出现相互转化的局面。

"爻"是怎么来的呢？《系辞》说，圣人看到天下万物变动不止，从而观察研究其中的会合变通的道理，并以此为依据制定天地之文，形成典章制度，并在卦爻之后撰写文辞，推测事物的吉凶祸福，所以称作爻。

> "圣人有以见天下之动，而观其会通，以行其典礼，系辞焉以断其吉凶，是故谓之爻。"[1]

所以《易经》处处体现出阴阳变化、生生不息的原则。《易传》举例说：关闭门户幽静阴暗叫作坤，打开门户舒畅光明叫作乾，一开一关叫作变化，往来不穷周而复始叫作通。

> "是故阖户谓之坤，辟户谓之乾，一阖一辟谓之变，往来不穷谓之通。"[2]

最后，阴阳互补原则。阴阳是《易经》中两个最主要的范畴。在《易

---

[1]《易经·系辞上》。

[2]《周易·系辞上》。

经》中，阴阳既对立又统一，既相互依存，又相互制约。这种阴阳互补在乾、坤两卦中得到充分的体现。

乾卦的象辞说：

> "大或乾元！万物资始，乃统天，云行雨施，品物流形；大明终始，六位时成，时乘六龙以御天。乾道变化，各正性命，保合大和，乃利贞。首出庶物，万国咸宁。"

这是对乾卦阳刚的天道给予极高的赞美。

我们再来看坤卦的象辞：

> "《彖》曰：至载坤元！万物资生，乃顺承天。坤厚载物，德合无疆。含弘光大，品物咸亨。牝马地类，行地无疆，柔顺利贞。"

从上两卦的象辞可以看出，乾卦充分体现阳刚之健，而坤卦则充分表现出柔顺之美，二者正好互补，各扬己长，各补己短。

从乾、坤两卦的《彖辞》也可以看出两者互补的原则。

乾卦《彖》曰："天行健，君子以自强不息。"

坤卦《彖》曰："地势坤，君子以厚德载物。"

所以《易经》说："一阴一阳之谓道。"这说明《易经》中，阴离不开阳，阳离不开阴，二者相辅相成，生衍繁息出宇宙间的万事万物。

（三）五行批判的批判

黑格尔对中国古代的五行思想了解甚少，但他断然声称"那是就外在的直观来说的。那里边并没有内在的秩序"。

五行在中国古代思想中有两重含义，一重是将五行看作构成世界和人生的五种物质元素。

> "天生五材，民并用之，废一不可。"①

这里不仅强调五行是天生的物质元素，而且还强调五行作为一个整体，缺一不可。《国语·鲁语》也强调五行在生殖万物方面的作用，"地有五行所以生殖也"。另一重是讲天地间万物均由五行构成，五行不仅是构成事物的5种主要物质，而且天地万物只有由五行构成，再无其他物质。世上与人相关的所有事物发展变化的规律，也是由五行之间相互作用决定的。

五行最早见于《尚书·周书·洪范》，其记载为：

> "箕子乃言曰：我闻在昔鲧陻洪水，汩陈其五行。帝乃震怒。不畀洪范九畴。彝伦攸斁。鲧则殛死，禹乃嗣兴，天乃锡禹洪范九畴，彝伦攸叙。"②

五行，一曰水，二曰火，三曰木，四曰金，五曰土。水曰润下，火曰炎上，木曰曲直，金曰从革，土曰稼穑。到了春秋时期，开始用五行来分类事物，如五色、五声、五美、五教、五侯、五恶、五霸、五性、五大、五细、五典、五利、五难，五鸠、五稚；五官正、五工正等。

五行是怎么来的呢？《管子》记载：

> "昔黄帝以其缓急作五声，以政五钟。令其五钟：一曰青钟大音。二曰赤钟重心。三曰黄钟洒光。四曰景钟昧其明。五曰黑钟隐其常。五声既调，然后作立五行以正天时，五官以正人位。人与天调，然后天地之美生。"③

由此可见，最早的五行，是用来纠正天时的。

五行说本身也有一个发展演变的过程。在春秋时，五行已与四季12个月的节候相匹配。《管子五行篇》记载：

---

① 《左传·襄公二十七年》。
② 《尚书·洪范》。
③ 《管子·五行》。

> "日至，睹甲子木行御……七十二日而毕。睹丙子火行御……七十
> 二日而毕。睹戊子土行御……七十二日而毕。睹庚子金行御……七十
> 二日而毕。睹壬子水行御……七十二日而毕。"

可见，金、木、水、火、土各有72天，共一年360天，从冬至开始是
木行御，即第一个72天。但是离立春前还有45日，应是水当令，所以这种
配置与四季的物候有着一定的矛盾。到了西汉《淮南子·天文训》中将这
一配置做了调整。

> "壬午冬至，甲子受制，木用事，火烟青。七十二日丙子受制，火
> 用事，火烟赤。七十二日戊子受制，土用事，火烟黄。七十二日庚子
> 受制，金用事，火烟白。七十二日壬子受制，水用事，火烟黑。七十
> 二日而岁终，庚子受制。"

这样的变化，就使木用事的时候不是自冬至始，而是在冬至后的40余
日，这很显然是根据自然界的物候进行了调整，说明五行也是在不断日臻
完善。

在春秋战国时，人们将五行与生产生活和社会活动联系起来。《管子·
四时篇》云：

> "东方曰星，其时曰春，其气曰风。风生木与骨。其德喜嬴而发出
> 节时。其事：号令修除神位，谨祷弊梗，宗正阳，治堤防，耕芸树艺，
> 正津梁，修沟渎，甃屋行水，解怨赦罪，通四方。然则柔风甘雨乃至，
> 百姓乃寿，百虫乃蕃，此谓星德。星者掌发为风。是故春行冬政则雕，
> 行秋政则霜，行夏政则欲。是故春三月以甲乙之日发五政。"
>
> "南方曰日，其时曰夏，其气曰阳，阳生火与气。其德施舍修乐。
> 其事：号令赏赐赋爵，受禄顺乡，谨修神祀，量功赏贤，以动阳气。
> 九暑乃至，时雨乃降，五谷百果乃登，此谓日德。"
>
> "中央曰土，土德实辅四时，入出以风雨。节土益力，土生皮肌
> 肤，其德和平用均，中正无私。实辅四时，春嬴育，夏养长，求聚收，

冬闭藏。大寒乃极，国家乃昌，四方乃服。此谓岁德。"

"西方曰辰，其时曰秋，其气曰阴，阴生金与甲。其德忧哀，静正严顺，居不敢淫佚。其事：号令毋使民淫暴，顺旅聚收，量民资以畜聚。赏彼群干，聚彼群材，百物乃收，使民毋息。所恶其察，所欲必得，我信则克。此谓辰德。辰掌收，收为阴。秋行春政则荣，行夏政则水，行冬政则耗。是故秋三月，以庚辛之日发五政"

"北方曰月，其时曰冬，其气曰寒，寒生水与血。其德淳越，温怒周密。其事：号令修禁徙，民令静止，地乃不泄，断刑致罚，无赦有罪，以符阴气。大寒乃至，甲兵乃强，五谷乃熟，国家乃昌，四方乃备，此谓月德。月掌罚，罚为寒。冬行春政则泄，行夏政则雷，行秋政则旱。是故春凋、秋荣、冬雷、夏有霜雪，此皆气之贼也。"

从以上这些来看，中国古代人们是将五行运行规律与自然规律和人文社会活动规律三者结合在一起，试图达到三者和谐，减少三者之间的对立，增加三者之间的统一。

还让人注意到，这时将土调整到中方，即地域的中部，证明在春秋战国时人们已将土置于地域版图的中部。

卢央先生在《中国古代星占学》一书中，将《管子》《吕氏春秋》中关于五行学说分别整理出以下表格。

表一 《管子·四时篇》五行与四时配应表

季节	方位	天体	气及气应	德行	五行
春	东	星	风气生木与骨	喜赢而发出节时	木
夏	南	日	阳气生火与气	施舍修乐	火
	中央	岁	和气生土生皮肌肤	和平用均、中无私，实辅四时	土
秋	西	辰	阴气生金甲	忧哀，静正严顺	金
冬	北	月	寒气生水与血	淳越愠怒周密	水

表二　《吕氏春秋》所列的五行对应

五行	木	火	土	金	水
五性	曲直	炎上	稼穑	从革	润下
五味	酸	苦	甘	辛	咸
五色	青	赤	黄	白	黑
五音	角	徵	宫	商	羽
五方	东	南	中央	西	北
五季	春	夏	季夏	秋	冬
五臭	膻	焦	香	腥	朽
五虫	麟	羽	倮	毛	介
五数	八	七	五	九	六
五干	甲乙	丙丁	戊己	庚辛	壬癸
五帝	太皞	炎帝	黄帝	少皞	颛顼
五神	句芒	祝融	后土	蓐收	玄冥
五祀	户	灶	中霤	门	行

以上说明，在中国古代的五行说有一个发展变化的过程，各个时代的五行学家，不断通过对整个自然界和人类社会的观察、研究，致使五行学说接近于自然，并试图使其符合自然界变化的原则和规律，也不断地使五行说接近于人类生产与生活的实际，并符合人类社会发展变化的原则和规律。

在观察和研究中，他们总结出五行之间生克制化中合等原则，使五行学说逐渐演变为一门集社会科学与自然科学为一体的新的学科。

人们发现，春季时树木茂盛，但木需要水生，故水生木。夏季时候大气炎热，火最为旺盛，但火要木来生。火燃过后变成了土，所以火生了土。秋季秋风凄凉，天气肃杀，犹如金，故土生金。冬天寒冷，万物闭藏，阴冷犹如水，但水要由金生，故金生水。

隋代肖吉在《五行大义》书中引《白虎通》：

"木生火者，木性温暖，火伏其中，钻灼而出，故木生火。火生土者，火热故能焚木，木焚而成灰，灰即土也，故火生土；土生金者，金居石，依山津润而生，聚土成山，山必生石，故土生金。金生水者，少阴之气润泽流津，销金亦为水，所以生山石而从润，故金生水。水生木者，因水润而能生，故水生木也。"

同时，人们还通过观察研究发现五行之间相冲克的现象，其原则为：金克木，木克土，土克水，水克火，火克金。东汉班固《白虎通德论》："五行所以相害（相胜）者，天地之性，从胜寡，故水胜火也；金胜坚，故火胜金；刚胜柔，故金胜木；专胜散，故木胜土；实胜虚，故土胜水也。"《黄帝内经·素问宝命全形》云："木得金而伐，火得水而灭，土得木而达，金得火而缺，水得土而绝，万物尽然，不可胜竭。"

五行这种生克制化规律，无论在自然界还是人类社会都是普遍存在的。

第一，物质之间的相生作用。

相生指生成，是物质在相互作用时，随着时间的发展，物质之间形成一种空间结构生成或生长的趋势。这种相生过程，是多种多样的。

一是同类物质的无性生殖和有性生殖。无性生殖有分裂生殖，如细菌、变形虫、眼虫、涡虫等；有出芽生殖，如酵母菌、水螅等；孢子生殖，如真菌、苔菌等；营养繁殖，如甘薯的块根、秋海棠的叶、草莓等。有性生殖是通过两性生殖细胞，即雌配子与雄配子或卵子与精子的结合，产生新的生命体的生殖方式。这种重复不断的生殖方式，在生产着整个世界的生物。

二是多种物质作用到一种物质上的生成。如植物的生长，是光、空气、土、水等各种物质作用于植物，使它的空间结构随着时间的推移，朝着生长的方向发展。

三是物质生长链间形成的相互决定的发展形式。在自然界中，物质构成一种连环的相生链。这种自然现象，在生物界也是客观存在的。如达尔文观察到英国某村镇家猫的数量同那里的红三叶草生长状况的关系。家猫多了，田鼠就少了，名叫熊蜂的野蜂就增多，靠熊蜂采蜜时传播花粉的红三叶草就繁茂。在中国古代人们的思想中，已经将相生结构上升到对于宇宙及人类社会物质发展规律的思考的层面上。

四是两种物质相互作用后生成新的物质。如红磷与空气中的氧气反应，生成一种五氧化二磷的新物质：

红磷 + 氧气 $\xrightarrow{\text{点燃}}$ 五氧化二磷

硫与氧气发生化学反应，生成二氧化硫（SO_2）：

硫 + 氧气 $\xrightarrow{\text{点燃}}$ 二氧化硫

铝在氧气里燃烧，反应生成氧化铝（AL_2O_3）：

铝 + 氧气 $\xrightarrow{\text{点燃}}$ 氧化铝

第二，物质之间的相克作用。

物质在相互作用的运动发展中，不仅存在着物质相生发展的过程，即物质从小到大，从弱到强的过程，而且还存在着一种将物质发展推上衰退的过程，即物质从大到小，从强到弱的过程。在这种过程中，物质相互之间更多的作用是相克。

克是指克衰，是物质在相互作用时，物质之间形成一种随着时间的发展，而出现物质空间衰变的趋势。

这种克衰过程，主要有：

一是多种物质作用到一种物质上导致物质的衰变。如植物在北方寒冷的秋季时，光、土、水虽然仍在为植物提供营养，但从总的趋势上说，这些物质已不利于植物的生长，使植物的空间结构朝着衰变的方向发展变化。

二是物质发展链间形成了与生相反的克伐的衰变。在物质的克伐中，保持物质存在和运动、变化的一种平衡关系。如生态系统存在着相克的生物链。在生态系统中，绿色植物是生产者，它充分利用阳光、土壤等条件，通过光合作用，把无机物制成有机物，储存能量，成为一些生物摄取能量的对象。植物属于自养植物，自我繁殖和生命力十分顽强，克伐它的便是生态系统的动物，被称为消费者。动物的生存直接或间接地依赖于绿色植物。直接以绿色植物为食的是食草动物，如兔、羊、蝗虫等，被称为初级消费者；以初级消费者为食的动物，如青蛙、狐、黄鼬等，被称为次级消费者；以次级消费者为食的称为二级消费者，如狼、虎、狮等。在生态系统中，另一个克伐结构就是分解者。分解者主要指细菌、真菌等微生物。它们能把动物的尸体、排泄物和残落物等复杂的有机物，分解成简单的无机物，归还到无机环境中，供绿色植物再利用。从而达到生物系统结构之间的平衡。又如人们为保护畜牧业，而去大量捕杀狼和山狗等食肉动物.这种做法，导致相生链的破坏，相克链的形成。如狼、山狗，牛、马、羊和草原，三者既是相生链，又是相克链。当克衰达到一定程度时，就使物质出现一定程度的衰变，如狼和山狗被人捕杀，反使畜牧业发展，可畜牧业发展，导致了草原退化，草原退化，反过来又使畜牧业衰退，畜牧业衰退了，使狼和山狗失去了生存的基础。

三是一种物质战胜另一种物质。如人们既可以用水来灭火，也可以用灭火器来灭火。用水灭火，是用水将燃烧物淋湿，使燃烧物失去燃烧的条件。用灭火器灭火，无论是泡沫灭火器，还是干粉、二氧化碳灭火器，都是通过隔绝空气而达到灭火的目的。无论是水，还是装在灭火器中的物质，在用于灭火上，都是以克火的性质存在的。

第三，物质之间的相互制衡作用。

制衡是指物质之间相互牵制、牵绊、抑制等。物质之间的相互制衡，既有相生，又有相克，既相互吸引，又相互分离，通过相生、相克、吸引、分离，使物质出现一种制衡下的平衡。这种相生和相克、吸引和分离一般情况是同时出现的，从而使物质处于平衡的秩序存在状态。

这种制约平衡的过程，主要有：

一是多种物质作用到一种物质上，决定了该物质的空间结构的发展极限和衰变极限。在发展极限和衰变极限上达到一种制衡，并在发展过程中，保持该物质结构发展各阶段的制衡，使该物质仍然保持着发展过程中质与量对各个时间段上的空间结构的规定。

二是物质发展链之间的发展制衡。大到宏观宇宙，小到微观粒子，这种制衡是无处不在的。这种制衡形成了宇宙间物质存在和运动的有序。同时，这种制衡也形成了物质之间的发展规律。

三是两种物质之间形成的制衡。两种物质出现制衡的表现是多方面的。从运动上看，由于两种物质的制衡，能使物质出现暂时的相对运动停止，也能使物质出现相对制衡的运动。同时，通过双方相互作用达到二者之间作用力的平衡。

第四，物质之间的相互转化作用。

转化是物质相互作用后的一种结果。转化，是转成、生成、蜕变的意思，即物质在相互作用时，作用中物质由各自物质转化为另一种新的物质。

这种转化过程，主要有：

一是物质之间的各自部分转化。参与作用的物质，各自的主体结构、性质、功能仍在保留着，只有各自主体中的一小部分结构、性质、功能发生了变化，变成了脱离原来物质的结构、性质与功能的新的物质。例如，放在衣柜中的樟脑丸在经过一段时间的放置之后，会变小，这是因为樟脑丸发生了升华，一部分从固态转变成了气态。这部分发生变化的原因是樟脑丸的结构发生了变化，脱离了原来的主体部分，而成为气体。

二是物质之间的各自大部分或一种物质的大部分转化。由于物质的大部分结构、性质、功能发生了变化，使物质已经改变了原来的存在形式和运动状态，但物质尚未完全改变自己的结构、性质与功能，只是接近于完全改变自己，即处在完全转化前的阶段。例如，碳单质在自然界以多种碳的同素异形体的形式存在。石墨和金刚石都是碳的单质，在一定条件下，石墨可以转化为金刚石。转化使得石墨的大部分结构、性质、功能发生了变化，使它改变了原来的存在形式和运动状态。但是，石墨与金刚石都还是碳的同素异形体。又如，碳的同位素目前已知的就有12种，有碳8至碳19，其中碳12和碳13属稳定型，其余的均带有放射性。它们在元素周期表中都排在相同的位置，可是由于它们含有不同的中子，导致它们的结构、功能发生改变。

三是物质之间的完全转化。物质在相互作用时，使作用的各方完全改变了原来自有的形式和运行状态，物质的结构、性质与功能已经发生了根本的改变，变成了另外一种物质。

任何一个化学反应都是物质之间的完全转化，如酸、碱中和反应：

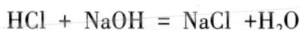

$HCl + NaOH = NaCl + H_2O$

最后生成了氯化钠和水，是原来物质之间所没有的新的物质。

第五，物质之间的相互中和作用。

物质中和，是物质自身存在的体现和存在秩序的要求。"中"，是指不偏不倚，"和"是指物质之间的"和""合"。

一是中和表现为物质内部结构的秩序和稳定。物质均有自己的内部结构，一物质之所以是它自己，是由其固有的内在结构、性质和功能决定的。这样，它才构成它自身与其他物质相比较的客观存在。虽然在自身结构之中，存在着相生、相克、相制、相化的作用，但这些只存在于物质内部中。这种内部的生、克、制、化，决定了物质自身的发展。

二是中和表现为物质与物质之间存在与作用的关系。无论事情也好、物质也好，只要存在着空间结构的结合，存在着运动中的相互作用，就必然存在两者不同程度的中和。中和程度大的，使物质之间处在一种统一协调的状态，物质之间多以相生的关系存在。中和程度小的，使物质之间处在一种矛盾对立的状态，物质之间多以相克的关系存在。这时的中和，是物质二重结构之间的形成和作用的必要条件。

三是中和程度的强弱，是由物质之间的相生、相克、相制、相化的程度决定的。在物质内部及物质与物质之间，生克制化是随时都可能存在的。同时，中合也是随时都可能存在的。生、克、制、化和中合，可能在物质的某个发展阶段同时存在，也可能是一种单独存在，也可能五者形成一种相互决定的关系。正是物质之间存在着生、克、制、化和中合的作用和关系，才使物质有时简单，有时复杂，致使物质的发展变化呈现多种多样，既受必然性支配，又受偶然性支配，既按既定的规律发展，有时又不按既定的规律发展。

相生、相克、相制、相合化的作用既相互联系，又相互制约。以水分子为例，水分子通过分子间的作用使分子聚集在一起，并在空间形成某种规划的排列，称作有序性，体现出水分子的相生的特性；而水分子的无规则热运动有破坏这种有序性，使水分子分散开的趋势，体现出水分子的相克性；在一定条件下，正是由这两种对立的、排斥的因素共同作用的结果，使分子排列保持一定的有序性，体现出确定的物态，显示出相制衡的特性；水溶液中存在 $H_2O \rightleftharpoons H^+ + OH^-$ 动态平衡，体现出相互转化的特性。

（四）老子批判的批判

黑格尔说："在中国，在中国的宗教和哲学里，我们遇见一种十分特别的完全散文式的理智——人们也知道了一些中国人的诗歌。"看来，黑格尔对中国哲学家著作的文体不是太感兴趣。

可我们知道，任何人的思想产生，都是由人的一些思想碎片，即思想火花组成，它来自人的一时的灵感。当这种灵感即思想碎片多了起来以后，便形成有体系的思想，才有逻辑和结构。

所以，从这个角度看，思想是永远不会闭合的，除非人停止了思考，即人的生命停止后，思想才会止息。这样留下的仍是无数个敞开的思想碎片或思想体系。

为此，绝对完整的思想体系是不存在的。

人的思想又产生于人所在的时空，时空条件决定了人的思想限度，因此无论再伟大的思想都有一定的局限性。

这种局限性一是表现在人的认识能力，二是表现在人对事物认识所得出的结果。针对真理、规律认识而言，真理有绝对的，也有相对的；规律也有绝对的，也有相对的。绝对真理和规律是人们跳出时空的限定，对事物永恒的认知。

人的思想都有一个产生与发展过程，这便使人的思想具备复杂性和片段性及连续性。复杂性表现为思想中的矛盾与统一，部分与系统，相反与相同等，这正是由于不同时空与人的认识能力相统合产生的。片段性与连续性表明，有些思想则只是一定的灵感或碎片，这种思想便停止了，有可能以后再会出现，或再接续，有可能本人再也没出现这种灵感，它只是在过去的岁月中人的孤岛式的思想碎片。而有一些思想火花会在头脑中连续不断地显现，从而还产生内在的逻辑，当人们将这种思想火花记录下来，再经过一定的理性思想后，便产生了思想体系。

思想家的思考以言行或文字记录下来，便是人类思想史的一部分。

后人吸收或继承思想家的思想或言行，很少是系统化即体系化的整体吸收或继承，往往能吸收的是为人所用的部分或片段，一部分地吸收。吸收后又经过自我需求而进行改造与创新，因而吸收前人思想的哪一部分，完全取决于吸收者的自身需要。

人们吸收前人的思想不可能去吸收原思想者的烦琐考证和系统性的论证。这些工作往往是后来者去完成的。陈述者可以告知人们，这位思想家的思想哪些是有价值的，哪些是无价值的，甚至是错误的。但人们往往不太会理会这些，只会依据自己的需要去吸收前人的思想。

东西方古代伟大的思想家传承下来的思想，几乎都是这种碎片式的，大多以一人与多人对话的方式为主，如希腊先贤苏格拉底、柏拉图等。中国两位思想界的圣人，孔子的思想是以一种碎片化的形式呈现的，但这种呈现并不等于他们没有自己的思想体系，以及他们自己的内在逻辑。我们在前面已经论证了孔子的思想体系以及他的内在逻辑。老子的著作与孔子的著作不同。孔子的著作多以对话式的，经他的学生弟子记载整理成书，这与苏格拉底大体相同。而老子的《道德经》，全书5000余字，同大部分的先秦著作一样，是一部著作总集。《道德经》全书81章，成书于春秋末期，流行于战国时代。

道家的思想，主要体现在老子的《道德经》中。《道德经》是在人类历史上出现较早的一部研究世界本体论、人生论、政治论的哲学著作。

老子的思想主要由以下范畴组成。

1. 道德

老子的"道德"思想是道家学说的核心范畴，既具有哲学意义，又具有社会政治伦理意义，还是构成人生境界的核心内容。"道"生成了天地万物，是宇宙万物的本原，又是万物存在、变化、发展的最高准则和规律，也是人类社会政治伦理生活的本质。"德"是"道"的体现与环节，是"道"通往现实的中介。道德学说成为中国传统文化的核心组成部分。

老子论述道德，首先赋予"道"以至高无上的地位。他认为道是抽象的，是不具有任何具体规定性而又统摄万有的最高存在。他说"道"是没有确定形状的形状。

> "视之不见名曰夷，听之不闻名曰希，搏之不得名曰微。此三者不可致诘，故混而为一。其上不皦，其下不昧。绳绳不可名，复归于无物，是谓无状之状，无物之象，是谓惚恍。迎之不见其首，随之不见其后。"①

———————————

① 《道德经》第十四章。

它先天地而生。

> "有物混成，先天地生。寂兮寥兮，独立不改，周行而不殆，可以为天下母。吾不知其名，字之曰道。"[1]

其次，道创造了万物，并生养了万物；

> "道生一，一生二，二生三，三生万物。"[2]
> "大道泛兮，其可左右。万物恃之而生而不辞，功成而不名有，衣养万物而不为主。"[3]

最后，道与人的关系，人应该遵循道而行事；

> "以道佐人主者，不以兵强天下。"[4]
> "孔德之容，惟道是从。"[5]

如果违反了道的原则，就会走向事物的反面；

> "物壮则老，谓之不道，不道早已。"[6]

在"道"与"德"的关系上，两者是统一的。其一，最大的"德"就是"道"。

其二，"道"是抽象的一般本质，"德"是"道"的功能显现，是"道"的作用；其三，"道"是最普遍的规律，"德"则是"道"作用于现象的中

---

① 《道德经》第二十五章。
② 《道德经》第四十二章。
③ 《道德经》第二十四章。
④ 《道德经》第三十章。
⑤ 《道德经》第二十一章。
⑥ 《道德经》第五十五章。

介，体现"道"的具体规律。所以，"德"也就是"道"在天地万物和人生中的具体落实。

> "故从事于道者，同于道；德者，同于德；失者，同于失。同于德者，道亦德之；同于失者，道亦失之。信不足焉，有不信焉。"[1]

2. 天人

老子的"天人"命题属于"天人合一"学说，其主要内容是说明自然与人类之间的关系"人法地，地法天，天法道，道：法自然。"

它的特点是以道、一、无为等基本范畴来阐述自然界的本原，以无知、静观、玄览等范畴来论述人的认识能力，以无欲、无为作为人与社会的行为准则，以人道无条件地顺应天道自然作为解决天人关系的归宿。

从文献角度考察，老子是"天人合一"思想的始位倡导者。但老子的"天人合一"思想更多的是"道人合一"，"天人合一"只是"道人合一"的一部分，或者说，"道人合一"中包含着"天人合一"。

"道"与天又是一个什么关系呢？首先，"道"不等同于天。天是从道生出来的，即"道"生混沌"一"；"一"生出阴阳二气，然后阳气轻上升为天，阴气重下沉为地；天地阴阳二气再交合成为"和气"，即浊气，先成人，然后再生育出万物。可见，天不是"道"。其次，天可以有"道"，即属于天那部分的"道"，"天道""地道""人道"，都是天地万物从"道"那里得到"道"的本性。最后，天与"道"究竟是一个什么关系呢？老子在第二十五章中将人、地、天、自然、道五者的关系讲得十分清楚，即人效法地，地效法天，天效法自然，自然效法道。这里需要指出的是，"道"效法自然的说法是不对的。自然是道创造出来的，"道"怎么效法自然。问题出在本文的断句上，应断为"人法地，地法天，天法道，道：法自然。"最后面这个"道"是给"人""地""天"立法，自然将"人""地""天"三者都包含在内，这三者运行的法则是由"道"给确立的。

---

① 《道德经》第二十三章。

"人法地，地法天，天法道，道：法自然。"①

3. 形神

老子的"形神"是道家学说的基本命题，指通过对形体与生命、形体与精神等相互关系问题的讨论，解决生命的本质问题。对形神问题的关注归根结底是人类对自身生存状态、根据等的关注。道家的形神学说，并非仅限于形体和生命、精神的关系，甚至形神范畴主要不是标志形体与精神的范畴。他们将形神关系与天人、形而上、形而下、有为、无为、生死等问题联系起来，以天道自然无为作为最高理论支点和归宿，着重揭示形神关系本体论层面的内涵。

老子在形神学说中提出了有关养生、贵生、修养等具体问题的观点。首先，老子认为完满的生命和健全的生活，应该是形体与精神的合一，肉体生活和精神生活和谐统一的生活状态。这种状态也就是如婴儿一样的无为状态。

"载营魄抱一，能无离乎？专气致柔，能婴儿乎？"②

其次，老子认为形体是精神和生命的基础，因此，人当贵生，应该祛除物欲、名利等纷扰，并且贵生还应该成为治国的原则。

"名与身孰亲？身与货孰多？得与亡孰病？甚爱必大费，多藏必厚亡。故知足不辱，知止不殆，可以长久。"③

最后，除了讲养生、贵生外，老子也讲精神永存，赞赏死而不止。

"死而不亡者寿。"④

---

① 《道德经》第二十五章。
② 《道德经》第十章。
③ 《道德经》第四十四章。
④ 《道德经》第三十三章。

4. 养性

老子的"养性"思想是道家学说的基本命题，指修养人的自然天性。自然天性不是指生物学、心理学意义上的自然本能，而是指人天然就有的素朴本性，或称"性命之情"，即生命的真实性，它与人为造作的感情相对。道家认为人性本来就是圆满的，顺此天性生活便是理想的生存方式。道家的养性理论可用老子的"复归于朴"来概括。所以，养性思想是人回归自然天性精神境界的过程和表现。

养性理论，老子用一句话概括，即"复归于朴"。人的自然之性"复归于朴"，就是回归到阴柔。本性最好的人就如水一样，宁静而不争，滋养万物而不求回报。

> "上善若水。水善利万物而不争。"①
> "圣人之道，为而不争。"②

"复归于朴"分为三个阶段：第一阶段，深知什么是雄强，却要守雌重的地位。

> "知其雄，守其雌，为天下谿。为天下谿，常德不离，复归于婴儿。"③

第二阶段，知道事物的清白，却守住暗昧无所见：

> "知其白，守其黑，为天下式。为天下式，常德不忒，复归于无极。"④

第三阶段，知道什么是荣耀，却安心守着卑辱，甘心做天下的川谷。

---

① 《道德经》第八章。
② 《道德经》第八十一章。
③ 《道德经》第二十八章。
④ 《道德经》第二十八章。

"知其荣，守其辱，为天下谷。为天下谷，常德乃足，复归
于朴"[1]

这3个阶段代表人性的不同阶段。第一阶段是回归到人性的柔弱本性之
中去，也就是如同回到婴儿时代，这是人本性的初始阶段。第二阶段是人
已经有了知识，知道分辨事物，但要回到人的无知无欲无是非时代，即虽
知道什么是黑、白，但并不分辨它。这是人的中间阶段。第三阶段是回归
到人的自然性最高阶段，即人能甘心身处社会最底层、最卑微的地位，这
是人本性的最高阶段。

5. 虚无

"虚无"是道家学说的基本命题，即人身心修炼的一种方法与境界，强
调人通过修炼，达到内心的清明。"虚"指人心灵空明的境况；"无"指内
心不存在私心杂念。道家认为，让人内心保持"虚无"，才能在纷扰的尘世
之中，看清事物的真相，才能使人心返璞归真。

老子主张，人要去掉心中的杂念，使自己的内心处于一种空虚状态，
即人的自然状态。这样人才能返回人的本性，才能对世间的万事万物有一
个清醒的认识，也才能使自己回归到"道"的状态。

"致虚极，守静笃，万物并作，吾以观复。"[2]
"道冲，而用之或不盈，渊兮，似万物之宗：挫其锐，解其纷；和
其光，同其尘。湛兮似或存。"[3]

6. 返朴

老子的"返朴"思想是道家的基本命题，它包含"绝圣弃智"、纯朴无
华、回归人的自然本性等思想和方法。老子主张人类社会应该走上返璞归
真的道路。人的最好的品德，最好的状态是人"复归于婴儿"。所以老子反
对"尚贤""贵物""崇智"，这样"不可见欲，使民心不乱"；主张人要"去

---

[1]《道德经》第二十八章。
[2]《道德经》第十六章。
[3]《道德经》第四章。

甚、去奢、去泰"，使人心归回自然本性，回归到无知无欲无求的自然状态。

老子认为，人通过"返璞归真"的途径，使身心回到自然状态，达到与道的和谐统一。

> "绝圣弃智，民利百倍；绝仁弃义，民复孝慈；绝巧弃利，盗贼无
> 有。此三者以为文不足，故令有所属：见素抱朴，少私寡欲，绝学
> 无忧。"①
>
> "为天下豁，常德不离，复归于婴儿。"②

7. 无为

"无为"是道家的核心思想。老子认为宇宙的本性是"道"，人应遵循"道"，"道"无为，所以人也应"无为"。道家的"无为"思想精神境界，是"道：法自然"价值取向的直接体现。它所追求的是"独与天地精神往来"的心灵自由境界，为人们精神求索提供一种理想模式。作为道家伦理学说的重要内容之一，"无为"思想对如何构建和谐社会具有积极的启示意义。

老子最早提出"无为"，"无为"即顺应自然变化。老子的天道无为自然观，用于社会统治，即"无为而治"：

> "故圣人云：我无为，而民自化；我好静，而民自正；我无事，而
> 民自富；我无欲，而民自朴。"③
>
> "是以圣人处无为之事，行不言之教，万物作而不为始，生而不
> 有，为而不恃，功成而弗居。"④
>
> "是以圣人之治：虚其心，实其腹；弱其志，强其骨。常使民无知
> 无欲，使夫智者不敢为也。为无为，则无不治。"⑤

---

① 《道德经》第十九章。
② 《道德经》第二十八章。
③ 《道德经》第五十七章。
④ 《道德经》第二章。
⑤ 《道德经》第三章。

老子认为，无为并不是什么都不为，而是顺道而为。有为，也不是妄为，而是要符合自然的"为"。统治者的"无为"，是为了达到"无不为"的效果：

> "道常无为而无不为。侯王若能守之，万物将自化。"①

在老子看来，儒家所讲的仁、义、礼、智、信都违背人的自然本性，是道德沦丧的产物：

> "故失道而后德，失德而后仁，失仁而后义，失义而后礼。夫礼者，忠信之薄而乱之首。"②

8. 动静

"动静"是中国哲学的一对重要范畴。在道家哲学中，其涵义比较宽泛，主要包括运动与静止、变易与常则、有为与无为、刚健与柔顺等多方面的内容。在道家看来，"动"是对"道"的现实直观的认识，而"静"是对"道"的本质把握。道家认为，宇宙万物的变动不居、生息转化是一个真实无妄的基本事实。事物在现象层次上的迁变流转便是"动"，"动"又非任意妄作、杂乱无章，而是有其不易之则，总是遵循着一定的规律，这个规律就是"静"。

老子认为，相反对立而循环往复是事物发展的普遍规律：

> "反者，道之动。弱者，道之用。"③

"反"是事物向相反的方向运动发展。任何事物都存在着它的对立面，对立的双方都在向着自己对立方运动发展，这是推动事物发生变化的根本力量。"弱者道之用"，老子主张，做什么事情都要做到守柔守弱，柔弱胜

---

① 《道德经》第二十七章。
② 《道德经》第三十八章。
③ 《道德经》第四十章。

刚强。柔弱体现在静，静是知止。知止则人不殆。

　　"不欲以静，天下将自定。"①

老子主静。

　　"重为轻根，静为躁君。"②

　　意指：厚重是轻率的根本，静定是躁动的根本。人不可失去根本，不可舍本求末。

9. 制欲

　　老子的制欲思想是道家学说的基本命题，它包含道家关于"无欲""寡欲""柔弱谦下""不争""知足常乐"等方面的思想。老子主张"见素抱朴，少私寡欲"。从先秦道家到后世的道教，都沿袭了"少私寡欲"的制欲思想，通过将小我统一于大我来克制人的过度膨胀的贪欲。

　　老子关于人的欲望，提出十分理想化的主张，即"无欲"的思想。"无欲"即没有欲望，其根本在于"大道"无欲。

　　"大道泛兮，其可左右。万物恃之而生而不辞，功成而不名有，衣养万物而不为主，常无欲。可名于小，万物归焉而不为主；可名为大，以其终不自为大，故能成其大。"③

　　人怎能做到"无欲"，老子主张返璞归真，即成年人要回到婴儿的状态。

　　"载营魄抱一，能无离乎？专气致柔，能婴儿乎？"④

———————————

① 《道德经》第三十七章。
② 《道德经》第二十六章。
③ 《道德经》第三十四章。
④ 《道德经》第十章。

人恐怕难以做到"无欲"，老子又提出"寡欲"，"寡欲"并非"无欲"，而是要少有欲望。老子给人们开了三味药。第一味："绝圣弃智，民利百倍"；第二味："绝仁弃义，民复孝慈"；第三味："绝巧弃利，盗贼无有"：

> "绝圣弃智，民利百倍；绝仁弃义，民复孝慈；绝巧弃利，盗贼无有。此三者以为文不足，故令有所属：见素抱朴，少私寡欲。"[①]

10. 养气

"养气"是道家思想的基本命题，是道家修身养性的一种方法，也是修炼至道的一种途径。道教的气有三种不同的含义，或者说包括三个部分：一是指呼吸自然界的空气，称为"清气"；二是指先天父母媾精时的元气，称为"先天之精气"；三是指通过饮食物质所生的能维持人体生命活动的"水谷之精气"。道家认为人的活力之源在于体内之气，故强调保持和充实体内元气，希图通过养气之道而达到祛病延年的目的。

老子认为，在物质中，有一种精的物质，后来人们把它称为"精气"。老子是在恍恍惚惚的道中看到"其中有物"，而在物中，"其中有精"。这种"精"，是真实，即"其精甚真"。

老子除了讲"精气"外，还讲"和气"。"和气"即自然之气。万物背负着阴气，怀抱着阳气。阴阳二气交合激荡便产生了"和气"。"精气"存在于"和气"之中，没有了"和气"，也就没有了"精气"。人呼吸"和气"，然后将"和气"之中的"精气"吸收，达到了强身健体的作用。

> "专气致柔，能婴儿乎？"[②]
> "恍兮惚兮，其中有物。窈兮冥兮，其中有精；其精甚真。"[③]
> "未知牝牡之合而朘作，精之至也。终日号而不嗄，和之至也。"[④]

---

① 《道德经》第十九章。
② 《道德经》第十章。
③ 《道德经》第二十一章。
④ 《道德经》第五十五章。

"万物负阴而抱阳，冲气以为和。"①

11. 守中

老子的"守中"思想，是道家学说的基本命题，即持中虚静的意思。它既不同于儒家的"中庸"，又不同于佛家的"中观"。道家的"中"是"中空"的意思，就如囊籥没被人鼓吹时的情状，象征着一个虚空寂静的道体，包含着世间万事万物生存消亡迁流运转的法则，天地万物处在虚静无为的状态。守住这种法则和状态，便守住了宇宙间万事万物发展变化的根本。

守中即持守中虚。老子把天地之间比作一个风箱，风箱的中间是空虚的，表面上看它是静的、空的，一旦这个风箱发动起来，就不会停止，就会生生不息，世间的万物便会在这风箱中产生出来。

"天地之间，其犹囊籥乎？虚而不屈，动而愈出。多言数穷，不如守中。"②

12. 玄牝

老子的"玄牝"思想是道家学说的基本命题。"玄"用来形容深不可测，"牝"即生殖。"玄牝"相当于《易经》中讲到的太极，是由它创生天地万物。道家讲玄牝之门，是天地的根源，万事万物都由此门生出，也讲此门具有"道"的功能，能孕育万事万物，并使之生生不息，绵绵不绝，无穷无尽。

"玄牝之门"是"天地根"，说明"玄牝"是"道"产生天地万物的始源，是天地万物总生产的地方，"道"通过它生育了天地万物。

"谷神不死，是谓玄牝。玄牝之门，是谓天地根。绵绵若存，用之不勤。"③

---

① 《道德经》第四十二章。
② 《道德经》第五章。
③ 《道德经》第六章。

这里的"谷神",指的是道。"谷神不死"指"道"无生无死,只有存在的永恒性,是"恒道"。

这里的"谷神",是"道"的一种别称,与西方古希腊时赫拉克利特的"以太"思想相似。赫拉克利特说:

"'逻各斯'是一种'以太'的物体,是创造世界的种子。"

(五)国家宗教批判的批判

黑格尔说:"中国人有一个国家的宗教,这就是皇帝的宗教,士大夫的宗教。这个宗教尊敬天为最高的力量,特别与以隆重的仪式庆祝一年季节的典礼相联系。我们可以说,这种自然宗教的特点是这样的:皇帝居最高的地位,为自然的主宰,但凡一切与自然力量有关联的事物,都总从他出发。"

这是东西方文化上的一个十分明显的差异。在中国传统文化思想中,有着一个十分突出的特点,就是"敬天"的"自然主义"思想。

产生"敬天"的思想,应该说是人类的童年阶段人们必有一种思想意识,因为原始社会人们的生产力水平很低,人和自然的关系还无法摆脱宗教思想的支配。正如恩格斯所说:"一切宗教都不过是支配着人们日常生活的外部力量在人们头脑中的幻想的反映,在这种反映中,人间的力量采取了超人间力量的形式。"[1]

原始社会解体之后,中国古代第一个国家是夏王朝。国家的出现,使社会由天道社会过渡到强道社会。但在中国强道社会里,仍然普遍保留着敬天的思想,在人们的思想中,相信宇宙中有一个至上的神主宰着整个世界,并把它称为"帝"或"上帝"。到了商朝,商王认为自己和上帝一样,上帝是天的统治者,而自己是人间的统治者。从文献文物上所见都是"帝乙""帝辛"等商王的称号。出土的甲骨、青铜器上也有"文武帝"的记载。商周之际又称为"天",商王或周王被称为"天子",即上帝儿子的意思。

从最高统治者来看,将自己称为"帝"或"天子",这是完全从维护自

---

[1]《反杜林论》,《马克思恩格斯选集》第3卷,第354页。

身的统治需要出发，他们利用"上帝""天"在人们心中的尊崇地位，打着替天行道的旗帜或口号，好让被统治者绝对的服从，并将自己颁布的命号，称之为"天命"。

有了这样的身份，代表全国人民祭天自然就是天子的事情，变成天子祭天，人要祭祖一样的天经地义。

天子以到嵩山祭天为主。夏商周三代王朝国都在河洛之间，嵩山是中原地区的山峰。《国语·周语上》说"昔夏之兴也，融降于崇山。"韦昭注："融，祝融也。崇，嵩高山也。"在中国古代的神话中有祝融从天上下降到崇山的传说。在古神话中，嵩山（崇山）因山高而通天，嵩山最高峰"太室"，有上天的通道，所以最适合商周帝王祭天。

商周时除了嵩山祭天之外，还有一个重要的祭天活动就是"郊祭"。郊祭是在国都的城之郊的祭天典礼。《尚书·召诰》记载召公和周公开始营建东都洛邑，在建都之前要举行隆重的祭天典礼。《逸周书·作雒解》记载：

> "设丘兆于南郊，以祀上帝，配以后稷、日、月、星辰、先王皆与食。"

可见这种祭天同时也祭拜祖先，"先王皆与食"，因为郊祭十分隆重，必须先报告祖先，故祭天的同时，也要向祖宗奉献祭品。

在中国古代，祭天仪式，由"天子"主持，文武百官皆随同参加。通过祭天表达对上天生长万物，养育子民的感激之情，请求上天保佑天下太平，风调雨顺，子民事业昌盛。《礼记》记载：

> "燔柴于泰坛，祭天也。瘗埋于泰折，祭地也。用骍犊。埋少牢于泰昭，祭时也。相近于坎坛，祭寒暑也。王宫，祭日也；夜明，祭月也；幽宗，祭星也；雩宗，祭水旱也；四坎、坛，祭四方也。山林、川谷、丘陵，能出云，为风雨，见怪物，皆曰神。有天下者祭百神。诸侯在其地则祭之，亡其地则不祭。"[1]

————————————

[1]《礼记·祭法》。

祭天礼的过程主要由迎神、进俎、初献、亚献、终献等仪式组成。迎神，燔柴炉内点起烟火，表达人们开始祭天，皇帝到昊天上帝的牌位前行跪拜礼，再至祖宗牌位前上香，叩拜。然后再对诸神行跪拜礼。之后，向天神、祖宗进献玉帛。接下来便是进俎等等，程序十分复杂。周代祭天的正祭是每年的冬至之日举行，祭祀地点在国都的南郊，"圜丘祭天"。天子率领文武百官来到郊外，开始祭天大典。以后，祭天的时间也多选在冬至。明清时期祭天的仪式更为隆重，并逐渐演变成冬至祭祀的风俗。

黑格尔认为，这种祭天并祭祀祖宗的活动，便是"皇帝的宗教，士大夫的宗教"，所以将其看成国家宗教。

宗教的范围很宽泛，从广义上讲，祭天、祀祖是来自原始的宗教信仰。但如其看成宗教，难以让人信服。因为所谓宗教，需有教义、教民等，所以难以与现代宗教相提并论，不如看成是中国独有的一种敬天的文化。

古代祭天祭祖是人们敬天的一种宗教文化活动，除在中国古代长期保留着祭天祭祖的社会活动外，在思想领域，中国长期保留和继承着敬天保民、天人合一的思想。

孔子就承认天的存在。他在卫国想施展抱负，但得不到重用，卫灵公的大臣暗示孔子，结交他便可以得到卫公的信任。孔子说，人如果得罪了上天，那么你怎么祈祷也没有用处，"获罪于天，无所祷也"。[1]言外之意，秉天意为之，没有必要求助于别人。他在宋国，得罪了宋国司马桓魋。孔子与弟子在大树下习礼，司马桓魋让人拔其树，并扬言要进一步报复孔子，弟子劝孔子尽早离开宋国。孔子说，上天给了这么多好的品德，这是上天让我发扬光大它，一个桓魋又能把我怎么样呢？

"天生德于予，桓魋其如予何？"[2]

这也可以看出，孔子是认为有天的存在。所以他说：

---

① 《论语·八佾》。

② 《论语·述而》。

"君子有三畏：畏天命，畏大人，畏圣人之言。"①

在孔子看来，天虽然不言语，但天能决定四季的变化，万物的生长：

"天何言哉？四时行焉，百物生焉，天何言哉。"②

他自己说能"五十而知天命"。③孔子在卫国，拜访了卫灵公夫人南子，回来后，子路因孔子拜访名节不大好的南子而不高兴，孔子则起誓发愿地说，我没做错什么，假如我做了什么出格的事，"天厌之！天厌之！"④孔子病得很厉害，子路便擅自成立了治丧处，很久以后孔子的病渐渐好转了，就说，古代诸侯死了才有臣，子路使门人为臣（组织治丧处），这陷我于不义，是僭越之礼，这让我去欺骗谁呢？欺骗上天吗？

"吾谁欺？欺天乎！"⑤。

他最心爱的弟子颜回去世，他哭着说：

"噫！天丧予！天丧予！"⑥。

孔子周游列国，本想抱着自己的理想去治理社会，可是四处碰壁，不由得发出"世上没有人了解我呀"的哀叹。子路问道，为什么没有人知道您呢？孔子说，"不怨恨天，不去责怪别人，学习人事而上达天命。知道我的，只有天罢！"

---

① 《论语·季氏》。
② 《论语·阳货》。
③ 《论语·为政》。
④ 《论语·雍也》。
⑤ 《论语·子罕》。
⑥ 《论语·先进》。

"不怨天，不尤人，下学而上达。知我者其天乎！"①

孔子率领众弟子回国后，子路去季氏家中做官，孔子有个叫公伯寮的弟子向季孙毁谤子路。鲁国大夫子服景伯将这样一件事情告诉了孔子，并说如果孔子同意，他可以把公伯寮杀死并将其当街示众，孔子没有同意他这么做，并说"我的主张将能实现吗，听之于命运吧；我主张的天道实现不了吗，也听之于命运吧。一个公伯寮又能把我的命运怎么样呢？"

"子曰：道之将行也与，命也；道之将废也与，命也。公伯寮其如命何？"②

从上可看出，春秋之时，天的意识已经深入人心。从孔子认为自己承担着上天改变现今社会的使命，到讲到自己的命运，以及别人改变不了天命，并将命运同上天联系起来，还有孔子起誓发愿时都与天关联起来，等等，说明天的意识已经在他生活的各个方面都表现出来，已经在他的头脑中根深蒂固，所以孔子说：

"不知命，无以为君子。"③

（六）中国历史批判的批判

在黑格尔看来，中国历史长期停滞不前，甚至说，中国和印度还处在世界历史的外面。中国这样的国家只能实行君主的专制，中国人没有自己的主观自由，在中国只有"家庭精神"，中国社会是"家国同构"，皇帝是中国古代各朝代的灵魂，等等。

黑格尔说的这些问题，其核心还是中国历史停止不前的问题，所以以下问题均成为结果。也可以倒过来说，正是由于以下问题的存在，必然导

---

① 《论语·宪问》。
② 《论语·宪问》。
③ 《论语·尧曰》。

致中国历史的停滞不前。这是因果互换，同样也是成立的。

判断中国历史是不是停滞不前，这里面有一个参照系的问题。如果以发展的时间作为参照系，那么在近5000年的人类文明社会里，中国有4000多年都是领先世界的，只有近代不到400年的时间里中国的经济、科学技术、文化形态等方面落后于西方社会。而这种落后还是以西方人确立的标准，即现今通行的经济总量、科学技术、政治文化形态等方面作为依据的。

就现今以西方确立的政治、经济、文化的发展指标而判断社会是否发展。这个参照系正确吗？

我们先说政治文化。自从马克思主义产生以后，人类社会形成两大政治文化阵营或主体，一是以老资格资本主义的文化阵营或主体为代表的政治文化，一是以无产阶级政党成立的社会主义阵营或主体的政治文化，两种文化相互攻击，都否定对方存在价值而肯定自己存在的价值，这场仗打了100多年了，到现在仍争论不休，尚无定论。就已有的历史发展的实际状况看，只能说哪种政治文化相较会更好一些，或比较好一些，谁绝对的好和谁绝对的不好是不存在的，因为都是在人类社会发展中发展变化的政治文化，好与不好都是相比较而言的。

我们再说经济发展总量。在中国古代，关于社会经济活动一向有两种说法，一种是放水养鱼，一种是竭泽而渔。社会经济总量与自然的关系，就好比池塘里的水与鱼的关系，自然是池塘水，经济总量就好比是鱼，作为控制二者的人来说，往池塘里注入的水量愈多，投入的鱼苗愈多，你投入保护自然的成本和生产的成本就愈高，你的经济总量就会少，投入减去收入，导致经济总量下降。反之，为了获得鱼，将池塘中的水全都抽干，或池塘水愈来愈少，你得的鱼愈来愈多，总有一天池塘干涸，所有鱼都被网尽，虽然一时间经济总量高了，但失去了可持续的发展。所以，仅以经济发展的程度作为衡量社会发展的标准，是不正确的。人与水、鱼的关系有3种：第一种方式，放水养鱼；第二种方式，竭泽而渔；第三种方式，既不放水养鱼，也不竭泽而渔，随其自然状态，捕鱼仅仅为了简单的生计需要。

我们再来说科学技术。科学技术同样有着两面性，科学技术既可以推动人类社会各种社会活动的发展，也可以阻碍人类社会各种社会活动的发展。如科学技术在军事上的应用，随时在战争中表现出对人生命的摧毁和对物质的摧毁；如随着生产技术的提高，大量的森林被砍伐，动植物遭到毁灭；人类各种现代生活生产流动，大量的碳排放，导致气候的变化，使南极北极的冰川融化，海水平面上升；又如通信和电力供应故障会带来长期的混乱和无政府状态；等等。这说明片面地，而不是全面地发展科学技术，仅考虑科学技术对人类有用，对自己有用，仅以科学技术的发展去衡量人类社会发展，社会可能愈发展，人类可能离走上灭亡的时间愈来愈近了。

就国家政治体制而言，不能说三权分立就比中央集权好，也不能说中央集权就比三权分立好，各有千秋，各有利弊。应该研究如何化弊为利，才是解决国家政治体制弊端的关键。

就经济发展来说，经济愈发达，人的需求欲望就愈强烈，对自然的掠夺与破坏就愈加严重，但是经济不发展，人们就更加贫困，国家就会衰落，就会遭到强国和大国的欺凌。所以，衡量一个社会经济发展的指标与标准，是多方位的、全面的，不能仅仅看总量。

就文化发展来说，文化多元化，文化的载体越多，文化愈丰富，一方面满足了人们的精神需要，可另一方面它又让人们失去精神的自我，使人愈来愈空壳化，失去自我主导的精神，更加茫然和迷失。

就科学技术而言，科学能提高人们的认知能力，能提高生产力，但也使人们更加依赖于科学技术，逐渐变成科学技术的傀儡和完全被科学技术异化，可能会有一天，科学技术成为人类的对立面。

现今人类处在一个两难选择的十字路口。

带着这样的疑虑，我们再回过头去看人类走过的历史，到底哪条路走对了，哪一步迈对了，有了科学的世界观和方法论才能做出正确的判断。

其实，早在中国古代，比孔子稍晚些时期的墨家的开创者墨翟，他就看到了这个问题。

墨翟回答了古人都在思考，但又很难回答的问题，即人来自动物，但人与动物的差别是什么？

　　"今人固与禽兽麋鹿、蜚（飞）鸟、贞虫异者也。今之禽兽麋鹿、蜚鸟、贞虫因其羽毛以为衣裘，因其蹄蚤以为绔屦。因其水草以为饮食。故唯使雄不耕稼树艺，雌亦不纺绩织纴，衣食之财固已具矣。今人与此异者也，赖其力者生，不赖其力者不生。"[1]

将这段话翻译过来就是：现在人与其他动物（麋鹿、蜚〔飞〕鸟，贞虫等）不同。其他动物用它身上的羽毛做衣服，用它脚上的蹄爪为鞋靴，用自然生长的水草做饮料食料，因此，这些动物雄性不必去耕种和修剪树木，雌性不用去纺织制作衣服，从而吃喝与穿戴都不成问题。而人与动物不同，人类依靠劳动才能生存，不去劳动就不能生存。

应该说，早在2300多年前，墨翟就有这种思想是难能可贵的。人的劳动不是与动物的本质区别，但复杂劳动的确是与动物的本质区别之一，因为复杂劳动是建立在人的理性基础之上的。但墨翟此话的价值在于，他指出了劳动的重要性。

从经济发展的角度上说，只有劳动才能创造财富，只有劳动才能生产出社会经济总量，没有劳动，这一切都是不存在的。所以，劳动是衡量人从动物界走出来的一个重要尺度。

然而，劳动就要使用生产工具，这样生产工具的制造并利用，便成为人类发展进步的一个重要标志。但生产力只能代表人类在劳动方面的进步，不能看成是社会进步的标准或尺度。因为生产力有两面性，利用好了，就推动人类社会的发展；它也有相反作用，即生产力也可以用来破坏自然界、破坏人类社会，它就阻碍和反动于社会发展。

在这个问题上，墨翟的意见对现今人类来说是有价值的。因为墨翟把"利"作为衡量一切事物发展变化的价值标准，这与他重视物质生产，能很好地处理人与物的自然关系是分不开的。他将"兴天下之利，除天下之害"[2]作为墨家的奋斗目标。所谓"天下之利"，讲的是"富"与"庶"。"富"就是社会物质财富的增加，"庶"就是人口的增加。墨翟说：

---

① 《墨子·非乐上》。

② 《墨子·兼爱下》。

"圣人为政一国，一国可倍也。大之为政天下，天下可倍也。"①

这里他强调最高统治者是圣人，这是"可以倍也"的先决条件。接着他说：

"其倍之，非外取地也，因其国家去其无用之费，足以倍之。"②

能使国家治理到人口和财富达到一倍或翻番的水平，并不用再向土地获取，将国家那些没用的支出去掉，财富便可以增长一倍。他认为治国者要处理好这三者的关系，即："食不可不务也，地不可不力也，用不可不节也"。③

就是解决人们吃饭的农业生产，不能不发展，所以要力作；土地的潜力，不能不加以利用，故要尽心；而国人的消费，不能不节约，去掉人们不必要的开销和浪费。

本着这样一种思想，墨翟极力反对当时的奴隶主以及上层统治者奢侈豪华的生活方式，反对贵族的无节度的铺张浪费，主张"节用"。他指责当时的贵族们"暴夺民衣食之财"，斥责这些贵族们恨不得"目不能遍视，手不能遍操，口不能遍味"，"单（殚）财劳力，毕归之于无用"，整个社会"富贵者奢侈，孤寡者冻馁"。④

"其使民劳，其籍敛厚，民财不足，冻饿死者，不可胜数也。"⑤

在这样的思想基础上，墨翟提出了一个今天看起来非常重要的思想，他说：

---

① 《墨子·节用上》。
② 《墨子·节用上》。
③ 《墨子·七患》。
④ 《墨子·辞过》。
⑤ 《墨子·节用上》。

"凡足以奉给民用，则止。诸加费，不加于民利者，圣王弗为。"①

这段话有两重含义：

第一，"凡足以奉给民用则止"。这给社会生产，即我们今天说的经济总量提出一个限度，这意思是说，社会生产能满足人们生活所用，就不要再生产了，"则止"。为什么不要再生产了，墨子认为是浪费。按今天的观点来说就是过多的生产，是对自然的一种浪费和破坏。"足以民用"，不是让人们过度奢侈浪费，而是恰到好处，民众用起来不多也不少，坚持这样一个生产的标准。这一点对现实的人们来说十分有意义。现今社会，生产企业是不断变化翻新地生产，各种货物商品改型换代周期十分之短，人们目不暇接，用此来刺激人们的消费欲望，人们的七情六欲均被刺激起来，导致一面生产企业在拼命地改型换代，更新产品；另一方面，消费者在不断喜新厌旧，追捧时髦，整个社会进入急剧的生产和消费之中无以自拔，社会人力资源被弄得人困体乏，自然资源被破坏得几乎枯竭，这就是人们不懂得"凡足以奉给民用则止"的道理。

第二，"诸加费，不加于民利者，圣王弗为"。"民利"是用财的标准，如果国家增加费用，目的是利于民众的事业上，这样的增加是正确的，反之如果不是用在民众的事业上，圣明的君主是不会做这样的事情的。这一点对现今社会更有意义。社会财力取之于民必须用之于民，可现今世界各国谁敢说执政者将取之于民的财皆用之于民，没有被自己挥霍或统治集团挥霍。如何将民众生产的社会之财，真正地用到民众自己身上，这不仅仅是个社会财富的分配问题，而更深的原因是社会的政治结构，而社会政治结构的背后，是全民族、整个国家所有人的思想意识。

墨翟这是从社会执政者应从"利民"与"节用"的角度去判定社会发展的价值。这应该也是一种判定社会是否发展的一种标准。

孟子是继孔子之后儒家另一位重要的思想家。在政治上，他提出"王道"与"霸道"的思想。

孟子首先论证统治者的统治与人民的关系。他认为统治者要"得道"，

①《墨子·节用中》。

得什么道，即"王道"。所谓"王道"就是以"德"统治人，与以"德"统治人的"王道"对立面，便是"霸道"。所谓"霸道"就是以"力"统治人，即强道。

> "以力假仁者霸……以德行仁者王……以力服人者，非心服也，力不赡也；以德服人者，中心悦而诚服也，如七十子之服孔子也。"①。

统治者在治理国家上，得道了，就得到人民的拥护，失道了，就得到人民的反对，以此来判定人民的态度，即"多助之至，天下顺之"，"寡助之至，亲戚畔之"。

> "以天下之所顺，攻亲戚之所畔，故君子有不战，战必胜矣。"②

这就是"得道者多助，失道者寡助"成语的来源。

孟子这是用"王道"和"霸道"来评判一个社会、一个政权的好坏，是进步还是反动。

在中国古代的农业生产中，在一块田地上有顺序地在季节间和年度间轮流种植不同作物，并且有时采用土地种植三年休息一年，是采用以地养地的农业生产措施，这样不仅有利于均衡利用土壤养分，防止病虫害的发生，也能改变土壤的理化性状，调节土地肥力。中国采取轮耕的历史较早，欧洲在8世纪前盛行二圃式轮作，之后又发展三圃式轮作，18世纪开始了草田轮作等方法。

东西方古代在农业生产上的"轮耕"和"休田"的做法，是人们长期的农业生产实践总结出来的最好的农业发展的办法，既发挥了土地的潜力，又使农业得到持续性发展，这些好的做法被现代人们的急功近利取代了。我们指古代农业，其实不单指农业，如果现代人们稍微为供我们衣食的大自然着想一下，为我们的子孙后代想一下，不去处心积虑地挖光、用光、

---

① 《孟子·公孙丑上》。
② 《孟子·公孙丑下》。

吃光大自然，我们是不是就会改变历史上的和现今人们的生产生活方式。

过去批判庄子思想，认为庄子有一种倒退的社会观，现在看来，也应该重新审视。庄子从相对主义出发，不承认判断人类社会的政治制度有一个客观标准。他说："帝王殊禅，三代殊继。差其时，逆其俗者，谓之篡夫；当其时，顺其俗者，谓之义之徒。"①他的意思是说，因为各时代的统治者取得统治权力的方法各有不同，合乎时代习惯的，就叫正义；不合乎时代习惯的，就叫做篡逆，所以制度的好坏没有绝对的标准。他说："彼窃钩者诛，窃国者为诸侯。"②他的意思说，同是偷窃，偷钩的小盗就要被杀掉，而窃国的大盗反而成为诸侯，善与恶、好与坏根本没有标准。他说："古今非水陆与？周鲁非舟车与？今蕲行周于鲁，是犹推舟于陆也！劳而无功，身必有殃……故礼义法度者，应时而变者也。"③这里他想说，古今不同，从而制度也不会相同。如果我们将古代的周制行于现今的鲁国，就如同把船搬到陆地上行驶一样，是行不通的。这说明庄子认为，社会制度没有绝对的好，也没有绝对的坏，好与坏都是相对的，而社会的礼法制度应顺时而变，就如各种水果一样，"其味相反而皆可于口"，④就看是否合乎人们的需要。

庄周这种思想绝不是反动，也不是对社会的否定，而是说出一个事实，即我们所说的发展、进步，还是退化了、停滞不前了，有没有个标准？

黑格尔的标准是什么，他也没说，只说了一些现象，即很早以前中国历史就这样，但一直停滞发展，原因是中国人没有自己的"主观自由"等。

衡量人类历史进步与倒退或停滞不前有没有个标准？我们认为是有的。

我们在本书中多次提及人是天地而生，也是从"天道"而生，从"天道"而来，"天道"将其人变为人，就有"天道"的旨意，这个旨意，就是人要"替天行道"。那么人类的思维方式和行为方式是否符合天道，就是判断人类历史是前进、倒退、停止的标准。

我们在前面的章节里也讲到，强道也是从天道产生出来的，从而我们

---

① 《庄子·秋水》。
② 《庄子·胠箧》。
③ 《庄子·天运》。
④ 《庄子·天运》。

不能否认强道在一定的历史时期内有它的进步作用。天道产生强道也是有天道的客观旨意的，就是强道要完成自身的历史使命。

为此，强道有它的发展阶段，在这个发展阶段中，它是合理的、进步的，强道使人类摆脱了愚昧，使人类从动物界完全走出来，使人类社会产生了阶级的变化，使人类社会由群结构，走向结构群，出现了私有家庭，并在家庭的基础上又有了国家的社会结构。

这一阶段，便是强道从产生到形成阶段。这个时期强道文化是前进的，它从原始社会之中嬗变而产生，一路发展，走向未来。但国家出现以后，强道合理性只走完了一半的路程，它的另一半，就是通过强道的社会结构转向天道的社会结构，即向天道太阳式的社会运转结构的转变。

太阳系的天体结构，是一个以太阳为中心，太阳周围受太阳引力约束在一起的天体系统，它包括太阳、行星及其卫星、矮卫星、小行星、彗星和行星际物质。

太阳系天体、结构构成的原因，是太阳占太阳系总质量的99.86%。剩余的质量由太阳系4颗大天体，即巨行星组成，在巨行星中木星和土星又占了其中的90%以上，太阳系中，其他天体（包括4颗类地行星、矮行星、卫星、小行星和彗星、尘埃等），总质量还不到太阳系的0.002%。

强道文化要转变为天道，这是新的天道文化赋予人类的使命，即按着太阳系的结构，建立起人类社会的天道结构，达到人类社会的运行结构与天道运行结构相统一。

人类在从天道向强道转化的过程中，也要实现两个转变。第一个转变，就是由人类原来的人与人平等、自由、民主转变为社会不同的贵贱等级，由人是天道普遍的受惠者转变为大多数人被剥夺了受惠的权利，人与人贵贱贫富的差距拉大。天道向强道转变的第二阶段，强道政治集团在本国或区域内实现天德统治，即给统治区域的人民民主、自由、平等权利，这是天道向强道转变完成，及强道文化发展到它的顶峰阶段，就是在人类社会建立起与太阳式的天体运行结构相同的摹体。这个摹体要求有一个恒星国家，这个恒星国家它的社会总质量（政治、经济、文化、科技）占它周边的卫星国家及地区总质量的99%以上。

当强道文化完成了这个历史使命之后，它的合理性便随之失去。人类社会开始从强道文化向天道文化发展。这时的人类又面临一种转变，这个转变就是人类既是天道的受惠者，又是天道的执行者，真正实现了天道创造人类的宗旨。

人类社会的天道，要实现"三中"，即"中心""中道""中德"。

中心即承担天道中心的国家，要在地域间占据社会的核心地位，如天道中的太阳，占总质量的99%以上，但这需要有个过程，从少占比，到多占比，从多占比到绝对占比。

中道即中心国家的运动轨迹，它一直处于中道的轨迹上，恒久地持定，不能更改，以此来保证区域内，整个系统的稳定有序。

中德即将天道的天德给予世界上万事万物。中庸之德主要体现在以下3个方面：

第一，泛众爱而不求回报。这个中心国家，要像太阳那样，对管辖和影响的区域，从人类到整个自然界，给以阳光，给以温暖，像天地那样，给予雨露，将天地给予人类的和自然的所有福祉，都转化为爱奉献给所管辖的和影响到的人民；统治者像慈父那样将太阳天地给予人类的和自然的所有福祉，都转化为爱奉献给所管辖的和影响到的人民。人与人之间一切以自由民主为前提，杜绝和严禁不平等不民主的事情发生，真正将一切权力交给人民、真正体现人民当家做主。

第二，提倡和奉行国内以及周边国家所有生灵一律平等，相互友爱。尊重所有生命体、无生命体物质，节制人类所用，除了满足人类的基本物质生活条件之外，不能过度向大自然攫取。在人与自然的关系上，一定要保持中庸之德的界限，即度。使人与大自然整体和谐。

第三，这个中心国家在处理国与国的关系上做到尊天而不奉己，一切遵从天的旨意，及一切按自然规律的准则处理国与国的事务，从来不为自己国家获取什么利益，也不为执政者获得任何利益。

综上可以看出，人类社会起源于天道社会，发展到强道社会，这里存在着一个从天道向强道社会的转变过程。随着强道社会的发展，当它的合理性失去时，便开始从强道社会向天道社会转变。而这两个转变，是人类历史必然的合理的发展过程。

如果我们要评判哪个民族、哪个国家的历史，看它是前进了还是落后了，还是停滞不前了，就要将这个民族或国家放进人类历史必然的合理的发展过程中去观察，去评判，便能得出正确的评价。

（七）世界历史由东方向西方发展批判的批判

1. 黑格尔的历史发展观

在黑格尔看来，太阳从东方升起的那一刻，是那样的雄伟庄严，光芒四射，朝气蓬勃，破晓那一刻是多么令人陶醉，令人赞叹，又是多么让人忘我。他说，这就是从东方升起的太阳，即从世界的远东中国升起。可中国不久就被遗忘了，因为太阳不断地升高，人们这种震惊便消失了，人们看见光，看到了自己，这样就从对自然太阳的关注，转化为对自身的关注，人们在这种关注中，注意到自身在发光，于是人们开始了自身的所有意识，便开始创造世界了。人们从开始独立创造，从白天到傍晚太阳要落下的地方——西方，人们已建起一座大厦，这座大厦即人们独立自由的绝对精神体系。

黑格尔认为，太阳是周而复始的，但人类的精神和历史并不是周而复始的。她说，尽管地球是圆的，但是历史不是围绕着圆形的地球旋转的。人类的精神和历史是从东边开始，然后便向西方行走，进入两河流域阿拉伯世界，由阿拉伯世界再向西，进入古希腊，由古希腊再进入古罗马，由古罗马进入基督教的精神世界，再进入日耳曼人建立的国家，然后再发展到普鲁士，达到精神和社会实体的高度统一，即发展的最高阶段，从东方国家历史逐步到了黑格尔时的普鲁士成为国家的最高形态，从精神上到了黑格尔的绝对精神，国家和精神都达到了巅峰。

黑格尔认为人类历史和精神从东到西这个过程中，有一个从低到高的发展阶段，中国和印度、波斯处于发展过程的第一阶段，即从历史发展阶段上看，是人类社会的初期，从精神发展史来看，是"精神的儿童期"。而历史和精神，精神是重要的，这三个地区的精神处在与自然的统一之中，即人的精神尚未与自然脱离。就历史而言，这时期，虽然国家已经出现了，但伦理生活还停留在直接性上，缺乏法律治理，社会毫无生机，所以整个东方陷入同样的"伟大之没落的重复"。第二个时期便是人类的青年期，即历史和精神来到了希腊阶段。这一时期世界文明进入青年期，它开始于荷马史诗中青年斗士阿喀疏斯，终结于马其顿国王亚历山大大帝。这一时期的特点，道德已经突出个人的存在，但并没有获得完全的个人自由，个人自由还处在某种理想状态，尚未经过人的自觉反思与加工。第二个时代的第二个阶段是罗马王国阶段，是人类历史上的壮年时期。这时期意识、精神进入成熟期。罗马时期精神成熟的过度表现就是个人人格完全独立，每个人都拥有自己的目的，唯有依靠成文法律自身的抽象性和普遍性，才能将每个个体联合起来。第三个时期，即日耳曼时期，这个时期基督教已统治了人们的心灵。黑格尔认为，这一时期为人类的老年期，接近于衰亡，而精神老年期则表现为更加成熟，处于完满的阶段。黑格尔把西罗马灭亡后的欧洲历史都列入这一时期。

这一时期又分为3个小时期：第一是罗马帝国晚期日耳曼民族开始出现，日耳曼各民族皈依基督教。第二是从查理曼大帝至查理五世。第三是从路德宗教改革到新教崛起。

黑格尔极力称赞日耳曼民族在人类历史上的作用，在日耳曼建立的王国中他极力推崇德、法、英三国。他认为绝对精神发展到法国转化为外在的政治形式，即法国大革命。在黑格尔看来，绝对精神需要的是内在的安宁，所以德国人的静思要比法国人的政治革命运动更能体现精神的内在力量，因为法国人没有经过路德的宗教改革，所以法国人对教会的批判远没有德国人那么深刻。对于英国，虽然他不得不承认英国在世界历史的地位，他说："英国人担任了伟大的使命，在全世界做文明的传播者；因为他们的商业精神驱使他们遍历四海五洲……使各民族放弃不法横行的生涯，知道了要尊重私产。"①但他并不认为英国是人类历史和精神发展的高峰，人类历史发展到德意志的普鲁士，精神发展到了他黑格尔，才达到了历史的最高点，即顶峰。

黑格尔也并没有把他的历史观完全闭合，他一方面强调人类历史到达普鲁士发展到了顶峰，另一方面他又看到新诞生的美利坚合众国，更年轻、更富有活力和发展潜力，正好还在欧洲的西边。所以他说：

---

① 黑格尔：《历史哲学》，三联书店1956年版，第467页。

"亚美利加洲乃是明日之国土，在那里，世界历史将在未来的岁月中启示其使命。"

为了给自己证明普鲁士是人类历史发展的最高阶段，但又有一个未来的美国，黑格尔于是又自圆其说："它既然是'明日之国土'，我们这里便不再提它，因为讲到历史，我们必须研究的乃是以往存在的和现在存在的东西。"①

2. 黑格尔历史发展观存在的问题

第一，中国在世界历史上的儿童期问题。黑格尔认为，世界历史哲学就是研究人类世界的自然发展的规律，获得历史中的理念和知识，揭示理性对人类社会历史发展的重要作用。正是基于此，他认为，历史本身就是一部关于人类在理性的精神成长中不断成为自身的过程，精神和理性的成长历史，就是精神不断地把自身潜在的自己发挥出来，历史就是"精神文化"，发挥自身潜在本性的过程。在这个发展过程中，世界历史是从东方开始，即从世界的最东边的中国开始。所以黑格尔论述世界历史中的文化、科技、艺术、宗教、哲学等都是从东方的中国开始的，可当他论述了各种历史的开始之后，中国便被黑格尔抛弃了。中国在黑格尔的历史发展观里面，只有开头，没有结尾。中国始终处于世界历史发展的儿童期阶段。一个国家也好，一个民族也好，有儿童期就必然有青年期、成年期、老年期，但在黑格尔那里，世界历史中没有中国的青年期、成年期、老年期。

世界历史只讲中国的儿童期，不讲中国的青年期、成年期，不仅不符合世界历史发展的常理，而且也是黑格尔自己的历史发展观的矛盾之处。

"在精神的自我意识中，这两件事情不是分离的，而是彼此统一在一起的。因为精神在自我意识内能认识到自己，能确立它自己，能对自己的本性进行判断，并能够自己实现自己，将自身内的一切潜在的可能性都实现出来。"②

---

① 黑格尔：《历史哲学》，三联书店1956年版，第92—93页。
② 黑格尔：《历史哲学》，九州出版社2011年版，第19页。

黑格尔指出，精神是有自我认识的能力，也有自我发现的能力，并且可以将其自身的一切潜力都发挥出来。那么，中国的精神为什么不能自己认识自己，为什么不能自己控制自己，为什么不能实现他的一切潜在的可能性呢？

黑格尔将精神的自我认识和自我实现作为一个正义。

> "按着这个定义，我们也就可以理解了，世界历史就是精神不断地将自己实现出来的领域，是精神不断地将自身之内的潜能展现出来的领域。和一粒树种中就已经包含了一棵树的全部性质类似，精神在自己最初的状态中就已包含了历史展现出来的全部内容。"①

黑格尔的历史发展是赛跑接力棒式的发展观，前一棒跑完，传到下一棒，前一棒已完成了任务，可以不跑了，只能看着下一棒跑得如何就可以了。但历史则不同，有开始，就有中间的过程，乃至有它的结束，不能是一开始就结束了，中间没有任何发展的过程，这不仅不符合逻辑，也不符合历史发展的实际。

中国不仅有它自身历史发展的开始，而且还有它完整的发展过程。四大文明古国的历史，唯有中国历史上人种没有变化，文明和历史没有断绝，其他3个古国，古埃及和古巴比伦，这两个古代文明的主体民族已不知去向，即在埃及和古巴比伦土地上生活的人都是后来定居此地的外来者，而古印度遭受几次被征服统治，文明也已严重地断裂。唯有中国几千年的历史从未断裂过，从古至今一直是一个以汉民族为主的多民族国家，而且早在2000年前的汉朝时期，中国人口就有6000多万了；大约相当于现今德国人口总数，这比黑格尔时代普鲁士人口多得多。不仅如此，黑格尔也承认中国有完整的史籍，而且中国的二十四史就是对各个朝代历史的记载。中国古籍分为经、史、子、集四部，中国的历史文献的存量也是居世界首位。

历史是人在历史时空中的社会活动。世界历史应该包括世界所有人在世界历史时空中的活动，都有各自的开始时期，发展时期。中国历史在世

---

① 黑格尔：《历史哲学》，九州出版社2011年版，第20页。

界历史中文明较早，但文明早不等于开了个头，就没有以后的发展了。

第二，世界历史的发展过程的问题。黑格尔认为，人类历史如同太阳从东方的中国开始，再经过印度到达中亚，再到西亚埃及，再到希腊、罗马，随后到达最西部的普鲁士太阳落下。人类历史发展到的最高峰，这是黑格尔的一个太阳一天升降运转式的发展观。但是太阳是周而复始的，不是只有升降再不运动的，太阳每天都会升起的开始，每天都会有下降再结束，人类人们的生产活动也随着太阳的起落而工作和停息，不同时差的人们每天都在创造自己的历史，也形成着地球上的世界历史。

黑格尔非要改变自然时间的历史，为了构造他本人设定的精神发展的历史，这是违反自然规律，也违反人类不断创造自身历史的真实。

> "太阳系的运动是由不变的法则控制的，那些法则就是它的内在理性。但是与那些法则保持一致、围绕在与周边运行的无论是太阳还是行星，都是无法自觉地意识到这些法则。是人从经验实在中抽象出那些法则，并且获得关于他们的知识。这些观点——即在自然中存在理性或自然为亘古不变之普遍法则所统治——无论如何都不会让我们觉得奇怪。"①

这的确没有什么值得奇怪的，黑格尔认为太阳系存在着法则的认识是正确的。他不仅看到了这一点，他还看到了人类社会背后存在的法则。

> "人们就会发现，在历史喧闹的背后，其实有着一个内在的、沉默、隐秘的事业在悄悄地进行之中，这就是'世界精神'要实现的自己的'自由'的终极目的，这就要不同的民族在牺牲、毁灭之中将其'精神'延续到别的民族，从而让它们来完成这个历史使命。历史的'理性'就可以这样一种曲折的方式呈现出来，所以这就需要一种锐利的眼光、广阔的视野才能看出其中的真相，而不能用直线、推理的眼

---

① 黑格尔：《历史哲学》，九州出版社2011年版，第36—37页。

光来观察。"①

从这里我们可以得出，在历史背后的推动力量或决定力量是世界精神，即绝对精神。

历史（世界历史）——人（理性）——绝对精神（世界精神）。

黑格尔把这三者关系看成是，绝对精神通过人的理性活动将其外化为历史，或者说历史是人的理性活动将绝对精神的外化。

在黑格尔的哲学里，绝对精神是一种客观独立存在于宇宙的精神，它是先于自然界和人类社会的永恒的存在，是世界万物内在的本质和核心，世界上的万物只是外在表现的形式。绝对精神通过人的理性活动不断地创造和形成人类的历史。

我们认为，在人类喧嚣的历史背后，的确有一个推动的力量，这个力量不是绝对精神，而是天道。

天道是客观独立存在的宇宙法则，是先于自然界和人类社会的永恒的存在，宇宙中的一切物质均由天道产生，它又是宇宙中万物的本质与核心，世界上千差万别的事物只是天道的外化表现形式。

世界历史的形成与发展，是天道发展的必然结果，过去如此，现在如此，将来也是如此。

第三，世界历史发展的终极目的。黑格尔说，哲学研究的唯一目的是消解偶然性。偶然性和外在必然性一样，也就是说，它们是这样的一种必然性，都起源于自身无外乎是外在环境之中的诱因。

"在历史之中，我们必须寻找世界的普遍计划和终极目的，而不是主观精神或主观心灵的特殊目的。"②

在黑格尔看来，日耳曼时期世界历史精神发展到最高阶段。他把日耳曼时期称为精神的老年期。

---

① 黑格尔：《历史哲学》，九州出版社2011年版，第36页。
② 黑格尔：《历史哲学》，九州出版社2011年版，第25页。

"神圣的精神已经进入了世界之中，在个人那里寻得住所，它现在已经彻底地自由了，并且享有实质自由，这就是主观精神与客观精神的调和。精神再度与它的概念调和并统一起来，在这个过程中，它从一种自然状态中发展出来，从而作为主体性而再度出生。所有这些都是历史的先天结构，经验实在必须符合这种先天结构。"[1]

而这种精神外化实体发展到最高阶段就是普鲁士的国家，普鲁士经过马丁路德的宗教改革而发展。

"新教逐渐地获得了自己的实存与政治地位，并且，一个曾经将宗教改革所秉持的各种原则纳入自身的国家，居然获得了自己的独立地位——这就是普鲁士，它与新教一起成长起来，在腓特烈大帝手中强大起来。"[2]

哲学也在黑格尔这里达到了发展的顶峰。在黑格尔看来，法国和德国同是日耳曼人的后裔，但在代表精神最高层次的哲学方面，法国要落后于德国，言外之意，此时最能代表德国哲学的黑格尔才是精神哲学的最高的真正的领袖。

"在启蒙运动的指引下，法兰西人从精神的内在性之中走出，从理论方面进入了实际方面，于是爆发了法国大革命。但是同样的情况却没有出现在德国，这是为什么呢？有人说，这是因为法兰西的人比较急躁，性情容易激动。但是，毫无疑问，这种观点和解释十分肤浅。更主要的是原因在于，哲学的形式原则在日耳曼人这里得以成为一个具体的、现实的世界，精神在这个现实的世界之中得到了满足，人类良心也在这个过程中得到了安歇……只有君主的意志和理性可以结合在一起，只有当教会考虑到正义、公平和国家福祉的时候，才会得到

---

[1] 黑格尔：《历史哲学》，九州出版社2011年版，第158—159页。

[2] 黑格尔：《历史哲学》，九州出版社2011年版，第384页。

人民的尊重，于是，在日耳曼，思想的原则已得到了调和，获得了和谐。于是，国家的基础就不再是类似于冲动、保护私有财产这样的观念，也不是宗教的虔诚……于是，哲学就获得了至高无上的地位。"①

从以上的论述来看，这是黑格尔《历史哲学》的大结局，结局的结论就是起源于东方中国的人类世界历史、宗教、哲学发展到普鲁士德国这里发展至顶峰，普鲁士收获了从东方开始各个国家通过牺牲自我的方式把各自的至宝都奉献到传承的祭坛之上，一个接一个地往下传，传到普鲁士这里，也传到黑格尔这里结束了，人类社会发展出现了鼎盛的普鲁士时代。难怪黑格尔会受到普鲁士当局的看重，最后当上了柏林大学的校长，而黑格尔的哲学也被奉为国家哲学。

历史彻底粉碎了黑格尔的结论。普鲁士不但不是世界历史的鼎盛时代，而且这种盲目的自大，自我标榜的精神从黑格尔时开始传承下去，传到最后几乎要毁灭掉德意志，甚至几乎毁掉整个人类。

3. 对世界历史发展观的思考

黑格尔以一日时空太阳升降式的历史发展模式已经遭到人们抛弃乃至被人们遗忘了。马克思、恩格斯批判吸收黑格尔世界历史发展观的合理内核，即历史与逻辑的统一，先后提出"五种社会形态"，即原始社会、奴隶社会、封建社会、资本主义社会、社会主义社会（含共产主义社会）发展观；以及马克思将人类历史分为三大阶段：即人的依赖关系阶段、物的依赖性阶段、个人全面自由发展阶段。

在中国古代有一种"五德终始"说的发展观。提出"五德终始"说的是战国时期齐人邹衍，他有《邹子》49篇和《邹子终始》56篇，今已失传。他在地理方面，提出中国只是全世界的八十一分之一，及"大九州"的概念，即全世界共有9个大区，一个区域像中国这么大地方就共有9个，中国只是九个之中的一个，这就是"八十一分之一"和"大九州"说的来源。这说明邹衍认为，中国仅仅是世界很小的一部分，这就大大地开阔了过去人们对世界地域视野的局限，也反映了中国古人开阔的心胸和广博的视野。

①　黑格尔：《历史哲学》，九州出版社2011年版，第386—387页。

孟子说："孔子登东山而小鲁，登泰山而小天下"[1]，意思是，站在东山，就会感到鲁国很小，而站在泰山之上，就会感觉到天下很小。照邹衍的"大九州"之说，会使人们收起"夜郎自大"之心，以平等之心看待世界，这无疑在一定程度上释放了中国人的胸怀。

邹衍创立了一种"五德终始"说的历史发展观。他的发展观上推到天地尚未形成他时。《史记》说：邹衍"称引天地剖断以来，五德转移，治各有宜，而符应若兹。"这是说在"天地未生"的时候，只有浑沌的气，天地是从这浑沌的气中分化出来的，即"天地剖断"。五德转移，治各有宜，而符应若兹"，是说天地分开以后，便有五种德在交替流传，即每一个朝代受一种德的支配，从而决定了朝代之间的兴替，这便是邹衍认为的历史发展的规律。邹衍的《主运》就是论述历史发展观的，今已失传，仅从其他典籍中可以找到被引用的几条：

> "邹子终始五德，从所不生，木德继之，金德次之，火德次之，水德次之。"[2]

"五德从所不胜，虞土，夏禾，殷金，周火。"[3]邹衍认为，把过去的朝代和开国的帝王按着五行相胜的次序排列，便得出：黄帝是土德，能胜土者为木，所以黄帝之后的朝代便是木气的禹建立起来的夏朝；木能被金胜，"金胜木"，所以代表金气的汤建立起商朝；金能被火胜的周文王，建立了周朝；火能被水胜，"水胜火"，所以将来替代周朝的朝代一定是水气兴。这便形成一个五行相胜的次序，即黄帝（土）→禹（木）→汤（金）→周文王（火）→未来兴起的朝代（水）。

邹衍之后由吕不韦主持编写的《吕氏春秋》论述了与邹衍相同的发展观。

> "凡帝王者之将兴也，天必先见祥乎下民。黄帝之时，天先见大螾

---

[1] 《孟子·尽心上》。

[2] 见李善《文选》，左思《魏都务武》注引《七略》。

[3] 见李善《文选》，沈休文《故安陆昭王碑》注引《邹子》。

大蝼。黄帝曰：土气胜。土气胜，故其色尚黄，其事则土。及禹之时，天先见草木秋冬不杀。禹曰：木气胜。木气胜，故其色尚青，其事则木。及汤之时，天先见金刃生于水。汤曰：金气胜。金气胜，故其色尚白，其事则金。及文王之时，天先见火赤鸟衔丹书集于周社。文王曰：火气胜。火气胜，故其色尚赤，其事则火。代火者必将水，天且先见水气胜。水气胜，故其色尚黑，其事则水。水气至而不知，数备将徙于土。"①

在战国之际，这种历史发展观影响很大，所以之后建立秦王朝的秦始皇便自认为自己是得了水德，水尚黑，所以秦以黑色为主色：

"数以六为纪"，"事皆决于法，刻削毋仁恩和义。"②

邹衍是将历代朝代的更替，看作是有一个内在本质的五行规律决定的。中国古代儒、道、法均有自己的历史发展观。儒家的历史发展观，即孔子的大同理想社会。《礼纪·礼运》中记载：

"大道之行，天下为公，选贤与能，讲信修睦，故人不独亲其亲，不独子其子，使老有所终，壮有所用，幼有所长，鳏寡孤独废疾者皆有所养；男有分，女有归，货恶其弃于地也不藏于已，力恶其不出于身也不为己，是故谋闭而不兴，盗贼而不作，故外户而不闭，是谓大同。"

《礼记·礼运》的历史发展观主要反映了孔子的大同世界的观点。

道家的历史发展观主要以老子的思想为主。在老子看来，人类社会从总体看是退化的。

---

① 《吕氏春秋·应同》。
② 《史记·秦始皇本纪》。

"上德不德，是以有德；下德不失德，是以无德。上德无为而无以
为，下德为之而有以为。上仁为之而无以为。上义为之而有以为；上
礼为之而莫之应，则攘臂而扔之。故失道而后德，失德而后仁，失仁
而后义，失义而后礼。夫礼者，忠信之薄而乱之首。"①

这是从不同的历史发展阶段讲社会的状况。"上德不德，是以有德"。
上古时不用去讲道德，因为上古社会有道德，这是讲原始社会，即其尧舜
禹的朝代和尧舜禹之前的社会。"下德不失德，是以无德"这是讲尧舜禹之
后的社会，这里讲要不失去道德，是因为社会已经没有了道德。"上德无为
而无以为，下德为之而有以为。"这是说，上古时人们在道德方向不用特意
为，即做什么，因为不用做什么就可以有道德，下古时人们为了道德去做
了很多的事情。这是讲在老子时期上古和下古时期的历史状况。然后讲老
子所在时的状况是"上仁为之而无以为。上义为之而有以为。上礼为之而
莫之应，则攘臂而仍之。"仁、义、礼是尧舜禹三代以后才提倡的社会道
德。所以让人们崇尚仁的所作为都得不到什么作为；崇尚义的人们所作为
因为义是正义，所以才得到作为；崇尚礼的人们有所作为却得不到结果，
只好强迫人们去做。因为，丧失了道就失去了德，失去德就失去了仁，失
去了仁就会失去义，而失去义就会失去了礼，于是一定会使社会出现了忠
信与不足，而天下的祸乱便开始了。

与孔子主张的大同社会不同，老子的理想社会，则是小国寡民：

"小国寡民。使有什伯之器而不用，使民重死而不远徙。虽有舟
舆，无所乘之；虽有甲兵，无所陈之；使民复结绳而用之。甘其食，
美其服，安其居，乐其俗。邻国相望，鸡犬之声相闻，民至老死，不
相往来。"②

老子理想的未来国家是：小小的国家，少少的国人，即使是各种各样

---

① 《道德经》第三十八章。
② 《道德经》第八十章。

的器具，却不去使用，让人民看重自己的生命，而不轻易地向远方迁徙。虽然有船和车辆，但没有人去乘坐，虽然有铠甲兵器，却没有地方去陈列。让国人恢复到结绳记事阶段。政治达到完善至善的境界，国人都感到饮食甘甜，衣服觉得美丽。心安守在旧有的习俗。国与国相邻可以看见，鸡鸣犬吠的声音相互可以听见，但人民却直到老死，都不相往来。

道家的历史发展观，不是希望社会向前发展，而是希望社会倒退，退到原始社会，是一种退回天道的发展观。正是如此，道家才主张不争与无为的人生观。

法家的商鞅将以前的历史分为上世、中世、下世3个时期，并指出各个不同时期的社会特点，但特点是什么，商鞅并没有论述。韩非子在商鞅3个时期的基础上，从人口的变化来说明每个时期的社会状况产生的原因。

> "上古之世，人民少而禽兽众，人民不胜禽兽虫蛇；有圣人作，构木为巢以避群害，而民悦之，使王天下，号之曰有巢氏。民食果蓏蚌蛤，腥臊恶臭而伤害腹胃，民多疾病；有圣人作，钻燧取火，以化腥臊，而民说之，使王天下，号之曰燧人氏。中古之世，天下大水，而鲧、禹决渎。近古之世，桀纣暴乱，而汤武征伐。"①

韩非子接着说，假如在夏朝，还有人在树上搭起窝棚居住，并用钻木来生火做饭，那一定会被鲧、禹等人耻笑了；如果到了殷周的时候，还有人把挖河排水作为首要的事情去做，那一定被商汤和周武王耻笑了。既然这样，如今天下还有人去推崇尧、舜、禹、汤、武王的政治，那么就被当今的圣人耻笑了。因此，圣人不照搬古法，不按陈规旧法，而是依据当前社会的实际情况，制定出相应的政治措施。他举个例子说：有个宋人在田地里耕作，有一天，一只兔子奔跑时撞到田地里的树桩上，脖子折断死了。从这以后，宋人便放下农务，守在树桩边上，希望再捡到一只兔子。这都成了宋国的一个笑话。

由此可见，韩非子的发展观不同于老子的发展观。韩非子主张不守旧，

---

① 《韩非子·五蠹》。

更改古法，因时而变。这是改革的发展观。

历史发展观，主要体现在历史要与历史发展的逻辑即规律相吻合，不符合逻辑、规律的发展观是不会符合历史发展实际的，相反历史的真实必须与历史发展的逻辑与规律相吻合。

人类社会在走着一个大的社会发展逻辑，即：群结构→结构群→群结构。

人类社会最初的社会组织就是群结构。最初是小群，为了自身安全和生产的需求，逐渐合上了大群，即从小群到氏族，又从氏族走上了部落，又从部落走上了部落联盟。这时的人类社会是由天道主宰和决定的。人类就是天地间的生物或称之为动物。人与人之间除了性别长幼之分之外，再无其他社会角色与区别，这就是天地生人什么样，人就是什么样，由生至死。没有等级地位的区分，没有姓氏的分别，人人平等，在安全可控的条件下，人人自由，民主。这就是最原始的天道人类社会。

人类这样生存了几百万年。随着几百万年人类生存的积累，人类由原来很少的理性，逐渐发展到具有完全理性能力的人，这一变化使人很快与动物区别开来。理性使人跳出动物界，成为动物界的特殊者。人类的人都成为有理性的人以后，人类便有了突飞猛进的发展。人与人的交涉更加频繁，人与人的交际能力不断地提升，同时人的欲望也不断地增强，从而也导致了人的生产与生活能力的不断地提高，人们开始制造由简单到复杂的工具，生产与生活的质量也不断地提高，出现了剩余产品，同时人们的性生活不断地由杂交变成了族辈婚，再由族辈婚发展到族外婚，再由族外婚发展到对偶婚，但这时的人类社会结构仍然是群，除了群与群之外，没有其他的社会结构。

瓦解群结构的第一个结构是氏族社会的个体家庭的出现，这便使群结构中出现了以个人为主体的异己结构。家庭社会结构的发展的同时，由于生产能力增强，出现了剩余产品，或是经过对外战争而掠夺了过多的物质财富，这便为家庭个人私有创造了条件，出现了私有制的萌芽。随着群结构的逐渐扩大，氏族首领和由氏族组成的部落酋长，成为氏族或部落的固定领导人物，群结构中的人的地位出现了分化，有的氏族首领和部落酋长成为地位高于群内其他人的掌握权力的决策者。

家庭、私有制、等级的出现及变化，成为分解原始社会群结构的主要三个催化条件。这三种因素同时出现在原始社会的末期，即军事酋长制时期，这时离群结构解体也就一步之遥，已经迈入了社会结构群的门槛。

结构群的社会形态，是由国家的建立为起点。国家出现标志着群结构彻底解体，代之而来的是结构群。结构群是指在一个国家内，存在这若干个结构系统，各个结构系统相互交叉，组成一个个横向的、纵向的结构网络。

结构群代替群结构是历史发展的必然，也是原始社会天道文化发展的必然。同时天道文化也被强道文化所代替。

（八）对黑格尔民族主义的批判

黑格尔的反犹太人的思想在《基督教的精神及其命运》中形成自己的思想体系。他是从犹太人的精神"异化"，即能动的精神所产生出来的变异形态反过来压迫精神本身。这种"异化"的过程是：犹太人的精神先是反抗他们的外部世界，在反抗诺亚之中自身又产生了新的精神枷锁，并被这种新的精神枷锁所奴役。

按照黑格尔的说法，这种新的枷锁产生于犹太人的诺亚时代，这时期发生一次波涛汹涌的大洪水，这次洪水给犹太人带来十分恐惧的心理，让犹太人认识到，自身外部的自然界变幻无常，人类无法把控，而且人类本身的力量太过于弱小，"人们为了在这有敌意的自然的爆发面前能够坚持下去，所以他必须征服自然"。[①]黑格尔把犹太人征服自然的途径，分为两种：一种是诺亚的征服途径，即将犹太人和自然二者都要屈服于一个更加强大有力的东西之下，从而由这个强大有力的东西来保护犹太人；另一种是宁录的征服途径，即主张犹太人要亲自去驯服自然。从两种征服自然的途径来看，两人都主张求得与让人恐怖的自然敌人暂时的和平，但并不是靠犹太人自己的力量，彻底地战胜自然，而是要将这种敌对关系发展到永久。犹太人认为，既然无法消灭和改变自然，那么也只能在一个更强大的东西的保护下，求得自己的生存，另一个是将自然驯服后求得自己的生存，但

---

① 《黑格尔早期著作集》上卷，商务印书馆2003年版，第352—353页。

自然的敌对势力仍然存在。

在这两种征服自然的模式上，黑格尔认为从犹太人的思想意识发展的历史上看，犹太人更多地采用的是诺亚式的"征服模式"，所以认为它对犹太人的思维方式的形成更为重要。

黑格尔认为诺亚式的"征服模式"的主要表现为：犹太人认为，整个世界与自己的民族是对立的，然而自己是弱小的，面对自己强大的外部世界，只能依附一个绝对者，而这个绝对者就是上帝。这个绝对者上帝统治着整个世界，这样既可以获得自己的安全感，又有对整个外部世界的统治感。他在批评诺亚的继承者亚伯拉罕时说：

> "亚伯拉罕简直把整个世界看成他的对立物……也就只有通过上帝，他才与世界有着中介的关系，这是他与世界唯一可能的联系……由于亚伯拉罕与对立的无限世界之间唯一可能的关系是统治，可他又不能实现这种统治，所以统治世界对他来说仍然是个理想……他的上帝奠基于他对于整个世界的轻蔑上，所以他就是上帝的唯一宠儿。"[①]

实际上诺亚式的征服，是一种空中楼阁式的征服，是根本不存在的一种犹太人式的幻想，是犹太人对自身外部世界的排斥又无法与外部世界抗衡，只能假设有一个绝对的上帝的存在。而犹太人是上帝的宠儿，完全臆想出来一个通过上帝间接地位统治着外部的世界。

在黑格尔看来，诺亚、亚伯拉罕式的征服，反映了犹太人的梦幻与贪婪地征服世界的欲望，他们把上帝当成他们实现梦想的一个工具，所以，黑格尔认为，这导致了犹太人的思想意识产生了4个后果：

第一，犹太民族的精神是虚幻的。犹太民族认定外部世界是服从于犹太民族的。这种服从是从外部世界服从于信仰者，而信仰者服从于上帝，因犹太民族信仰上帝，是上帝唯一的宠儿，所以这种服从便成为犹太人的论证逻辑。

第二，犹太民族认为自己是被绝对者（上帝）所统治，因此，犹太人

---

① 《黑格尔早期著作集》上卷，商务印书馆2003年版，第356—357页。

之间是自由平等的。但他们的自由平等还不同于古希腊人的自由平等。古希腊人的自由平等是建立在财产自由人的基础上，而犹太人认为所有的犹太人都是上帝的无自由、无财产的奴仆。

> "因为土地是我的，你们在我面前是旅客，是寄居者。"①

第三，犹太人主张的这种平等关系，在现实社会中是无法实现的。这就等于将现代宪政制推到了对立面，与外部世界成为敌对关系。

> "既然犹太人作为国家的公民彼此间的关系是没有别的，只不外乎是彼此无差别地依赖与那不可见的统治者（指上帝或宗教律法——引者注）与那可见的仆人与官员，那么真正讲来就没有什么公民权，而且这种依赖关系乃是取消了政治自由或立法自由的一切条件。"②

第四，在犹太人的内心世界中，不存在"爱"的精神。他们将爱仅限于父与子的关系之中。因为现实世界人与人之间只能构成奴役与被奴役的关系，而不存在爱与不爱的关系。犹太人爱的丢失是因为他们将外部世界看作是征服的敌对关系，因而他们无法对外部世界产生爱。黑格尔以亚伯拉罕为例，

> "他不懂得爱，甚至他有过的唯一的爱，即对于儿子的爱……也会使得他感到苦恼，扰乱他孤身于一切事物外的心情，使他感到不安宁。"③

基于以上4点认识，黑格尔对犹太民族的宗教精神是一种批判的、否定

---

① 《黑格尔早期著作集》上卷，商务印书馆2003年版，第367页，黑格尔引用《利末记》中的话，参看是黑格尔自注，《德国古典哲学》，人民出版社2009年版，第480—481页。

② 《黑格尔早期著作集》上卷，商务印书馆2003年版，第367页。

③ 《黑格尔早期著作集》上卷，商务印书馆2003年版，第367页。

的评价。他说：

　　"犹太民族此后的一切情况，直到现在还存在的卑鄙的、落魄的、恶劣的情况，都不外是其原始命运（指异化的命运——引者注）的后果和发展。这个命运是他们创造出来以反对他们自身的不可克服的无限力量。他们受到这个命运的折磨，并且只要他们没有能够通过美的精神同它和解并从而通过和解把它扬弃掉，那么他们将还会继续受到它的折磨。"①

黑格尔把犹太人视为劣等民族，把犹太人挪除文明民族之外：

　　"犹太人在他们的存在理由（raison d'être）丧失后依旧存活了这么久——他们甚至再也没有拥有一段真正的历史……仅仅是他们的本质消失之后的行尸走肉。"②

黑格尔写道：

　　只有犹太民族的神不能容忍其他神……这位苦行的、全民族的神嫉妒心太强。"③

　　黑格尔这种思想是继康德之后，在德国思想界对犹太民族的否定，也开启了德国人排斥犹太民族的先河。

---

① 《黑格尔早期著作集》上卷，商务印书馆2003年版，第368—369页。
② 《希特勒的哲学家》，上海社会科学院出版社2017年版，第60页。
③ 《希特勒的哲学家》，上海社会科学院出版社2017年版，第42—43页。

第十八章
尼采批判

一、尼采生平

19世纪法国贵族约瑟夫·亚瑟·戈宾诺伯爵（1816—1882年）提出种族是人类能力的最重要的指标。他在《人种不平等论》中以地域划分为4个主要人种，即：非洲人种，种族特征表现为愚钝、懒惰；亚洲人种，种族特性表现为聪慧、驯良；美洲土著人种，种族特性是迟钝、傲慢；欧洲人种，种族特征为智慧、高贵，道德上优于其他民族。

19世纪20年代，欧洲一些种族主义理论家提出，应该从人的皮肤颜色、骨骼、鼻型、头盖骨容积等各方面的特征去界定人类种族的优劣。

达尔文进化论的代表作《物种起源》出版后，对欧洲种族主义理论家产生了极大的影响。《物种起源》德译本几周后就在德国出版。1875年德文版的达尔文选集也在德国出版。正如阿尔弗雷德·凯利所说，达尔文主义"以迅速而深入的方式进入德国的科学团体中。从一开始，它便被广泛等同于进步观"。尼佩代也称德国人对达尔文的回应"势不可挡"。早在1861年3月，达尔文致信他的同事威廉·普赖尔（Wilelm Preyer）说："我从德意志获得的支持，是我期待我们的观点最终获胜的主要基石。"1899年年底《柏林画报》（Berliner Luusterierer Zeitung）向读者提问：谁是19世纪最伟大的思想家？达尔文位列第三，仅次于赫尔穆特·冯·毛奇与康德。而

《物种起源》则被认为是19世纪唯一有影响力的著作。[①]

19世纪，种族主义在德国泛滥。1881年德国首相俾斯麦收到一份225万人签名的"反犹太人请愿书"，要求禁止犹太人向德国移民，犹太人不能从事教育行业，不能在国家各行业中担任高级职员。德国哲学家约翰·哥特尼埃·费希特（1762—1814年），直接提出彻底剥夺犹太人融入德意志的权利。他认为犹太人没有资格享受德意志公民的任何特权，如想让犹太人享有这方面的特权，只能在一个夜晚砍下他的脑袋，换上一个非犹太人的头，"只有这样才能彻底根除他们头脑中的全部犹太人的思想"。[②]

到了19世纪末，随着科学的发展，科学对人们生产生活的作用越来越大，人们对科学的兴趣也越来越浓烈。达尔文的进化论属生物学范畴，加之直接阐述人的由来，自然引发了人们的好奇及兴趣。因此，达尔文主义已成风尚，尤其在德国引起了轰动。

> "达尔文主义在德国成为一种大众哲学，其（流行程度）远胜于任何其他国家，特别是英国。达尔文主义很快在德国科学社团中传播。事实上，与英国相比，德国才是19世纪晚期生物学研究的主要中心……这不仅是由于德国是主要欧洲国家中识字率最高的国度，还因为它为达尔文主义超越科学界限提供了最为适宜的环境。政治自由主义已经在1848年的德国受到挫败，而达尔文主义则成为一部进步中产阶级伪政治性意识形态武器。"[③]

> "在此种氛围下，大量科普作家出现了，其中不少极为出名，而且流芳百世，如恩斯特·黑克尔、卡尔·福格特（Carl Vogt）、路德维希·毕希纳（Ludwig Büchner）、卡鲁斯·施特内（Carus Sterne）、爱德华·埃维林（Edward Ave ling）和威廉·伯尔施（Wilhe Lm Bölsche）。数百本有关达尔文主义的著作得以付梓。而伯尔施是1933

---

① 凯利：《达尔文的论著：达尔文主义在德国的普及（1860—1914）》，彼得·沃森著，《德国天才》第3卷，商务印书馆2016年版，第45页。

② 徐新著：《反犹主义历史与现实》人民出版社2015年版，第214页。

③ 阿尔弗雷德·凯利：《达尔文的沦落：达尔文主义在德国的普及（1860—1914）》，《德国天才》彼得·沃森著，《德国天才》第3卷，商务印书馆2016年版，第5页。

年前德语界非虚构类作品销售最佳作者。在此进程中，当人们在生命的所有阶段都在呼唤达尔文的权威时，达尔文主义却变异和堕落了。"[1]

凯利还发现一种社会现象，在19世纪90年代，社会达尔文主义"开始出现一些不祥的变化"。[2]

这些现象经过整理，可以得出这样一个事实，即：

"到了1890年，逐渐形成了一种共识，特别是在医学界。它认为，欧洲的工业化形势正在迅速蚕食过去的一切，在此过程中大量新的混乱被制造出来——新形式的贫困、犯罪、酗酒、道德歪曲和暴力。"[3]

"蜕化"观念正是这一想法的体现，这种体现指的是欧洲人不再有能力支持文明的生活。最早提出这种看法的是意大利医生萨雷·尤勃罗梭。他认为，犯罪是一种特殊的"返祖"类型，"有犯罪倾向者"是向原始人的返祖蜕变。[4]

这便是哲学家尼采出生前后德国乃至世界思想界的背景。

尼采（1844—1900年），出生在普鲁士萨克森吕岑洛肯村，哲学家、思想家、诗人。父亲是一名新教的牧师，在尼采5岁时去世。1856年14岁的尼采入瑙姆堡附近的普夫塔文科中学学习。20岁时，即1864年入波恩大学神学和古典语文学专业学习，21岁转入莱比锡大学继续攻读古典语文学。因学习成绩优秀，展现出他有着极高的文学与语言的天分。在他没有取得学位以前，巴泽尔大学就提出给他语言学科教授的职务。1870年，他撰写

---

① 彼得·沃森著《德国天才》第3卷，商务印书馆2016年版，第44页。

② 凯利：《达尔文的沦落：达尔文主义在德国的普及（1860—1914）》彼得·三天森著，《德国天才》第3卷，商务印书馆2016年版，第105页。

③ 阿图尔·赫尔曼（Arthur Hermann）：《西方历史中的衰亡观》（The Idea of pecline Western History），纽约：自由出版社1997年版，第111页。

④ 关于一般性调查，可参见丹尼尔·皮克（Daniel Pick）著《蜕化的不同方面：一场欧洲的混乱（1848—1918）》Faces of Degeneration：AEuropean Disorder，c 1848—1918），剑桥大学出版社1989年版，第97—106页。

了《悲剧的诞生》，于1872年出版。1872年3月被提为正教授。1872年8月入伍，参加普法战争，传染上白喉和痢疾，10月退伍，回到巴泽尔大学任教。1879年因病辞去巴泽尔大学教职，1883年开始撰写《查拉图斯特拉如是说》，1885年完成。1888年后精神失常，被送进耶拿大学精神病医院，直至1900年8月25日在魏玛病逝。

应该说，达尔文的思想对尼采是有深刻影响的。尼采的主要著作《权利意志》《悲剧的诞生》《不合时宜的考察》《查拉图斯特拉如是说》等，正是在达尔文的进化论泛行的社会背景下写作并出版的。

注入尼采思想灵魂的不仅仅是19世纪的种族主义思想和达尔文的进化论，更为重要的是欧洲国家谋求在全世界称雄争霸权的历史与现实，这对尼采的一生影响是巨大的。欧洲列强，大小帝国主义国家，从15世纪开始到19世纪末占有了全世界80%以上的土地，在凡是有人居住的大陆都有欧洲列强的殖民地。欧洲人靠着近现代科学技术的发明与发展，生产出长枪短炮，以海上的舰船，陆地上的坦克装甲为先导，屠杀或血洗土著居民，将各洲大陆的大部土地据为己有，将当地人口大多数变成农奴或奴隶，剥夺了殖民地人民的主人权力，占有殖民地国家的财产和各种资源。把当地的物产运回欧洲，在欧洲加工成商品，再倾销到殖民地。这些欧洲人他们在世界各地部署军事力量，用武力统治着殖民地的人民，镇压他们为保卫家园而进行的反抗。为了统治殖民地，欧洲人将自己的语言和价值观传播给殖民地人民，用欧洲人的殖民文化摧残当地人的文化。

德国由于历史与现实的原因，在这场分割世界版图的盛宴中，成了局外人和看客，这使德国上层和下层人均有不满情绪，认为在争夺世界政治权力上，德国现在的处境与德国的大国地位极其不符，本来应该成为世界政治权力的争夺者，可如今连一张入场券都没有拿到。于是，争夺世界政治权力的问题引起德国上上下下人们的极大关注。

尼采便是这一时期德国人的典型代表。尼采认为人生活的本质就是尽最大的可能争取到超极权力，只有争取超极权力的本能是好的，而一切优秀的都是本能的。所以，他说理智、知识、科学、哲学乃至真理都是本能的，都是求生和意志手中的工具。

尼采自认为是叔本华思想的继承者，即意志是存在的本原。但尼采认为，　人的意志不仅仅是人求生的意志，而且还是人谋取权力的意志。

对尼采思想形成产生影响的另一个人物便是达尔文。达尔文的《物种起源》发表时，尼采15岁。

二、尼采的主要哲学思想

反对传统概念，抛弃传统道德理论，在尼采的哲学思想里达到了登峰造极的地步，这也是尼采思想被希特勒推崇的主要原因。

尼采认为，世界上没有普遍的真理，没有实体，也没有常驻的东西，更没有普遍的因果关系。他反对康德的自然的目的性，认为自然中没有目的，没有确定的目标，宇宙与人的幸福和道德没有任何的关系，知识只是人用来谋权的工具。

> "人类在所有时代里都致力于获得权力感，他们为此创造出的手段几乎就是一部文明史。"[1]

尼采认为，人类社会的整个历史，无非是两群人之间形而上学的斗争史。一群人体现着"权力意志"，即价值的创造所必需的生命力，而且人类文明基于"权力意志"；另一群人并不体现"权力意志"，他们主要是由民主所产生的群众。

> "那些不体现'权力意志'的人是生活中的穷人及弱者。"
>
> "他们糟蹋文化"，而"那些体现'权力意志'的人是生活中的富人即强者，他们丰富文化"。[2]

---

[1] 尼采著：《权力意志与永恒轮回》，上海译文出版社2016年版，第50页。

[2] 尼采著：《权力意志》第30页，见彼得·沃森，《20世纪思想史》，译文出版社2005年版，第44页。

他说，人们都在四处大肆鼓噪，"剥削的特征"将来消亡在未来社会的状况。在我看来，好像人们正在期望发明一种能够摒弃掉所有感官功能的生命似的。一切生命的本质在于占有、侵犯、压迫、征服弱者、冷酷无情、把自己的意志强加于人、吞并或榨取。

尼采认为，整个人类社会的文明都将自身的存在归因于"掠夺者"，"掠夺者总拥有意志的不可征服的力量和权力欲，掠夺者置身于弱者之上，属于更文明、更爱好和平的种族——掠夺者摧毁陈旧的文化，陈旧文化具有的合法性甚至在精神和腐朽的社会观的烟火中化为炉灰。"①

尼采把掠夺者称为"雅利安人"，并认为"雅利安人"将成为统治阶级或统治种姓。还认为"贵族种姓总是野蛮种姓"。其中的主要原因，是因为他们更长寿、精力更充沛。所以，尼采说，他们较之自己所要消灭的"疲惫的堕落者"，"是更完美的人"。②所以，在尼采那里，殖民者是被歌颂的。

> "希腊人是发现者、旅行者和殖民者——只有在希腊人那里一切都生机勃勃！"③
>
> "成功的神话完全适合人的卑劣行为。只要对一次成功做一番仔细考察，便可知哪些因素（愚蠢、恶劣、懒惰等）总在起作用，况且他们还不是最微弱的因素……强有力的东西总能获得成功，这是普遍的法则，只要不是常常表现出那种愚蠢和恶劣就行。"④

在他看来，人性生来就是不平等的。有些人生来就比其他人高超，与他人相比无论在身体上和精神上都占有优势。这些人天生就是贵族，他们应该享有更多的特权。这些人比平民，比那些乌合之众，更能担负起社会的责任。因此，最上等的人应该去统治人。而现在的民主主义、社会主义、

---

① A. 赫尔曼：《西方历史中关于衰落的思想》第99页，见《20世纪思想史》彼得·沃森，译文出版社2005年版，第44页。

② A. 赫尔曼：《西方历史中关于衰落的思想》第99页，见《20世纪思想史》彼得·沃森，译文出版社2005年版，第44页。

③ 尼采著：《权力意志与永恒轮回》，上海译文出版社2016年版，第14页。

④ 尼采著：《权力意志与永恒轮回》，上海译文出版社2016年版，第21页。

共产主义以及无政府主义，都是错误的，都同这样的理念相冲突，都在阻止这种高超的个人发展，但这是没有用的。人类社会各种条例制度一直存在着，将来也会永远存在。

在尼采认为，精力旺盛的贵族会"自发地"为自己及生活的社会"创造价值"。强大的"贵族阶层"对于正确与错误、荣誉与义务、真理与谎言，以及美丽与丑恶，自有其界定的标准，征服者将其观点强加于被征服者——这是天经地义的。①

尼采看来，道德是下层社会的创造物，道德源于怨恨产生的动物式的大众美德。依尼采之见，"道德否定生命"。传统的、矫揉造作的文明——"西方人"的文明，尼采认为，将必然导致人类的终结。这乃是他对"最后的人"（the last man）的著名描述。②

"根本就不存在道德现象；只有用道德来解释某种现象（一种错误的解释）。"③

尼采不仅对基督教道德进行批判，而且对传统的道德同样持反对态度。他用达尔文的进化论的观点阐述他主张的道德观。

"当一个细胞将自身转变成为一种更强的作用时是道德吗？是的，它必须如此去做；当较强的细胞去同化别的细胞时是邪恶吗？不，同样的，它也必须如此去做；那是需要的，因为它必须有充实的补偿去寻求再生。"④

在尼采看来，每一物种都面临生存竞争，而在这种竞争中，为了保存

---

① A. 赫尔曼：《西方历史中关于衰落的思想》，见《20世纪思想史》彼得·沃森，译文出版社2005年版，第44页。

② A. 赫尔曼：《西方历史中关于衰落的思想》，见《20世纪思想史》[英] 彼得·沃森，译文出版社2005年版，第44页。

③ 尼采著：《权力意志与永恒轮回》，上海译文出版社2016年版，第98页。

④ 尼采著：《论道德的谱系》，见《尼采文集》，中国戏剧出版社2008年版，第233页。

自己，战胜竞争对手，所采取的一切行为和手段都是善的。社会正是在这种为生存进行的斗争中向前发展。

> "在很多人看来，尼采哲学借助的是与达尔文在1859年发表的进化论中所说的相一致的方法。无疑，不管'超人'对一定的个人产生何种影响，尼采的'超人'概念（'超人'对下层社会发号施令）听起来都像是进化论，即弱肉强食的丛林法则和有利于人类整体利益（不管对某些个体会产生何种影响）的'适者生存'的自然选择。但领导、创造价值的能力，以及把自己的意志强加于他者的能力，当然并非是进化论中的'适者'含义。适者是极大地繁衍其同类的一些人。社会达尔文主义（尼采本质上属于此类）常常会犯这样的错误。"[1]

尼采提出：

> "上帝死了——是谁杀死了他？杀死这个至圣至强者的那种心情，个别人肯定以后还会有——如今还为时过早！还太微弱！这是谋杀中的谋杀！我们是以谋杀者的身份觉醒的！这样的谋杀者怎么自慰呢？怎么洗刷自己呢？难道他不应该使自己成为至圣至强的诗人吗？"[2]

尼采想从上帝那里把人解放出来，这与达尔文所起的作用是一致的。达尔文是从生物学的观点出发，证明上帝并不存在，而尼采则是从心灵哲学的角度让人们抛弃上帝。"整个世界确实与我们有关，我们的需求、欲望、快乐、希望、颜色、血统、幻想、祈祷和咒骂都根植于这个世界之中——这整个世界是我们人类创造的——我们忘记了这一点，以至于后来臆想出一个创造一切的造物主，抑或我们被'从何而来？'这样的问题苦苦折磨着。"[3]

---

[1] 彼得·沃森《20世纪思想史》，上海译文出版社2005年版，第44—45页。
[2] 尼采著：《权力意志与永恒轮回》，上海译文出版社2016年版，第91页。
[3] 尼采著：《权力意志与永恒轮回》，上海译文出版社2016年版，第92页。

　　"迄今为止，上帝为每个出现的有生命之物负责——人们设法猜到上帝对它有何打算；当每个有生命之物被烙上痛苦和衰弱的印记之后，人们就猜想，这个有生命之物应该被'生活'和'世俗'的欢乐治愈，比其他生命更快地治愈，并打上了希望和宽恕的印记。一旦人们不再信仰上帝和彼岸对人的决定作用，人就会对所有物负责。"[1]

"上帝死了"，人应该怎么办？尼采说：

　　"我教你们做超人：你们必须教会对自己极大的轻视。""人给自己定下目标的时候到了。为了达到这个最崇高的目标，人要足够富有和狂放。""你们说：甚至能把战争圣化的就是好事？我说：战争使每件事情圣化！""不行动，不干涉，不创造，不破坏——这些都是我们的恶行。认知者也是没有欲念的人。""人们被无形的绳索牢牢捆住。""从前亵渎上帝乃是最大的罪行，如今可是上帝死了，这样的亵渎也随之消亡。现在最可怕的事情乃是亵渎大地，敬重不可知的事物高于大地的意义。"[2]

三、尼采批判

　　尼采在对德国征服世界强道文化的产生与形成中起到十分关键的作用。

（一）尼采重提"雅利安人种"的历史背景不同，因为达尔文进化论已成为人种优劣的科学依据

　　"雅利安"一词原指使用古波斯语和梵语的古代民族的自称。到了18世纪，一些西方学者将古波斯人、古印度人凡是使用这种语言的民族都称为

---

① 尼采著：《权力意志与永恒轮回》，上海译文出版社2016年版，第92—93页。
② 尼采著：《权力意志与永恒轮回》，上海译文出版社2016年版，第101—104页。

"雅利安人"，并将罗马人、希腊人和日耳曼人也纳入"雅利安人人种"。到了19世纪40年代，英国德籍印度学者弗里德里希·马克斯·缪勒，经过对印度古籍《梨俱吠陀》的研究，得出有可能在远古时代"雅利安人"征服过南亚次大陆的假说。为此引起欧洲殖民者的极大兴趣，因为这可以证明远古的"雅利安人"就成功地征服过世界，用此来引证现今欧洲列强征服世界的合理性。

法国阿蒂尔·德·戈比诺将1853—1855年发表的文章形成一本《人种不平等学说》论文集。第一次在世界上提出人类由白、黄、黑3个人种组成。在3个人种中，白种人是最优等的。但白种人在发展中也不断分化，南欧和东欧的部分白种人族群逐渐衰败，也堕落成为落后的族群，受到优等的白种人的鄙视。而雅利安人仅限于生活在北欧地区的白种人。

阿蒂尔·德·戈比诺这部论文集完成于1855年，在4年后达尔文的《物种起源》出版。达尔文在写作《物种起源》时，阿迪尔·德·戈比诺的思想对他是否产生过影响，现在已经无法确知。按正常推理来说，种族学说也属于生物学范畴，达尔文对此有所了解，应在情理之中。

而尼采对种族优越性的看法，不仅仅超越了阿蒂尔·德·戈比诺，还超越了达尔文。也可以说超越了霍布斯的丛林法则。他认为最优秀的种族是回归到野蛮状态的"罗马的贵族、阿拉伯的贵族、日耳曼的和日本的贵族"。

> "他们在野蛮状态中弥补着在和睦的团体生活中形成的长期禁锢和封闭所带来的紧张心理，他们返回到了野兽良心的无辜中，成为幸灾乐祸的猛兽；他们在进行了屠杀、纵火、强暴、殴打等一系列无耻的暴行之后或许会大摇大摆、心安理得地离去，就如同完成了一场学生式的恶作剧那样平常。"[1]

按照我们传统的道德观念来看处于野蛮状态的这群人，一些人从道德的角度去译评价，认为野蛮人是无道德的群体，是　群不可理喻的人。可

---

[1] 尼采著：《论道德的谱系》，见《尼采文集》，中国戏剧出版社2008年版，第244页。

是尼采并不这么认为。他认为高贵的人种，正是处于这种野蛮状态中才表现出人种的可贵，他是从人具有野性度的多寡来评价人的高贵与低贱的：

> "所有这些高贵种族的内心都是野兽，他们无异于非常漂亮的、伺机追求战利品和胜利的金发猛兽；隐藏着的内心时不时地会爆发出来，野兽必然要重新挣脱，必然要回归到野蛮状态中去——罗马的贵族、阿拉伯的贵族、日耳曼的和日本的贵族，荷马史诗中的英雄和斯堪的纳维亚的海盗，都具有这种需要。"①

"阿拉伯的贵族""日耳曼的贵族""日本的贵族"都成为尼采心中的高贵人群。

站在尼采的角度他自然会如此认为，对"罗马的贵族""阿拉伯的贵族""日耳曼贵族"的"野兽"的高贵认知并不让人吃惊，因为有点历史知识的人都会了解是什么原因会得出这样的结论。

但令人称奇的是，尼采在一定程度上可谓先知先觉。一直到他逝世时，德意志才刚刚统一不久，日本侵略的本性尚在刚刚"露角"的阶段，尼采便能清楚地看到这两个民族将会成为20世纪发动世界战争的民族，最具爆发性的人的野性的民族。对日耳曼的预测有情可原，因尼采这是在认知自己同种族的人，而对日本民族的野性认识，可谓远远超出了尼采同时代的人，出奇地准确。

在尼采看来，高贵的种族与野蛮是一对孪生子，不离不弃：

> "高贵的种族不管走到何处都留下了形成'野蛮人'的概念的痕迹，就连他们的最高等的文化中也显露出他们对此种行为的一种意识，甚至是一种自豪高贵种族的这种表现得如此疯狂、荒谬、突兀的'果敢'，这种难以捉摸，这种甚至对他们自己的行动都难以把握，他们的这种一点儿也不在乎，以及对安全、肉体、生命、舒适的蔑视，对所

---

① 尼采著：《论道德的谱系》，见《尼采文集》，中国戏剧出版社2008年版，第244—245页。

有破坏行为、所有胜利的淫欲和残酷的淫欲的那种让人感到害怕的兴致和发自内心的爱好——所有这一切都为他们的受害者勾画出'野蛮人'、'邪恶的敌人'的形象，也许是'哥特人'或'汪达尔人'的形象。日耳曼人在刚刚掌握政权时激发的深刻的冷酷的不信任还总是那种无法消除的恐惧的尾声。很多个世纪以来，欧洲怀着这种恐惧目睹了金发的日耳曼人猛兽的震怒。"[1]

这里提到的"哥特人""汪达尔人"属于日耳曼民族中的两个部落。他们原来生活在瑞典南部，从公元前6世纪左右，日耳曼民族的各部落开始南迁。哥特人、旺达尔人进入波罗的海与维斯杜拉河一带，促使居住于现今德国西部的凯尔特等部落离开了这一地区。公元前2世纪，大批日耳曼人进入地中海沿岸。公元前1世纪中期，日耳曼人入侵莱茵河以东、多瑙河以北和北海之间的广大地区。公元3世纪，罗马帝国逐渐衰落。376年，住在黑海北岸的西哥特人抵御不了匈奴人的入侵，经罗马帝国皇帝的允许，西哥特人渡过多瑙河，进入罗马帝国。公元410年，西哥特人在领袖阿拉里克的率领下进攻意大利，攻克罗马城，掠夺3日后弃城而去，于419年，在高卢南部建立以图卢兹为中心的西哥特王国。439年，东哥特人从潘诺尼亚进入意大利，杀死西罗马皇帝奥多亚克，建立东哥特王国。439年，汪达尔人从奥德河畔经高卢、西班牙，建立以迦太基城为核心的汪达尔王国。日耳曼民族的另一个部落法兰克人进入卢瓦河以北高卢（法国）地区，486年建立法兰克王国。日耳曼—昂格鲁人是居住在丹麦南部地区，在罗马人从大不列颠退出（409年）之后的两个世纪，与萨克逊人联合征服了大不列颠的土著居民，在大不列颠岛上建立了7个王国。

在欧洲建立国家的日耳曼人性格勇猛刚烈，在战场上表现勇敢，不惧牺牲。中世纪在欧洲建立国家的日耳曼国王与部落首领之间，充满了诸侯阴谋篡位造反等事件，所以整个日耳曼人的历史就是充满着血腥残杀和背信弃义的历史。日耳曼人在对待国家、民族、个人三者关系上，他们看重的不是国家，而是家族及个人。每个部落诸侯都对自己的家族尽责而很少

---

[1] 尼采著：《论道德的谱系》，见《尼采文集》，中国戏剧出版社2008年版，第245页。

对整个国家负责。而在家族之内，个人主义的要求高于其他要求。正是这样，致使如新的法兰克国家遭到不断的分裂，再分裂。

所以，日耳曼民族是一个不断地满足个人愿望而又充满野性的民族。

尼采认为，日耳曼民族的"哥特人""汪达尔人"之所以能取代罗马帝国而成为一些欧洲各国的主宰，最为关键的就是日耳曼民族的这些部落能保有那种野蛮人的原始本性，正是这种野蛮的本性才是日耳曼人取得最后成功的关键。

说的更清楚些，就是野蛮不用去讲什么道德，更不用去讲什么道理，野蛮就是不需要文化，野蛮就是靠一种蛮力，这种蛮力还是达尔文的优胜劣汰、弱肉强食及霍布斯的丛林生存法则。

尼采认为，不是这样，就是人类的退化。

> "假如现在被当做'真理'的东西果如其然，假定一切文化的意义就在于把'人'从野兽驯化成一种温顺的、有教养的动物，一种家畜，那么我们就必须果断地把所有那些反对的和仇恨的本能，那些借以最终羞辱并打倒了贵胄及其理想的本能看作是真正的文化工具，当然不管怎样，不能说那些具有这种本能的人本身同时也体现了文化。其实，相反的结论的正确性不仅是可能的，不！这在如今已经是有目共睹的了！这些具有贬低欲和报复欲本能的人，这些所有欧洲的和非欧洲的奴隶的后裔，特别是所有前亚利安居民的后裔，他们体现的是人类的退让！这些'文化工具'是人类的耻辱。"①

接着尼采表现出对人类这种"退化"的不可忍受和愤怒，开始用尽力气嘶吼，在告诫欧洲，你们已经危险了！要有劫难了！

> "虫'人'已经登台，而且是蜂拥而至。'驯服的人'、不可药救的中庸者、令人不快的人已经知道把自己看成是精英，是历史的意义，是'上等人'……因为事实是欧洲人正在变得渺小和平均，因为看到

---

① 尼采著：见《论道德的谱系》，《尼采文集》，中国戏剧出版社2008年版，第245页。

　　这种情况就让人觉得讨厌。我们如今已经不再能够看到任何会变得更伟大的东西。我们担心的是，人还在继承走下坡路，还在变得更仔细、更温和、更狡猾、更舒适、更平庸、更冷漠、更中国式、更基督化。无疑地，这正是欧洲的劫难。"①

　　在尼采看来，雅利安以前的，即日耳曼向南大迁徙取代罗马帝国之前的欧洲人，其他洲的人，尤其是中国人，所有这些人种都已经完全的退化了，退化成像"虫"子一样的人。他还另外指出，"中国式的""中庸者"就退化得更为严重了。

　　尼采希望有一个国际性的统治种族的出现，由这个种族统治全世界，做全世界人的主人。他说一个以最严酷的自我训练为基础的庞大的新贵族社会，在那里面有哲学思想的强权人物和艺术才能的专制君主的意志要给千秋万代打下印记。但是，现在的状况是："'主人'遭受了失败，平民的道德取得了胜利。这种胜利同时又可以被看成是一种败血症，我敢肯定，毫无疑问人类中毒了。'拯救'人类于'主人'的统治的事业正获全胜。"②

**　　（二）"上帝死了"，堵死了欧洲人的忏悔和救赎之路，人的强盗逻辑可以肆无忌惮了。**

　　达尔文的《物种起源》发表以后，相信进化论之说的人在心中已经有了这种结论，但是出于对上帝的畏惧心理，这种话还是没有人说出来。但尼采不但说出来，而且直言不讳的宣称"上帝死了"。

　　相信上帝的人，希望自己通过忏悔和救赎，使自己的灵魂得到净化与超生，从而希望自己死后能进入天堂。但尼采说，上帝死了，上帝根本就不存在。达尔文说，人是生物进化来的，并不是上帝造的。这样，人只是一般意义上的生物，同生物一样，既没有人的前世，也没有人的来世，人只有今生，用不着去向谁忏悔，更不需要谁来救赎。

　　为此，这就使一些信奉上帝存在的人觉得，当一个正人君子和当一个

---

① 尼采著：见《论道德的谱系》，《尼采文集》，中国戏剧出版社2008年版，第246页。
② 尼采著：见《论道德的谱系》，《尼采文集》，中国戏剧出版社2008年版，第241页。

无恶不作的强盗已经没有什么两样。因为既然上帝死了，不存在了，管不了人间的事，人为什么不去纵情恣欲，追求一种无拘无束的人生。所以为了让自己过得更好些，即使杀人放火，强淫掠夺，是人生存的需要，是为自己争夺更大的生存空间的需要，是一种必然的优胜劣汰的自然而然的结果，这便是强道文化中的强道逻辑，从而人便可以坦然的面对他的暴行，只要自己强于对手，擦拭他人的东西就合情合理了。

尼采提出"上帝死了"与他反复倡导的人类"超人"是同一认识逻辑。

既然"上帝死了"，人就应该做"超人"。也只有"超人"才能拥有真正意义上的自由，才能争夺到"超人"该有的"生存空间"。

（三）"超人"是尼采的理想人格，成为践行强道文化的坚定勇士。

尼采说："超人"产生的原因是：

> "羊羔怨恨猛兽是再正常不过的，只是不能因猛兽捕食羊羔而责怪猛兽。如果羊羔们私下里议论说：'这些猛兽如此之狠毒，难道和猛兽完全不同，甚至恰恰相反的羊羔不能算是好的吗？'那么这样的一种理想的建立并没有什么可以指责的，尽管猛兽会投过极富讽刺意味的一瞥，然而它们也许会自言自语地说：'我们并不憎恨这些好羊羔，相反我们很爱他们，再也没有比嫩羊羔的味道更好的东西了。'要求强者不表现为强者，要求他不表现征服欲、战胜欲、统治欲，要求他不树敌、不寻找对抗、不渴望胜利，就如同要求弱者必须表现为强者一样可笑。"①

如果从语言学和写作的比拟手法上看，尼采这段话可谓精彩绝伦，将"庸人"和"超人"的人格、性格、价值观等描绘得淋漓尽致，无以复加。但这也是强道主义的真谛与它的总原则。

如果说尼采惯用实证的手法来表述他的哲学思想，接下来就进入他的哲学思辨的范畴：

---

① 尼采著：《论道德的谱系》见《尼采文集》，中国戏剧出版社2008年版，第247页。

　　"一定量的力相当于同等量的欲念、意志、作为，更确切些说，力不是别的，正是这种欲念、意志、作为本身，而且只有在语言的迷惑下，这种力才会显示为其他，因为语言将所有的作为都理解和错解为受制于一个作为着的'主体'。正如常人将闪电和闪电的光分开，把后者看作一个主体的行动、作为并且称其为像闪电一样，常人的道德也把强力和它的表现形式分离开来，就好像在强者的背后还有一个中立的基础，强力的表现与否和这个中立的基础没有任何关系。可事实上并没有这样的基础；在作为、行动、过程背后并没有一个'存在'；'行动者'只是被想象附加给行动的——行动就是一切。常人让闪电发光，这实际上就相当于给行动加倍，使之变成行动——行动；也就是把同样的一件事儿一会儿称为原因，一会儿又称为结果。自然科学家也不强似常人，他们说'力在运动中，力是始因'。虽然我们的一切科学是冷静的，排除了情绪干扰的，但是却仍然免不了受语言的迷惑，而且始终未能摆脱那些强加上去的替换外壳，即所谓'主体'。"[①]

　　尼采的这段思辨性很强的话有些绕，但它的核心在阐述主体、力量与人的欲念、意志、作为三者之间的关系。

　　尼采论述的主体就是强者，这个强者也是他所标榜的"超人"，强者自身就是超出常人（弱者）或超出他的种族其他人的力量。这是强者的标志，也是强者的标准。强者的这种力量决定了它应有的欲念、意志、作为。这种欲念、意志、作为是强者的外在表现。所以三者实为一体，不可分割。

　　他以下的论述可以证明这三者的关系：

　　"比如说，原子就是这样一个替换外壳，康德的'物自体'也是这样一个替换外壳；没有什么好奇怪的。那些被压抑的、在暗中闪耀的报复和仇恨的情感利用了这样一种信念，甚至是空前热烈地信奉这样的信念；即强者可以自由地选择成为弱者，猛兽可以自由地选择变成羔羊。如此一来，他们就为自己赢得了将猛兽归类为猛兽的权利。与

① 尼采著：《论道德的谱系》，见《尼采文集》，中国戏剧出版社2008年版，第247页。

此同时，那些被压迫、被践踏、被战胜的人们，他们出于无能者渴望复仇的狡猾在交头接耳：'我们要和那些恶人有所区别，让我们做好人！所有不去侵占、不伤害他人，不进攻，不求报的人，所有把报复权交给上帝的人，所有像我们这样隐蔽自己、避开一切罪恶，甚至很少有求于生活的人，像我们这样容忍、谦卑、正义的人都是好人。'"①

这段话表面读来，是尼采在诉说弱者的逻辑，即中国思想家鲁迅先生所讲的"阿Q"精神。尼采在说，弱者在为自己的处境和自己的行为寻找说辞，好像是一种既有无可奈何的心态，又有自我安慰的精神胜利法。

其实，尼采骨子里要说的不是这些。他想说，这一切都是命，都是你与生俱来的品种——种族。你是弱者，你本该如此。那些说辞，是你们这些弱者的虚伪。

尼采骨子里的这些声音，是我们从他下面这段话推导出来的。他说：

"如果冷静而客观地倾听，这段话的真实含义其实不过是：'我们这些弱者的确弱；可是只要我不去做那些我们做不了的事，这就是好。'但是这种就连昆虫都具有的最低等的智力，这个冷酷的现实却由于无能的伪造和自欺而被掩饰在退缩、平静、等待的道德外表下，就如同弱者的弱原是他的本质，他的作为，他的全部的、唯一的、必然的、无可取代的真实存在，是一种自发的举动，是某种自愿的选择，是一种行动，一种功绩。这类人相信，一个中立的、随意选择的'主体'必然产生于一种自我保护、自我肯定的本能，这种本能惯于将所有的谎言都神圣化。上述主体，或者说得通俗一点，就是灵魂，或者是到目前为止地球上最好的信仰了，因为它使绝大多数会死亡的人，使各种各样的弱者和受压抑者能够进行高超的自我欺骗，使他们能够将自己的软弱解释为自由，将软弱的种种表现解释为功绩。"②

---

① 尼采著：《论道德的谱系》，见《尼采文集》，中国戏剧出版社2008年版，第247—248页。

② 尼采著：《论道德的谱系》，见《尼采文集》，中国戏剧出版社2008年版，第248页。

这种自认为种族高贵的嗜好，使尼采已经完全失去了人性，上述这段文字中，谁能在哪里找到哪怕一丝一毫的对弱者的同情心、怜悯心。在他看来，弱者不仅承载着主体的人羸弱的外壳，而且内里的灵魂同样羸弱，甚至如同大千世界中最为低微的昆虫一样。忍受与自我欺骗、自我陶醉与任意由强者宰割是必然的，又是自然的，无可选择，又无法逃避。

既然把弱者贬低到了这种地步，尼采仍不肯放弃用那种高贵的语调阐述日耳曼民族、雅利安人种特有的训斥，他接着说：

> "好，让我们开始吧！这儿有一条可以经常窥见那些阴暗的作坊的缝隙……'我什么也没看见，可是我却听到了很多。那里的每一个角落里都发出一种谨慎、狡黠、轻微的耳语。我觉得他们在说谎，每个声响都像沾了蜜糖般的柔软，他们说无疑软弱应该被当做功绩来称赞——你说对了，他们就是这样的。'还有什么？不报复的无能应该被叫做'善良'，卑贱的怯懦应该被称为'谦卑'，向仇恨的对象屈服改名为'顺从'。弱者的无害，他特有的懦弱，他倚门而立的态度，他无可奈何的等待，在这儿都被冠上好的名称，被称为'忍耐'，甚至还意味着美德；没有能力报复被称为不愿报复，甚至还可以称为宽恕。他们还在议论'爱自己的敌人'——而且边说边流汗。"[1]

可惜的是现今已经无法与尼采核对他所讲的他在门缝中见到的弱者（民族、人群）是具体的哪些人。他曾说过，除了日耳曼征服欧洲后的欧洲人，甚至部分东欧、南欧退化的欧洲人，都有可能成为这"作坊"中的人。但仔细研究这段话中所提到的这群人的文化背景、思维及行为方式，便首先要排除那些退化的欧洲人、非欧的土著人、美洲的土著人、澳洲人。其次，排除在尼采时代已经进入列强之内的日本人，日本人也曾受到尼采的称赞。那么，最有可能中标的只有印度人和中国人了。而在印度人和中国人进行排比和类推之后，最有可能的就是中国人。因为尼采在谈到弱者的

---

[1] 尼采著：《论道德的谱系》，见《尼采文集》，中国戏剧出版社2008年版，第248—249页。

性格及道德时，经常出现"中庸者""更中国式的""倚门而立""容忍""谦卑""善良""爱""忍耐""宽恕""虚无""忠诚"等，这的的确确能与中国的传统文化、中国人的性格等同起来。

当然，这个"专利"也可能不仅仅是中国人的，还可能包括所有被尼采称为"弱者"的人，包括生活在列强殖民统治国度中的弱者。

尼采认为，弱者也希望自己变成强者。而弱者认为实现强者的道路是"王国"的来临。

> "这些软弱者也希望有一天他们能成为强者，希望有一天他们的'王国'也能来临。他们就把这个王国称这'上帝的王国'，他们事事处处都如此谦卑！然而为了获得在这个王国生活的经历，人必须足够长寿，必须超越死亡；的确，必须获得永生才能够永久地在'上帝的王国'里使自己那'在信仰、爱期望中'度过的尘世生活得到补偿。可是补偿些什么？用什么来补偿？我认为但丁在这里犯了一个大错，他凭着一种能唤起恐惧感的机灵在通往他的地狱的大门上写下了'我也是被永恒的爱创造的'，无论如何，在通往基督教的天堂和'永恒的极乐'的大门上应该更有理由写上'我也是被永恒的仇恨创造的'。"①

尼采就这样把弱者的梦想给打碎了。人类能有等到"上帝的王国"到来的"长寿"？人类有谁能超越死亡？如果这两点都做不到，"上帝的王国"对人们又有什么用？而且在尼采看来，人生活的现实则是，主张人类有永恒的爱的弱者，就要下但丁在《鬼魂灵》里所写的地狱，而主张人类有永恒的仇恨的强者，就会通往尼采所说的"基督教的天堂"和佛家所讲的"永恒的极乐"。

所以，人类应该做强者，即"超人"。什么是"超人"？为什么要做超人？尼采说：

> "我告诉你们什么是超人。人类是应该被超越的。你们曾做怎样的

---

① 尼采著：《论道德的谱系》，见《尼采文集》，中国戏剧出版社2008年版，第250页。

努力去超越他呢？直到现在，一切生物都创造了高出于自己的种类，难道你们愿意做这大潮流的回浪，难道你们愿意返于兽类，不肯超越人类吗？"[1]

这是在告诉人们，为什么要做"超人"。

在尼采看来，超人就是要做大地的主人，即做大地的统治者。

> "现在，我教你们什么是超人！超人是大地的意义。让你们的意志说：超人必是大地之意义吧！兄弟们，我祈祷着：忠实于大地吧，不要相信那些大谈超大地的希望的人！无论是有意的还是无意的，他们都是施毒者。他们是生命之轻蔑者、将死者，他们自己也是中毒者。大地已经厌恶他们；让他们去吧！从前侮辱上帝是最大的亵渎；而今上帝死了，所以上帝的亵渎者们也死了。现在最可怕的是亵渎大地，是敬重'不可知'的心高于大地的意义！"

但是，这些要做大地主人的超人们，正处在一种"自满"的"退化"，所以，尼采大声疾呼，"超人"们一定要清醒，要防止自己的无意识地"退化"。

> "从前灵魂轻蔑肉体，这种轻蔑在当时被认为是最高尚的事——灵魂要肉体丑瘦而饥饿。它以为这样就可以逃避肉体，同时也逃避了大地……你们的灵魂是不是贫乏、污秽与可怜的自满呢？真的，人是一条浑浊的河，只有当我们是大海，你们的大轻蔑可以沉没在它的怀里。你们所能体验到的最伟大的事是什么呢？那便是大轻蔑之时刻。那时，你们的幸福，使你们觉得厌烦，你们的理智与道德一样。那时候，你们说：'我们的幸福有什么价值！它是贫乏、污秽与可怜的自满。可是我的幸福它应该使生存有意义的！那时候，你们说：'我的理智有什么价值！它是否渴求知识像狮了贪爱捕获物一样呢？它是贫乏、污秽与

---

[1] 尼采著：《查拉斯固拉如是说》，见《尼采文集》中国戏剧出版社2008年版，第3页。

可怜的自满！'那时候，你们说：'我的道德有什么价值！他还不曾使我狂热过。我是怎样的疲倦于我的善与恶啊！这一切都是贫乏、污秽与可怜的自满！那时候，你们说：'我的正义有什么价值！我不觉得我是火焰与炭。但是正直者应该是火焰与炭的！那时候，你们说：'我的怜悯有什么价值！怜悯不是那钉死爱人类者的十字架吗？但是我的怜悯不是一个十字架刑。'你们已经这样说过了吗？你们已经这样呼喊了吗？唉！我为何从来未听到你们这样喊叫呢！这并不是你们的罪恶，而是你们的节制，向天呼喊；你们对于罪恶的厌恶，向天呼喊！那将用舌头舔你们的闪电何在？那应该给你们注射的疯狂又在哪里？现在我教你们什么是超人：他便是这闪电，这疯狂。"①

如果说在《论道德的谱系》中，尼采对非雅利安人种之外的人种进行无休止的斥责和侮辱性的攻击、贬低，那么在《查拉斯图拉如是说》中，则是对所有的雅利安人种的一种劝告和警示。他告诉所有的雅利安人世界上的所有生物因进化都在创造出高于自己的种类，而能高出于人类其他人种的只有日耳曼人的雅利安人种。这个人种能够创造出"超人"，但是你们也已经退化了。你们为什么退化了？因为你们在某些方面表现出可怜的自满，你们沉湎于眼下的幸福而自满，你们为你们求知的理智而自满；你们因为自己的道德观徘徊在善与恶的取舍之间而自满。你们的正义不能使你们燃起火焰，你们的怜悯心却使爱人类的人被钉死在十字架上。

所以尼采对他的同胞——日耳曼人的雅利安人大声疾呼，快丢掉这些自满和正义及怜悯心，开始轻蔑一切，投入"超人"的大海，超脱所有俗人的羁绊，找到"超人"的力量。

尼采的目的是想激发出日耳曼民族的雅利安人的野蛮本性，让他们意识到自己从远古以来的本性就是好斗的，应该保护这种野蛮的、好斗的精神，在"所有人对抗所有人的战争"中，强者消灭弱者。

---

① 尼采著：《查拉斯图拉如是说》，见《尼采文集》，见中国戏剧出版社2008年版，第3—4页。

"人类是一根系在兽与超人之间的软索，一根悬在深谷上的软索。走到它的另一端是危险的，停在半途是危险的，向后回望也是危险的，战栗或不前进，都是危险的。"①

所以，只有做"超人"，忘记胆怯，忘记死亡，一往无前。

"人类的伟大之处恰恰在于，它是一座桥而非一个目的。人类的可爱之处，恰恰在于它是一个过程与一个没落。"②

在这"一个过程与一个没落"中，最好的回报就是为生存而喜悦，生命的意义在于生活，而生活的维护只有将自己变成"超人"，完成人类赋予"超人"的任务，这才是人最有价值的行动。

四、尼采文化现象的反思

当我们沉思的时候，我们会不会想尼采这位人类思想道德文化史上的怪胎为什么会出现？又为什么会出现在德国？他的思想又与德国发动的两次世界大战有什么关系？

尼采的思想是反对人类道德进化的。他在《自传》第三章《我看人类》第五部分《我反对人的驯化》中说：

"人的驯化有价值吗？一般来说，驯化有什么价值吗？我认为没有。"③

他在否定"驯化"对人的作用之后，接着说：

---

① 尼采著：《查拉斯图拉如是说》，见《尼采文集》，中国戏剧出版社2008年版，第4页。
② 尼采著：《查拉斯图拉如是说》，见《尼采文集》，中国戏剧出版社2008年版，第4页。
③ 《尼采自述》，天津人民出版社2010年版，第80页。

"达尔文学派竭力要我们相信，情况正好相反，驯化具有深远的根本价值。我们仍然坚持自己的观点：迄今为止，驯化的作用就是造成退化。而且只要是能够逃脱人工培养的东西，几乎都立即返回其自然状态了。由此看来，人们是无法改变自然本性的。"①

"人的驯化"是进入人类社会之后，人摆脱了纯动物界，人类出现了阶级分化后的事情了。即必须有一部分人掌握驯化另外一部分人或大多数人的权力，才会出现人的被驯化的事情。

尼采反对对人的驯化，他认为这只能造成"人的退化"。他的理由有3点：

第一点，人类作为一个物种其自身没有进化。人类也许能达到更高级的类型，但这种类型无法维持下去。从而人类还是维持在物种的原本水平上，作为一个物种来说，人类的水平没有得到提高。

第二点，人类与其他动物相比，人类也没有表现出来进化。整个动物界和植物界并不是由低级向高级进化的，而是一切同时发生，互相重叠、混淆和对立。从而人类也是如此。所谓相比较高级的类型并不能说明任何东西，因为越是丰富和复杂的形式就越容易毁灭，而最低级的形式却可以保持一种表面的永久性。前者不具有这种永久性，很难保持自己达到的地位；而后者虽然具有极强的繁殖力，但都粗陋不堪。人类由于不断变化，幸运地进化到较高级，却最容易走向毁灭。较高级类型十分复杂，它由诸多因素协调组合而成，因此也就最容易解体。

第三点，人类的驯化也就是变化，这种变化不能过度，过度就成了退化。所谓野蛮人其实是人类向自然的回归，在某种意义上说，是人类的复原，人类从文化中的解脱。

尼采这里提出一个核心的问题，他反对人的驯化，而是主张回到人的自然状态，是向自然的回归。表面看，似乎有道理，仔细思考并不尽然。

人的自然状态是什么？尼采也承认"人类由于不断变化，幸运地进化到较高级"，这个"较高级"的参照物是整个动物界，即有生命体的人类，进入"较高级"的动物。人类这个"较高级"的动物与不较高级或是低级

---

① 《尼采自述》，天津人民出版社2010年版，第80页。

的动物区别在哪里呢？在于人有思想，有理性。而其他较低级或低级的动物没有思想、没有理性。

所以，在自然人身上就具备两点：一是理性，二是野性或动物性；而动物只具备一点，即野性或动物性。

人的理性，就使人有分析、判断、推理的能力，有了这个能力，人就知道怎样使自己的行为方式更健全、更适应于自己，更健全、更适应于环境，即社会。

动物的野性或动物性，则不具备人的复杂推理判断能力，只是一种本能的思维反应。这种思维反应在大多数动物那里则是处在一种本能的、直接的思维，或者说是一种感性的思维，这种思维无法向逻辑推理发展。所以动物界的社会——有的动物也有严格的社会组织——但这种组织只是为解决每个动物自身的存在和简单的生存需要而存在的。

人类社会与动物的社会最大的不同在于，人类社会在不断地设计自己的人生和自己的社会。一个人不仅能设计自己的人生，有时还设计规划了别人的人生，从而使社会和人呈现出一个由低级向高级发展的过程。

就人种本身来说，人的身体由低级向高级进化是渐变的、漫长的，所以，几百万年来人种身体上的变化并不显著，而是呈现一种量变式的发展，尚未出现人种的质变。人种变化最大的是人的理性，即人的思想。随着人类文明、文化程度的提高，人的理性能力也有了极大的提升，人的思想文化的积累与沉淀愈来愈在人的头脑中不断重叠，这是人的自然秉性发展的结果，并不是人对人驯化的结果。

首先，是存在。人具有理性，就有逻辑推理、分析判断的能力。人的这种能力首先反映在人的质变上，即人的生存存在上。生存的存在，这是任何动物都有的思维。但人想到存在，是在想怎样能更好地存在，而动物的存在是以简单的生存需要为目的的存在。

其次，怎样更好地存在。对于人来说，更好地存在就是在社会中平等、自由、民主的存在，既然在社会中存在，人就需要把社会设计得更好。于是便产生了伦理、道德。所以自由、平等、民主不是人对人的驯化，它的产生就是人类社会自身的需要。

再次，便是道德的存在。人都希望自己更好，那么就涉及一个与自己之间的稳定的、互不侵犯的、和谐的、美好的社会关系，这就需要道德了。如果没有道德，人与人之间没有一个关系的准则，社会就乱套了。

最后，法律的存在。人类社会仅靠道德维持是不够的，道德无法对非道德进行惩处，所以必须设立法律，以禁止非道德的社会现象。同时，人类社会由于逐渐地道德丧失，社会出现严重的侵犯人身安全、财产的社会现象，从而必须制定法律，用法律来维护社会秩序。

所以，道德与法律的出现，不是人对人的驯化，首先是人们生存的需要与生产生活的需要。这种需要不是可有可无，而是必须的。

尼采是怎样看待这个问题的呢？

> "在所有的时代我们都想'改善'人，这就是道德。不过在同一个词下有着迥然不同的意思。对人这种野兽进行驯化，对某类人种进行培育，都称之为'改善'。正是这些动物学术语表达了真实的情况，而那些典型的'改善者'即教士对此真实情况一无所知，并且宁愿一无所知。把驯化一头动物称之为对它的'改善'在我看来简直是在开玩笑。只要是了解动物园情况的人都不会相信动物在那里得到了'改善'。它会被弄的虚弱，不再那么有害，由于恐惧、沮丧、疼痛、受伤和饥饿，它变成了一头有病的动物。被教士'改善'而驯化的人情况也是一样的。在中世纪早期，教会实际上主要是一个动物园，大量的'金发动物'被捕猎进来，例如，被'改善'了的高贵的日耳曼人。但这个被送进修道院'改善'了的日耳曼人情况怎样呢？他成了一幅人的漫画，成了一个人的怪胎。他成了'罪犯'，蹲在笼子里，被囚禁在许多可怕的概念里。他躺在那里，身心交瘁，自我厌恶，仇恨生命，对强壮幸福充满疑忌之心。总之，他是一个基督徒。用生理学语言来说，在跟野兽斗争时，让其生病是削弱它唯一手段。教会明白这一点，它败坏人、让人削弱，但它自称'改善'了人。"①

人类的发展，总的趋势是向更高级的人类文化形态发展。这种发展的

---

① 《尼采自述》，天津人民出版社2010年版，第81—82页。

每一步，必然使人的动物性在减弱，在退化，而人性的部分在一步一步地发展。人性是人类所独有的，这也是人性与动物性的根本区别。

而在人性的发展上，存在着不同的发展道路，一种是天道，即按着自然界发展的道路去发展，把人独有的理性用在发展和弘扬自然界的天道上。这条道路是人适应于大自然的发展，这是最为正确的发展道路。第二种便是人道，人道即人性的真、善、美，按着人性的"真""善""美"的道路去发展。第三种是强道，即凭着力量的多寡而分出强弱的关系，用强弱关系决定人类社会的关系，决定人类社会的发展道路。

尼采所讲的保持人的野性、兽性，是体现在人性发展上的强道关系方面。尼采的强道就是只承认人类的原生态的强弱。他认为这种强弱是上天注定的，是不可更改的。人类其道德、法规将其更改了，结果人类便退化了。他说：

> "人类'改善者'的心理，这是我探究时间最长、最可怕的大问题。一个看起来很小，不算什么的事实是：全心全意的欺骗，这对于我解答这一问题很有启发；全心全意的欺骗是所有'改善'人类的哲学家和教士的遗产。无论是摩奴、柏拉图、孔子，还是犹太教和基督教导师，都从不怀疑他们有说谎的权利，也从不怀疑他们有其他所有的权利。概而言之，我们可以说，迄今用来使人类变得道德的一切手段，归根结底都是不道德的。"[1]

尼采这是将规定人与人之间的理性关系的道德准则完全地丢掉了，认为自古以来的道德哲学、道德哲学家，以及宗教和从事宗教的"导师"们，都是对人类人性的欺骗和掩耳盗铃式的"说谎"，一切打着道德旗号的学说，都是非道德的。

他认为道德泯灭了人性中的最原始的、最高贵的兽性，即消灭了人的没有经过任何驯化的"野性"：

---

[1]《尼采自述》，天津人民出版社2010年版，第82页。

　　"为什么一想到有可能退回野蛮状态，我们就充满恐惧和仇恨？难
道是因为野蛮状态让人们没有幸福吗？不是的。在任何时期，野蛮人
都是更幸福的人，对此我们不能自欺。其原因在于，我们的知识冲动
已经变得这样强烈，以至于任何没有知识和强烈幻想的幸福都是我们
不需要的，甚至是要想象到它们都感到痛苦。持续不断的发现和预测
让我们心乱神迷，已经变成我们生活中不可缺少的内容，就像心乱神
迷变成单相思者生活中不可缺少的内容一样，也许我们也是一些没有
希望的单相思者。现在知识已经化为我们身上的一种激情，不会因为
任何牺牲而减退；实际上除了它自己的灭亡，它什么也不在乎。我们
出自内心地相信，在这种激情的支配下，整个人类都觉得自己比过去
变高尚和安心了，虽然我们对野蛮人那种简单的满足方式仍然有所羡
慕。这种知识激情甚至可能导致人类灭亡！甚至连这种可怕的前景也
不能打动我们，但是，基督教害怕过这种前景吗？爱情和死亡难道不
是一对孪生兄弟吗？使得我们仇恨野蛮状态，宁可人类灭亡也不愿让
知识退步！最后，如果人类不是因为某种激情灭亡，而是由于某种衰
弱灭亡，你更喜欢哪一种？这就是问题的关键：我们是希望人类结束
于电和火之中，还是结束于沙漠之上？"[1]

　　尼采这里指出人类有可能灭亡的两条道路，一条道路是随着知识的发
展，人类可能最后由于知识激发出人类的一种激情，这种激情利用人类现
已掌握的知识，最后将人类全部杀死，导致人类的灭亡。第二条路，那就
是让人的基因退化，具体的就是人的原始野性基因通过道德的驯化，使之
愈来愈弱化，最终野性全无，人类便灭亡了。

　　尼采所指出人类灭亡的两条道路，都与人的理性有关。但这也应该引
起我们的进一步思考，思考尼采所说的两种道路对人类是否有所借鉴，他
给了我们哪些有价值的提醒。

　　第一条道路，即知识的发展。人类可能最后由于知识大量积累，从而
激发出人类产生一种激情，可一旦这种激情失控，有人就会利用知识来灭

---

[1]《尼采自述》，天津人民出版社2010年版，第82—83页。

绝除了自己和利益团体以外的人类。也存在着另一种可能，即是知识愈发展，知识不断地异化，逐渐成为人的对立面，最后对立面的知识将人类消灭掉，人类灭亡。这条道路，只有人的理性才能控制知识的发展，首先是发展什么知识，应该发展那些有利于人类生存环境的、有利于天道发展的知识，凡是违背人类生存环境、违背天道发展的知识，一律取缔，不能认为是知识就应全部发展。这样就解决了人利用知识或知识利用知识来消灭人类这一难题。

第二条道路，只有人的理性产生新的文化与道德，才能控制住人的兽性和野性，才能避免人们之间的争斗乃至战争。实践证明，这是尼采所主张的日耳曼人的野性和兽性，第一次世界大战前被德国人接受，第二次世界大战前被希特勒等纳粹党人接受，以此为理论基础发动了第一次和第二次世界大战，第一次世界大战死伤几千万人，第二次世界大战死伤1亿多人，整个欧洲和世界经过两次世界大战，导致极大的衰败，这才是导致人类灭亡的道路。

所以，作为一位思想家，一位哲学家的尼采，他应该对两次世界大战在德国的爆发负有一定的责任。他在不断地、濒临死亡时仍在为日耳曼人、德意志人成为世界超人而鼓动唇舌，四处贩卖他的人种不平等，要有一个像日耳曼这样强大的族类来统治世界。

　　"我们必须证明有这种趋势：对人和人类之间的消耗越来越经济，利益和效用越来越坚实地纠缠在一起，这里包含着一种对立运动。我称这种对立运动是对人类一种奢侈和过剩的剥离；从中应该产生一个更强大的族类，一个更高级的类型，它形成和保持的条件不同于普通人。众所周知，我把这一类型称为或比喻为'超人'。在上述趋势发展中，会出现适应性、平庸化、中国化、本能的弱化以及渺小化等情况，也就是说，人的水平处于停滞状态。如果那种必然来临的全球经济总体管理得以实现，人类就是一架大机器，而个人在其运转中就能找到自己最恰当的意义：这个巨大的齿轮体系是由许多越来越精细地适应其体系的齿轮所组成；其中越来越不需要那些居于支配地位和指导作用的元素；在这一巨大力量的整体中，个体元素只有最小力量、最小价值。与这种使人变小并适应专门化的过程相对立，需要有一个相反的运动：它所生产的人应该具有结合性，递增性和辩护性。对这种人来说，人类的机械化是其存在的先决条件，是他为自己发现更高生存形式的基础。他同样需要群众、平庸者对他的敌对态度、与他们的距离感，虽然他十分喜爱他们，以他们为生。这种更高形式的贵族制度是属于未来的。从道德角度看，前面所说的那个总体机械状态，也就是所有齿轮的团结合作，是对人类剥削到了极点，但其前提是，存在着使这一剥削具有意义的新人。如果不是这样，这一状态实际上就是对人类的总体减削，是一种最大的衰退现象。"①

这便是尼采所鼓吹和追求的理想社会。

他认为，这个社会是这样的：人类应该找出一条最经济、最有效的发展道路。但是这条道路充满矛盾和对立斗争，在这种矛盾对立斗争中，使一个强大的族类脱颖而出，走上本族类发展的高级阶段，或他称之为"高级的类型"。这个族类中的人，这就是他所说的"超人"。

在这个发展道路上、过程中，与"超人"相对立的便是那些"适应性、平庸化、中国化"的人的本能被弱化到渺小地步的人，这种人处在停滞不前的发展状态。

有了这两种人之后，尼采设想：如果那种必然来临的全球经济总体管理得以实现，人类就是一架大机器。这是什么意思呢？他是说，如果有一天，人类实现了全球经济总体管理，还是说出现了一个国家或者说是一个种族，他们来管理全球所有的经济，那么全球就相当于一部大型的机器了。这是在设想有一天能由这个"强大的族类"通过"超人"来管理这个世界。所以，人类变成机械化是这个"强大的族类"和"超人"出现的"先决条件"，使这个"强大的族类"和"超人""自己发现更有生存形式的基础"。

但是在这种状态下，虽然世界都变成了一架大机械，"强大的族类"和"超人"仍然需要平庸的群众"对他的敌对态度"，为什么，因为为了保持"强大的族类"和"超人"的野蛮性。但是在这架大机械中所有人形成的齿

---

① 《尼采自述》，天津人民出版社2010年版，第92—93页。

轮是团结合作的。尼采认为，这时是人类社会人对人剥削的程度已经达到了极点，而这种剥削达到了极点的社会之中存在着使这一剥削具有意义的人，而这个人就是这个"强大的族类"里的"超人"。

这便是尼采给德国、给人类留下的文化遗产。这是一份彻头彻尾的反人类道德进化的具有极强破坏力的反和平的遗产。

可惜这份遗产并没有引起人们的高度警惕和对此进行彻底的批判，反而对此大加颂扬，认为是对过去传统的过时的道德进行批判而被予保留，甚至尼采正是因为提出"上帝死了""超人"等概念、学说而名噪一时，跻身于世界著名的思想家、哲学家的行列。

他的思想，成了两次世界大战爆发的思想与理论基础之一，是希特勒第二帝国理论的基石和纳粹党、希特勒等人的思想武器。

第十九章
韦伯批判

一、韦伯生平

马克斯·韦伯的著作早在30多年前就被译介到中国。他在西方社会学领域影响巨大，在关于资本主义社会方面的研究中，很多人将他与卡尔·马克思并论，被称为西方社会学三大奠基者之一。

韦伯在社会学乃至哲学方面的成就掩盖不了他是德国帝国主义理论的缔造者，或者说是一名地地道道的帝国主义的鼓吹者。虽然他经常自诩为自由主义者，可他其实是真正的、狂热的德国民族主义者，至死不渝地认为德国应该是世界权力政治的主导者或主导者之一。他不遗余力地支持德国实行对外扩张，甚至不惜诉诸武力。

他经历和参与了德国发动的第一次世界大战，尽管大战期间他仅仅是几个医院的管理者。他对大战的发动和决策没有起任何作用，可他的理论、思想早在大战前影响了当时的诸多德国人。对埋下第一次世界大战的思想种子来说，韦伯难辞其咎。

韦伯认为自己不是一位纯粹的学者：

　　"我根本不是一个真正的学者，科学研究对于我首先是一种业余消遣。"①

　　他一生热衷于政治，热衷于将德意志推到伟大的民族行列，推到主宰世界政治的奋斗之中。

　　他生于1864年。父亲出身于威斯特伐利亚纺织业家族，是一名富裕的律师。在他5个月大时，父亲携家迁至柏林，成为柏林市议会议员。他家经常有知识界、政治界的精英们聚会，这对少年的韦伯深有影响。1882年他考入海德堡大学法学院，学习3个月后在斯特拉斯堡服兵役一年。他于1884年入柏林大学和哥丁根大学学习，1886年通过法学考试，之后在柏林继续研究法学，多次参加军事训练，成为社会政治联盟成员。韦伯1889年在柏林获得法学博士学位，论文题目《论中世纪商业团体的历史》。1891年他担任柏林大学讲师，1893年与玛丽安娜·施尼特格结婚。韦伯1894年担任弗莱堡大学政治经济学教授，1896年应邀去海德堡大学任教。1897年33岁的韦伯患上了严重的神经官能症，停止工作长达4年时间，以旅游为主，经常去意大利、瑞士等国，尤其喜欢罗马，4年后逐渐康复。从1901年开始他又投入了学术研究工作，1902年再次入职海德堡大学，1903年担任《社会科学和社会政策档案》的编辑，1904年应邀参加在美国圣路易斯举办的社会科学大会。韦伯于1907年获得一笔可观的遗产，从而解决了为生计而四处奔波的困境局面，开始潜心钻研学术。第一次世界大战爆发，他参军服役，负责海德堡几家医院的管理工作，1918年担任凡尔赛停战协议签署的德国代表团顾问，后又担任魏玛宪法起草委员会顾问，1919年到慕尼黑大学任教。1920年6月韦伯因肺炎在慕尼黑逝世，享年56岁。

----

① 玛丽安娜·韦伯：《马克斯·韦伯传》，第188—192页，见《马克斯·韦伯与德国政治1890—1920》，中信出版社2016年10月版。

二、韦伯成为德意志帝国主义扩张理论缔造者的历史背景

韦伯的生命轨迹与德意志帝国的命运紧紧地相连在一起，在他不足3岁时，"北德意志联邦"或译为"北德同盟"成立于1866年的8月。它原本是以普鲁士为首的军事同盟，1867年的7月，在此基础上形成了君主立宪的邦联，而到了1871年，将南德4邦纳入联邦之内，便成为德意志帝国。这时的韦伯刚刚7岁。

德意志真正存在的时间是1871—1945年，仅仅74年。在这短短的74年里，发生过3次大的战争，其中两次是由德国发动的世界大战。这3次战争的时间为：第一次是1870—1871年的普法战争；第二次是第一次世界大战，1914年7月28日至1919年11月11日；第三次是第二次世界大战，1939年9月1日至1945年9月20日。3次大战，历时13年时间。

从韦伯给他父亲的朋友、韦伯人生重要的引路人、历史学家赫尔曼·鲍姆加藤的信中，我们可以看到，年轻时的韦伯所处的社会政治环境是怎样的。他在信中时这样描述的：

> "我这一代人真是令人称奇，他们所关心的事情无非就是，要么与反犹太主义沆瀣一气……要么就是达到最高的水平，认为模仿'原原本本的俾斯麦'意义重大。"[1]

在韦伯眼里，那些年轻而在政治上仍十分幼稚的同学，对犹太人有着一种从骨子里的蔑视，以至于在学校课堂上经常出现老师和同学一起对犹

---

[1] 《1885年7月14日致保姆加藤的信》，《青年书简》，第173页，参阅1885年3月29日的信，《青年书简》第154页及以下，《马克斯·韦伯与德国政治1890—1920》，中信出版社2016年版，第8—9页。

太人鼓噪嘲笑。

> "特赖奇克讲课时只要语带反犹太味道就会爆发出……一通
> 狂欢"。①

从韦伯的语气中，他似乎在反思这种反犹太主义的民族主义情绪对与
不对，但显然他并没有反对，只是把当时在课堂上的场景写了出来。但下
面这段话，更使我们感到年轻时的韦伯所处的时代，军国主义的思想在德
国已经四处蔓延开来。

> "我的同时代人竟然如此崇尚军国主义以及类似所谓'现实主义'
> 文化这种怪物，竟然藐视一切不求助于人的邪恶品质——特别是粗野
> 残忍——而达到目标的努力，然后是大量且往往非常刺耳的偏执看法，
> 与别人的观点进行斗争的亢奋，由深入人心的成就感引起的对今日所
> 谓'现实政治'的偏爱，凡此种种，就不是他们从特赖奇克的教程中
> 得到的仅有的东西了。"②

很显然，当时的德国，在大学里和社会上弥漫着很激烈的军国主义的
气氛，整个德国社会上上下下处于一种民族主义和军国主义的极度躁动不
安之中。

这就是年轻的韦伯所看到的社会现象。

这种社会现象出现在德意志帝国刚统一不久。如果再往前追溯到19世
纪初的1806年10月28日，即拿破仑击败普鲁士及1807年法普签订《提尔
西特和约》，正好80年。这80年正好是一代人的寿命。

俾斯麦统一德意志国家之前，即拿破仑击败普鲁上时，那时的德意志
社会几乎处于崩溃的边缘。

德意志联邦有9年的时间全面陷落，到处驻扎着法国军队，政治、经

---

① 见《马克斯·韦伯与德国政治1890—1920》，中信出版社2016年版，第9页。
② 《1887年4月25日信》，《青年书简》第231页及以下，《马克斯·韦伯与德国政治
1890—1920》，中信出版社2016年版，第9—10页。

济、文化受法国人管控，联邦各国的王室大多时间处于苟延残喘，勉强维持着自己的存在。德意志联邦不仅受到法国经济政治的盘剥，更为严重的是文化上的蒙羞和心灵上的摧残。这对于曾经以神圣罗马帝国自居的国家与民族来说，是难以让人接受的。特别是那些思想家们，他们在极力唤醒他们认为德意志人本身就应该具有的潜能而尽呐喊之能事上不遗余力。

当时的德意志虽然处在分崩离析之中，但在人们的心中积累了巨大的对法国人的仇恨，复仇是人们的主要心理。

从这些可以看出，韦伯在青年时所受到的教育，除了自然科学和必要的社会科学之外，更多的是这种活生生的社会现实以及已往的历史，这些既有让德意志民族亢奋的神圣罗马帝国历史的光环，又有国破山河在、民弊不聊生，被法国人占领与屈辱的现实。到了韦伯这一代，可能国家与民族的劫难无以复加，受压抑已久的德意志民族要出现一个大的爆发，复仇的怒火在年轻一代的德意志人心中熊熊燃烧。

同样，韦伯深受当时社会思潮的影响。德国研究韦伯的著名学者沃尔夫冈·丁蒙森说：

> "特赖奇克对韦伯政治观点的影响却不应被低估。韦伯在柏林时，可能至少听过特赖奇克的两次课程，其中一次讲授的是'国家与教会'。这是一场谈论政治的著名演说，被特赖奇克论述国家的性质和置于核心地位的大国理想，把民族国家提升到政治标准的高度，以及蔑视小国寡民的生活，全部重现在韦伯自己后来的政治思想中，一定程度上其至有过之而无不及。可以认为，特赖奇克积极支持雄心勃勃的帝国主义海外扩张政策，给韦伯留下的印象特别强烈。韦伯在弗莱堡就职演说中，要求德国采取自己的世界政策，就可能与特赖奇克的影响直接有关。"[1]

大学期间对韦伯影响较大的不仅有特赖奇克，还有一位是鲁道夫·冯·格奈斯特教授。此人对于韦伯关于法律、社会等学科的研究有着重大

---

[1] 见《马克斯·韦伯与德国政治1890—1920》，中信出版社2016年版，第10页。

的影响。韦伯在1884年1月8日致鲍姆加藤的信中称赞过格奈斯特的德国宪法与普鲁士行政教程课，称此课在内容及形式上都称得上"真正的杰作"；并称赞格奈斯特是一位"严格的自由派"。但是对于格奈斯特主张自治制优于议会制，韦伯是坚决反对的，他说：

> "单纯的地方性或全国性行政，与追求权力事业的政治，两者的高下犹如霄壤。仅靠良好的行政，绝无可能实现这个伟大民族的全球性政治目标。"[①]

由此可见，韦伯关心的不仅是德意志强大的问题，而且是一个如何去实现全球政治目标的问题，足见此时的韦伯主张德国人应该有征服全球的野心，其意志是十分坚定的。

学生时代对韦伯影响最大的，而且几乎影响其一生的人物是赫尔曼·鲍姆加藤。鲍姆加藤是一位历史学家，与韦伯的父亲关系十分密切。鲍姆加藤的政治立场分为3个时期。1866年之前，即俾斯麦上台的4年间，他是一个坚定的反俾斯麦人士。但从1866年之后，他又变成了一个俾斯麦政策的支持者。他主张要建立一个德意志民族的国家，这应该是德国要实现的主要政治目标。他说："国家统一、国家权力、国家独立"是"至高无上的政治目标，是全部现世繁荣的基础和开端。"[②]

但鲍姆加藤还是主张宪政的自由主义者。所以当他看到德国自由主义者的宪政主张在受到俾斯麦的极力打压，在一些关键的原则的主张被俾斯麦政府阻挠而无法实现的时候，从19世纪80年代开始对俾斯麦政府的政治展开批判。

> "我们在政治上是个极为愚蠢的民族，严格来说是个劣等民族。这一点在任何地方都不如我们这里展示的更加清晰了，你可以看到，我

[①] 参阅《政治著作选》第289页及以下。关于格奈斯特，见黑夫特尔：《19世纪的德国自治》，同上书，第12页。

[②] 《历史与政治论文集》第lxix页。引自1870年鲍姆加藤的一次"战争布道"，见《马克斯·韦伯与德国政治1890—1920》，中信出版社2016年版，第6页。

们是那么富有教养，那么多才多艺，那么道德高尚，但在政治上，我们却不幸的那么无知，那么喜欢庸俗地大吹大擂，那么缺乏经验而愚不可及，那么怯懦地毫无个性。……弗里德里希·威廉四世的二十年统治造成骇人听闻的破坏性后果。"①

从鲍姆加藤的政治思想的变化的轨迹，我们可以发现和梳理出韦伯的思想变化，在很多方面二人是接近与相同的。

在攻读博士学位和成为律师期间，韦伯已经有着极端民族主义倾向。韦伯对波兰人进入德国的东部开始担忧。1888年夏天，韦伯第二次参加军训，经常去波森的地方长官诺劳家里做客。诺劳请韦伯一同去巡视东部地区的一些庄园，开始了他对德国东部农村土地问题、波兰人口的大量涌入问题的关注。1890年他受社会政策协会委派，参加对农业工人状况的调查。他认为正是德国东部农业大地产的存在，将人口束缚在土地上，导致了农业工人往往变成雇工和小土地承租人，阻碍了农业工人的无产阶级化。但是，农业工人"不惜一切代价摆脱家长制经济共同体"②

这使农业工人与大地产主发生矛盾，而农业生产的空缺往往会被生活标准低下、工资微薄和仅提供简陋的居住条件的波兰人所取代。这样，波兰人的廉价劳动力很快就会取代德国东部农业的工人阶级。这对于东部大地产者来说是有利的，但从国家的利益看，韦伯担心东部地区逐渐会波兰化，可能会出现政治、民族上的纠纷事件。"东部农业的利益集团正是我们民族性的最危险的敌人"，是"使我们波兰化的元凶"。③

韦伯主张民族利己主义，反对东部地区地产主雇佣波兰人种植。他希望看到国家采取有效的措施，阻止波兰人进入德国东部地区。他认为，这方面代表国家的政治做得并不好。他提到了俾斯麦：

---

① 见《历史与政治文论集》第xlvii页。《马克斯·韦伯与德国政治1890—1920》，中信出版社2016年版，第7页。

② 《农业工业状况》第797页，见《马克思·韦伯与德国政治1890—1920》，中信出版社2016年版，第24—25页。

③ 《1893年社会政策协会纪要》第72页，见《马克斯·韦伯与德国政治1890—1920》，中信出版社2016年版，第29页。

"大地主从外来劳工潮中唯一受益的人，但一位具有'阶级意识'、身为普鲁士政府首脑的大地主，为了保护我们的民族性要驱逐这些波兰人，而那位可憎的农民党对手却为了大地主的利益，对波兰人敞开了门户。"[1]

由此可见，韦伯与鲍姆加藤一样，对俾斯麦执政的能力表示怀疑，起码在东部地区波兰化的问题上持有否定和批评态度。紧接着他又开始批评俾斯麦的世界政治政策和国内的其他政治政策。而正是这些批评，促使韦伯的帝国主义扩张思想的形成。

三、韦伯的德意志帝国主义扩张思想的批判

1895年，因为韦伯在易北河以东土地和农业工人问题的研究分析被认为颇有建树，弗莱堡大学请他去教学。他在就职演说中阐述了他个人的政治观点。

韦伯讲演时的社会历史背景是，德意志面临着19世纪末期的双重社会压力。一方面，德意志面临着自由主义霸权的压力，在争夺海外殖民地方面，俾斯麦政府裹足不前，不愿意与英国发生矛盾和冲突。所以在海外殖民地争夺方面，不仅远远落后于英国，而且落后于手下败将法国。这在一些主张扩张竞争世界政治权力的人来说，德国的对外政治是失败的。在国内，虽然完成了统一，引进了普选制，但俾斯麦和威廉二世限制议会制的发展，而整个社会官僚化程度日益加剧。

韦伯提出，容克贵族阶层的身份和荣誉仍然是构成德意志国家的政治共同体的基础，而不应是只顾着自己利益的特殊阶层。容克贵族阶层理应退出政治领袖的地位，不是因为过去容克统治普鲁士的失败，而是因为过

---

[1]《政治著作选》第10页，见《马克斯·韦伯与德国政治1890—1920》，中信出版社2016年版，第40页。

去的成功不可复制。他提出：在德国东部农业资本主义化，资本家反过来包围容克庄园的时候，容克只能斩断和农民的家产制联系，让其进入西部工厂或是渡海远赴美洲，转而对大量的廉价的流动工人大开方便之门。

韦伯的弗莱堡就职演说"震惊"了在场的所有人，他直言不讳地指出：

"我们不可能带领我们的子孙后代走向和平与人类幸福，而只能进入无止境的斗争以保护并扩张我们的文化与人口。"①

在韦伯看来，那些放弃争夺世界政治权力的人，那些向英国霸权妥协的人，会使德国丧失最好的发展机遇。他认为，一个政治家权力的意志和权力的本能是他的基本素质。为权力而进行不懈的斗争，不仅仅是人类政治组织的基本要素，也是全部文化生活的基本要素。

"你可以改变手段，改变环境，甚至改变基本的行动方向以及对那个方向负责的人，但你不可能把斗争本身撇到一边……用'和平'手段代替斗争形式、代替对敌作战、代替作战的环境，最终代替选择的机会，那将一无所有。"②

从这里可以看出，韦伯极力主张斗争，也使人感到，如果说韦伯是哲学家、社会学家，那么他也是一位好斗、好战的哲学家与社会学家。

如果这种斗争从它的根本性质上说是一切人类联合体的基本要素，那么我们按照一般的逻辑去推论，资本主义所谓的自由竞争原则，无非是一场冷酷无情的经济战争。这种经济斗争不仅限于国内，而且会覆盖整个世界。经济斗争不断深化，必然是一场政治斗争，也必然发生在文化领域，即文化战争。而政治、经济、文化的战争，最后结局是一场军事战争。人类就一次次地走上灭亡的道路。人类正在一步步地实现这样的假设。

韦伯毫不犹豫地接受了达尔文主义所倡导的"生存斗争""适者生存"

① 《政治著作选》第14页，中信出版社2016年版，第41页。
② 《学术论文集》第517页。见《马克思·韦伯与德国政治1890—1920》，中信出版社2016年版，第42页。

之类的术语，虽然后来他也认识到这种提法不正确，并反对社会科学领域中使用的一切生物学观念和概念。①

1896年，韦伯开始批评社会上的一些"愁苦主义"的民族社会主义者。他认为这些人有着一种"社会同情"的情怀，这些人身上没有任何政治权力意识，也不接受现实社会的无情选择。

> "政治是个苦差事。那些对祖国政治发展的车轮制动权负有责任的人，必须具有强大的神经，对实际的世俗政治不应该多愁善感。至关重要的是，希望投身世俗政治的人必须抛弃一切幻想并……认识到一个基本现实——所有人反对所有人乃是一场无可逃避的永恒战争。"②

这是韦伯完全继承了霍布斯的思想，但霍布斯目的是想通过他的"丛林原则"去实现"君主立宪制"的政治目的，而韦伯则是要说明德意志民族要去征服世界，要去追逐世界的政治权力。这是两个截然不同的政治目的，韦伯政治目的主张，与发动"一战""二战"的德国政治者在一定的程度上是一致的。

韦伯在《以政治为业》中写到：

"凡是投身于政治的人，无不以权力和暴力为手段，都与恶魔的势力定了契约。"这种主张与人们常说的为政者不能有妇人之心，不要心存善念别无二致。他认为，在政治道场上混江湖的人，并不是"唯善有善果，唯恶有恶果"。③

这和马基雅维利的"目的决定一切，手段无所谓"是一样的，权力在责任的彼此冲突之中居于重要地位。他推崇被马基雅维利称赞过的公民，

---

① 参见《政治著作选》第9页注释，另见马克斯·韦伯：《社会学与社会政策文集》但就其达尔文的思想，在韦伯的政治主张中得到成分地体现。《马克斯·韦伯与德国政治1890—1920》，中信出版社2016年版，第42页。

② 《民族社会主义者全体代表大会会议记录》，爱尔福特，1896年，第45页。另见《政治著作选》第28页及以下。《马克斯·韦伯与德国政治1890—1920》，中信出版社2016年版，第42页。

③ 《政治著作选》第554页，同上书，第46页。

"他们把自己的城邦的伟大看得比灵魂救赎还要重要。"然而，他认为如果你逃避现实，不敢面对争斗，不敢依靠权力，这是一种胆小怕事、懦弱的表现。

正是这个坚决主张德意志必须走向世界权力政治舞台的轴心的人，被指控向德意志民族灌输"钢铁时代的新马基雅维利主义"。[①]

马克斯·韦伯断言：

> "斗争是人类生存的基本方式，他在思想上毫不妥协地描绘了这种斗争的因果关系。谁要有勇气完全并一以贯之地支持他的信念，无论如何都会赢得他的极大尊重。"[②]

四、韦伯民族主义思想的批判

霍布斯主义、达尔文的思想，在韦伯的民族主义思想上得到了充分的体现。这时的韦伯已经变成狂热的民族主义者。韦伯的民族主义在他的政治理论中占有核心地位，民族国家的权力是他政治著作中的基本价值观，本民族发展的目标是他认定的主要目的，而其他的政治目标在他看来都是次要的。

> "我只能在民族框架中看待政治——不单是外交政策，而是全部政治。"[③]

韦伯这种民族主义立场确实贯穿了他的一生，实现本民族走上世界先

① 迈耶《德国政治中的马克斯·韦伯》第109、117页及以下，同上书，第47页。
② 《马克斯·韦伯与德国政治：1890—1920》，中信出版社2016年版，第48页。
③ 《政治著作选》第157页，"如果这场战争根本不是民族的战争，我就不会发射一颗子弹或者购买一劳尼的战争公债"，1917年7月16日的信，《政治著作选》第1卷，第469页，中信出版社2016年版，第50页。

进民族并主导世界政治成为他一生的奋斗梦想。

在1918年12月一次群情激昂的大型集会上，韦伯在他的演讲结束语中说道：

> "德国民族主义的未来何在？"

紧接着他大声讲道：

> "凡是在德国遭到异族统治的威胁下不打算使用革命手段并甘冒被送上绞刑架和投进监狱等风险的人，未来就不应被叫作民族主义者。"[①]

这次群众集会发生在距离第一次世界大战结束后不到一个月时间，德国已经战败，致使世界上2000多万军民死亡，战争造成多达3000亿美元的经济损失，韦伯在集会上不但毫无反思检讨德国发动第一次世界大战给世界人民带来的重大伤害与损失，反而大谈和追问"德国民族主义的未来何在？"这无疑是在煽动民族情绪，表达对第一次世界大战结果的不满。面对即将到来的战争赔付，他呼吁德国执政者和人民，要采取"革命手段"，否则就不是"民族主义者"。

韦伯这样激进的民族主义情感与他所在的社会环境有关。历史学教授海因里希·冯·特赖奇克狂热的民族激情对他有着深刻的影响。他的忘年交鲍姆加藤对他的民族主义思想的形成也起着举足轻重的作用。韦伯的政治理论继承了特赖奇克民族国家道德的理论，也是对黑格尔的国家理论的民族主义的进一步阐述。

韦伯反对"把多个民族奥匈帝国单纯拆分成一个个独立的同质民族国家。……唯有一个超民族的政府才能使一个多民族的联邦成为可能。[②]

[①] 依据1918年12月22日《福斯报》报道。《马克思·韦伯与德国政治1890—1920》，中信出版社2016年版，第50页。

[②]《政治著作选》第175页，《马克斯·韦伯与德国政治1890—1920》，中信出版社2016年版，第52页。

他认为民族"共同的政治命运，共同为生死存亡进行的政治斗争"，"我们一再看到，民族的概念总是把我们引向政治权力。因此，如果说这个概念终究要指称一个统一的现象，那么看来它指的就是一种与强大的共同体观念联系在一起的特殊情感因素，那里的人们有着共同的语言，或者共同的宗教，或者共同的习俗，或者共同的政治记忆；这样一个国家可能已经存在，或者想要存在。越是强调权力，民族与国家的密切联系就越是显而易见。"①

韦伯强调民族与国家的关系后，便开始论证民族国家如何走向帝国主义。他早在弗莱堡就职演讲中就把民族概念和国家权力的理想等紧密联系起来。

> "民族国家并不是什么含混不清的东西，正如有人认为的那样，民族国家被抬得越高，其性质也就越会笼罩在云里雾中。事实上，它就是民族权力的世俗组织。"②

韦伯这里是阐述他的民族观，即民族与帝国主义之间的关系。他认为，民族不仅追求文化和政治的独立，而且也追求在世界上拥有强大的政治地位。韦伯不过分强调种族，而将文化与共同地域、权力的管辖及政治记忆看得更重要。在他看来，如果过分强调种族，那么，在这个国家里就会把很多异族人排斥掉，这不符合他的民族国家主义观。因为他的国家观是要走向霸权主义，要侵占很多的地域与国家。而对于一个国家，如果放弃了争夺政治权力，如瑞典实行不结盟的"中立"政策，韦伯对此不以为然，甚至持坚决的否定态度，被他看成是一种丧失民族发展机遇，走向衰败的表现。

韦伯认为，在民族上层社会中人们在追求一种声望感的民族意识。而这种声望感就使这个民族国家走向世界、走向帝国主义的权力政治。"可能还会兼有一种要对今后几代人负责的明确信念，即对他们自身与外部政治

---

① 《经济与社会》，第398页，同上书，第54页。
② 《政治著作选》第14页，《马克斯·韦伯与德国政治1890—1920》，中信出版社2016年版，第53页。

实体之间权力和声望的分配方式负责"。从而极致地控制住对权力和声望的占有。这种对权力声望的理想主义狂热，就是现今国家那些上层阶层的人们普遍持有的"民族观念"。①

从这里我们就可以看到，韦伯认为民族国家因为上层人物在追求一种权力的声望，得到本国知识分子的支持，因为这与知识分子的利益攸关。这也正是作为知识分子代表的韦伯，不仅热衷于这种权力声望，而且还极力主张追求权力政治的国家体系，为子孙后代开辟一条在各民族间分配权力和声望的道路。

韦伯谋求德意志民族的权力与希望前后是一以贯之的。1893—1898年，他对东部地区"非民族化进程"的态度，使得左派人士指责韦伯是沙文主义者。而他自己也说："我成了出名的波兰人之敌。"②

1893年，韦伯加入泛日耳曼同盟。这个同盟是德国民族主义团体。1891年成立。成员以军官、官僚、知识分子、工业者和神职人员为主，主张凡是日耳曼人居住的地区应全部归德国所有。这个政治同盟的政治取向与韦伯是完全一致的，所以韦伯很快就成为同盟的成员。他是想在关于东部波兰人的问题上寻找政治盟友。韦伯就波兰问题在一些泛日耳曼同盟集会上演讲，希望盟友支持他的建议，即关闭边界，帮助政府实现国内殖民政策的制定。1894年，泛日耳曼同盟第一次代表大会召开，通过了波兰问题的议案，提出批准对流动工人关闭东部边界的要求。但是在联盟内部，一些人倾向于同保守派农民党妥协，在这种情况下，1899年4月，韦伯退出联盟。韦伯在退出声明中说：这些情况"并不妨碍我愉快地同情联盟的努力"，也不会削弱"我对联盟领袖们崇高的个人敬意"。③

所以，韦伯退出泛日耳曼同盟，并不是他改变了自己的政治立场或与同盟主强占领欧洲的政治主张发生分歧，而是因为波兰流民的问题。

① 《经济与社会》第527页，《马克斯·韦伯与德国政治1890—1920》，中信出版社2016年版，第55页。

② 《政治著作选》第173页，同上书，第56页。

③ 《1899年4月22日的信》，《马克斯·韦伯传》第237页及以下。参阅《政治著作选》第173页及以下，《马克斯·韦伯与德国政治1890—1920》，中信出版社2016年版，第57页。

韦伯认为，德意志本该就是世界性大国，即世界性的帝国，这个民族天生就具有这样的潜质。如果德意志民主意识不到这一点，就担当不起历史赋予他的使命和责任。"德意志帝国将被证明原来只是一个昂贵虚夸的奢侈品，一个对文化有害的奢侈品。"①

所以，韦伯的民族主义的核心是德意志成为世界性的国家，他的野心远超泛日耳曼同盟，仅将欧洲日耳曼人居住的地方纳入德国还要大得多的多。

在第一次世界大战期间，即1916年，他又写道，德国一定要成为一个"权力国家"，其目的是"对世界的未来拥有发言权"。②这无疑在表明是对第一次世界大战中德国的战争行为的全面肯定并带有极大的期许。他认为，一个伟大的民族，毫无疑问地"首先追求权力"，这是人类历史发展的必然。"这个现世的法则……在可以预见的未来就包括了为权力而战的可能性和必然性，而要保存民族文化，就必然离不开权力政治。"③

韦伯的这段话，明确地说明他将德国追求世界政治霸权，成为世界性的帝国看成是"现世的法则"，这比霍布斯还霍布斯，霍布斯的"丛林法则"是将动物界的法则引申到人类社会，而韦伯则赤裸地表述德意志民族追求世界帝国的行为就是天经地义的"现世法则"。

韦伯认为，一些小的民族，它们的生存只能在大国的保护下才有可能。这些小国的小民族与大国的大民族相比，在文化上更具创造性。④

他认为，小的民族想要生存，只有在大国强国的保护下才有可能，这也在说，小的民族若不服从，将不会被存在。

1911—1913年期间他撰写的《经济与社会》中说道：

"每一次获胜的战争都会增进文化声望……战争是否会促进文化的

①《政治著作选》第143、175页，《马克斯·韦伯与德国政治1890—1920》，中信出版社2016年版，第67页。

②《政治著作选》第176页，同上书，第67页。

③《政治著作选》第145页，同上书，第67页。

④《政治著作选》第142页及以下，175页及以下，《马克斯·韦伯与德国政治1890—1920》中信出版社2016年版，第617页。

发展则是另一个问题，一个不可能以'价值无涉'的方式做出解答的问题。这当然不是显而易见的（看看1871年以后的德国吧！）。即使按照经验标准也不能这样做，因为具有明确德国特色的纯艺术和文学并没有在德国的政治中心得到发展。"①

这种通过战争来实现他主张的权力，是他一生的思想。

战争的喧嚣，是在鼓吹战争会给德国带来更好的声望，带来未来的文化发展。他认为1891年的德国统一，是德国走上世界帝国的开始，也是为即将出现的世界大战做基础性的准备。他在1893年就明确地说出这一观点。

> "我们必须明白：德国的统一是我们这个民族在青年时代就该完成却一直拖到晚年才能完成的业绩；如果把它当作德国参与世界范围的权力政治的结局而不是起点，那么当年耗费巨大代价争取这种统一也就完全不值得了。"②

在这之后，也就是1895年，他仍然坚持这一主张，并断定德国卷入世界政治是历史必然，也是一项严肃的政治义务，这需要国家的统治者承担起"在历史面前的责任……我们不可能成功驱散历史加给我们的诅咒（即我们生的太晚已经赶不上一个伟大却消逝了的政治时代）。我们唯一还能做的或许只是：为一个更伟大的时代充当前驱"。③

韦伯极力主张德国参加到"世界权力政治"中，他希望用俾斯麦统一德意志帝国的事例来唤起德意志人强大的民族情感，从而使人们去参与"世界政治"的新任务。韦伯的这些鼓动在社会上激起了巨大的反响。他这样做的目的正如他自己所说：

---

① 《经济与社会》第530页注释，见《马克斯·韦伯与德国政治1890—1920》，中信出版社2016年版，第69页。
② 《政治著作选》第23页，见《马克斯·韦伯与德国政治1890—1920》，中信出版社2016年版，第71页。
③ 《政治著作选》第24页，见《马克斯·韦伯与德国政治1890—1920》，中信出版社2016年版，第71页。

"我们必须强化我们的民族情感，要告诉我们的人民，德国的发展并没有在1870/1871年宣告结束。我们务必不能忘记，我们还有数百万同族人生活在黑白红边界界桩之外。德国人民像其他文明民族一样有权利、有义务作为主宰者民族参与主导整个世界的命运。帝国的建立只是我们走向世界权力地位之路上迈出的第一步。"①

他在1896年的民族社会党代表大会上宣称，"1870年不是德国历史的终结"，现在需要考虑的是如何"划分世界版图"。②

韦伯这种强烈的民族主义思想时时处处都会表现出来，如他在1895年5月在弗莱堡大学就职演讲和1896年他在民族社会党代表大会上提出要把帝国的建立视为一个发展的起点，而不是终点的说法。他的这些思想对弗里德里希·瑙曼产生了重大的影响。他在那部广为人知的著作《民主与帝国》中再次简明地表达了他接受了韦伯的思想：

"我们为成功实现了帝国的统一和强大而心满意足，但我们认为，这是一种装模作样好像波澜不惊的过分简单化的夸张情感。因为我们想要成为一个民族，现在就必须心甘情愿地接受和承担因实现了愿望而产生的后果。"③

又如，在德国帝国主义思想发展中起着重要作用的汉斯·德尔布吕克，他也从韦伯的弗莱堡就职演说中获得动力。④在1895年之前，《普鲁士年鉴》几乎不发表有关世界政策的文章，德尔布吕克更是如此。但受到韦伯的影响后，情况与以前大不相同。德尔布吕克公开发文称：

① 见《马克斯·韦伯与德国政治1890—1920》，中信出版社2016年版，第71页注释③。
② Protokoll，第39页，见《马克斯·韦伯与德国政治1890—1920》，中信出版社2016年版，第72页。
③ 《民主与帝国》第4版，第1177页。类似的说法，也见于《政党》（Die politischen pareeren，Berlin，1910），第107页，《马克斯·韦伯与德国政治1890—1920》，中信出版社2016年版，第72页。
④ 参阅H. A施特格的专论《汉斯·德尔布吕克心目中的德国世界政策》，《马克斯·韦伯与德国政治1890—1920》，中信出版社2016年版，第73页。

"没有任何一个大国像德国这样高贵地把致力于维护和平作为自己的目标。但是，一个伟大的民族的政治不可能止步于此。"

他在文章中像韦伯那样向德国的人们问道："德国的世界大国政策，它在哪里？"①

"韦伯教授在他先前的演说有力地说明了，德国的统一如果是德国全球大国政治的终结而不是起点，那它就只是一场年轻人的狂欢。""事实上，我们还没有进入实实在在竞争世界权力的剧场，而只有这样的权力，才能满足一个伟大民族并有可能确保子孙后代的伟大和平！"②

从此以后，《普鲁士年鉴》在德尔布吕克的主持下，竟成了德国帝国主义思想传播的主要舆论阵地。

正是在韦伯的民族主义思想影响下，使得德意志民族意识愈来愈走上为了使本民族强大、为了使德意志世界帝国的建成，最后不惜付诸武力，发动战争已成为社会的主流意识。

五、韦伯的"世界权力政治"思想的批判

韦伯认为，资本主义国家通过市场占领和资本输出的纯经济扩张和政治帝国主义之间，二者没有根本差别，将那些世界上仍然"无主"的地域置于资本主义民族国家权力控制之下，不仅对殖民地国家不是什么坏事，而且还会给那些被殖民地国家提供工商业发展的机遇，以及当地人们就业

---

① 《普鲁士年鉴》（1895年），第338页及以下，《马克斯·韦伯与德国政治1890—1920》，中信出版社2016年版，第73页。
② 《普鲁士年鉴》（1895年），第338页及以下，《马克斯·韦伯与德国政治1890—1920》，中信出版社2016年版，第73页。

的机会。他认为不能将这种经济共同体之间的斗争等同于政治斗争。但任何人都明白这种经济的斗争不过是为了损害其他民族，从而增加自己民族的经济潜力而已。

在1897年的福音派社会运动代表大会上，政治经济学家卡尔·奥尔登贝格提出，"傲慢夸张的'英国模式'追求德国的伟大，追求世界权力的概念，因为那将沿着公然的权力政治路线'冷酷无情地破坏所有五个大陆的异国公义'"。"他认为，如果追求伟大会'让你蒙羞'，那伟大就根本不值得追求"。①对此言论，韦伯发出了强烈的抗议。

> "赢得生存斗争的不是所谓出口政策，而是人口的增长。未来人与人的战争将会更加艰苦，更加繁重。我们正在把传播斗争的福音当作一项民族责任，当作一项经济上无可逃避的任务，无论对整体还是个体来说都是如此，我们并不'羞于'这种斗争，这是通向伟大的唯一途径。"②

在韦伯的思想中，我们不仅可以清晰地看到社会达尔文主义的痕迹，也能看到马尔萨斯的人口理论的思想。当人类社会进入19世纪以后，随着自然科学技术的发展，人口也出现爆炸性的增长。这使韦伯坚信未来的国际社会人们在生产与生活资料方面而进行的世界性政治权力的竞争会愈演愈烈。他早在就职演讲时就提到，人口问题这个阴郁的凶兆足以使他无法想象："未来的子宫里会孕育出和平与幸福"。③

严格来说，这是马尔萨斯人口论的翻版。由此可见，思想家的思想，可以通过影响不同地域、不同民族、不同国家以及不同时空的思想家的思想，也影响着接触这一思想的普通的人们。人们会接受他的观念以及他的

---

① 《1897年第8次福音派社会代表大会论文集》第55页，《马克斯·韦伯与德国政治1890—1920》，中信出版社2016年版，第74页。
② 《1897年第8次福音派社会代表大会论集》，第113页，《马克斯·韦伯与德国政治1890—1920》，中信出版社2016年版，第75页。
③ 《1897年第8次福音派社会代表大会论集》，第113页，《马克斯·韦伯与德国政治1890—1920》，中信出版社2016年版，第75页。

价值体系，从而主宰人的部分思维方式和行为方式，甚至会主导人的所有言行。

人口的问题，直接涉及社会就业问题。韦伯认为解决人口就业，工人阶级的出路应该与帝国主义的对外政策联系在一起。1896年，汉斯·德尔布吕克在第七次福音派社会代表大会上就失业问题发表演说，主张引进失业保险和国家成立联合介绍所。对此，韦伯提出了异议。他认为真正原因是"极为严重的人口问题"。

> "我们需要到海外找出路，通过扩大出口市场创造更多工作机会。这就意味着德国要对外扩张经济势力范围，归根结底要完全依靠对外扩张政治权力。"①

这是霍布斯、马尔萨斯、达尔文等人的理论在德国发展的必然结果。就连这么理性的哲学家都认为，只有走向世界扩张，才能解决人口就业问题，从而还能获得更大的经济利益、政治权利，由此，国家与国家，民族与民族的战争不可避免。人口问题虽然是就业问题，但这些因素一定会导致政治强国的民族走向狂热地寻找海外市场进行殖民或夺取海外资源的道路，这是不可阻止的发展趋势。他们会认为，所有的民族都会努力地进行吞并并把资源纳入自己的势力范围之中。

面对德意志帝国形成较晚，世界已经被英法等国分割所剩无几的现实状况，韦伯属于自由派帝国主义者。他给德国所出的主意是这样的，以扩充军备为手段，迫使西方各大国答应德国在世界上那些没有被殖民和无主的地方，获得德国应该获得的那一份份额。这种设想其实是难以实现的。西方列强只相信实力而不相信道理和公平，如果相信道理和公平，就不会无缘无故地跑到别的国家去做那些只利丁自己不惜让当地人们受苦受难的事情。所以这种通过讲理或者恫吓是起不了多大作用的。这样，只能走武装占领的道路，所以，武装冲突就不可避免。

---

① 《1896年福音派社会代表大会文集》，第122页，见《马克斯·韦伯与德国政治1890—1920》，中信出版社2016年版，第80页。

韦伯也承认这样下去战争的可能性是存在的，并相信，一旦局势发展到那种程度，德国就应该采取军事行动。他在1904年圣路易世界博览会上所发表的评论就可以看出他对可能发生的战争的思考。

> "命运使我们背上了数千年历史的重负，使我们置身于一个人口稠密、文化精致的国家，迫使我们在一个可谓兵器林立的世界其中的一个兵营里保护我们古老文化的光彩。"①

这就是强道。本来韦伯主张去占领世界上那些无主土地，甚至为了争夺世界政治权力不惜一战，但这里他又把这种依靠武力进行扩张的行为说成是为了保护自己的文化。韦伯有一个冠冕堂皇的理由，即是由于生存竞争，生存空间狭小导致的。他认为生存在欧洲的人命该如此。欧洲就那么大，但生存了那么多人口，存在了那么多的国家。为此，他赞叹美国的情况又是多么让人羡慕，他们不必"和我们一样披挂上锁子铠甲，书桌抽屉里也不会像我们一样动辄就塞满了战时的进军令。"②

这里韦伯有些宿命论的味道，他为欧洲人生来就处在这狭窄的生存空间而惋惜。

韦伯认为，使命让德国别无选择，因为它是一项决定性的世界政策，它也是成就民族之伟大的内政外交的前提，更是德国在历史面前没有逃避现实的责任。这就是他直至1918年德国战败，在他看来是那个悲剧年份之前他的政治立场，即德国的所有内政外交政策都应该以此为目标，这个目标就是德国成为世界权力政治的主导者或者主导者之一。韦伯就是在这个意义上鼓吹"外交政策优先"的，他希望看到"所有的政策安排""都能有助于实现他的'世界政策'的目标。"

他在1911年的《经济与社会》中写到：

> "为本实体成员垄断外国领土上的盈利机会，现在最安全的保障就

---

① 《马克斯·韦伯与德国政治1890—1920》，中信出版社2016年版，第81页。
② 见圣路易演讲．霍华德·迈尔斯：《1904年圣路易世界博览会》第7卷第745页，《马克斯·韦伯与德国政治1890—1920》，中信出版社2016年版，第81页。

是以保护国形式或某种类似的安排对外国领土实现政治占领或者臣服那里的政权。这种'帝国主义'关切正在日益取代追求'自由贸易'的和平主义关切。""'帝国主义'的资本主义历来就是资本主义利益集团对政治施加影响的寻常方式，它的普遍复活并出现要求进行扩张的政治压力也并非偶然。就可以预计的未来而言，这种趋势恐怕会持续不断。"①；

　　"在古代以及现代之初，资本主义获利的主要推动力就是纯粹与政治权力有关的'帝国主义'利润，今天它再次日甚一日地走向了这个方向。"②

韦伯将这一世界发展的趋势走向看得十分清楚，即垄断资本势必要战胜自由资本，帝国主义必将要战胜资本主义，所以向外侵略与扩张，征服国外领土，征服国外人民，这是帝国主义政治发展的必然结果。

韦伯的思想固然存在着时代局限性。为此有人说，应该理解韦伯，作为一个将民族兴衰看成己任的韦伯，他不这样去思想又能怎样去思想？那个时代决定了那个时代的韦伯，这是历史决定的，他必然要这样。这多少是在为韦伯开脱，是推卸他的历史责任。一个人的思想是人对客观事物的反映，人的思想既可以受时代的限制，又可以不受时代限制。与韦伯同处于同一时代的思想家厄恩斯特·特勒尔奇先生，他对世界政治权力的看法、对帝国主义的看法、对德国的发展道路的看法，与韦伯完全相左。他说：

　　"伟大的文明民族都有各自理性的表现，他们必须互尊互惠。没有哪个民族需要世界统治，无论是权力还是精神的统治。这与一个自由的民族高尚地利用自己特有的文化财富不相称。"③

---

① 《经济与社会》第526页。另见205页，《马克斯·韦伯与德国政治1890—1920》，中信出版社2016年版，第81页。
② 《马克斯·韦伯与德国政治1890—1920》，中信出版社2016年版，第81页及注。
③ 《帝国主义》载《新评论》（Die Neue Rundschau 26，1915，第11页，见《马克斯·韦伯与德国政治1890—1920》，中信出版社2016年版，第82页。

特勒尔奇的思想是正确的。中国古人讲的天道就是"损有余而补不足"，不允许万物不平等、有差别。这本来就是人的天性，即天赋予人的本性。为什么非要去剥夺别人来满足自己的需要呢？为什么又把它看成是天经地义、无可选择的呢？所以，不能从时代背景或环境去为韦伯开脱。

在韦伯看来，社会走向帝国主义是人类社会组织结构不可避免的。在资本主义社会里，政治是为资本服务的，而在这种社会当中资本扩张的欲望必然产生帝国主义的欲望，这样就形成帝国主义政治权力之间的相互竞争。这种竞争由经济领域势必发展到政治领域，即要用自己的政治权力去占领和统辖更大的区域，靠国家民族之间的协商无济于事，只能导致军事战争。所以他说：

> "要想理解现代国家的起源和内容，只能着眼于过去500年间欧洲各国那种独特的政治竞争和'权力平衡'……而不是他们的贸易政策或者金融政策"。①

而它是那些掌握政治权力的阶层的人所有的一个特质，即抱有以国家利益为取向、为目的的权力声望感。韦伯认为这种权力是帝国主义向外扩张欲念的观念内核。②

这种"观念内核"是国家、民族产生以来，人类所走过的不符合天道的历史的必然结果。人、民族、国家的竞争征服，促使人类在强道文化下相互倾轧，彼此争斗，无休无止，走上一条不归路。而掌握国家统治权力的统治者的权力声望感与帝国主义现实利益相结合，被社会上层普遍接受，因这种权力表现能给上层人们带来收益，同时也会得到国内工商资本阶层的支持，因为国家会用政治及军事等手段为工商业资本打开通向世界的道路，管辖的地域就等于管辖了这个地域的市场，还有在一定程度上也会得到帝国主义国家下层人民的支持，因帝国主义的非统治阶层及最下层的人，

---

① 《政治对话》，第211页。见《马克斯·韦伯与德国政治1890—1920》，中信出版社2016年版，第82页。

② 《经济与社会》，第520页，见《马克斯·韦伯与德国政治1890—1920》，中信出版社2016年版，第82页。

也可以从帝国主义的扩张和掠夺中得到好处和分得红利，这便形成了一个政治的共同体。在这样的政治共同体中，大家都得到了好处。"最大的盈利机会，它比寻找出口途径、致力于同其他政治共同体成员进行和平贸易获得盈利机会大得多。"①

这是其实质。当人类的强道文化引导人们走向满足于贪欲的道路，失去天道的平等与中庸，那么什么道路获利最大、最快，自然是凭借着强力、武力对外抢夺争伐，所以，所有的帝国主义国家便会毫不犹豫的走向对外扩张与战争的道路。这就说明强道文化发展到它的最高阶段，便是怎样有利就怎样做，完全没有公平、正义、民主、自由而言，主宰社会的理论一定是"实用主义"，即怎么能使强者的自身利益的扩张，就会采用怎样的行动。

帝国主义可以通过征服政治上相对落后软弱、经济上尚处于没有开发的地区来扩张国内的经济，从而为帝国主义带来意想不到的利益，这就是为什么帝国主义的政治会得到所在国家人民的拥护。因为帝国主义的扩张不仅能增加国家、民族的优越感、声望感，更重要的是给国内的企业家，给国内产业、给下层人的就业带来好处，以及从国外掠夺来的财富一部分变成普通人的福利，这自然会得到人们的拥护乃至为之狂热。

> "韦伯认为，我们不能确定经济和工业进步会不会经久不衰。"②
> "他预计，各民族国家的经济版图会日益饱和，因此导致的国与国的斗争日趋激烈，营造机会将愈来愈缩减。"③

韦伯只是从一种经济形态的变化去研究，得出如此的结论。实际上，资本主义社会的经济形态是变化的。这种变化来自人们对自然科学的研究发展，将自然科学研究的成果不断地应用于社会经济生产上，使经济形态

---

① 《经济与社会》，第525页，见《马克斯·韦伯与德国政治1890—1920》，中信出版社2016年版，第83页。

② 参见《经济与社会》第524页及以下，见《马克斯·韦伯与德国政治1890—1920》，中信出版社2016年版，第84页。

③ 参见《马克斯·韦伯与德国政治1890—1920》，中信出版社2016年版，第84页。

发生了改变，也使社会生产产品不断按人的需求而改变，并很快地更新换代。这一方面使原来饱和的经济版图出现了商品需求，使经济业态充满新的生机和活力。但是，另一方面，不断更新换代的产品，进入流通领域又不断地满足与激发了人们对物的欲念与依赖，使人们的懒惰日益成性，享乐日益成风，愈科学的技术生产出来的商品，会使人少付出智力或体力，而又能使人多获得和多占有，快捷实用不仅满足了人们的需求，也改变和代替了人们所有的道德价值观念，这是韦伯当时社会看不到的。

帝国主义的扩张现象随着第二次世界大战结束而停止。但这种扩张的争夺换成了另外一种形式，即和平时代帝国主义的经济掠夺和文化掠夺。这种经济文化掠夺伴随着地域间的局部战争。战争首先出自帝国主义军事工业需要，其次是帝国主义的全球政治需要，再次是也为经济文化掠夺需要。一旦哪里使帝国主义的经济文化扩张受阻，便动用武力，以求实现掠夺的目的。除了经济、文化的掠夺之外，科学在这期间成为了帝国主义的重要的掠夺手段。

韦伯所讲的"权力政治"，从它产生便走向天道的反面，必然要刺激一些个人的、民族的、国家的欲望。所以走向争夺世界的帝国主义是必然，这也是至今人类无法摆脱的桎梏和顽疾。韦伯认为现今世界上尚未开发的土地和那些开发不成熟的土地，是现今资本主义摆脱僵化、走向新发展的唯一出路。在他看来如果彻底的世界经济分工加剧了相互隔离的民族势力范围，这样的经济开发有多大可能性去推迟经济管理体系的官僚化以及社会结构进一步固化的趋势是值得商榷的。

这一点韦伯看到的是正确的。当海外掠夺已经失去可能性，就意味着国内财富就成为人们争夺的重点领域。在这种重新分割当中，经济与政治勾结，或政治权力与经济利益的结合，这是社会发展的必然。经济结构一旦与官僚资本相互结合，资本一旦被执掌国家的个人垄断，个人的自由经济就一定会受到摧残。掌握国家政治权力的官僚，一旦成为经济领域里的实际操控者，那么就没有了自由经济企业家的活路，社会也必然日益腐败。

韦伯认为，哪个国家存在"仍未饱和"开发的土地和经济领域，这是解决本国经济发展的排气阀。俄国和美国就具备这样的条件，而德国只能到海外去寻找这种排气阀。整个欧洲除俄国外，由于未开发的领域和发展不饱和的经济区域已经减少，所以经济发展上的个人自由其前途并不乐观。发展只可能源于一个"不可复制的独特格局"，即"海外扩张"。

不难看出，韦伯认为只有向外扩张得到无主的土地或世界市场，或者本国有着大量的没有开发的土地，这才是突破资本主义发展瓶颈的唯一出路。从而扩张就成了近代以来资本主义发展的唯一选择，不选择这条路，资本主义就无法持续发展下去。

美国和俄国的发展潜力，由于它还存在着大量的未开发土地，这很让韦伯羡慕。

所以掠夺与强盗是资本主义发展的必然。资本主义失去这两点就无法生存。资本主义的社会财富与权力的占有者，只有对外掠夺才能满足他们的欲望和需求。如果停止了向海外掠夺，便开始向内掠夺。但是，向内掠夺与其所倡导的文化并不相符，也必然引起国内人们的反抗，在权衡其轻重之后，只好发动对外战争，通过战争来实现新的对外掠夺。

另一个出路就是搞新科技的输出，通过科学技术产生一代一代新的商品，通过商品优势去占领世界市场。所以资本主义国家一方面控制着国际金融体系，另一方面形成国际垄断产业，占领全世界市场，同样取得像英国当年掠夺世界财富建立殖民地一样的效果。

另一方面，对全世界进行文化侵略。例如，美国的文化侵略，输出它的价值观体系的同时，又赚取大量的社会物质财富。

消灭自由是人类违背天道的必然结果。天道主张平等、自由，人类产生了权力政治后，便开始了有权人剥夺那些无权人平等与自由的历史。但是，大自然赋予了人理性，人的理性还有一方面即遵循大自然的平衡发展，这也是天道的具体体现。这种体现就是"物极必反""否极泰来"，任何事物当它走上极致必然向反面发展。奴隶社会将人变成工具，完全违背人性，将人类社会推向极致，这违背天道，结果奴隶社会被推翻代之以封建社会。封建社会的统治阶级以田地、物帛、货币等为资产，代替了对奴隶的占有，从人性上看是一个进步，但仍然是在权力政治之下，离天道甚远。资本主义社会又使下层民众沦为社会化大生产的工具，人的价值等同于机器甚至不如机器，人们所获取的微薄收入只能勉强度日。那些发达的资本主义国家，对外掠夺使本国政治好于一般资本主义国家，国内人民生活水平高于一般资本主义国家的人民生活水平，但资本主义社会仍离天道社会甚远，或者说越来越远，甚至完全不去想那些被侵略被扩张的殖民地人民的命运。

韦伯看到了资本主义发展到帝国主义阶段的必然结果。他不希望社会走向僵化，走向没有发展余地的程度，从为资本主义社会前途着想，主张无情的权力扩张政治，这种主张，它的前途是致命的。韦伯完全站在德意志民族与国家的立场上来思考本民族本国的现在和未来的命运。

发展世界贸易是必然的。帝国主义国家总人口只占全世界人口很少的比例，这就决定了帝国主义要满足自己的国家人民的欲望，必须要给予非帝国主义国家人口以生存压力。如果这些人没有了生存压力，就没有人去供养帝国主义国家的人口，帝国主义国家的人们也就满足不了自身的欲望。于是，帝国主义国家开始制定世界性的准则，这种准则就是保障帝国主义国家的人们享乐的权利和非帝国主义国家人们的生存权利。

资本主义发展到帝国主义阶段，并不能说明帝国主义已经没有发展的余地了。帝国主义同样能够不断地创造新的增长，只是各种增长的速度远不如自由资本主义时代不断扩大国内市场带来的利益。韦伯断言，随着对经济发达地区的占领的减少，资本主义发展的势头将会衰减。这里我们需要指出，关于资本主义发展的问题，韦伯并没有坚持这一悲观看法。他在《经济与社会》中说，这种提法已经不再与帝国主义的概念伴随而行了。韦伯提到了"技术——经济发展的稳定性的时代"。

韦伯等人对资本主义发展到帝国主义时代前途的思考，并没有注意到资本主义导致世界出现严重的地域政治、经济、文化、科技的分化这一问题。而这种分化使过去掠夺与瓜分世界的途径发生了改变。资本主义——帝国主义是一种手段和方式，它们的手段和方式已经改为以科学与文化为武器，开始了新一轮不用占有土地的经济、科技、政治、文化殖民掠夺战争。这种战争并不是全部采用武装占领或军事战争实现的，而是通过科学技术、文化、政治输出等手段实现的。在新的战争中，资本主义、帝国主义仍然占有绝对的优势，而且还将违背天道人性的本质掩盖起来！但同样达到这些资本主义国家、帝国主义国家曾经得到的利益与好处的目的。

韦伯追求国际权力地位的心理是当时德意志人接受自15世纪霍布斯、19世纪达尔文等人的思想再叠加上德意志日耳曼民族优越感后产生的心理。

从20世纪中期开始，帝国主义推行的不再是殖民地占领的战争，而是以资本输出、科技输出、文化输出、商品输出，以及原材料掠夺与人力成本掠夺的新的侵略方式，将美元变成世界货币，由美元重新改变世界政治、经济格局。这种输出必然导致全球的工业化和新的资本化，加速缩小各国民族之间的政治、经济、文化差距。这就是单极世界，即原来由英国、美国主导的世界逐渐崩塌，全球走向多极。这使新旧权力政治必然发生冲突与对抗，最终导致人类走向更为危险的对抗。

韦伯认为，德国参与世界权力的政治竞争，是保持德国为世界大国的最好手段和途径。德国成为世界性大国，不仅是德国的任务，同时也是德国应向世界担负的义务。也正是从这一点出发，韦伯反对俾斯麦的大陆政策。他认为大陆政策阻止了德国向海外扩张发展，使德国在海外远远落后于英法。早在弗莱堡的就职演说中，韦伯对是否否定俾斯麦大陆政策还心存顾虑，他既没有提到这位德国人民看作灯塔般的人物，也没有对"大陆政策"提出批评，而只是谈到19世纪80年代的海外扩张、殖民政策时说到"羞羞答答、半信半疑"的海外"权力政治"，根本就名不副实。

但在这之后，他便开始严厉地批评俾斯麦了。他说俾斯麦的外交政策"在任何意义上说都是'保守的'，……而且绝不是一个'更伟大的德国'的政策"。[①]

韦伯如此指责俾斯麦，他是否真的了解俾斯麦呢？就当时统一的德国，是否还有能力去争夺海外殖民地呢？在俾斯麦心里有没有比统一德国更大的欧洲霸权梦，现今很难说，就当时的德国而言，在欧洲大陆仍然具有发展霸权的空间。

韦伯有一种理想的设计，认为应该先走向世界，像英国那样。但如果像英国那样，就必然与英国为敌。而英国再同法国、意大利、俄国联合，对德国在大陆的发展并不利，并不能实现俾斯麦的大陆战略。

俾斯麦是否有一个先在欧洲大陆扩大德国的霸权地位和地理空间，然后再去争霸世界的心理蓝图呢？应该是有的。其实第二次世界大战德国走

---

① 《关于海军调查的主场声明》，载《政治著作选》第117页，《马克斯·韦伯与德国政治1890—1920》，中信出版社2016年版，第139页。

的就是先征服欧洲的争霸道路。

第一次世界大战尚未开始，意大利就退出同盟国，完全从意大利的自身利益着想，而韦伯认为这是俾斯麦以前的外交政策失误，或严格说是俾斯麦的整个战略失误造成的。韦伯批评了俾斯麦的对外政策为"四国同盟"的弱点就在于"从维护和平就是它的主要目的这个角度来说，它纯粹是为了防御性的"。并且提出，德国没有给意大利"追求政治扩展所需的机会"①

这是意大利脱离同盟国的原因。在韦伯看来，在问鼎世界政治权力上，德国应该与其他大国平起平坐。德国应该是一个令人尊敬的殖民帝国。然而，俾斯麦纯粹防御性的同盟政策，无论如何也难以实现这个目标。

韦伯在发展德国的问题上与俾斯麦的想法并不一致。

韦伯认为，德国在欧洲因过度扩张而不知节制，那样将会受到惩罚，但他支持"渗透"式的欧洲扩张。因为一个在欧洲大陆强大的德国，这是海外世界政策的必要前提。

仅在这一点上看，韦伯对俾斯麦也并不是全部不理解。韦伯认为，俾斯麦有一种害怕一切可能把德国拖进海外国际武力冲突的恐惧症，同时俾斯麦还过于张扬德国在欧洲的霸权，却放弃了德国在世界殖民地占有上的竞争，这使德国丢失了在海外实现扩张的最好时机，使之在这场世界殖民地扩张之中，成了微不足道的国家，在制定世界殖民地政策时，德国已变得可有可无。

> "海外领地的各种事件之所以还需要和德国商量一下，纯粹是因为她的傲慢自大。"②

为什么俾斯麦会持这种海外政策呢？俾斯麦治理国家的一个主要原则就是保持平衡，稳定是他的主要任务。韦伯看到了俾斯麦的本质，即容克

---

① 《政治著作选》第21页，《马克斯·韦伯与德国政治1890—1920》，中信出版社2016年版，第138页。

② 《关于海军调查的立场声明》，载《政治著作选》，第117页。见《马克斯·韦伯与德国政治1890—1920》，中信出版社2016年版，第139页。

贵族势力的代表。韦伯一直将以容克贵族为代表的保守派视为德国走上世界权力政治的阻碍，很自然地把俾斯麦厌倦海外扩张、占有殖民地的原因归因于他的保守派情感，虽然俾斯麦在很多方面远远超越了他那个阶级的所有人。

俾斯麦从德国的利益出发，考虑先下欧洲这盘棋，还是先下世界这盘棋。我们也应该看到俾斯麦很清楚，欧洲各国列强均考虑自身利益，纵横捭阖。今天是朋友，明天就是敌人，只能是稳住自己的大本营。今天看来，俾斯麦的做法是从当下德国的情况出发，要下好欧洲这盘棋。这无疑是从自然地理环境和政治环境来考虑的。可问题是，欧洲争霸发展这条路必然要走向硬碰硬的世界战争，这也就是德国为什么成了世界战争的策源地的主要原因。世界大战不仅给世界人民带来伤害，对德国人来说伤害更大。从结果来说，这条道路也是完全错误的。其实怎么做都是一个结果，那都是德国人灾难的深渊。

韦伯的发展思路一直没有被德国官方认可采纳。其实，俾斯麦以后的德国走的发展道路仍然是俾斯麦的老路：称霸欧洲，占领欧洲，再走向占领世界。可以设想一下，如果俾斯麦以及以后的执政者接受了韦伯的建议，先占领世界，在世界范围与英国抢夺殖民地，或者与英国保持一定的张力，在不撕破两国关系的前提下，尽量更多地接收海外殖民地和海外的物质利益，然后再去争霸欧洲、征服世界，恐怕人类的历史会是另外一种状况，至少德国的经济实力会得到一定程度上的增强，那么整个世界的冲突会更加剧烈。

韦伯曾经在1915年为自己的立场做了一些解释，他认为虽然与英国开战不合时宜，即海外扩张，一定会与英国对抗，他断言，如果德国的殖民地各方面收获不构成与英国发生战争。

> "严重的冲突的理由"，因为他们对于支配着海洋的英国人来说"具有'抵押品'的价值"。[1]

---

[1]《关于海军调查的立场声明》，载《政治著作选》第30页，见《马克斯·韦伯与德国政治1890—1920》，中信出版社2016年版，第140页。

在韦伯心中，世界上的殖民地就是德国的财富，只要去开发就可以收获。在他心中，完全没有考虑到殖民地的人们的财富是否被掠夺，这就是"强道文化"的逻辑。即以强行、强力去推行自己的主张，去实现自己的利益。道德伦理并不在他的考虑范畴之内。

六、德意志人的民族性格的批判

韦伯认为，从20世纪初期的德国来看，资本主义起步较晚，所以资产阶级的发展不够成熟，相伴而来的无产阶级就更不具备管理国家的能力。

德国资产阶级天生就带有以下缺陷：严重缺乏政治分析判断能力，毫无政治权力意识。一些资产阶级盲目崇拜俾斯麦的治国方略；而又有另一批人将俾斯麦说得一无是处，采用一种强硬的手段对待俾斯麦的治国政策。

韦伯将德国的资产阶级与美国的资产阶级进行比较研究，认为德国资产阶级发展过程存在一个"非政治历史"的这一事实。

> "耽误了一百年的政治教育不可能用十年时间就补上，而由一个大人物来统治也并非总是人民的政治教育之道。"[1]

他认为，是俾斯麦毁掉了他周围桀骜不驯的力量，让人们习惯于听命于俾斯麦的统治，使人们认为自己的参与成为多余。韦伯对此发出了严厉的谴责。

> "对一个政治家的人格毫无节制的赞美。竟导致了一个骄傲的民族那么彻底地牺牲了自己的客观信念。"[2]

---

[1]《政治著作选》，第22页，《马克斯·韦伯与德国政治1890—1920》，中信出版社2016年版，第87页。

[2]《政治著作选》，第311页，《马克斯·韦伯与德国政治1890—1920》，中信出版社2016年版，第88页。

这是不是德国的国民性过于迷信于领袖，过于迷信于某种权威？这种对俾斯麦的依赖与信仰与后来对希特勒的依赖与信仰是一样的。

韦伯认为，德国人的这种民族心理与路德宗教虔诚的等级制的习惯教育有关。"从政治角度看，德国人的确曾是，至今也仍然是最深层意义上的特殊Untertan（臣民），因而路德教宗才会成为适合他们的宗教。"这样的说法还体现在1911年6月21日至凯泽林的信中：

> "德国大众有着驯服的宗教虔诚，特别顺从'天职'和历史力量。"①

1892年，鲍姆加藤认为，造成德国的自由主义衰落应该归罪于俾斯麦的专制统治。韦伯则向他问道：

> "我们……不也应该为此而至少和俾斯麦本人一样受到谴责吗？"②

韦伯早在就职演说中就说过：

> "那个强大的太阳高悬于德国之巅，把德国的威名投射到了地球最遥远的角落，它在我们看来实在过于巨大了，以致烧毁了资产阶级缓慢进化而来的政治判断力。"③

所以韦伯也持有与鲍姆加藤相同的看法。只不过后来的韦伯也在同时谴责德国人，当时为什么把一切都寄托在一个人身上。这是个十分重要的教训，一个人，一个民族，不能把自己的信仰轻易地交给另外一个理论、理念或某一个人。每个人都是独立的，都有自觉自省的能力，人人平等，

---

① 《马克斯·韦伯与德国政治1890—1920》，中信出版社2016年版，第88页注②

② 1892年4月18日至鲍姆加藤的信，《青年书简》第343页，《马克斯·韦伯与德国政治1890—1920》，中信出版社2016年版，第88页。

③ 《政治著作选》第311页，见《马克斯·韦伯与德国政治1890—1920》，中信出版社2016年版，第88页。

思维也是平等的。当你把你的思维交给别人，让别人代替你的时候，那么你就失去了人格，失去了理性与天道。

人只有心存天道，才不会迷茫，才不会盲目地崇拜某一种理念或权威人物。

当不符合天道的理论和行为出现时，人人都有判断力，才能使强道逻辑难以成行。

两次世界大战为什么在德国发生、起源，不仅与像韦伯这样的思想家有关，也与德国的历史、文化、国民性有着很深的渊源。

正是由于这样一个原因，韦伯开始反思俾斯麦时期对德国人的心理造成的影响。

> "过去20年间，我们熟知但最近已被心胸狭隘的对红色幽灵的恐惧所摧毁的那种半'恺撒制'半'家长制''统治类型'，一直就是'民族政治教育的对立面'。"①

俾斯麦的罪过，在韦伯看来是由于他本人政治上太过强大，居于首相的位置就像是当世的恺撒一样。他的存在，使德国人从崇拜到迷信，使人们忘记了自我思维，失去了政治判断力，成了整个国民受政治教育的阻力。从此，韦伯便开始严守这种政治观点。第一次世界大战期间，他在《法兰克福报》撰文批判俾斯麦：

> "那么何谓……俾斯麦的政治遗产呢？他留下了一个缺乏任何政治教育的民族，他在这方面表现的远不及他在20年前就已经达到的那个水平。尤其是，他留下了一个完全没有任何政治意志的民族，已经习惯于认为掌舵的大政治家就能够为他照料好政治事务。"②

一个民族的心理是本民族历史发展中文化积淀的结果。作为在德意志

---

① 《政治著作选》第30页，同上书，第88页。

② 《政治著作选》，第319页，《马克斯·韦伯与德国政治1890—1920》，中信出版社2016年版，第89页。

历史上起过十分关键作用的人物俾斯麦，执政时统一了德意志，人们将其看作恺撒式的英雄人物，这本身无可厚非。在某种角度上说毕竟统一是历史的进步，如果这种统一能够有利于天下苍生，有利于德意志人的发展进步，即按天道发展，恐怕我们不会像现今这样评价俾斯麦。俾斯麦一方面功勋卓著，另一方面，他给德国人民带来的好处仅仅限于上层贵族，特别是容克地主贵族，而广大人民所得到的利益很有限。另一方面，他居功自傲，执迷于权力，热衷于权术和个人崇拜。所以韦伯对俾斯麦的批判是对的。韦伯说，他是"借助君主的正当性掩护得以大行其道"。①

另一方面来说，之所以有俾斯麦这样的铁血首相，是因为有这样的国民。因此，也不能把对俾斯麦的崇拜完全归罪于俾斯麦。正如韦伯所说："我们的罪过在哪里？"。

韦伯认为，1848年资产阶级革命的失败和俾斯麦建立帝国，这些在客观上使自由派深受打击，它使资产阶级失去了登上政治舞台的意愿，从而转向于经济。他在1895年的弗莱堡就职演说中就断言：

> "创建了德意志国家的并不是资产阶级的力量，这个国家创立之时，那位恺撒式的人物并没有从资产阶级那里采伐木料制作民族的航舵。"②

俾斯麦统一德意志帝国，的确为资产阶级发展提供了新的机遇，从而使资产阶级仅仅看到这一点而对俾斯麦大加赞扬。这就是资产阶级的政治独立性丧失了，在韦伯看来，这是致命的。作为最有希望成为德国的领导阶级变成了如此懦弱和毫无政治权力意志，如何唤起这个阶级的政治能动性，便得韦伯首要解决的问题。

韦伯理论的核心是"权力政治"，他对世界局势发展与德国未来发展的看法如此。他强调权力政治，即强道文化。一个人、一个阶级、一个民族、一个国家，只有走上权力政治才能有未来。这是韦伯一生始终不渝的学说理念。

---

① 参见《政治著作选》第347页，同上书，第89页。

② 《政治著作选》第20页，同上书，第89页。

相反，韦伯对德国无产阶级则持完全否定的态度，他对无产阶级根本不抱任何政治期待。他把社会民主党叫作"抱着阶级意识的庸人"。这是因为韦伯衡量各个社会阶层是否政治成熟的标准，是看他们是否"把民族永久性经济政治权力利益置于任何其他考虑之上"。①

他说，德国的工人阶级"缺乏一个有志于政治领导权的阶级所必须具备的强烈权力本能……他们既没有半点喀提林式的行动魄力，更没有强烈的民族激情"。②

韦伯正是从"权力政治"出发，反复研究思考德国的历史与现实，看到在世界舞台上德国的落伍，又不甘心，但在德国现有社会群体及阶级中很难看到能实现他的"权力政治"的阶级，他既期待又灰心，既失望又等待。所以最后希望出现像希特勒这样的人物，这是他思想发展的必然。

按照这样的理念，谁都会看到德国社会民主党并不适合于进行政治统治，他们对民族帝国主义没有任何兴趣。

那么韦伯为什么选择资产阶级呢？这与他的帝国主义目标有关系，也与未来民族资产阶级为了争夺国际市场有关。因为不管是民族资产阶级还是官僚资产阶级，凡是资产阶级都有一个愿望，即市场份额越大越好。在这一点上，韦伯看到了资产阶级代表着他的希望。

韦伯的政治理念即"权力政治"，那么他在评价一个人或者一个阶级时，自然也就看这个人或阶级是否具备"权力本能"，这至关重要。

但是韦伯在否定无产阶级的领导作用之后，还充分地认识到无产阶级在德国走向伟大道路上的作用。他在1894年就说过：

> "我无法理解，如果没有一个政治上成熟的工人运动积极合作以成就德国之伟大，我们怎么可能想象这个国家的政治未来。"③

---

① 《政治著作选》第18页，见《马克斯·韦伯与德国政治1890—1920》，中信出版社2016年版，第90页。

② 《政治著作选》第22页，同上书，第90页。

③ 《基督教世界》，1894年，第671页，见《马克斯·韦伯与德国政治1890—1920》，中信出版社2016年版，第90页。

韦伯似乎在英国工人阶级那里找到了要找的答案。他发现英国的工人阶级对英国的殖民统治并不反感，而且支持政府的殖民行为。

> "没有谁比无产阶级更关心民族国家的权力问题了，如果它回顾既往，着眼明天的话，英国富足的工人群体虽然全都联合起来了，但如果他们帝国的国际权力一朝瓦解，他们就不可能维持自己的生活标准，连一天也维持不下去。可以说我们的无产阶级同样如此。"[1]

这是帝国主义为什么在欧洲能够得到本国下层人民支持参与的原因。因为，权力政治是将世界分为殖民者和被殖民者，殖民国家和被殖民国家。殖民国家以本国民族和国家的名誉，以为民族国家的所有人谋出路和福利，开始殖民侵略和殖民战争等。这必然得到本国人民的响应和支持。韦伯正是这样一个既说破真相又支持权力政治的人。

韦伯一以贯之地为德国争取"世界权力政治"而四处摇旗呐喊，不断煽风鼓动，这是他一切言论的准则。如果谁的言行触碰了他的底线，他会毫不犹豫地反击。他认为，首先德国上层政府要努力去争夺世界政治权力，然后再以实惠反馈给德国人民，这便是对民众进行最好的"政治教育"。"这种大规模的政治是否能让我们再次意识到大国权力问题的重要性，对于我们今后的发展也是关键所在。"[2]而且，经过这样的权力政治教育，德国资产阶级完全有可能建立起自己的政治自信，德国的无产阶级也有可能摆脱国际主义蒙骗，转向积极支持既定的政治秩序。被帝国主义放大与强化了民族的信念与热忱，可能是德国走向新生的一个途径。

由此可见，韦伯可谓处心积虑，对人类没有任何的道义感和对人类发展做过全面理性的思考，只有德国的出路、德国的未来。他认为，这才是他应该思考的问题。从某种意义上说，韦伯不配作为一个有思想、有理性的哲学家，而是一个内心充满了压倒与战胜欲的恶魔。这样的思想家、哲

---

[1] 1894年福音派社会代表大会上的演讲，《文集》第81页，《马克斯·韦伯与德国政治1890—1920》中信出版社2016年版，第90页注④。

[2]《政治著作选》第23页，见《马克斯·韦伯与德国政治1890—1920》，中信出版社2016年版，第90页。

学家只能引导国家和民族走向世界战争，他本人只能是一个十足的战争狂人，战争的疯子。

韦伯拼命地鼓动德国上层和下层人民，让人们努力追求世界权力政治。这种行为除了刺激德国人的征服贪婪的欲望，给世界人民带来杀戮和失去生命的痛苦之外，他还能给人类带来什么？

今天，当我们斥责发动第二次世界大战的德国统治者的时候，我们是否想到像韦伯这样在当时的哲学思想界有着重大影响的人物，他们的言行在一定程度上在民众中所起的作用不亚于那些执政的人，而且他们的思想理论不仅影响着下层人们，还深刻地影响着社会上层统治者，如果只清算政治罪行而不清算文化罪行，那么这种清算真的有用吗？

为什么非要去掌握"世界权力政治"，难道德国的权力政治是世界上最好的吗？不是，韦伯对德国的政治从来就很少肯定过。在他眼里，不是关心德国的政治如何，而是满眼盯着世界，思索如何把世界抢到德国来，使德国变得"伟大"。

虽然韦伯希望工人阶级能从德国帝国主义不断地从海外掠夺来的财富中获益，赢得工人阶级对国家的支持，但这种希望只能说是韦伯的一厢情愿。他清晰地看到，在现代工业化的资产主义的社会里，要达到这个目标很难，或者很难从根本上做到，因为，客观上德国的工人阶级会获得一些利益，但是他们得到的仅仅是掠夺来的财富中极其微小的部分。

韦伯主张通过征服世界，以解决当时德国发展的困境。

在韦伯看来，第一次世界大战前的德国最主要的问题是德国能否上下一心全力以赴地"在世界各地的经济征服"，将德国发展成为世界性的工业化的强国。为了实现这一目的，德国必须做到防止国家被撕裂成以容克地主支配的庄园经济的东部地区和以工商业为主的大资本家主导的西部地区。怎样才能使东部的容克地主贵族和西部的大资本家都来支持德国的"世界权力政治"的政策，而防止东部的大地主贵族与小资产阶级势力和部分大资产阶级势力结盟而阻挠德国走向世界扩张的道路。

他认为，德国通过帝国主义在全世界的征服，解决德国东部地主贵族走向资本主义便不成问题。

为此，韦伯坚决反对以东部土地贵族为主的保守派。

　　因为这些地主贵族已经成为了保守派，他们认为资本主义的扩张是对他们现有的农业经济造成的冲击和损伤。韦伯认为这些大土地贵族对国家与民族不负责任，是只顾自身的经济利益，而反对德国成为世界性的大国，是鼠目寸光，已经成为保守利益的代表。他在1896年说到：

　　　　"支配性的封建精英，只有自身伟大，才能把国家带向伟大。"①

　　在韦伯看来，德国的保守派的反工业化和反证券交易法等，威胁着德国的国家命运走向，势必影响着国家的世界权力政策。韦伯认为，东部大容克地产贵族和部分西部大资本家，他们仅仅为自己的利益着想，不去为德国国家和民族的利益着想，这样下去会危及德国的国家命运。

　　韦伯一生的宗旨就是想使德国变成强大，强大到占领世界权力政治的核心，强大到通过各种方式使德国人占有世界更多的生存空间。这是他始终不变、一以贯之的思维方式和行为方式。除此之外，我们看到一个分裂的、矛盾体的韦伯，他的思想和观点同时相左、前后矛盾，导致他人格分裂，但我们又发现韦伯在很多方面变来变去的主要原因是，他把一切都围绕着一个主体，一个中心，即德国必须成为世界权力核心的国家，德意志民族必须成为世界上最伟大的民族。

　　为此，韦伯认为德国要建立强大的海军。他支持德国扩充海军计划。

　　在德国扩张会遇到英国的阻碍甚至遭到英国在海外战争的威胁，所以心里是有矛盾的。一方面他毫不怀疑地认为，如果德国舰队发展过快、过于强大，是对英国海上霸主的严重挑衅。另一方面，他坚定地支持蒂尔皮茨建设德国海军的计划。这充分体现了韦伯是一个十分矛盾的人，他习惯于赌矛盾问题的两个方面。如他认为，一项海军政策，如果避免过度公开的行为，就不一定会引起英国的恐慌。俾斯麦失误的主要原因是德国国内保守势力反对而否决了舰队计划。招来英国敌意的不是海军政策，而是国内不知避免冲突而将矛头直接指向英国舰队的宣传。韦伯指责说，由于泛

①《在自由德国主教教堂议事会上的演讲》，见《法兰克福国民信史报》，见《马克斯·韦伯与德国政治1890—1920》，中信出版社2016年版，第93页。

日耳曼狂热和皇帝的傲慢，已经没有人认真地对待海军建设的协议了。

> "我们一方应该承认，近些年来刺激了英国人猜疑心的，不是事实本身，而是德国海军建设的最后机会和精神。"①

韦伯把海外扩张与英国矛盾激化的主要原因归于国内执政者的对外政策摇摆不定。

韦伯不仅抨击俾斯麦的对外政策，对德皇对外政策的斥责更为严厉。他说，威廉二世时期德国对外政策更是一塌糊涂，失败的主要原因是因为威廉二世过多插手对外政策问题及一系列轻率的好战声明。他说，德国人外交上的笨拙和经常表现出的装腔作势的面貌，显然是那位皇帝"个人野心"的表现。他认为这样愚蠢的顾前不顾后的表现，完全是因为威廉二世反复无常的个性和他追求一时之功的声望欲。可以看得出来，俾斯麦下台以后，威廉二世在处理德国的国务上纰漏百出，独断独行，毫无章法。

如果我们从德国的民族和国家的角度出发，韦伯有追求世界政治权力理念，而又有推动民族发展的执念，他敢于讲出自己的认知，不畏强权，这是十分难得的。韦伯对威廉二世也有一个认识的过程。开始他认为俾斯麦下台后，权力回到了皇帝威廉二世手中，会有一个完全不同于俾斯麦的治国方案。他所期盼的那种治国道路也会让德国人民惊喜。威廉二世冲淡了国人对俾斯麦的盲目崇拜。他在给保姆加藤的信中谈到了他对威廉二世的印象：

> "'这位皇帝值得称道的地方'就在于，他从来不会完全接受任何一种特殊倾向。迄今仍是'逐个对他们进行公开羞辱'。"②

但在这之前，即1889年，他对威廉二世的评价已经很有成见了。他认

---

① 《政治著作选》第571页。《马克斯·韦伯与德国政治1890—1920》，中信出版社2016年版，第141页注。

② 《1891年1月3日至保姆加藤的信》，《青年书简》第328页，《马克斯·韦伯与德国政治1890—1920》，中信出版社2016年版，第142页注②。

为，这位皇帝太在意声望而使他的政策变来变去。1899年12月31日，韦伯至鲍姆加藤的信中仍然对威廉二世抱着期待，他说：

> "要是这位年轻的皇帝能够挺得住该有多好！那些布朗热·波拿巴式的宣言如今已经不得人心了。这就像乘上了一列高速进行的火车，拿不准下一个道岔搬得是否合适。"[1]

但还不到两年时间，韦伯对威廉二世的看法已经有质的改变了。1892年4月，他再次给鲍姆加藤写信，已经变成完完全全的无可奈何、失望至极。他说，威廉二世的"个人统治严重到危害帝国的内政、外交。"

> "如果我们的处境和前景都要取决于一个绝对飘忽不定的因素——皇帝个人，总体来说，我们还有什么好说的？对他最不利的评价已经越来越普遍。他显然只是以一个精明的下级军官的观点处理政策问题。没有人否认他总是怀着奉献意识不知疲倦的履行职责的。但是他随时都会表现出来的那种乖僻和给了他动力的可怕权力欲，已经给最高层带来了史无前例的混乱，这必然影响到整个行政机构，例如，他把极受人尊敬的卡普里维逐渐丑化成了一幅漫画，如今已经不再有人拿着帝国政府的权威当回事了。我们现在似乎正在指望一个奇迹来摆脱外交困境。但是毫无疑问，欧洲的政治已经不再接受柏林的摆布了。"[2]

此时的韦伯心情极度黯淡，大有无可奈何花落去的心态。他的帝国梦、伟大的民族梦，看来是遥遥无期了。1907年的欧洲局势更加严重。韦伯对威廉二世追求"王朝声望"的政策十分忧虑。英俄协议划分了他们各自在中东和亚洲的势力范围。这个协议的签署使力量平衡重新发生了改变。英国与俄国之间彼此憎恶，一直被德国杰出的外交家霍尔施泰因看成是平衡

---

[1] 《青年书简》，第328页，见《马克斯·韦伯与德国政治1890—1920》，中信出版社2016年版，第143页。

[2] 《1892年4月18日至鲍姆加藤的信》，《青年书简》第345页，《马克斯·韦伯与德国政治1890—1920》，中信出版社2016年版，第143页。

欧洲政治格局的基石。但是，英俄协议的签署，表现出令人担忧前景不妙的凶兆。

> "我们完全没有结盟的能力……因为我们的社会与经济发展受制于日甚一日的王朝个人统治。这就是近些年我们政策失败的原因所在，是我们作为一个国际和文化大国越来越不受世界尊重的原因所在，以至于开始威胁到我们的生存安全了。"[1]

韦伯在对德皇失去信心后，转而主张宪政。

韦伯是个矛盾性的人物。一方面他在世界竞争发展上，是极力主张"世界权力政治"，在本国的政治问题上他却反对中央集权体制，反对威廉二世皇帝的专政，处处为自由资产阶级张目，提倡在德国实现宪政，维护德国国会统一权力，及德国应该引进议会制度。这时的韦伯认为，依靠一个强人能够改变德国现状是不可能的，他把自己对"世界政治"的实现寄托在一个强有力而且开明的国会上。

> "要害在于一个半吊子掌握了政治的命脉……结果是：只要局面继续如此，'世界政策'就毫无可能……霍亨索伦王朝只知道操练军士那样的权力形式：发布命令，遵守命令，立正站着，夸夸其谈。"
>
> "空无一物，绝对的空无一物。"
>
> "英国的国王有野心和权力，而德国的皇帝只有虚荣心还有对权力外观的满足——这是制度的缺陷，不是个人的缺陷。"[2]

韦伯这里谈到德国的政治制度问题。这也需要进一步讨论。德国的政治结构与英法不同。从政治结构上也能找出后来德国引发第二次世界大战

---

① 《韦伯在社会政策协会1907年马德堡大会上的讨论发言》，见《社会学与社会政策文集》第412页，《马克思·韦伯与德国政治1890—1920》，中信出版社2016年版，148页。

② 《1908年11月12日致瑙曼的信》，《政治著作选》第456页及以下。《马克斯·韦伯与德国政治1890—1920》，中信出版社2016年版，第149页。

的原因。

然而，深受德尔布吕克观点影响的弗里德里希·瑙曼于1907年当选为帝国议会议员，但他的思想比较复杂，一方面，他看到德国的政治体制的落后，另一方面他又相信"君权"的作用，他希望能弥合国家与民族、君主与人民之间的鸿沟。同时，他同意韦伯的观点，解决德国工人问题和经济问题只有走向对外扩张。他对是否发动一场宪制改革运动表现出模棱两可、犹豫不定的态度。韦伯致信瑙曼，让他放弃对威廉二世的幻想。

> "不能过高估计个人品质的重要性，罪过在于这个制度……和你本身缺乏决心。这些都是由于俾斯麦主义和他造成的不断加重的政治上不成熟的后果。"①

瑙曼摇摆不定的政治立场终于在韦伯不懈的努力下被说服了。他原则上同意德国应该进行宪政改革。1908年10月30日，瑙曼在给韦伯的信中说：

> "我不得不承认你对皇帝的判断是正确的。承认这一点使我很痛苦，但是我相信，从现在开始，我们的政治筹划必须着重于用什么手法去减少这个因素对德国政策的影响。"②

由此瑙曼成了一个"议会制原则的自觉代表"。③

韦伯有强烈的民族、国家自豪感，他希望德意志国家和民族伟大，故当他看到威廉二世的昏庸阻止了这种伟大时，他便从制度上找原因，从而坚定地反对威廉二世的专制。

---

① 《1908年11月18日致瑙曼的信》，《马克斯·韦伯与德国政治1890—1920》，中信出版社2016年版，第149页。

② 《1908年11月18日致瑙曼的信》，《马克斯·韦伯与德国政治1890—1920》，中信出版社2016年版，第149页。

③ 同上书，第149页。

"民族的荣誉至关重要，这就是祖国的福祉。最近和以往的经验无不证明，即使最粗糙的议会制形式，也是这种君主统治无法相比的良好保障。"

他在谈到俄国时说：如果强大的俄国也有了君主宪政，如果它也有了议会制，那我们就会真的大长见识了，它将成为一个最可怕的力量，但它今天还是一个受到抑制的力量，因为议会和宪政在俄国几乎毫无意义。

韦伯不希望俄国强大，这是历史原因造成的，更是他所处的时代文化造成的。无论是当时的个人还是国家，都不能站在天道的原则和立场考虑人类社会发展，跳不出个人、民族、国家的大小圈子，不能从万物平等、和谐、共赢的角度考虑事情。这可以归因于历史的局限性，而非韦伯的个人问题。在人类以往的历史中，尊崇天道的文化、尊崇天道的个人少之又少。

韦伯惧怕其他国家强大，而希望他的祖国和民族强大。这既不是个人问题，也不是制度问题，而是文化问题。文化结出制度的果实，还要在个人的思想中结出果实。这种果实是人类发展的关键。

在当时，韦伯在德国虽然称不上主张追求世界权力政治的唯一倡导者，但可以说他从未动摇过，一以贯之，而且他的这一主张在德国各界引起巨大反响。虽然他不断地修正自己的思想，改变自己以前的一些想法，但他为德国实现世界政治权力的努力，从来没有改变过。

韦伯出生在德国。近代以来强道文化产生于英国，但从结果上考量，英国人得到了强道文化的实惠。按照这一逻辑，英国成为世界上最强大的殖民帝国，将世界的大部分地区都纳入自己的统治范畴，掠夺全世界的财富，剥削亚洲、非洲、美洲大多数国家的人民，造就了"日不落帝国"。这正是强道文化产生的结果。

而德国则不同。德国的强道历史起步大体与英国同时代，但由于形成统一的国家较晚，所以在世界的范围走上强道还远晚于欧洲的其他一些国家。由于地理位置原因，德国的国策是先在欧洲站稳脚跟，取得欧洲大陆的霸权，这就是俾斯麦的治国方略。如果从当时的国际国内因素看，这无疑是正确的。

应该指出的是，英国实行强道文化是从世界得到了好处，用全世界的人力、物力、财力来供养英国的君主、贵族们，也包括一般的英国人。也是从这种世界性的掠夺中得到各种各样的发家致富的机遇或政治上的待遇等等，却给殖民地及其人民带来灾难。

强道文化只在于"强"，而不在于"理"。伦理道德在那里只是个假面具，偶尔使用一下罢了。如英国人贩奴、贩鸦片等，什么赚钱、能使英国人得到好处，都能得到英国人的支持，都会变成合情合理。他们所恪守的原则，只要不针对本国、本民族就可以。英国将人类之恶、不平等发挥到了极致！

俾斯麦想走的路，终于以两次世界大战在德国爆发成为现实。德国选择这条道路同样是强道文化结出来的果，但这个果对全世界人民来说，是更大的灾难，对德国人来说，同样也是更大的灾难。

德国的历史与现实文化，终将人类历史推上世界大战的轨道。

大战在即，1910年5月，韦伯也曾在一份呼吁建立"国际谅解联盟"的宣言上签过字，但他对此毫无信心。他认为谅解和和平协议在当时是难以行得通的。他认为，欧洲大国之间的帝国主义冲突势所难免，眼下的局势不是缓和，而是不断地加剧。因此和平主义主张的目的不可能实现，他有着矛盾的心理：

> "我比《法兰克福报》更强烈地要求扩充军备，同时我也渴望有一项冷静但无情的外交政策。"[1]

就此而言，韦伯很不以为然地说到了"一切和平主义的空想家"。他明确指出，应该趁此机会，走向他所主张的世界权力政治的道路。

> "'帝国主义资本主义'的普遍复活以及随之而来的要求扩张的政治压力。"[2]

---

[1]《马克斯·韦伯传》第414页，见《马克斯·韦伯与德国政治1890—1920》中信出版社2016年版，第157页。

[2]《政治与社会》第526页，同上书，第157页。

韦伯又说：

> "这种'帝国主义'扩张再次日益取代了和平主义的非垄断（至少不是借助政治权力的垄断）贸易。"①

他认为，在现今的国际环境下，德国只能采取一种积极的目的在于扩大自己国家领土和利益范围为宗旨的帝国主义政策，这是德国当下不二的选择。

在第一次世界大战爆发前的1911年左右，支持叫嚣德国走世界强权政治的不仅是韦伯一人，很多思想家、理论界的人士都赞同这一观点。但韦伯更突出的是，他把帝国主义强权的政策看成是德国的核心利益和核心要求。

韦伯认为，德国只有成为一个"只有主宰者的民族……才能够也可以参与'世界政治'。"②怎样才能成为"主宰者的民族"，1897年在反对海军调查时写到：

> "只有一个其国内政策清楚表明不怕支持和扩展祖国的自由制度的政权，才能赢得不可或缺的信任而在决定性时刻确保它的力量和勇气。没有这些条件，再怎么气势汹汹，失败也不可避免。"③
>
> "只有主宰者民族才会受到召唤去把握世界发展之舵。如果没有这种品质的民族也打算这样去做，那么不仅会遭到其他民族可靠的本能的反抗，而且就其内在因素来说也会以失败告终……文人墨客们鼓吹在国内事务上的'无权力意志'，与某些人大肆夸耀在世界上的'权力意志'并不相符。"④

---

① 《马克斯·韦伯与德国政治1890—1920》中信出版社2016年版，第157页。
② 参阅《政治著作选》第291页，见《马克斯·韦伯与德国政治1890—1920》中信出版社2016年版，第173页。
③ 《政治著作选》，第31页及以下，同上书，第173页。
④ 《政治著作选》，第442页，见《马克斯·韦伯与德国政治1890—1920》中信出版社2016年版，第173页。

韦伯所说的"扩展祖国的自由制度的政权"，就是他反复强调的强化议会的权力，从而结束君主的个人统治。他提出，帝国的执政者应该由国会多数人的得票者担任。韦伯这些主张是来自英国的样本，他认为英国就是德国的楷模。英国的政治领袖就是这样产生的，并批驳一些德国庸人"无视了一个事实，即英国的议会产生了这样一些政治领袖"。

他们懂得如何"使1/4的人类接受政治上深谋远虑的极少数人的统治"。"而且——关键是！——他们绝大部分对这种统治的服从是自愿的。"①

韦伯希望通过德意志联邦议会化来改变德国的政治结构。"通过在各邦国落实普选权以及内阁对联邦参议院代表团的指令有效负责，就各邦国的一切政府行动而言，联邦参议院就会成为各邦国的代表实体（而不是像目前这样的王朝代表）。""唯有如此"，才会"改变目前这种普鲁士的三级议会像对待臣仆一样统治我们的局面"。

而现在的情况是"2300万（非普鲁士的联邦成员邦居民）在联邦参议院和柏林政权那里就等于零"。②

但到了1918年，韦伯又开始转向反议会的方向。他希望用"直接诉诸民意的领袖民主"代替"无领袖"的议会制。他说，在"领袖民主制中"，政治家不是选民的一个"受托人"，而是完全自行负责的政治家。

> "因此，只要他能成功要求并得到他们的信任，他就会按照自己的判断采取行动，而不像个当选的官员那样……按照明确的或者可疑的选民意志采取行动。"③

不仅如此，韦伯开始强调内阁首脑的核心地位。他设计出这样一个理想的内阁，希望一些具有领袖禀赋的人的小群体即民族的精英控制内阁，

---

① 《政治著作选》，第355页，同上书，第173页。

② 《1907年5月22日致阿尔弗雷德·韦伯的信》，抄自韦伯遗稿，类似的还有《1908年11月18日致瑙曼的信》，《政治著作选》，1，第457页："联邦参议院的议会化是个实践的问题。"《马克斯·韦伯与德国政治1890—1920》，中信出版社2016年版，第175页。

③ 《经济与社会》第558页，见《马克斯·韦伯与德国政治1890—1920》中信出版社2016年版，第186页。

掌控全国的政治局面，再由一个伟大的卡里斯玛的政治家独自掌控全局。

> "大批议员只是作为一个或组成内阁的几个'领袖'的追随者发挥作用，只要这些领袖干的富有成效，议员们就只是盲目服从。这就是议会的行事方式。'少数原则'始终在支配着政治行动，这意味着一个小型领导群体的高度政治灵活性。"①

韦伯认为，政治领袖应该通过大众传播的方式向人们宣传他的政治主张和理念，使他成为大众的追随者和拥护者。

> "政治领袖不再因为他基于某个显贵圈子的支持而被宣布为候选人，然后因为他在议会中的业绩而成为领袖，毋宁说，他必须利用大众煽动手段赢得大众对他个人的信任和信仰并获得权力。"②

韦伯主张政治家以演说的情感力量，通过演讲时的个人风度的魅力去"煽动"那些追随者，从而赢得大众的"拥戴"。这种形式大于内容的演讲，不去考虑它的实际效果和客观现实如何，只要能唤起人们对演讲者产生"领袖天职"的信仰，这些完完全全地被后来的一些政客，尤其是希特勒发挥得淋漓尽致、无以复加。应该说是当时对后来第二次世界大战前的希特勒的行为做出预知性的描画，而这描画在希特勒的身体上全部地体现出来。我们今天无法去判断希特勒等人是否受韦伯的这种思想的影响。韦伯说：

> "不是政治上被动的'大众'产生了他们的领袖，而是政治领袖招募'追随者'并通过'煽动，赢得了大战。"③

---

① 《政治著作选》第348页。这是韦伯在1917年底重新校订《法兰克福报》的系列文章时为了强化他的立场而插入的一段话。《马克斯·韦伯与德国政治1890—1920》，中信出版社2016年版，第187页。

② 《政治著作选》第393页。

③ 《政治著作选》，第40页。《马克斯·韦伯与德国政治1890—1920》，中信出版社2016年版，第187页注④。

在韦伯看来，"领袖选择方式向恺撒制转变"将无可避免。他说：

> "大众民主自伯里克利时代以来所获得的成就，始终就是以对恺撒制领袖选择原则做出重大让步的代价的。""从技术观点上看，作为一种统治制度，这种常常产生于民主政体的'恺撒制'，其效率最终都要依赖于那位'恺撒'的地位，它是大众（军队或公民）的自由委托人，而且不受传统约束。因此，他就是一个军官团或官员团队的不受约束的主宰，因为正是他，不顾传统或其他考虑挑选了他们。这种'个人天赋的统治'与普选产生的官员形式'民主'原则是直接冲突的。"[1]

正因如此，韦伯呼唤伟大的卡里斯玛政治家。从而，他又开始怀念俾斯麦了。他在谈论民族自由党所坚持的信念时，说了以下这段话：

> "如果存在哪怕是最微弱的机遇能够总是让某个新的俾斯麦出现在最高地位上，那么'恺撒制'——即由一位天才进行统治——对于德国来说就是天赐佳境。"[2]

这正是他本人当时的心声，他这种心声，是当时大多数德国人的心理，这便是以后产生希特勒独裁政治的思想基础。从1917年以后，韦伯到处鼓吹和讲演，希望能在民意的基础上出现"一个负责任的政治家的个人统治"。[3]

1914年大战爆发，韦伯陷入了民族的狂热之中，他不断地批评寂静主义和去政治化态度，号召和劝导人们为民族生存而献身。他说：

> "无论结局如何，这场战争都是伟大而精彩的。"[4]

---

[1]《经济与社会》第562页及以下，同上书，第188页。

[2]《政治著作选》第314页，同上书，第188页。

[3]《政治著作选》第175到176页，同上书，第188页。

[4] 1914年8月28日的信，《马克斯·韦伯传》第530页。另见致舍费尔的信，部分内容纳入《马克斯·韦伯传》，第536页及以下。

他在1915年4月给他母亲的信中说道：

> "我们已经见证了我们是个伟大的文明民族。人们生活在一个高度
> 精致的文明中，然而同样对战争感到恐惧，（这在一个塞内加尔黑鬼看
> 来简直就是没出息！）尽管如此，他们回来的时候仍然像我们大多数人
> 一样极为得体——这些人是真正的人，尽管有种种令人不快的冒失行
> 为，我们也决不应当忽略这一点。这种经验肯定会持续下去，不管结
> 局会怎样，实际上，如果不能安抚意大利，情况看上去就不会那
> 么好。"①

即使在一战中，形势对德国十分不利，可能会战败，韦伯仍然坚持他
的一贯观点：

> "我们必须成为一个权力国家，为了对世界的未来拥有发言权，我
> 们就不得不承担战争风险。"②
> "世界权力归根底就意味着决定未来世界文化品质的权力。"③

而面对第一次世界大战中德国的不利局面，韦伯认为当下最主要的目
的就是如何保住德国在欧洲的世界强国地位。

可是，德国的败局已定。这使韦伯感到极为震惊和沮丧。他没有想到
他一以贯之的追求"世界权力政治"的梦想将要成为泡影，这是他难以接
受的事实。他在1918年1月初在法兰克福的演讲中神情哀伤地说：

> "我们不得不面对的事实是，我们不仅在世界政策上，甚至更糟的
> 是在军事上败给了盎格鲁—萨克逊人。我们的下一个任务，就是有尊

---

① 1915年4月13日的信，《政治著作选》，1，第458页及以下。
② 《政治著作选》第176页，见《马克斯·韦伯与德国政治1890—1920》，中信出版社
  2016年版，第194页。
② 《政治著作选》第143页，同上书，第194页。

严地承受失败。"①

不能不说，这时的韦伯心情是极为糟糕的。

> "像我这样的人，从外在到内在方面都是一些'奢侈品'……能得
> 到报酬的工作绝对没有——可谓情理之中。这个民族现在将不得不为
> 面包而斗争，没有多少学术空间了。不过这可真够受的。无论如何，
> 我们的外在生活要做出调整，尽管——我认为是合理的。"

> "像我们这种人的纯养老金收入要有四分之三或者更多（没有孩子
> 的人）被简单充公。'内在生活'就更加困难了。我的内在'天职'是
> 学术劳动和教学，而这个民族现在并不需要。这样，我就不得不设法
> 去自我调适。但是，怎么做？做什么？我至今还一无所知。我不知道
> 自己会不会有所成就。但尽管如此，活下去还是重要的，并将再现
> 美好。"②

这种心境与状况同大战开始之时截然相反。这是韦伯从来就没有想到
的。人类就是这样，人都想赢，很少去想输，人都是赌徒。为了生存空间，
为了所谓的荣耀，为了欲望的满足而无限制地追求刺激，使人越来越脱离
了天道，脱离了人的本性。但当这一切都成为泡影时，失败者只能忍受自
己的行为带来的恶果，不管这种恶果有多苦多恶，都要吞下去。而在另一
端，则是战胜者。他们再一次感到自己的强大，再一次享受到强道文化给
自己的民族和国家所带来的丰厚回报，可以恣意去掠夺战败者的各种财富、
土地、牲畜、金银财宝，甚至可以把战败者的人口变成自己的奴隶。这是
强道文化给胜利者的大餐。他们尽可以毫无阻拦地享乐和挥霍。但也更加

---

① 据厄恩斯特·弗伦克尔的报道。1918年10月底在法兰克福的演讲，由后来厄恩斯特·
弗伦克尔（Ernst Fraenker）教授记录，他当时作为一个学生去听了这次讲演并深受感
染，在给一位亲戚的信中记录了讲演内容。《马克斯·韦伯与德国政治1890—1920》，
中信出版社2016年版，第282页。

② 《1918年10月10日的信》《马克斯·韦伯与德国政治1890—1920》，中信出版社2016年
版，第284页。

激起了人与人、民族与民族、国与国之间的仇恨。

这时的韦伯，不知道他想没想过，这一切都是为什么？他在这场人世间前无仅有的大劫难中扮演着什么角色？他那种"世界权力政治"的理论和理念，以及他的主张又在第一次世界大战的发动者的心中和德意志民族的心理上起过哪些作用？我们见不到韦伯对这一问题的自省，不能不让人们怀疑这样一位哲学家、思想家犯下世人皆知的罪过却不懂得自知、自省呢？其结果是不会的。韦伯认为自己没有错。在韦伯看来，争夺生存空间没有错，占领世界权力政治的核心从而获得领导地位也没有错，德国的败北完全是德意志国家的领导者威廉二世的问题，是指挥失误造成的。

> "我们最近20年的政策可谓劣迹斑斑，因为它们浮夸而混乱。我们战前的政策是愚蠢，而不是道德上令人厌恶。如此指控是完全错误的。这是我的判断。"[1]

在韦伯看来，德国的战败完全是由于最高执政者及诸位首脑们，在这场战争中赌注下的过大才是输局的真正原因。尤其是不应该发动无限潜艇战和签订布列斯特合约所采取的政策，这便失去了和平谈判的一切可能。

命运与韦伯再次开了一次玩笑，韦伯被指派撰写阐述一个针对协约国关于德国战争罪行备忘录的序言。韦伯自然全盘否定德国的罪行，但和谈条件专家委员会又提出另一个序言的修订版。这个版本谈到了德国政策的错误，但不存在任何意义上的道德罪行问题。

> "德国的主要政治家们从来没有想过征服计划。"[2]

看来，这已不是一个人的心理问题、思辨问题，而是一个民族、一个国家所秉持的文化问题了。

---

[1] 《1918年11月13日致戈德施泰因教授的信》《马克斯·韦伯传》第614页及以下，同上书，第284页。

[2] 《战争备忘录》第63页，见《马克斯·韦伯与德国政治1890—1920》，中信出版社2016年版，第316页。

德国的战败，从1918年至1919年，德国到处民众情绪低迷、民族自尊心受到普遍萎缩性的伤害。韦伯却迅速激发出内心强烈的民族主义情绪。他说：

> "为了使德国恢复昔日的荣耀，如果还要参与政治，我确实需要跟任何实实在在的力量结盟，甚至跟魔鬼的化身结盟，但独独不能跟愚蠢的力量结盟。"①

但在1917年，具有一定政治远见的韦伯已经开始勾勒德国未来政体宪制的范围。即德国国家应该由民主选举产生一名伟大领袖，这位领袖就是实行直接诉诸民意的卡利斯玛，再在国家设置能够监督所有行政机构的议会。卡里斯玛和议会之间形成一种配合、支持、监督、平衡的关系。1917年他又含糊其词的提出要限制议会的权力，给民选的卡里斯玛领袖对社会统治权力，并认为卡里斯玛应该在国家的领导上居于核心地位。

这就意味着，帝国总统的产生，并非源自议会，而是由民众直选。

> "一个得到革命性普选正当性支持的帝国总统，将由此以他自身的独立权力面对帝国的机构，他的权威之强大将是议会选举的总统不可比拟的。"②

韦伯所设计的帝国总统类似于美国的总统。

> "分享官职庇护权，部长任免权，中止否决权，尤其是有权解散帝

---

① 据韦伯遗稿中韦伯手稿原件："1月19日的有关（据说是'政治'）评论。据一位听众的笔记，韦伯当时大体是这样表述的："先生们，我可以这样说，如果还想恢复德国昔日的荣耀，我会宁肯与魔鬼结盟，也绝不与白痴结盟。"（《马克斯·韦伯传》第684页及以下的记述，见《马克斯·韦伯与德国政治1890—1920》，中信出版社2016年版，第319页注。
② 《政治著作选》第469页，见《马克斯·韦伯与德国政治1890—1920》，中信出版社2016年版，第336页。

国国会或者采取替代办法——以公民复决投票呼吁人民决定解散帝国国会可能性。在联邦各邦议会否决帝国国会通过的法案时，帝国总统也可以利用全民公决的武器对付各邦议会。"①

总统高居行政、军事等国家的机构之上，拥有任免国家各部部长及帝国所有公务员和军官的权力，直接操纵着整个国家"机器"的运转。但是议会仍然可以在一定程度上监督和束缚总统。

"直选总统对部长的选择权受制于议会的信任，他作为千百万人的代表仍然对暂居多数的政党拥有优势，随着总统任期越长，这种优势就越大。"②

他建议立法者在宪法中规定帝国总统可长期任职。参阅1918年12月6日《威斯巴登报》的报道：

"总统可以比首相更强大，后者只有议会多数的支持。"

韦伯指出：帝国总统"尽可能长时间任职"，最好是一届七年。后来《魏玛宪法》采纳了韦伯这一提议。如果帝国总统与帝国国会在一些问题上发生矛盾，意见不一致时，要以适当多数公民复决投票。

韦伯希望那些有才能的政治家登上德国的政治舞台，并给予总统极大的宪法权力，在代表广大民意的基础上行使总统的决策权威，从而成长为一位恺撒式的政治家，带领德意志民族重振昔日的辉煌，建立他的世界权力政治的梦想。

韦伯的设计的德国的政治构架，一方面为帝国总统赋予君主般的统治性质，他幻想只有给予总统这样的权力与地位，才会使有政治才干的政治家成为恺撒式的人物，才会带领德国走向未来。这就是保留了德国传统国

① 《马克斯·韦伯与德国政治1890—1920》，中信出版社2016年版，第338页。
② 《政治著作选》第470页，见《马克斯·韦伯与德国政治1890—1920》，中信出版社2016年版，第338页。

家学说中的君主制。另一方面，议会还要负责制约和束缚总统，如对总统人物的选择，对最高官员的任命和对部长及内阁有质询权，对国家行政和机器的监督等，从而在一定程度上分化了总统的绝对权力。

这种设计既有它的弊端，也存在着它的长处。它的弊端是，一旦议会失去了对总统的制约和束缚，帝国总统的权力过于集中、强大，有走向独裁的可能。它的长处，如果议会能正常发挥自己的功效，束缚、监督和掌控总统，那么便可阻止个人独裁的发生。

可是后来的历史证明，韦伯的设计对独裁者的出现和发生，这种政治构架无济于事，而且起到了助推与帮凶的作用。

原因是什么？制度本身就是一种文化信仰和文化附着的产物，它仅仅是构成人与人之间表面关系的附着物。所以不能解决文化的根基问题，不能解决已有的文化在人的心中产生的信仰和理念问题，这种制度往往不堪一击，必然在一定条件下形同虚设，发挥不了任何的作用。

不应该迷信制度。制度是随着人的活动、人心的变动，随时可以改变的。

第二十章
海德格尔批判

一、海德格尔生平

如果说，在20世纪初有些思想家更多地是为强道文化提供思想学说，或在补充完善强道文化学说，也有的是极力鼓吹强道文化并带头践行强道文化，那么海德格尔无疑是属于后者。

海德格尔1889年9月26日出生于德国东南部巴伐利亚州土瓦本山地的一个小镇。他自己回忆，是他的父亲在18世纪从奥地利移居此地。这里自然环境优美、气候宜人、物产丰盛。他自己在自述中说："妈妈常常说：'生活这么美好，人们只需为此高兴。'"可见海德格尔的童年生活留给他的还是不错的回忆。他的父亲是一位箍桶匠，同时还兼做麦氏教堂镇的天主教圣马丁教堂的司事，从职业上看，可能是一个手工作坊的工人或者是个小手工业主。

因为为教堂做圣事，所以作为"司事孩子"的海德格尔经常到教堂参加敲钟等事务。从自传中可以看出，这是件让他童年感到十分快乐的事情。海德格尔初高中偏好理科，尤其对数学的数理理论感兴趣。这期间他自己说：

"我阅读了生物进化论的大量文献。"[①]

---

① 以上见《海德格尔自述》，天津人民出版社2017年6月出版，第2页。

从海德格尔自述自己高中的情景，我们可以看出，达尔文的《进化论》和与《进化论》相关的文献在当时的德国高中生中是有所涉猎的，至少海德格尔如此。

海德格尔的家里因经济上无法支持他上大学，所以，他只好到弗莱堡神学院学习。1909—1911年，他进入弗莱堡大学学习神学。1913年夏天，24岁的海德格尔获得了博士学位，博士论文《心理学中的判断理论》。海德格尔从1905年成为弗莱堡神学院寄宿学院的候补生，应该从这时他接触和研究了一些神学的文献，可十几年后他放弃了对神学的研究。

> "但到了1919年，我作出了脱离天主教的决定。因为在过去的两年中，我全力以赴，想在原则上澄清自己的哲学立场，得到的结论是：我已经不能用这种哲学之外的联系对这种信仰与学说的自由提供保障。认识论上的洞见，特别是对历史认识活动的研究，使我看到了天主教的问题，它在我眼里已经成为不可接受的体系。但并不是基督教和形而上学成了问题，当然这是指在新意义上的基督教和形而上学。我觉得，我对于天主教中世纪的价值本身内涵有着过于强烈的敏感。我的现象学的宗教研究（它和中世纪有着密切的联系）证明，由于我的立场发生了变化，不允许我再对天主教的生活世界作客观高雅的判断，对令人恼火、粗暴的叛教争论进行高度评价。作为一个哲学家来生活度日实在是太难了——面对自己的内在真理性，并且要成为这种内在真理性的教师，它要求奉献、牺牲和奋斗。这些对于科学工匠们一直是陌生的。我觉得，对哲学的内在职责，对内在人性的永恒的规定、研究，与在教堂国实施这一职责，并且只有为这一职责的实现而付出我毕生的精力才是有意义的。只有如此，我的存在，我的影响，才能在上帝面前得到合理性辩护。"①

我们之所以这么大段地引用海德格尔自述，只想说明，1919年时的海德格尔已经30岁了，他决定脱离天主教，是经过深思熟虑的哲学思考，这

---

① 《海德格尔自诉》，天津人民出版社2017年6月版，第3—4页。

时的海德格尔，不仅年龄成熟、心理成熟，而且哲学思考也是成熟的。他所做的一切，都会有他的理性判断。我们这里重点想说明的是，在这之后，他加入了纳粹党，成为希特勒第一御用哲学家、文人，肯定也是他经过理性思考与判断后，才做出的决定。

正如他接着说的那样：

> "就哲学工作而言，能否找到自己的天地，我也不清楚，但愿我能做到，坚持一直走下去。我只做我必须做和我认为必要做的事情，而且尽我所能而为之。我根本不打算把我的哲学著作修饰成为一般人服务的文化习作。我是从我的'存在'和我的精神和现实的源泉出发从事工作的。生存的活动正是癫狂在这个现实性之中的。"①

海德格尔这里明确说明：

> "我只做我必须做和我认为必要做的事情，而且尽我所能而为之。"

所以，作为当时德国最具影响力的哲学家，他成为纳粹党员和希特勒的御用哲学家、思想家，说他只是一时的糊涂，是不得已而为之，是说不过去的。

海德格尔真正出名是从1923年秋天执教于马堡大学开始的。他说：

> "我在这里没有一刻舒服过，但却是我一生中最激动人心的、成果最丰富的时期。"②

在马堡大学的他利用暑假在托特瑙山上的小屋里写作。他讲：

> "创作《时间与存在》这本书，对我来说，只不过是一个过渡性的

①《海德格尔自诉》，天津人民出版社2017年6月版，第4页。
②《海德格尔自诉》，天津人民出版社2017年6月版，第4页。

工作，也使我学会了如何理解：伟人们到底想干什么。这项工作对我的意义不会多于我从它那里已得到的，使我进入自由天地，能较有把握、较有针对性地提出问题。"①

海德格尔这里提到他写作这本书中，使他学会了如何知道或者理解"伟人们到底想干什么"。那么，他所提的"伟人"是谁呢？从德国历史上看，俾斯麦是德国人心中不能不称其为"伟人"的存在，因为他将分崩离析的德意志统一起来，建立了一个强大的国家，在当时德国人心中，对俾斯麦是十分崇拜的，尤其他的"铁血政策"换来的"铁血宰相"强硬式的"超人"形象，完全符合德国人心中的偶像。俾斯麦去世，正好海德格尔出生。俾斯麦去世后的德国威廉二世的政治混乱不堪，可他又倨傲自大，不能不让人们怀念俾斯麦。更为重要的是，一战的失败，德国人遭受了战败国的所有苦难，更使德国人希望再有一个俾斯麦的出现来挽救眼下的德国。海德格尔从青年步入成年的时期，正是在这样的德国状况中度过的。

同时，我们还可以看出来，海德格尔走进哲学殿堂，但他并非一个书斋式纯粹的学者，不是纯粹为了研究存在与时间的哲学问题，他是想通过研究哲学搞清楚那些伟大人物想干什么，这证明他是一个经世致用式的哲学家，否则他不会把"学会了如何理解，伟人们到底想干什么"看作是对他来说最为有意义的事了。

海德格尔在1926年4月1日拿到出版社送来的《时间与存在》的清样。1927年《时间与存在》在胡塞尔主编的《哲学和现象学研究年鉴》第八期上首次发表。他非常珍爱这部著作。这一年他母亲去世，对他精神上打击很大。

"在1927年初，母亲去世。我是她的一块心病，我使她难以瞑目。这是错不了的。我在母亲身旁度过的最后一刻，是一段'实践哲学'，必将伴我终生。我认为，对于大多数哲学家来说，关于神学和哲学的问题，更准确地讲关于信仰与哲学的问题，只是一个书面上的问题。

---

① 《海德格尔自诉》，天津人民出版社2017年6月版，第5页。

在和母亲作最后告别时，我把刚刚出版的著作放在她的身旁。"[1]

海德格尔《时间与存在》发表后，1928年受弗莱堡大学邀请担任主持胡塞尔讲座的教授。1928—1929年，这时的他在社会上已有很高的名望。如他在自述中说：

"新声望使我陷入困境，公众生活使我不太舒服。"[2]

1930年，已经非常有名望的海德格尔引起普鲁士文化部部长格林墨的重视，他回忆说：

"点名邀请我到柏林大学主持哲学讲席。……到柏林考察后，我作出拒绝的决定。"

理由是：

"今天我的工作刚刚开始走上一条新的安全之路，无论对我还是对他人来说，要履行柏林大学教授职责，必须具备一定的条件。面对这些条件，我感到自己羽翼未丰。"[3]

这次拒绝，他讲的理由到底是真实的，还是他在待价而沽，虽然前者也有点可能，但可能性最大的应该是后者，这从他后面所做的事情，便可以多少说明为什么他拒绝去柏林大学任教授。1933年希特勒上台后，海德格尔当了近一年的弗赖堡大学校长。辞去校长职务后仍然为纳粹党工作。第二次世界大战后，被占领军禁止授课。1951年恢复授课。1959年退职。1979年逝世。

---

① 《海德格尔自诉》，天津人民出版社2017年6月版，第5—6页。
② 《海德格尔自诉》，天津人民出版社2017年6月版，第6页。
③ 《海德格尔自诉》，天津人民出版社2017年6月版，第6—7页。

二、海德格尔成为纳粹党哲学家的历史

海德格尔说他"1931—1932年冬季，我正式参加了国家社会主义统一德国党。"在他解释他为什么参加时说："我们现在无需坐而论道，这是实干问题。必须介入，但要寻找正确的切入点。"①这时海德格尔42—43岁，正值壮年，用他自己的话说，不应该坐而论道，应该面对社会的实际问题，去解决当时德国要解决的问题。德国当时面临的问题：一是战败，给德意志帝国和德意志民族带来的经济残破凋敝，政治上接受屈辱的条约，海外殖民地全部被剥夺，国内国土也被分割。但自道威斯计划之后，美国的扶持，经过1926年兴登堡时期后，德国的政治经济又重新回到世界强国的地位。工业总值仅次于英国，居世界第二，这又重新燃起德国人原有的称霸野心和向战胜国法、英、俄等复仇的心理。二是，德国马克思恩格斯共产主义思想的传播，以及德国社会主义工人党联盟势力在逐渐兴起和苏联社会主义国家的建立；三是美国式资本主义思潮对欧洲资本主义国家的影响。这都说明德国处在一个新的发展的选择阶段，也应该说这时摆在所有德国人面前的有三条路：第一条就是从俾斯麦开始的德国在欧洲称霸的道路；第二条是走苏联的社会主义道路；第三条是走美国式的新资本主义道路。

海德格尔毫不犹豫地选择第一条道路，而且选择第一条道路中最为极端的民族主义者希特勒创立的国家社会主义统一德国党的道路。

英国哲学家伊冯·谢拉特说：

> "希特勒的梦想似乎已经达成。种族主义、暴政和战争是新的知识高地，哲学家给整个工程提供了像锋利剃刀一样的弹药。"②

---

① 《海德格尔自诉》，天津人民出版社2017年6月版，第7页。

② 伊冯·谢拉特《希特勒的哲学家》，上海社会科学院出版社2017年7月版，第104页。

种族主义，这在以往的德国哲学家思想家那里，已经有诸多的论述，暴政思想对于德意志民族来说，往往与强人政治联系在一起，因为强人统治的俾斯麦，被看成德国历史上的伟人，拿破仑统治德国时，德意志民族就幻想自己的民族能产生一位像法国拿破仑一样的伟人，而俾斯麦正好充当了这样一个角色。战争，一战的结果使德国战败，但德国人清楚这一点，要想改变一战败北的局面，使德国重新成为世界伟大的民族和伟大的国家，还必须再通过战争才能实现。

希特勒急需一位在德国、在世界极具影响，即能唤醒德国人称霸世界心灵的哲学家，又能将德国的称霸世界说成人类强者征服弱者的天经地义充满着神圣与浪漫情怀的哲学家。在纳粹党中，虽然也有罗森堡、鲍伊姆勒和克里克等一些哲学家，只不过这些人在哲学上的建树在德国还小有名气，在欧洲和世界上就鲜为人知了。刚刚成为元首的希特勒对此十分不满意，卡尔·施密特在世界法律哲学方面还有一定名气，但他并不是真正思辨型的哲学家，无法去洗涤德国人的心灵，无法给德国法西斯问鼎世界政治霸权赋予光芒四射的神圣光环。

伊冯·谢特拉说：

"事实上，这种人真的存在。他是一位先知，能为下一代人播下种子，他那充盈的知识能量受到一代学生尊重。但这样一位天才，一位抓住了人类心灵所能产生的最深刻和最复杂的观念，一位受人类尊重的'超人'会被像希特勒这样险恶之人收买吗？"[1]

令人遗憾的是，这位哲学家——海德格尔臣服在希特勒的利剑和皮靴之下。

他在自述中说：

"1933年4月，我在决定是否接任弗赖堡大学校长的最后一刻仍然

---

[1]（英）伊冯·谢拉特《希特勒的哲学家》，上海社会科学院出版社，2017年7月出版，第128页。

举棋不定。甚至在我做抉择的那天上午还在犹豫，还想放弃候选权。但最后教授全体大会还是一致通过推选我为校长。5月1日，我正式加入纳粹党。"①

海德格尔是与另一位著名法律哲学家卡尔·施米特同一天加入纳粹党：

"党员编号是3125894。他选择的入党日期是具有策略性的，同纳粹德国当局商量后，被定在了五一，国际劳动节，这一天是'全人类的国定假日'。这位哲学家给大学党员的邀请函被'设计成军事命令的风格'。在演讲中，这位著名教授宣告第三帝国是'为德国建设一个知识的和精神的全新世界'。还宣称，国家社会主义的建设'现在已经成为德国大学唯一的最重要的任务'。他继续在演讲中赞扬希特勒的目标，并把大学纳粹化标榜为'最高形式的国民劳动'"。②

虽然，在希特勒和纳粹党看来，不可能将海德格尔塑造成人们的精神领袖，这在希特勒看来决不允许任何人的任何头衔有碍他本人的光辉，但将这样一位在德国乃至世界上深具影响的哲学家，成为希特勒和纳粹党的代言人，甚至成为文化思想、意识形态的最具权威的希特勒和纳粹党的信徒和追随者，则是再好不过了。

出于这样一个目的，德国开足了纳粹党所有宣传工具，一些报刊广播大肆宣传海德格尔，甚至把他的讲演与希特勒和罗森堡的讲演放在一起出版。

"当地纳粹党报纸颇为尊重地描写了这位著名思想家：'我们知道，（这位教授）凭借他对德国人民命运和未来的高度道德责任感和专注关怀，站在了我们运动的中心。'这份报纸还这样描写他："多年来，阿道夫·希特勒的政党为了生存和权力而艰苦奋斗，这位教授一致给予

---

① （德）《海德格尔自述》，天津人民出版社2017年6月版，第8页。
② 冯伊·谢特拉著作：《希特勒的哲学家》，上海社会科学院出版社2017年7月版，第139—140页。

了有力支持……国家社会主义党成员找他帮忙，从未失望而归。"①

从当时的文献记录来看，海德格尔并不是被生拉硬扯捆上希特勒的纳粹战车，而是他一直就比较热衷于希特勒第三帝国的事业，并且对所有纳粹党的事情他都能做到有求必应。

海德格尔的言行得到了希特勒及其纳粹党的赞赏和信任，这也是他被重用的主要原因。

"海德格尔迅速将希特勒理想化，在希特勒当选总理三个月内，1933年1月30日，他就被授予大学校长职位。他的任命被誉为'大学与国家社会主义保持一致的第一步'。这些合作行为震惊了世界，因为海德格尔并非普通人。并且，他还非普通哲学家。他戴着圣贤般的光环。他的学生汉斯·伽达默试图捕捉这种魅力，宣称'他身材最小，体格最弱，（不过）声音最大，（可也）最无用处，但他领导我们所有人'。海德格尔已经获得显赫名声。有传言'这位帝国思想家的无冕之王已经创造了全新的哲学。'他的讲座总是爆满，学生争相来找座位，人都挤到走廊上去了。"②

海德格尔给当时德国及世界的冲击正如伊冯·谢拉特所说是很大的。这样一位世界著名的哲学家，1927年出版了《存在与时间》，1929年出版了《康德与形而上学疑难》，1935年出版了《形而上学导论》等书，每一本哲学著作都引起哲学界、思想界的巨大反响，使他成为世界的哲学界、思想界鼎级级别的人物。这样的一位在世界上都深具影响力的公众人物，加入了纳粹党，成了希特勒任命的大学校长，并将大学公开办成纳粹化，这会影响多少人对法西斯纳粹主义、对希特勒到底是什么样的人物的判断力，世界上最有成就的哲学家、思想家的领军人物都如此服从、信服、宣传、

---

① H. sluga 1993, p.3, 伊冯·谢拉特著：《希特勒的哲学家》，上海社会科学院出版社2017年7月版，第107页。

② H. sluga 1993, p.3, 伊冯·谢拉特著：《希特勒的哲学家》，上海社会科学院出版社2017年7月版，第107页。

鼓吹希特勒的思想，那么，法西斯纳粹的东西到底错没错，是不是希特勒没有错，而是我们错了？

应该说，在德国可能大多数人当时并没有更多地想希特勒的所言所行的对错问题。一战后德国人是具有一种"复仇"的情节，既然希特勒能让德国人站起来，变得强大，让国家站起来变得强大，这有什么不对不好呢？更何况人们中当代最有名望的思想家和哲学家海德格尔都如此，我们又何必去分析判断德国的纳粹党言行的对与错呢？

当然，一些较有良知的人看到了其中的问题。所以伊冯·谢拉特说：

> "海德格尔与纳粹党的合作让欧洲的仰慕者倍感困惑。也在德国产生了巨大影响。有个难题从中显露出来。为什么像海德格尔这样有智慧的人，竟会屈从于希特勒这样招摇撞骗的人？当著名精神病学家、哲学家卡尔·雅斯贝尔斯——也是海德格尔最亲密的同事之———问他：'像希特勒这样粗鄙的人可以统治德国，你怎么看？'海德格尔眼里闪耀着愉悦，答道：'文化并不重要。你看他手段多么高明！'也许海德格尔的过去会给我们提示，为什么他会对合作充满激情。"[①]

所以，海德格尔与希特勒的合作是心甘情愿的，心中并不充满着像他在自述中对担任大学校长时的矛盾，这个自述是在二战以后写的，他想用此来洗掉那段不光彩的人生污垢，这也可以理解。

我们从他的校长就职演说都可以印证，海德格尔并非犹豫再三，或者被逼无奈，才成为希特勒纳粹分子的一员和弗赖堡大学校长的。

1933年5月27日，海德格尔成为纳粹党员三周后，作为弗赖堡大学的新任校长发表了就职演说。在夸张的公开典礼上，红色和黑色的万字符旗在讲台上飘扬，海德格尔宣称自己是学术建制的新任领导人。他穿着全套军事制服，回应面前大片穿纳粹党制服的人群：纳粹官员无处不在，他们坐在前排座位上，占了本该是上了年纪的学者夫人的位置。这位新任校长

---

① H. sluga 1993, p.3, 伊冯·谢拉特著：《希特勒的哲学家》，上海社会科学院出版社2017年7月版，第141页。

的演讲标题是《德国大学的自我主张》（"The Self Assertion of the German University"），因对纳粹主义的赞美而声名狼藉。海德格尔走上讲台，行了个标准的纳粹党军礼，然后开始演讲：

> "一个人担任大学校长之职，就有义务从精神上领导这座高校。教师和学生唯有真正并且共同扎根于德国大学的精神，他们的忠诚才能苏醒过来，并获得力量。然而，只有当领导者首先追随那个不可动摇的精神使命时，德国大学的精神才能获得清晰、等级和力量，也正是这项精神使命给德国民族的命运打下了这个民族的历史烙印。"①

这里有一个核心词，即"忠诚才能苏醒过来"。这句话是海德格尔被任命为校长的核心目的，也是海德格尔清楚地知道自己的核心任务是什么的集中体现。这种认识是很清楚的，这种概括也是准确的，自然会得到希特勒等人的欣慰。可这一切都是发自海德格尔的真心话。因为，他明确表示，作为校长的他，即"领导者"，"首先追随那个不可动摇的精神使命时"，这说明他的信念是坚定的，执著的，没有任何的犹豫彷徨，而有的是坚定的信念，并要将

> "这项精神使命给德国民族的命运打下了这个民族的历史烙印"。

他又接着讲到：

> "我们是否在多大程度上试图做出基本的努力去追求……自我决定……或者我们是否仅仅改变一些旧制度、补充一些新制度，这一切都取决于我们自己。没有人阻止我们这么做……只要我们要在自身中担任起那个深沉和广阔的思想，就能充分理解这个新开端的光荣和伟大。古老的希腊智慧用一句话就道出了这个思想：'一切伟大事物都

---

① H. sluga 1993, p.3, 伊冯·谢拉特著：《希特勒的哲学家》，上海社会科学院出版社2017年7月版，第150—151页。

耸立在暴风雨之中。'……"①

这段话又是海德格尔对希特勒的献媚："只要我们在自身中担负起那个深沉和广阔的思想，就能充分理解这个新开端的光荣和伟大"。这也有可能就是当时海德格尔的真实的想法，或许这位哲学家已经失去了哲学家本有的怀疑能力，像那些痴迷于崇拜希特勒的人一样开始心悦诚服地崇拜希特勒。这是哲学在人性面前的悲哀！

据说这场就职演说很长。演讲中海德格尔还用了纳粹党歌《霍斯特·威塞尔之歌》（Horst Wessel-Lied）。

这首歌的歌词还印在就职演说典礼仪式说明书上。

旗帜高举！队伍紧排！

突击队以坚定英武的步伐行进。

同志们被红色战线和反动派枪杀，

灵魂也随我们队伍迈进。

举起手来欢呼，胜利！

然而，海德格尔校长的任期并不长，应该说椅子还没被这位天才哲学家捂热，他就辞去了上任不到一年的校长位置。对此，他在《自述》中只是草草地用了不到20个字，"1933年4月23日，我辞去了校长的职务。"

海德格尔为什么要辞去校长职务？其原因很难说得清楚了。

首先，不是纳粹要他辞去职务。因为在这一年之中，海德格尔还是按照纳粹的意愿，忠实地执行着纳粹的意图。海德格尔的前任校长就是不愿意执行纳粹的意愿而辞去校长。当上校长的海德格尔接到希特勒的第一个任务，要从大学和公共生活领域里将所有非雅利安人都排除掉。海德格尔毫不犹豫地发布了"巴登法令"，将所有的非雅利安人的教授和职员都停了职。被停职的人员中，包括在当时德国乃至世界都很有名望的并与他关系密切的良师益友的胡塞尔。胡塞尔是在海德格尔上任前一个月收到被停职教职的决定。在海德格尔当上校长之后，凭胡塞尔多年对他的提携和帮

---

① H. sluga 1993, p.3, 伊冯·谢拉特著：《希特勒的哲学家》，上海社会科学院出版社2017年7月版，第151页。

助，以及他俩的友谊，他完全有能力阻止这一决定的执行。但海德格尔并没有这么做。

还有一件能说明海德格尔人品如何的事情，就是海德格尔在他的校长办公室里给纳粹警察局撰写了多份能使他的各位同事定罪的检举信。这些检举信中有怂恿警察调查世界最著名的化学家、后来的诺贝尔奖获得者弗里德贝格·赫尔曼·施陶丁格教授，说这位教授有"和平主义者"倾向，而且还编造假指控，说施陶丁格教授可能是一名间谍，并向盖世太保说，

> "因为施陶丁格对民族复兴不够热心，与其让他退休，不如考虑直接解雇他。希特勒万岁。海德格尔。"①

正是因为海德格尔这种背地里的检举与报告，使这位教授受到威胁与调查、询问与追捕，不仅在背地里捅施陶丁格的刀子，这位校长还检举及报告很多同事，认为这些教职人员对德国的纳粹事业不够忠诚。所以，海德格尔在任职期间的表现，纳粹党和政府应该是放心和满意的。

其次，也并不是海德格尔因不会与元首或上级处理好关系，故使人刁难他，使他被迫辞职。从上一点可以看出，海德格尔作为一名思想家、哲学教授，其道德水平之低可见一斑。不仅如此，他十分擅长溜须拍马，完完全全的一个小人做派，不可能把他与元首及上级关系搞得很僵。在他刚刚登上校长的位置之后，他便马上向元首希特勒写了一封电报，这封电报又被很快地送到了希特勒的手里。电文说，

> "让大学与纳粹党保持一致"。正逢纳粹党人巴伯特·瓦格纳被任命为巴登地区的州长，他马上发出第二封电报，电文称，"真高兴您被任命为巴登的州长，向祖国一州之长致敬并助威一句'胜利'"!

最后，并不是他看到前程不好才提前退出的。这时的德国，除非那些有真正良知的人，知道或可能知道希特勒这种逆天道、人道的行为是不会

---

① V. Farias 1989, pp. 119–20, on10February 1934，同上153页。

有好结果的，而不齿于为伍，而海德格尔完全是两回事儿。首先，他对希特勒是认可的，否则也不会如此殷勤和喊出希特勒万岁的口号。一位世界著名学者，保持孤冷和尊严，可能更会赢得包括纳粹党人的尊重。其次，他对德国的纳粹党的前景看好，而且表现出极度的忠诚。在1933年6月25日，他在弗赖堡镇体育场的演讲就证明了这一点。他说，

> "1933年的冬至日来临了。时间流逝，白天越来越短，但在我们心中却生发出刺穿不断接近的阴影的勇气。我们不要对斗争熟视无睹，让火焰指引我们，照耀我们。将勇往直前的道路展示给我们！让火焰跳动，让心灵燃烧。"①

自希特勒上台之后，帝国军国主义政治的步伐更加快了。德国开始从大学里选拔军官。海德格尔积极配合选拔工作，在校内设立学生冲锋队组织，并在校内对学生和老师进行各种军事训练和军事演习。

> "这些冲锋队学生不满足于仅仅是训练和假装战斗，他们开始以当地反对派政治家为目标进行斗争，在反对派家门外筹划'公众骚乱'，伪造要逮捕他们的罪证，目的是靠使用暴力使当地的政治反对派'服软'。海德格尔接到活动通知后回应道：'我注意过你们的评论……你们好像没有意识到当地居民关心的可疑行为，那明显促进了这些公众骚乱'……为了'实现第三帝国'，'如果提交给我的建议能够更具建设性，往后我会非常感激……。'"②

由于弗赖堡大学对老师和学生的军事训练及演习过多，使正常的课程很难按时完成，引来一些教授"浪费时间"的议论。海德格尔听到这些议论，不但没有去改变，反而有意在1933年6月的一次演讲中上纲上线地批判这种议论。他说，

---

① V. Farias 1989, p.117, 同上，第153页。
② H.tt 1993, p.157, 同上，第154页。

"当这是一个为国家而战的问题时，怎么能说是'浪费时间'？危险不在于为国家而工作：危险在于漠不关心和反对意见。"①

希特勒上台后，德国退出国际联盟。海德格尔迅速嗅到不寻常的味道。他在演讲中说：

"我们的总理说过这些话后，其他人可能会决定我们的做事方式……我们将会在最险峻的道路上进行下去……我们已经知道这需要什么，为最极端的情形做好准备，然后战斗到底……。"②

1933至1934年冬天，海德格尔在弗赖堡大学学生办的报纸上发表一篇写给学生的文章：

"愿你们的勇气不断增长，为拯救国家的本质存在和增加国家的政体的内在最强力献身。……元首本人——也唯有他是德国的实体——以及德国的法则，不论现在还是将来……希特勒万岁。"③

然而，这位思想家、哲学家预言错了，希特勒不可能万岁，而且第三帝国离灭亡的时间也不远了。可这位哲学家看不到，他还是对希特勒和纳粹德国充满了信心。

那么，到底是什么原因使海德格尔辞去干得好好的大学校长职务，这还真是个历史之谜。

辞去校长的海德格尔又开始了另一种人生。他在《自述》中说：

"1934年夏季的授课，对我来说是十分困难的……试探。几个月前，我才又重新回到了1932—1933年冬季被打断了的工作的衔接处，但还只是单薄的一层。除此之外还有两根'刺'：对来源信仰的分析和

---

① lDid., p.156，同上，第154页。
② V.Farias1989.p.117，同上，第154页。
③ H.ott 1993，p.164，同上，第155页。

任校长失败的分析。对于实际上要克服的东西而言这些已经够用了。"①

这段自述，除了给人一种悲凉的感觉之外，还让人看到让他身感难言之痛的"两根刺"。一根是他的社会实践，即上任不到一年的弗赖堡大学校长，另一根刺是"来源信仰"，则是他认为自己是否在哲学上也出了问题。他的哲学的确出了问题，这我们在后面还要谈到。这个问题十分重要！

他辞退了校长职务，又重新开始了他的研究工作。然而，他的校长实践，从他的"自述"之中能够看出他的悔意。他说：

> "我开始讲授诗人荷尔德林，还研究了尼采。我对雅斯贝尔斯说，'哲学'而无声誉，我们原本可以把它看作最佳状态——因为现在应该是默默无闻地为哲学而斗争的时候。"②

从1934年退职开始，海德格尔认识到还是应该专心做他的哲学研究。从那时起，海德格尔已经退出了政治，但却受到了纳粹党的怀疑，并开始监视他的行为，在他身边安插纳粹党的人。

> "1937年，从柏林来的汉克博士向我承认，他不能再隐瞒为舍尔博士工作。舍尔博士当时是纳粹保安部西南科的领导。那意味着，我受到了监察。"

这种可能是存在的，这也说明海德格尔辞职的原因和动机就连纳粹党也搞不太清楚，只好怀疑他的政治信仰是不是出了问题，这才让人监视他。从另一方面也可以得出，辞职以后的海德格尔与纳粹保持一致的言行少了，默默地研究学术多了，这才使纳粹派人监视他。

从1938年，海德格尔的哲学研究进入到另一个阶段，这一阶段有可能

---

① 《海德格尔自述》，天津人民出版社2017年6月版，第9页。
② 《海德格尔自述》，天津人民出版社2017年6月版，第9页。

使他的哲学产生新的飞跃，但又使他陷入新的苦恼和孤独之中。他说：

"1938年4月12日，我的孤独并不是出现和执着于对本属于它的东西的缺乏之处，而是执着于另一种真理的到来中。"①

从海德格尔的年谱中，1938—1943年这段时间有这样的记载：

1938年：

6月，在弗赖堡艺术科学、自然研究和医学学会上以"形而上学对现代世界图像的奠基"为题作演讲。

1939年：

多次作题为"荷尔德林的赞美诗'如当节日的时候……，'"的演讲。

1940年：

作"柏拉图的真理学说"的演讲，并发表于1942年《精神遗产年鉴》上。

1943年：

创作《追忆》载于克卢克霍恩编辑的《荷尔德林逝世一百周年纪念文集》上。

6月6日，在弗赖堡大学荷尔德林逝世100周年纪念会上，作题为"还乡——至亲人"的讲话。

作题为"尼采的话'上帝死了'"的演讲。

《真理的本质》出版。

本被希特勒抬举为文化超人的海德格尔，没想到最后也成为希特勒的弃子。

"1944年10月18日，德国发布了领袖公告：16岁到60岁的所有男性均应征入伍。我参加了人民冲锋队，但最后学校放了我的假：回家去整理手稿。1944年12月的一个夜晚，我在哲学家乔治·皮西特家的来访留言簿上写道，'沉沦并不是死亡。每个沉沦都隐藏在开端

---

① 《海德格尔自述》，天津人民出版社2017年6月版，第9页。

之中。'"①

即使如此，海德格尔还是不改初衷。他的留言是在德国法西斯失败的命运已经注定，这艘法西斯战船已经触礁，即将沉没之时，他签了这样的留言，难道是一首凄凉的挽歌，不，在海德格尔心中，他认为这种沉沦已经在隐藏着一个开始。所以，海德格尔对法西斯的依恋，已经深入到了骨髓。

终于是揭开海德格尔为什么辞去校长谜底的时候了。

一个是他自己在《自述》中所说：

> "1933年9月19日，我意识到，只需认识一事，我们在为巨大的转变做准备，我们必须参与这一开创性的事业；另一方面，我眼下已经远离了自己的工作，尽管我每天都感到日常的活动在把我推回去。
>
> 1934年3月，我在广播里发表讲话，公开拒绝柏林聘请。
>
> 我的全部工作，是由这座山和这里的农民所肩负、所实行的。很长时间以来，山上的工作被山下的商谈、旅行、报告、谈话、教学活动所中断。只要我重新回到山上，在小木屋里的人生存在的头一个小时里，以前问题的整个世界便会迎面而来，而且以我离开它们时的那个老样子出现在我之前。我将直接进入我的工作的自振中去。我根本不能驾驭这种自振的隐蔽的规律。
>
> 1934年4月23日，我辞去了校长职务。"②

这是他自己说他辞职的原因，是因为他的研究工作因当校长而停止，他想重新找回当年在这座山上做学术研究的心态，并认为这才是"他自己的工作"。

这种说法是原因之一。作为一名有成就的学者，不想丢弃学术是应该有的心态。但从他当校长之前的心态上分析，这种心态并不能构成他辞职

---

① 《海德格尔自述》，天津人民出版社2017年6月版，第9页。
② 《海德格尔自述》，天津人民出版社2017年6月版，第8—9页。

的主要原因。他辞去校长的原因，伊冯·谢拉特分析的比较接近于事实本身：

> "海德格尔与反犹太主义的关系一直令人担忧。他的情妇是犹太人，他的很多学生和朋友也是犹太人。真正的希特勒主义者应该不会成为犹太人的至交吧？所以海德格尔有可能只是个投机分子，被权力和地位所吸引，在纳粹德国统治下，抓住了获得提升和荣誉的机会。"①

从这段记载来看，海德格尔的政治立场是很值得纳粹党怀疑的，这也许是留下海德格尔在政治上失意的伏笔。从以后的海德格尔多次表示对希特勒的效忠来看，也许他本人认为这恐怕是影响他日后前途的污点，因为纳粹党绝不允许他的党员和官员与犹太人有任何瓜葛。

而伊冯·谢拉特下面的论述很可能是海德格尔辞去校长的真正原因：

"在1933年成为弗赖堡大学校长之初，海德格尔就倡导德国应该信任希特勒。然而，他的忠诚尚可质疑，即使他在校长任期内的确完成了很多尝试。纳粹德国教授队伍中产生了激烈竞争，因为他们都雄心勃勃地争当被元首选中的人。埃里克·杨施和恩斯特·克里克对新任校长尤其有敌意，他们十分嫉妒，伙同阿尔弗雷德·罗森堡一起干涉海德格尔这个后起之秀，更多问题出现了。"②

这种由争风吃醋、羡慕嫉妒发展到恶与恨，在这些教授之中发生完全是可能的，甚至这是人性恶的一种必然表现。因为从海德格尔上任以后的言行上看，已失去一位世界著名哲学家的水准，说明他不顾尊严的言行是因为遇到了比他更善于曲意逢迎、更不顾尊严大体又与他实力相当并构成对他现在位置威胁的人的出现，才会使海德格尔如此表现，喊出了像普通崇拜者一样的"希特勒万岁"的口号。

希特勒和纳粹之所以重用海德格尔，主要是想利用他在德国和世界思

---

① 伊冯·谢拉特著《希特勒的哲学家》，上海社会科学院出版社2017年7月版，第156页。

② 伊冯·谢拉特著《希特勒的哲学家》，上海社会科学院出版社2017年7月版，第156页。

想界、哲学界的声望和影响，让他来进一步塑造和提升希特勒本人的思想和学说，以图将希特勒化身为不仅是杰出的国家元首，还是一位杰出的思想家、哲学家，像中世纪时期马其顿国王亚历山大一样，不仅是政治家、军事家，还是哲学家。应该说，海德格尔在这方面的用心不够，他并没有全心全意为希特勒做哲学思想的注脚，也没有高举希特勒的哲学思想大旗，这就有悖于希特勒和纳粹党所主张的"为了希特勒"的初衷。这是海德格尔始终没有搞明白为何官场失意的症结所在。不仅如此，加之心怀叵测的同事们的暗中诋毁，向希特勒和纳粹党中伤海德格尔哲学立场有问题，与元首国家社会主义的某些观点相矛盾、相抵触，与众多的犹太人关系拉扯不清，并认为海德格尔的哲学是学究式的，是费希特等人的学术传统的浪漫的文化民族主义，而不是如达尔文进化论的生气勃勃的生物人种学说，没有对日耳曼、雅利安人种的优越性提供任何思想上的支柱，更没有像尼采那样给当下的德国人注入类似于"超人"思想的兴奋剂。弗赖堡大学所在地巴登州的教育部长斥责说，海德格尔的哲学思想，追求"个人的国家社会主义"。这些都是无根据的谗言而已，目的就是向上面灌输，海德格尔是投机政治，并不是真心拥护元首和纳粹党。从近些年发现的一些文献记载，海德格尔实际上是支持人种学说：

> "他曾经积极游说地方文化部长设立种族研究和遗传学领域的教授席位。并提倡'为了保持国民健康'，应该认真考虑安乐死问题。"①

但是，"无可奈何花落去"，悲哀笼罩着这位举世著名的哲学家，他的反应就是抱怨：

> "在我的整个校长任期内，我的同事们没有一个人讨论过那场演讲""校长就职演讲没有大量印刷……直到1934年还没卖完"。②

---

① 伊冯·谢拉特著《希特勒的哲学家》，上海社会科学院出版社2017年7月版，第157页。

② V.Farias1989，p.191，伊冯·谢拉特著《希特勒的哲学家》，上海社会科学院出版社2017年7月版，第157页。

看来他的就职演说并不成功，原因他还是不明白，就是两方面的人都不满意，纳粹不满意是他向希特勒表忠心和奉承吹捧的还不够，反纳粹的人又认为他有失大学校长、著名哲学家的身份，只知道向希特勒摇尾乞怜。这样的讲演注定是差强人意的。

但海德格尔自己仍然感到委屈，他已经讲了纳粹党的价值无可估量；希特勒元首已超越了凡人的境界；第三帝国的合法性等。也许他讲的这些还没达到纳粹党和希特勒的期许。在纳粹党和希特勒看来，海德格尔心理尚未表现出绝对的忠诚，故身段仍未有矮到这些人想要的矮度。

由于失意于官场，无法再继续下去，只好体面地辞职，但这也是后来让他万分庆幸的事情，他心中想到了这是上帝对他的眷顾。

辞去校长后，海德格尔于1934年5月初，参加了"德国法律研究院法律哲学委员会"的工作。地点在尼悉档案馆大楼。海德格尔在这里承担编辑整理尼采作品的工作，并将这些作品送至希特勒、罗森堡、鲍伊姆勒，有时还要送给尼托·墨索里尼。

1935年夏季学期，海德格尔开授了"形而上学导论"的学术讲座。在讲座中，他强调了"运动的内在真理和伟大性"，在当时的社会背景情况下，人人都知道，海德格尔的"运动"和"伟大"是对希特勒的纳粹党从学理上的尽忠。

1936年海德格尔开始在意大利的一些大学作巡回演讲，题目是"欧洲人与德国哲学"。演讲时他一直佩戴着纳粹党的徽章。

> "海德格尔对希特勒的赞赏保持不变。洛维特认为，海德格尔的国家社会主义不是极短暂的停留，而是深入秉持的忠臣，甚至是他哲学的基础。洛维特强调，海德格尔的'存在'观念已经是形而上学的纳粹主义。"[1]

海德格尔是国家社会主义大学课程弗赖堡联盟科学学会会员。这个学

---

[1] V.Farias1989，p.191，伊冯·谢拉特著《希特勒的哲学家》，上海社会科学院出版社2017年7月版，第159页。

会会员之间的信函在提到海德格尔时使用的称呼是"我党同志、国家社会主义的先锋"。

海德格尔一直是这个学会的会员，直到这个学会在1945年被解散为止。

由于同行及一些纳粹党人对海德格尔的指责，使他有意地远离了犹太人，尽管是他的亲密好友和老师，他也刻意保持不肯相见的距离。尤其是他对良师益友胡塞尔的冷漠，更让人感到世态炎凉。海德格尔趋炎附势。他欣然同意出版社提出将胡塞尔的献词从《时间与存在》书中删除，也再没有拜访过曾在他毫不知名时真心提携他的胡塞尔，即使1938年胡塞尔的葬礼他也没有参加告别。

令人不解的是，海德格尔在辞去校长之后，不但没有知错而返，反而在强道文化这条路上走得更远。他认为，基督教的哲学不伦不类，在本质上就是立不住的。基督教哲学的思想应该从德国哲学中清理出去，因为这种哲学会让德国变得软弱。他在1942年的荷尔德林的《伊斯特河》演讲中，还指责基督教哲学，推崇德国国家社会主义，为希特勒的战争行为摇旗呐喊。所以，海德格尔继续在弗赖堡大学任教，研究学问，出版著作。他的校长演讲再次被印刷，一直到1944年仍被重版。而且海德格尔每年都定期在政府拿着一份费用，直到纳粹德国垮台。

> "柏林市文献中保存的一份记录证实了海德格尔与政权的良好关系。1944年1月，当时因为纸张奇缺，出版物被缩减或是暂停，但政府部门保证了克洛斯曼（Krostermann）出版公司的纸张交付，用来印刷海德格尔的作品。"[1]

二战结束，海德格尔受到审查。他在《白述》中讲到：

> "1945年7月，我在弗赖堡成了受审查者。7月16日，我向占领弗赖堡的法国军事当局写了陈述状·我向对我个人和我的工作进行的这

---

[1] Ibid，p.260，伊冯·谢拉特著《希特勒的哲学家》，上海社会科学院出版社2017年7月版，第160页。

种贬低提出最严肃的抗议，为什么恰恰是我不仅受到征用住房，而且完全被剥夺工作场所的处罚。我向世界公开地讲，为什么在全市父老面前对我公开诽谤？我在党内从来未担任过任何公职，也未在党的机关内或他的附属部门做过什么工作。如果有人把我的校长就职演说看成是我的政治问题的话，那我不得不要求，给我提供可能，对所有的、由随便什么人对我提出的谴责和指控进行辩护，这就是说，最重要的是，让我了解所掌握的一切用于反对我以及我的公开的公职活动而提出来的事实。"[1]

从《自述》看，海德格尔并没有勇气对自己所作所为有悔改的勇气，这应该符合他的人品——一个有着很高哲学思辨能力的伪君子。

一个已经登上了世界思想之巅的哲学家，怎么就成为希特勒这样的世界屠夫的御用文人？这一问题值得今天的人们认真反思。否则，思想达人都能被利用，或者心甘情愿地投效黑势力，那么一般的不具有思辨能力的人又如何？回过来说，早知希特勒会失败，海德格尔也不想有这么一段不光彩的历史。但不想有的却是发生了，所以真的应该认真检讨分析才是。

海德格尔采用的是一推了之的手法，把责任推给了社会。如他在《自述》中讲了这么一段：

"1960年，一位学生对我说：他惊叹和敬佩我的哲学，但另一方面却厌恶我的政治表现。我回答说：如果您某天早上谈'充足理由律'，晚上谈关于希特勒晚期当局的消息或者记录新闻的话，那么您的冲突是很难得到解决的。您是从今天的角度向后回顾，以此来对国家社会主义下判断的。而这些是在1934年之后渐渐地才变得清楚起来。在30年代初期，我们民族中的阶级差别，加上《凡尔赛合约》给德国经济造成的严重抑制，使得生活在当时的所有具有责任心的德国人都感到无法忍受。1932年的失业人口达700万之众，他们拖家带口，面对的只有贫困、饥饿。这种状态下引起的混乱迷惘，今天的这一代已

---

[1]《海德格尔自述》天津人民出版社2017年6月版，第9—10页。

经无法想象，这种混乱也波及大学。当时，我曾希望国家社会主义承担所有的建设力量、生产性力量，把它们吸收到自己内部。黑格尔在拿破仑身上看到了世界精神，荷尔德林则把他当作节庆的王侯，众神与基督与他同在。"①

　　海德格尔无力苍白的表述，在一定程度上是当时人们的真实写照，但作为哲学家并不能洗濯去他为人低下和肮脏灵魂的污垢，更加说明他宁肯背负罪孽，也不愿解脱人性的丑恶。这样的人真的不配当思想家和哲学家。诚然，与那些杀人如麻的纳粹相比，他做的坏事并不多，但他起的作用更坏，因为他是世界级的公众人物，从这一点来说，历史是无法原谅他的。而这样一位人物，至死不知悔过和忏悔，真是人性的丑陋和失败。路德给予德国人的诚信精神，在他的灵魂历史里看不到一丝的踪影。

　　当我们冷静下来，不仅仅从情绪化的角度去看那些跟随希特勒屠杀世界人民和那些有意无意地上了希特勒的战车、为纳粹党人做过一些坏事的人，我们真的该好好的反思一下，当时的社会为什么会成为那个样子？希特勒错了吗？跟随希特勒的人错了吗？错了是无疑的，但为什么会错？为什么会发生一场夺去上亿万人的生命？为什么即使在战争中发国难财的美国也有40多万人战死在沙场？

　　我们还要从二次世界大战为什么从德国发起，或者说为什么德国是战争罪行主要承担国？德国又是怎样一步步走上战争的道路等问题说起。

　　德国接连发生两次世界大战，在某种意义上说，是德国人的一种宿命。

　　欧洲大陆，自罗马帝国之后，分裂为许多国家。18世纪民族主义开始在欧洲流行，各个国家打着争夺生存空间的口号去攻城略地，都想能将别的国家并入自己国家，将弱小国家的人口和土地据为己有。19世纪，民族主义在欧洲达到顶峰，而在这一过程中，法国大革命和拿破仑战争起到了推波助澜的作用。一是法国革命向欧洲传播了现代资产阶级思想和理论，极大地冲击了欧洲封建势力。二是拿破仑通过征服欧洲的战争，进一步宣传了民族主义思想，以及现实的民族主义思想的实践，尤其是让世界人民

———————————

① 《海德格尔自述》天津人民出版社2017年6月版，第8页。

看到民族主义的强人政治。拿破仑成为法国的国家英雄，也成为民族英雄最有说服力的实际代表。

从地理环境上看，德国地处欧洲中部，历史上的德意志是由上百个诸侯国和城邦组成的分裂的国家。每个国家互不统属，经济弱小，政治混乱。近代以来，沿海国家靠海上贸易促使经济纷纷发展起来。英国的工业革命之后，出现第一批欧洲乃至世界强国。德国因地处欧洲大陆中部，不仅经济政治落后，而且受周边法国、俄国等强国的威胁，尤其拿破仑帝国时期，德意志各国受到了法国高压的残酷统治，加剧了德法两国民族间的矛盾。德国民族主义运动不断掀起。这时德国也出现了一位拿破仑式的英雄人物，这就是统一德意志帝国的俾斯麦。俾斯麦被说成是罗马恺撒大帝式的人物，他的铁血宰相形象在德意志联邦家喻户晓，妇孺皆知。

统一后又摆脱了法国统治的德国，在俾斯麦任宰相期间政治经济快速发展，经济生产总值一跃超过法国、俄国、意大利、奥地利，位居仅次于英国的第二。

这时的德国，普法战争又击败了法国，法国皇帝拿破仑三世被俘，普鲁士士兵高奏凯歌通过法国巴黎的凯旋门，整个德意志民族主义势头高涨，普法战争促使了统一的德意志帝国的成立，这更使德国的民族主义热情更加强烈，各种激进的民族主义声音不绝于耳。

1897年，德国外交大臣比洛声称："让这个邻邦或那个邻邦瓜分大陆和海洋，而我们自己则满足于欣赏蔚蓝天空的时代一去不复返了。"

然而，作为德国冤家对头的法国，此时民族复仇的心理也日益激烈。曾经的欧洲"高卢雄鸡"，欧洲文明和时尚的中心，政治的霸主，因战争失败而承担着巨额赔款和领土割让，深深刺伤了法国人民的心。强烈的民族复仇心理如火山爆发般愈演愈烈。

在德国东方，以俄国为首的泛斯拉夫主义正在盛行，宣传斯拉夫民族的优越性，与泛德意志主义、泛日耳曼主义针锋相对，使德俄关系不断交恶。

同时，在欧洲的中东部又兴起了大塞尔维亚主义、大保加利亚主义、大罗马尼亚主义的热潮，大有此起彼伏，你方唱罢我登场的"争夺自我生存空间"的局面。

这就决定了普法战争之后，新的战争必然到来，整个欧洲到处布满了战争的火药桶，随时都有被引爆的可能。而且，这个新的战争是英法俄等国家为了自保而针对德意志帝国的崛起打破欧洲各国势力均衡的格局而发生的，也是德国想改变整个欧洲的战略格局，首先征服欧洲，再征服世界的民族主义野心下促使战争发生的。所以，交战的双方就战争的正义性来说，无法判断谁对谁错，但在想倚强凌弱方面上却不分伯仲，实为一丘之貉，一路货色。

各国利益之间无法调和的矛盾，加之狂热的民族主义情绪，终于引爆了第一次世界大战。而战败又把德国及德意志民族再次拖入谷底，就如当年普法战争后的法国一样，承受着沉重的战争赔款和海外殖民地的丧失及国内割让土地的结果。德国及德意志民族的国运气数已经到了万劫不复的地步。可在这个时期，英国又不希望德国彻底倒下。因为欧洲大陆法国、德国、俄国是一个铁三角关系，一旦失去一角，欧洲大陆国家之间的均势将会失去，容易出现超强霸主。这是英国、美国等都不愿意看到的，所以就设计出一个道威斯计划。道威斯计划一方面调整了德国的赔款，二是提振了德国的经济，尤其是美国，给了德国大量的援助。经过实施道威斯计划，德国的经济又开始恢复和发展，到了20世纪三十年代，开始成为世界强国。

在种族优越论上，希特勒有自己的学说，或者说是为支持他的纳粹主义而坚持自己的看法。他在《我的奋斗》中说：

> "我们区分人类为三个范畴——文化的建设者，文化的维持者，文化的破坏者。那么，可以说惟有雅利安人种可以代表第一个范畴。"只有雅利安人创造的文化，才是人类社会最高级的文化。他们是"人类的普罗米修斯，从它的光芒四射的额头永远飞进神圣天才的火星，永远点着知识的火焰，照亮了默默的神秘黑夜，推动人类走上征服地球上其他生物的道路……就是他，为人类文化的每一个伟大建筑物奠下了基础，树起了墙垣。"[1]

---

[1]　敬乐然编《希特勒与墨索里尼言论集》，帕米尔书店印行1999年版，第18页。

　　在德国，二战前人口大约在七千万至八千万，以日耳曼人为主，希特勒本身是日耳曼人。"雅利安"一词出自伊朗，意思是说有坚定信仰的人，是最早居住在俄罗斯乌拉尔山脉的一支民族，约在公元前2000年，分三支向中亚大陆迁徙，一支进入伊朗，一支留在中亚大陆，还有一支进入印度。为什么希特勒说德国人是雅利安人的后裔呢？原因是雅利安人索罗亚斯德创立拜火教，这个教曾一度为雅利安人的信仰。尼采十分崇拜索罗亚斯德，希特勒十分崇拜尼采，从而也崇拜雅利安人，因此就说德国的日耳曼具有雅利安人的血统。希特勒主要想说明，日耳曼人血统的高贵，是世界上最优等的民族，是文化的建设者，日耳曼人天生就是人类各种人的上层统治者。既然日耳曼人如此优秀，那么日耳曼人就应该过上世界上人类最好的生活，无论在个人财富上、国家的领土上，都是世界上最多的。如何实现这一目的，希特勒提出要通过征服劣等民族来实现，只有把那些低等民族的生存空间变成具有雅利安人血统的日耳曼人的生存空间，才能达到这一目的。怎样去争取到这一空间？对内将犹太人赶出德意志，实行排犹反犹的国策，把犹太人的生存空间夺过来，对外实行军事扩张。只有这样做，才能保证德意志民族的国内利益和它在世界上的利益，才能实现德意志民族的生存自由。所以，德国人为了使自己的民族繁荣复兴，就必须抛弃一切传统观点，要使每一个人都能成为"超人""强人"，由希特勒和纳粹带领人们去统治整个世界。对具有世界上优等血统的日耳曼人来说，这是必然的归宿。只有这样，才能不被排挤出世界一流国家之外。希特勒希望随着德国军队的铁蹄踏出新的国土，德国的农民就应该随之迁徙到那里。这样，德国的领土面积就会成为世界上拥有最大领土的国家，实现真正的统治世界，才能为子孙万代留下足够的生存空间。

　　应当说，希特勒的生存学说，非常符合当时德国人们的心理。首先，他让德国人建立起以前从来没有的自信、自尊、自恋。这"三自"，应该说即使在日耳曼人最为辉煌的时期，德国人不仅愿意承认自己是日耳曼人的后裔，还愿意接受德意志是神圣罗马帝国的继承者，也还没有产生过这样的感觉，即自己是世界上最优等的民族，自己高于世界其他种族之上，虽然自己可能不是本民族最高等的人，但本民族之外自己还高于其他种族的人，这是连最下层的人都产生的认知，这是前无古人的。其次，既然自己的种族和自己是最优秀、最高等的，那么欺负和排斥犹太人等低等民族，这是天经地义的，没有任何的道德负疚感和罪恶感。而且邪恶的犹太人不信教，偷奸取巧，巧取豪夺，挤占了德国人的生存空间，即使赶走甚至除掉，这也理所当然。既然是世界上最优秀的民族和个人，那么就应该统治世界，让世界听从德国人的指令，让世界所有的人都来为德国人服务。第三，这一切都是现在的元首提出的，是元首带领国家和民族去实现这个梦想。那么，我们每一个德意志人，都应该视元首为领袖，视元首为父亲，视元首为榜样，站在元首身边，听从元首的号令，元首如何说，我们就如何去做。

希特勒，这种由种族优越，到日耳曼人应该去统治世界的逻辑，每一环都实实在在拨动着德国人的心灵，给每位德国人都画了一份无比完美的大饼，并且这张饼已经唾手可得，这使纳粹集团和认同纳粹的每一位德国人热血沸腾，野心急剧膨胀，人性中最丑恶的部分被彻底地引爆出来，人们失去了理智，失去了思考，失去了评价事物好坏善恶的标准，只有服从，听从希特勒的安排和摆布。这时，希特勒又开始进一步神化自己，试图让德国人感到自己是神一样的存在，从而建立起绝对的权威。

制造个人迷信、个人崇拜，是希特勒和纳粹党从一开始到二战结束，从来就没有停止过的统治和麻痹德国人民的极其卑鄙的手段。迷信和崇拜是从引起广大群众信任开始的。这是一般人的做法。可希特勒不同，他要的不是广大群众，他的野心是要得到全体德国人的信任、服从和崇拜。

早在1920年2月底，他在慕尼黑宣布德意志工人党改名为民族社会主义德意志工人党的同时，他宣布了25条纲领，将这25条纲领作为纳粹党的行动纲领，其实质是希特勒向所有的德国人开出一张空头支票，向所有的德国人许下诺言，满足所有的阶层、所有的人的利益诉求。这一点只有谎言连篇的"25条纲领"做到了。德国人在这25条里都能看到自己所想得到的好处，这也使大多数德国人认为希特勒才是自己利益的代表。于是，从这时候就有人四处奔走呼号，宣扬德国需要建立一个集权国家，这个国家就应该让民族社会主义德意志工人党统治，只要这个国家为民族利益服务，那么它就是合理的，就是有益的，哪怕这个国家的统治运用最野蛮的手段。当这种社会舆论甚嚣尘上的时候，希特勒开始提出：

"一个国家，一个民族，一个元首"。

这三点是希特勒给这种社会舆论、给混乱的意识形态、给他自己和纳粹党开出的药方。在他看来，只有"一个国家，一个民族，一个元首"才能真正建立一个统治德国的德意志国家，一个统治世界的德意志帝国。

希特勒对成年人的办法，是将这些人吸纳到纳粹党中来，而对于青少年，则成立各种各样的社团，并在社会寻找代言人，宣传自己，吹捧自己，让这些青少年成为希特勒纳粹主义的忠诚拥护者和支持者。在青少年中成立"德国青年团"，在青少年中鼓吹崇拜希特勒。还以年轻女性为主力，设立"信仰与美丽之军"，这样在社会各个方面都有了信仰崇拜希特勒的组织。希特勒走到哪里，哪里都是海洋一样的欢呼声、叫喊声，掌声连成一片，沸腾一片。在全国各地不断地搞大型的群众集会，大肆歌颂希特勒和纳粹党的丰功伟绩。1933年，纽伦堡举行为期一周的大型集会，为了造势，安排大批德国青年军进入纽伦堡，没有那么多房子可住，青年军只好住在露天帐篷里。纽伦堡的大街小巷里，到处都是白色的帐篷，场面极为壮观，纽伦堡变成了一座帐篷城。

这种集会几乎每个城市都搞，从20世纪30年代初开始，一直到二战爆发，几乎接连不断。在游行集会中，常见汽车拉着一队一队的德国青年军，车上的标语上写着"只要元首下令，我们就遵守""我们全都只说'是'"这些成年的纳粹党员，这些年轻的德国青年军，集体地迷失了自我，他们的心中只有希特勒的训诫"一个国家，一个民族，一个元首"。

希特勒是一个搞自我崇拜的世界级高手，他不断从个人穿着、打扮、姿态、手势、语言、语气等方面，将自己塑造成为不同于人的神一样的人。还给自己塑造了开始时让人费解的形象。他剃掉了流行于欧洲的恺撒胡须，仅在鼻子下留了一小撮胡子。有人不解，甚至还有人嘲笑他，而他的回答是：这样的胡子很快就会受到欢迎，还将成为社会上的流行趋势，他信心满满地断定，每一个男人都会留这种胡子，你们很快就会看到。希特勒说的没错，他的特别的胡须在德国很快就流行开来。其中不乏组织的操纵。即使没有人操纵，处于登峰造极时的希特勒，很多人已将他当作神，当作了德国的救星，当作了最伟大的统治者，从而人们会心甘情愿地模仿，哪有不流行的道理。

希特勒最具欺骗性的手法，是在公众面前将自己扮演成慈祥、感性，还能洞察一切的父亲。他有时故意与青少年交谈，弯下身段抱抱孩子。为了表示他有一颗善良的心，表现出自己喜欢动物，怜惜生命。有时候还穿着民族的服装，以显示出自己对德意志民族的热爱。

这一切都是表演，都是为了塑造自我形象。其实，希特勒是一个用心极其阴险、狡诈、多疑、冷酷无情的人。在他心中，他除了对自己身边几个人有好感以外，他憎恶所有其他人。他还有着严重的心理疾病，是极端的自恋狂。然而，当时的德国人都被他蒙蔽了。

人本来就是人，人一旦把自己塑造或打扮成神，离他开始祸害人的时间就不远了。

三、哲学家的堕落与海德格尔现象的反思

纵观人类历史，如果从人类文化发展变化的角度看，人类社会的国家处于三种状态下思想文化发展变化较为突出。一是在社会处于低迷、彷徨、没落、转型的时期，往往出大思想家、哲学家，但不出文学家、科学家。这个时期社会的形态或国家分裂，或者朝代末期，或者政权混乱，不断更迭。二是社会处在盛世、繁荣上升稳定时期，不出大思想家、哲学家，而出文学家和科学家。三是集权社会导致人性疯狂、迷茫、惆怅，既不出思想家、哲学家，也不出文学家和科学家。

海德格尔所处的社会正是第三种，即这个社会既不能出思想家、哲学家，也不出文学家和科学家。为什么？因为从整个德意志民族来看，被希特勒的优等民族论和争夺生存空间论使人们如痴如醉，人们认为没有必要再去思考。因为"一个国家、一个民族、一个元首"这三项原则，一切都规定好了，没有思考的余地了。这是大众这样如此，那么那些思想家、哲学家呢？像海德格尔这样的人在希特勒上台前已经成名，算是幸运者；还没有成名的思想家、哲学家们，只要希特勒在台上，就不要再想成名，因

为他必须按照希特勒的思想去思想，按照希特勒的哲学去思考，不仅不能有异端学说，即使是纯粹的思想领域、哲学领域的研究也不行，因为这样的哲学家不可以再耀眼，所以就根本不存在思想家、哲学家出名的条件。

当一个极强权者出现时，他对社会知识分子索要的不是思想领域的大师，而是要的是知识分子包括已成名的大师对他的迷信和顶礼膜拜。因为在他看来，主张自由这种主要思想的人心甘情愿地臣服于他，迷信于他，那么他才认为他征服了社会上所有的人，他的个人迷信和崇拜才真正地建立起来，他才被他自己和全体人所接受。

所有的思想家们只有出卖灵魂才能得到权力和利益。

人吃五谷杂粮，而有七情六欲。除极个别人具有极端的风骨外，大多数人都会被人性中的诸多诉求所束缚而向权贵们折腰，知识分子尤其如此。这方面的海德格尔就是个十分典型的例子。海德格尔至死也没搞清楚，希特勒为什么后来对他不感兴趣了。

现在来看，原因有三：

第一，希特勒自以为自己的纳粹学说已经十分完美了，他不需要再用一个哲学家来帮助他建立学说体系。因此，海德格尔贬值了。

第二，希特勒希望他御用的哲学家们要拼命宣传、鼓动他的第三帝国学说，要像军人那样对他绝对忠诚、崇拜，而海德格尔在这方面表现平平，加之与海德格尔竞争的思想家、哲学家们不断在希特勒和纳粹党耳边挑拨离间，致使海德格尔离权力中心越来越远。

第三，希特勒希望海德格尔能如尼采那样给他力量，给整个德意志民族力量，提出比尼采"超人"更强有力的思想，但海德格尔没有做到这一点。

关于第三点，海德格尔不是没有意识到。他借助整理尼采文献的机会，认真研究了尼采，并写出了著作《尼采》，但让希特勒和纳粹们失望的是这部著作没有超越尼采。从这一点上来看，海德格尔在鼓吹日耳曼人的功力真的比不上尼采，在争夺德意志民族必须问罪世界权力政治上又不如韦伯。

海德格尔成为希特勒御用哲学家，当上那个时期的大学校长，时也，命也。时也，当时的海德格尔如日中天，具有世界的影响力，而希特勒正要找到这样一个人，他就顺利地当上了弗赖堡大学的校长。命也，海德格尔的运气并不好，正赶上希特勒时期，而且二战后整个世界、德国都在与希特勒算账，自然也算账到这位伟大的哲学家身上。所以海德格尔不仅在当时的德国臭名昭著，在世界也差不多是声名狼藉了，这是命也。

海德格尔对"二战"后，德国对他的清算大为光火，甚至表示抗议。这些都表现在他的《自述》中。

海德格尔为什么这么有底气，敢于挑衅所有的人，拒不接受公众的批评和指责？因为他是公职人员，在台上就要讲希特勒纳粹让他讲的话。任何在那个时代的人们都疯狂地崇拜希特勒，迷信希特勒，谁没有喊过希特勒万岁？

但这是不是说可以原谅海德格尔？既然当时的人都是这样，为什么要对他有过高的要求？不能原谅，因为海德格尔是个成名的哲学家，他应该有判断正确与错误的水准与能力，可他没有做到，他与大众一样地迷失了。

这样一位哲学家的迷失，除了他自己的品格原因外，是否还有更为不可抗拒的原因？

是文化，是欧洲人的强道文化。

强道文化每向前发展一步，人们的道德底线就向后退了一步。德国人到了希特勒时代，道德律几乎荡然无存。人们已经不需要道德律了，需要的是强力，再强力。

随着道德律的丧失，西方人最引以为自豪的民主也进一步丧失，由希腊罗马建立的贵族民主制也弃之不用。

强道文化发展到希特勒的时代，西方人们津津乐道的自由也荡然无存。人们不仅没有了人身自由，而且丢掉了思想自由。一切自由都给了纳粹党，给了元首。纳粹党的自由、元首的自由，就是每个德意志人的自由。思想的自由被思想的迷信所取代，被对纳粹元首的信仰所取代。

强道文化发展到希特勒时代，人们丧失了自我，丧失了本心，自己已经不属于自己，如同行尸走肉，人成为独裁者的工具。这样的社会被杀戮、暴力和谎言充斥着，听不到忏悔，因为忏悔被斥为弱者的文化。